2013—2014年

厦门发展报告

厦门市发展研究中心 编著

厦门大学出版社 国家一级出版社
XIAMEN UNIVERSITY PRESS 全国百佳图书出版单位

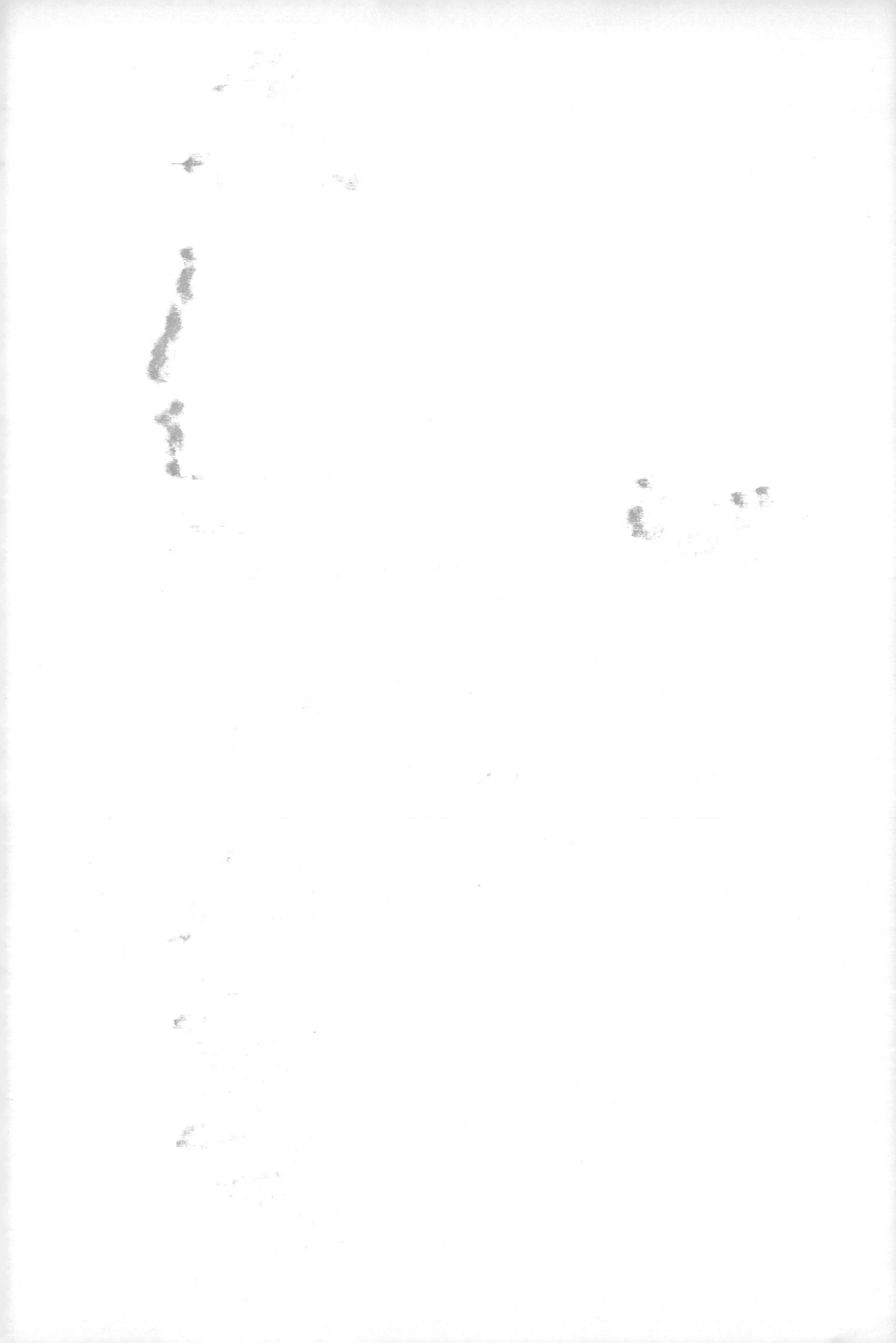

《2013—2014 年厦门发展报告》编 委 会

主　任　　徐祥清

副主任　　戴松若　彭朝明

委　员（以姓氏笔画为序）

　　　　　林　红　林汝辉　林　敏　姚厚忠

　　　　　黄彩霞　彭梅芳　谢　强

主　编　　徐祥清

副主编　　林汝辉

编　辑　　黄彩霞　林永杰　何旭东

前　言

　　2013 年，世界经济总体增长率有所下滑，发达国家经济加快复苏，美国经济趋于稳定，欧债危机影响逐步消除，日本经济有所好转，发展中国家各种问题矛盾交织，经济增长率下降，对外向度高的厦门产生一定的不良影响。国内大力推进深化改革，加大经济结构调整力度，经济增长平稳，2013 年增长 7.6%，对我市产业转型升级提出更高的要求。面对错综复杂的国内外经济形势，厦门加快实施跨岛发展战略，积极推进综合配套改革，加快岛内外一体化发展，经济保持平稳较快增长，产业升级步伐加快，三大需求协调发展，物价保持低位运行，促进就业取得积极成效，城市转型加快推进，城市竞争力、带动力和辐射力进一步提高，有力地促进了海峡西岸重要中心城市加快形成。

　　预计 2014 年，全球发展形势总体略好于去年，但全球经济复苏呈分化之势，主要发达经济体经济复苏加快，而新兴市场经济体和发展中国家经济增长平稳。国内经济继续稳中趋好，经济结构战略性调整加快推进，经济增长的动力依然充分，工业化、城镇化、收入增长等经济增长的基本支撑力量并没有改变，厦门发展外部环境将有所改善。

　　当前，我市进入了转型发展的关键时期，为了落实党的十八大精神，市委市政府提出了"美丽厦门战略规划"，提出要把厦门建成展现中国梦的样板城市、美丽中国的典范城市。我们要紧紧围绕主题主线，以提高经济增长质量和效益为中心，坚持稳中求进，全面实施跨岛发展战略，进一步深化改革、扩大开放，拓展对台交流合作，继续发挥先进制造业对经济的主导作用，大力发掘中长期自主增长潜力，培育经济新增长点，保持经济增长后劲。同时，加大投资力度，优化投资结构，加大基础设施投资力度，逐步摆脱对房地产投资的严重依赖，大力拓展消费空间，进一步扩大出口规模，推动经济持续稳定增长，促进产业转型升级发展，加快结构调整步伐，促进城市转型发展。

本报告围绕运行分析、城市转型、产业升级、美好家园、两岸融合和机制创新等方面，对 2013 年发展情况进行了全面阐述，并提出相应的短期对策和长期措施。本报告的观点与材料主要来自厦门市发展研究中心 2013 年完成的一系列重大课题研究成果，反映了本中心对上述相关问题的思路和观点，仅用于学术交流和讨论，不代表厦门市政府的决策观点和政策倾向。不足之处，敬请指正。

厦门市发展研究中心主任　徐祥清

2014 年 3 月

目录

运行分析与展望篇

专题研究篇

第十二章　机制创新 /378

后记 /400

第一节　自由贸易区 /378

第二节　社区管理创新 /389

运行分析与展望篇

YUNXING FENXI
YU ZHANWANG
PIAN

第一章 厦门市经济社会运行分析与展望

一、2013年厦门发展情况

2013年，厦门加快实施跨岛发展战略，编制"美丽厦门"战略规划，积极推进综合配套改革，加快岛内外一体化发展，经济保持平稳较快增长，产业升级步伐加快，三大需求协调发展，物价保持低位运行，促进就业取得积极成效，城市转型加快推进，城市竞争力、带动力和辐射力进一步提高，有力地促进了海峡西岸重要中心城市加快形成。

（一）发展情况

1. 全市经济保持平稳较快增长

在国内外经济仍然较为复杂的背景下，2013年厦门经济总体保持较快增长，呈现平开中走、小幅趋缓的运行轨迹（见图1.1、1.2）。全年累计完成生产总值3 018.2亿元，同比增长9.4%，高于全国增长速度1.7个百分点，在5个计划单列市中排名第3。（见表1.1）财政收入保持较快增长，2013年全市财政总收入达到825.1亿元，同比增长11.6%，其中地方级财政收入490.6亿元，同比增长16.0%，均高于GDP同比增长速度。

2013年以来全市经济保持平稳较快增长，主要是出口景气复苏拉动工业稳定增长（图1.3）。欧债危机缓解，美国经济稳定复苏，外围需求回暖，出口景气复苏超出预期。全市出口523.5亿美元，同比增长15.3%，增速居同期5个计划单列市首位和全国全省前列，同比提高8.8个百分点。一般贸易出口增长23.4%，推动出口快速增长。民营出口超千万美元的大户普遍实现增长，发挥了明显的拉动作用。

其次，受基础设施投资同比下降的影响，我市固定资产投资增长缓慢，全市完成固定资产投资1 347.5亿元，同比增长1.1%。投资结构持续优化，现代服务业投资成为新增长点，其中在建仓储物流业完成投资27.3亿元，增长41.3%；信息传输和软件业投资13.7亿元，增长60%；金融业完成投资12.2亿元，增长3.5倍。但房地产投资和工业投资增速前高后低，房地产业完成投资531.8亿元，增长2.5%；工业投资完成271.8亿元，同比增长2.3%，主要是天马微电子、宸鸿科技增资扩产等项目拉动。

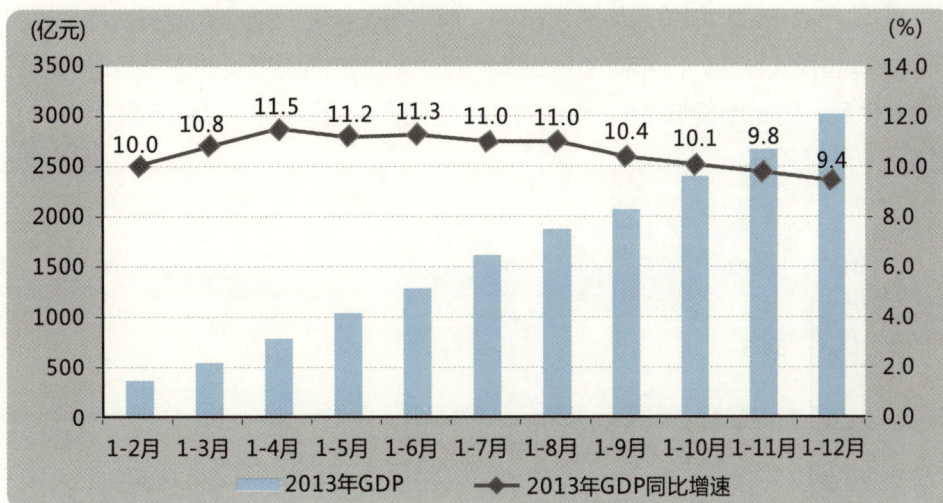

资料来源：厦门统计局

图 1.1　2013 年厦门 GDP 增长情况

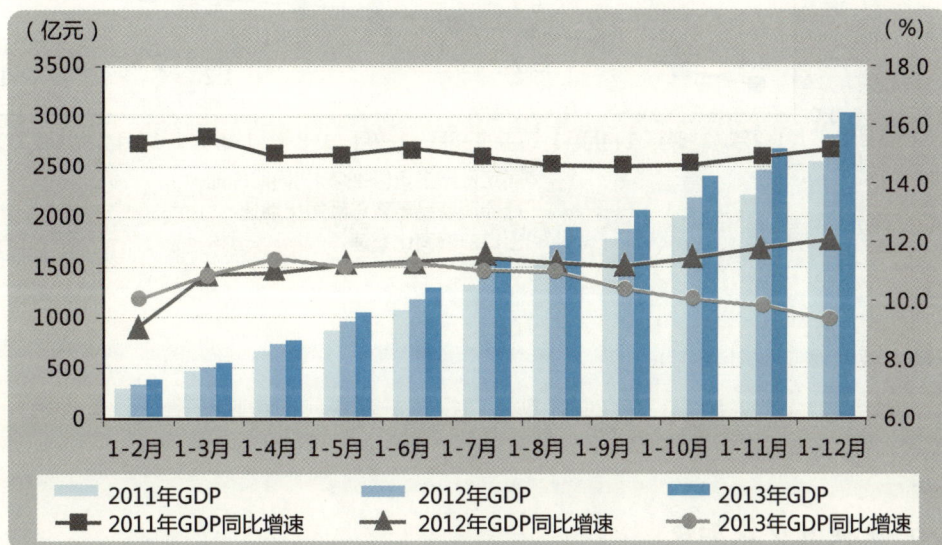

资料来源：厦门统计局

图 1.2　2011—2013 年厦门 GDP 增长情况

表 1.1　全国及 5 个计划单列市 GDP 增长速度（单位：%）

	2011 年	2012 年	2013 年
全国	9.2	7.8	7.7
深圳	10.0	10.0	10.5
青岛	11.7	10.6	10.0
厦门	15.1	12.1	9.4
大连	13.5	10.3	9.0
宁波	10.0	7.8	8.1

资料来源：厦门市发展研究中心整理

再次，房地产销售带动相关商品销售和网上销售增长较快，推动我市消费增速逐月回升，其中电商和石油企业零售增长较快，汽车类零售逐步回暖，是全市消费增长的主要拉动力。社会消费品零售总额达 975.0 亿元，同比增长 10.5%，增速持续小幅回升；电子商务零售额增长 1.0 倍，拉动限额以上零售额增长 3.1 个百分点。

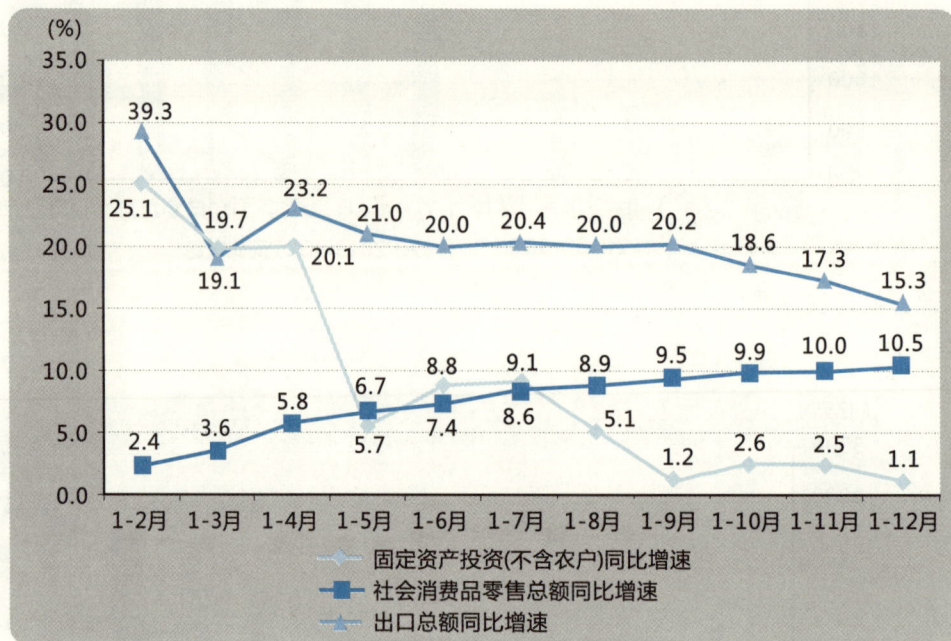

资料来源：厦门统计局

图 1.3　2013 年厦门投资、消费和出口增长情况

2. 产业提升步伐加快

工业转型升级取得积极进展。全市规模以上工业总产值 4 678.5 亿元，增长 13.1%，呈高开平走之势（图 1.4），新增 1 家百亿元以上产值的企业。一是电子行业的支撑作用进一步增强。实现产值 1 837.2 亿元，占全市规模以上工业的 39.3%。二是企业转型发展步伐加快。厦船重工大量承接海洋工程船订单，产能迅速扩张，拉动船舶产业链产值快速增长。三是工业能耗水平持续下降。工业用电、用水分别增长 7.5% 和 9.0%，明显低于工业产值 13.1% 的增幅。

服务业稳步发展。2013 年实现服务业增加值 1 557.4 亿元，增长 7.7%（见图 1.5）。四大支柱产业发展态势良好。①航运物流增势平稳。港口货物吞吐量 1.9 亿吨，集装箱吞吐量突破 800 万标箱，分别增长 10.8% 和 11.2%，增幅同比基本持平。集装箱吞吐量增速在全国沿海干线港居第 2 位，主要是内贸、内支线箱量增长较快。②旅游会展有新亮点。旅游总收入 621 亿元，增长 15%；接待国内外游客 4 664 万人次，增长 13.1%。新投入运营的重大旅游项目人气高涨，国庆长假期间方特梦幻王国接待游客 11 万人，门票收入约 2 000 万元。古龙酱文化园、贝尔兰咖啡等工业旅游发展较快，同安顶村入

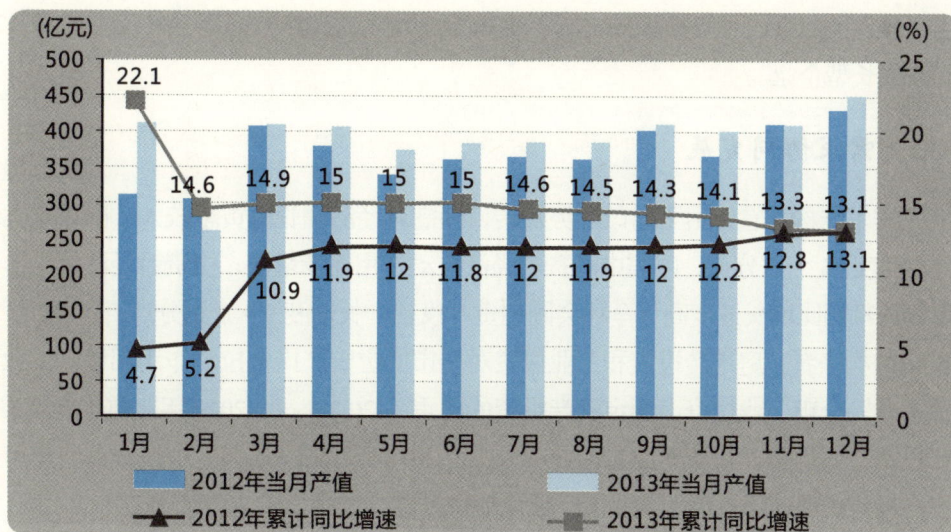

资料来源：厦门市统计局

图 1.4　2012 年和 2013 年规模以上工业总产值增长情况

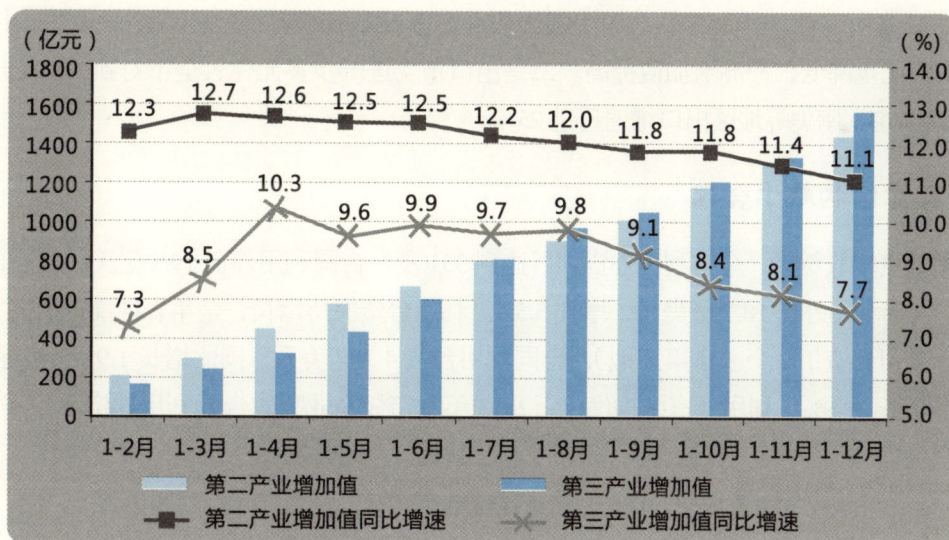

资料来源：厦门市统计局

图 1.5　2013 年第二产业和第三产业增长情况

选闽台十大乡村旅游试验基地。第 13 届国际石材展展览总面积、国际展区面积均增长 40%，跃居世界首位。金融业发展稳健。金融机构本外币存款余额增长 16.6%，贷款余额增长 14.4%。③金融机构对中小微企业信贷支持力度加大，成为支撑企业贷款增长的关键因素。④软件与信息服务业快速拓展。实现销售收入 591.7 亿元，增长 28.3%。软件园三期通过入园审核的企业达 243 家，核准面积 207 万平方米，相当于软件园二期研发楼面积的 2 倍。雅马哈、大北欧、特力通等三家企业入选"2013 中国服务外包 100 强成长型企业"。

3. 三大需求协同发展

从三大需求结构来看，由于出口形势好转，外需对经济增长的贡献较大，出口同比增长速度高于 GDP 增长速度近 6 个百分点。内需中消费对经济拉动作用逐步增强，投资对经济拉动作用下降，社会消费品零售总额同比增长速度高于全社会固定资产投资增长速度 9.4 个百分点。

从投资结构来看，房地产投资和工业投资对全市固定资产投资拉动作用明显。工业投资和房地产投资比重上升，全市工业投资占固定资产投资的比重为 20.2%，比 2012 年比重上升 0.3 个百分点，全市房地产投资占固定资产投资的比重为 39.5%，比 2012 年比重上升 0.6 个百分点。全市基础设施投资占固定资产投资呈现下降态势。美丽厦门建设加快推进，民生投资力度加大。

从消费结构来看，消费升级加快，住房和汽车消费主导作用进一步提高，我市商品房累计销售面积 786.4 万平方米，增长 27.8%，比社会消费品零售总额同比增长速度高 17.3 个百分点，金银珠宝类、通讯器材类、石油及制品类等代表消费升级方向的商品销售增长速度较快，城市休闲餐饮消费和特色餐饮消费发展较好。

从出口结构来看，一是产品结构持续优化。高新技术和机电产品出口增长较快，传统劳动密集型产品出口比重降低，产品附加值提高。二是出口市场进一步多元化，全市对新兴市场出口同比增长 20.8%，对中东、南美等地区出口增速超过 25%。

4. 引资结构趋于合理

利用外资增长缓慢，全市利用外资项目达到 331 项，合同利用外资 19.1 亿美元，完成年度计划的 103.1%，实际利用外资 18.7 亿美元，增长 5.5%。利用台资保持增长，全年表现前低后高，截至年底全市年累计吸引台资 138 个（含第三地），合同利用台资 4.3 亿美元，同比增长 1.9%，实际利用台资 3.9 亿美元，增长 29.9%。利用外资结构优化，2013 年我市制造业吸收合同利用外资 8.6 亿美元，占全市合同外资总量 45.1%；第三产业合同利用外资加速增长，增长较大的行业有金融业增长 8.3 倍、软件业增长 1.5 倍，科研技术服务增长 30.8%，结构呈现继续优化态势。

5. 物价变动平稳

CPI 低位平稳运行。2013 年我市价格总水平保持在较低位运行。居民消费价格指数上涨 2.3%，涨幅比 2012 年上升 0.2 个百分点，比全国和全省水平低了 0.2 个百分点。全市月度 CPI 呈现"两头高、中间低"形态，除 1—2 月份、1—11 月份和 1—12 月份 CPI 分别同比上涨 2.1%、2.1% 和 2.2% 以外，其他各月累计增幅均低于 2%，并在 5、6 月份达到最低点 1.4%，涨幅始终低于全国、全省水平。（图 1.6）

价格结构"三涨一平四降"。与 2012 年相比，八大类消费价格呈现"三涨一平四降"态势：食品、居住和衣着价格分别上涨 3.7%、6.2% 和 0.38%，各拉动 CPI 上涨 1.18 个、1.28 个和 0.31 个百分点，是拉高物价涨幅的主因。医疗保健和个人用品价格持平；烟酒及用品价格下降 1.1%，家庭设备

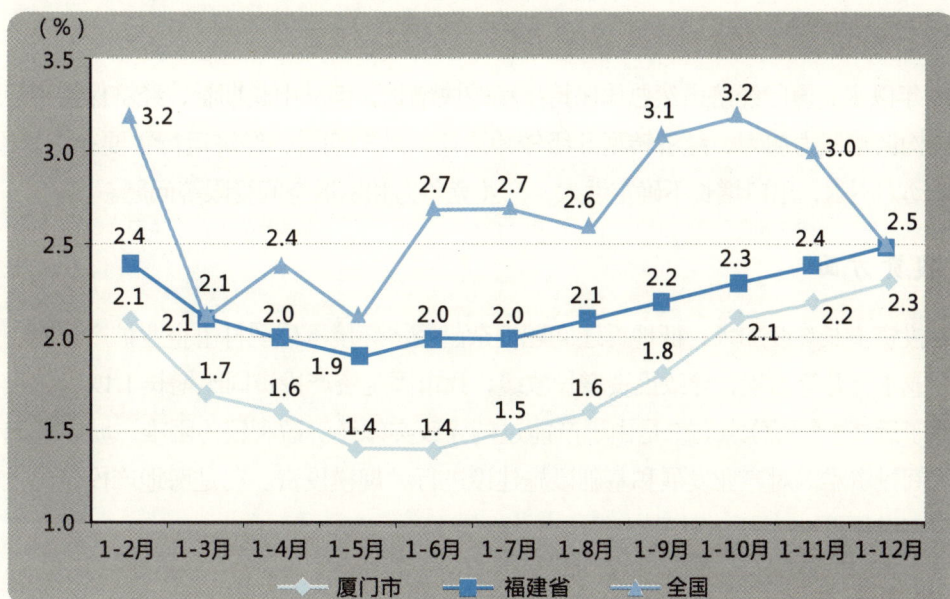

资料来源：国家、福建省、厦门市统计局网站

图 1.6　2013 年全国、福建省、厦门市 CPI 同比变化情况

用品及维修服务价格下降 0.2%，交通和通信价格下降 1.2%，娱乐教育文化用品及服务价格下降 3.3%，合计下拉 CPI 涨幅 0.52 个百分点。

6. 促进就业取得积极成效

至 2013 年末，城镇登记失业率为 3.2%，控制在年度目标 4% 以内。城镇新增就业 18.4 万人，失业人员再就业 6.6 万人，城镇困难对象再就业 1.5 万人，农村富余劳动力转移就业 1.9 万人。居民收入稳步增长，国家统计局厦门调查队调查，2013 年厦门城镇居民人均可支配收入为 41 360 元，同比增长 10.1%，高于全省水平。厦门农民人均现金收入为 15 008 元，高于全省的 11 184.2 元，同比增长 11.5%。

7. 和谐社会建设加快

优先保障民生投入，优先办好民生实事，不断化解民生难题，促进社会更加和谐，人民生活持续改善。社会事业加快发展。中小学、幼儿园等教育设施加快建设，教育经费支出区域和领域进一步优化。医院设施加快建设，全市新增病床位近千张。提前三年将基本公共卫生服务经费提高到年人均 40 元。文体设施进一步完善。民生保障更加有力。荣获全国创业先进城市。企业退休人员基本养老金标准和城乡居民医保每人每年财政补助标准提高，在全国处于领先水平。社会救助、社会救济工作稳步推进。住房保障成效显著，大力实施公交优先战略，居民出行条件改善。社会管理不断创新，社会和谐稳定。

（二）存在的问题

2013 年以来，厦门经济虽然总体保持平稳较快增长，但从中长期看，经济保持平稳较快增长难度增加，结构调整压力加大，经济转型升级较为迫切。从短期看，经济运行主要存在着投资增速下滑，消费增长动力不强，出口增长不确定性大，产业竞争力和发展空间受限等问题。

1．投资方面

一是投资增长难度加大，征地拆迁问题复杂、经济环境不乐观打击企业扩产意愿、去杠杆政策导向下资金成本上升等因素，导致投资增长放缓，我市固定资产投资同比增长 1.1%，比上半年同比增长速度下降了近 7.7 个百分点。二是由于产能过剩导致实体经济盈利较为困难，城市基础设施开放力度不大，民间投资难以对产业发展和基础设施建设进行大规模投资。三是房地产投资比重较大，不利于投资的稳定增长。

2．消费方面

一是拓展消费空间任务艰巨，传统商业业态增长乏力，周边城市商圈分流，新的消费热点、消费行为短时间内难以形成，使得消费快速增长难度加大。二是消费能力下降，居民可支配收入增长较慢，房价租金上涨迅速，制约居民消费意愿，居民消费持谨慎态度，多数外来人口收入不高，在本地消费意愿低，这一系列因素导致本地消费快速增长的动力不足。

3．出口方面

一是出口快速增长面临压力，新兴经济体和发展中国家经济增长风险加大，我市出口面临的外部环境较为复杂，贸易保护主义进一步抬头，使我市出口面临更高的贸易壁垒和更大的贸易摩擦，直接影响了我市出口规模的进一步扩大。二是国内各类要素成本上升，土地、劳动力、原材料成本和人民币汇率都在上升，进一步削弱我市出口商品的成本价格竞争力。三是厦门出口的产品附加值较低，竞争加剧，出口大户本质上也是劳动密集型企业，两头受制于国外。

4．工业方面

工业发展后劲疲软、效益下滑。一是工业增长依靠存量企业，缺乏新增长点。二是受行业产能过剩影响，机械、化工行业持续低迷。三是部分企业向外转移产能，外地优惠政策诱导企业将订单移至外地分厂组织生产，如联想移动转移到武汉。四是工业经济运行质量下滑，规模以上工业经济效益综合指数 196，同比下降 7 个点；工业企业利润下降 13.5%，降幅比上半年扩大 7 个百分点。

5．服务业方面

服务业对经济增长的拉动效应不足。一是交通运输业增长持续放缓。全年增加值仅增长 7.7%，主要是 2013 年以来纳入统计的全市水运客货运周转量增长较缓。二是金融业增长未达预期。增加值增长 12.0%，主要是银行业、保险企业利润均有不同程度下滑。三是房地产业增幅逐月回落。"国五条"政

策效应逐步显现，部分购房者理性持币观望（图 1.7）。

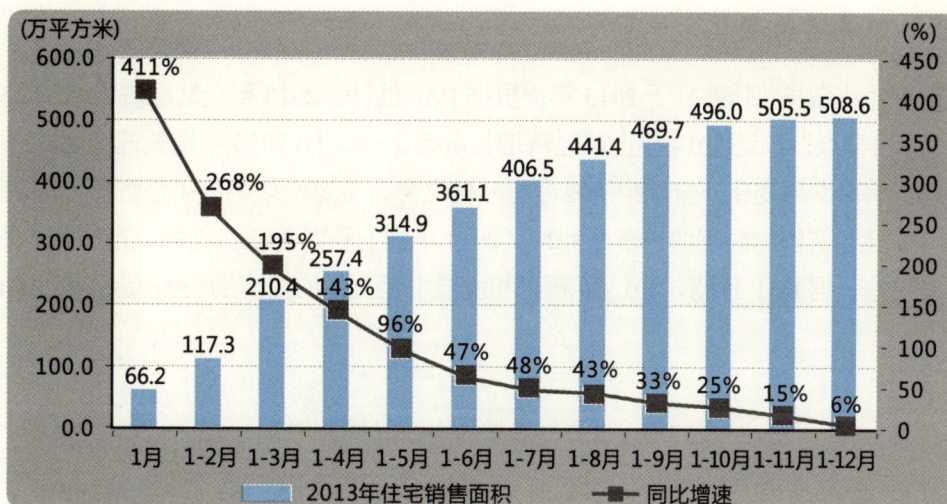

资料来源：厦门市国土资源与房产管理局

图 1.7　2013 年厦门市住宅销售情况

6. 公共服务均等化有待于进一步完善

一是基本公共服务供给能力不足问题较严重。资源总量不足是我市推进基本公共服务均等化亟须解决的重要问题，突出表现在"就学难、入园难"、"看病贵、看病难、看病累"、"低收入家庭住房难"等方面。特别是大量的外来人口涌入我市，对公共服务产生了较大的压力。二是不同区域、不同群体享有基本公共服务仍有不均衡现象。由于历史上岛内外长期不均衡发展、城乡二元结构问题的影响，不同区域、群体享有公共服务不均衡现象仍较为突出。如，三甲医院等优质医疗资源、优质教育资源多集中在岛内老城区，岛外及新城区优质资源相对较少，因此需加强规划引导，优化布局，合理配置资源。三是投入主体范围有待进一步拓宽。基本公共服务投入主体较为单一，主要依靠政府投入，如公益性医疗机构、教育机构、福利机构、文化机构等基础建设主要是政府投入，社会资本投入从规模上看，所占比例仍较低，如公立医院床位规模占全市床位比例约 80%，非公立医院床位规模占全市床位比例仅约 20%。这种状况既不利于动员全社会资源发展公益服务事业，也不利于增加公共服务总量供给。

7. 用工方面

企业用工难问题仍较突出。主要是各地对劳动力资源的竞争渐趋激烈，厦门企业工资不具竞争力，目前厦门最低工资标准虽已提高到每月 1 320 元，但明显低于深圳的 1 600 元和宁波的 1 470 元，仅比省内的福州、泉州等中心城市高出 150 元；同时，厦门岛外工业区生活娱乐配套设施仍不完善。

二、2014 年发展环境分析

1. 世界经济增长变化

预计全球经济增长总体略好于 2013 年。根据 IMF 估计，2013 年全球经济将增长 2.9%，比 2012 年回落 0.3 个百分点；预计 2014 年全球经济增长率为 3.6%，比 2013 年增长速度回升 0.7 个百分点。全球经济复苏格局发生变化，全球经济复苏呈分化之势，主要发达经济体经济复苏加快，据 IMF 预测，2013 年发达经济体的经济增长率为 1.2%，2014 年则上升到 2.0%。而新兴市场经济体和发展中国家经济增长平稳，据 IMF 预测，2013 年新兴和发展中经济体的经济增长率为 4.5%，2014 年为 5.1%（表 1.2）。

表 1.2　世界经济增长率情况表（单位：%）

	实际值		预测值	
	2011	2012	2013	2014
世界产出	3.9	3.2	2.9	3.6
发达经济体	1.7	1.5	1.2	2.0
美国	1.8	2.8	1.6	2.6
欧元区	1.5	−0.6	−0.4	1.0
日本	−0.6	2.0	2.0	1.2
其他发达经济体	3.2	1.9	2.3	3.1
新兴和发展中经济体	6.2	4.9	4.5	5.1
俄罗斯	4.3	3.4	1.5	3.0
中国	9.3	7.7	7.6	7.3
印度	6.3	3.2	3.8	5.1
巴西	2.7	0.9	2.5	2.5
南非	3.5	2.5	2.0	2.9

数据来源：IMF

2. 国际贸易变化

国际市场有效需求不足，世界贸易维持弱势增长。2013 年，世界贸易将维持弱势增长局面，WTO 预计，2013 年世界货物贸易量将增长 2.5%，2014 年全球贸易将增长 4.5%，均低于过去 20 年间 5.3% 的平均增长水平。国际贸易竞争日趋激烈，贸易保护主义明显抬头，贸易保护主义不仅局限于关税和出口补贴等传统手段，保护主义更多地变成了监管和管制。

3.国内经济增长变化

当前，我国经济正处在转型升级的关键阶段，经济结构战略性调整加快推进，潜在经济增长水平下降，据 IMF 预测，预计 2013 年我国经济增长 7.6%，2014 年经济增长 7.3% 左右。但经济增长的动力依然充分，工业化、城镇化、收入增长等经济增长的基本支撑力量并没有改变，城镇化和信息消费的推进将推动消费稳定增长，城市地铁等基础设施建设和国内区域间产业转移将促进投资需求增长加速。

4.运行中的风险性因素

2014 年，我国经济总体上将保持平稳增长，但仍有一些风险因素需要加以重视防范和妥善处理，主要有产能过剩、地方政府融资平台债务风险、房地产泡沫以及社会矛盾冲突进入高发期等，这些风险目前仍在可控范围内，但并未真正化解，重视不足或处理不当，都会对经济和社会稳定造成冲击。

三、2014 年发展展望

当前，外部形势错综复杂，全球经济进入深度转型调整期，低速增长的态势仍将延续，主要经济体需求疲软，各种形式的保护主义明显抬头。国内面临着增长速度放缓、结构调整难度加大和转型升级更加迫切等问题。但一系列宏观经济政策的调控作用显现，经济持续健康发展的积极因素增多。我们既要有强烈的忧患意识，更要有敏锐的机遇意识，善于在全球大背景下、全国大发展中谋划厦门的未来，发现机遇、抢抓机遇、用好机遇，脚踏实地，埋头苦干，在深化改革开放中实现新发展。

2014 年，我市要进一步深入学习和贯彻落实党的十八届三中全会精神，坚持以邓小平理论、"三个代表"重要思想、科学发展观为指导，按照党中央国务院、省委省政府和市委工作部署，深入实施美丽厦门规划，紧紧围绕主题主线，以提高经济增长质量和效益为中心，坚持稳中求进，全面实施跨岛发展战略，进一步深化改革、扩大开放，拓展对台交流合作，加快产业转型，壮大实体经济，建设创新城市，拓展城市空间，构建和谐社会，推进生态文明建设，实现科学发展新跨越。

2014 年，我市投资环境国际化、社会治理体系和能力现代化、区域发展同城化加快发展，将保持有质量的稳定增长和可持续的全面发展，创新驱动发展动力进一步增强，改革开放将有新突破，现代产业新体系加快构建，和谐社会建设加快推进，文化发展软实力进一步提升，中心城市辐射带动引领作用进一步强化，现代化国际化水平进一步提升。

根据厦门面临的外部环境变化、厦门自身的发展基础，我们对 2014 年经济增长的主要指标进行了如下预测：

1.地区生产总值

从产出角度看，厦门市主要由第二、三产业的增加值构成，且第二、三产业之间也存在着相互影响，用 II、III 分别表示各年度第二、三产业增加值的对数序列，样本空间为 1980 年至 2013 年。

对这两个对数序列进行单位根检验，结果显示均非平稳，但均为一阶单整 I（1）序列（见表 1.3）。

表 1.3　时间序列单位根（ADF）检验结果

变量	ADF 统计量	5% 临界值	结论
Ⅱ	−0.7479	−3.5578	不平稳
d（Ⅱ）	−3.3591	−2.9571	平稳
Ⅲ	−3.4035	−3.5684	不平稳
d（Ⅲ）	−4.9864	−3.5578	平稳

注：d 表示差分。

在无约束 VAR 模型条件下，通过综合考虑似然比统计量（LR）、最终预测误差（FPE）、赤池信息准则（AIC）、施瓦茨准则（SC）等评价指标，确定模型的最佳滞后阶数为 2。

Ⅱ、Ⅲ均为一阶单整序列 I（1），满足进行协整检验的条件。以最佳滞后阶数 2 进行 Johansen 协整检验，迹统计量法和最大特征值法结果表明，两个时间序列在 5% 的置信水平下存在 1 个协整向量。（表 1.4、1.5）

表 1.4　协整检验结果（迹统计量法）

特征值	统计量	5% 临界值	概率	结论
0.4505	24.5997	20.2618	0.0118	不存在协整关系 *
0.1770	6.0380	9.1645	0.1878	至多一个协整关系

注：* 表示在 5% 的置信水平下拒绝原假设。

表 1.5　协整检验结果（最大特征值法）

特征值	统计量	5% 临界值	概率	结论
0.4505	18.5617	15.8921	0.0186	不存在协整关系 *
0.1770	6.0380	9.1645	0.1878	至多一个协整关系

将协整关系写成数学表达式，令其等于 vecm，协整方程为：$vecm = Ⅱ - 0.8332 × Ⅲ - 0.9026$，对序列 vecm 进行单位根检验，发现其为平稳序列，且取值在 0 附近上下波动，验证了协整关系是正确的。

根据上述检验结果建立 VEC（2）模型：

$$\Delta Y_t = \begin{bmatrix} 0.6600 & -0.5952 \\ 0.3224 & 0.0034 \end{bmatrix} \times \Delta Y_{t-1} + \begin{bmatrix} -0.3076 & 0.0563 \\ -0.2331 & -0.0959 \end{bmatrix} \times \Delta Y_{t-2}$$

$$+ \begin{bmatrix} -0.3192 \\ -0.2497 \end{bmatrix} \times vecm_{t-1} + \begin{bmatrix} 0.2373 \\ 0.2126 \end{bmatrix}$$

其中，$Y_t = \begin{bmatrix} \mathrm{II} \\ \mathrm{III}_t \end{bmatrix}$，$vecm_1 = \begin{bmatrix} \mathrm{I} & -0.8332 \end{bmatrix} \times Y_1 - 0.9026$

依据 VEC（2）模型对 Y_{2014} 进行预测，2014 年第二产业增加值将达到 1 588 亿元，第三产业增加值将达到 1 720 亿元。第一产业保持 25 亿元的规模，可得地区生产总值将达到 3 332 亿元。

2. 固定资产投资

选取全社会固定资产投资额和地区生产总值的对数序列 Investment 和 GDP 进行建模，样本为 1993—2013 年的年度数据。经 Bivariate 检验，二者的 Pearson 相关系数 $r=0.978$，相应的显著性概率 Sig=0.000，显然二者是高度相关的。建立一元线性回归方程，回归模型为：

$$GDP=1.17+0.94 \times Investment$$

$$（0.0004）（0.0000）$$

根据 GDP 的预测值，计算可得到 2014 年厦门市全社会固定资产投资额将达到 1 611 亿元。

3. 社会消费品零售总额

由于社会消费品零售总额（Consumer）和 GDP 对数序列在 1995 年后呈现较稳定线性关系，经 Bivariate 检验，二者的 Pearson 相关系数 $r=0.996$，相应的显著性概率 Sig=0.000，二者也高度相关。建立一元线性回归方程，回归模型为：

$$GDP=1.31+0.97 \times Consumer$$

$$（0.0000）（0.0000）$$

根据 GDP 的预测值，计算可得到 2014 年厦门市社会消费品零售总额将达到 1 110 亿元。

4. 外贸进出口

经 Bivariate 检验，外贸进出口额（Trade）和 GDP 对数序列的 Pearson 相关系数 $r=0.992$，相应的显著性概率 Sig=0.000，显然二者是高度相关的。建立一元线性回归方程，样本期为 1995—2013 年，回归模型为：

$$GDP=2.07+0.88 \times Trade$$

$$（0.0000）（0.0000）$$

根据 GDP 的预测值，计算可得到 2014 年厦门市外贸进出口额将达到 958 亿美元。

上述预测结果总结如表 1.6 所示。

表 1.6　2013 年和 2014 年主要经济指标预测结果

主要指标	2013 年实际值	2014 年预测值
地区生产总值（亿元）	3 018	3 332
增长率（%）	9.4	10.4
全社会固定资产投资额（亿元）	1 348	1 611
增长率（%）	1.1	19.5

续表

主要指标	2013 年实际值	2014 年预测值
社会消费品零售总额（亿元）	975	1 110
增长率（%）	10.5	13.8
外贸进出口额（亿美元）	841	958
增长率（%）	12.9	13.9

四、2014 年对策建议

贯彻落实国家"稳增长、调结构、促改革"的总体部署，深入实施跨岛发展战略，加快实施"美丽厦门"战略规划，正确处理好长期与短期、速度与结构、内需与外需、二产与三产之间的关系，推动经济持续健康稳定发展。

我们建议，2014 年的我市经济增长主要依靠工业和投资，继续发挥先进制造业对经济的主导作用，大力发掘中长期自主增长潜力，培育经济新增长点，保持经济增长后劲。同时，加大投资力度，优化投资结构，加大基础设施投资力度，逐步摆脱对房地产投资的严重依赖，大力拓展消费空间，进一步扩大出口规模，推动经济持续稳定增长，促进产业转型升级发展，加快结构调整步伐，促进城市转型发展。

（一）加快产业转型升级

按照"美丽厦门"战略规划产业升级行动计划的要求，优二进三，促进工业转型发展，推动服务业提速发展，加快培育一批有规模、潜力大的新增长点，努力构建与后工业化发展阶段相适应的现代产业体系。

1. 推动工业转型发展

一是保持工业快速增长。发挥宸鸿、友达等龙头企业的带动作用，推动工业规模快速扩张。紧盯明达、群创、友达等台湾企业开展招商，引进玻璃基板、高世代面板、OLED 面板等一批平板显示上游关键项目，带动配套企业跟进，迅速做大产业规模。主动对接央企，推进天马 TFT-LCD 平板显示二期投资，策划生成通用航空飞机成熟机型整机生产线。二是加快工业转型升级。淘汰劣势产业，重点淘汰劳动密集型产业的落后工艺技术和设备。壮大优势产业，推动电子通讯、平板显示、机械、食品加工等做大做强。大力培育新兴产业，加快培育生物医药、新材料、新能源等战略性新兴产业，带动全市高新技术产业规模逐步扩张。三是推进企业技术创新。加强区域自主创新平台建设，发挥厦门产业技术研究院的带动作用，引进国家级院所、央企、跨国公司、重点大学等在厦设立研发机构，为我市先进制造业发展提供技术支撑。推进产业创新公共服务平台建设，重点推动技术研究中心、工业产品设计中心、模具技术研究开发和检测中心等公平服务平台建设，促进产业工艺数据资源、标准规范、制造设备资源的共享。四是全力帮扶企业。加强用工等要素保障，重点扶持宸鸿、冠捷、达运

等订单充足、生产形势好的增产大户。跟踪帮扶厦工、翔鹭石化、正新轮胎等减产大户，"一企一策"解决企业生产中存在的问题。力促天马微电子等新投产企业扩大产能，为全市工业发展多做贡献。

2. 促进服务业提速发展

一是做优旅游业。着力发展滨海休闲旅游，加快华强文化科技产业基地二期等主题旅游项目建设。进一步激活岛外旅游人气，把握厦门火车站封闭施工、动车始发移至厦门北站的时机，完善方特梦幻王国、灵玲马戏城等新开业项目的交通、餐饮等配套，提高接待能力。推进国际邮轮母港建设，引进重庆新世纪等知名邮轮公司，积极争取赴台游异地办证等政策，开发以厦门为母港的海峡邮轮产品。二是壮大航运物流业。推动海沧港区加快承接东渡港区生产作业功能转移，确保远海自动化码头如期投入运行，提高港口吞吐能力和装卸效率。加强对台物流合作，促进厦台两地航企联合经营港口业务，实现两岸港口航线互补和集装箱互为中转；加快建设"天天快运"航线，发展对台海运快件物流。加快开辟大连等北方大港到厦门的内贸集装箱航线。三是做精金融商务业。发展特色金融。拓宽厦台人民币业务合作领域，引导金融机构在厦建立"对台业务中心"，争取率先开展跨境人民币贷款。利用《两岸服务贸易协议》赋予福建省的先行先试政策，推进金圆集团与台湾永丰金证券合资设立全牌照证券公司。推动金融要素交易平台建设，力促海峡（厦门）贵金属珠宝交易中心等项目落地。集中力量建设观音山—五缘湾总部集聚区。海西CBD（原两岸金融中心核心启动区）要重点吸引央企、台湾百大企业等设立区域性或职能性总部；五缘总部集聚区采取商务花园办公模式，重点吸引全球500强、跨国公司设立区域性或职能性总部。加快海西金谷广场、观音山广场等建设，完善片区商业配套。四是拓展软件与信息服务业。把握北斗导航、信息消费等新兴产业快速发展的机遇，加快在优势领域建设一批关键项目，动漫旅游领域要推进建设公共技术服务平台等，云计算领域要推进建设中国统计信息云平台等，集成电路设计领域要积极引进孵化电子电力、平板显示等IC芯片研发设计企业，信息服务领域要推进中国电科30所等项目动建，建设北斗导航研发中心与产业化基地。优化软件园三期服务配套，力促国内行业龙头企业和本地指标性企业进驻软件园三期。

（二）推进三大需求协调发展

正确处理好投资、消费和出口等三大需求关系，强化投资对经济的带动作用，发挥出口对经济增长的稳定作用，拓展消费对经济的推动作用，促进经济平稳增长。

1. 强化投资带动

一是千方百计扩大投资规模。加大基础设施投资，重点推进轨道交通、翔安机场等带动性强的重大项目建设，结合"一岛一带多中心"的城市空间格局调整的需要，加快建设东部市级中心，推进岛外新城建设。二是加大工业投资。要发挥火炬高新区战略性新兴产业同安基地、火炬（翔安）产业区、海沧生物医药港等载体作用，大力推进岛外高新技术产业投资，加快推动岛内工业向岛外工业搬迁步伐，促进岛外工业投资快速增长。三是要大力引进带动性强的重大项目。注重引进全国性产业布局的重点项目，积极对接央企项目，更高效、更合理、更大规模地引进和推动港澳台及美欧日等国家和地区的外商投资项目，提高单体项目规模，积蓄投资后劲。四是积极扩大社会投资。进一步降低投资准入门槛，大力开展重大项目面向民间投资推介招商，引导社会资本积极参与基础设施、保障性安居工程、公共服务等领域投资。全方位为社会投资落地做好服务，在金融支持、研发资助等方面给予与国有大中型企业同等待遇，引导社会资金投向优势产业、战略性新兴产业、现代服务业和节能环保等领域。

2. 拓展消费推动

一是引导和促进消费结构升级。实施鼓励分期付款消费、降低银行卡刷卡费率等措施，积极发展服务消费、健康消费、社区消费、虚拟消费等新兴消费和高端消费。积极把握厦门建设国家信息消费示范城市契机，鼓励信息消费在我市优先发展。做大海峡两岸电子商务创业园，引进第三方支付平台，鼓励企业拓展网络销售，推动万翔网络、名鞋库、斯波帝卡等电子商务企业发展，打造电子商务集中区，积极培育电子商务新业态发展。加强"夜经济"特色街区和集聚区的规划和建设，争取使"夜经济"成为我市拉动消费的新增长点。完善岛外商业网点建设，大力发展特色商圈，促进商圈经济形成和发展，积极拓展本地消费。加快岛内原有商圈的升级改造和整合推广，加大岛内区域性消费中心建设力度。二是切实增加居民收入。拓宽收入来源，从工资性收入、经营性收入、财产性收入、转移性收入等不同渠道改善居民收入状况，发挥财富对消费的拉动作用。建立低收入群体 CPI 指数，切实保障农民在城市开发建设中的集体土地增值收益，提高中低收入者消费能力。三是加大政策扶持力度。围绕家电、汽车等大宗消费以及教育、文化等新兴消费，在贯彻落实国家和省促进消费政策的基础上，制定更多符合我市实际情况的激励消费政策，尽最大潜力释放消费需求。适时出台扩大信息消费、老年消费、健康消费、休闲旅游消费等促进措施，促进形成新的消费热点。针对不同消费群体和不同需求层面，有针对性地出台吸引外来消费行为的具体政策，扩大外来消费规模水平。四是促进房地产市场稳步健康发展。加强房地产市场监管，适当加快商品房预售审批进度，引导开发商加大推盘力度，合理定价，稳定市场预期。在打击投机性购房、限制投资性购房的基础上，针对高、中、低不同收入人群，完善不同层次的购房需求政策。

3. 发挥出口稳定作用

一是要扩大出口规模。大力推进出口市场多元化，抓住发达经济体复苏加快的有利时机，加大对企业的扶持力度，扩大对欧美日等发达国家的出口规模，继续支持企业对东盟、金砖四国等新兴市场国家的出口市场的拓展。大力发展跨境贸易电子商务，引进和培育一批跨境贸易电子商务龙头企业，通过构建在线通关、检验检疫、退税、结汇等流程体系，发展跨境贸易电子商务，推动外贸企业依托电子商务开拓国际市场。二是提高出口产品附加价值。扩大汽车、船舶、工程机械、电子通讯等技术和资金密集型机电产品、高新技术产品出口，提升纺织服装、轻工、化工等劳动密集型出口产品科技含量和附加值。重点支持一批具有自主知识产权、自主品牌的出口企业。完善出口品牌培育机制，鼓励企业开展境外商标注册、出口认证和宣传推广，打造国际知名品牌。推动加工贸易转型升级，促进加工贸易向产业链高端拓展。三是要进一步优化外贸发展环境，切实落实通关便利化政策，继续加快出口退税进度，及时清理进出口环节中的不合理收费。扩大出口信用保险规模，拓宽外贸企业融资渠道，优先满足拥有自主知识产权、自主品牌的出口企业，战略性新兴产业、服务贸易等出口企业，以

及国际电子商务企业的融资需求，鼓励金融机构为外贸发展专项资金贷款提供配套。

（三）高度重视解决民生问题

坚持以人为本、民生优先，顺应人民群众过上更好生活的新期待，努力建设民生幸福城市。

一是加大扶持创业的政策力度。集中出台一批扶持创业的优惠政策，重点向青年大学生等群体以及初创期的创业组织聚焦；加大对中小型企业的扶持力度，充分发挥中小型企业吸纳就业的作用；同时及时对就业困难人员实施多形式的就业援助。二是切实提高居民收入。深化收入分配制度改革，提高劳动报酬在初次分配中的比重；继续实施增加退休人员养老金、调整城乡低保标准等民生政策，进一步提高城乡低收入家庭的收入水平；继续完善各项救助政策，扩大受益面和提高救助水平。三是进一步改善市民居住和出行条件。尽力而为、量力而行，创新机制、完善政策，加大旧区改造工作力度，实行旧区改造事前征询制度，完善以拆迁房屋市场评估价为标准、适当增加价格补贴标准和套型辅助面积、与住房保障体系相衔接的拆迁补偿安置政策，实行选择性安置方式，推进重点旧改项目实施。进一步扩大廉租住房覆盖面。加快经济适用住房开工建设与定向配售进度，尽快研究出台本市经济适用住房管理试行办法。继续加大"公交优先"战略实施力度，促进公共交通快速发展，努力提供便捷、安全、经济、可靠的出行条件。四是继续完善社会保障制度。重点围绕扩大新参保人群、探索适度延长退休年龄、完善养老金增长机制、建立财政稳定投入机制、保险基金调节使用机制和基金保值增值机制，以及设立多渠道筹资的储备基金等方面，出台相应政策措施，促进城镇养老保险基金可持续发展。制定规范企业年金和职业年金制度发展的相关政策，鼓励和引导有条件的企业和事业单位通过年金制度提高员工养老保障待遇。加快推进岛外地区和农村地区的各项社会保险制度发展，稳步提高农民养老和医疗待遇，逐步缩小岛内外和城乡社会保障待遇差距。五是加快社会事业均衡化发展。加大社会事业特别是岛外地区和农村地区社会事业的投入力度，重点推进岛外地区和农村基本公共服务建设，缩小城乡社会事业发展差距。加快岛外地区三级医院建设。集中力量建设一批教育设施。加快推进奥体中心等社会事业重大项目建设。同时，继续加大食品药品安全监管力度，提升城市食品药品安全控制能力。

（四）努力解决就业和用工问题

积极促进再就业工作。加强对再就业对象的职业技能培训，针对企业用工缺口较大的工种举办有针对性的培训班，提高再就业工作成效。加快发展吸纳就业人口多的服务行业和观光果园等休闲农业，就近吸纳再就业对象，促进农民转移就业。

加强用工保障。深化与云南、湖南等劳务输出地人社部门和职业技术院校的合作关系，吸引更多职业技术院校毕业生来厦就业。进一步改善岛外工业园区生产生活条件，加强公共服务配套设施建设，引导企业改善用工条件，加强人文关怀。

（五）加大政策支持力度

要充分发挥财政政策和金融政策对经济的保障作用。一是要进一步优化财政支出结构。在当前形势下，保持公共投资的适度增长仍十分必要，要优先支持重大基础设施项目建设。支持自主创新能力建设和战略性新兴产业发展。同时，要加大民生领域投入，支持保障性安居工程、科技创新和教育文化卫生、节能减排和生态建设。二是要引导银行信贷支持。引导金融机构将资金投向实体经济，持续推动二、三产业共同发展。鼓励金融机构重点支持海沧生物医药产业园、火炬高新区战略性新兴产业同安基地等新兴产业集聚区建设。密切关注金融"国十条"对我市企业影响，引导银行加强流动性管理，加大对先进制造业、战略性新兴产业等实体领域和小微企业等薄弱环节的信贷支持，重视中型企业的信贷诉求，保证对优质中型企业的资金供给，完善小微企业金融服务，加强信贷倾斜和专营服务机构建设，创新信贷产品和担保抵押方式。

参考文献：

［1］厦门市人民政府工作报告［N］.厦门日报，2014 年 2 月 11 日.

［2］国家发改委宏观经济研究院课题组.走向 2013：中国经济展望［M］.中国经济出版社，2013.

［3］陈佳贵，李扬.2013 年中国经济形势分析与预测［M］.社会科学文献出版社，2012.

［4］课题组.厦门市国民经济和社会发展第十二个五年规划纲要中期评估报告［R］.厦门市发展研究中心，2013.

［5］美丽厦门战略规划［R］.厦门市规划局，2013.

［6］加快建设美丽厦门 中共厦门市委全面深化改革的决定［N］.厦门日报，2013 年 12 月 19 日.

［7］张立群.2013 年我国经济形势分析与展望［J］.宏观经济管理，2013.3.

［8］国家信息中心宏观经济形势课题组.上半年经济形势分析及全年预测［N］.经济预测与分析，2013 年 7 月 5 日.

［9］厦门市发展研究中心课题组.稳增长 调结构 促转型——2013 年厦门经济形势分析和 2014 年展望［J］.厦门特区经济，2013（04）.

［10］国家信息中心宏观经济形势课题组.2014 年中国经济预测和宏观调控政策取向［N］.经济预测与分析，2013 年 10 月 24 日.

课题指导：徐祥清　戴松若

课题组长：林汝辉

课题组成员：谢　强　许　林　刘飞龙　黄榆舒　黄光增
　　　　　　涂聪智　李　婷

课题执笔：林汝辉　谢　强　许　林　刘飞龙　黄榆舒
　　　　　　黄光增　涂聪智　李　婷

第二章 思明区经济运行分析与展望

一、2013年思明区经济社会发展情况

（一）发展情况

1. 总体运行平稳有序

2013年以来，面对复杂多变的经济形势，思明区以提高经济增长质量和效益为中心，坚持转型升级和统筹兼顾，经济运行平稳有序。全区共实现地区生产总值（GDP）902.07亿元，同比增长7.1%，增速有所放缓，主要经济指标呈现高开低走态势。GDP累计增幅从一季度的8.8%回落至四季度的7.1%（图2.1）；规模以上工业总产值由一季度的增长1.5%降低到0.8%；固定资产投资累计增幅由一季度的10.5%回落到四季度的2.6%（表2.1）。

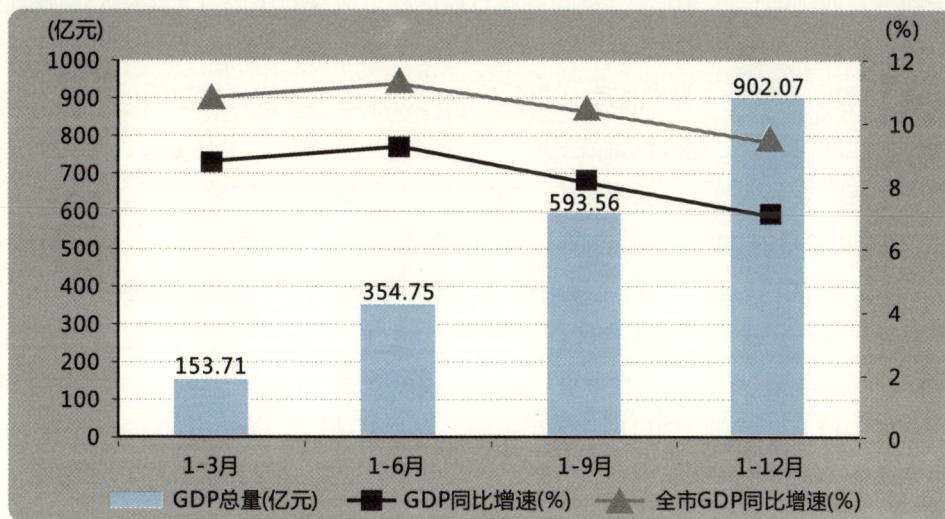

资料来源：厦门市统计局　思明区统计局

图2.1　2013年思明区各季度GDP增长情况图

表 2.1　2013 年思明区主要经济指标完成情况

序号	指标名称	单位	完成额	增速（%）
1	地区生产总值	亿元	902.07	7.1
2	规模以上工业总产值	亿元	246.46	0.8
3	财政总收入	亿元	153.02	15.0
4	区级财政收入	亿元	46.56	38.2
5	合同利用外资	亿美元	4.56	11.2
6	实际利用外资	亿美元	3.25	−4.8
7	固定资产投资	亿元	206.2	2.6
8	社会消费品零售总额	亿元	406.33	4.1
9	进出口总额	亿美元	233.32	12.2
10	城镇居民人均可支配收入	元	43 250	12.3

资料来源：思明区统计局

2. 产业结构加快升级

2013 年，思明区着力构建"高端、新兴、特色"的现代产业体系，产业结构持续优化。商贸、商务、旅游等支柱产业不断发展壮大，金融、软件等新兴产业加快培育，时尚、物流等新兴潜力产业深入拓展，产业结构升级不断加快。

（1）支柱产业发展壮大。一是商贸业日益繁荣。以高端商贸发展为重点，统筹各大商圈布局，推动商贸业优化升级。2013 年全区限额以上商贸企业累计完成营业额 4 245.66 亿元，同比增长 3.8%，消费环境最优城区加快形成。着力推进新的商业业态模式，引导商贸流通企业开展电子商务活动，规模以上电子商务营业额增长近 50%。二是商务业日益活跃。以观音山商务营运中心、鹭江道总部经济带为载体，开发新楼宇与提升旧楼宇并举，楼宇总部经济发展量质同升，全年新建成 8 幢商务楼宇，纳税亿元楼达 18 幢，新认定一批总部型企业，总部型企业达 123 家，鹭江道、观音山总部集群不断壮大。三是旅游业加快升级，充分挖掘鼓浪屿、环岛路等旅游资源，深度整合、开发旅游产品，旅游经济持续向好，海西旅游集散中心加速形成。2013 年，全区共接待国内外游客 3 965.21 万人次，同比增长 16.6%，占全市总量的 79%，旅游总收入 447.12 亿元，同比增长 13.9%。

（2）新兴产业加快培育。一是金融业稳健发展，以建设两岸区域性金融中心（思明片区）为抓手，加快金融要素市场建设，推进辖区金融业发展。2013 年全区金融业实现增加值 180.12 亿元，占全市的 70%。两岸金融中心建设加快推进，全年完成投资 22.29 亿元，年度完成率达 130.12%，海西金谷广场等载体项目进展顺利。项目招商成果丰硕，全年累计引进项目 61 个，投资额 89 亿元，圆信永丰基金公司成为思明区第一家外资公募基金公司。二是软件业快速拓展，出台《鼓励软件产业发展暂行办法》，主动帮扶软件企业，累计兑现扶持资金 1 035 万元。积极参与厦门服务外包示范城市建设，以跨国公司、大型企业集团为主要对象的 IT 服务、客户服务外包产业初具规模。辖区内拥有"国家

规划布局内重点软件企业" 3 家，占全市 60%；"国家动漫企业" 7 家，占全市 58%，市级动漫企业 32 家，占全市 74%；"双软（企业、产品）"认证企业 203 家，超全市一半。

（3）潜力产业加快拓展。一是时尚产业初具规模。发挥思明区服务业发达、文化底蕴深厚、消费水平高、人才聚集等优势，大力发展多样化的时尚产品及相关服务产业集群，延伸时尚产业链，时尚产业初具规模。举办首届厦门·思明时尚节，吸引 139 位国内外知名设计师参加，通过"2013 华人时装设计大赛"、大众嘉年华、设计师专场发布会等活动，为时尚业界搭建交流展示平台，吸引大量市民游客参与体验时尚生活方式，带动思明区纺织服装、文化创意、百货商业等产业转型升级和可持续发展。二是物流业发展迅速。积极对接东南国际航运中心建设，加快发展第三方物流，以越海、嘉晟物流为龙头，延伸带动上下游产业链，吸引现代物流企业汇聚，加快越海物流总部大厦建设步伐，稳步推进福慧达等物流企业上市。

3. 对外开放持续深入

2013 年，思明区深入贯彻落实厦门市深化两岸交流合作综合配套改革试验总体方案，对外开放持续深入。

（1）对外贸易稳步增长。根据海关数据，2013 年全区实现进出口总额 233.32 亿美元，比增 12.2%，高于 GDP 增速 5.1 个百分点；其中，出口额 150.94 亿美元，比增 15.7%；进口额 82.38 亿美元，比增 6.2%，外贸进出口保持较快增长。出口产品结构优化，高新技术产品出口增长较快，传统劳动密集型产品出口比重降低，产品附加值提高。出口市场结构更加多元，企业通过积极开拓多元国际市场推动出口快速增长。

（2）利用外资结构优化。全区利用外资新设立项目 146 个，总量指标名列全市首位，其中合同外资 4.56 亿美元，同比增长 11.2%，占全市比重达 23.9%。现代服务业利用外资增长迅速，累计利用外资 3.06 亿美元，占全区合同利用外资总量的 67%，主要分布在金融业、批发零售业、租赁商务服务、科技服务业四大类，圆信永丰基金等一批大型外资项目落户思明。

（3）对台合作交流密切。加强对台交流交往，实现产业对接进一步推进，旅游互动进一步加强，文化交流进一步深化。对台经贸合作更加密切，引进台资项目 38 个，合同利用台资 4 529 万美元。举办"中华情·中国梦"书画展、"第五届两岸电影展"等涉台活动，郑成功文化节首次入台联办，签订一批民间文化、旅游合作协议，两岸各领域交流持续热络。

4. 科技创新能力显著增强

2013 年，思明区加快创新型城区建设步伐，健全创新投入机制，连续九次获评全国科技进步先进区，科技创新能力稳步增强。

（1）加大政策扶持力度。出台《科技创新与研发资金管理办法》，明确以奖励扶持、无偿资助和贷款贴息三种方式资助研发，提高财政资金使用效益，推动科技创新与研发，目前已兑现各类优惠政策资金 6 571 万元。

（2）加快平台载体建设。发挥厦门市工业设计中心、区属企业技术平台、软件人才实训基地等平台载体作用，大力推进科技成果产业化。开通国内首个网上知识产权交易平台，举办在线科技成果对接会，实现技术对接 182 次，促进产学研技术攻关。

（3）加大人才引进力度。深入实施"英才计划"，主动对接国家"千人计划"、省引才计划和市"双百计划"，推进人才萃智提升行动，新增 10 个"双百计划"人才项目，一批优秀人才集聚思明创新创业。

5．三维招商积极进展

2013 年，思明区按照"高、新、特"产业发展方向，围绕构建"四个中心"，积极开展广泛招商，三维招商获得较大进展。

（1）招商引资渠道更加多样。坚持以优化功能布局为导向，实施更积极的"走出去"战略，建立世界 500 强、国内行业百强企业项目库，招商链条进一步延伸。深化"点对点、小分队"招商，增进与北京、香港等闽商协会联系，充分发挥"6·18"、"九·八"投洽会平台作用，纵深拓宽招商渠道，专业化招商模式更加成熟。

（2）规模项目支撑作用明显。强化重大项目的跟踪落实，促进大项目加快落地，规模项目效应明显，引进规模 500 万美元以上外资项目 19 个，合同外资 3.85 亿美元，占比 84.4%，网龙网络等带动性项目落地。引进亿元以上内资项目 51 个 167 亿元，占比 57%，内资平均单项注册资本高达 3 254 万元人民币。

（3）民企及服务业 500 强投资力度加大。全区利用央企、民企项目 623 个，总投资 136.7 亿元人民币，民企 500 强、中国服务业 500 强、央企项目加大对辖区投资力度，引进苏宁云商增资等民企 500 强项目 2 个，引进怡亚通深度供应链管理项目等中国服务业 500 强项目 4 个，引进北奥创意产业项目等央企项目 5 个。

6．社会事业持续进步

2013 年，思明区突出以为人本，加大财政投入力度，扩大优质公共服务资源有效供给，全面推进教育强区、卫生强区、文化强区建设，社会事业取得长足进步。

（1）教育均衡优质发展。加大教育投入力度，实施"名校办分校"办学模式，全年新增学位近 4 000 个。加强教师队伍建设，深入实施名师培养工程，优秀和骨干教师占专任教师比例达 50%，教师队伍整体素质进一步提升。以全省最高分通过国家"义务教育基本均衡区"评估认定，学前教育和义务教育资源均等化水平不断提高。大力支持民办教育发展，48 所民办幼儿园通过定级评估。开通终身学习网站，满足群众多样化学习需求。

（2）卫生事业健康发展。深入推进健康城区建设，逐步形成"健康进家庭、小病在社区、康复回社区"的卫生服务新格局。积极创建省级慢病防控综合示范区，设立"健康小屋"自助检测站，市民健康服务体系日益完善。全面推进社区卫生服务综合改革，切实落实卫生实事项目，卫生资源总量稳步提高，基本形成了布局合理、功能完善、覆盖全区的社区卫生服务网络。

（3）文体事业蓬勃发展。大力推动公共文化设施建设，深入挖掘历史文化内涵，富有思明特色的社区文化扎实推进，通过国家公共文化服务体系示范区验收。群众文化活动蓬勃开展，举办"美在厦门·情谊五洲"奥林匹克美术优秀作品巡展，舞蹈《鼓神》、小品《等》荣获第十届中国艺术节"群星

奖"。加大财政资金投入力度，改造修缮人民体育场，增设公共体育健身设施，积极引入市场机制扩大社会经营性健身场所建设。大力开展全民健身活动，举办第三届老年人体育健身大会，协助办好厦门国际马拉松等赛事，首次承办世界沙排厦门大满贯赛，蝉联市运会金牌总数和团体总分第一名。

7. 民生保障有力有效

2013 年，思明区坚持民生为重理念，民生领域支出占地方财政支出比重持续提升，全力办好惠民利民实事好事，不断提高发展的包容性，人民生活更加幸福美好。

（1）居民收入持续增加。健全职工工资正常增长机制和支付保障机制，不断提高低收入者收入水平，促进居民收入与经济发展同步增长。2013 年城镇居民人均可支配收入达到 43 250 元，同比增长 12.3%。

（2）充分就业持续完善。健全促进就业长效机制，积极开展公共就业的基础服务，全面推进充分就业社区建设。积极打造创业型城区，大学生创业孵化基地效用凸显。切实落实扶持困难人员就业的补贴政策，鼓励劳动者以更加灵活的方式实现自谋职业。实施更加积极的就业政策，兑现各类就业补贴 3 800 多万元，新增就业 3.7 万人，城镇登记失业率 4.0%。

（3）社会保障持续强化。以社会保险、社会救助、社会福利为基础，以基本养老、基本医疗、最低生活保障制度为重点，以慈善事业、商业保险为补充，社会保障体系不断完善，养老保险实现全覆盖。将低收入家庭纳入困难群众帮扶"快车道"，发放低保金近 2 500 万元。设立并发放"圆梦"助学金 521 万元，为困难学子提供全程帮助。启用"民生 110"综合服务平台，智能居家养老逐步推开，"爱心餐桌"免费送餐服务惠及全区 143 名"三无"老人。

（二）存在的问题

2013 年，思明区经济运行虽然总体保持平稳增长态势，但从中长期看，经济保持平稳较快增长难度增加，结构调整压力加大，经济转型升级较为迫切。从短期看，经济运行主要存在着投资增速放缓，消费增长乏力，产业结构不合理和发展空间受限等问题。

1. 投资增速明显放缓

因征地拆迁问题复杂、土地招拍挂进度滞后、企业增资扩产意愿下降等因素导致投资增长放缓，2013 年全区固定资产投资增长速度同比增长 2.6%，同比增速下降了 9.1 个百分点。一是城镇项目投资大幅减少，由于土地购置费下降、重大项目数量少、基础设施建设投资下降等因素，导致城镇项目投资出现负增长，全年同比下降 7.1%。二是房地产投资比重较大，房地产投资占全区固定资产投资比重达 50.9%，不利于投资的稳定增长，受房地产投资增幅大幅回落影响，固定资产投资增长全年走势由高转低。

2. 消费需求增长乏力

全区全年社会消费品零售总额同比增长 4.1%，落后全市增速 6.4 个百分点，占全市比重 41.7%，较年初回落 4 个百分点。一是消费分流加剧，随着厦漳泉同城化和跨岛发展战略的加快推进，周边商业市场日渐成熟，特别是购物中心、商超企业和汽车销售企业在周边地市不断开设，分流了思明区消费。二是电子商务冲击明显，超市、百货、家电行业受电子商务冲击影响，经营压力大，主要家用电器企业零售额同比下降了 14.3%。三是节约消费理念渐入人心，中央"八项规定"和厦门"十个严禁"规定的规范、引导，社会崇尚节约之风逐渐形成，思明区作为全市高端商业、餐饮、酒店的聚集区，受到的影响最大，全区餐饮业企业营业额同比减少 5.0%。四是消费空间拓展受限，因厦门市总体规划布点要求，占全区社会消费品零售总额主体的汽车、石油等行业发展受限，思明区不允许审批新增汽车类项目，石油类项目也必须迁往海沧石油交易中心，汽车销售企业近年来也纷纷迁至其他区，这些因素严重制约了思明区消费空间的拓展。

3．产业有待优化升级

一是工业增长基础薄弱，工业增长主要依靠重点企业支撑，仅市属下放企业市电业局和林德叉车两家企业产值就有 101.59 亿元，占工业总产值的 41.2%。二是工业出口增长乏力，受人民币汇率上升、用工成本提高、原材料价格上升等因素的影响，工业出口继续下行，全区规模以上工业出口交货值 45.79 亿元，比降 20.5%。三是服务业结构需不断升级，商业、餐饮业、住宿业、交通运输业等传统服务业的比重较大，信息、咨询、会计、律师等新兴服务业的比重偏小，辐射功能不强。

4．城区功能有待完善

一是旧城旧村改造难度大。由于被拆迁户的乡土情结、征地拆迁补偿标准与被拆迁户期望值存在差异、住房与社会保障等方面的问题，征地拆迁工作较难推动。二是城区建设滞后。厦港片区、营平片区、中山路片区等旧城改造规划滞后，推进重大项目建设、旧区改造面临不少瓶颈制约，城区建设和环境有待于进一步改善。三是城市发展空间有限。思明区作为厦门市中心城区，未开发利用的空间资源短缺，可供开发的后备土地资源仅有沿环岛路的东部部分地区，制约着中心城区城市功能优化提升。

5．基本公共服务有待提升

一是基本公共服务供给不足。人口快速增长特别是人口老龄化程度加快，给公共服务供给带来较大压力，基本公共服务短期内无法快速满足群众需求。二是基本公共服务供给不均衡。目前，卫生、医疗、教育资源只能满足户籍人口的需求，无法满足所有常住人口需求，针对进城务工人员、残疾人等社会弱势群体的基本公共服务水平亟待提升。三是长效机制有待完善。基本公共服务的制度设计、财力保障、服务供给和评估监督等长效机制有待健全完善。

6．社会管理有待加强

当前，思明区正处于城市转型发展的关键阶段，社会阶层分化加速、群众利益诉求多元，各种历史遗留问题和发展中新出现的矛盾相互叠加、交织，社会发展进入矛盾多发期和凸显期。特别是随着人民群众生活质量的提高和维权意识的提升，维护社会和谐稳定的要求和难度比以往明显增大，城区管理中面临的新问题日益突出，涉及旧城改造、征地拆迁、交通拥堵、房地产开发、市政设施等领域的不稳定因素较为明显。

二、2014年思明区发展环境分析

（一）国内外宏观形势

2014年，思明区经济社会发展面临的形势错综复杂，机遇与挑战并存。一方面，国际经济形势依然复杂多变，世界经济复苏存在不稳定、不确定因素，全球经济格局深度调整，国际竞争更趋激烈；国内经济正处于增长速度换挡期、结构调整阵痛期和前期刺激政策消化期叠加的阶段，发展中长期积累的一些深层次矛盾和问题还没有根本解决，宏观经济下行压力依然较大，经济的平稳健康发展仍然面临较严峻的挑战。另一方面，我国经济增长的动力依然充分，工业化、城镇化、收入增长等经济增长的基本支撑力量并没有改变，随着新一轮改革开放的深入推进，我国经济发展的内在潜力将得到进一步释放。同时，随着"美丽厦门"战略规划的全面实施，厦门经济社会发展将进入崭新的发展阶段，厦门申请自贸园区等重大利好信息也为思明区经济发展创造了新的机遇。

（二）影响思明区发展的因素分析

1. 全面深化改革

改革是2014年中央政府工作的首要任务，随着各项改革任务的分类推进，改革红利将进一步释放，为思明区发展创造了新的机遇。一是深化投资审批制度改革，充分落实企业投资自主权，有利于投资创业便利化，有利于扩大社会投资规模、增加就业；二是推进税收制度改革，扩大"营改增"试点范围，有利于减轻企业税收负担，激发企业活力；三是推进金融体系改革，加快发展多层次资本市场，有利于推进两岸区域性金融服务中心建设，有利于拓宽企业融资渠道、缓解中小企业融资难等问题；四是推进医改纵深发展，创新社会资本办医机制，有利于基本公共服务体系的完善。

2. 新型城镇化

2014年，我国将加快推进以人为核心的新型城镇化，新一轮户籍制度改革将要启动，将对思明区发展空间拓展、基本公共服务供给及社会治理提出新的挑战。一是征地拆迁政策的调整变化将影响项目用地供给，从而影响思明区发展空间的拓展；二是户籍制度改革，特别是流动人口差别化的落户政策实施，对教育、医疗等基本公共服务供给及政府的社会治理能力提出新的挑战。

3. 信息消费

2014年，我国经济转型升级步伐将进一步加快，信息消费将成为拉动经济增长的新动力，思明区软件业等信息消费产业发展基础良好，国家促进信息消费相关政策措施的实施，有利于思明区相关产业的发展、有利于消费结构升级和消费水平的提高。

4. 楼市调控

2014年，我国将继续实施房地产市场调控和监管工作，对房价上涨过快的城市从严落实差别化住房信贷税收和住房限购政策，同时将推行不动产统一登记制度和推进房地产税法起草工作，探索发展共有产权住房和强化市场监管。房地产行业对思明区经济增长的拉动作用明显，楼市调控政策的延续将对思明区的房地产行业及相关行业、财政收入和经济增长产生一定影响。

5. 美丽厦门战略规划

2014 年 1 月，厦门市十四届人大三次会议审议通过了《美丽厦门战略规划》，标志着"美丽厦门"建设进入全面实施阶段，《美丽厦门战略规划》是指导厦门未来建设和发展的纲领性文件，对进一步推动厦门经济特区科学发展、跨越发展具有重要意义。

思明区作为厦门市经济总量最大的核心城区，出台了《思明区贯彻落实〈美丽厦门战略规划〉三年行动计划》，积极对接市"两个百年"的发展愿景和"五个城市"的发展目标，先行先试，力争成为建设美丽厦门的示范城区。2014 年，思明区将深入实施主体功能战略，优化城区功能布局，推动城区平衡发展；深化重点领域改革、改善提升政务环境，主动融入厦门自贸区建设，推动投资贸易便利化；开展"美丽厦门"共同缔造行动，力争在社会治理能力现代化上起示范作用。

三、2014 年思明区发展展望

（一）经济平稳增长，发展质量进一步提升

2014 年思明区发展面临的外部环境复杂多变，经济增长下行压力较大，仍将延续温和增长态势，预计全年经济增长 8% 左右。

（1）第二产业平稳增长。工业低增长态势预计至少将延续到 2014 年上半年，全年累计工业总产值同比增速将继续小幅增长，2014 年全年预计增长 1.5% 左右，规模以上工业累计实现总产值 250 亿元左右。受房地产投资增速放缓影响，2014 年建筑业增速将有所回落，但增速仍保持在 10% 以上。

（2）第三产业增长加快。一是商贸业增长将加快，服装鞋帽企业去库存效果较显著，2014 年特步、安踏、七匹狼等企业生产经营将有所好转。二是旅游经济持续向好，全区旅游接待量、旅游收入持续增长，旅游支柱产业地位进一步凸显。三是金融保险等其他服务业发展良好，金融招商成效进一步显现，金融保险业对经济增长的拉动作用增强。

（3）投资保持基本稳定。2014 年思明区可供出让地块有限，挂牌地块减少将影响到固定资产投资地价款入统，预计 2014 年房地产投资增速将有所放缓；随着轨道交通项目、火车站改扩建工程等项目的推进，基础设施投资将触底回升，2014 年城镇项目投资增速的趋势基本确定。

（4）消费保持稳定增长。随着城乡居民收入的持续增长，社会保障制度的完善与扩面，民生财政力度的加大，新消费群体的扩大和时尚产业等新兴产业的快速成长，预计 2014 年社会消费品零售总额名义增长 5%，实际增长将比 2013 年有所加快，对经济增长的贡献度也将上升。2014 年高端商业仍将保持快速增长势头，传统百货业、综合性超市将保持稳定增长，餐饮业仍将在低谷徘徊，服装、汽车、金银首饰、电子类消费品将有较快增长。

（5）外贸形势将略有改善。2014 年，欧美等发达经济体经济复苏步伐将有所加快，出口需求将有

所增加；企业技术升级改造和产品更新力度加强，出口产品竞争力进一步提高；2014年人民币对美元汇率和有效汇率将基本保持稳定，并小幅回落，这有利于出口增长，2014年思明区外贸形势将进一步改善。

（6）发展质量进一步提升。2014年思明区将更加注重经济发展质量的提高，现代服务业体系将更加完善，综合实力将进一步增强，财政收入和人均收入等多项指标增幅继续保持全市前列，思明区经济增长的质量将得到提升，核心城区的辐射带动能力将有所增强。

（二）产业结构优化，产业竞争力进一步提升

（1）现代服务业体系更加完善。一是总部经济加速集聚。观音山、鹭江道总部集聚区进一步壮大，以楼宇经济、地下空间经济、连廊经济为主要内容的立体经济逐步发展。二是商贸旅游更加繁荣。磐基二期等高端商业综合体项目持续推进，区域消费购物中心建设富有成效；高端休闲游、深度游等旅游产品成效凸显，成为海西重要旅游目的地和旅游集散中心。三是会展业发展迅速。商贸、旅游、会展有机融合，一批特色鲜明、主题突出、影响力强的品牌会展活动陆续推出。

（2）新兴产业日益壮大。一是信息消费产业快速发展。以智慧名城建设为契机，推动信息消费快速增长，企业广泛开拓电子商务模式，数字家庭基地建设有序推进。二是时尚产业日益繁荣。谋划建设洪文时尚产业园，构建时尚产业孵化和影视基地，高水平时尚艺术活动持续举办。三是软件开发、服务外包、养老健康产业等朝阳产业进一步发展，成为新的经济增长点和引爆点。

（3）先进制造业转型发展。一是传统工业转型升级。以"两化"融合为着力点，加大技改投入，引导企业技术装备更新、工艺优化和新产品开发，提高信息化水平。二是"飞地"工业区加快发展。以区域合作为突破口发展飞地经济，促成安溪工业园项目落地实施，为辖区总部企业提供更广阔的腹地。

（三）生态环境美化，城区功能进一步完善

（1）空间布局更加优化。通过节约集约用地，推进旧城与新城高品质更新。厦港、营平等片区改造积极推动，开元工业园等"三旧"改造持续推进，中山路等历史文化风貌区得到保护开发。盘活空置楼宇、商场资源，充分利用地下空间资源释放更多产业发展空间。

（2）城区功能更加完善。深入实施主体功能战略，实现各区域合理分工，联动发展。优化生活服务业网点布局，社区生活舒适便捷。公共停车场等公共设施加快建设，宜居品质日益提升。公共服务等领域智能化水平不断提高，智慧城区建设步伐加快。

（3）城区环境更加亮丽。老旧小区改造持续推进，生态绿化提升工作深入开展，绿化建设取得新成绩。加强市容环境建设，环境空气质量优良率稳中有升。城区品位和形象明显提升，城市管理现代化水平进一步提高。

（四）社会事业统筹发展，人民福祉持续提高

（1）教育发展更加均衡。教育投入逐步提高，早教基地园加快建设，早教公共服务网络不断健全，义务教育加快发展，公办学位持续增加，进城务工人员随迁子女就读公办学校比例进一步提高。

加强教师队伍建设，组建"名师工作室"，引进国内优秀教育人才，教师队伍整体素质进一步提升。

（2）社会保障更加可靠。社会保障体系不断完善，政策对困难群众的托底作用日益显现。出台低收入家庭帮扶政策，困难群众帮扶"快车道"优化建设。深入开展"圆梦"助学、"圆梦"创业活动，困难学子参与平等竞争的能力得到提升。建设重残人员托养中心，社区居家养老服务完日渐善，民办养老机构规范化发展。

（3）文化体育更加惠民。现代公共文化服务体系进一步完善，公共文化设施网络建设加快推进，新建一批 24 小时自助图书馆。"社区艺术节"等群众性文体活动广泛开展，社区文体活动丰富多彩。推广"阳光体育进校园"活动，促进青少年身心健康、体魄强健。

四、2014 年对策建议

2014 年，思明区应当抓住美丽厦门共同缔造、跨岛发展提升岛内、综合配套改革、厦漳泉同城化等有利契机，继续以扩大内需为重点，以改革创新为动力，发挥中心城区的区位优势、配套优势和基础优势，坚持"高、新、特"产业发展方向，实施现代服务业主导及优先发展战略，加快产业转型升级，力争经济平稳健康发展。

（一）推动产业提升发展

（1）优化结构推动产业转型升级。一是发挥商务楼宇资源及产业聚集优势，不断完善配套，引进与培育并举，推动总部经济发展；二是发挥对台优势，发展对台离岸金融，培育金融要素市场，发展金融后台服务；三是发挥现代商贸流通业先行优势，以高端商业、现代物流、品牌会展、高端旅游为重点，推动服务业内部结构专业化和行业水平高标准化；四是积极拓展服务业新兴领域，培育发展时尚、软件信息、文化创意、健康等新兴产业集群；五是发展循环经济和低碳环保产业，推动产业体系向绿色转型。

（2）自主创新驱动产业转型升级。一是大力推进创新型城区建设，建立科技资源信息共享制度，着力建立特色鲜明的区域创新服务平台体系；二是加大对高新技术以及战略性新兴产业的扶持力度，鼓励引导企业加大产业核心技术研发，支持一批技术创新试点企业、示范企业建设；三是鼓励引导传统产业加强技术升级改造，推进传统产业和新兴产业、高新技术产业融合，为传统产业注入新的活力；四是着力搭建投融资平台，形成中小企业发展的"孵化器"，继续利用"6·18"、"12·8"等平台，推动科技成果对接，促进项目转化落地；五是加强人才的培养引进，主动对接国家"千人计划"，不断优化人才的居住、发展环境，吸引进更多的复合型综合管理人才，尤其是行业领军人物，为文化创意产业、软件产业等新兴产业集聚更多的人力资源。

（3）选商引资促进产业转型升级。一是将产业发展目标与招商指标紧密结合，将招商目标按产业进行细分，拓宽信息来源渠道；二是加强招商队伍建设，提升专业招商能力；三是积极推进产业链招商、"三维"招商，着力引进高端服务、金融商务、文化创意、旅游会展等产业以及价值链高端环节和缺失环节的项目，促进产业升级。

（4）载体建设支撑产业转型升级。强化中心区的引擎带动作用，增强中央商务区总部经济的经济

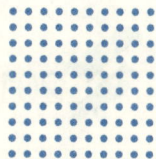

控制力和资源配置力，以楼宇总部经济为重点，围绕现代服务业引进一批支撑力大、带动性强的服务业项目，扶持一批主业突出、竞争力强的服务企业，形成一批各具特色、充满活力的服务业集聚区。

（二）促进投资健康发展

（1）改善投资营商环境。积极落实商事登记等行政审批制度改革，建立商事主体资格与经营资格分离，审批与监管、监管与自律相统一的登记制度，实现市场主体的"宽入严管"。推行负面清单管理模式，对外商投资审批探索实行"同步受理＋并联审批"、"负面清单＋简化审批"和"准入前国民待遇＋负面清单"模式。加快精简、高效、廉洁的服务型政府建设，深化政府机构改革和审批制度改革，推进投资环境国际化，激发市场主体的投资积极性。

（2）推进重点项目建设。做好重大项目前期工作，通过落实目标、明确责任、健全机制、有序推进，深化服务、协作配合，强化督查、稳扎稳打等措施全力推进轨道交通一号线、火车站南片区等重点项目建设。

（3）积极扩大社会投资。进一步放宽民间投资领域、降低投资准入门槛，引导社会资本积极参与基础设施、保障性安居工程、公共服务等领域投资。全面落实民营企业的财政、金融等支持政策，扩大社会投资规模。

（4）做好投资要素保障。调整优化用地结构，优先保障工业、现代服务业和基础设施项目用地需求，全力推动征地拆迁工作，保证项目土地供给，切实加大对战略性新兴产业、传统产业改造升级、高技术产业等项目的支持力度。

（三）培育消费新增长点

（1）大力发展高端时尚消费。加快推进磐基名品中心二期等消费项目建设，以厦深铁路、向莆铁路开通、厦漳泉同城化深入推进为契机，扶持磐基、SM二期、中华城等中高端商业网点做大做强。充分发挥高端商业鼓励引进政策的作用，鼓励磐基、中华城、JFC品尚中心等名品中心引进国际一、二线品牌，形成品牌集聚效应，积极发展高端定制服务，拓展游艇等高端消费领域，扩大高端消费的区域影响力。

（2）深入挖掘服务消费潜力。加大对培育新兴消费性服务业和新型服务业态的支持力度，支持社会力量兴办各类服务机构，引导居民选择娱乐、运动健康的生活方式，鼓励医疗机构、旅游公司、家政服务企业延伸服务，积极发展康体美容、高端医疗美容、抗衰老等新型服务业态，积极丰富文化产品、文化服务内涵，打造优质旅游精品线路，积极发展家庭服务业，满足不同群体服务消费的需要。

（3）大力推进电子商务发展。抓住厦门市入选首批国家信息消费试点市（县、区）的机遇，进一步完善、修订电子商务发展扶持政策，加大对电子商务应用企业、服务平台企业、专业服务企业等的扶持力度，推动电子商务加快发展。加大电子商务龙头企业引进力度，鼓励和引导传统企业开拓电子商务发展模式、线上线下齐发展，不断增强企业竞争力。

（4）促进信息消费发展。加快信息消费基础设施建设，推动"三网融合"，加快光纤到户的改造进度，开放重点公共场所 WiFi 热点接入，加快移动互联网建设，提升 WiFi+3G/4G 无线宽带网络的覆盖和承载能力。加大信息消费供给和需求培养，实施"信息惠民"工程，推动宽带成果向公益机构和低收入群体普及，在无线城市平台上开发更多面向市民和企业服务的信息化应用。

（四）提升城区发展容量和品质

（1）着力推进城市更新。积极推动城区更新改造，推动产业升级、服务优化和城区功能完善。开展城市更新基础数据调研分析，制订城市更新战略规划。加快何厝岭兜片区、厦港避风坞等片区改造，提升城市综合功能。加快推进旧厂房向文化创意、高端商务等方向改造提升，积极引导厂房业主进行改造转型。坚持"拆、改、留"并举，探索历史文化风貌区成片保护性改造新机制，按照修旧如旧的思路，继续做好老城区历史文化风貌建筑的保护和修缮工作，形成文化品牌。

（2）着力提升发展潜力。进一步挖掘潜力，拓展发展空间，继续推进一批重大项目的开工和建设，重点推进具有高能量级、深远辐射力和广泛带动效应的项目，引导全区重大项目向更高水平看齐，更深层次推进，更大效益挖潜。积极研究储备项目，加快推进开元工业园、曾厝垵等片区改造项目，配合轨道交通建设、沿线重点片区的拆迁以及综合开发项目和飞地工业项目等，有重点开展项目前期策划工作。

（3）着力提升城区形象。加强公共秩序、环保监控、市容环卫、公共安全管理。分阶段推进老城区改造，加强闽南传统建筑保护和修缮。加强城区内部环境、建筑物外观等整治和修饰，提升思明区的整体形象。

（4）着力加强城区管理。加快推进网络化管理，促进城市网络化管理和社区管理的衔接互动。重新核准城区管理基础数据，做好数据深层挖掘，利用物联网、云计算等技术提升现有城区管理信息平台，探索建立智慧、智能、互联、协同的综合城管模式。加强道路停车泊位管理，推进公共停车场建设，推动城区景观、老旧小区整治和农贸市场提升改造，加强城区环境建设，并与现代化城区相适应。

（5）着力推进生态建设。加快推进国家生态区建设，积极拓展绿化空间，对城区边角地、弃置地全部实施绿化，对老城区实施"见缝插绿"，鼓励实施立体绿化，大力推进屋顶绿化，提高绿化品质。实施老公园改造工程，注重公园的人文、历史价值、生态风貌延续的维护，突出公园的特色内涵。按照绿地均衡化布局的要求，结合居住区人口导入的实际需求，加快推进小、多、匀的公共绿地建设。积极营造步行休闲绿道，加快建设城市公园与社区公园，消除公共绿地服务盲区。

（五）全面提高民生幸福水平

（1）扩大公共服务供给。通过增加办学资源、"名校"复制等措施，进一步优化中小学、幼儿园等教育资源配置，实施"名师"工程，加大高层次人才引进力度，扩大优质教育资源覆盖面，健全进城务工人员随迁子女就学保障机制，促进教育均衡发展。推进基本公共卫生服务均等化，大力扶持群众性健康自我管理组织，广泛开展健康进社区、健康进校园、健康进机关等群众性健康促进活动。优化公共文化服务，提高公共文化服务覆盖率和文体场所使用率，推进文体骨干培训工程和社区文艺辅导基地建设，推动社区文化建设规范化、制度化。

（2）完善就业创业机制。做好就业困难人员的摸底和认定工作，及时为进城务工人员和失业人员提供就业信息、职业培训和就业政策咨询，充分发挥各类实训基地和职业培训机构作用，开展各种形式的就业培训和创业培训，提升居民整体素质和就业、创业能力。加大对中小型企业的扶持力度，充

分发挥中小型企业吸纳就业的作用。依托大学生创业孵化基地,发挥自主创业奖励等促进创业政策效用,扶持个人自主创业。

(3)提升社会保障水平。完善多层次的社会保障体系,提高服务能力,持续运作"安康计划"、"圆梦助学"、"爱心超市",优化困难群众帮扶"快车道",探索建立重残人员托养中心,完善社会救济救助体系建设。创新社会化养老工作,推出更全面的居家养老服务,推动两岸民间社会化养老事业合作与经验交流。加强区、街道、社区三级基层社会保障服务平台建设的力度,完善基层劳动保障所(站)标准化管理。统筹重点项目建设,以空间开发与项目建设带动被征地居民的就业、社保等保障问题的解决。全面落实区级专项救助政策,加大对低收入家庭在医疗、教育、住房等方面的救助力度。

(4)促进社区服务完善。促进建成居住社区商业设施完善,合理配置社区商业网点,加强新建社区服务设施规划建设,加大养老、综合活动场所等服务设施建设力度。建立区、街、社区联动机制,提升区级"民生110"服务平台功能。加大社工人才培训力度,探索通过设置专业社工岗位、与高校及民办社工机构合作等,提升社会工作专业水平与服务效果。积极扶持社会组织孵化和发展,加大民办社工机构培育和政府购买专业服务力度。加大与民间公益慈善组织、企事业单位合作,在社会救助、扶贫济困、残障康复等方面开展专业服务,推进社区服务专业化、精细化、多样化。

参考文献:

[1]思明区人民政府.思明区贯彻落实《美丽厦门战略规划》三年行动计划[R],2013年11月13日.

[2]厦门市发展研究中心.思明区国民经济和社会发展第十二个五年规划纲要中期评估报告[R],2013年9月30日.

[3]思明区人民政府.2014年思明区人民政府工作报告[R],2014年1月14日.

[4]思明区人民政府.2013年思明区人民政府工作报告[R],2013年1月22日.

[5]厦门市发展研究中心.稳增长、调结构、促转型——2013年厦门经济形势分析和2014年展望[R],2013年10月16日.

[6]厦门日报.全市经济工作会议召开2014年重点抓好十个方面工作[EB],2014年1月1日.

[7]厦门市人民政府.美丽厦门战略规划[R],2013年3月6日.

[8]国务院.2014年政府工作报告[R],2014年3月5日.

[9]新华网.中央经济工作会议在北京举行 提出2014年经济工作六大任务[EB],2013年12月14日.

[10]张平等.经济转型、金融扩张与政策选择——2014年中国经济展望[J].经济学动态,2013年第11期.

课题 组长:黄光增

课题组成员:林汝辉 黄榆舒 刘飞龙 董世钦

课题 执笔:黄光增

第三章 湖里区经济运行分析与展望

一、2013 年湖里区经济社会发展情况

（一）发展情况

1. 全区经济保持平稳增长

2013 年，面对复杂多变的国内外形势，湖里区着力转方式促提升、抓项目促增长，全区经济保持平稳增长。实现地区生产总值 700 亿元，增长 12.0%，高于全市 2.6 个百分点。财政总收入 106 亿元，增长 20.3%，区级财政收入 32.9 亿元，增长 26.9%，分别高于 GDP 同比增长速度 8.3、14.9 个百分点。规模以上工业总产值 1 485 亿元，增长 16.0%，社会消费品零售额 280 亿元，增长 15.0%，完成全社会固定资产投资 232 亿元。城镇居民人均可支配收入 43 520 元，增长 10%（见表 3.1 和图 3.1）。各项主要经济指标增长位居全市各区前列，其中，规模以上工业总产值总量排全市各区第一；生产总值总量及增速、规模以上工业总产值增速、社会消费品零售额总量、财政总收入总量及增速、合同外资总量及增速等八项主要经济指标排全市各区第二；社会消费品零售额增速、固定资产投资总量、区级财政收入总量及增速四项主要经济指标排全市各区第三。

表 3.1　2013 年湖里区主要经济指标完成情况表

序号	指标名称	完成额	增速（%）
1	地区生产总值（亿元）	700	12
2	规模以上工业总产值（亿元）	1 485	16
3	财政总收入（亿元）	106	20.3
4	区级财政收入（亿元）	32.9	26.9
5	合同利用外资（亿美元）	3.86	——
6	实际利用外资（亿美元）	2.66	——

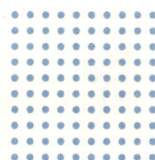

续表

序号	指标名称	完成额	增速（%）
7	固定资产投资（亿元）	232	−10.45
8	社会消费品零售总额（亿元）	280	15
9	城镇居民人均可支配收入（元）	43 520	10

资料来源：厦门市发展研究中心整理

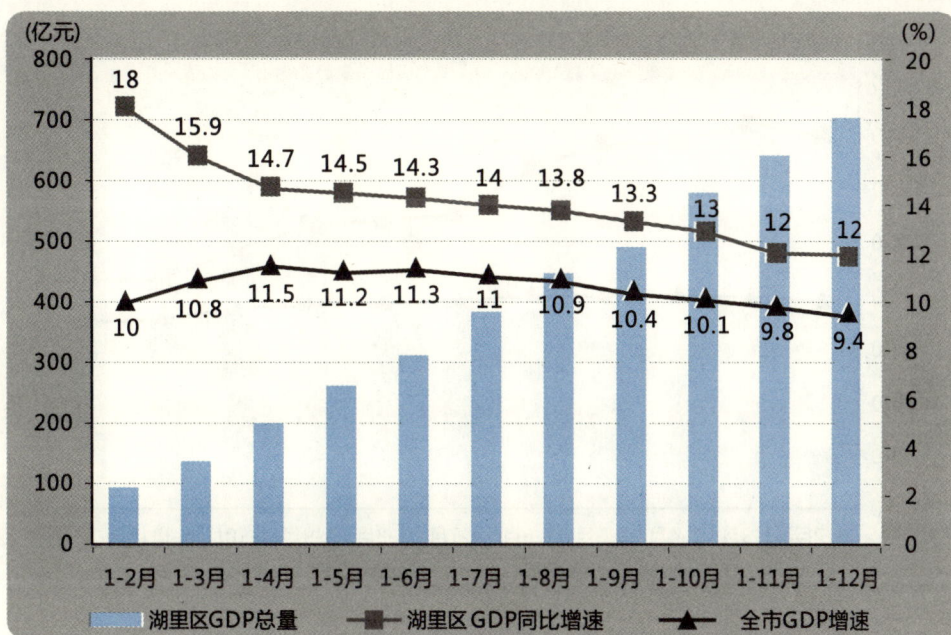

资料来源：湖里区统计局

图 3.1　2013 湖里区地区生产总值增长示意图

2. 产业提升步伐加快

经济增长依然主要由工业生产高位运行带动，先进制造业加快发展，电子及通讯设备、平板显示、现代照明和太阳能光伏、输配电及控制设备等高新技术产业集群进一步发展壮大，成为拉动全区经济持续增长的强劲引擎。第三产业发展势头良好，增加值占 GDP 比重达 47%，相比 2012 年提高了 2 个百分点。

（1）工业对经济拉动作用增强

2013 年，湖里区工业克服国外市场需求疲软、人民币持续升值及人工成本不断上涨的不利影响，累计实现规模以上工业总产值 1 485 亿元（见图 3.2），占全市 31.74%，稳居各区首位。龙头企业带动作用增强。龙头高新技术企业通过加强自主研发能力，加快产品更新换代，不断扩大市场份额，保持持续增长。宸鸿、戴尔、联想移动等 18 家产值 10 亿元以上的重点企业产值占 2013 年全区工业总产值的 78.7%。工业转型升级加快，湖里区产业创新和转型升级的步伐不断加快，引进太古部件维修（厦门）有限公司，落户镁尔捷能源科技等双百项目 11 个，完成企业技术对接项目 55 个。辖区高新技术企业达到 220 家，总收入占全市的 42.3%。吉比特网络、雅迅网络、趣游科技等软件企业加快发展。工业园区集聚效应更加明显，2013 年，在全国 105 个国家级高新区中，厦门火炬高新区综合排名由原来的第 25 位上升至第 22 位，其中可持续发展能力排名全国第 7 名，产业升级和结构优化能力位居全国第 15 名，全年园区实现规模以上工业总产值 1 910.84 亿元，占全市规模以上工业总产值的 41.28%，同比增长 20.6%；规模以上工业增加值 425.09 亿元，占全市工业增加值的 37.23%，同比增长 20.7%；完成固定资产投资 103.84 亿元，占全市工业固定资产投资的 37.7%。

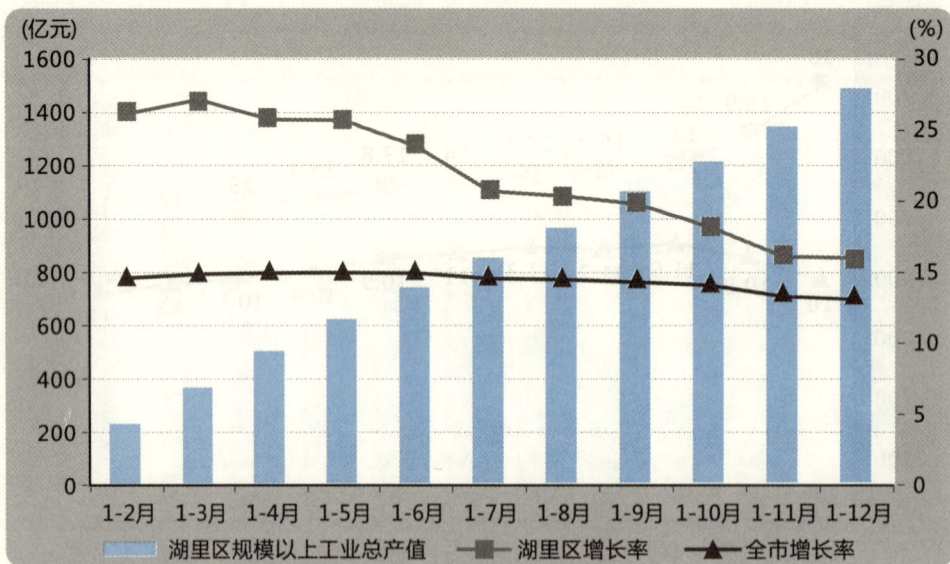

数据来源：湖里区统计局

图 3.2　规模以上工业总产值增长示意图

（2）服务业发展强劲

第三产业发展强劲，增加值占 GDP 比重达 47%，是"十二五"开局以来的最高值，其中商务、物流、金融及新型房地产业增加值 260 亿元，占全区第三产业增加值的 81%。电子商务发展迅猛，限额以上电商企业零售额增长 163.6%，占全市 76%。商贸业进一步发展，东部商圈逐步繁荣，凤湖商圈、江头商圈业态不断升级。主要领域运行情况如下：

①物流业。2013 年 1—11 月，湖里区运输、仓储及邮政业累计实现增加值 95.71 亿元，同比增长 4%，占全区第三产业增加值的 31%。湖里区大力发展海空物流，主动对接厦门港、航空港、保税物流园区、航空物流园区，借助港务大厦、金山财富广场等临港商务楼宇，大力发展为制造业、高新技术产业服务的第三方物流。加快发展消费品物流，旗山物流园区、临空产业园、乔丹商贸物流基地和金绿物流城加快建设。推动物流和互联网的结合，提高物流信息化水平，推广物流信息技术，促进物流软件企业发展。促进两岸物流交流与合作，加快物流企业和物流项目的对接，积极引进具有先进物流业态和运营管理模式的知名物流企业，促进物流业发展。

②商务运营。总部经济发展已经成为湖里区经济发展新引擎，2013 年，新确定 37 家总部企业，

年纳税超亿元楼宇增至 11 幢。湖里老工业区、五缘湾片区、湖里高新技术园区等总部经济聚集区蓬勃发展。恒安国际广场、合道集团、欣贺服饰等总部大厦加快建设，引进趣游科技、欣华晨、凌云玉石等企业总部。金融服务业快速增长，设立厦门利得宇翔担保公司、汇玖融资租赁公司等外资金融服务公司，两岸金融中心（湖里片区）加快建设，美国飞利凯睿证券、鼎晖—宏泰人寿、厦航金融总部等200 多家金融机构和企业期待入驻，两岸股权交易中心正式成立，形成国内股权交易中心建设中独特的"厦门模式"。

③电子商务。2013 年，湖里区电子商务总体呈现蓬勃发展的良好态势，应用的覆盖面逐步扩大，产业规模和专业化程度逐步提高，湖里区电子商务产业集群效应持续显现，逐渐成为电子商务企业发展的"沃土"。一是产业规模持续扩大。2013 年 1—11 月，限额（销售额超 500 万元）以上电商企业实现零售额 23.76 亿元，增长 163.6%，占全市 76.0%，占社会消费品零售总额的比重已达到 9.2%，拉动社会消费品零售总额增长 6.25 个百分点，行业规模超过超市百货零售业，成为湖里继汽车零售业之后的第二大行业。二是电商基地加快建设。促进物流行业与电子商务有机融合，抓紧高殿旗山物流园建设，积极引进电子商务企业；鼓励企业参与电子商务楼宇建设，利用现有旧建筑改造为电子商务主题楼宇，聚集了一批实力雄厚的网商队伍。目前湖里区共有 5 个大型的电子商务基地，分布在辖区各街道，其中吉信德电子商务大厦现已入驻 9 家电商企业，联发电子广场已吸引 8 家电商企业入驻，市政大厦已注册 11 家电商企业。三是电子商务企业集聚发展。2013 年 1 月至 11 月湖里区新增电商企业130 家，同比 2012 年增长 94%。

3．消费逐步回暖

2013 年，湖里区累计实现社会消费品零售总额 280 亿元，同比增长 15%，增速由第一季度的低于全市增速 1.5 个百分点，再到年末高于全市增速的 4.5 个百分点，反映了社会消费逐步回暖（见图3.3）。分行业来看，社会消费品零售总额中：零售业实现零售额 210.80 亿元，增长 13.17%；住宿业实

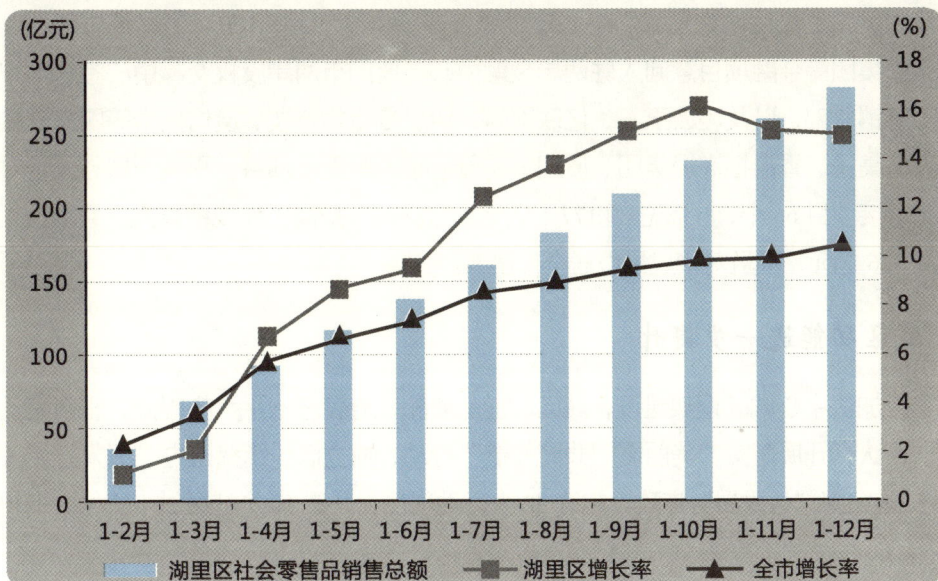

资料来源：湖里区统计局

图 3.3　2013 年湖里区社会零售品销售总额增长示意图

现零售额 3.66 亿元，下降 9.24%；餐饮业实现零售额 17.69 亿元，增长 10.44%。从结构来看，限额以上企业实现零售额 172.49 亿元，比 2012 年同期增长 18.22%，限额以下企业实现零售额 84.77 亿元，增长 9.5%。电子商务继续领跑各行业，全年限额以上电商企业实现零售额 23.76 亿元，比增 163.6%，占全区社会消费品零售总额的比重已达到 9.2%，拉动社会消费品零售总额增长 6.25 个百分点。从消费市场格局来看，已经形成的 SM、枋湖、寨上、凤湖、万达五大商圈以及建材、汽车、果蔬、电子机械产品四大市场商业综合竞争力不断增强，使湖里区正逐渐成为厦门乃至海西又一个消费购物中心。

4. 财政、居民收入稳步增长

2013 年，湖里区突出做好企业职工、中低收入者和困难家庭等重点群体增收工作，居民收入增长迅速，城镇居民收入渠道拓宽，经营性收入、财产性收入、转移性收入增长较快，城镇居民人均可支配收入达到 43 520 元，增长 10%。全年实现财政总收入 106 亿元，其中地方级财政收入 32.9 亿元，分别增长 20.3% 和 26.9%，比 GDP 增速高出 8.3 和 14.9 个百分点，财政收入与城镇居民收入稳步增长。

5. 招商引资形势喜人

2013 年，湖里区招商引资水平进一步提高。找准招商定位，完善招商政策，优化招商资源，谋划招商策略，创新招商机制，致力于优化产业结构、提升产业层次、发展总部经济，以世界 500 强、中国 500 强、行业 100 强、大型民营企业作为招商引资目标，围绕商务营运、金融服务、现代物流、旅游集散和高新技术产研等"五个中心"开展选商引资，引进企业在湖里设区域总部、营销中心、结算中心。

2013 年，湖里区合同利用外资 3.86 亿美元，创历史新高，实际利用外资 2.66 亿美元，引进内资 255.5 亿元。累计新设立外资项目 44 个，新设立 5 000 万元以上内资项目 37 个，增资 5 000 万元以上项目 52 个，恒安增资 3.8 亿元建设恒安国际广场和希尔顿逸林酒店。加快推进东部总部集聚区招商，主动对接中国工艺集团南方总部、中城建惠农资本等央企项目，IOI、裕景等总部项目，金利丰金融集团、英蓝集团等金融项目意向入驻两岸金融中心。厦门市两岸股权交易中心签约落户。高新园引进金日集团直销总部，以及凌云玉石、亿联网络、伊思曼生物科技、厦信投资等四家重量级企业。主动对接美高梅集团、香港招商局集团、厦门邮轮母港集团等重大项目。积极开展省民企对接活动，完成民营企业对接项目 66 个，投资总额 177.1 亿元。"九·八"招商工作成绩喜人，共洽谈推进项目 55 个，投资总额 326 亿元，项目对接成果位居全市第二。

6. 城区功能进一步提升

湖里区加快中心城区框架建设，城区功能品质和综合管理水平大幅提升，辐射带动作用进一步增强。湖里区认真开展落实"美丽厦门共同缔造"行动，成立区、街缔造办，深入宣传《美丽厦门战略规划》，实施完善"村改居"市政设施等 32 个行动项目，开展 10 个社区试点工作，取得了阶段性的成效。

（1）片区建设加快推进。一是"三旧"改造工作积极推进。完成湖里老工业区、濠头片区等控制性详细修编工作，联发 3、4 号厂房改造建成海峡建筑设计文创园，华信石油、五矿大厦、名鞋库等项

目改造取得进展。湖边水库、五缘湾、五通高林等片区建设和后埔—枋湖、乌石浦等旧村改造加快推进。二是东部新城加快建设。湖里区围绕"一轴线、三片区",加强东部新城的规划和开发建设,五缘湾片区加快厦金湾滨海旅游区、游艇帆船国际展销中心以及明发海湾度假村等旅游项目建设,加快推进恒安希尔顿逸林酒店等高星级酒店建设,积极打造一流旅游休闲区;湖边水库片区逐步向高端生态居住区迈进,世茂湖滨首府、万科湖心岛等高端楼盘纷纷落户,片区周边商业配套设施逐步完善;五通高林片区依托两岸金融中心的建设,着力打造海西重要金融集聚区,引进银行、证券、保险、基金、期货、信托、金融租赁等各类金融机构,两岸金融中心"硅谷效应"初显。东部新城正逐步成为集科技研发、总部经济、高端商住、休闲旅游等功能为一体的现代新城区。

(2)市政设施建设加快推进。加快推进海天路、悦华路西段、枋湖路东段等7条道路改造工程,提升改造五缘湾、湖边水库、枋湖片区、湖里老工业区等绿化景观,加快实施金尚路、仙岳路等立面整治、夜景提升以及飞机航道下殿前片区屋顶绿化美化工程。启动佛祖山社区公园建设,加快薛岭山北门人口和上山步游道等建设。积极推动五缘湾—湖边水库—忠仑公园慢道系统规划建设。投入967万元新建7座清洁楼、3座公厕、4座环卫职工爱心服务点,改善环卫基础设施。安排800多万元专项补助资金,建设和改造"村改居"社区自来水管网、路网、公厕、排污沟等公共设施。集中整治内陆水域的防洪排涝、污水排放,改造新丰水库、埭辽水库,推进中埔、环岛路、湖边水库截污工程。

(3)城区管理水平进一步提升。一是大力开展市容市貌专项整治,蔡塘"村改居"社区小区式市容与环卫管理模式在全市推广,"村改居"社区市容环境卫生管理在市级历次考评中位列第一。二是大力推进"数字城管"建设,建成"数字城管"指挥中心一期并投入试运行,逐步建立快速高效、全面覆盖的城市管理机制。三是强化交通秩序整治。增设道路隔离护栏、完善校园周边等道路交通安全设施,推动完成公交网线始末场站规划设计,协调增开4条公交线路,开通全市首条"社区公交"。加强机动车停放秩序整治,新划设一批停车位,切实规范停车管理。四是坚决制止违法建设,严厉打击违法建设,查处违建242起,实现了非法占地违法建设"零形成"的目标。

7. 社会民生更加完善

2013年,湖里全年投入19.18亿元在民生事业上,同比增长28.38%,占公共财政支出的62.78%。湖里区围绕就业、就学、"医食住行"等民生热点难点问题,不断推出惠民举措,持续推进重大公共服务项目工程建设,服务水平和服务素质向全国强区看齐,公共服务产品进一步丰富,公共服务能力进一步提高。

(1)社会事业持续健康发展。一是人民满意的教育加快发展。2013年,湖里积极创建全省"教育强区",加大对义务教育的资金投入,投入的教育经费高达8.74亿元,增长21.28%,是公共财政支出的28.62%。大力推进教育基础设施建设,新建扩建县后小学、林边小学等8所中小学校,新建湖里实验、加州花园等2所公办幼儿园,开办高林南区等5所公办、集体办幼儿园。不断强化教师队伍建设,新招聘189名教师,引进9名特级教师和省级学科带头人,区教师进修学校获评全国示范性县级教师培训机构。二是群众健康水平明显提升。优化资源配置,厦门儿童医院建设项目已封顶,中山医院湖里分院新大楼即将投入使用,湖里区公共卫生综合楼正式揭牌,湖里区妇幼保健院、区疾控中心、区卫生局卫生监督所、区计生服务站等四大机构将逐步入驻,五缘医疗园区项目有效推进。建成全区社区卫生服务网络，社区卫生服务中心以街道为单位覆盖率达 100%，"健康进家庭、小病在社区、大病到医院、康复回社区"的医疗卫生服务新格局逐步形成。进一步规范医疗市场秩序，立案查处"两非"案件 48 件、非法行医案件 62 件，取缔无证行医 68 处。三是文化体育事业繁荣发展。全面实施文化惠民工程，完成国家公共文化示范区创建任务，基本建成覆盖全区、功能完善的基层文化服务网络。区青少年校外体育活动中心主体封顶，区老年活动中心用房改造进入装修阶段。成功举办元宵民俗文化节、第五届厦门（湖里）城市诵读节、第五届社区文化艺术节、第六届福德文化节、第九届"中国俱乐部杯"等品牌活动。不断加快公共体育设施建设，积极开展全民健身和各类体育竞赛活动，群众体育发展继续走在全市前列，第 19 届市运会金牌总数及团体总分全市第二。体育服务产业与体育市场体系加快发展，政府与社会共同兴办体育的多元化发展格局初步形成。

（2）民生保障体系日趋健全。全年投入社会保障和就业经费 3.39 亿元，围绕创建充分就业城区目标，积极落实各项就业政策，实施更加积极的就业政策，不断扩大就业空间，推动实现更高质量的就业。着力做好高校毕业生、被征地人员、上岸渔民、城镇就业困难人员和来厦务工人员等重点群体的就业工作，就业规模不断扩大，就业总量稳步上升，实现城镇各类人员再就业 12 364 人，完成劳动技能鉴定 1 406 人、农民工技能提升培训 1 469 人。及时足额落实参保人员各项社会保险待遇。大力解决失地、失海居民的生活保障问题，积极推动新发展用地建设，已落实或正在办理手续的新发展用地 16 块，总用地面积超过 40 万平方米，枋湖社区发展中心即将开工，江村社区发展中心近期封顶，蔡塘社区发展中心全面装修。积极推动东部 6 个地块生鲜超市项目建设。出台《湖里区困难家庭临时救助实施细则（暂行）》《湖里区关爱专项资金管理使用暂行办法》。筹集资金近千万元，为辖区老人购买居家养老社会工作服务。在全区所有社区全面推广政府购买社工服务项目，共计投入 500 多万元用于政府购买社工服务，实现了政府购买社会工作服务全区全覆盖，服务对象覆盖外来员工、老年人、青少年、台胞、矫正对象、残疾人等人群。认真做好保障性租赁住房、经济适用房申请受理工作，发放住房租金补助 647.9 万元。开展食品安全系列整治行动，率先建立食品安全监管长效机制。

（二）存在的问题

1. 固定资产投资增长乏力

2013 年，湖里区固定资产投资呈现"高开，低走"的趋势。从总量上看，全年完成固定资产投资 232 亿元，排名由 2012 年的全市第二退后至全市第三，位居海沧区和集美区之后，与翔安区的差距也在不断缩小。从增速上看，同比下降 10.45%，在全市六个区中的增幅居于末位（见图 3.4）。这主要是由于支撑湖里区固定资产投资快速增长的房地产业发展面临瓶颈，旧村改造征地拆迁难度与日俱增，供地潜力最大的两岸金融园区目前无地可交，区内住宅用地连续两年零出让，地价占房地产投资的比重进一步下滑，导致湖里区 2013 年的房地产投资一直处于负增长，进而使得湖里区固定资产投资下滑。

2. 产业发展有待于进一步加快转型升级

一是第三产业比重下降。2013 年湖里区第三产业比重为 47%，离"十二五"规划制定的 50% 目标

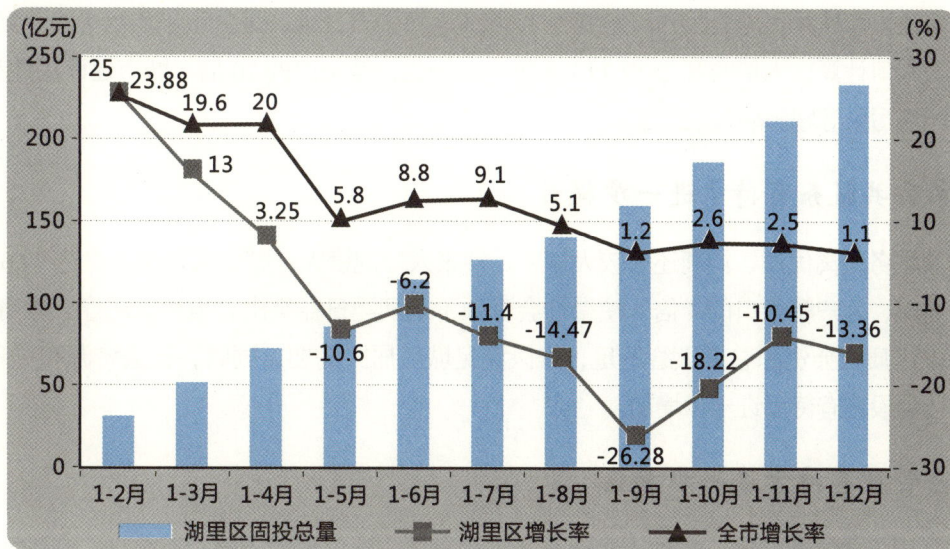

数据来源：湖里区统计局网站

图 3.4　湖里区固定资产投资增长情况

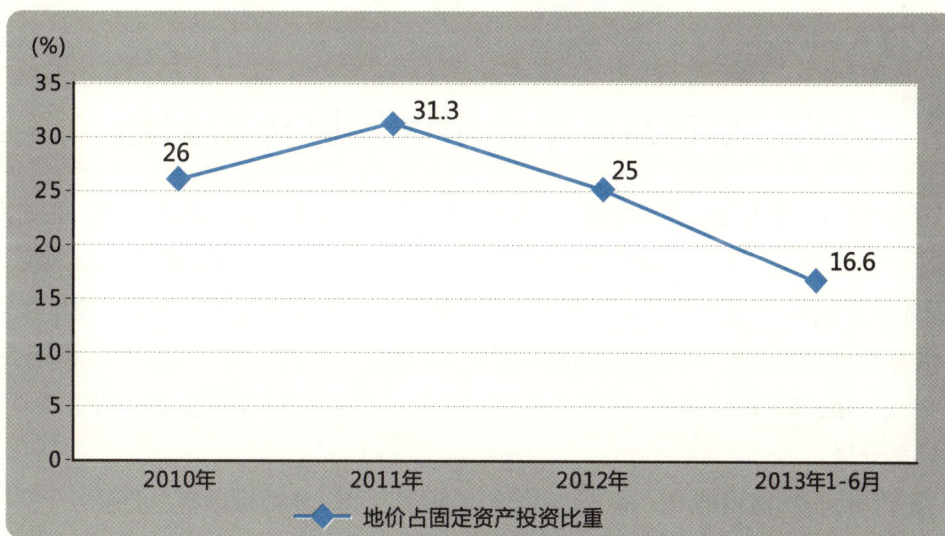

数据来源：湖里区统计局网站

图 3.5　湖里区地价占固定资产投资比重示意图

相差 3 个百分点。二是工业发展对龙头企业依赖严重。宸鸿科技、联想移动、戴尔计算机等 3 家企业的工业产值占全区规模以上工业总产值 60% 以上，使得工业发展的行业和企业风险较大。三是服务业发展水平不高。湖里区第三产业主要集中在商贸和房地产等传统的第三产业，总部经济、金融服务发展相对滞后。

3. 中心城区功能有待于进一步完善

一是中心城区集聚功能有待于进一步提升，商业设施、市政设施和社会设施有待于进一步完善。二是"三旧"改造进展不快，城中村改造难度加大，城区建设和环境有待于进一步改善。三是人口过于密集，按常住人口计算，湖里区人口密度为 12 624 人每平方公里，是全市平均水平的 6 倍，居各区之首。按外来人口计算，人口密度为 10 113 人每平方公里，是全市的 10 倍。城市建设用地趋于紧张，交通拥挤、环境污染等城市病日益严重。

4.基本公共服务有待于进一步提升

基本公共服务距离优质、均衡还有较大差距。外来人口规模大，湖里区外来人口达 74.6 万人，占全区人口的 80%，为户籍人口的 4 倍，使得社会资源不足问题日益突出，卫生、医疗、教育资源短缺越来越明显。优质社会资源总量供给不足，难以满足城区居民需要。同时，社会资源布局不甚合理，东部新城的社会设施有待于进一步增加。

5.社会管理有待于进一步加强

随着城区建设的快速推进，各种历史遗留问题和发展中新出现的矛盾相互叠加、交织，特别是随着人民群众生活质量的提高和维权意识的提升，维护社会和谐稳定的要求和难度比以往明显增大。同时，大量外来人口在湖里区集聚增加了人口管理难度，对城市管理、社会治安和社区管理提出了更高的要求。

二、2014 年湖里区发展环境分析

（1）"美丽厦门"进入全面建设阶段。2014 年 3 月 5 日，《美丽厦门战略规划》正式发布实施，该规划编制了"美丽厦门"十大行动计划，将成为未来厦门城市建设与发展的行动纲领。为全面落实《美丽厦门战略规划》，湖里区将从发展所需、群众所求、马上能做的工作着手，推动美丽厦门共同缔造工作。这有利于湖里区进一步优化提升城区功能和环境。

（2）跨岛发展战略深入实施，有利于湖里区加快经济发展方式转变，进一步提升中心城区功能，促进产业转型升级。

（3）翔安国际机场建设推进，将推动高崎机场转型发展，高崎机场将主要服务于厦门飞机维修及航空产业基地需要，作为以太古公司为核心的航空工业基地、闽南地区通用航空基地、东海救助队基地，这将有力地推动湖里区航空工业的发展。

（4）轨道交通建设规划获批，轨道交通湖里段将加快建设，有利于湖里区依托轨道交通线路站点，发展站点大型商业中心、站点大型城市综合体，推动商业、商务、广告、休闲旅游等服务业在重点周边布局，促进商贸繁荣发展，带动新商圈崛起，加快站点周边区域房地产发展。

三、2014 年湖里区发展展望

2014 年，湖里区将牢牢抓住《美丽厦门战略规划》深入实施的历史机遇，以提高经济增长质量和效益为中心，以实现经济持续健康发展、社会和谐稳定为目标，使湖里逐步成为美丽、宜居的现代城区。展望 2014 年，湖里区将抓住机遇，乘势而上，并在扩大经济规模、产业转型促经济升级、提高城

区品质品位、保障和改善民生等四大方面开创发展新局面。

（一）经济规模进一步扩大

湖里区经济将迈上新的台阶，经济布局更加合理，经济结构更加协调，地区生产总值增长 11.0%；工业总产值增长 8.0%；社会消费品零售额增长 12.0%；财政总收入增长 12.0%，区级财政收入增长 15.0%；全社会固定资产投资 180 亿元。城镇居民人均可支配收入增长 12.0%。

（二）产业转型进一步加快

传统工业有序转移，继续探索老工业区成片改造和异地共建产业园相结合的产业转移模式。现代服务业加快发展，以商贸商务、金融服务、现代物流、电子商务、文化创业为重点的现代产业支撑体系加快构建。同时，龙头企业进一步壮大，形成龙头引领、链条延伸、集群共进的产业发展局面。

（三）城区品质品位进一步提升

湖里区将进一步落实《美丽厦门战略规划》部署，城区品质品位进一步提升，东部、中部、西部功能定位进一步优化，初步形成西部以邮轮母港、现代物流为主，中部以商贸商务为主，东部以金融服务、旅游会展为主，五缘湾南片区、机场北片区、东渡港片区等片区则以总部经济为主的功能布局。

（四）公共服务进一步优化

保障和改善民生是最终的落脚点。湖里围绕民生热点，提升基本公共服务，开办启动一批中小学、幼儿园，"入学难"、"入园难"的问题得到一定的缓解。五缘湾综合医院、社会福利服务中心等一批民生项目加快建设。"村改居"社区改造工程、老旧小区改造工程加快实施，城市环境进一步优化提升。

四、2014 年对策建议

2014 年对于湖里区来说，不仅是全面深化改革、建设美丽厦门的开局之年，更是推进经济社会转型提升、完成十二五规划的重要一年。湖里区要牢牢抓住"美丽厦门"的发展机遇和综合配套改革"一区三中心"建设重点，以提高经济增长质量和效益为中心，以实现经济持续健康发展、社会和谐稳定为目标，突出"五个着力"、"五个提升"，进一步加快产业转型升级、促进三大需求协调发展、提升中心城区功能、实现公共服务均等化，努力建设美丽厦门幸福湖里。

（一）提高产业素质

以结构调整为主攻方向，加快提高产业整体素质，大力发展高端制造业和高端服务业，推动经济在转型升级基础上实现平稳较快发展。

高端制造业方面要进一步发展壮大优势产业集群，做大做强平板显示、航空工业、计算机通讯等高新技术产业集群。发挥宸鸿科技、联想移动等龙头企业的带动作用，大力推进平板显示等高新技术产业发展，推动产业配套，进一步做大优势产业规模。以太古飞机维修为龙头，大力发展航空工业，推动现有一站式维修向发动机维修、部件维修、发动机及部件改装等维修产业延伸，形成更为完整的航空维修产业链，积极引进国内外知名飞机零部件的生产制造企业落户，打造重要航空零部件和复合材料制造基地。支持企业强化主业投入、技术改造，推广应用以自动化制造、智能化控制、清洁化排放、信息化管理为核心的现代制造模式，引导生产加工企业向研发设计、品牌营销环节延伸拓展。健全龙头企业、骨干企业、小微企业扶持培育机制，引导企业加快制度、科技、管理和商务模式创新。

高端服务业方面要完善和用好扶持政策，推进现代物流、高端商贸、商务营运、休闲旅游、金融服务等行业快速发展。加快两岸金融中心（湖里片区）的开发建设，推动金融业发展。大力建设和改造提升一批高端商务楼宇，下大力气引进国内外知名企业总部，争取培育更多的税收亿元楼。发挥SM、万达等商务集聚区的作用，大力推进商贸业发展，科学规划轨道交通沿线商业综合开发布局，因地制宜开发地铁商贸业态，围绕地铁车站形成集交通、商业为一体的离散式商贸中心，提供便捷交通、购物、餐饮、休闲、娱乐等地铁特色服务。加快发展电子商务，加强商务服务平台建设，抓好重点行业电子商务应用发展。

突出抓好招商引资。把招商引资作为转型升级、增强后劲的重中之重。完善招商机制。坚持招商引资会诊、评估、调度、协调等机制，做到推进有序、协调有力、资源共享、信息互通。借助投洽会、台交会等招商平台，高水平组织招商推介会，健全招商宣传长效机制。明确招商重点，商务营运集聚区重点引进总部经济、现代物流、商业综合体等项目，商贸集聚区围绕提档升级，重点引进高端商务、商贸、楼宇（总部）经济等项目，商住区重点引进商业地产、文化旅游、商务办公、特色酒店餐饮等项目。

（二）促进消费升级

一是大力发展信息消费。积极把握厦门建设国家信息消费示范城市契机，发挥湖里区的政策和区位优势，鼓励信息消费在湖里优先发展。从资金、人才、平台建设等方面为电商企业提供广泛的政策支持，不断吸引电子商务企业落户湖里，形成产业集群效应。推动万翔网络、名鞋库、斯波帝卡等电子商务企业发展，鼓励电子、光电、服装、家居、进出口等传统企业积极开展电子商务业务，进军电商领域。加强与电商巨头阿里巴巴的合作发展，提高湖里区电商的整体素质及市场竞争力，掀起电子商务发展热潮。二是拓宽消费领域，加快发展服务类消费，拓宽居民消费领域，鼓励居民增加即期消费。深入挖掘和释放节日消费市场的潜在需求，引导和鼓励红星美凯龙、万达、信达免税等零售及服务企业，积极开展各类商品营销活动，满足居民节假日消费需求。以打造美丽厦门为契机，积极推动湖里区旅游业的发展，以现有的直升飞机、帆船和游艇等特色旅游项目为依托，以提升人气为切入点，挖掘湖里区潜在旅游资源，带动湖里区经济发展和促进就业。继续推动汽车消费，带动和促进城市交通和道路优化，完善城市停车场建设。鼓励二手车交易消费。三是提高居民生活的文化内涵，加快文化教育、文化交流、文化旅游等推进文化事业和文化产业的发展，将文化内涵融入人们的生活当中去。进一步提高居民的生活质量，促进消费的增长。

（三）扩大投资规模

一是不断加大工业投资。进一步发挥湖里高新技术园、同安工业集中区湖里园、环东海域湖里工业园的产业集聚功能，鼓励引导传统工业搬迁改造、提升转型，实现岛内研发结算、岛外生产的合理布局，不断推进高新技术产业投资，加大战略性新兴产业投入，优化投资结构，提高投资效益。二是要大力引进重大项目。把项目建设作为推动发展的支撑点，积极引进世界 500 强、中国 500 强、行业 100 强、大型民营企业在湖里区投资，主动对接华润置地、中航技、中国能源集团、中城建等央企，争取央企衍生项目落户。三是进一步优化投资环境，按照现代市场经济体制建设的要求，不断优化湖里区投资环境，为投资合理增长与结构优化创造良好条件。首先，深化投资体制改革，继续清理和调整行政审批项目，进一步减少和规范行政审批，提高行政审批效率。明确政府投资的主导方向，集中抓好基础设施和公益设施建设，健全政府投资决策机制，规范政府投资资金和项目管理。其次，强化和提高政府的投资服务水平，及时发布投资项目、政策信息，为各类投资主体提供有效信息服务。再次，强化要素保障，进一步拓宽企业融资渠道，积极运用银团贷款、股权融资、资本金搭桥贷款、信托集合计划等新型融资方式。

（四）提升中心城区功能

加快东部新城建设和旧城改造步伐，推动湖里老工业区业态提升，加快建设东渡港集购物、餐饮、休闲、娱乐为一体的邮轮休闲区，翔鹭片区对台商贸聚集区，五缘湾片区厦门新客厅，湖边水库片区高尚生态住宅区和繁华商业区以及枋湖片区区域行政中心等重点片区，推进两岸金融中心（湖里片区）建设，加快东部新城和金融核心区框架形成，进一步提升中心城区功能。

推进一批重点项目建设。把项目建设作为推动发展的支撑点，着力加强项目调度，加大待建、在建、新建项目的督促和协调力度，及时研究解决项目建设中的问题。破解征地拆迁难，加快征地拆迁工作进度。多渠道筹集重点项目建设资金，加快金融创新步伐，扶持培育融资租赁、小额贷款公司等新型金融组织，拓宽债券、信托等融资渠道，积极发展科技金融，大力推动企业上市。加大项目生成策划力度，积极储备项目，继续保持投资增长的后劲和优化投资结构，努力培育一批新增长点。

（五）加快公共服务均等化

制定新一轮促进就业优惠政策，加强职业技能培训工作。完善创业扶持政策和服务、培训机制，降低创业准入门槛，激励城区居民自主创业、联合创业，以创业带动就业。推动多渠道多形式就业，做好就业困难对象和失地失海居民等群体的就业再就业工作，积极扶持青年就业创业。深入实施"550高层次人才引进和培育计划"，加大招才引智力度，资源配置向创新人才倾斜，在住房、就医、子女入学、配偶就业等方面提供帮助。健全基层劳资纠纷防控体系，构建区、街道、社区和企业劳资纠纷立体调解网络，保障劳动者合法权益。推进社会救助工作，建立完善贫有所济、灾有所救、残有所助的社会救助体系，确保优抚对象、低保对象、老年人群体应保尽保。认真落实医疗救助、临时救助和动态物价生活补贴等惠民政策，保障好低保户、特困户等困难群体基本生活。继续推动和完善各街道残疾人职业援助中心后续建设工作。继续完善多层次社会保险制度体系，推动和落实社会保险各项制度，城乡居民养老保险实现 46 周岁以上参保率 100%，城乡居民医疗保险参保率实现 100%，被征地人员基本养老保险实现应保尽保，充分发挥工伤保险、失业保险、生育保险的保障作用，逐步提高社会保障水平，使辖区群众都能享有相应的基本社会保障制度安排，确保老有所养、病有所医、失有所助。

参考文献：

[1] 厦门市人民政府工作报告 [N]. 厦门日报，2014-02-11.

[2] 厦门市人民政府. 厦门市国民经济和社会发展第十二个五年规划纲要 [R]，2011.

[3] 厦门市发展研究中心课题组. 稳增长 调结构 促转型——2013 年厦门经济形势分析和 2014 年展望 [J]. 厦门特区经济，2013（04）.

[4] 厦门统计信息网. 2013 年上半年厦门国民经济运行情况 [EB/OL]，http：//www.stats-xm.gov.cn

[5] 厦门市统计局，国家统计局厦门调查队. 厦门经济特区年鉴 [M]. 北京：中国统计出版社，2013.

[6] 湖里区人民政府. 厦门市湖里区国民经济和社会发展第十二个五年规划纲要. 2011.

[7] 厦门市经济学会. 厦门市湖里区"十二五"规划执行情况中期评估 [R]，2013 年 7 月.

[8] 湖里区统计局. 湖里区统计月报 [EB/OL]，http：//fg.huli.gov.cn/tjkw.asp

[9] 湖里区政府. 2014 年湖里区政府工作报告 http：//www.huli.gov.cn/main/a/2014/a10/a212992_239147.shtml

10] 湖里区政府. 2013 年湖里区政府工作报告 [EB/OL]，http：//www.huli.gov.cn/main/a/2013/h16/a170169_171507.shtml

课 题 组 长：黄榆舒
课题组成员：林汝辉　刘飞龙　董世钦　黄光增
课 题 执 笔：黄榆舒

第四章 集美区经济运行分析与展望

一、2013年发展情况

（一）发展情况

1. 总体运行保持平稳

2013年集美区认真贯彻中央、省、市经济工作会议精神，牢牢把握"改革创新、真抓实干、稳中求进、优化提升"的十六字方针，抓紧抓实各项任务，积极应对复杂多变的宏观经济形势，克服企业出口和机械行业严重下滑的压力，固定资产投资规模、商品房交易量、社会消费品零售总额增幅等指标居全市前列，第三产业的拉动作用明显，全区经济保持平稳运行态势。全年完成生产总值395亿元，同比增长10%；规模以上工业总产值713亿元，按可比价计算同比增长8%；固定资产投资270亿元，与2012年相比基本持平；社会消费品零售总额90亿元，同比增长17%。

2. 产业结构加快优化

（1）工业经济低速增长。2013年1—9月，因机械产业持续受到严峻外部环境的影响，工业经济增幅持续在低位徘徊。全区428家规模以上工业企业（年产值2 000万元以上企业）实现产值526.5亿元，增加值137.6亿元，同比分别增长（按可比价计算）5.7%和7.8%。主要特点有：

一是重点行业增幅不一。全区产值排名前十行业的企业共有284家，累计完成工业总产值440.09亿元，比2012年同期增长3.3%，增速高于全区平均水平，占全区规模以上工业总量的83.59%。其中汽车制造业、金属制品业、有色金属冶炼和压延加工业、电气机械和器材制造业完成情况良好，同比分别增长13.4%、13.7%、17.61%和15.3%。专用设备制造业和体育用品制造业下降幅度较大，同比分别下降13.6%和8.3%。

二是重点工业企业支撑作用明显。全区109家重点工业企业产值比2012年增加的有63家，占重点工业企业单位数的57.8%；1—9月累计完成产值422.04亿元，比上年同期增长1.82%，净增产值

7.56 亿元，占全区规模以上工业净增产值（10.1 亿元）的 74.85%。

三是部分重点企业未按序时进度完成生产计划。全区产值排名前十的企业中，生产滞后序时进度共有 5 家，5 家累计完成产值 143.15 亿元，只完成生产计划的 56.14%，滞后产值 48.1 亿元，影响全区规模以上工业增幅 9.13 个百分点。特别是 4 家龙头企业（金龙、正新、厦工、宝宸）滞后产值 47.61 亿元，极大地影响了全区规模以上工业的增幅。

（2）三产拉动作用增强。全年实现第三产业增加值 162.5 亿元，增长 13%，拉动经济增长 5.3 个百分点，占生产总值比重的 41.1%，比重比 2012 年高出 1.5 个百分点。

一是房地产销售高位增长。在 2012 年同期较高基数的基础上，1—9 月商品房销售依然持续增长。全区共成交商品住宅套数 14 009 套，同比增长 19.02%；销售面积 159.6 万平方米，同比增长 27.76%；销售总额达 194.51 亿元，同比增长 55.67%。其中第三季度销售套数 4 168 套，销售面积 46.57 万平方米；第二季度销售套数 4 723 套，销售面积 53.96 万平方米；第一季度销售套数 5 118 套，销售面积 59.07 万平方米。销售价格也一路看涨，1—9 月销售均价为 12 187 元，同比增长 21.83%，9 月销售均价为 13 896 元，同比增长 37.73%，环比增长 8.48%。若从全市各区销售情况看，我区表现抢眼，成交套数和销售面积已连续 2 年均列全市首位，分别占全市的 39% 和 38%。优越的居住环境和高性价比吸引大量的本地、外地购买者，厦门市以外的购买者占购买总人数的 43%，本区购买者占 23%，岛内和岛外其他区的购买者分别占 24% 和 10%。这些都说明我区的影响力和吸引力在持续增强，已成为厦门投资置业的首选。

二是来集旅游人数有所回升。1—9 月来集旅游总人次数为 342.65 万人次，同比下降 39.4%，但降幅与上半年相比有所回升（上半年同比下降 46.85%）；如果剔除 2012 年园博苑元宵灯会免费入园的 311 万人次，来集旅游总人次数同比增长为 34.66%。其中，双龙潭景区多项举措挖掘自驾游市场，1—9 月接待游客 28.32 万人次，同比增长 46.65%，增速位居本区各大景区之首。

三是金融业运行态势平稳。国家审慎的货币政策并未带来太大影响，本区存贷款总体稳健增长。9 月末，中资金融机构各项存款余额 350.05 亿元，比年初增加 101.8 亿元，比增 41.01%；人民币贷款余额 276.64 亿元，比年初增加 79.16 亿元，比增 40.09%；中资金融机构存贷比为 79.03%，比年初（79.55%）略有回落，说明金融流动性略有宽松。出口信用保险方面，共有参保企业 70 家，较上年同期增加 11 家，累计投保金额为 12.76 亿美元，同比增长 22.57%，保费支出约 648.58 万美元，同比增长 43.26%，赔付款 278.86 万美元。参保企业中有 25 家通过出口信用保险公司提供的平台成功融资，金额约为 6 050 万美元。

（3）现代农业稳步发展。全年实现第一产业增加值 1.8 亿元，都市现代农业加快发展，形成一批具有区域性特色的农业优势产业区和产业带，农业专业合作社健康稳步发展，农产品竞争力进一步增强。累计登记注册农民专业合作社 89 家，资产总额 3.5 亿元，拥有注册商标 12 家，无公害产品认证 10 个。

3．三大需求增势有喜有忧

（1）固定资产投资喜忧参半。1—9 月份全区固定资产投资规模为历年同期最高水平，一直处在全市前列，特别是建安投资的大幅增长，拉动了 GDP 增长，弥补了工业增加值下降对第二产业增加值

的影响。全区共完成固定资产投资 214.5 亿元，同比增长 15.23%，投资总量连续 9 个月居全市第一，增幅 9 月份并列全市第一。但除房地产投资一枝独秀外，其他产业投资均不理想，主要情况表现如下：

一是房地产投资拉动强劲。全区房地产完成投资 137.15 亿元，占社会固定资产投资的 63.95%，同比增长达 65.02%，其中土地购置费 59.75 亿元，若扣除土地款影响，房地产建安量增长 38.46%。

二是产业投资出现下降。产业项目完成投资 33.17 亿元，仅占全区固定资产投资的 15.47%，同比下降 20.42%，其中工业投资 19.84 亿元，同比下降 1.88%，随着我区工业用地的大幅减少，工业投资缺乏大项目的拉动；服务业投资 13.33 亿元，同比下降 37.88%，国贸商城、数码港等一批重点服务业项目仍未动工建设影响了服务业的投资进度。

三是社会事业和基础设施投资有升有降。社会事业投资力度进一步加强，累计完成投资 16.41 亿元，增长 70.58%；2013 年安排基础设施投资 68.79 亿元，1—9 月份只完成投资 27.73 亿元，完成年度计划的 40.31%，落后序时进度 34.69 个百分点，投资量与上年同期相比下降 46.36%。

四是重点项目支撑显著。2013 年全区共安排 63 个重点建设项目（其中省、市重点项目 39 个，2013 年计划投资 240.22 亿元；区重点项目 24 个，2013 年计划投资 18.81 亿元），1—9 月累计完成投资 152.17 亿元，占全社会固定资产投资的 70.88%，完成年度计划的 58.75%。省、市重点项目完成情况明显好于区级，省、市重点项目完成投资 146.86 亿元，完成年度投资计划的 61.14%；区级重点项目完成投资 5.31 亿元，仅完成年度计划的 28.23%。

（2）消费市场结构性有升有降。1—9 月社会消费品零售总额完成 64.57 亿元，增长 17.6%，增幅位列全市第一，但比上年同期下降 0.29 个百分点。

一是汽车类销售拉动限额以上商贸业增长。1—9 月，限额以上企业完成零售额 12.98 亿元，同比增长 45.92%。其中实现汽车零售额 5.68 亿元，同比增长 211.79%，汽车销售成为拉动社会消费品零售总额增长的主力军。6 月份新开业的集美万达广场涵盖大卖场、百货、电器专卖、品牌专卖店、连锁餐饮、休闲娱乐等，填补了集美老城区大型综合体的空白。

二是住宿餐饮业出现下降。受整体行业不景气影响，限额以上餐饮业（年营业收入 200 万元以上企业）和星级住宿业同比下降 5.2%，远低于上年同期增幅 32.92%。

（3）出口形势未有明显好转。1—9 月，规模以上工业累计实现出口交货值 210.31 亿元，同比增长 0.95%，比规模以上工业产值增幅低 1 个百分点。出口交货值率也由上半年的 40.34% 降为 39.84%。

4. 招商引资进展顺利

全区累计完成合同利用外资 8 439 万美元，完成年度计划的 33.76%；实际利用外资 29 729 万美元，完成年度计划的 84.94%；国内招商引资总额 41.57 亿元，完成年度计划的 188.94%。主要有以下几个特点：

一是"九·八"活动有效开展，夯实招商工作基础。2013 年"九·八"活动结合传统展会及网上投洽会优势，加大区域招商和行业招商力度，推动对台产业对接及经贸交流，突出服务贸易、新兴产业、台资企业、上市公司、投资基金、文化创意等专题洽谈，加强点对点招商，邀请 43 个团组、100多位境内外嘉宾前来我区，在总部经济、软件项目的洽谈上取得了一定进展。

二是国内招商势头良好，重点项目进展顺利。1—9 月国内招商引资仍然保持了强劲的势头，提前完成市政府下达任务，在央企、民企招商工作方面有较大进展，引进了中交天航局、中交海西总部、富春通信、福大自动化等一批优质项目。规模项目仍然占据主要地位，注册资本1 000万元以上的企业达75家，总投资额22.18亿元，占全区引资总数的53.36%。

三是实际到资完成序时，但合同外资后续乏力。1—9月，实际到资工作超序时进度完成，百万以上的到资项目有18个，总到资28 466.29万美元，占总数的95.75%，钛积光电、海莱照明、兴全龙机械、三菱电机、森那美信昌机械、福士液压等产业链项目均有较大幅度的到资。相比实际到资，合同外资缺乏规模大项目拉动，序时大幅滞后（任务数为2.5亿美元，完成数为0.84亿美元，完成年度计划的33.76%），增资项目超过新项，共增加合同外资5 004万美元，占总数的59.3%，比上年同期上升46.1%。

5. 民生保障不断完善

（1）充分就业城区建设成效显著。出台集美区《关于促进城乡居民就业的若干意见》和招工奖励、社保补贴、小额贷款等一系列创新性惠民政策，建成4个镇街人力资源市场，实行更加积极的就业政策，扎实开展就业免费定向培训和失地农民择业观念教育。

（2）全民社保城区建设目标基本实现。提高被征地人员的基本养老保险参保率，完善被征地人员"老无忧"贷款参保工作的长效运作机制。积极推进城乡居民养老保险工作，全区46～60岁人员参加城乡居民养老保险参保率达99%以上，60岁以上老人达100%。扎实做好医疗保险工作，2013年城乡居民基本医疗保险筹资标准从上年的460元提高到500元，住院报销比例提高到80%。

（3）城乡住房保障建设进一步加强。完成广科、锦福等15个安置房项目建设，火车站1#、2#、5#安置房，碧溪花园，西客明珠，西亭安置房等项目在建或办理前期手续，铁山、集安广场等安置房项目提升改造加快推进。开工建设11个保障性安居工程共计9 462套房源，已竣工6个项目。

（4）城乡居民健康卫生事业加快发展。医疗资源布局进一步优化，厦门市第二医院三期、第一医院杏林医学中心建设加快推进，集美灌口片区、后溪片区大型综合医院项目展开招商。基层医疗卫生服务网络进一步健全，完成33个村卫生所、社区卫生服务站标准化建设，全面落实零差率销售基本药物经费补偿政策。公共卫生服务能力全面加强，区公共卫生大楼、公共卫生应急指挥中心建设加快推进，基本公共卫生服务项目全面落实，疾病预防控制和卫生监督执法工作进一步加强。计划生育工作有效推进，实施"生育文明·幸福家庭"促进计划，稳定低生育水平，荣获全国人口与计划生育系统先进集体。

（5）城乡福利救助水平进一步提高。社会救助力度进一步加大，修订出台了11项"绿洲计划"政策。普惠型社会福利和老龄工作进一步提升，基本形成以居家养老为基础、社区为依托、多种形式社会化养老为补充的养老服务体系，完成一批居家养老服务中心（站）建设，基本实现了居家养老服务社区全覆盖。区社会福利中心正式投用，建成区残疾人综合服务中心，积极开展"福乐家园"、就业培训、康复等服务工作。

6. 两类收入稳步提高

（1）财政收入形势超过预期。2013年1—9月，全区实现财政总收入59.29亿元，同比增收12.79

亿元，增长 27.49%，完成预算的 84.85%，超序时进度 9.85 个百分点。其中：区级财政收入 30.91 亿元，同比增收 9.18 亿元，增长 42.23%，完成预算的 90.22%，超序时进度 15.22 个百分点。全区财政支出 20.7 亿元，完成本年预算的 53.49%，落后序时进度 21.51 个百分点。主要突出特点有：

一是三大主体税种平稳增长。从区级主要税收收入分析：①增值税增速平稳。增值税完成 26 226 万元，增长 19.83%，主要增收因素是截至 9 月实现改征增值税 1 855 万元，2012 年同期无此项收入。②营业税增幅继续保持较高增长。营业税完成 117 240 万元，增长 44.32%。主要增收因素是商品房热销和建安投资进度加快的拉动，带来了税收收入的增长。③企业所得税增速较上季度有所回落（第二季度增幅为 21.55%）。企业所得税完成 40 029 万元，增长 12.6%，主要增收因素是房地产行业旺销，带动企业所得税收入增长。

二是非主体税种收入在土地增值税的带动下大幅增长。城镇土地使用税、土地增值税等其他各项非主体税种合计完成区级税收收入 98 197 万元，同比增 90.47%。其中土地增值税 9 月止入库 37 672 万元，占非主体税种的 38.36%。

三是财政支出进度偏慢。全区财政支出 207 036 万元，增长 21.84%，完成本年预算的 53.49%，比序时进度落后 21.51 个百分点。主要是教育、科学技术、城乡社区事务、农林水事务、商业服务业等事务、其他支出 6 项科目支出进度较慢，分别落后序时进度 27.64、16.99、26.03、41.2、36.35 和 30.45 个百分点。

（2）居民收入稳步提高。城镇居民人均可支配收入达 38 018 元，较上年增长 12.6%；农民人均纯收入达 18 435 元，较上年增长 12.45%。

（二）存在的问题

1. 工业经济发展后劲不足

一是宏观大环境仍不容乐观，国外市场未见明显好转，国内市场需求又放缓，部分企业订单情况不理想。二是支柱产业增长乏力。机械产业是集美区最大的支柱产业，占规模以上产值的 45% 以上，机械产业的减产极大影响了全区工业和生产总值的增长。三是原材料、劳动力等生产要素价格上涨，而产品价格下跌，挤压企业利润空间，导致有生产能力、有潜力的企业不敢接单，同时部分重点企业出现招工难问题，特别是招不到技术工人。四是缺乏规模大的增量企业的拉动。正新集美厂原计划完成产值 10 亿元，但汽车轮胎销量不佳，只完成产值约 4 亿元。

2. 固定资产投资仍有隐忧

一是投资结构不均衡，固定资产投资主要依靠房地产拉动，而产业项目投资比重仍然偏小，影响了全区经济的发展后劲。二拆迁工作进展缓慢，部分重点项目不同程度因拆迁影响建设进度，主要是由于补偿政策和群众诉求存在一定落差。三是由于部分项目用地上水、电等管线需要迁改，相关单位之间沟通协调不畅，影响项目进度。四是部分项目涉及省属单位和部队用地，协调难度较大，致使项目难以按计划实施。

3.三产对经济拉动有限

一是服务业需较长的市场培育成长过程，特别是全区大部分生产性服务业项目仍处于前期或建设阶段，未产生显著效益。二是企业落地进度偏慢或只落地不落户。如新站总部已具备交房条件 132 家，目前只有十几家入驻。此外，像新华都、集美万达等部分已投产的商贸企业，由于没有注册投资主体或者注册地未及时迁入集美区，无法纳入集美区统计范围。三是受外部环境影响，重型机械批发企业销售量大幅下降，极大影响了批发零售商贸业的增长。

4.招商引资存在部分制约因素

一是合同外资项目存量少，规模小，带动作用较为有限。除 IOI、正新及摩特工业等待促进项目外，库存外资大项目少。二是服务业招商平台建设缓慢，拆迁进度跟不上企业建设，周边配套未到位，项目落地难。

5.财政增收基础并不牢固

一是由于集美区房地产及建安项目一次性税源对本区财政收入贡献很大，但国家房地产调控政策对未来房地产市场的影响有多大还有待观望，使得集美区财政收入还存在一定不确定性。二是宏观经济环境不确定性依然存在，信贷增速预期将会放缓，实体经济融资成本将会上升，投资需求对经济增长的拉动将受到限制。三是国内经济复苏动力不足，制造业投资持续放缓，企业生产效益和利润下降，增长较为乏力。

二、2014 年集美区发展环境分析

（一）国际环境

金融危机后续影响还广泛存在且不断发酵，并引发了诸如欧洲债务危机、美国财政悬崖等种种新的危机形式，美国、欧元区、日本、新兴市场国家等主要经济体的复苏缓慢且仍存在一定不确定性，世界经济将经历一个较长的调整时期。国际金融危机暴露出发达国家过度依赖虚拟经济的增长模式已经难以为继，增加储蓄、压缩外需、加快技术进步和创新步伐、抢占产业制高点、重塑竞争优势的转型态势愈益明显。这些因素，对集美区外贸出口、产业结构优化调整均带来较大压力。

（二）国内环境

受国际金融危机影响，我国经济虽然趋稳，但仍较脆弱，经济从高速增长阶段进入中高速增长阶段，国家更加注重扩大内需、提高创新能力、促进经济发展方式转变，这些变化对集美区经济增长产生了一定程度的影响，同时也增强了本区加快产业结构调整的紧迫性。劳动力、土地、融资成本的上升趋势，不断压缩企业赢利空间，区内部分企业生产经营困难。房地产市场调控等宏观经济政策的调整，增加了经济的不稳定因素。

（三）市区环境

深化改革全面启动，"美丽厦门"建设加快推进，岛内外一体化和厦漳泉同城化深入实施，地铁1号线项目加速进行，集美区对台交流合作、改革创新的有利因素不断增多，作为闽南三角地带的几何中心和交通枢纽中心地位进一步强化，本区加速发展的有利时势和难得机遇持续彰显。

三、2014 年发展展望

2014 年集美区将进一步加快产业转型升级，培育一批拉动力强的消费新增长点，投资稳定增长，结构进一步优化，实现经济社会平稳、持续、健康发展。

1. 经济总体平稳增长

主要预期目标初步为：地区生产总值 434.7 亿元，增长 10%；规模以上工业总产值 784 亿元，增长 10%；全社会固定资产投资 220 亿元，下降 18.5%；社会消费品零售总额 103.2 亿元，增长 16%；城镇居民人均可支配收入和农民人均现金收入均增长 12%。

2. 产业结构进一步优化

三次产业结构由 0.45∶58.41∶41.14 调整为 0.46∶56.54∶43。第二产业增加值预估 245.8 亿元，增长 7%。一是工业总产值预估 833 亿元，按工业增加值率 24.5% 计算，对 GDP 贡献约 204 亿元。二是 2014 年固定资产预计投资 220 亿元，按增加值率 19% 计算，对 GDP 贡献约 41.8 亿元。第三产业增加值预估 186.9 亿元，增长 15%。一是存量服务业（不包括房地产业）自然增长率将在 7.3% 左右，2014 年预计可创造增加值 122.3 亿元左右。二是 2014 年房地产市场预计销售面积 250 万平方米，实现增加值 60 亿元（按增加值率 24% 计算），增长 25%。三是 2014 年新增企业的贡献（包括新投产的服务项目和一批企业纳入限额以上商贸业统计范围）。主要是北站物流中心、南广场、源香冷储、北站小总部、杏林湾营运中心、软件园三期等新投产企业，预计可贡献三产增加值 4.6 亿元。一产增加值约 2.1 亿元。

3. 城区功能进一步提升

集美北路、灌口东部新区市政配套、集美物流园市政配套、杏滨生活区基础配套工程基本完成，集美大道提升改造、杏锦路提升改造项目基本建成，集美北部新城市政配套、新城核心区市政配套、新 324 国道改线工程初显成效。地铁 1 号线、孙霞路、324 国道市政化改造、安仁大道改造、灌口中路等项目开工建设，全区主干路网进一步完善。

4. 社会事业加快发展

一是集美新城主要公建群、灌口机械工业区服务中心、灌口文化中心等基本建成，灌口体育中心、集美青少年宫开工建设。

二是后溪中学迁建、顶许小学、灌口中学初中部及图书综合楼、上塘中学扩建、杏东学校二期、后垵九年制学校、岑东幼儿园、双塔小学投入使用。城市职业技术学院、轻校化校整合提升项目、新亭小学、集美职业技术学校、明珠小学等续建或新开工项目取得实质进展。

三是建成火车新站 5 号地块安置房（一期）、西亭安置房（一期）、碧溪花园，基本完成火车新站 1 号地块安置房、后溪花园保障性安居工程。

四、2014 年对策建议

（一）全面深化改革，加快体制机制创新

一是深入贯彻落实党的十八届三中全会提出的完善和发展中国特色社会主义，推进治理体系和治理能力现代化的改革总目标，按照市委、市政府的相关部署和要求，结合本区实际，加快深化改革步伐。

二是加快研究推进相关领域改革。重点是抓住创建国家信息消费示范城区的契机，推进全区产业转型升级；围绕缔造"美丽厦门"的战略规划，加快创新社会治理体制，推进基层民主和平安集美建设，打造幸福温馨集美区；围绕我市跨岛发展的战略部署，加快构建新型农业经营体系，创新城乡一体化的管理体制，探索城乡统一的建设用地市场建设，创新城乡统筹发展的体制机制；进一步深化教育、医疗、社会保障、文化等社会事业领域改革，切实提升全区基本公共服务均等化水平；以提升优化"台商投资区"为抓手，创新两岸交流合作体制机制，争创集美区服务对台工作新优势。

（二）建设美丽集美，努力打造宜居城区

一是全面提升城市建设。突出抓好全区交通路网规划，打造核心区至北站、灌口、集美片区十分钟便捷通道，形成"一心四片"连片发展格局。推进地铁 1 号线建设，策划"集美快速路网提升项目"。加快杰出建筑师当代作品园等名师建筑设计集群的策划建设，精心组织环杏林湾 26 公里、上塘—田头沿溪等慢行系统建设，打造自行车道系统、步行系统和游憩步行系统等绿道工程道路交通系统。积极推动滨海浪漫旅游路、厦门环山风景道（集美段）等相关规划建设。注重地下空间开发利用，大力推进核心区共同管沟、电力缆化等重要基础设施建设。推动风景湖片区、东部新区连片成势，完成后溪镇域建设规划，打造新型城镇化样板。策划敬贤公园片区旧城改造。

二是大力完善基础配套。增强核心区公共服务功能，启用六大公建。完善建成区供水、供电、供气、排污等市政设施，加快商业、教育、卫生等配套建设。推进公共卫生设施建设，加快一批清洁楼和公厕投入使用。合理规划公交线路，方便市民出行，加快公交候车亭和公交场站建设。完善进出北站交通标识系统等配套建设，科学应对进出厦门的高速列车全线出岛、厦深铁路通车涌入的人流、物流和车流，确保交通顺畅。加大财政投入力度，加强农村村容村貌整治，分期分批推进农村道路硬化、美化、亮化、绿化工程和污水处理等建设。

三是优化美化城区环境。推进公园建设，确保宁宝公园、新城中央公园投入使用，推进集北中央公园、灌口东部公园等建设，启动绿楔公园前期策划。加强海域河道整治，配合实施东西海域、马銮

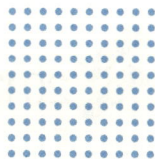

湾清淤工程，加快马銮湾和高集海堤开口改造工程，推进瑶山溪、深青溪和后溪溪河道景观综合整治工程。以城乡环境综合整治（点线面）工作为抓手，打造后溪溪—杏林湾沿线和高速公路、高速铁路沿线的生态廊道建设工程。

（三）促进转型升级，大力发展先进制造业

一是推进工业技术创新和改造。继续加强与台湾财团法人中国生产力中心的合作，积极吸引国内外知名企业来我区设立研发机构，大力推进科技公共服务平台建设，为我区科技创新提供基础条件。进一步发挥"6·18"平台作用，积极办好"集美区产学研科技合作对接会"，推动企业与高校、科研机构加强技术合作，推进科技成果产业化、规模化。鼓励企业加大力度投入技术改造，大力推进省级技改、省级战略性新兴产业、省级循环经济等技术改造项目。

二是推进企业转型升级。继续鼓励和引导企业对符合条件的厂区、厂房进行改造加层或建设多层厂房，提升土地集约利用水平。引导符合规划条件要求的工业企业通过三旧改造实施"退二进三"。加强政策引导，实施品牌战略，推动工业向研发、营销、设计、品牌等环节延伸，占据产业链高端。

三是推进产业园区建设。做好模具工业园、机械工业集中区三期建设，针对产业链的关键环节和缺失环节，引进和培育有核心技术的产业链上下游企业，做好完善产业链的规划、建设和配套，提升产业竞争力。鼓励企业"腾笼换凤"，引导和鼓励产值小、能耗大、排放高的工业企业外迁，为具有高附加值的先进制造业腾出发展空间。

四是巩固支柱产业，发展新兴产业。对于机械、汽车产业，要点对点进行龙头企业招商，大力引进、培育龙头企业，打破单龙头局面，形成支柱产业多龙头带动，全面增强产业抗风险能力。对于产品缺乏竞争力的产业，要鼓励和扶持企业进行产品结构调整，向高端进行升级换代。同时积极培育新材料、半导体等战略性新兴产业，重点支持华懋新材、虹鹭钨钼、春保钨钢等企业不断做强做大，积极打造新兴产业集聚区，使其成为集美区新的经济增长点。

（四）优化产业结构，提速发展现代服务业

一是大力发展总部经济。依托杏林湾商务营运中心、厦门北站营运中心和前场物流总部区、市级总部集聚区等载体，加快发展高端商务业，壮大总部经济，吸引跨国公司、央企、大型民企和台湾知名企业落户集美，设立地区总部、营运中心、研发中心、物流中心、配套基地等。

二是积极发展信息软件业。依托软件园三期开发建设和电子产业集群，推动消费电子、建筑电子、软件服务业、半导体照明、北斗导航等龙头产业集聚发展，打造集研发、生产、应用、服务"四位一体"的产业体系，以及终端、芯片、关键元器件、软件和信息服务的完整产业链，创建国家信息消费示范城区。加快中移动手机动漫基地、中国电信海峡通信枢纽中心、数码港等已入驻龙头项目建设，围绕这些项目再引进一批配套企业，形成以信息集成服务为主，软件、互联网信息服务、电子商务共同发展的移动互联网产业群。策划建设"台湾园"专区，吸引台湾电子商务、物联网企业入驻。

三是做优做强现代物流业。坚持依托高铁站场规划建设一批现代物流园区和物流配送中心，重点推进集美物流园建设。同时依托北站枢纽、龙厦铁路以及启动建设的轨道交通1号线和正在策划的厦漳泉城际轨道等有利要素所形成的优越交通条件，打造海西"陆路枢纽港"。根据轨道交通未来两

年的建设进度，及早应对，科学谋划周边的产业配套，抢抓重大交通设施开通的先机，大力发展地铁商圈经济，推进集美汽车物流中心等项目进度，做好宏谦存储配送中心、源香冷储物流等项目招商工作，吸引更多的商贸、物流量，不断促进道口经济发展。

四是优化提升商贸业。着眼于加快新城人气商气聚集，不断完善各种商业配套，确保一批商城建成招商，争取开业。跟踪推进 IOI、万科广场等大型城市综合体建设。此外依托厦门北站及车管所，突出抓好汽车物流中心、海西汽车城建设，力争汽车销售成为我区商贸业亮点。推动蓝海湾酒店、新景地酒店、骏豪酒店等早日开业，努力打造一批高星级品牌酒店。

五是发展壮大文化旅游业。继续推进双龙潭生态运动景区建设，确保马戏城（一期）项目投入使用，促进旅游集散中心、大明文化广场、马戏城（二期）等重点文化产业项目开工建设，加强华夏文化城、NBA 活力城等在谈项目的洽谈和跟踪工作，进一步丰富我区文化旅游产品和内容，增强旅游业整体实力和竞争力。

六是加大服务业限额以上和重点企业培育力度。扶持有条件的服务企业做大做强，强化"三维"招商，重点通过点对点招商、定向招商，在服务业领域培育、引进一批龙头企业、名牌企业，确保服务业高起点、高水平发展。

七是加强服务人才建设。充分发挥集美区高校、职教资源丰富的优势，加强校企合作，创新人才培养模式，打造产学研教基地，加快复合型、国际性的服务业人才的输送和培养。大力引进现代物流业、文化创意、信息软件服务业等领域的高端人才，吸引国内外知名企业总部、研发机构等高层管理人员，形成优势产业集聚人才、重点项目吸引人才的发展态势。

（五）协调城乡发展，不断改善民生保障

一是加快城乡一体化发展。加快推进新村建设和旧村改造，提高农村社区管理服务水平。深入推进"村改居"社区的基层治理机制改革，推动"村改居"社区顺利向城市社区过渡。大力发展精品农业、生态农业、旅游业和特色品牌农业。加大农业产业化经营支持力度，规范农民专业合作组织建设，培育农民增收新亮点。加大失地、失海农渔民就业和再就业工作力度，促进农村集体发展项目建设，确保农民收入稳步增长。进一步完善基本医疗、养老等社会保险制度，着力健全城乡一体化的社会保险体系。进一步完善"绿洲计划"政策体系，建立城乡统筹的福利救助制度。

二是加强城市管理。把"四高"要求贯穿在城市规划、城市建设、城市配套和城市运行等一切工作中，按一流标准配套学校、医院、文化等设施，建立科学高效的服务保障、社区管理等模式，推进城市管理再上新台阶。大力推进公共设施投融资多元化，注重引进高端的外资或民营教育、医疗资源，大幅度提升新城区的教育卫生水平。大力转变政府服务管理方式，按照政府"花钱买服务"的思路，积极引进实力强信誉好的社会管理单位和中介机构参与城市管理，实行"市场化运作、社会化管理"。加快推进"数字城管"体系建设，依靠高科技手段，建立载体，实现多部门联动，提高城市管理服务能力和效率。

参考文献：

[1] 李跃辉.大力推进产业结构调整建设世界一流水平城市［Z］.集美区政府，2012.

[2] 李跃辉.在新一届政府第一次全体成员会议上的讲话［Z］.集美区政府，2012.

[3] 集美区发改局.集美区2014年重点工作思路［Z］，2013.

[4] 集美区发改局.集美区2013年主要经济指标预测及2014年国民经济和社会发展初步计划［Z］，2013.

[5] 集美区发改局.集美区经济运行情况调研资料［Z］，2013.

[6] 集美区招商局.集美区招商引资情况调研资料［Z］，2013.

[7] 集美区经济贸易发展局.集美区工商业经济运行情况调研资料［Z］，2013.

[8] 集美区建设局.集美区经济运行情况情况调研资料［Z］，2013.

[9] 集美区建设发展有限公司.集美区企业运营情况调研资料［Z］，2013.

[10] 集美区招商局.集美区招商引资情况调研资料［Z］，2013.

[11] 厦门市经济学会.厦门市集美区"十二五"规划执行情况中期评估［Z］，2014.

课 题 组 长：姚厚忠
课题组成员：龚小玮　陈燕霞　黄光增　饶伟杉
课 题 执 笔：姚厚忠　龚小玮　陈燕霞　黄光增　饶伟杉

第五章 海沧区经济运行分析与展望

一、2013 年海沧区发展情况

（一）发展情况

1. 经济实力稳步提升

2013 年，海沧各项工作围绕优化结构，统筹协调发展，坚持强二进三，狠抓产业转型升级，加快发展第三产业，率先在全市推进"美丽厦门共同缔造"试点工作，进一步落实综合配套改革，坚持"稳中求进、好中求快"，全区经济社会发展呈现稳中有进的基本态势，基本完成年初确定的各项指标任务。国民经济快速发展，社会事业全面提升，人民生活不断改善。固定资产投资、社会消费品零售总额、全区财政总收入、区级财政总收入、区级财政收入、合同利用外资等指标增幅均高于年度预期，工业总产值增幅完成年度预期，GDP 增幅低于年度预期，较好地完成了上级下达的节能减排等指标任务。

全年全区地区生产总值达 424.46 亿元（现价），增长 10.1%，位居全市第三，超出全市平均水平。全区实现地面财政收入 140.07 亿元，名列全省 84 个县区前三；人均地区生产总值、人均财政收入、人均工业产值、农民人均纯收入四项指标稳居全省 84 个县区首位，其中农民人均纯收入实现"全省八连冠"。完成固定资产投资 243 亿元，增长 15%，位列全市第一，也是全市唯一一个增幅突破两位数的区。工业总产值历史性突破千亿大关，达到 1 023.4 亿元，增长 10.2%，工业增加值及增加率"全市第一"；工业固定资产投资完成 55.3 亿元，比上年同期增长 38.5%，实现总量、增幅、进度"三个第一"。合同利用外资、实际利用外资分别为 42.3%、169.8%，均居全市第一；全年实现社会消费品零售总额 92.12 亿元，比上年同期增长 24.2%，首次跃居岛外第一；海沧港货物吞吐量、集装箱吞吐量分别增长 31.7% 和 20.1%。增加拆迁量约占全市总量六成（见表 5.1）。

主要经济指标实现"保三争二、勇争第一"的目标。机械、电子信息、港口物流、商贸旅游四大支柱产业发展形势良好，对经济增长形成有力支撑；生物医药、石油交易、文化创意、新能源新材料

等新兴产业发展夯实；化工等传统优势产业改造提升有序进行，淘汰落后产能工作稳步推进；科技进步取得较大的成果，通过国家科技进步考核，总分787.29，在全市6个区中排名第一，获评2013年全国科技进步考核先进区。传统农业向特色都市型农业发展，全区经济转型升级效果较为明显。综合实力跃居2013年度"中国百强区"第20名，也是唯一进入前30名的非长三角、非珠三角的区，比上年再进四位，位列"最具投资潜力百强区"第19名，也是全省唯一进入前20名的区。

表5.1　海沧2013年各项主要经济指标完成情况表

指标名称	单位	完成额	比增（%）
地区生产总值	亿元	424.46	10.1
工业总产值	亿元	1 023.4	10.2
规模以上工业产值	亿元	998.4	10.2
全区财政总收入	亿元	140.07	12.7
区财政总收入	亿元	71.3	18.6
区级财政收入	亿元	27.36	17.5
区级财政支出	亿元	35.7	19.6
税收收入	亿元	67.5	17.1
固定资产投资额	亿元	243	15
社会消费品零售总额	亿元	92.12	24.2
房地产销售面积	万平方米	119.01	56.3
房地产销售额	亿元	135.96	71.2
合同利用外资	亿美元	2.66	42.3
实际利用外资	亿美元	1.57	169.8
外贸进出口总额	亿美元	69.6	2.2
港口货物吞吐量	万吨	5 992.83	31.7
集装箱吞吐量	万标箱	381.27	20.1
城镇居民人均可支配收入	元	37 930	11.7
农民人均纯收入	元	18 552	11

资料来源：海沧区统计局

2. 二、三产统筹协调发展

（1）工业对经济的拉动作用增强

支柱产业和新兴产业均呈现不同程度的增长，以长鸿光电、阳光恩耐为代表的20家规模以上光电企业实现销售收入36.63亿元，同比增加6.31亿元，增长17.25%，艾德生物、大博医疗、百美特生物等生物医药产业项目进展顺利；信息技术和新能源产业继续呈现快速发展的态势，信息消费和数字产业等新兴产业加快培育发展。

（2）工业转型升级步伐加快

一是加快推进工业企业转型升级。实施财政扶持，鼓励制造业企业加大技术改造步伐，促进产业技术升级。厦船重工大量承接海洋工程船订单，产能迅速扩张拉动船舶产业链大幅增长。大力推动"石化变文化"，将原 PX 项目用地及周边地块转型为海峡两岸旅游文化项目用地，逐步推动石化产业向外迁移，促进传统优势产业提升。2013 年区内生物医药企业已超过 60 家，其中规模以上企业全年累计实现销售收入 8.49 亿元，同比增长 16.78%。引进武汉百美特、国家"千人计划"专家齐念民教授的瀚志生物和坤爱生物、致善生物等生物医药项目，总投资 24.1 亿元，涉及新型医疗器械、新药研发、生物制药外包、保健品等领域。厦门特宝生物工程股份有限公司承担的《Y 型 PEG 化重组人促红素注射液》项目和厦门万泰沧海生物技术有限公司承担的《重组戊肝疫苗 IV 期临床试验》项目获重大新药创制科技重大专项"十二五"第三批项目的立项，中央财政经费分别给予 200 万元和 370 万元资金支持。

二是积极淘汰落后产能。稳步推进落后污染产能工业企业搬迁改造，积极推动厦门金达威维生素股份有限公司、世佳化工（厦门）有限公司等化工产业的异地搬迁改造工作，加快工业集中区的更新发展。工业能耗水平持续下降。

三是积极推进高新技术企业发展。继续做好高新技术企业的培育、申报与辅导工作。全年安排科学技术资金 7 674 万元重点支持生物医药、信息技术等新兴产业领域，其中对企业申报的创新平台给予 616.6 万元资金补贴。获评 2013 年全国县（市）科技进步考核科技先进区。高新技术产业蓬勃发展，全年高新技术产业总产值突破 600 亿元。生物医药港建设加快推进，生物医药产业快速发展，产值突破 100 亿元，国内首个丙型肝炎病毒分型研究在海沧开展。海峡两岸信息消费体验馆即将开放，现代建筑物构筑产业加快推进，全省首个建筑产业基地启动规划。

（3）第三产业快速发展

一是第三产业总体体现快速增长态势。第三产业比重首次达到 30%，预计全年三次产业比重调整为 0.5：69.5：30。商贸业持续繁荣，红酒交易中心等其他大宗商品贸易基地建设加快推进，海沧汽车零售市场进一步发展，阿罗海城市广场、天虹、悦实广场等商圈发展迅速，社会消费品零售总额预计完成 91 亿元，增长 21%。

二是港口物流业迅猛发展。全年港口货物吞吐量达 5 800 万吨，增长 45%，其中集装箱吞吐量 375 万标箱，增长 22.6%。临港产业蓬勃发展，石油交易中心全国首个成品油网上交易品种上线交易，累计完成总交易额 900 亿元。

三是游艇工业园区稳步发展。2013 年海沧区内游艇企业累计申报销售收入已破亿元，同比增长 54.86%；入库税收 564 万元，同比增长 109.67%。

3.招商引资全面提速

全年共审批外商投资项目 58 个，新增总投资 13.43 亿美元，同比增长 152.9%；合同利用外资预计完成 2.66 亿美元，同比增长 42.4%；实际到资预计完成 1.57 亿美元，同比增长 169.8%。引进注册资金 50 万元以上的内资项目 859 个，资金总额约 55.8 亿元。"9·8"投洽会期间，内外资签约项目总投资额、外资签约项目数量及总投资额、拟利用外资总量、合同外资总量等五项指标居全市第一。引进

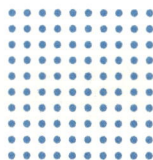

了一批符合海沧区转型升级发展方向的项目，主要有百美特、瀚志生物等生物医药项目，以及中远集团、中盈糖仓、海之星航运等港口物流项目。

4. 社会保障体系进一步完善

一是创新社会管理。社会创新管理成效显著，成为全国社区管理和服务创新实验区，创建 2 个全省首批五星级信息化社区，群众安全感与满意率明显提升。将社会管理"五个中心"（社会事务服务中心、调解中心、应急中心、协商中心、求助中心）引入政务服务中心，打造升级版"政务综合体"；在全省率先实现"区—镇（街）—村（居）"三级网格联动管理，并申报"全国地方政府改革创新奖"。

二是切实加快安置房建设。启动临港新城一期Ⅱ组团、兴钟林二期等项目建设，佳鑫、佳隆、佳宏花园建设基本完工，佳福花园一期、水云湾等安居房建设加快推进。

三是着力构建覆盖城乡、更加完善的社会保障体系。启动国家首批城镇居民养老保险试点工作，城乡居民养老保险参保率达 100%；提高城乡居民医疗保险财政补贴标准、城乡医疗救助水平，实现低保城乡一体、动态"应保尽保"。在全省首创社会福利中心"公建民营、医养结合"运营模式，2013年上半年民生投入累计约 11.16 亿元，预计全年投入 20.79 亿元。市级民生工程项目年度完成投资超过8 500 万元，提前 4 个月完成了市级任务。

5. 财政和居民收入稳步发展

全年实现全区财政总收入 140 亿元，同比增长 12.7%；实现区财政总收入 71.12 亿元，同比增长18.3%；区级财政收入 27.56 亿元，同比增长 18.4%。

城镇居民人均可支配收入 38 600 元，同比增长 12%；农民人均纯收入 18 630 元，同比增长 11.5%。

6. 对台合作交流深入拓展

深化两岸交流合作综合配套改革，截至 2013 年年底，累计批准台商投资企业 198 家，投资总额43.97 亿美元，实际利用台资 19.84 亿美元。台中市海峡两岸交流协会等台商协会率先在海沧设立办事处；投入使用闽台诊断产品创新创业园，启动海峡两岸中医药博物园建设，加快海峡两岸旅游文化综合体前期工作，成功举办海峡两岸保生慈济文化旅游节活动。设立全国首家基层法院涉台法庭、海事系统首个涉台审判庭。推动党际、乡镇、宗亲、教育、卫生、民俗等各个领域对台交流。

7. 社会事业全面发展

一是文体事业日益繁荣。通过文化部国家公共文化服务体系示范区创建验收，荣获"全国农民体育健身工程先进区"称号。设立盲人阅览室，建成非物质文化遗产展厅。区文化馆、图书馆被评为国家一级馆。体育中心一期、海沧石塘立交体育公园建成投用。加速推进体育中心二期主体育场和游泳跳水馆建设以及东孚文体中心、新阳文化中心建设。顺利举办区第二届运动会，组团参加厦门市第十九届运动会，成功举办厦门国际武术大赛、海沧自行车公开赛。

二是教育事业全面推进。高分通过全国义务教育基本均衡发展区和福建省首批教育强区验收，推行民办校委托公办校管理模式，教育教学质量、师资水平不断提升。推进北师大附属小学、双十中学海沧附校、海沧第二实验小学建设，开办六所公办幼儿园，成为福建省唯一承担教育部学前教育体制改革的试点区。符合条件进城务工人员子女、民办小学在籍毕业生 100% 进公办学校，特殊教育实现入学率 100%。未成年人思想道德建设实现全省"三连冠"。

三是医疗卫生保障水平快速提升。不断加强医疗卫生和基本公共卫生服务，在全市率先获评国家级慢性非传染性疾病综合防控示范区，率先实施数字化预防接种门诊、镇村卫生服务一体化管理、全科医师签约家庭服务模式。通过全国社区中医药工作先进单位省级验收，海沧社区卫生服务中心通过"全国示范中心"验收、新阳社区卫生服务中心通过"省级示范中心"验收、东孚卫生院获评省级"基层医疗机构管理年活动"先进单位，全区所有基层医疗机构均达省级以上先进标准。基层医疗机构建设快速推进，完成 23 个村卫生所一体化装修和设备购置，10 个村卫生所"健康自测点"投入使用。海沧医院独立建制，二期建设项目正式动工；长庚医院服务水平稳步提升，开放床位已达 700 张。

四是深入实施"海纳百川"人才战略。在全市率先出台和落实各项人才优惠扶持政策，2013 年上半年引进"千人计划"、"双百计划"等人才 33 人次。

五是率先设立区级保障资金实施"党建富民强村工程"。提供资金保障，连续三年每年投入 500 万元用于党建富民强村工程，并出台配套实施方案。进行分类指导，把村居按薄弱、中间、示范等级划分并分类指导，力争 2016 年全区农民人均纯收入达到 2.53 万元以上，保持全省第一。坚持合作共建，通过"社区＋公司"、"支部＋企业"、"支部＋合作社＋农户"、"注册村集体公司，全民入股"、"各级共同投入，按比例分红"、"政府建设补助，村回购受益"等模式，吸纳更多群众参与产业化经营。健全落实机制，落实区领导、机关干部"三联四抓"工作责任制，实行镇街下派第一书记、驻村干部、异地挂职等制度，建立实施征地拆迁收入反哺农村发展、村企理事会引导企业支持贡献等工作机制，推动企业与村集体或农户结对共建。建立年考核工作机制，对成绩优良的村居给予资金奖励，对于成绩差的给予通报批评乃至取消申请资金资格。

8. 全力配合推进自贸区建设工作

一是保税港区全力配合自贸区方案制定。初步完成《厦门港海沧港区产业及配套建设发展规划》建议方案，提出发展先进制造业、国际物流业、国际贸易业、高端服务业的产业方向。

二是保税港区加快产业转型升级。以打造"国际物流中心、全球贸易平台"为目标，加快保税港区软硬件建设，提升完善保税区功能，促进产业升级。

三是深化两岸港口合作。加强海沧保税港区与台湾高雄港合作，加快推进设立海沧驻台（高雄）办事处，拓展厦台贸易合作，共同打造面向东南亚的区域航运物流中心。

9."美丽厦门，共同缔造"开创新篇章

推动一批项目实施，梳理海沧湾公园改造提升等 12 大类 160 余个项目；启动首批 23 个"以奖代补"项目，激发群众主体意识和参与热情。海虹社区、兴旺社区、山边村、寨后村西山社等试点社区积极打造自身品牌，努力探索"网格化·微自治"社区管理模式，创出了"四民家园"等一批群众自治组织，创新打造"台胞义工志愿行"群众性对台工作品牌。

（二）存在的问题

1. 工业发展后劲不足

海沧区经济结构以工业为主，工业经济占全区经济总量 70% 以上，外向度也比较高，面临外需市场持续低迷，内需市场动力不足的严峻形势，企业订单不足，减产面大，部分企业甚至出现较长时间的停产；劳动力成本、融资成本高位运行，产品价格高进低出，企业利润空间缩小，面临经营困难局面；工业用地不足，工业发展主要靠存量支撑，没有新的大的项目入驻，工业增长乏力，2013 年预计的新投产企业（高利宝）尚未投产，工业发展缺乏龙头大项目的带动，有待加快转型升级，战略性新兴产业需加快培育。

2. 固定资产投资压力较大

增投压力大主要源于征地拆迁进展缓慢，重大项目建设滞后。海沧区征地拆迁量大、任务重、难度高，部分项目建设及用地出让受征地拆迁影响进度。园区市政配套尚需进一步完善，一些项目受供水、污水处理、城市管道系统、道路、电力等市政配套滞后的影响，进展缓慢。

3. 服务业发展相对滞后

一是服务业总体规模小。相对于工业经济的总量大、增速高而言，服务业发展相对滞后，增速均低于 GDP 和工业增加值的增速。第三产业内部结构发展不均衡，以住宅开发为主的房地产业、以汽车为主的零售业等生活性服务业占比较大，而科技研发、信息技术、文化创意产业、现代金融、现代物流等知识型服务业、生产性服务业发展相对缓慢，占比较低，特别是港口物流业设计吞吐能力与实际吞吐量的矛盾日益突出，石油交易规模尚偏小，三次产业结构调整速度缓慢。

二是社会零售市场份额少。随着天虹、沃尔玛等（注册地不在本区）商贸企业在本区开店经营，逐渐抢占本地企业的市场份额，商贸市场竞争日趋激烈。

三是消费市场环境整体低迷。新增长点少，旅游线路缺乏系统规划开发，占全区社会消费品零售总额约半壁江山的汽车销售缺乏新项目带动，增长乏力。存量企业存在不稳定因素，受宏观环境、消费市场需求变化影响波动大。

4. 航运要素集聚程度较低

目前航运中心总部大楼仍在建设中，还需要加大招商力度，吸引国际知名海上运输及辅助经营单位入驻；在航运体系建设中，船代、货代、报关行、检疫、箱管、仓储、集卡、法律、金融、信息、人才、交易等服务体系发展水平不高，船舶融资、海事保险等航运高端服务业有待培育发展，现代航运要素体系框架尚未形成。

5. 用地、用电等要素供给不足

建设东南国际航运中心、两岸综改试验区、加强对台产业交流与合作虽然推动了海沧区经济持续快速增长,但同时对土地供应、电力保障提出了更高要求。近两年来,企业用地、用电等要素需求指标均呈现较大幅度增长,且需求增长速度超过规划预期增速,给全区造成巨大的资源供给压力。区内还存在部分企业闲置土地,部分污染型、产能落后的企业转移退出缓慢等现象,土地利用效率不高,新项目进入受制于土地和用电约束。

二、2014 年海沧区发展环境分析

1. 世界经济形势复杂多变增加了海沧经济发展的不确定性

国际货币基金组织(IMF)发布的最新一期《世界经济展望》表示,全球经济增长仍处于低速,而且增长动力正发生转变。全球增长进入低速档位,经济活动的驱动因素不断变化,下行风险持续存在。中国和越来越多的新兴市场经济体正从周期高峰下滑。世界经济已进入深度转型调整期,低速增长态势延续,潜在通胀压力加大,给海沧实体经济发展带来的不确定因素增加。

2. 新一轮全球产业革命加大了海沧承接国际产业转移的难度

新一轮全球产业革命和科技革命方兴未艾,这场革命带来的数字化制造兼顾低成本生产和个性化需求,全球制造业集中在低成本地区、与消费分离的状况明显改变,发达国家实施"再工业化"、鼓励制造业回流的趋势明朗,海沧在更高层次上参与国际产业分工的难度加大。

3. 国际市场有效需求不足,给海沧外向型经济带来压力

世界贸易维持弱势增长。2013 年,世界贸易将维持弱势增长局面,WTO 预计,2013 年世界货物贸易量将增长 2.5%,2014 年全球贸易将增长 4.5%,均低于过去 20 年间 5.3% 的平均增长水平。国际贸易竞争日趋激烈,贸易保护主义明显抬头,贸易保护主义不仅局限于关税和出口补贴等传统手段,保护主义更多地变成了监管和管制,都给海沧外向型企业和进出口贸易带来很大的挑战。

4. 国内经济增长趋缓驱使海沧加快推进产业转型

我国经济历经 30 多年高速增长后,正进入中速增长的转换期,传统产业和新兴产业均出现产能过剩,转方式、调结构迫在眉睫。这对海沧推进传统产业转型升级,增强新兴产业发展的持续性,加快形成"高新软优"的现代产业体系提出了更高要求。

5. 海沧对台产业合作面临来自周边的竞争压力

漳州、泉州两个台商投资区获批成为国家级台商投资区,二者拥有发展空间大、资源承载力强的优势,海沧亟须加大工作力度,根据产业升级目标积极承接台湾产业转移。

6. "美丽厦门,共同缔造"为海沧发展带来契机

"美丽厦门,共同缔造"全面铺开,马銮湾新城开发规划方案进入实施阶段,全省"五大战役"

持续推进，以及自贸区的争取，都给海沧新一轮开发建设带来新的跨越发展机遇。

三、2014年海沧区发展展望

2014年海沧区经济将继续快速协调发展，产业转型升级加快，城区服务功能进一步提升，社会和谐发展加快，主要指标预期为：全区生产总值增长11%以上；工业总产值增长10%以上；区财政总收入增长15%以上，区级财政收入增长16%以上；固定资产投资增长13%以上；社会消费品零售总额增长20%以上；合同利用外资力争与2013年持平；实际利用外资增长10%以上；外贸进出口总额力争与2013年持平；城镇居民人均可支配收入和农民人均纯收入增长12%以上；节能减排要完成市级下达的指标。

四、2014年对策建议

2014年是海沧台商投资区成立25周年，也是全面深化改革、建设美丽厦门的一年。海沧将全面深化改革，坚持稳中求进、改革创新，努力当好产业转型、新城建设、共同缔造三个排头兵，全力打造美丽厦门的"新城区新社区"。

（一）促进经济协调发展

积极配合厦门自贸区申请。积极推动厦门自贸区的设立与建设，在推动自由贸易区建设和商事登记改革上取得突破。加快推进海沧港区集疏运体系建设，加快推动东渡港集装箱业务向海沧港转移。

结合美丽厦门战略规划和海沧行动计划，以大港口、大产业、大社会、大社区的总体目标，制定总体计划表，努力把海沧打造成为有特色、有品牌的"不一样的厦门"，形成"到厦门必到海沧"的效应和现象。做好"四个突出"：突出"新城"、突出"城乡"、突出"一体"、突出"对台"，谱写跨岛发展新篇章。建设健康生态新海沧、提升人民生活水平、丰富市民文化、大力发展第三产业。积极破解城镇化过程中的重点难点问题，推进城镇化建设，提高群众"共谋、共建、共管、共评、共享"的积极性，要把利民惠民的政策落到实处。立足海西、服务两岸、面向国际，从政策、技术、资金、人才等方面全方位支持厦门东南国际航运中心建设。力争到2020年，将海沧建成展现国家治理体系和治理能力现代化的典范城区。

（二）加快推进产业转型升级

一是发展壮大先进制造业。围绕"大产业"发展，加快建设生物医药、信息消费两大产业基地，着力培育港铁物流及临港产业集群、石油贸易产业集群、高新技术产业集群、信息消费和数字产业集群、生物医药产业集群、建筑现代化产业集群等六大千亿产业集群；重点扶持厦门烟草工业集团、厦钨集团、宸鸿集团、长塑集团、厦顺铝箔、正新集团等百亿企业。加快厦门生物医药港基础设施、公共服务配套，推进药品检测中心建设，加快生物医药通用厂房二期、三期及企业自建厂房建设，推进万泰沧海二期、金达威二期等一批项目建设，打造厦门住宅产业现代化示范园区。继续推进光电、新材料、新能源等高新技术产业的发展，加快启动钨业、法拉等新能源新材料项目建设。

二是促进产业梯度转移。围绕厦门建设闽南地区的中心城市的目标，加强与岛内、周边区域的产业分工合作，积极承接岛内工业向岛外的转移，推进区内一般性制造业向周边城市转移，提升产业的辐射带动效应。

三是积极培植新兴产业。瞄准世界发达国家的生物产业，着力引进龙头企业；加快厦门生物医药港基础设施、公共服务配套，推进药品检测中心建设；加快生物医药通用厂房二期、三期及企业自建厂房建设，推进万泰沧海二期、金达威二期等一批项目建设；制定出台海沧区生物医药产业促进政策，争取设立产业扶持发展基金，扶持重点企业技术研发创新，加快项目产业化进程；优化生物医药产业发展管理和服务机制，创新招商机制，建立项目策划生成机制，进一步加大生物医药项目招商力度；积极与市里对接，向上争取政策，以"一区多园"的模式将厦门生物医药港纳入两岸新兴产业和现代服务业合作示范区，全力打造海峡西岸规模最大、技术水平最高和对台交流最活跃的生物医药产业基地。

（三）促进第三产业快速增长

一是做大做强港口物流产业。抓住东渡港业务转移和南港区规划建设的机遇，先行先试，参照自贸区政策开展审批流程改革试点，做大做强港口物流产业。

二是做大做优做特专业市场等平台要素。积极推进对台综合药材集散中心等项目建设。进一步做大海沧独具特色和优势的专业市场，扶持厦门石油交易中心、红酒交易中心、钢材交易市场等大宗商品交易市场发展。夯实与岛内商贸业错位发展的基础，推动玛瑙、油画等专业市场发展。完善沿马青路两侧汽车交易市场布局，推动汽车文化商城项目建设，力争成为闽南地区品种最多规模最大的汽车4S店聚集地。

三是大力发展康体产业。推进长庚医院教育科研中心、养生发展区建设，促进中国人寿天竺山养老养生项目早日落地。开展中医药论坛、中医药文化交流及相关培训，推动养生文化发展。

四是大力发展总部经济。对区重点发展产业关键环节和领域进行针对性招商，吸引区域性总部或研发中心、采购中心、物流中心入驻，推动总部经济尽快形成规模。

五是大力发展旅游产业。加快推进嵩屿旅游码头和客运中心项目建设，由旅游码头、客运中心及嵩屿旅游发展片区开发项目三部分组成，打造成集海陆交通枢纽、游客集散、旅游购物以及酒店、休闲、娱乐于一体的"嵩屿旅游港"。开通嵩屿到厦门北站和高崎机场旅游专线，策划海沧旅游特色线路、建设旅游标示标牌及旅游导览图。推进高端酒店群建设、重视经济型酒店发展，做优旅游商贸产业。依托"保生慈济文化"以及山体、海岸海岛资源，开发宗教朝觐、游艇、帆船旅游、水上运动、海岛生态游、主题旅游等高端旅游产品。加快推进无人居住岛屿旅游度假区、马銮湾水上运动基地建设、海沧湾国际游艇中心前期工作，推动日月谷二期及汽车旅馆项目建设。

六是积极打造海洋文化。围绕"海峡、海湾、海岛"资源优势，坚持海洋经济与生态环境保护相协调的海洋经济发展思路，合理利用与开发海洋资源。着力提升沿海环境。以打造国际知名的滨海浪漫旅游路为依托，海沧湾公园为基础，加强市民亲水区域规划，成立海沧湾保护红树林志愿服务基地，志愿者人数200余人，种植红树林面积25.4万平方米，将海沧大道建设成厦门美丽海岸风景线。

（四）大力发展信息消费产业

一是加快电子信息制造业发展。加快推进长鸿光电二期、阳光恩耐三期等项目建设。加快三网基础设施建设，推进数字家庭示范应用和数字家庭产业化基地建设。

二是加快电子商务发展。加强信息化和信息消费导向，出台扶持政策，建设电子商务跨境服务平台、电子商务物流平台。大力发展电子交易市场，力争创建电子商务示范区、示范基地。

（五）加快推进东南国际航运中心建设

一是完善配套设施建设。继续推进码头泊位、港区专用通道建设和集装箱车辆停车场、拖轮基地、引航码头等港口配套设施建设，构筑高效便捷的集疏运体系；加快东南国际铁路物流中心建设，拓展海沧港区物流园区用地，努力增辟航线，拓宽货源腹地，构筑高效便捷的集疏运体系，主动承接东渡港区货源转移，提升港口运量。

二是加快航运和物流项目招商。积极引进一批国际知名的物流、航运企业和跨国采购中心，推动中储粮产业园、中盈糖仓等临港大项目建设；加快推进以海沧港为核心的区域性港口航运信息共享与交换平台、综合管理与决策支持信息服务体系等信息化建设，提高港口运营效率；完善金融商贸等配套服务业，提高航运要素集聚度，加大航运中心总部大楼招商力度，培育发展船舶融资、货运代理、海事保险等临港服务业，逐步提高在全球航运交易、信息、定价和法律服务等方面的影响力；争取国家支持将海沧列为区域性大宗生产、生活材料进口基地以及东南沿海汽车整车进口口岸。

三是积极打造临港产业。打造港铁物流及临港产业、石油贸易产业等千亿产业集群，扶持石油、红酒、钢材等大宗商品产易市场发展，积极推进对台中药材集散中心项目建设。积极培育金融、贸易、服务等新型业态，推动保税港区产业转型升级，充分发挥保税港区在自由贸易区建设中的重要作用。

（六）继续深化对台交流合作

一是积极探索对台政策先行先试。持续推进综合配套改革，开拓与台湾港口交流合作新途径，推动两岸航线密集化，将海沧港区建设成为对台、联台的先行区。积极推动海沧保税港区与高雄港等港区的合作，探索和试行厦台两地港口在航班航线等方面的深度合作，争取和鼓励台湾相关港航行业协会在海沧设立办事机构。建立台湾农产品销售、集散、中转的便捷通道，争取台湾生物医药制品监管方式在厦门生物医药港先行先试。

二是深化对台经贸交流。依托东南国际航运中心、生物医药港、石油交易中心三大平台，加快海峡两岸旅游文化综合体、海峡两岸中医药博物园区、海峡两岸版权交易中心及总部基地、台商总部等项目建设，加强与台湾经贸社团的联络，争取更多的商协会和民间社团到海沧设立办事机构。

三是深化对台文化交流。加强对台基层党际、宗亲、文化、教育、卫生、乡镇、社区管理服务的交流交往，深化对台妇女工作、婚姻家庭及义工、慈善等方面的交流交往。鼓励台商台胞融入社区生活，不断提升"海沧台胞义工志愿行"的品牌。

（七）推进社会和谐

一是要不断提升民生保障。进一步完善城乡居民基本养老保险、城乡居民医疗保险、工伤、生育、失业等保障体系，提高社会救助、医疗救助发展水平。完善各项就业扶持政策，落实《促进就业和民生保障十大措施》，着力提高城乡居民收入；抓紧研究出台失地失海农渔民就业创业扶持新政策，着力解决失地失海农渔民转移就业问题。建成水云湾、新月湾、临港新城一期一组团安居房，加快建设兴钟林二期、京口岩二期安居房，力争启动东坑、渐美安居房建设，完成安居工程年度建设任务。积极推进 2014 年 50 项"三农"重点项目；推动建设"区—镇（街）—村（居）"三级"新厦门人服务中心"，加大对外来人口在医疗、教育、住房等方面的保障力度，实现本地和外来人口融合发展、均衡发展，形成共同建设美丽海沧的合力。

二是要持续创新社会管理。不断完善三级网格化联动管理体系，加快推进区级政务中心标准化建设，扎实开展"全国和谐社区建设示范城区"创建工作；持续抓好文明创建、民生保障、安全稳定的各项工作。进一步落实安全生产责任制，强化对交通、建筑、危化品、食品安全等重点行业和关键领域的监管，坚决防止重特大事故发生。加强矛盾纠纷排查和社会治安整治，抓好安全稳定工作。

三是要全面提升社会事业发展水平。根据城区拓展和人口快速增长趋势，开展全区校园布点规划修编工作；加大教育投入，进一步扶持民办教育。加快困瑶小学扩建、体育中心小学、海沧中学教学楼重建、海沧职专二期、临港幼儿园等项目建设，积极推进双十中学海沧附属学校等新、改建项目建设，力促双十中学海沧附校、北师大海沧附属小学、海沧第二实验小学三所新校在 2014 年秋季招生前交付使用。加快推进海沧医院二期建设，力争 2014 年年底前主体封顶；推动马銮湾医疗园区、东孚片区三级医院规划选址等前期工作。加快东孚卫生院门诊综合楼和鼎美分院建设，开展海沧街道滨海新生活片区和新阳万科片区服务站点选址布点等前期工作。加速推进海沧体育中心主体育场和游泳跳水馆、公共自行车系统、东孚文体中心、新阳文化中心、24 小时自助图书馆等重点文体设施建设。

参考文献：

［1］杨文．关于海沧区 2013 年国民经济和社会发展计划执行情况与 2014 年国民经济和社会发展计划草案的报告［R］，2014 年 1 月 8 日．

［2］厦门市发展研究中心．海沧区"十二五"规划执行情况中期评估［R］，2013.

［3］海沧区 2013 年 1—11 月经济运行情况分析．

［4］海沧区政府．海沧区 2013 年工作总结和 2014 年工作计划［R］，2014.

［5］李伟华．2014 年海沧区人民政府工作报告［R］，2014.

［6］吴南翔．2013 年海沧区人民政府工作报告［R］，2013.

［7］厦门市发展研究中心．稳增长、调结构、促转型——2013 年厦门经济形势分析和 2014 年展望［J］，厦门特区经济，2013（04）．

［8］IMF.2014 世界经济展望［R］，2014.

［9］刘可清．2014 年厦门市政府工作报告［R］.2014.

［10］厦门市统计局 .2013 年厦门经济特区年鉴［M］. 中国统计出版社，2013.

课 题 组 长：梁子升

课题组成员：林 红 王 迪 谢 强 蔡海艳

课 题 执 笔：梁子升

第六章 同安区经济运行分析与展望

一、2013 年同安区发展情况

（一）发展情况

1. 整体经济增速放缓

2013 年，同安区 GDP 达到 225.84 亿元，增长 7.0%，从全年走势看，GDP 增长率在 7%～7.5% 区间平稳波动，增速有放缓态势（见图 6.1）。虽然企业仍面临产能利用率不高、盈利水平下降、效益下滑的困难局面，但经济增长企稳回升的迹象明显增强，整体经济稳中有进，工业、财政、用电量等主要经济指标呈小幅增长态势。规模以上工业总产值完成 405.45 亿元，增长 8.1%；全年完成固定资产投资 160 亿元，社会消费品零售总额达 62.49 亿元；实现财政总收入 38.81 亿元，增长 13.2%；其中区级财政收入 19.26 亿元，增长 18.2%。

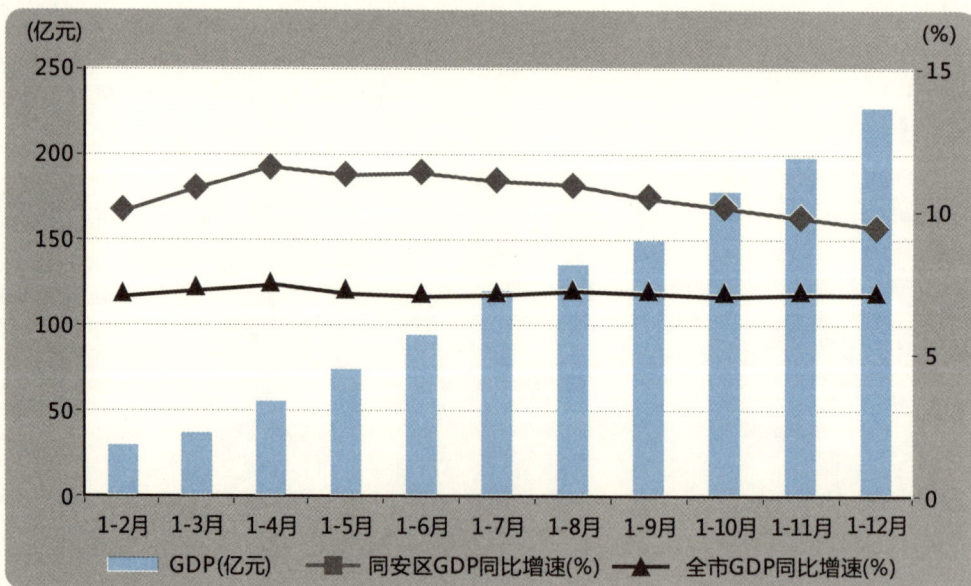

资料来源：厦门市统计局、同安区统计局

图6.1 2013 年同安区 GDP 增长情况图

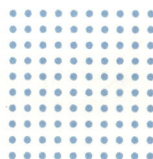

2．三次产业协调发展

（1）工业运行质量提升。2013 年，同安区工业努力克服国际金融危机、人民币升值、原材料上涨、运输及用工成本上升等各种不利因素影响，工业发展向更加注重质量和效益转变，全区 302 家规模以上工业产值 405.45 亿元，增长 8.1%（见图 6.2）；规模以上工业用电量 99 537 万千瓦时，增长 7.1%；实现工业增加值 93.96 亿元，增长 5.2%，平均每千瓦时用电量实现产值 40.73 元。工业成为推动全区国民经济增长的主要力量。工业运行的主要特点：一是工业生产保持平稳增长。2013 年同安区工业实现平稳增长态势，月产值从年初的 32.41 亿元，提高到年末的 40.39 亿元，全年除了 2 月份因为春节放假影响低于 25 亿元外，其他各月产值均在 30 亿元以上，12 月当月产值突破 40 亿元，创历年新高。全年月平均产值达 33.68 亿元，比 2012 年月均产值高出 2.55 亿。产值累计增长速度也呈平稳增长趋势。二是骨干企业拉动作用显著。产值前 20 名重点骨干企业共完成产值 188.17 亿元，增长 16.5%，有 14 家企业实现同比增长，其中：银祥油脂增长 63.4%，百路达增长 86.7%，力隆氨纶 52.4%。产值超 5 亿元的企业有 15 家，共完成产值 165.18 亿元，增长 15.9%；产值 1～5 亿元的企业有 67 家，共完成产值 148.50 亿元，增长 7.7%。工业集中区（同安园）纳入规模以上统计有 63 家，共完成产值 76.32 亿元，增长 12.0%。同安区工业正朝着集约化、规模化方向发展，整体规模与实力逐步提升，企业抵御风险的能力有所增强。三是主导产业支撑作用明显。食品医药、现代照明、水暖厨卫、机械制造四大主导产业共完成工业产值 246.64 亿元，同比增长 9.7%，占全区规模以上工业产值 60.8% 以上，有效支撑规模以上工业产值的增长。但受国内外市场需求等因素影响，各产业增长出现分化：龙头行业食品医药业产值为 145.56 亿元，增长 11.0%；受房地产业拉升影响，水暖厨卫业产值为 40.84 亿元，增长 33.0%；受国内制造业不景气的影响，机械制造业产值为 43.37 亿元，下降 5.3%；受欧美市场低迷影响，现代照明产值为 16.87 亿元，下降 1.5%。四是企业利润降幅较大。302 家企业中有 160 家企业产值同比增长，净增产值 51.42 亿元，其中产值增长 100% 以上的企业有保沣实业、天之域、美时美克、欣众达科技、川普电子、金福华、艾迪建材等 7 家企业；有 142 家企业产值同比下

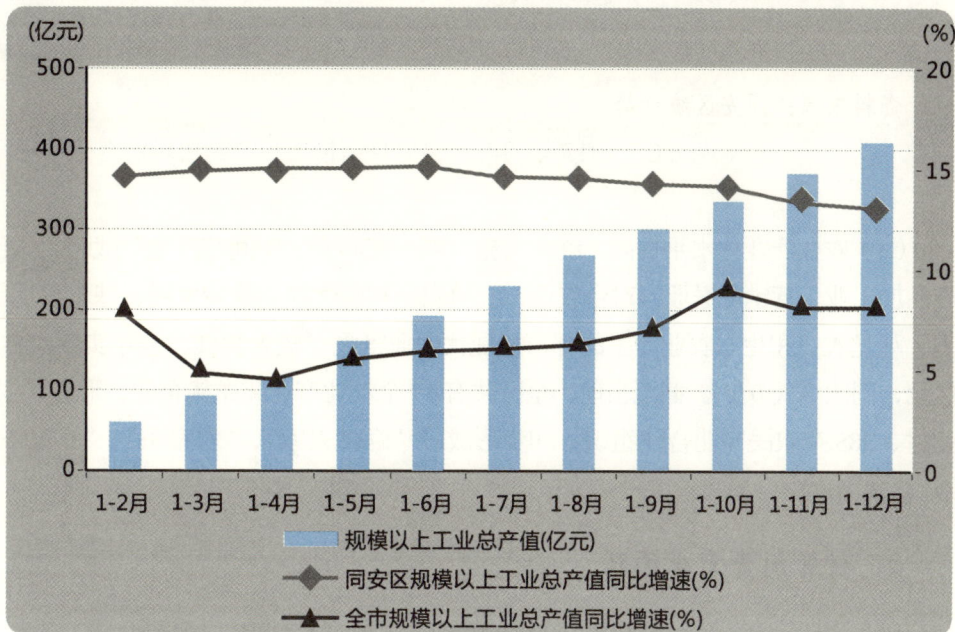

资料来源：厦门市统计局、同安区统计局

图 6.2　2013 年同安区规模以上工业增长情况图

降，净减产值 30.40 亿元，净增产值多于净减产值 21.02 亿元。五是产业园区拓展加快。工业集中区四口圳、纵三片区基本建成，厦门科技创新园推进建设，五显布塘片区食品产业园、火炬高新区战略性新兴产业同安基地启动开发。

（2）服务业呈现跨越发展。旅游业提档升级，华强方特梦幻王国开园，闽南宗教文化旅游区一期建设完成；生态休闲旅游成为发展新亮点，北辰山、金光湖景区分别被评定为国家 4A、3A 级景区，顶上人家、丽田园分别通过省 4 星、3 星级乡村旅游经营单位评定。全年共接待境内外游客 554.8 万人次，比增 19%；实现旅游收入 13.85 亿元，比增 18.8%。现代物流潜力显现，亚马逊电子商务东南五省运营总部建成投入使用，闽南农副产品物流中心建设进展加快，泰鹭福冷链物流成功落户。京东商城、新地物流、海尔虚实网等一些重点在谈电子商务项目有望落户同安。商贸业增长加快，钟楼片区、同新路、古城步行街改造成效显著，华森广场购物中心有序推进、大俊达购物广场项目进入实施阶段。房地产销售保持高增长，迎来新一轮的购房"热潮"，商品房累计销售面积 76.99 万平方米，增长 67.7%；累计销售额 65.25 亿元，增长 111.8%（见图 6.3）。

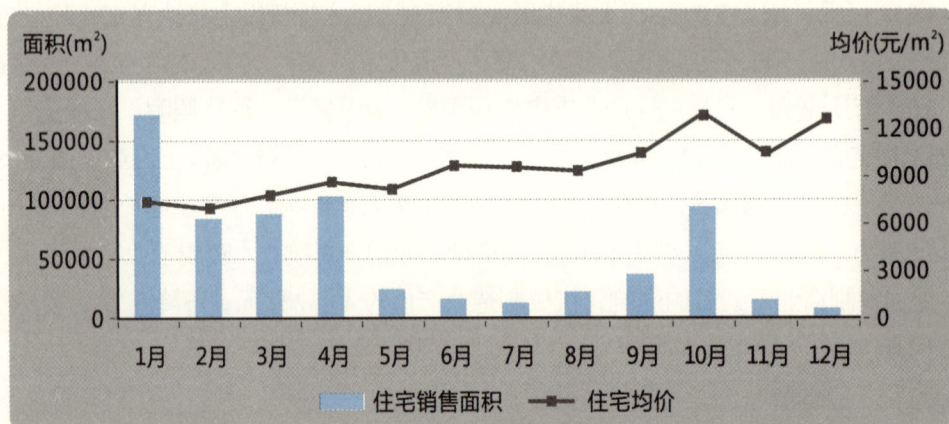

资料来源：同安区统计局

图 6.3　2013 年同安区住宅月销售面积及销售均价变化情况

（3）农业产业化水平提高。继续实施"两头在同安、中间在外地"战略，做优、做精种苗业和农产品加工业、营销配送业，对台农业、订单农业和高优农业稳步发展，基本实现现代农业转型，以休闲、观光农业和生态农业为主的都市型现代农业得到了较大发展，全年实现农林牧渔业总产值 19.81 亿元，同比增长 0.2%。截至当前，全区共有 17 个农业产业化龙头企业，形成了 37 个"一村一品"专业村、288 个农民专业合作组织，初步形成了"森林人家"、"农家乐"、"渔家乐"等 23 个特色旅游点。

3．投资消费需求两旺

（1）固定资产投资完成目标。2013 年同安区固定资产增长呈现"低开、高走、回稳"的趋势，全区固定资产投资 160 亿元，下降 4.7%，完成市调整后的计划数 158 亿元（见图 6.4）。从项目投资属性来看，一是基础设施投资降幅收窄。2013 年基础设施投资在库项目 92 个，完成投资 40.99 亿元，同比

下降 5.11%，拉低固定资产投资 1.32 个百分点。计划总投资过 1 亿的项目有 27 个，完成投资 29.48 亿元；全年新增项目 33 个，其中新增计划投资亿元以上项目有 2 个，新增项目本年累计完成投资 8.2 亿元。完成投资额较大的项目主要有：跨区线性工程、同集路（银湖中路—印斗路段）改造工程、白云大道（旧 324 国道—同南公路段）、农村道路建设、滨海西大道（通福路至新 324 国道）北段工程、民安大道以南二期工程、东界路以东造地工程、丙洲海域综合整治工程一期等，此 8 个项目本年全年共完成投资 22.1 亿元，占基础设施投资完成额的 53.92%。二是工业企业投资增长稳定。2013 年工业企业投资在库项目 141 个，完成投资 39.44 亿元，同比增长 3.43%，拉动固定资产投资增长 0.78 个百分点。火炬同安基地、吉特利环保科技、景徽饮料、东海火炬科技园、轻工食品工业区、金鹭精密硬质合金刀具、百路达工业园等项目成为推动工业企业投资稳定增长的主要原因。三是房地产投资增长强劲。得益于房地产市场的投销两旺，房地产完成投资 59.36 亿元，同比增长 23.53%，拉动固定资产投资增长 6.74 个百分点。房地产增长强劲的主要原因是：特房·银溪墅府、新景·舜弘广场、厦航·祥郡、溢翔首府、陆丰嘉园等五个地块的陆续开工，使地价款比上年同期增长 91.03%；其次，房地产投资稳定增长还得益于房地产市场的投销两旺。全年完成投资超过千万元的项目有 34 个，其中特房·银溪墅府、金帝·中洲滨海城、金都·海尚国际等 9 个房地产项目全年共完成投资 40.9 亿元，占全区全年房地产投资总额的 68.9%。

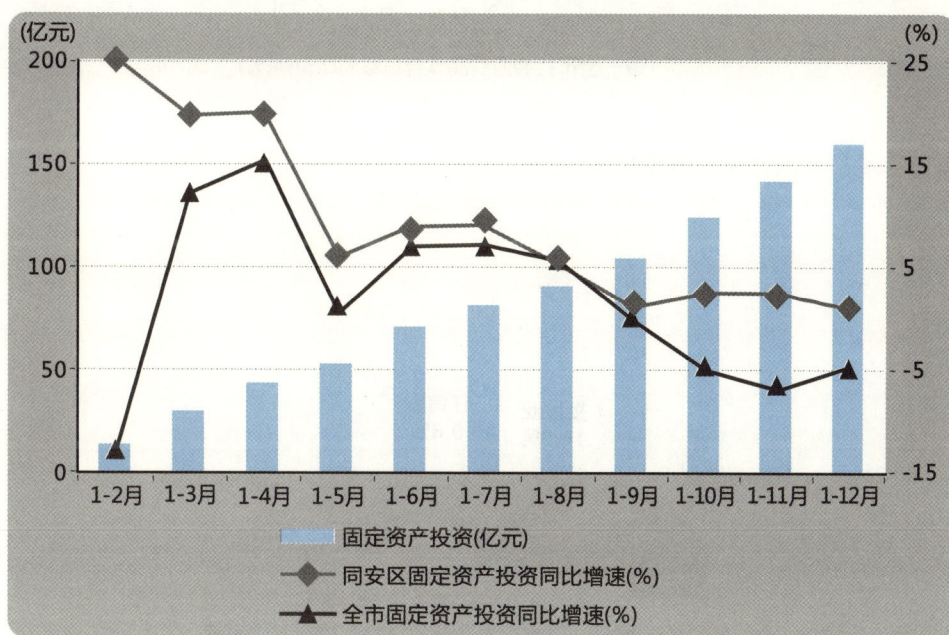

资料来源：厦门市统计局、同安区统计局

图 6.4　2013 年同安区固定资产投资增长情况图

（2）消费市场稳步增长。2013 年全区累计实现社会消费品零售总额 62.49 亿元，同比增长 8.3%（见图 6.5）。从分行业来看，批发业实现 6.39 亿元，下降 2.2%，占社会消费品零售总额的 10.2%；零售业实现 46.19 亿元，增长 10.0%，占社会消费品零售总额的 74.2%；住宿业实现 0.38 亿元，增长

4.7%，占社会消费品零售总额的 0.6%；餐饮业实现 9.28 亿元，增长 9.2%，增长主要来自限额以下餐饮业，占社会消费品零售总额的 15.0%（见图 6.6）。从分限额来看，限额以下商业实现 48.81 亿元，占社会消费品零售总额的 78.1%；限额以上商业实现零售额 13.68 亿元，占社会消费品零售总额的 21.9%。同安区社会消费品零售总额增长的主要动力源于限额以下企业零售的持续增长。

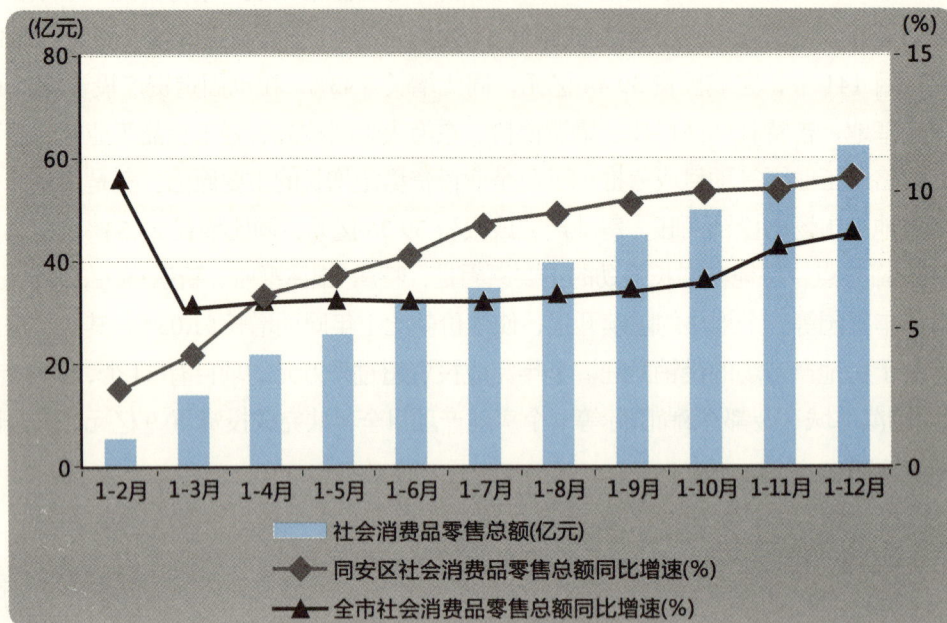

资料来源：厦门市统计局、同安区统计局

图 6.5　2013 年同安区社会消费品零售额增长情况图

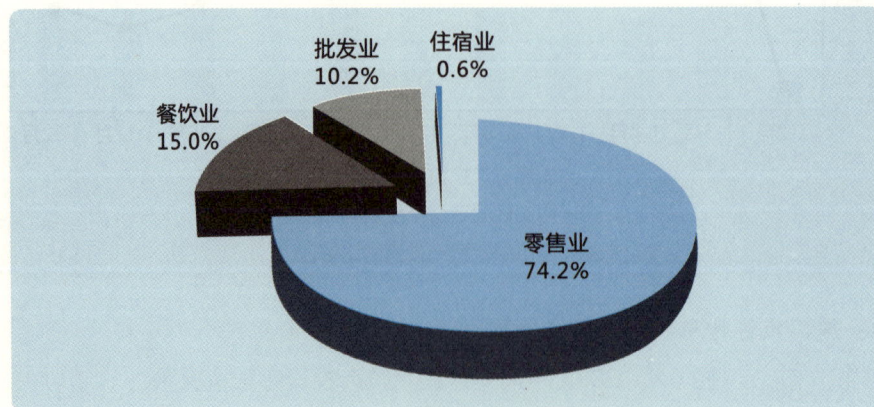

资料来源：同安区统计局

图 6.6　2013 年同安区社会消费品零售额行业构成图

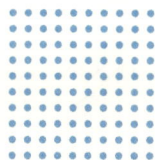

4．招商引资取得突破

（1）招商引资再创佳绩。2013年新设立项目16个，增资项目18个。合同利用内资34.7亿元，完成市定任务20亿元的173.5%。实际利用外资完成4亿美元，比增22.3%，居全市第一，充分体现了2013年的合同利用外资落实情况良好，履约率高。

（2）招商项目储备充足。"9·8"投洽会、省（市）民企对接会成果显著，共对接签约涉及高端度假酒店、商业综合体、医药物流、移动互联网等产业项目58个，项目累计总投资达453亿元，创历年签约成果新高。新地厦门电子商务园、海尔虚实网服务园以及滨海新城酒店群、万达商业综合体等在谈项目进展顺利，形成了较为充足的项目储备。

5．城镇化进程加快推进

（1）城区路网日益完善。厦安高速主线贯通，城东中路北段建成通车，国道324复线、滨海西大道、省道206线改线、白云大道、海翔大道二期、同集路同安段改造等区间道路建设加快，路网框架基本形成并日益完善。

（2）新城建设全面提速。东界路以东吹填造地、丙洲岛综合整治、民安大道以南工程、科技创新园安置房、滨海公寓保障性安居工程等一批市政设施和公建配套项目进展顺利，实验中学、西柯中心小学改造、潘涂中学和新城小学等学校建成投入使用。中洲滨海城、海尚国际、银溪墅府等房地产项目建设进展顺利。华强方特梦幻王国开园，浦头风情商业街建设加快，华鑫通万豪、华海宏万丽酒店动工建设，休闲度假旅游特色初显。

（3）老城改造有序推进。同集路改造基本完成，白云大道B段、省道206线改线、新西桥南侧下穿通道进展顺利，城北五号路、新西桥北侧下穿通道、常青路中段等市政道路全部竣工交付使用。南北大通道B段完成征地拆迁并动工建设。南门路、新安路、祥平西、西桥路完成城市道路景观改造。三秀安置房封顶，钟楼安置房进入装修阶段。

（4）小城镇建设初显成效。市政道路、洋麻山公园、自来水厂、污水处理厂等项目进展顺利，汀溪学校9月开学，示范区公共配套不断完善。山语听溪、泉天下、巴厘香泉等房地产项目进展顺利。投入7 500万元完成汀溪水库水源保护区生猪退养和首次货币化生态补偿工作。抽水蓄能电站完成前期工作，正式上报国家发改委。

6．民生保障同步提升

（1）社会事业全面进步。教育文化事业加快发展，完成100%的义务教育标准化学校"回头看"建设；大同古庄学校一期、洗墨池幼儿园二期等项目完成建设，西塘小学扩建、同安职校扩建等项目有序推进，老年大学启动建设；教育云远程同步教学试点工作启动；实施校车安全工程。基层文体设施逐步完善，国家公共文化服务体系示范区建设持续推进，并顺利通过文化部验收。医疗卫生事业持续提升，持续推进基层医疗卫生机构和公立医院改革，四家公立医院全面实施取消药品加成改革；巩固完善国家基本药物制度，稳步推进镇村卫生服务一体化管理；已建成30所标准化村卫生所并投入使用；大同社区卫生服务中心完成改造搬迁，并正式投入使用。计划生育工作稳步推进，深入实施"生育文明·幸福家庭"促进计划，全面完成人口计生责任目标任务，全区出生人口政策符合率 92.07%，继续保持"全国计划生育优质服务先进区"和"全省人口计生综合改革示范区"称号。

（2）社会保障持续加强。进一步扩大社保覆盖面，全区城乡居民医疗保险参保率 100%，医疗保险参保率 99.6%。社会福利中心建设步伐加快，主体工程完工。落实失地失海农民基本养老保险惠民政策，增加实施"全额贴息"补助政策，参加被征地人员基本养老保险贷款利息由区财政全额承担。就业服务从窗口向基层延伸，完成失业人员再就业 6 391 人，城镇困难对象再就业 2 041 人。社区网格化建设取得初步成效，东山社区被授予"全市社区网格化建设先进社区"荣誉称号，北门、芸溪、东山社区等 3 个社区被授予"全市社区信息化建设优秀社区"荣誉称号。公交客运服务不断提升，新增公交车 40 辆、更新公交车 39 辆，新开通 4 条公交线路配套华强旅游项目。

7. 各类收入不断增长

（1）财政收入持续快速增长。同安区全年实现财政总收入 38.81 亿元，增长 13.2%，同比提高了 6.2 个百分点；区级财政收入 19.26 亿元，增长 18.2%，同比提高了 15.6 个百分点（见图 6.7）。从收入结构上看，小税种在房地产市场持续向好和房产税、土地使用税由缓征调整为"即征即奖"政策的影响下大幅增收，房产税、土地使用税、土地增值税增幅均超过 100%。而企业所得税则受到 2013 年银鹭一次性划库的企业所得税的影响，同比下降 29.4%。

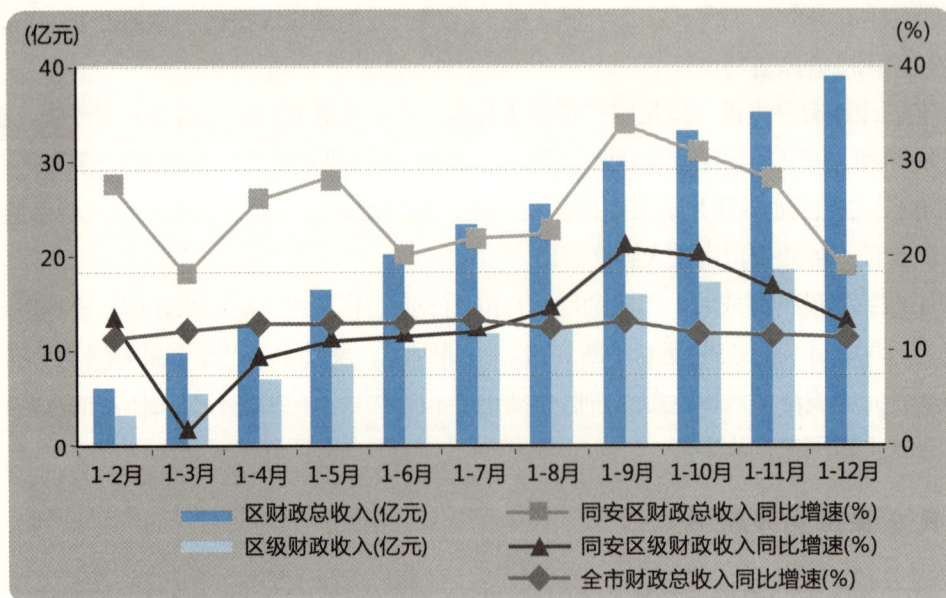

资料来源：厦门市统计局、同安区统计局

图 6.7　2013 年同安财政收入增长情况图

（2）城乡居民稳定增收。拓宽农民增收渠道，农民收入增幅在 2012 年首次超过城镇居民，2013 年继续保持 12.1% 的高速增长，农民人均纯收入达到 12 756 元；城镇居民人均可支配收入实现 7.1% 的适度增长，达到 36 344 元。从收入组成上看，工资性现金收入比重最大并且保持持续增长的势头，

经营性现金收入增幅有所回落，财产性现金收入和转移性现金收入略微下降。

（二）存在的问题

1. 经济回升基础尚不稳固

2013 年同安区 GDP 增长率仅为 7%，增幅比 2011 年和 2012 年分别回落 4.3 和 0.8 个百分点，低于全市平均增速 2.4 个百分点；规模以上工业企业利润总额比上年同期有所下降；固定资产投资及社会消费品零售总额指标增长远低于全市平均水平。这些因素表明，同安区经济回升的基础还需要进一步稳固，调整产业结构，提高产品附加值，拓展市场的力度还需要进一步加大。

2. 工业发展存在诸多问题

工业是拉动全区经济增长的主要力量，但 2013 年同安区工业发展仍存在诸多问题，主要表现在：

一是工业投资规模偏小，后劲不足。2011—2013 年计划新投产企业目标均未实现。2011 年计划新投产且增产 1 000 万元以上 28 个重点工业项目，预计当年实现产值 34.7 亿元，实际只有 4 家符合条件并已纳入规模以上工业统计，这 4 家企业 2013 年实现产值 22.94 亿元，拉动工业增长 6.0 个百分点；2012 年计划新投产企业 34 家，预计当年实现产值 30 亿元，实际只有 9 家企业投产并已入库统计，这 9 家企业 2013 年实现产值 30.07 亿元，拉动工业增长 7.8 个百分点；2013 年计划新投产且增产 2 000 万元以上 14 个重点工业项目，预计当年实现产值 15 亿元，到 2013 年年底只有 3 家符合条件纳入规模以上工业统计。从这三年新投产企业情况来看，新投产企业不如预期，新投产企业数量少导致工业增长乏力。从未来发展来看，同安区没有能够拉动产值明显提升的项目投产，只能依靠存量企业的贡献以及总体经济环境的好转，工业生产增速将进入一个低于 10% 的增长区间，并将延续较长一段时期。

二是部分企业陆续关停影响区内工业发展。12 月当月停产企业有 7 家，这 7 家企业累计产值同比减少 55490 万元，其中：1 家由于搬迁而停产；1 家因环保问题停产；2 家倒闭；1 家因缺工压缩生产线转移兄弟厂生产，其余 2 家企业因缺少订单而停产。

三是缺工问题日益严重，影响企业生产。缺工问题成为近年来制约企业生产的关键因素，2013 年企业用工短缺情况明显，尤其是普工需求缺口大。用工短缺直接影响企业生产能力的发挥，同时又助推用工成本的上升，严重制约工业企业生产和效益的提高。

四是工业运行质量与效益不高。从 1—11 月企业财务状况来看，全区 294 家规模以上工业企业（不含火炬园），有 210 家企业实现盈利，占规模以上工业企业数的 71.4%；有 84 家企业亏损，占规模以上工业企业数 28.6%。1—11 月实现主营业务收入 355.33 亿元，增长 5.9%；实现利润 9.90 亿元，下降 7.5%；实现利税总额 16.30 亿元，下降 2.6%；盈利企业盈利额 13.65 亿元，下降 1.7%。工业企业盈利状况未得到改善，亏损额继续增加，值得关注。

五是工业用地不足、配套不完善。区内工业用地的农转用手续获批量少，现有同安工业集中区、轻工食品工业区、城南工业区等工业区已基本面临无地招商的局面，招商载体的缺乏已严重制约同安工业发展。一些工业园区由于电力配套设施建设滞后、市政污水管网配套不够完善导致污染减排压力大等问题，影响企业入驻，推迟投建、投产预定计划。

3．服务业发展需提升

一是旅游业发展水平有待进一步提升。①旅游基础设施不够完善。景区的基础设施和精品线路打造仍然相对滞后，配套设施和服务等还不能满足需要。②旅游资源深度整合开发力度不足，旅游知名品牌的宣传带动效应不强。③旅游企业的实力和竞争力还不强，管理水平、接待服务质量需要进一步提升。④人才队伍建设还不能适应旅游产业快速发展的需要，缺乏旅游企业管理人才和专业技术人才。

二是商贸业增长乏力。城区商业以传统零售商业为主，功能较为单一，网点布局不够合理。从零售业态看，城区只有超市、食杂店、专业店和专卖店等四种业态，且以小型专业店为主，缺乏高档酒店、大商场和大卖场。农村商业发展滞后，网点偏少、设施简陋，档次偏低。

4．社会事业发展水平较低

较长一段时间以来，同安区财政收支压力较大，各项社会事业基础建设滞后，发展较慢。当前存在的主要问题有：

一是教育投入相对不足，教育资源布局不尽合理，教育结构有待优化，就学压力还长期存在。

二是医疗卫生整体条件薄弱，农村卫生院医护人员总体水平不高，村卫生所数量有限，难以满足辖区内居民的医疗需求。

三是民生保障投入和财政收支压力增大，社会力量和社会资本参与社会保障和社会福利事业有待加强。

四是促进就业工作有待加强。基层镇（街）、村（居）办公整体条件相对落后，创建充分就业社区受到制约；当地农民就业普遍存在"眼高手低"、劳动技能不高等问题，进厂务工积极性不高，转产转业存在困难。

五是文体基础设施相对滞后，群众文体活动场所缺乏，文体队伍整体水平较低，各类文体活动组织的广泛性不强，群众对文体活动的参与意识有待进一步提高。

二、2014 年同安区发展环境分析

（一）有利因素

一是城镇化进程全面提速。十八届三中全会《决定》指出：坚持走中国特色新型城镇化道路，推进以人为核心的城镇化，推动大中小城市和小城镇协调发展、产业和城镇融合发展，促进城镇化和新农村建设协调推进。城镇化在实现全面建设小康社会的实践中占据越来越重要的地位，将有利地促进同安区的建设和发展。

二是"美丽厦门"发展战略有序实施。围绕"两个百年"发展目标和"五个城市"的城市定位，"美丽厦门"建设加快推进，构建东部市级中心给同安区的发展带来了新动力。

三是岛外新城建设日新月异。新城建设全面提速，先后完善了四大新城组织管理、开发建设、

投融资等工作机制，相继启动一批工程建设，集美、海沧、同安、翔安新城分别完成建筑面积 198、174、113、70 万平方米。厦漳泉同城化扎实推进，编制完成总体规划和 9 个专项规划，岛内外一体化发展战略的推进为同安区发展带来了重大机遇。

四是火炬高新区落户同安。2012 年火炬管委会与同安区正式签署《合作框架协议》，共同开发火炬高新区战略性新兴产业同安基地，规划用地面积约 10 平方公里，重点引进新材料、新能源、海洋与生命科学、文化创意、新一代信息技术、电子商务等产业项目，力争在 5 年内达到千亿产值规模。火炬高新区同安基地的建设，将为同安区的产业发展和转型升级提供重要的载体平台。

五是旅游资源集聚优势显现。随着华强"方特梦幻王国"主题公园建成营业，加上原有野山谷景区、北辰山景区、莲花国家森林公园、汀溪温泉小镇、竹坝南洋风情度假村区以及环东海域高端休闲度假酒店群等旅游景区及设施建设的进一步完善，目前已形成了较为丰富的旅游基础产品体系，为下一步同安区旅游大发展、人流、物流、商流的快速集聚奠定坚实基础。

（二）不利因素

区财政支出压力较大。一方面，同安区财政面临着税源基础薄弱，结构不尽合理，增收压力加大等问题；国家对政府融资平台的清理，使政府融资难问题愈加凸显。另一方面，新城、小城镇、交通建设、教育、农业和科技等法定增长要求以及社会保障和公共安全等对财政资金刚性支出的需求呈放大型增长。区级财政资金供应紧张，使得全区财政资金需求与财政资金供给的矛盾日益加深。

三、2014 年同安区发展展望

随着"美丽厦门"发展战略的深入推进，同安区将继续以提高经济增长质量和效益为中心，积极融入东部市级中心建设，稳中求进、好中求快，着力产业转型，着力城乡发展，着力生态建设，着力保障和改善民生，不断增强发展的活力动力，实现有质量的稳定增长、可持续的全面发展。

（一）进一步提升经济运行质量

经济迈上新台阶，经济布局更加协调，经济结构更加合理，全区经济增长速度、主要经济指标与各区的差距进一步缩小。全年地区生产总值计划完成 234 亿元，比增 9%。规模以上工业增加值计划完成 103 亿元，规模以上工业总产值计划完成 446 亿元，固定资产投资计划安排 176 亿元，社会消费品零售总额计划完成 69 亿元，四个指标力争实现比增 10%。财政总收入计划完成 43.1 亿元，其中，地方级财政收入计划完成 21.1 亿元，力争双双实现比增 11%。

（二）进一步加快产业结构调整步伐

（1）继续加快工业结构调整，鼓励存量企业推进技术改造升级，加大科技研发投入力度，提升技术创新能力，提高产品附加值；依托厦门火炬战略性新兴产业同安基地，用高优龙头产业项目抬高产业起点，打造优势产业集群，四大主导产业和重点骨干企业将对全区工业增长发挥更加重要的作用，企业利润总额降幅趋向收窄，工业继续保持平稳优化发展。

（2）抓住实施科技创新、岛内外一体化和厦漳泉同城化三大战略给同安区发展现代服务业带来巨大潜力的机遇，主动融入海西旅游大格局，繁荣提升商贸物流经济，推动同安区以工业为主导向以工业、服务业双轮驱动经济增长的发展方式转变，逐步提高服务业占比，逐步提升服务业发展水平。

（3）加强农业品牌基地、农业物流中心建设，进一步推广农业的专业化、规模化、基地化生产；大力发展农业循环经济，发展集约、生态生产模式，进一步提高农业的集约化程度和现代化水平；壮大企业、合作社规模，发挥龙头带动作用，加快农业科技创新和推广应用，精品种养示范推广、深化加工拓展的都市型农业初步成型；生产性、生活性和生态性融为一体，建设绿色无污染型、观光休闲型和生态环境型的现代农业，进一步拓展农业多功能性，增加农业产业附加值，促进农民就业增收。

（三）进一步完善城区功能

（1）按照市委"四高标准"加快打造滨海新城新经济带，城区品位进一步得到提升，逐步形成集先进制造业和现代物流业相配套的现代工业城区、历史文化和温泉生态相结合的文化旅游城区、同安新城建设和老城区改造提升相融合的最佳宜居城区于一体的多元功能区。

（2）基础设施建设不断完善，承载功能进一步增强，交通路网建设和市政设施建设取得较大发展。滨海西大道、白云大道、国道324复线、城东中路等一批市政道路建设稳步推进，流域综合整治工作进展有序高效。

（3）小城镇和美丽乡村建设有序推进。汀溪小城镇建设成效显现，以汀溪为试点开展社区网格化建设，在试点的基础上逐步全面铺开建设。莲花、五显等一批小城镇建设加快启动。乡村建设与自然生态以及古村落的保护开发有机结合，全面打造山绿、水清、村美、路通的美丽乡村。

（四）进一步统筹社会事业发展

（1）以提高生活品质为主线，稳步提高同安区公共服务水平。具体表现在：教育质量进一步提高、教育公平进一步显现，教育服务经济社会发展的能力得到全面提升；稳步推动医改各项工作，按照城乡统筹的理念，进一步完善公共卫生服务体系，努力实现基本医疗卫生服务功能水平质量均等；进一步强化政府的公共文体服务职能，积极推进公共文体服务均等化。

（2）基本形成项目齐全、形式多样、覆盖面广、相互衔接的城乡社会保障体系，各类参保人群保障水平差距逐步缩小；进一步加大财政投入改善城乡低保群众和被征地人员的生活水平。

（3）加快社会管理创新步伐，继续深化"平安同安"创建，逐步完善立体化社会治安防控体系。推进城市社区"网格化"建设，社区服务功能得到较大提升，人口计生工作成效得到巩固。

四、2014 年对策建议

（一）壮大发展先进制造业

1．努力壮大主导产业

进一步促进食品加工、现代照明、水暖厨卫、机械制造等四大主导产业发展，拓展产业规模，优化产业结构。拓展现代工业发展平台，继续推动城东工业区二期、厦门科技创新园、火炬高新区战略性新兴产业同安基地和凤南片区一期开发建设。依托科技创新研发优势，推进企业创新发展。坚持抓龙头、铸链条、建集群，扶持做大主导产业，改造升级传统产业，推动彰鸿科技、美达复材等 22 个项目加快建设，春源精密、康先电子等 20 个项目建成投产，支持建潘橱柜、力隆氨纶等一批企业增资扩产。坚持挂钩联系企业制度，落实各项扶持政策，稳定企业生产发展。重视民营经济，善待和支持中小微企业创新发展。深入了解企业面临的困难和瓶颈因素，鼓励和支持企业进行增资扩产、市场拓展，提升企业市场竞争力。

2．做好工业企业促投建

一是加快项目建设。力促保沣实业、景徽饮料、康先电子、浩纬实业、春源精密机电等新建成企业按时投产、达产；推进银鹭 60 万吨饮料、双桥 50 万吨淀粉糖、美达复材、吉特利环保科技、彰鸿科技等新企业加快建设；向阳坊、金日制药等老企业增资扩产。同时加快做好厦门抽水蓄能电站项目的前期工作，增强工业增长潜力。二是强化"三维招商"。依托同安新城、火炬同安基地等招商载体，全面加大招商引资力度，引进一批投资大、带动性强、技术含量高的项目。重点围绕培育壮大产业集群、延伸产业链，凝聚工业增长动力。

3．着力拓展工业发展载体

一是加大火炬同安基地和科技创新园等载体建设，大力引进投资大、附加值高、影响力大的项目。二是加大实施"腾笼换鸟"举措，突破征迁瓶颈，加大工业用地储备。集中力量加大征迁力度，及早交地，加快城东中路、布塘中路、同安东路、东宅变电站、五显小城镇等项目建设，为火炬同安基地做好配套。加快科技创新园安置房一期工程建设，为交地提供保障。大力推进美星片区、亚马逊二期等项目的征地、市政道路和基础设施配套建设，加快进度办理凤南片区和洪塘物流园等新工业区的土地农转用、基础设施配套等前期工作，为今后引进一些大项目起到"筑巢引凤"的作用。抓紧完成同安工业集中区纵三片区、四口圳片区、黄金园、美禾园的公共配套建设，全面提高项目承载能力。

4．加快启动、推进工业区电网建设进度

提前启动 220KV 凤南变的建设，加快 110KV 前山变的建设进度；加紧推进 110KV 新民变和110KV 西塘变三期扩容建设进度，启动 110KV 后宅变的建设；加快 220KV 埭头变、110KV 许垵变、

110KV 东宅变的建设进程，启动 110KV 前埔顶变的建设等。加快东溪、西溪污水管网改造、坑子口污水泵站的建设，启动大同水厂改造。

5．加大扶持和服务力度，帮助企业渡过难关

政府各相关部门要主动靠前服务，深入企业了解情况，特别是 2013 年以来产值下降大户和停产企业，指导企业用好、用活、用足国家、省、市给予的各项政策，充分发挥政策的效能和作用要加大服务力度，解决当前订单减少、招工不足、融资困难等突出问题，促进老企业增产、扩产；建立帮扶企业和激励企业的工作机制，继续完善区领导、部门和镇（街）挂钩联系企业制度，出台激励企业扩大生产的机制，推进企业发展。

（二）加快发展现代服务业

1．着力提升旅游业发展水平

深入挖掘同安自然、人文资源，促进文化与旅游的深度融合，构筑具有同安特色的旅游文化氛围，打造滨海休闲、历史文化、温泉生态等特色旅游。依托同安湾的岸线、沙滩、海湾等海洋资源，引进大型滨海旅游、水上运动项目；结合厦门市创建"温泉之都"，加快同安区温泉旅游产业发展，形成国内外温泉生态休闲旅游精品；主动融入"海峡旅游"，做好区域旅游线路对接、客源互流，将同安打造成为对台旅游合作重要平台；将华强方特梦幻王国及华强二期等一系列华强文化科技产业基地项目打造成为同安区旅游新品牌；加快推进休闲度假酒店群、西柯浦头风情旅游小镇项目建设。注重发展海洋经济，继续推进莲花国家森林公园、大轮山一梅山闽南宗教文化区、竹坝南洋风情度假区等景区景点建设。举办同安旅游伴手礼评选活动。同时，完善旅游交通等硬件配套，加强旅游品牌营销，提升旅游服务水平，进一步提高同安旅游产业水平和档次。

2．促进商贸物流跨越发展

利用"美丽厦门"打造东部第二市级中心优势，着力推进海西国际商贸物流中心建设；着力培育发展钟楼片区核心商圈，促进燕莎集团、万达广场等项目尽快落地，促进华森国际引进大型商业中心，实现商贸服务业上档升级；做大做强亚马逊电子商务东南五省运营总部，依托亚马逊厦门运营中心项目龙头带动作用，加快推进电子商务示范园区建设；协调推进闽南农副产品物流中心等大型物流园区和配送中心加快建设，推动青岛海尔虚实网物流项目、新地物流和泰国冷链物流项目尽快落地。

3．推进房地产业稳妥发展

鼓励和支持大的房地产企业参与同安城市建设。利用滨海新城建设和旧城改造的有利条件，吸引有实力、有品牌的房地产企业入驻同安区，以高起点、高标准、高品位建设商住楼、写字楼、大型商场、酒店。力促华鑫通、特房高星级酒店动工建设；做好土地储备和招拍挂，引进新的房地产项目，争取欧尚、禹洲、阳光城、山海树、中国人寿等较为高端的城市综合体和酒店项目落户，促进房地产业健康发展。

（三）加快城市建设步伐

1．高标准推进同安新城建设

加大在建工程的征地拆迁力度，及时提交项目用地。加快华强文化科技产业基地二期、人造沙滩二期、丙洲岛综合整治工程二期、潘涂地块吹填造地等项目建设。推动中电30所等科研项目落户，加快推进厦门科技创新园、浦头风情旅游小镇等项目建设。加快推进金都海尚国际、恒亿·尚品湾、国贸金沙湾、特房银溪墅府等一批房地产项目以及厦门海峡国际时尚创意中心、特房和华鑫通高星级酒店建设步伐。推动中洲滨海城配套学校、国祺中学扩建、潘涂学校二期及体育运动训练中心等公共服务和市民中心建设，加快推进科技创新园一期安置房、滨海保障性住房等公建项目和西柯南片区等社区服务中心的建设。推进建设民安大道以南道路二期、美山路等线性工程。加快提升人工沙滩、洪塘片区护岸等岸线景观。实施东西溪丙洲入海段整治、丙洲岛防洪调蓄等工程。

2．加大老城改造力度

围绕提升城市品位，着力改善城区交通、排污排水、绿化美化。加快实施南北通道B段、芸溪小区沿溪道路、北镇路等城区道路工程。完成常青路中段、新西桥南侧下穿通道改造，打通一批断头路。改造小西门、祥路里片区等排水管网，加快雨污分流。启动双溪片区改造。加快推动新安洲路、祥平西路立面改造。继续建设"数字城管"，推进城市精细化管理。加强小区物业管理，建设社区办公用房。

3．大力推进小城镇建设

按照"一年拉开框架，三年初见成效，五年初步建成"的要求，大力推进汀溪小城镇建设。一是基本形成路网框架。建成汀溪大道、汀溪南路、汀溪中路等主次干道。二是基本完成基础设施。完成220千伏高压线的迁改、洪坑等旧村改造，自来水厂、污水处理厂建成交付使用。三是基本建成公建配套。汀溪集中安置房、汀溪学校、洋麻山运动公园、社区网格化、"四合一"环卫设施等项目建成并投入使用。四是持续推进民生项目。完成水源保护区连片环境综合整治、饮用水源保护区养殖退养、西源溪下游河道治理、生态景观水系、街道景观综合整治及绿化提升工程。五是扩大社会投资规模。确保"泉天下"、"巴厘香泉"、"山语听溪"等房地产项目顺利建成；启动建设盛之乡温泉酒店二期工程；抽水蓄能电站力争报国家发改委核准，启动征地拆迁及移民安置。适时启动莲花小城镇、五显小城镇、竹坝农场南洋休闲度假旅游区的规划建设。

4．扎实推进基础设施建设

多管齐下，加大征迁力度，扎实推进线性工程建设，进一步完善全区交通路网体系。确保同集路、滨海西大道主车道、省道206线莲花水库淹没段改建、布塘中路、城东中路一期完善工程等项目尽快建成通车；加快推进白云大道、国道324复线、海翔大道二期完善工程、瑶关立交等项目的建设速度；尽快启动同安东路、城东中路南段、石浔西路、厦安高速等项目开工建设；加快环厦高速、同南路改造、同新路改造、二环西路等项目前期手续的办理进度。完善西柯 BRT 枢纽站，力争启动同安客运枢纽中心建设。

5. 加快推进流域综合整治

加快推进水源保护区整治、流域生态化治理、景观整治。一是生猪退养。分三阶段完成总投入15.7 亿元的生猪退养工作。二是溪流整治。完成东溪梅山河道滨水景观工程、竹坝水库至梅山水厂输水项目的建设；加快西源溪下游河道治理、竹坝水库清淤工程的建设；启动官浔溪中上游河道治理、西洋溪河道整治、乌涂溪中上游河道治理、东溪流域下游河道治理（二期）、三忠溪（下茂庵段）河道清淤整治工程；开展石浔水闸改建、汀溪水库群往翔安原水输水等工程前期工作。三是城区截污。对城区排水管网进行优化，完善截污系统。

（四）加快公共服务体系建设

1. 坚持教育优先发展

围绕"教育强区"，加大对教育方面的投入力度，进一步完善教育软硬件设施。一是大力发展学前教育，提高公办幼儿园的比例，重视农村学前教育，将民办学前教育纳入政府管理和财政支持的范畴。加快梧侣幼儿园建设，启动进修附属幼儿园迁建、祥平幼儿园建设，改造祥桥幼儿园、新辉幼儿园。二是继续提升义务教育阶段的办学水平，继续扩大保障覆盖面，优化教育资源布局，大力实施中小学校舍安全工程建设，推进洪塘中心小学迁建、西塘小学和西柯中心小学扩建等项目建设，力促大同中心小学古庄校区、澳溪中学综合楼、军营小学综合楼、东山中学艺术体育综合楼等项目尽快建成。三是加快发展职业教育，扩建同安职校并创建为国家级示范校，以洪塘中学为基础创办同安区第二所职校；在特殊教育学校开办高职班。加强校企合作，提高职业教育专业设置与产业结构的匹配度，加大高级技工人才培养力度。四是教育信息化逐步铺开，率先在莲花山区实现中小学"优质资源班班通"，2014 年逐步实现直属校和学区中心校班班通，实现优质资源共享。

2. 继续做好公共卫生服务均等化

加快第三医院地下变配电迁移和流程化改造，启动第三医院三期项目前期工作。落实基本公共卫生服务均等化制度，完善基本公共卫生服务管理工作方案。加强公共卫生服务的宣传教育和检查督查工作，提升居民健康档案的质量，健全慢性病一体化防治工作机制，落实重大公共卫生服务项目的组织实施工作，落实城乡低保常见妇女病普查。推进镇村卫生服务一体化工作全面实施，加快卫生所标准化建设，在已实施 42 家标准化卫生所建设基础上，新建设标准化村卫生所 18 家，改造提升村卫生所 51 家。落实对乡村医生的各项政策，转变基层卫生机构服务模式，积极推行社区全科医生和乡村医生签约服务模式，为群众提供便捷、有效、连续的基本医疗和基本公共卫生服务。

3. 加快文体事业发展

完成国家公共文化服务体系示范区创建，推进区少儿图书馆改造和紫阳书院修缮工程，建设老年

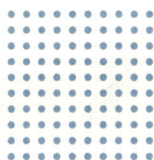

大学教学综合楼，启用梧侣文体活动中心。启动文笔塔、紫阳书院、魁星阁等古建筑保护修缮工作；建设大小西山山地公园、卢戆章公园、文笔塔公园、洋麻山运动公园。广泛开展全民健身运动，举办民俗文化艺术节和各种文体赛事，保护传承一批文化优势品牌。

（五）加快民生保障和改善建设

1. 健全和完善社会保障

出台同安区被征地农民管理办法，扩大被征地人员基本养老保险的覆盖面和影响力，让更多的人员能够享受到养老保险待遇。同时，扩宽社会保障体系，推进城乡低保、医疗救助、居家养老等城乡社会救助工作，把更多人纳入社会保障范围。加强社会保障性住房建设与管理，优化农村宅基地审批服务。

2. 积极促进就业再就业

实施更加积极的就业政策，完善就业服务体系。争取区政府政策和资金支持，争取社区劳动保障工作人员逐步配齐，全力创建充分就业社区。继续做好服务企业招工工作，为企业和求职人员提供交流服务平台。继续开展农村劳动力培训转移工作，利用开展创业型城市这一契机，组织好被征地农民、环东海域退养渔民参加各项创业技能培训。继续做好服务就业困难群体就业工作，做好就业困难人员认定、灵活就业人员社保补贴认定等手续。加强劳动保障监察和争议调解仲裁，构建和谐劳动关系。

3. 加强社会管理创新

深化"平安同安"创建，完善立体化社会治安防控体系。推进城市社区"网格化"建设，增强社区服务功能。完善和创新流动人口和特殊人群管理服务。健全社会稳定风险评估机制。完善"大调解"体系，加强信访工作，畅通和规范群众诉求表达、利益协调、权益保障机制。落实安全生产责任制。深入开展道路交通安全综合整治"三年行动"。加强防灾减灾和应急管理体系建设，确保人民群众生命财产安全。

参考文献：

［1］厦门市人民政府工作报告［N］.厦门日报，2014 年 2 月 11 日.

［2］厦门市人民政府.厦门市国民经济和社会发展第十二个五年规划纲要［R］.2011.

［3］厦门市发展研究中心课题组.稳增长 调结构 促转型——2013 年厦门经济形势分析和 2014 年展望［J］.厦门特区经济，2013（04）.

［4］厦门统计信息网.2013 年上半年厦门国民经济运行情况［EB/OL］，http：//www.stats-xm.gov.cn

［5］厦门市统计局，国家统计局厦门调查队.厦门经济特区年鉴［M］.北京：中国统计出版社，2014.

［6］同安区人民政府.厦门市同安区国民经济和社会发展第十二个五年规划纲要.2011.

[7] 厦门市经济学会 . 厦门市同安区 "十二五" 规划执行情况中期评估 [R]，2013 年 7 月 .

[8] 同安区统计局 . 同安区统计月报 [EB/OL]，http：//tjj.xmta.gov.cn

[9] 同安区统计局 . 2014 年同安统计信息第 1 期 [EB/OL]，http：//tjj.xmta.gov.cn

[10] 同安区统计局 . 2014 年同安统计信息第 4 期 [EB/OL]，http：//tjj.xmta.gov.cn

课 题 组长：陈菲妮

课题组成员：彭梅芳　欧阳元生　许　林　陈国清

课 题 执笔：陈菲妮

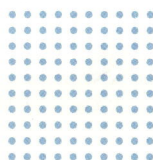

第七章 翔安区经济运行分析与展望

一、2013 年翔安区发展情况

（一）发展情况

1. 综合实力稳步增强

2013 年以来，在国内外经济下行压力增大的形势下，翔安区经济呈现步伐加快、质量提升、活力显现的良好态势，全年翔安区地区生产总值、规模以上工业总产值、财政总收入、区地方级财政收入以及农民人均纯收入 5 项指标增幅位居全市各区第一，成为名副其实的、拉动全市经济增长的最强引擎。2013 年，翔安区不仅发展速度继续领跑全市，包括固定资产投资在内的 6 项主要经济指标总量均创历史新高，为建区十年的发展成就做出最有力的诠释。全年累计完成地区生产总值 331.46 亿元，同比增长 15.3%，增幅高出全市 5.9 个百分点，全年四季度排名稳居全市各区第一（见图 7.1）；三次产业比重为 2.7∶75.6∶21.7，凸显工业为主格局，第三产业占比进一步扩大。全区 183 家规模以上工业企业累计完成工业产值 819.87 亿元，同比增长 21.8%；累计完成固定资产投资 211.4 亿元，同比增长 4.9%；全区财政总收入 28.21 亿元，同比增长 27.7%，区级财政收入 15.94 亿元，增长 39%；实现农民人均纯收入 12 392 元，同比增长 12.3%，增幅排名第一；实现城镇人均可支配收入 31 244 元，同比增长 10.5%，增幅排名第四（见表 7.1）。

表 7.1　2013 年翔安区主要经济指标完成情况表

序号	指标名称	单位	完成额	增速（%）
1	地区生产总值	亿元	331.46	15.3
2	规模以上工业总产值	亿元	819.87	21.8
3	财政总收入	亿元	28.21	27.7
4	区级财政收入	亿元	15.94	39.0

续表

序号	指标名称	单位	完成额	增速（%）
5	合同利用外资	万美元	12 194	-8.2
6	实际利用外资	万美元	10 027	-60.0
7	固定资产投资	亿元	211.4	4.9
8	社会消费品零售总额	亿元	38.01	-0.6
9	城镇居民人均可支配收入	元	31 244	10.5
10	农民人均纯收入	元	12 392	12.3

资料来源：翔安区统计局

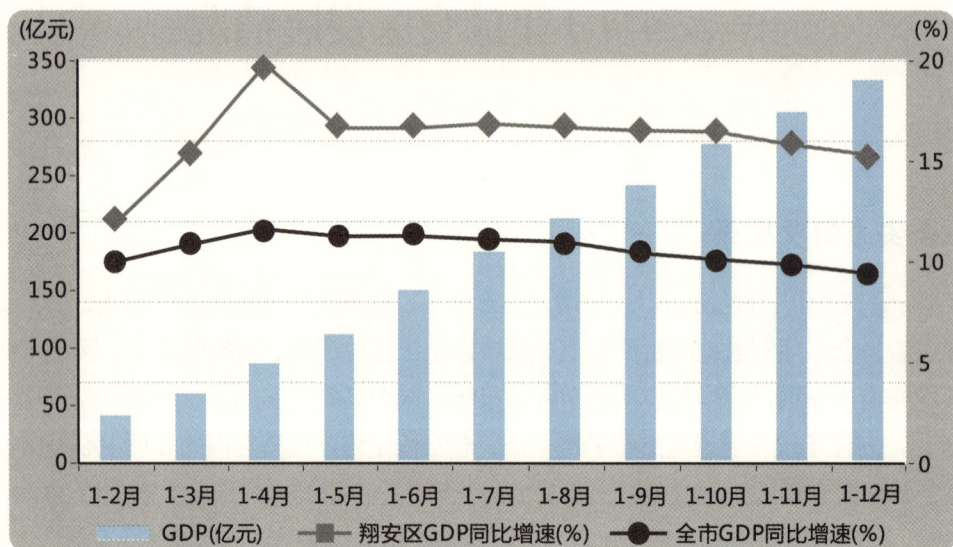

资料来源：厦门市统计局、翔安区统计局

图 7.1　2013 年翔安区 GDP 增长情况图

2．产业结构加快升级

（1）工业经济稳步运行。2013 年，翔安区工业经济在光电产业的带动下，规模继续壮大，总量位居全市第三，发展速度则跃升为第一，工业经济对 GDP 贡献率达 75.6%；从财务状况看，企业利润总额在经历了下半年连续三个月负增长后于 11 月"转正"，利润总额为 19.11 亿元，同比增长 0.68%。工业主要运行特点：一是火炬企业增产势头强劲。全区 183 家规模以上工业企业累计完成工业产值 819.87 亿元，同比增长 21.8%（见图 7.2）。其中，火炬企业完成规模以上工业产值 674.9 亿元，占总产值的 82.32%。二是光电产业为增长主引擎。全区共有 50 家光电企业，占全部规模以上工业企业数的 27.3%，产值占全部规模以上工业产值的 76.1%；2013 年新增规模以上光电企业 10 家，占全部新增

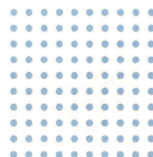

企业数的 33%；在工业排名前十的企业中，有 8 家为火炬光电企业，产值达 568.83 亿元，占全部规模以上工业产值的 69.4%。除友达产值基本持平外，其余 7 家光电企业产值均实现大幅增长，其中景智、祥达、弘信增幅都在 50% 以上。2012 年投产的祥达光学已跻身为全区第 5 大工业企业，全年贡献产值 19.96 亿元。三是工业用电稳定高效。规模以上工业用电量累计 122 613.04 万度，比增 32.8%，扣除 12 月新入统的天马微电子 20 674.87 万度后（无同比基数）比增 10.4%，与工业总产值现价增幅基本匹配。作为工业经济发展的"风向标"，用电量指标印证了工业经济的稳步增长。四是企业产销状况稳定。全区规模以上企业完成销售产值 819.57 亿元，产销率 99.96%，实现出口交货值 586.61 亿元，出口交货值率为 71.58%，同比增加 3.06 个百分点，产销衔接顺畅、出口形势良好。五是规模以上工业企业盈利状况继续回暖。盈利增幅较大的行业包括电气机械和器材制造业、电力生产和供应业、金属制品业，但两大支柱行业利润下滑，光电行业利润总额 7.36 亿元，同比下降 17.77%，饮料制造业实现利润总额 5.59 亿元，同比下降 3.12%。

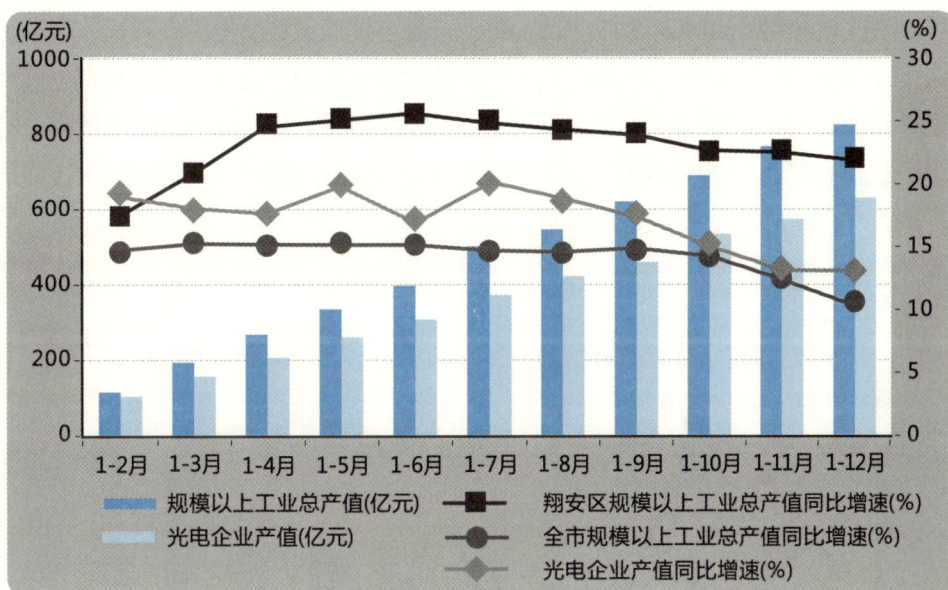

资料来源：厦门市统计局、翔安区统计局

图 7.2　2013 年翔安区规模以上工业增长情况图

（2）现代服务业不断提升。全区第三产业实现增加值 71.77 亿元，同比增长 8.7%，占全区总量的 21.7%，比 2012 年大幅提高 4.6 个百分点。贡献较大的行业有房地产业、批发零售业，分别贡献增加值 28.12 亿元和 14.05 亿元；增幅较快行业有房地产开发和金融保险业，增幅分别为 13.2% 和 12%。住宅销售表现抢眼，累计商品房销售面积 114.4 万平方米，同比增长 42.9%；商品房销售金额 105.4 亿元，同比增长 69.6%；待售 1 年以上商品房面积占已竣工房屋面积比为 30.2%，远低于全市 60.2% 的平均水平，全区地产项目销售情况良好，去库存化压力小。旅游收入平稳增长，全年共接待海内外游客 438 万人次，旅游总收入 12.3 亿元，双双实现比增 20% 以上。

（3）现代农业持续优化。启用农村土地承包经营权流转综合网络平台。实施农民创业园建设，打造蔬菜、食用菌、中药材三大特色产业。积极扶持农业龙头企业，全国单产最大的如意情（厦门）白金针菇自动化生产加工工厂正式投产，金草集团建成全国最大金线莲组培车间。继续做好科技支农工作，依托庄家宝果蔬专业合作社、如意情集团进行"五新"农业技术示范推广，完成 1 076 亩蔬菜标准园建设，建立 800 亩"五新"农业技术示范点；成立全市首家家庭农场，培育各级农业产业化龙头企业 29 家、农民专业合作社 688 家，选拔培养农村实用人才 182 名。农业支撑体系不断完善，完成 7 个农业基础设施建设，设立 2 家农残检测追溯体系试点单位，发放惠农补贴 1 100 万元。

3．固定资产投资快速回升

全年累计完成投资 211.4 亿元，同比增长 4.9%，增幅排名于年末回升至全市第二（见图 7.3）。投资总体呈现规模扩大、增长平稳、结构优化的特点。固定资产投资主要特点：一是火炬（翔安）产业区投资是投资组成的重要力量，全年完成投资 69.24 亿元，占全区投资总量的 32.8%。二是制造业、基础设施和房地产类项目成为投资的主要发力点，三类项目分别完成投资 84.6 亿元、28.6 亿元、57.84 亿元，占全区投资比重分别为 40%、13.5% 和 27.4%。三是土地购置费助推投资增长，全年土地购置费投资达 32.3 亿元，同比增长 68.9%。四是投资项目个数增多，呈现"全面开花"格局。全年共有 319 个项目，比上年增加 87 个。项目个数虽大大增加，但新增项目多为亿元以下的中小项目，亿元以上大项目新增不多，投资总量也与 2012 年接近。7 个投资 5 亿元以上项目中，除泰禾红门、首开·领翔上郡两个房地产项目外，其余仍为原有投建大项目。

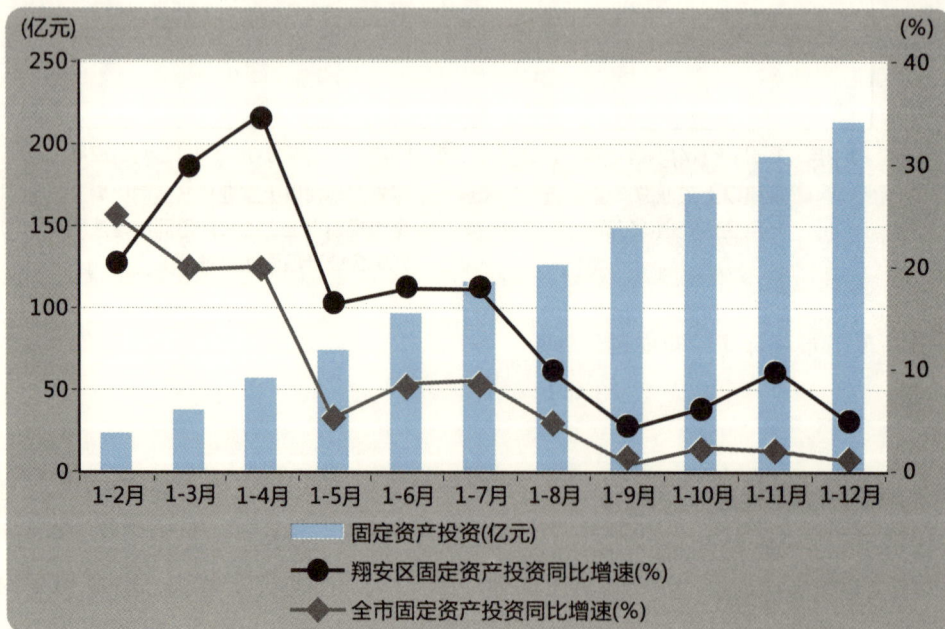

资料来源：厦门市统计局、翔安区统计局

图 7.3　2013 年翔安区固定资产投资增长情况图

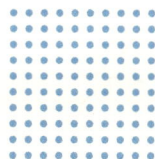

4．消费市场运行平稳

全区累计实现社会消费品零售总额 38.01 亿元，同比下降 0.6%（见图 7.4）。从内部构成上看，总体呈现限额以上回落，限额以下增长的态势。限额以下社会消费品零售总额 26.1 亿元，同比增长 7.6%，其中，限额以下住餐业实现营业额 5.24 亿元，同比增长 10.8%。限额以上社会消费品零售总额 11.95 亿元，同比下降 14.9%。尽管限额以下零售业发展平稳，但因限额以上零售受汽车销售影响下滑，致使社会消费品零售总额总体增幅拉低，汽车行业依然是影响社会消费品零售总额指标的主要因素。从市场格局来看，经过近几年的培育和改造，翔安区区域性商贸集中区呈现老商圈不断升级，新商圈不断崛起的格局，商贸服务业进入"多核"发展阶段。翔安区特色市场亮点突出，汇景、南街、大嶝小镇、文教园区等商圈整体影响和集聚效应逐步扩大，马巷、新店旧街原有商业集中区进一步提升。2013 年全区城镇人均消费性支出 13 479 元，同比增长 13.4%，增速全市第一，翔安区消费品市场步入快速发展阶段。

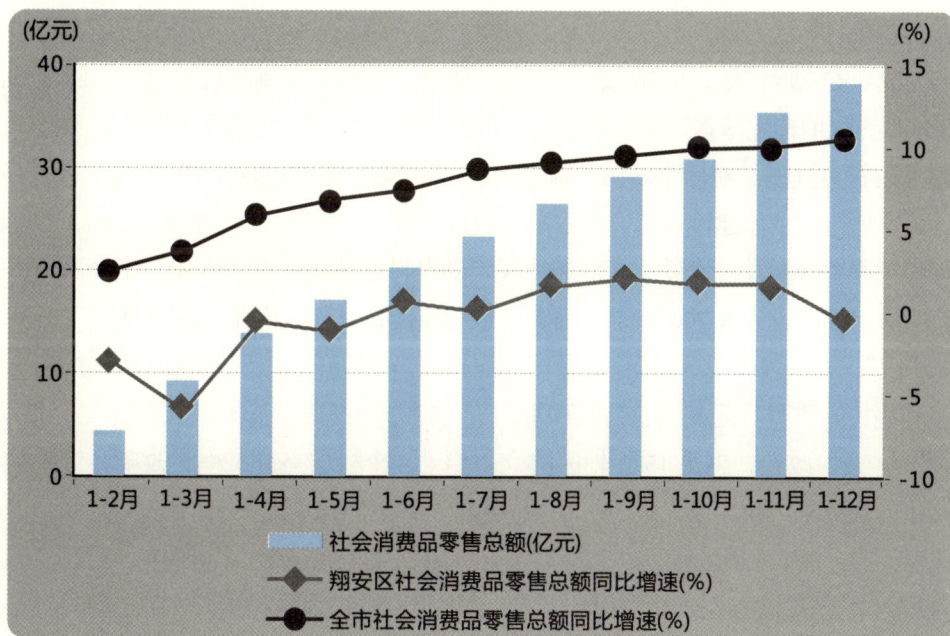

资料来源：厦门市统计局、翔安区统计局

图 7.4　2013 年翔安区社会消费品零售总额增长情况图

5．招商引资有序推进

（1）平台招商成效显著，重点招商项目推进顺利。企业总部会馆启动区招商签约率超过 90%。2012 年"九·八"投洽会的 3 个市级签约项目中，TORO 节水、普洛斯物流园、国奥体育综合体项目已在翔安注册成立公司，其中，国奥体育综合体项目的地块征地、出让方案、总平布局等工作正在同步推进。2013 年投洽会，翔安上报高仪（中宇）卫浴项目、中奥游艇增资项目和厦大国家大学科技园项目作为市级签约项目，合同利用外资 1.2 亿美元。

（2）引资完成再上新台阶，合同利用内资、实际利用外资均创历史新高。共新批准外资项目 11 个，增资项目 8 个，合同利用外资 12 194 万美元，实际利用外资 10 027 万美元；共新批准内资项目 758 个，增资项目 410 个，内资合计 37.77 亿元人民币。

6．城乡面貌显著变化

（1）加快新城建设步伐。翔安新城范围扩至 14.8 平方公里，区域整体规划编制进一步完善。厦大翔安校区、洋唐保障性安居工程超序时推进，新城中央商务区全面启动建设，翔安医院、洪前公园、后山岩公园等项目完成前期。调整完善重点项目建设和征拆退养工作机制，着力破解征拆退养难题，完成征地 16 185 亩、退养 5 871 亩、拆迁 48 514 平方米。启动九溪流域示范段工程。厦航生活出勤基地、首创综合体等一批优质招商项目有序推进。

（2）基础设施加快完善。20 个重点项目累计完成投资 23 亿元，强势带动区域基础配套。新城"五横五纵"交通路网建设全面推进，翔安南路主车道贯通，海翔大道施工面全线铺开，滨海东大道拆迁取得突破，巷北路拆迁安置方案完成论证，一批农村公路及安保工程通过验收。电力进岛第四通道加快建设。完成翔安水厂扩建，加强二次供水单位管理。翔安机场前期加快推进，欧厝片区、莲河片区、大嶝东部垦区吹填造地基本完成。

（3）城镇建设扎实推进。新圩小城镇总体规划完成修编，核心区拓至 15 平方公里，闽南文化公园通过验收，公交枢纽站主体建设完工。新农村建设成效明显，完成 5 个旧村改造和 3 个老区山区重点村建设，有序推进 7 个新农村建设。在双沪社区启动农村宅基地审批"四统"工作试点，五星社区发展用地项目完成前期。投入 5 700 万元实施农田水利建设，九溪挡潮闸工程主体完工，获评"省冬春水利建设先进区"。

（4）城乡环境持续改善。翔安大道公园和香山景观提升一期建设基本完成。投入 4 000 万元完成 38 个村居"一户一表"改造，惠及 15 万辖区群众。启动 6 个村居亮灯工程。改革环卫体制，完善全区生活垃圾转运处理机制，新增投入 2 233 万元，建成 76 座垃圾转运平台、4 座清洁楼，推行市容市貌区级常态化考评。开展农村污水整治试点，翔安污水厂日处理量突破 22 000 吨。通过"国家森林城市"考评，完成 3 个国家生态镇创建，新增及改造城市建成区绿地 93 公顷，山上造林绿化 4 650 亩，种植红树林 670 亩。

7．和谐社会加快构建

（1）健全民生保障体系。制定出台"民生新 15 条"，加大财政对民生保障的支撑力度，累计投入各项资金 4 亿元，基本实现老有所养、病有所医。实施参保缴费困难人员贷款贴息政策，新增 7 071 人参加被征地人员基本养老保险，城镇职工"五险"参保率持续提升，城乡居民基本医疗保险、46 岁以上城乡居民养老保险基本实现全覆盖。在全市率先开展失地失海农渔民转产就业试点，推进大嶝街道区级试点、双沪社区典型点以及欧厝、琼头社区推广点建设，拓展转产就业渠道，扶持创业带动就业，举办各类培训 106 期，转移农村劳动力 7 298 人。

（2）社会事业均衡发展。投入 1.37 亿元完善办学条件，完成翔安一中、马巷中学整合，新扩建 7 所中小学及公办幼儿园，在全省率先实现"班班通"多媒体教学全覆盖，实验幼儿园通过市级示范园

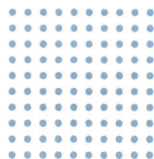

验收。进一步深化全区 20 多所学校与岛内名校合作办学，引进 3 名高层次教育人才，办学水平稳步提升。同民医院晋升三级综合医院，马巷卫生院完成整体搬迁，新建 13 家标准化村居卫生所，实现药品零差率销售三级覆盖。人口与计生工作取得新进展，开展计生工作突击季及基础提升季活动，全面完成市下达的人口计生责任目标。获评"国家公共文化服务体系示范区"，区图书馆通过部颁一级馆评估。发行《香山文化丛书》，开办《翔安好所在》广播节目，内厝中心小学木偶剧荣获全国"群星奖"。区档案馆通过国家二级综合档案馆验收。举办第三届区运会及首届厦门翔安武术精英电视赛，建成青少年校外活动中心及游泳馆。完善大帽山第二批移民造福工程。实现省级双拥模范城（县）"三连冠"。协助台北市成功举办第九届世界同安（翔安）联谊会。

（3）人民生活持续改善。推进"质量强区"工作，开展食品安全专项治理，产品质量安全指标全面达到国家强制性标准。大嶝、火炬公交客运站投入使用，4 座公交候车亭、27 座简易招呼站完成建设，新店公交枢纽站主体封顶。落实 65 岁以上老人免费乘坐本市公交车政策，新增 2 条进岛线路、45 部公交车辆，调整优化公交线路，切实方便群众出行。区社会福利中心、52 个居家养老服务站完成建设。

（4）社会秩序和谐稳定。社会治安防控体系不断健全，新增改造 553 个高清探头，成立 27 个行业性人民调解组织，成立全市首家区级社区矫正中心，大嶝街道、新圩镇荣获首批市级"法治镇（街）创建活动先进单位"，人民群众对社会治安保持高满意率。畅通信访渠道，区级领导接待群众来访 363 批次、1 028 人次，办理信访复查 74 件，有效化解一批信访积案。进一步规范查处非法占地违法建设工作机制，扎实推进安全生产大检查、道路交通安全综合整治"三年行动"，集中开展打击盗挖高岭土、非法经营成品油等专项整治，深化社区消防安全网格化建设，安全生产形势持续保持稳定。

8. 收入水平持续提高

（1）财政收入稳定增长。全区实现财政总收入 28.21 亿元，同比增长 27.7%，其中区级财政收入 15.94 亿元，同比增长 39%（见图 7.5）。财政总收入中税收收入为 26.29 亿元，占比为 93.2%，增长较多的税种为增值税、营业税、土地增值税和飞地收入。从行业来看，

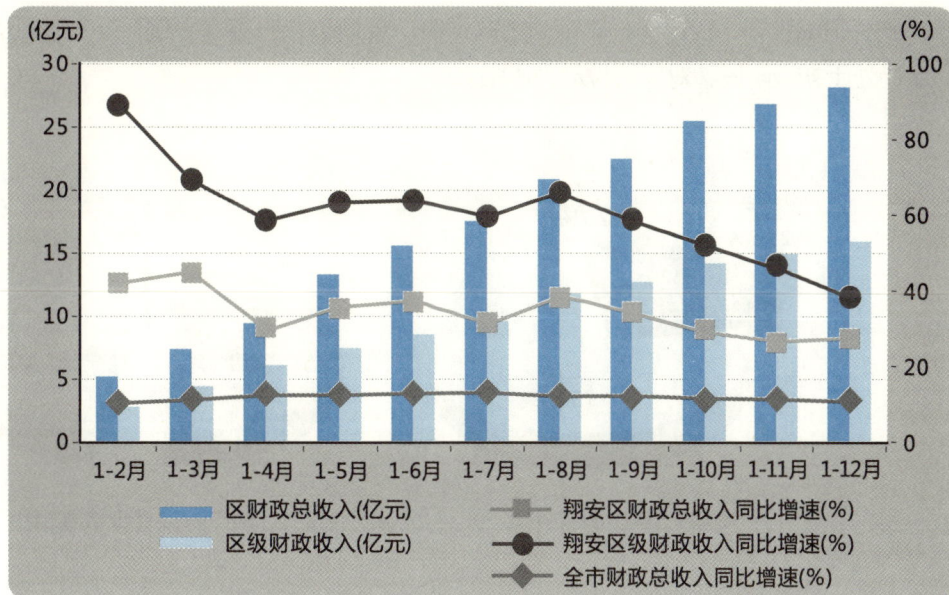

资料来源：厦门市统计局、翔安区统计局

图 7.5 2013 年翔安财政收入增长情况图

翔安区财政收入主要来源行业为制造业、房地产业及建筑业。房地产项目遍地开花，成为区财政经济新热点。

（2）居民收入增幅领先。农民财产性收入继续增加，实现农民人均纯收入 12 392 元，同比增长 12.3%，城镇居民人均可支配收入 31 244 元，同比增长 10.5%，增幅分别位列全市第一和第四。

9．生态文明成效显著

提高城区生态文明品质，夯实生态文明基础。做好国家森林生态城市、国家生态区创建，生态镇和 24 个省级生态村创建成效显著，推动马巷、内厝等争创国家级生态镇，提升生态文明意识。持续推进节能减排，严格执行固定资产投资项目节能评估和审查制度，支持银鹭工业园区集中供热项目建设；持续改善生态环境，推进东部固废片区生态防护圈、渗滤液处理站二期建设；持续优化人居环境，实施"三沿一环"造林，提升主要道路绿化景观，建设一批社区公园。

（二）存在的问题

1．产业结构不合理

虽然翔安区服务业水平不断提升，但由于城市化水平不高，城市人口规模小，第三产业总量仍然偏小，比重、层次偏低。2013 年全区三产结构为 2.7：75.6：21.7，呈现一业独大的产业格局，第三产业比重远滞后于其应达水平，远远落后于厦门市整体水平（见图 7.6）。第三产业的结构也不够合理，各领域发展不均衡，特别是生产性服务业偏少，大型商场和终端消费市场偏少，且多数不在翔安区统计。旅游资源丰富，但旅游景点小且分布散，吸引力不足，现有的旅游产品档次不高，活动内容单一；旅游基础设施比较薄弱；宾馆酒店数量少、规模小、服务水平偏低。总体而言，翔安区第三产业发展仍处于初级阶段，对经济拉动力不强。

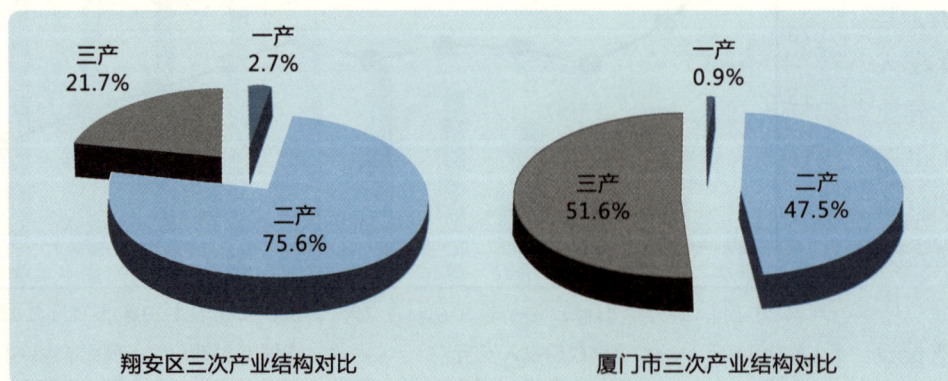

资料来源：厦门市统计局、翔安区统计局

图 7.6　2013 年翔安区与全市三次产业结构对比图

2. 工业发展存在诸多问题

一是工业经济缺乏新增长点。翔安区先进制造业（特别是规模以上工业企业）产值增长主要依靠存量企业贡献，新投产项目少，盛达机械、泰琛金属、澎澎食品等均未按原计划投产，缺乏新的经济增长点。二是部分行业发展前景不乐观，两大支柱行业利润下滑。当前，翔安区光电行业已积累一定体量规模，加之光电、电子信息等行业受国际市场需求减小、市场疲软影响，整体增长速度减缓，光电、电子信息行业已结束前几年高速增长阶段，各重点企业呈现增减互现的状况，友达、景智、凌拓通信等部分企业减产，对全区工业目标完成情况带来较大影响，光电行业利润总额7.36亿元，同比下降17.77%；饮料制造业实现利润总额5.59亿元，同比下降3.12%。三是区属工业企业发展不理想，面临关停并转。德阳鞋业、华丰面粉、索纳新能源、舫昌佛具等几大民营企业相继因债务危机倒闭或濒临倒闭，对本区民营经济冲击较大，引发的民间借贷风暴尚在发酵，融资风险大幅升级，许多原本依靠民间资金的企业或面临更为严峻的资金压力。四是交通难及招工难等因素困扰企业正常生产。翔安火炬工业园区二期、三期，马巷后莲洪氏工业园区，银鹭三期，巷北工业园区等公交站点及线路缺失，存在交通难问题，给工人生产生活造成不便。同时，部分企业招工难，尤以光电、电子等重点产业缺工较为突出。

3. 城市化进程慢、水平低

翔安新城建设速度有待提升。主要原因一是征地拆迁进度影响项目落地和建设；二是受政策影响，市民服务中心暂缓实施，影响东山片区项目的投资。

城市化水平有待提高。根据2013年6月7日统计局公布的数据，翔安区城镇化率仅为56.1%，在全市各区中最低，低于全市32.5个百分点。农村土地非农化与农业人口城市化进程不同步，农业人口城市化进程滞后于农村土地非农化；农村居民身份转换后的角色转变滞后，还有一些失地农民自身观念陈旧，存在"等、靠、要"的思想，缺乏主动找工作的意识，赋闲在家；村改居后的社区管理运行机制不顺畅，其运行机制、思维观念、工作重点、工作方法等仍停留在原村委会管理方式。

4. 部分重大项目进度滞后

一是征地拆迁成为制约项目进度最主要的因素。受农用地报批、征地拆迁等工作进展滞后，以及项目用地调整的影响，部分重大项目进展缓慢，例如滨海东大道（翔安北路—大嶝大桥）、翔安南路（翔安大道—莲河段）二期工程、天马微电子、永红科技、好利来电子等。二是资金缺乏。过度依赖政府投资，未能充分有效地调动社会资金。同时由于一些资金不能及时到位，导致一些重点项目进展缓慢，例如溪东路、民安大道（翔安大道—八一大道）道路工程以及华天涉外职业技术学院、厦门演艺职业学院等社会项目。三是市政配套的影响。由于供水、污水处理、城市管道系统、道路、电力等市政配套滞后，影响了一些重大项目的进展，例如市第五医院（翔安医院）一期、厦门大学翔安校区等项目。四是前期工作不够充分。由于项目方案、设计审批等前期工作滞后，影响了部分重点项目的执行进度，例如翔安客运中心、城市公园（后山岩公园、香山公园、张埭桥公园等）、翔安新城首期开发区、新店旧城改造和马巷旧镇整治工程、香山民俗宗教文化园及文化影视基地等项目。五是规划方案调整，影响开工建设。有些项目在办理完农转用手续后，用地范围进行调整（如翔安南路、洪钟大道、第五医院、翔安新城城场路等），增补的用地需要重新办理农转用，一定程度上影响了后续的土地供应；另外一些项目（如五华动漫、洪山汽车旅游项目等），在完成供地后，设计方案进行调整，使用地单位无法按照合同约定按时开工建设。

5. 公共服务水平存在提升空间

教育方面，小学学位冷热不均，部分农村学校生源不足，全区有 20 多所学校生源不足 100 人，而人口较密集的区域却学位不足。卫生方面，同民医院提升改造还存在"瓶颈"，医疗卫生工作人员配备不足，高级医技人才缺乏，标准化村（居）卫生进度较慢。文化方面，基层文体设施简陋，村居文化活动设施较为单一，只按国家公共文化服务体系示范区创建的最低标准配置；翔安文体品牌主要为民间民俗文化项目，缺乏包装和整合，缺少在全省乃至全国具有较强影响力的品牌项目。城乡居民养老保险待遇不高，吸引力不足。随着翔安区建设发展的加快，征地、退海工作不断推进，大量失地失海农渔民进入劳动力市场，需转业就业人员压力不断增大。养老服务业发展滞后，基层老年活动场所和居家养老服务场所建设有待加强，全市各区除翔安外都已建有区级老年活动中心；区社会福利中心建成后，区老年人床位拥有率将达 18.37‰，仍略低于全国 19.5‰的拥有率，与全市老年人养老床位拥有率达 30‰以上的目标，还存在较大差距。

二、2014 年翔安区发展环境分析

（一）机遇

（1）国家战略转变带来新机遇。国家发展战略发生极大的转变，即要抓住"创新驱动"这个新的引擎，以"扩大消费"为战略基点、以新型工业化和信息化为两翼，以城镇化为抓手，建立现代经济体系。由此可以预见我国的经济转型升级和城镇化步伐将进一步加快。国家推进产业结构优化升级力度加大，宏观调控重点转向结构性减税和扩大内需，更加重视创新驱动和城镇化，为翔安促进经济健康发展、加快区域建设提供了良好机遇。

（2）"美丽厦门"建设注入新动力。"美丽厦门"发展战略提出的构建东部市级中心给翔安发展带来了新动力。

（3）综改平台建设推动新升级。综合配套改革重大平台"一区三中心"之一的两岸新兴产业和现代服务业合作示范区已确定选址于翔安南部，规划面积 156 平方公里，以新一代信息技术等高端产业为重点，并实施更加优惠的政策，将带动全区产业实现升级。

（4）新机场建设带来新增长。厦门新机场选址在翔安大嶝岛与小嶝岛之间，规划用地 25 平方公里，并在周边规划 50 平方公里航空新城，新机场可为翔安带来大量人流和物流，带动航空物流、仓储物流及配送、科技研发等产业发展，为翔安打造经济新增长点。

（5）同城化推进构建新格局。厦漳泉同城化加快推进，翔安作为厦门跨岛发展的主战场之一，处于厦漳泉同城化发展轴的中心地段，规划提出以厦门翔安新城与泉州南翼新城（围头湾地区的安海、

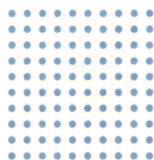

内坑、东石、官桥、水头和石井）为重点，突出对台产业合作前沿定位，加快区域空间整合和产业重组，促进服务业与制造业融合发展，依托翔安国际机场建设促进产业升级，打造大都市区先进制造业基地。在厦漳泉同城化的框架下，翔安将充分利用自身发展特色，提高区域竞争力。

（6）顺势而为谋划新思路。翔安根据新形势提出了未来3～5年"三带二加一线"的开发建设新思路，使本区的开发建设思路更加清晰。当前"三带二加一线"正在加快推进，也将是翔安实现跨越发展的强劲引擎。

（二）挑战

全市经济增速放缓以及人口、土地、资源环境等要素的约束日益增强，生产要素供给的传统竞争优势逐渐削弱，这些变化都使翔安面临着转型升级的紧迫压力，经济发展依靠投资拉动的发展模式亟须调整。另外，2014年房地产调控政策还将延续，而房地产业的增长对翔安总体经济有较大的拉动作用，楼市调整将对翔安的房地产及相关行业、财政收入和国民经济产生一定影响。

三、2014年翔安区发展展望

随着"美丽厦门"发展战略的进一步实施，厦门经济特区跨越式发展进入全面提速阶段，将为翔安融入东部市级中心建设，推动翔安产业结构的优化升级和城乡经济社会发展一体化提供广阔的空间和持续增长的动力。总体而言，2014年翔安区生态需求与经济需求、产业调整与环境保护、物质产品与文化产品等关系进一步协调，经济社会预计将在以下四个方面取得进展。

（一）经济运行质量将进一步提高

2014年翔安区将延续"十二五"以来经济平稳较快增长的基本态势，全区经济社会发展的主要预期目标是：地区生产总值360亿元，增长13%；规模以上工业总产值880亿元，增长16%；固定资产投资210亿元，增长2.4%；财政总收入32.03亿元，增长13.5%，区级地方财政收入18.27亿元，增长14.6%；社会消费品零售总额43亿元，增长8.9%；城镇居民人均可支配收入突破35 000元，增长11.5%，农民人均纯收入14 200元，增长13%。在经济总量进一步扩大的同时，翔安区在发展过程中将更加注重转变发展方式、结构调整和提高发展质量，综合实力将进一步增强，GDP、财政收入和人均收入等多项指标增幅继续保持全市前列，工业经济效益有所提高，企业亏损面减少，全社会投资形成多点带动、快速增长局面，财政、居民收入继续保持较快增长，城乡居民收入与岛内的差距进一步缩小。

（二）产业结构调整将进一步加快

（1）积极应对外部经济环境复杂多变的影响，进一步整合现有政策、创新扶持举措，引导企业加大技改投入，依托工业园区和工业集中区，打造优势产业集群，工业继续保持平稳优化发展，火炬企业和光电产业的竞争力和支撑作用进一步提高，企业利润总额降幅进一步收窄。

（2）在两岸新兴产业和现代服务业示范区、翔安国际机场、翔安新城、文教区等大片区、大项目的强力支撑下，积极促进临空产业加快发展，大力发展金融商务、航运物流、旅游会展等生产性服务业，大力发展教育、科技、文化等与百姓生活紧密相关的现代服务业，商业模式不断创新，新型业态不断涌现，服务业综合服务水平进一步提高，服务业比重进一步提升。

（3）立足翔安特色，加强农业基础设施建设，培育现代农业、生态农业和休闲农业，形成先进制造业、现代服务业和现代农业的相互渗透、相互促进的发展格局。

（三）城区功能将进一步提升

（1）多中心、组团式发展的城市空间格局进一步明确，以新城起步区、新店旧城改造片区和文教园区、新城核心区为主的翔安新城总体框架轮廓显现，新城商住业态得到优化，人流、资金流等各种资源要素逐步向翔安集聚，大都市中心城区的地位进一步奠定，城区品位进一步得到提升。

（2）基础设施支撑城区发展的能力进一步增强，"五纵五横一环"的现代立体交通枢纽作用进一步得到发挥，海翔大道、国道 324 复线、滨海东大道等一批市政道路建设逐步推进，翔安实现由交通末梢向综合性交通枢纽的历史性跨越。

（3）翔安工业园功能片区进一步优化，银鹭、巷北、内厝、市头、企业总部会馆 5 大片区功能进一步明确。围绕实施"百十亿"产业工程，工业集中区综合竞争力进一步提高，光电、食品、电子等主导产业不断壮大。

（4）小城镇和新农村建设成效进一步扩大。新圩小城镇集中连片示范效应持续显现；新农村建设成效显著，农村生产生活条件进一步改善，在发展中逐步缩小与岛内的差距。

（四）社会事业将进一步统筹发展

（1）城乡社会事业发展的差距明显缩小，公共服务水平向全市平均线看齐，与岛内的差距逐步缩小。高标准实施学前教育，义务教育、高中教育、高等教育、职业教育办学质量明显提高；城乡卫生服务网络和疾病防控体系逐步建立；以乡镇、村文化站室为重点的农村文化服务网络基本形成。

（2）不断完善覆盖城乡居民的社会保障体系，基本实现"应保尽保、应助尽助"，基本形成项目齐全、形式多样、覆盖面广、相互衔接的城乡社会保障体系，主要民生指标与各区的差距进一步缩小。

四、2014 年对策建议

（一）壮大发展先进制造业

1. 拓展工业园区发展空间

推进厦大国家大学科技园主园区、厦门微电子育成暨产业基地、"海峡梦谷"、内厝商贸物流园、市头三期、巷北五期开发，加快银鹭三期基础设施建设。以高新技术产业为先导，优化提升传统优势产业，加快推进先进制造业，扶持培育战略性新兴产业，做大做强银鹭片区食品产业集群，做专做精市头片区电子光电产业集群。加大火炬（翔安）产业区开发建设力度，延伸产业链条，壮大光电、食

品等传统优势产业，支持天马微电子、725 所、ABB 开关等一批优质项目加快进度。扎实推进落地项目建设投产，力促中联阳光、合联胜利光电、新成功汽车等项目动工，确保晋联物流、泰琛金属、祥恒包装等项目达产。实施创新驱动，打造科技创新平台，建设一批科技孵化器，引进高科技园区。

2. 认真做好重点工业企业运行跟踪

加强工业经济运行分析工作，认真做好市重点工业、区级重点企业、纳税大户，特别是产值变化较大的"双增"和"双减"企业生产经营动态分析工作；继续加强重点企业用工情况调查，帮助企业解决用工难问题，切实提高企业返工率，避免企业因缺工而影响生产。

3. 紧抓企业帮扶不放松

及时调整完善区级领导重点企业挂钩联系制度。打好政策"组合拳"，促进企业早投产，多增产。各有关部门要加强与市级沟通互动，努力寻求对接点，主动靠前服务，为企业量身定做推荐适用政策，帮助企业解读政策、做好项目的包装和规范申报，争取贷款贴息、项目成果转化、技术改造、科技创新、品牌战略、市场开拓、企业协作、基础设施促投等专项资金，及时兑现、落实企业帮扶政策。在帮助企业用好用足政策的同时，有效引导企业加紧谋划新的技改扩建项目，鼓励企业扩大生产规模。加强融资服务，发挥海翔小额贷款公司、翔安民生村镇银行等融资平台作用，助推如意情、鹭路兴、绿洲环保、贵人鸟等优质企业加快上市。积极主动与市担保公司对接，争取尽快在本区成立市政策性担保公司区级分支机构，进一步加强政—企—银合作对接，全力帮扶小微企业解决融资难问题。

4. 调整优化产业结构

目前，制造业面临重新洗牌，国内征地政策也将进行调整，工业用地开发成本或大幅增加。应抓住契机，在淘汰落后产能的同时，引导优势企业加紧对减产、停产、破产企业优质资产的收购和整合，充分利用闲置的厂房、土地，引进综合竞争力强、经济效益和社会效益好的集团公司，加快产业结构调整，推进产业转型升级。

5. 鼓励企业开拓各类市场

努力提高和扩大本地产品的区内份额，用好省、市、区关于开拓市场的各项优惠政策，鼓励全区企业加强营销和市场开发，抱团入驻国内区域中心大型专业市场，形成整体效应，扩大销售覆盖面。同时积极引导企业与科研单位进行新成果、新技术对接洽谈，展示翔安区名优产品，扩大企业营销网点，帮助企业"引进来"与"走出去"，多接订单。

6. 完善工业园区配套设施

进一步加大辖区各大工业园区的基础设施建设，完善园区的生活配套，对企业反映最多的交通问题，特别是关于增加银鹭三期—马巷、火炬三期—岛内的跨区公交路线问题，要争取尽快协调解决，切实解决因工业园区交通问题导致的企业用工难问题。

（二）加快发展现代服务业

1．优化区域商贸业态

加快现代新兴商贸业态发展，创造规模商圈，繁荣繁华商贸中心区。重点推进马巷商圈的大千购物广场、龙翔峰景、海峡商贸城、马巷旧镇片区改造，新店商圈的汇景新城中心、新城核心区城市综合体、文教园区安置房等重点商贸项目建设和改造，加大超市、便利店、专营店、专卖店、精品店、自动售货、网络商店等新型业态的市场份额，提升商贸中心区集群效应，提高商贸中心城区的辐射功能，积极发展翔安商城、友达邻里中心等工业园区商业中心，逐步在企业相对集中的工业园区引进大卖场，发展主题专营店、连锁店、社区便利店等各种形式的零售网点，促进业态结构的合理化和多样化，完善工业园区商贸服务业态配套。大力扶持厦大翔安商街、大嶝小镇等特色商街，集聚生成一批汽车贸易、建材家居等专业交易市场。充分挖掘本地的文化底蕴，在消费淡季策划"三宝九品展"、"翔安美食节"等一系列活动，改变消费习惯，激活淡季消费。

2．着力提升旅游品质

以推进旅游综合项目建设为抓手，加快沙美青春岭森林人家、古宅大峡谷、野生动物园、香山观音文化园等项目前期工作，推进大嶝对台小额商品交易市场改扩建工程建设，启动金门县政府旧址维修工作，开发新的特色历史文化旅游景点，开展香山风景名胜区、小盈岭"同民安"关隘的综合整治。同时，加快推进海峡两岸旅游文化示范实验区等优质项目尽快落地，力促中奥游艇俱乐部、岩谷咖啡园等启动建设，扶持发展星级酒店，整合提升区域旅游资源。

3．加快物流产业发展

依托刘五店南部港区，加快发展港口物流，着力打造海峡国际钢铁物流中心和石材交易中心，形成海西较有影响力的汇集商流、物流、信息流和资金流的建材交易中心。继续实施物流企业扶持政策，推动普洛斯物流园开工建设，力促海峡（厦门）国际钢铁物流中心动工兴建。

4．稳健推进房地产发展

积极推促翔安国际商务中心、恒亿·翔安城市综合体、状元明珠、状元公寓、龙翔九州等项目开工建设，保持供需平衡；陆续有序推出洪前片区地块、九溪西片区首期地块等几个出让地块，确保房地产业健康稳定发展。

5．积极构建现代服务业聚集区

围绕翔安国际机场，着力打造集航空物流、保税仓储、航空研发服务、商务办公和旅游会议、购物等为一体的航空城。围绕两岸现代服务业合作示范区，着力打造集对台贸易、保税物流、金融商务、总部经济等功能的两岸经济合作先行区和服务业发展示范区。加快推进企业总部会馆建设。围绕厦大翔安校区，着力打造人才培养基地、科技创新及成果孵化基地和文化创意产业基地。围绕市级体

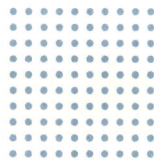

育中心等企业配套设施，着力打造集体育运动、两岸交流、商贸会展等为一体的体育商贸片区。

（三）加快城市化建设步伐

1. 进一步完善基础设施建设

力促翔安南路二期、海翔大道一期完善工程、舫山北路南延伸段、国道 324 复线建成通车，力争滨海东大道完成主体结构施工，完善翔安大道跨线互通工程，努力打通翔安东路、巷北路、新店路，启动建设机场快速路，加快构筑新城"五横五纵"交通路网，继续推进古罗公路等一批农村公路建设。强化市政设施建设，改造翔安东路、新马路等市政化配套，启动汀溪左干渠治理。推动翔安客运枢纽站开工建设，推进马巷客运站项目前期。力促翔安水厂二期投入运转、翔安新生水处理厂一期动工建设。建成东园变、浦园变等电力设施，推进柔性直流输电科技示范工程。加强燃气站点监管，完善城区天然气管道建设。加快东部固废处理中心配套。推进翔安机场 5.96 平方公里围堰造地工程，实施小嶝岛海堤加固，加快完善南部吹填造地、沿海地区及建成区防洪排涝设施。

2. 着力打造翔安新城

注重经济社会建设与城市总体规划、土地利用规划的有机衔接。对接航空城、两岸现代服务业合作区，加快大嶝、欧厝和莲河等片区的海域退养，开展清淤造地，改善海洋环境，储备开发用地，拓展城市土地利用空间。做好九溪生态商住区、东山温泉片区等片区的控制性详规，力争市级体育中心、海峡棒垒球交流中心、建材交易中心等项目落地，加快防空防灾指挥调度中心、保障性安居工程洋唐居住区建设，力促新城中央商务区、海峡钢材物流中心、东山温泉片区动建，全力支持厦大翔安校区、大嶝对台交易市场一期建设，基本确立南部滨海新城主骨架。同时，结合翔安新城总体规划，编制新店旧镇区及扩展片区的改造提升规划，突破征拆瓶颈，开发新店旧城改造启动区南地块，推动首开领翔国际等房地产项目建设与销售，加快新店中学教学楼建设，进一步完善新店旧城的基础设施和配套功能。对接两大工业集中区，力促马巷排污工程、莲花安置房动工，进一步提高马巷旧城为工业区配套服务的能力。启动东山公园前期，推进翔安大道两侧绿化提升工程，动建后山岩公园，建成下潭尾滨海公园、新城起步区绿化走廊，实现新城环境更加优美。

3. 全力推进小城镇建设

围绕一个宜居商贸中心和三个产业示范区建设，将新圩建成集居住、娱乐、办公、商贸、旅游、产业为一体的就地城镇化典范。启动乡村商务区建设，完成新曦文化艺术中心、市民广场、新霞南北路及立面改造等项目。推动二三产并进，启动银鹭三期 C 地块建设，做大食品轻工示范区发展平台。完善公建配套，加快新圩污水处理厂一期及相关配套工程项目建设，实现循环经济示范区初具规模。完成东部固废中心进场道路及专用排污管、生态防护圈建设，启动东部固废二期征地，引进资源再生利用企业，拉动场区产业发展。同时，加快推进新农村重点村建设，启动实施浦边、洪前等新项目建设，全面推进翔安区农村城镇化进程。

（四）加快重点项目建设

1．做深做细项目前期工作

加大项目生成策划力度，积极储备项目，围绕重大片区开发、产业集聚、基础设施和社会设施等生成一批重点项目，形成梯次推进、良性循环的运作格局；做深做细项目前期工作，为项目启动建设创造有利条件。

2．加强对重点项目实施情况的督查

建立健全区领导挂钩重点建设项目责任制，每个重点建设项目均需一名以上领导干部挂钩。实行重点项目建设责任制，把重点项目的各个阶段的责任落实到责任单位、责任领导、投资主体和具体的责任人、承办人，明确阶段性工作或工程进度的时限要求，签订责任状。区发改局、重大项目办对项目建设要根据年初确定的目标，加强监督，跟踪问效，各新闻部门要加强舆论监督，对项目建设中工作不力、行动迟缓的单位和个人予以公开曝光。

3．制定实施重点项目工作成效的考核体系

区项目管理部门据此对各部门实施项目带动工作的成效进行考核，考核结果作为组织部门选拔任用干部的重要依据。对抓项目、上项目成绩突出的干部优先提拔重用；对工作不力、坐失良机、在项目建设上无所作为的干部进行组织调整和处理。

4．保障重点项目用地需求

土地的供给要与本区的产业结构优化调整相结合，能提升全区产业结构水平的项目优先安排用地，优先保证主导产业、支柱产业、高新技术产业和重点建设项目的用地；开辟项目用地报批绿色通道，全力服务项目用地报批，保障项目用地需求；严格控制规划调整，对辖区内的工业园区和产业园区进行梳理，按照"有控有保、节约集约"的原则，分门别类提出整合意见和办法，同时积极引导工业项目向规划园区或工业集中区集中，确保节约集约用地。加大征地拆迁的力度，力促尚未开工建设的项目尽快开工，在确保质量的前提下加快在建项目的建设进度。

（五）建设和谐美丽翔安

1．健全民生保障体系

认真贯彻改善和保障民生实施意见，加大宣传落实力度。实施收入倍增行动，推广转产就业试点经验，创新民生保障政策措施，推进新店、马巷转产就业基地建设，培育厦大翔安商街、新兴街、翔安南街等创业商街，发挥创业典型示范作用。扶持家庭手工加工业发展，支持农渔民自主创业，挖掘公益性商业资源，打造琼头、澳头、大嶝等海鲜一条街，鼓励企业优先招聘退耕退养农渔民。夯实社会保障基础，提高被征地人员基本养老保险参保率，提升城乡低保及重点优抚对象抚恤与补助标准，

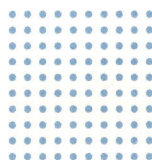

开展"关爱功臣"系列活动，启用区社会福利中心。强化农民权益保障，完善征地补偿包干制度，加快推进厦大周边6个村庄及五星社区、后许社区等农村发展用地项目建设。开展特困家庭危房改造，完成大帽山第二批移民造福工程。

2. 发展各项社会事业

创建教育强区，实施教育信息化"班班通"工程，强化区教育基金会奖教奖学助学作用，深化合作办学，实施办学条件提升工程，完成6个公办幼儿园建设及10个村居幼儿园提升改造，建设新圩十年一贯制学校，推进科技中学翔安校区建设，力推新店中学申报省一级达标高中。促进文化繁荣发展，完成国家公共文化服务体系示范区创建，继续推动闽南红砖聚落申遗，建设新圩闽南文化生态主题公园、莲塘民俗（宋江阵）文化广场，保护传承一批文化优势品牌。启动同民医院门急诊综合楼建设，新建15家标准化村居卫生所，推动翔安医院一期加快建设。做好卫生监督、妇幼保健和疾病防控工作，发展中医药事业。完善人口计生责任奖惩机制，稳定低生育水平。实施"群英领翔"工程，加大高层次人才引进和培育力度。完成第三次全国经济普查。支持工青妇事业发展，重视加强对台、老龄、残疾人、外事侨务、人民防空、民族宗教、方志档案、海事气象、慈善福利、红十字会等各项工作。

3. 加强城乡生态环境建设

结合四绿工程建设，大力推进城乡绿化一体化建设，积极推动张埭桥、龙蛟池等社区公园建设，推动街边休闲绿地建设，提升社区绿化景观层次，增加社区绿色福利空间。开展环境模范城市和卫生城市创建，启动农村环境整治试点，加快推进莲塘美丽水乡、吕塘森林公园，建设锄山、云头等12个美丽乡村示范点。划分生态功能区，实施大气污染专项整治，落实环境保护目标责任制，争创国家级生态区。加强市政、环卫、园林等方面的日常管理和维护，增加市政、环卫基础设施设备及城区清扫保洁人员数量，提高清扫保洁质量及管理水平，提高清扫保洁效率，将城区的市容环卫面貌提高到一个新层次。完成大嶝海域水产养殖退出，推进全区畜禽养殖污染治理。

4. 创新城市管理

加快智慧名城建设，建设"数字翔安"，推进城市管理信息化。提升社区综合服务，完善保障房物业服务模式，推进居住小区业委会建设。将农村纳入城市规划建设体系，实施"以奖代补"，完善农村基础设施和公共服务。深化"平安翔安"建设，健全突发公共事件预警和应急处置机制，完善社会治安防控体系。提升社区服务水平，实现社会管理网格化。创新普法工作机制，落实安全生产责任，完善"六防一体"的社会治安防控体系，建设"平安先行区"，维护社会安定祥和，实现平安创建持续化。创新管理体制机制，贯彻信访事项"路线图"，构建"大调解"工作格局，畅通民情反映渠道，实现社会维稳有序化。加强信访工作，依法回应群众诉求。完善基层组织建设，推行社区管理网格化试点，提升城市社区管理水平。

参考文献：

［1］厦门市人民政府工作报告［N］.厦门日报，2014-02-11.

［2］厦门市人民政府.厦门市国民经济和社会发展第十二个五年规划纲要［R］.2011.

［3］厦门市发展研究中心课题组.稳增长 调结构 促转型——2013 年厦门经济形势分析和 2014 年展望［J］.厦门特区经济，2013（04）.

［4］厦门统计信息网.2013 年上半年厦门国民经济运行情况［EB/OL］,http：//www.stats-xm.gov.cn

［5］厦门市统计局，国家统计局厦门调查队.厦门经济特区年鉴［M］.北京：中国统计出版社.

［6］翔安区人民政府.厦门市翔安区国民经济和社会发展第十二个五年规划纲要.2011.

［7］厦门市经济学会.厦门市翔安区"十二五"规划执行情况中期评估［R］，2013 年 7 月.

［8］翔安区统计局.翔安区 2013 年经济运行情况简析［EB/OL］,http：//xatjj.xiangan.gov.cn

［9］翔安区统计局.2013 年翔安区规模以上工业全年生产完成情况［EB/OL］,http：//xatjj.xiangan.gov.cn

［10］翔安区人民政府.厦门市翔安区人民政府 2014 年政府工作报告［EB/OL］,http：//www.xiangan.gov.cn

课 题 组 长：陈菲妮
课题组成员：彭梅芳　欧阳元生　许　林　陈国清
课 题 执 笔：陈菲妮

专题研究篇

ZHUANTI
YANJIU
PIAN

第八章　城市转型

第一节　新型城镇化

新型城镇化是与传统城镇化相对而言，其"新"主要体现在由过去以政府为主导，片面注重追求城市规模扩张、人口数量增长以及城镇空间扩张，转变为以建设美丽厦门为统领，以新型产业以及信息化为推动力，深入推进跨岛发展战略，追求人口、经济、社会、资源和环境等协调发展的岛内外空间统筹发展的新型城镇化道路。

一、2013 年厦门新型城镇化发展情况

2013 年，在市委、市政府的正确领导下，厦门市正全力推进跨岛发展战略和城乡统筹战略，积极构建岛内外空间协同发展的新型城镇发展格局，新型城镇化水平持续提升，为加快推进具有厦门特色的新型城镇化道路打下了坚实的基础。

（一）发展情况

1. 城镇规模实力不断提高

2013 年，全市生产总值达到 3 018 亿元，年均增长 9.4%；财政总收入达到 825 亿元，年均增长 11.6%；全社会固定资产投资达到 1 328 亿元；社会消费品零售总额达到 975 亿元，年均增长 10.5%。厦门中心城市的承载力、聚合力、竞争力、辐射力和知名度、宜居度、美誉度稳步提高。

2. 城镇产业动力不断增强

制造业高端化步伐加快，规模以上工业总产值达到 4 678 亿元；现代服务业集聚区建设扎实推进，现代服务业增加值达到 1 558 亿元；战略性新兴产业呈现技术提升、规模扩大、集聚发展的良好态势；

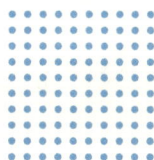

推动信息化与工业化深度融合，优势传统产业改造提升步伐加快；海洋经济总量居全省首位。

3. 市域城镇体系不断完善

加快推进城市功能区块建设，我市初步形成了以中心城区为极核，各区为重点，以城镇带乡村的梯度推进、层级协调的城镇体系。在空间的分布上，以中心城区为核心，岛外各区以新城建设和产业功能区建设为发展重心。中心城区是本市经济、政治、文化、产业的中心，同时岛外各区的经济发展也各具特色，中心城区代表着厦门城镇发展制高点，岛外各区充实和丰富着城镇化发展的整体格局，共同推动厦门新型城镇化发展。

4. 城镇综合承载能力不断提升

城镇基础设施建设力度不断加大，全年累计完成投资超过863亿元，城市人均道路面积、人均住房建筑面积、城市用水普及率、城市建成区绿化覆盖率等指标保持稳定，人居环境不断改善。城镇环境保护进一步加强，就业、教育、卫生、文化、体育、养老等公共服务设施不断完善，公共服务能力显著增强。

5. 城镇管理方式不断创新

人才政策进一步完善，城乡建设用地增减挂钩试点工作深入推进，城市建设用地管理更加规范，城市建设融资体系不断完善，文明城市创建深入开展，社区建设进一步加强，以市容卫生、交通秩序、社会治安和流动人口管理等为重点的城市综合治理工作有序推进，数字化城市建设和精细化管理全面推进。

6. 城乡生活水平不断提高

厦门市始终把人民生活质量提升、幸福感不断增强作为城镇发展的最终目的，努力让市民更幸福、城市更包容、社会更温暖。全市城镇居民人均可支配收入41 360元，同比增长10.1%；农民人均纯收入达15 008元，同比增长11.5%。农村居民收入增幅高于城镇居民1.4个百分点。全市就业局势保持稳定，全市实现城镇新增就业18万人，农村劳动力转移就业2万人。进一步完善多层次的社会保障体系，让市民得到更可靠的社会保障。落实国家房地产调控政策，加大住房保障力度。健全居民最低生活保障标准调整机制，着力提高困难群体、特殊群体和优抚群体的生活保障水平。

（二）存在的问题

1. 城市发展中轴尚未形成

由于受自然地理环境的限制，厦门被分割成岛内、岛外两个不同的地理单元，实现不同区域分工和管理。随着厦门城市规模的不断拓展，厦门城区呈现放射型扩张，城市空间开始出现区域分布不明确、城市郊区化的态势。厦门城市的发展虽然有过数次开发建设和规划调整，但岛内外没有形成显著的城市发展中轴线，以至于至今仍未能有效地梳理各行动区分割的总体结构，使城区与城区之间未形成整体效应，城市发展脉络不清晰。

2. 城市形象建设不太清晰

在城市建设上，厦门存在追求城市区域的扩大，不注意挖掘本地丰富的历史人文资源，不重视城市空间组织的优化和城市功能的完善，造成城市规模扩张过快，岛外基础设施建设跟不上，岛外城市管理水平上不去，岛外医疗卫生设施不配套，岛外科技教育发展滞后等问题。由于城市的粗放扩张型建设以及城市形象系统战略的缺乏，模糊了厦门的城市形象，呈现在世人眼前的厦门建筑风格不是太清晰，传统建筑群落渐渐在高层中被淹没。但对外宣传中的城市形象却远远不足以改变过去留给世人的印象，厦门在全国的区域地位不是在上升，而是逐步下降。

3. 城镇化区域差距显著

全市经济发展空间高度聚集在岛内思明区和湖里区，城镇化率较高，正面临无地可用的困境。岛外四个区发展相对滞后，城镇化率与岛内相比相对要低一些，岛外在大力促进经济要素资源集聚的同时，还没有吸纳和承载与之相应的人口规模，岛内外公共服务和生活水平差距较大。同时，厦门劳动密集型企业过多导致外来人口大量聚集，正面临着越来越大的社会公共服务压力。

4. 资源短缺与利用效率低并存

厦门市已整体进入工业化中后期阶段，随着工业化水平的不断提升，积极承接国内外产业转移，必将增加资源消耗量和环境负荷量，将不断增加能源资源、土地资源、水资源以及生态环境的压力。厦门市目前正处于城镇化的快速发展时期，未来一段时期，还有大量农村人口将不断进入厦门岛内外就业和居住，由此带来的城市建设用地将持续增加，给厦门城镇化水平发展带来空间发展需求的压力。随着岛内外一体化进程的推进，全市交通、能源公共服务等基础设施建设规模进一步扩大，将新增大量的建设用地，给厦门的土地资源增加压力。厦门的城市建设用地产出率只有香港的 19%、新加坡的 29%、青岛的 50%、深圳的 56%，土地资源利用效率偏低。

5. 满足中心城市发展需求的社会建设压力加大

随着厦门新型城镇化的加速推进，农民工融入厦门城市仍较难，大量农民工尚未能在社会保障、公共服务以及政治权益等方面得到与城市居民同等的待遇，甚至在工作上也是同工不同酬，在厦门城市发展中始终处于边缘地位，绝大部分农民工作为廉价劳动力在厦门就业，而不是享有平等权利的公民，大量农民工处于"不完全城镇化"或者"半城镇化"状态。此外，由于厦门城市发展对公共服务需求的不断增长，岛外公共服务供给总体上呈现出短缺格局，基本公共服务供给在城乡之间、岛内外之间、城市内部、农村内部之间的差距仍然较大。同时，随着岛内外一体化进程的推进，人民群众对教育、卫生、社会保障、公共服务、生活环境以及个人全面发展等方面提出了更高的要求，更加需要加快社会事业发展，因此，厦门社会建设和管理面临着较为艰巨的任务。

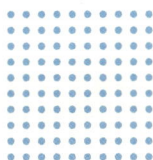

6．新型城镇化的政策有效供给水平仍需提高

厦门现行土地管理政策与大规模推进城镇化不相适应，存在严重供求矛盾，主要是推进农村集体建设用地的合理流转和城镇建设用地、国有未利用地的市场化开发政策有待进一步完善。市场化融资渠道不宽，限制因素较多，政府性投入较分散等问题较突出，制约城镇化发展。农村集体用地和集体资产的产权归属不明确，制约了厦门城镇化发展。现行土地、户籍、社保、就业、教育、医疗等政策从根本上限制了岛外人口的快速集聚，明显制约了厦门城镇化的大规模快速推进。

二、厦门新型城镇化发展环境分析

（一）世界城镇化发展形势

1．发展中国家城镇化主导着世界城镇化发展

发达国家的人口城市化率接近饱和水平，虽然不排除未来有一定幅度的波动，但不会有大的起伏。而从较长时期看，发达国家城市人口的绝对规模，有可能随着人口负增长而出现一定程度的负增长，除非有大量的国外移民。通过抓住发达国家大规模经济结构调整所带来的新一轮劳动地域分工调整机遇，发展中国家特别是亚洲和南美国家加快了工业化进程。目前发展中国家正处于城镇化加速发展期，在发展中国家城镇化的推动下，全球城镇化将进入新的阶段，预计2025年左右，绝大多数发展中国家将完成城镇化进程，世界将进入城镇经济主宰的时代。

2．分散化与集聚化并存

一方面，现代化交通运输网络的发展，以及信息网络对交通运输网络的补充，大大拓宽了城市的活动空间，使城市得以延伸其各种功能的地域分布，使城镇化呈现扩散化趋势。扩散化趋势引导了城市产业和人口的疏散，使其部门职能外迁，使城市外围出现了一些新的制造中心，促进了城市郊区化的发展。另一方面，城镇化发展又呈现集聚化趋势。在全球经济一体化的形势下，信息最大化以及传输完善化的地点也是区位条件最好人口规模最大的地点，如巨型城市或城市集聚区（如纽约、东京、伦敦、巴黎、香港、洛杉矶、上海等）这些基础设施条件好、区位条件好的城市自然成为信息节点城市。信息像磁石一样吸引经济向这些节点城市汇聚，而通讯技术则使得节点城市对信息网络覆盖具有了较强控制力，加之信息技术发展与投资之间的互动效应，使得各类高水平管理机构以及各类跨国公司集聚于此。为了便于同管理机构联系，由城市分散化分离出来的产业一般分布在交通和通讯较为发达的城市外围，或沿交通走廊延伸，因此，城市空间的扩展表现为中心城市高度集聚，并向外呈非连续性用地扩展，而城市集中的地区，各城市与中心城市的联系加强，整个城市群呈融合趋势。

3．大都市区扮演着重要的角色

当前，全球经济社会活动主要集中在大都市区，大都市区在全球城镇化体系中发挥是日益重要的

作用，大都市区化将成为世界城镇化发展的主导趋势。如纽约、东京、伦敦、巴黎等大都市区都经历了强核—外溢—布网—叠加—整合 5 个阶段。首先是区域中心城市由小到大、由弱到强，成为区域核心城市，催生出区域城市圈；其次是核心城市因规模太大产生了一系列不经济现象，诸如交通拥挤、地价飞涨、环境污染、人居环境恶化等等，由此内生了一股"外溢"的力量，导致城市郊区化；城郊一体化的基础设施网络，如轨道交通、高速公路、航空枢纽、海港枢纽、能源供应、水资源供应、污水处理、垃圾处理等开始大规模兴建，大城市郊区不再是核心城市的附属，而是大都市区发展不可缺少的重要功能区；大都市区经济发展和规模扩大促使若干城市经济圈相互重叠、渗透、融合，形成了规模更大的大都市区；大都市区引入环保、集约等发展理念，通过资源整合、产业整合、功能整合、管理整合，增强全球竞争力，提高可持续发展能力。

4. 第三次工业革命将催生世界城镇化新的变革

第三次工业革命有可能率先在最发达国家启动，带动全球产业分工链条的重新调整，与第三次工业革命相关的尖端制造业将成为这些国家一些重要城市在较长时间内的新的竞争力源泉。发达国家中为数不少的在全球化过程中衰落的以制造业为主的城市，以及目前以服务业为主的城市，有可能因为尖端制造业的发展而焕发新的生机，重新获得持久的竞争力。对于发展中国家而言，能否从新技术突破中受益，取决于产业水平和技术能力与最前沿国家的差距有多大。差距较小的国家有可能受到前沿国家技术突破的辐射和带动。而差距大的国家很难指望从发达国家少数城市中高端制造业的兴起中直接获得大而持久的带动作用。相反，如果高端制造业的产品或工艺对传统制造业形成了替代关系，那么，发展中国家很可能会受到负面的冲击；而且还会遭受发达国家资金撤回的影响。

5. 世界城镇体系出现多极化

随着世界贸易的增长和新的国际劳动地域分工的逐渐形成，以及跨国公司对各国经济的不断渗透，使若干全球信息节点城市发展成为世界性城市或国际性城市，控制和主宰着全球经济的命脉。世界城市的形成和发展使全球城市体系出现了新的等级体系结构，即世界级城市、跨国级城市、国家级城市、区域级城市和地方级城市，全球城市体系将出现多极化倾向。

6. 城市特色越来越明显

城市发展呈现个性化和生态化。现代国际竞争导致世界城市之间的国际分工，不同城市形成了不同特色的国际优势产业，城市发展的个性化特征越来越明显。比如德国的展览名城汉诺威、印刷机械和大学城海德堡、荷兰的港口城市鹿特丹、意大利的服装名城米兰、瑞士的钟表之都洛桑等城市，都靠一两个特色产业、强势产业闻名世界。同时，随着人们的环境保护意识和可持续发展意识逐步增强，维护城市生态平衡，建设生态城市，促进城市与自然和谐发展，将成为时代主流。城市将逐步发展成为社会—经济—自然复合生态系统和居民满意、经济高效、生态良性循环的人类居住区，城市与乡村、人与环境将进入共生、共享、共荣的和谐状态。

（二）我国城镇化发展形势

1. 消费型中心城市崛起

中国城镇化已进入了中期发展阶段。目前，中国社会正在由生产型社会向消费型社会转变。在生产型社会中，生产占主导地位，城市的主要任务是生产或服务于生产。在消费型社会，消费占主导地位，城市的主要任务是消费或服务于消费。随着中国进入消费型社会，商业中心城市，尤其是全国性、区域性、综合性中心城市建设得到各级城市政府的高度重视，商业中心城市除了商业、商务之外，还将拥有发达的教育、文化、旅游、休闲、体育、科技、医疗等服务行业。

2. 城镇化发展呈现集群化趋势

由于受行政和地域因素的影响，各大规模等级城市基本上是各自为政，区域之间或城市之间的经济联系不够紧密。20 世纪 80—90 年代，由于市场经济发展的需要，各个城市基本上是独立发展，竞争大于合作。从本世纪初开始，东部地区先进城市的经济腹地超出了其行政辖区，长江三角洲、珠江三角洲和京津冀等城市密集区，大中小城市一体化进程加速。同时开始出现集群化趋势：一是城市群，主要有长三角城市群、珠三角城市群、长株潭城市群和中原城市群等；二是城市圈，主要有武汉城市圈等。集群化，已成为中国城镇化的一个基本趋势。

3. 小城镇将焕发新的生机和活力

从 20 世纪 80 年代开始的上一轮中国城镇化，新增动力主要从农村工业化开始。当前，中国进入新一轮城镇化发展高潮，新一轮城镇化进程必须走新型工业化道路，恢复小城镇发展活力。新型工业化需要大规模劳动力资源，既要有大量的一般劳动力资源，也要有大量技术型劳动力资源。目前，大中城市由于要素成本的影响，廉价劳动力出现稀缺现象，而小城镇由于劳动力资源成本低廉，具有价格竞争优势。尤其是大城市周边的小城镇，基础设施和社会环境接近于大中城市，既有丰富的劳动力，又靠近大城市，有技术来源，产品还可以就近供应市场，将有巨大的发展潜力，小城镇建设将成为中国新一轮城镇化推进的起点。

4. 城镇化增长重心向中西部转移

20 世纪 80 年代后，东部沿海地区快速崛起，城镇化进程加快推进，中国城镇化重心主要集中在东部地区。进入 21 世纪之后，随着西部大开发和中部崛起战略的实施，投资重点开始向中西部转移，中国城镇化发展重心开始由沿海向内地转移。当前，东部地区的 GDP 和进出口额均出现了微弱的相对下降趋势，而中西部地区则有所上升。尤其是固定资产投资，中西部地区增长幅度明显提高。从城市建成区面积来看，虽然中西部地区的增长速度仍然赶不上东部地区，但差距正在逐步缩小。

5. 农民工市民化成为中国城镇化的重要任务

我国的城镇化率已超过 50%，但实际情况是户籍城镇化低于人口城市化，大量进城务工人员和农业转移人口无法真正融入城市，农民工长期处在城市的边缘，不被城市认同接纳乃至受到忽视、歧视或伤害，融不进城市社会，享受不到应有的权利。当前，中国必须顺应新型城镇化发展的实际需求，实行主动接纳农民工融入城市社会的方针和政策，目前急需加大户籍制度的改革力度，推进劳动就业、义务教育、计划生育、医疗卫生、社会保障等相关制度的配套改革，逐步形成农民工与城市居民身份统一、权利一致、地位平等的制度体系。

三、2014 年厦门新型城镇化发展展望

展望 2014 年厦门新型城镇化的发展前景，应努力做到：

（1）城镇化水平稳步提高。到 2014 年，城镇人口达到 210 万人。重点开发区域人口集聚水平进一步提高，加快城市生产要素的集聚，厦门城镇化率力争达到 89%。

（2）现代城镇体系进一步完善。岛内中心城区集聚高端要素、发展高端产业的功能不断增强，岛外旧城区和新城区集聚能力进一步增强，小城镇规模得到扩张，以中心城区为核心，岛外城区为节点，小城镇为基础的现代城镇体系得到完善，区域辐射力海西领先。

（3）城镇经济实力不断提升。到 2014 年，市生产总值规模达到 3 320 亿元以上，年均增长 10% 以上。财政总收入达到 908 亿元以上，年均增长 10%。第三产业占 GDP 的比重达到 53%，服务业集聚区发展成效显著提升，工业经济稳步增长，城镇提供就业岗位能力不断增强，发展活力显著增强，综合实力大幅提升。

（4）城镇基础设施进一步改善。城市交通、信息、水电气供应、防灾减灾等现代化基础设施体系加快完善，主要指标达到国内先进城市水平。积极开展下一代信息基础设施建设，建设信息消费示范城市，不断提高网络覆盖率和接入能力。

（5）城镇低碳建设成效明显。城镇资源综合利用不断推进，土地、水、能源等资源利用效率不断提高，工业、建筑、交通、公共机构等重点领域节能减排深入推进，低碳生活方式和消费模式逐步普及，城镇生态环境显著改善。

（6）城镇居民生活质量显著提高。城镇居民人均可支配收入力争达到 41 360 元，农村人均纯收入力争达到 15 008 元。教育、文化、卫生、体育等社会事业蓬勃发展，市民文化素质和文明程度显著提高，社区管理和服务体制更加健全，消费更加便利安全，居民住房条件和居住环境不断改善。

四、2014 年对策建议

（一）推动厦门城市个性化发展

坚持市域一体，以主体功能区为导向，引导人口合理有序迁移，优化岛内外空间布局，提升岛内外城镇功能，创新城镇综合管理，彰显城市品牌文化，统筹岛内外城乡发展，大力推进具有厦门特色的新型城镇化进程。在推进厦门特色的新型城镇化进程中，要着力做到 7 个着力：

（1）着力规划引领。充分发挥规划的调控和引导作用，树立紧凑型、复合型城镇的规划理念，提

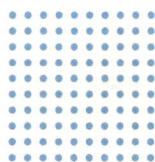

高建筑质量，避免陷入反复拆建的恶性循环；挖掘文化底蕴和地域特色，体现城镇特质；精心规划设计道路、区域、园林、景观和标志物，做精做细城镇元素。

（2）着力转型发展。以改革创新为动力，破解制约城镇化科学发展的体制机制障碍，促进城镇化从单纯追求速度向着力提升品质转变，从城区同构向错位发展转变，从城乡分割向协调推进转变，从不完全城镇化向深度城镇化转变。

（3）着力突出特色。充分利用厦门独特的自然、人文、历史、民族、产业等闽南特色，构筑新型格局，提升文化内涵，打造人居品牌，塑造城镇魅力。

（4）着力产业支撑。把产业作为城市发展的基础，把城市作为产业发展的载体，以产兴城、以城促产、产城融合、协调推进，形成产业集聚与城市发展相互依托、相互促进的发展格局。

（5）着力绿色低碳。立足厦门资源环境承载能力谋划城镇发展，树立绿色发展理念，倡导绿色生活方式，促进土地、水和能源等资源节约集约，强化生态保护，改善人居环境，建设低碳城市，塑造环境整洁、生态文明的新型城镇风貌。

（6）着力城乡统筹。以新型城镇化推动城乡一体化，紧密结合厦门社会主义新农村建设，引导公共设施和服务向农村延伸，城乡要素合理流动和优化配置。积极引导人口向重点开发区域合理迁移，促进城乡、区域协调发展。

（7）着力以人为本。把以人为本的要求贯穿城镇化发展的各个环节，突出人文关怀，提升公共服务，彰显文化特色，塑造城市精神，促进社会和谐稳定，使人民更多地享受发展带来的实惠。

（二）提高城市综合承载能力

按照"全域厦门"的理念和"高起点、高标准、高层次、高水平"的原则，全面拓展岛外，优化提升岛内，不断优化岛内外空间布局，加快形成岛内外空间融合和协调发展格局。

1. 统筹岛内中心城区规划建设

思明区和湖里区强化商务管理、文化创意、技术创新、游憩休闲、生态人居等综合服务功能，加快中央商务区等功能区建设，加快疏散传统生产功能，逐步实现产业、资金、管理向岛外扩散，打造高端要素资源的集聚区和辐射带动岛内外一体化的主引擎，发展成为厦门传承历史文脉、彰显城市活力、发展服务经济的主要承载区。

（1）岛内旧城区。以功能优化为主，着力提升旧城区的商务、金融、文化创意、现代物流、高端商贸等高端服务功能，重点建设现代服务业集聚区，促进形象更新、产业转型和功能提升。

（2）岛内东部新城。推动新一轮城市功能和形态开发，加快一般工业企业搬迁和"城中村"改造，加大城市综合体建设力度，大力推进两岸金融中心建设，突出发展商贸、总部经济、金融服务、软件以及包括游艇、康体、温泉在内的休闲旅游，提升城镇化水平和产业层次。

2. 统筹岛外发展空间规划建设

集美区、海沧区、同安区和翔安区着眼空间拓展、产业集聚、功能完善，充分发挥对厦门城市空间布局调整的带动作用，积极承担岛内中心城区的生产、居住和高教功能分流、承接岛内人口转移和吸纳农村人口转移，适度提高人口密度，引导人口居住和就业在各组团区内相对均衡，发展成为厦门经济增长的新引擎。

（1）岛外重点开发地区。主要包括集美新城、翔安新城、同安新城、海沧新城，是全市城镇化的重要支撑区，按照"统一规划、基础先行、分片实施"的原则，适当扩大土地供给，统筹工业园区、产业基地、大型居住区和新城发展，鼓励新城优势互补、功能互动，强化产城融合，鼓励符合功能导向的产业项目向新城集聚，加快人口集聚。

（2）岛外重点改善地区。主要包括集美旧城区、杏林旧城区、同安旧城区和新店旧城区。按照"功能植入、有机更新，优化配套，环境提升"的原则，以更新开发为主，通过公共资源配置引导进行开发建设，适当扩大服务业、城市居住、公共设施空间，扩大绿色生态空间，引导人口合理集聚，推动产业结构向高端、高效、高附加值转变。

（3）岛外生态整治地区。主要包括汀溪水库群水源保护区、石兜—坂头水库水源保护区、蔡尖尾山绿楔、海沧—集美绿楔、灌口—后溪绿楔、天马山绿楔、大同—西柯市政绿廊、翔安北部市政绿廊以及马銮湾、杏林湾、东坑湾等地区。实行严格的土地用途管制，严格控制开发强度，限制进行大规模高强度的工业化和城镇化，重点进行生态整治和控制；在不损害生态功能和严格控制开发强度的前提下，因地制宜地适度发展旅游等绿色产业，引导超载人口逐步向岛外新城有序转移。

（4）岛外储备控制地区。主要包括马銮湾片区、翔安南部滨海区、规划轨道交通站点控制区等地区。大规模整体开发时机尚不成熟，政府对用地进行有效控制，合理控制开发节奏，对发展空间予以保护。

（三）统筹基础设施建设

按照统筹建设、合理布局、适度超前的原则，以枢纽型、功能性、网络化的重大基础设施建设为重点，强化枢纽和运输通道建设，加快进出岛新通道建设，延伸城市快速干道，完善连接岛内岛外之间交通干线网，完善与过境道路的连接，贯通城市快速主干网，构建城市组团之间交通网络，促进各种运输方式紧密衔接，构建市域内"半小时交通圈"。

1．统筹轨道交通网建设

随着岛内外城市功能的完善，未来人口规模会保持 5% 以上的年增长速度，到 2025 年，人口规模将达 800 万。再加上厦门是一个休闲旅游城市，每年有大量的商务和旅游人群来厦，给厦门轨道交通提供了充足的客流支撑。厦门轨道交通线网主要由 4 条线路组成，覆盖市域内主要组团。1 号线把岛内和岛外的集美组团连接在一起；2 号线把岛内和岛外的海沧组团、翔安组团连接在一起；3 号线把海沧组团、集美组团、翔安组团连接在一起；4 号线是环岛旅游线。

2．统筹东南国际航运中心建设

由于岛内中心城区的城市功能转型，岛内东渡港区的发展空间受到制约，需加快东渡港区的功能转型，逐步调减东渡港区的货运功能，建设与城市功能融合的邮轮、旅游和相关服务功能区，结合邮轮母港的建设，依托岛内成熟中央商务区（CBD）功能，建设东南国际航运中心的航运物流商务区，

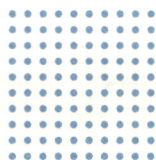

重点发展航运融资、航运交易、航运租赁、离岸金融等高端航运服务。海沧要加快建设东南国际航运中心总部大厦等重点项目，推动航运服务集聚区加快形成，同时，积极承接东渡港区的集装箱功能转移，充分利用保税港区的特殊政策发展国际中转、国际配送、国际采购、国际贸易等业务，尽快形成东南国际航运中心的集装箱运输核心港区。岛外的刘五店港区是距离金门最近的港区，是厦门港"对台桥头堡"，除发挥两岸港航物流对接平台功能外，还要积极承接东渡港区的散杂货功能转移。

3．统筹推进空港枢纽建设

由于海西区经济高速增长，岛内高崎机场扩展空间有限，难以满足客流增长需求，需加快岛外的翔安国际机场建设，翔安国际机场将通过引入城市地铁和城际轨道交通，建成集客运和货运、国内和国际并举的闽南地区枢纽机场；岛内的高崎机场服务于厦门飞机维修及航空产业基地需要，重点发展为以太古公司为核心的航空工业基地、闽南地区通用航空基地、东海救助队基地，分步骤地将高崎机场的国际国内以及货运航班向翔安国际机场转移，逐步向通用航空、公务航空市场开放，同时保留部分支线机场功能和国际航班的备降能力，从而形成以翔安国际机场为主、高崎机场为辅的"一场一基地"格局。

4．统筹推进基础设施配套建设

加强岛内外交通联系，推进湖里隧道和翔安大桥建设，进一步增加连接通道。随着岛外人气的不断集聚，对市政设施配套提出了新的要求，逐步把农村供水、污水、垃圾、生态建设等纳入城市建设体系，促进城市公共服务设施向岛外农村地区延伸，推进岛内外公交、路灯、园林绿化、垃圾污水、环卫保洁等市政管理和保障标准一体化，与岛外新城路网建设同步实施给排水、垃圾收集、供电供气、公交场站、园林绿化等市政设施建设。

（四）促进人口集中和合理分布

完善城乡统一的户口登记管理制度，适度扩张岛外人口规模，控制岛内人口规模的扩大，促进人口集中和合理分布。

1．适度扩张岛外人口规模

适度放宽集美新城、海沧新城、同安新城、翔安新城落户条件，全面放开小城镇落户条件，促进有稳定劳动关系并在岛外居住一定年限的农民工特别是新生代农民工转化为岛外的城镇居民。将农民工等外来务工人员逐步纳入城镇住房保障体系。除加大园区公租房建设外，对已在城镇落户的农民工或有稳定职业并在城镇居住一定年限的农民工，逐步取消户籍限制，给予和城镇居民同等的住房保障或支持，允许其租赁公租房。同时，积极引导市场建设面向农民工的中小套型、中低价位的限价商品住房，支持具有一定经济能力的农民工改善住房条件。

2．控制岛内人口规模的扩大

严格执行《厦门市户籍管理若干规定实施细则》的规定，严格控制岛内思明区、湖里区的人口规模增长，并出台办法鼓励岛内居民向岛外迁移，降低岛内中心城区的人口密度。对迁移入户鼓浪屿从严控制，原则上只出不进，不再新增居民落户。

3. 完善城乡统一的户口登记管理制度

取消农业人口、非农业人口的划分方式，建立城乡统一的户口登记制度，引导农村人口向城镇集中。对长期在城镇居住的本地非城镇人口，取消其农村户籍，进一步推行以社区为单位，进行农民变市民的身份转换。全面实施居住证制度，居住证持有人在升学、社会保险、就业培训、子女义务教育等方面与当地居民享受同等待遇，逐步解决流动人口在劳动就业、社会保障、子女入园、入学、医疗卫生等方面存在的困难和问题。

（五）推动城市建设和产业支撑互动发展

按照统筹发展、合理分工、突出优势、形成特色的原则，优化岛内外产业布局，做大岛外产业发展规模，提升岛内产业发展水平，形成相互配套、相互促进的岛内外产业一体化发展格局。

1. 提升岛内产业发展水平

大力推进岛内现代服务业发展，引导一般工业加速迁往岛外，促进岛内产业优化升级，进一步发挥岛内产业的龙头带动作用。重点建设高端消费中心、商务营运中心区、文化创意园区等现代服务业聚集区和高新技术研发基地。依托商务楼宇发展总部经济和金融服务，依托商业中心发展高端商贸，依托科技机构发展研发设计，依托会展中心发展会展，依托海洋、山体、湖面等发展休闲旅游。推进会展北片区、湖边水库片区、五缘湾片区等建设，完善科技研发、金融商务、休闲度假、高端商贸等功能，打造具有一流水准的本岛东部新城区。

2. 做大做强岛外产业

以先进制造业为重点，大力促进企业和产业集聚发展，扩大岛外产业发展规模，促进新城建设和产业发展紧密结合，努力为新城发展提供产业支撑。根据岛外产业基础和发展优势，培育壮大各具特色的优势产业。集美区重点发展工程机械、汽车、商贸、物流、文教、文化休闲旅游等；海沧区重点发展以港口为依托的航运物流业、生物与新医药以及临港相关产业、商贸、旅游等；同安区重点发展食品加工、纺织服装、现代照明和太阳能光伏、滨海温泉文化旅游、商贸、物流、都市型农业等；翔安区重点发展平板显示、现代照明和太阳能光伏、对台商贸旅游、滨海旅游、都市型农业等。依托火炬（翔安）产业区、机械工业集中区、同安工业集中区等工业集中区，发展电子、机械等支柱产业，提升轻工食品等传统优势产业，培育发展战略性新兴产业；依托海沧港区、刘五店港区、物流园区发展现代物流，依托天竺山森林公园、莲花山国家森林公园等发展生态旅游，依托岛外温泉等资源发展休闲旅游，依托集美、海沧、同安和翔安新城建设发展房地产，发挥新城建设的人气集聚优势，引进大型超市、专业市场、专卖店、品牌店等，促进岛外商贸业发展。

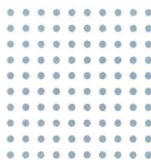

（六）尽全力推动农民转型

（1）鼓励农民就近转移就业。围绕我市的主导产业，确定就业岗位开发重点，通过给予金融信贷、社会保险补贴、岗位补贴、培训补贴等政策扶持，提高本地农民在主导产业中的就业比例，形成"以产业带转移、以转移促产业"的良性发展模式。充分发挥政府投资和重大项目带动就业的作用，通过招投标承接的市、区两级政府基础设施和公共服务设施建设项目，建设施工单位应按一定比例安排本市农民就业。企业征用农民土地时，企业建设占用哪个村组的土地，就优先安置哪个村组的农民进入企业就业，并按照占用村组土地的面积大小来按比例分配就业指标。本市的社区服务机构、保安服务机构、市场运营公司、物业公司、交通运输行业、饮食服务行业、建筑装修行业及其他行业，优先招用符合用工条件的本市农民。各区、镇（街）要结合本地经济发展，加强与龙头企业合作，因地制宜帮扶镇（街）承接企业部分生产加工环节，建立农民转移就业安置基地，促进本地农民就地就近转移就业。鼓励镇（街道）、行政村（社区）投资开发农村公益性岗位，对全市农村公益性岗位开发进行整体规划，将农村公益性岗位纳入各级财政补贴范围，设立专项资金为岗位开发提供经费保障，促进农村就业困难人员就近就地就业。

（2）鼓励企业招用本地农民就业。对各类职业中介、人才中介机构，凡是免费成功推荐本市农民转移就业，并在本市办理录用备案、签订劳动合同和参加社会保险的，按推荐本地农民就业量的多少，给予职业中介、人才中介服务机构一次性职业介绍补贴。鼓励本市服务型企业、商贸企业和工业企业招用本地农民就业，并根据实际招用农民人数给予用人单位一定的岗位补贴。

（3）推进城乡居民点重构。按照村庄服务设施配建投资的最低人口门槛要求，实施村庄迁并和迁村进镇，使居民点布局适应工业化和城镇化的发展要求。结合"空心村"改造，促进村民向城镇集聚，积极推进城中村、城郊村、城边村等城乡结合部的人口城镇化。结合"扶贫移民"、"生态移民"和"迁村并点"，在区位、用地条件较好的区域建设社区化新村。结合水源保护区、地质灾害易发区的治理，引导位置偏远、灾害易发区域的人口向重点镇和社区化新村集聚。

（4）加强城镇社区和社区化新村建设。加强重点镇的社区建设和社区化新农村建设，完善公共服务功能，提高综合管理能力。在有条件的地方，适时把重点镇的镇区中心村改造为城市型社区，结合村庄迁并建设社区化管理的新型农村社区，建立社区民主管理方式和管理机制，打造农民幸福家园。整合社区资源，加强社区公共服务设施建设，不断提升社区综合服务能力。

（七）推进岛内外公共服务均等化

按照"制度统一、标准趋同、水平均衡"的原则，统一配置岛内外教育、卫生医疗和文化体育资源，突出加快发展岛外社会事业，推进岛内外就业服务、社会保障、住房保障和社会福利的一体化，努力形成覆盖岛内外、均衡发展、同步提高的公共服务体系。

1. 公共教育一体化

高质量均衡发展公共教育。调整优化公共教育布局，加快优质教育资源向岛外农村地区延伸。统一城乡义务教育学校的经费、师资、设备和质量评价标准，率先实现全市义务教育学校在办学条件、管理水平和教育质量等方面基本均等，全市义务教育建成现代化标准的学校比例达到100%。提供充足学位，确保公办学校吸纳大部分的进城务工人员随迁子女就学。提升全市公办园普及率，每年新建一批公办幼儿园，实现农村每个镇不少于2所公办园，学前三年毛入园率提高到95%以上。提升高中阶段教育办学水平，普通高中全部达到省二级以上达标校标准，使优质教育资源更加均衡。统一普惠政策，实现城乡（包括外来务工子女）义务教育完全免费，实现中等职业教育免费和残疾人高中教育免费制度，开展农村学前一年教育和普通高中免费试点，健全家庭经济困难学生资助政策。

2．基本医疗卫生一体化

努力实现基本医疗卫生服务功能水平质量均等。统一岛内外公共卫生服务经费标准，全面落实基本公共卫生服务项目。加强岛外综合性医院建设，实现每个区至少有1所三级综合医院。每个街道标准化配置1所社区卫生服务中心，强化"六位一体"的服务功能，实现基层医疗卫生机构在人才配置、监督管理、运行机制上的基本统一。实施以全科医生为重点的基层医疗卫生队伍建设，提高基层技术人员的业务素质和服务能力。

3．公共文化体育一体化

完备公共文化体育服务网络。加大岛外公共文化体育设施的建设力度，推动公共文化体育设施向社会免费开放，实现全市镇（街）、村（居）公共文化体育设施覆盖率100%。增加对公共文化产品生产和群众文体活动的投入，推进文化信息资源共享工程建设，丰富城乡居民文化生活。与岛外新城建设同步配套文化"三馆"和大型体育设施，实现大型文体设施在岛内外均衡分布。加强基层文化体育队伍建设。

4．公共就业服务一体化

促进和谐充分就业。构建城乡统一的就业服务体系，实现全市就业信息互通和共享；推进"充分就业社区"建设，做到机构、人员、资金、场所、信息、管理"六到位"，实现80%的社区（村）达到"充分就业社区"。完善就业培训扶持政策体系，将外来城镇务工人员纳入就业培训扶持政策体系，实现就业培训扶持政策全覆盖。

5．社会保障一体化

建成"全民社保城市"。建立城乡居民基础养老金、医疗待遇正常增长机制，逐步缩小各类参保人群保障水平差距。统一城镇居民、农村居民基本医疗保险的筹资标准。加强财政转移支付力度，实现岛内外最低生活保障标准的统一，逐步缩小城乡最低生活保障标准差距。完善最低生活保障标准的动态增长机制和物价补贴机制，实现最低生活保障标准随经济社会发展逐步提高。

6．住房保障一体化

初步建立基本住房保障型城市。建立统一的住房保障工作机制，逐步把农村人口和外来务工人员纳入住房保障范围，适度降低保障对象的准入标准和保障标准。加快推进保障性住房建设，确保低收

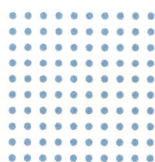

入住房困难家庭基本实现"应保尽保"。全面实施公共租赁住房政策，使中低收入家庭和新就业职工的住房困难能得到有效解决。

7．福利救助一体化

促进社会福利适度普惠。新建一批社区居家养老服务中心（站），健全以居家养老为基础、社区服务为依托、机构养老为补充的养老服务体系，实现城乡社区居家养老服务网络全覆盖。建设翔安区、同安区社会福利中心，实现每个区至少有1所社会福利中心。进一步健全社会救助制度，在岛外新建市第二救助管理站，实现岛内外均衡布局。

（八）加快岛内外一体化体制机制创新

打破岛内外的体制机制隔阂，建立岛内外一体化的统一体制和机制，实行岛内外统一的政策措施，为我市岛内外一体化发展提供制度和政策保障。

1．财政制度改革

制定新一轮市区财政体制改革方案，适应市区两级事权划分的新要求，加大财政统筹、转移支付力度，扩大公共财政覆盖农村的范围。按责权利相一致的原则，完善事权与财权的配置，为岛内外一体化发展提供财政保障。调整市、区地方级财政收入分成比例。按照财权与事权匹配的原则，根据各区经济发展、基础设施和社会保障水平的变化，按照常住人口和实际财政负担情况，调整市、区财政分成比例，适度提高岛外各区的地方级财政收入分成比例。新一轮财政体制改革必须对岛内企业外迁、注册地与经营场所不一致企业、企业在各区之间迁移或变更、工业集中区等企业的税收管征及收入归属做出明确具体划分。调整增值税、出口退税、房产税等税收的分配和分担机制，收益部分（如：中央返还的增值税"免抵调"部分等）市区两级进行共享，负担部分（如：出口退税等）由市区两级按合理比例分担。优化教育费附加分配办法，高中学生和义务教育阶段学生教育费附加分配比重调整为1：1；同时基于义务教育已经扩大到幼儿园大班，应把幼儿园大班学生数纳入分配基数。优化转移支付政策。在纵向的市、区政府之间，打破基数为重的制度惯性，充分考虑岛外人口、地域、经济发展指标、公共品供给能力等多重因素，特别是要考虑到岛内化一体化进程中的人口流动因素，对岛外四区由于人口流入而增加的公共服务给予财力补助。在区级政府之间，有必要建立横向转移支付进行利益补偿。例如，厦门新机场的建设占用了翔安区的大量土地，在短期内造成翔安区农民失地、失海等负面影响，使翔安区出现财税负担过大的现象。而新机场的建设，又将使得其他5区受益，特别是思明区总部经济将得到进一步的发展。因此，税源收入地区（如思明区）应该对税源创造地区（翔安区）进行税收补偿。

2．土地管理制度改革

（1）制定土地管理体制改革方案。继续开展城乡建设用地增减挂钩，以及农村宅基地整理和利用，以"空心村"改造、拆旧拆违、分散自然村撤并为重点，鼓励边远地区农民向中心村或城镇集中。规范农村土地承包经营权流转，依托农村经营管理部门组建流转服务组织，推动土地生产要素的流动。

（2）推进农村集体建设用地进入市场。按照同地、同权、同价原则，赋予农村集体建设用地与国有土地同等权能，加快建立城乡统一的建设用地市场，农村集体建设用地在符合土地利用总体规划和城乡建设规划的前提下，可以通过出让、转让、出租、作价入股、联营、抵押等形式流转使用权。同时，允许符合法定面积标准的"一户一宅"宅基地在农村内部自由流转。建立土地跨区域调剂使用制度，允许城乡建设用地远距离、大范围置换，在缓解城市建设用地不足矛盾的同时，使边远农村能够分享城镇化、工业化进程中的土地增值收益。

（3）推进征地制度改革。提高公益性用地征收的补偿标准，确保被征地农民长期生活水平不下降。建立征地补偿安置争议协调裁决制度，推进征地的公众参与和过程公开化。探索公益性用地"以租代征"，农村集体土地转为公益性用地时，政府不再一次性买断，而采用租借方式，每年付给村民组织和农民租金，租金根据价格水平和地方财力调整。

3. 规划管理制度改革

修订《厦门市城市规划条例》，将规划的范围从城市（镇）延伸到农村。建立健全规划及项目建设管理岛内外一体化的体制机制，完善镇村规划，强化农村规划实施和项目建设的监督和执法，切实维护规划的严肃性和稳定性。

4. 城市管理制度改革

制定城市管理体制改革方案，逐步建立岛内外统一的城市管理体制。健全全市 6 个辖区数字城管系统平台，实现全市各区、各部门城市管理信息系统相互兼容、共享信息；规范执法工作长效机制和联动机制，推进全市城管执法系统岛内外一体化。向岛外倾斜配备警务资源，完善岛外刑侦专业化、警务巡逻防控机制建设，实行网络化巡逻和 110 一级接处警。

5. 环保管理制度改革

制定环保管理制度改革方案，形成全市统一的环境管理和监测体制。修订环境功能区划，适应岛内外一体化发展需要。调整全市环境监测点位，增设环境监测项目，优化环境监测体系，将监测网络由主要分布在岛内扩大到全市。

6. 基层管理制度改革

研究制定基层管理制度改革方案，根据发展需要逐步理顺街道、社区管理体制。推进"村改居"，推动村级事务管理向城镇社区管理转变；构建党组织领导下，以居民自治为核心、社会组织广泛参与的新型社区治理机制，健全"权随责走"、"费随事转"的社区服务与管理工作机制；改制"村改居"社区集体资产，剥离原社区居委会（村委会）行使的经营管理职能，推进事务管理服务职能与集体资产经营管理职能分离，延伸党的基层组织到社区股份合作社等新型集体经济组织。

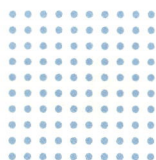

（九）实施主体功能区战略

1. 实施分类管理的差别化区域政策

实施分类管理的财政、投资、产业、土地、人口、环境等区域政策，完善利益补偿机制，形成适应主体功能区要求的政策体系。围绕推进基本公共服务均等化和主体功能区建设，加大均衡性转移支付力度，完善公共财政体系。实行按主体功能区安排与按领域安排相结合的政府投资政策，按主体功能区安排的投资主要用于支持限制开发区域的重点生态功能区建设，按领域安排的投资要符合各区域的主体功能定位和发展方向，并根据主体功能定位引导社会投资方向。修订现行产业指导目录，明确不同主体功能区的鼓励、限制和禁止类产业，建立市场退出机制。实行差别化的土地政策，科学确定各类主体功能区用地规模，促进节约集约用地。坚持个人自愿、政府引导，促进人口平稳有序转移。对不同主体功能区实施差别化的污染物排放控制和不同的环境政策。

2. 实施行政区和主体功能区的联动机制

在行政区政府与主体功能区管理机构之间要彻底破除"平均分权"意识，树立"平行分权"观念。在行政区政府与主体功能区管理机构之间平行配置社会公共职能与经济管理职能。建立主体功能区与行政区之间的"需求供应机制"，以主体功能区的经济开发建设需求为先导，以行政区的公共产品供应为配套，强化两者之间的有机联系。打破行政区概念，突破行政区划界限，通过深化行政区行政体制改革，进一步破除行政区的"地域属性"限制，强化各行政区政府的社会管理与公共服务职能，支持主体功能区的开发建设。

3. 实施各有侧重的绩效评价标准

主体功能区的目标能否实现，关键在于建立健全符合科学发展观要求并有利于形成主体功能区的绩效评价体系。按照不同的主体功能定位，实行各有侧重的绩效考核评价。重点开发区域，实行工业化城镇化水平优先的绩效评价标准，重点评价经济增长、吸纳人口、质量效益、产业结构、资源消耗、环境保护以及外来人口公共服务覆盖面等。限制开发区域，实行生态保护优先的绩效评价标准，强化对提供生态产品能力的评价，弱化对工业化城镇化等经济指标的评价。禁止开发区域，按照保护对象确定评价内容，强化对自然文化资源原真性和完整性保护情况的评价，不考核旅游收入等经济指标。

参考文献：

1. 顾朝林等．经济全球化与中国城市发展［M］．商务印书馆，2000．

2. 叶裕民．中国城市化之路——经济支持与制度创新［M］．商务印书馆，2002．

3. 朱铁臻．城市现代化研究［M］．红旗出版社，2002．

4. 李南、李树苗．区域人口城镇化问题研究［M］．华东师范大学出版社，1996．

5. 曾芬钮.论城市化与产业结构的互动关系［J］.经济纵横，2001（4）.

6. 胡刚、姚士谋.环杭州湾"葡萄串"组合城市研究［J］.中国人口、资源与环境，2002（4）.

7. 顾海兵.深度城市化与逆向城市化［J］.江海学刊，2002（2）.

8. 张宁.全球化背景下中小城市功能转型［J］.中国城镇化，2003（6）.

9. 肖万春.农村城镇化进程中的产业结构聚集效应［J］.经济学家，2003（2）.

10. 周一星，孟延春.中国大城市的郊区化趋势［J］.城市规划汇刊，1998（3）.

课 题 组 长：刘飞龙

课题组成员：林汝辉　黄榆舒　董世钦

课 题 执 笔：刘飞龙

第二节　内需拉动

一、2013 年厦门内需拉动情况

（一）发展情况

1. 内需拉动情况

2013 年全市地区生产总值 3 018.16 亿元，增长 9.4%。从投资、消费和出口三大需求看，近十年来投资和消费主导的内需增长动力进一步增强，投资率和消费率比重均超过净出口率（见图 8.1），内需（投资＋消费）对经济增长的贡献与外需（货物和服务净出口）对经济增长的贡献相互交替，各个年度贡献率不一（见表 8.1）。总体上看，除个别年份外，近十年来内需对经济增长的贡献超过外需，其中，消费对经济的拉动作用尤为明显，表现最为稳定，消费率由 2003 年的 28.5% 提升至 2012 年[1]的 38.4%，对经济增长的贡献率从 2003 年的 12.8% 提升至 2012 年的 45.3%，并基本稳定在 30%～50%，拉动经济增长 2.2～14.2 个百分点不等，均为正向拉动。数据分析表明，我市经济增长方式已经逐渐由依靠投资和出口带动向内外需并重、投资和消费并重转变。

---

[1]　由于 2013 年度支出法地区生产总值统计数据未出，本报告中涉及支出法地区生产总值结构的有关数据均采用 2012 年度数据。

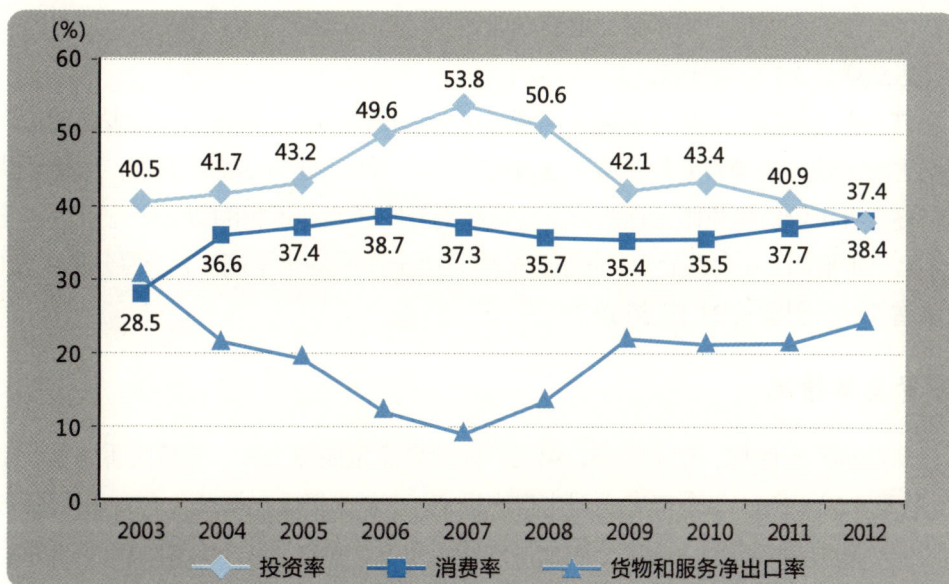

图 8.1　2003—2012 年厦门市投资、消费、净出口情况

表 8.1　2003—2012 年我市三大需求对地区生产总值（GDP）增长的贡献率和拉动

指　标	2003	2004	2005	2006	2007	2008	2009	2010	2011	2012
消费对 GDP 增长的贡献率（%）	12.8	84.5	43.4	46.6	30.1	25.1	31.9	35.8	46.9	45.3
消费对 GDP 增长的拉动（百分点）	2.2	14.2	5.8	7.7	5.9	3.7	6.7	6.7	10.9	4.9
投资对 GDP 增长的贡献率（%）	46.9	49.0	54.2	88.1	75.0	29.4	−66.0	50.6	30.2	4.9
投资对 GDP 增长的拉动（百分点）	8.1	8.3	7.3	14.6	14.6	4.4	−5.2	9.4	7.0	0.5
货物和服务净出口对 GDP 增长的贡献率（%）	40.3	−33.5	2.4	−34.3	−5.1	45.5	134.1	13.6	22.9	49.8
货物和服务净出口对 GDP 增长的拉动（百分点）	6.9	−5.6	0.3	−5.8	−1.0	6.7	10.5	2.5	5.3	5.4

2. 消费总体情况

（1）消费市场总体平稳。2013 年，全市批发零售住宿餐饮业实现销售总额 6 870.93 亿元，比上年增长 7.1%。其中，全市实现社会消费品零售总额为 974.97 亿元，比上年增长 10.5%，总体呈现积极回暖态势，增幅从一季度的 3.6% 回升到上半年的 7.4%，再到前三季度的 9.5%，最后到全年的 10.5%。

（2）网络零售快速崛起。出台了《厦门市电子商务扶持资金管理暂行办法》，每年安排 3 000 万元专项资金扶持电子商务发展。限额以上电商企业达 19 家，实现零售额 35.96 亿元，增长 1.0 倍，拉动限额以上零售额增长 3.1 个百分点。

（3）岛外消费升级加快。从各区社会消费品市场运行情况看，传统商贸业发达的岛内仍占据全市消费品市场主要份额，但随着岛外新城区建设的加快，岛外商业设施不断完善，大型百货超商选择在岛外布局，岛内外市场份额差距正逐渐缩小。全年岛外四区实现零售额 282.90 亿元，占全市零售总额的 29.0%，比上年增加 0.6 个百分点，增长 15.2%，比全市平均水平高 4.7 个百分点。其中，海沧区、集美区较快增长，分别增长 24.2% 和 19.7%。

3. 投资总体情况

（1）投资结构不断优化。近十年来，第三产业投资总量快速上升，投资比重也不断上升，最高达到 80.8%（见表 8.2）。2013 年全市完成固定资产投资 1 347.5 亿元，增长 1.1%，现代服务业投资继续成为新增长点。随着两岸金融中心部分大项目的开工建设，金融业投资成倍增长，全市金融业完成投资 12.18 亿元，增长 3.5 倍，鼎泰和金融中心、众赢国际金融中心、海西金融广场等成为拉动金融业投资快速增长的龙头项目。物流业投资较快增长。全市完善的海陆空交通体系为仓储物流业带来巨大商机，全市在建仓储物流业完成投资 27.3 亿元，增长 41.3%。完成情况较好的项目主要有：前场铁路大型货场、高崎国际机场航空物流中心、海峡现代城等项目。在电信 2013 年通信设备扩容工程、中国联通 2013 网络建设、中国电信海峡通信枢纽中心等项目的拉动下，信息传输、软件业投资快速增长，完成投资 13.72 亿元，增长 60%。

表 8.2　2005—2013 年间投资产业结构构成

单位：亿元

年 份	全社会固定资产总额	第一产业		第二产业		第三产业	
		总额	占比	总额	占比	总额	占比
2005	402	1.0	0.2	122	30.3	278	69.2
2006	662	1.6	0.2	156	23.6	505	76.3
2007	928	0.3	/	219	23.6	708	76.3
2008	931	0.9	/	204	21.9	726	78.0
2009	882	0.5	/	169	19.2	713	80.8
2010	1 010	0.5	/	209	20.7	801	79.3
2011	1 128	0.7	/	235	20.8	893	79.2
2012	1 333	0.7	/	268	20.1	1064	79.8
2013	1 348	0.5	/	272	20.2	1069	79.3

资料来源：厦门经济特区年鉴

（2）城市承载辐射能力增强。中心城市辐射力增强，2013 年，厦深铁路、厦安高速、五通客运码头二期扩建工程等对外联系通道建成投用，高崎机场 4 号航站楼基本建成，邮轮母港、火车站改造、

厦成高速、324 国道改线等工程加快推进；厦漳跨海大桥建成通车，海沧港中路与漳州滨江大道完成对接，长泰枋洋水利枢纽工程加快推进，厦漳泉人力资源、科技、卫生等服务平台建成。城市承载能力提升，湖滨南路路面提升改造工程顺利完成，全岛 38 个雨水排放口的污水截流集中处理，16 处道路积水点改造、44 条排洪沟清淤及海沧水厂扩建、集美污水处理厂二期主体工程等基本建成，新投用 110 千伏以上变电站 5 座，实现区区通管道天然气。岛外新城建设加快拓展，全年岛外四大新城完成投资 506.56 亿元，增长 19.7%，杏林湾商务营运中心投用，灵玲国际马戏城主体建成，方特梦幻王国开业，灌口、东孚、汀溪、新圩四个小城镇建设取得明显成效。

（3）民生工程投资力度加大。全年卫生和社会事业项目完成投资 10.46 亿元，增长 57.1%；文化艺术业完成投资 8.7 亿元，增长 62.4%；体育行业完成投资 5.53 亿元，增长 39%。在万禹国际广场、嘉庚体育馆商业配套、圣果院商业中心等大型商贸项目的拉动下，全年批发零售业完成投资 22.46 亿元，增长 54.1%，其中零售业投资 14.92 亿元，增长 1.0 倍。

（4）重点建设项目进展顺利。2013 年全市 191 个重点建设项目完成投资 863 亿元，完成年度计划的 114%。五大战役进度全省领先，地铁 1 号线和翔安新机场造地工程动工建设，海沧隧道获得国家立项。

（5）项目策划推进成效明显。2013 年，围绕美丽厦门战略规划，构建"5+3"现代产业支撑体系和提升城市承载力、宜居度，梳理出 322 个项目，总投资 4 355 亿元。首批重点推进会展中心、火炬同安翔安基地、华强文化科技产业基地二期、地铁 2 号线等 20 个重大项目 2014 年开工建设。

（二）存在的问题

1. 消费需求明显不足

2012 年，我市最终消费率为 38.4%，消费率偏低，分别低于全国和全省 11.1 个百分点和 1.6 个百分点。2013 年全市消费品零售总额增幅虽然增幅逐季回升，但在规范和限制"三公"消费的背景下，面对房价高企等限制性因素，消费增速与往年相比回落低位，也分别低于全国、全省平均水平约 3 和 3.2 个百分点，全年增幅居全省末位，在 15 个副省级城市排位靠后。

2. 消费缺乏新增长点

在汽车消费方面，虽然汽车类消费增势仍然较好，但随着进出岛交通压力日益加大、堵车问题愈发严重、目前全市汽车保有量已超过 63 万量等因素影响，对全市消费拉动作用趋缓。在家电消费方面，"家电下乡"、"家电以旧换新"等促进消费的政策提前透支了对家电的消费需求，家电消费增长乏力，一、二、三季度累计增幅均为负增长，全年仅增长 2.0%。在高端奢侈品类消费方面，全市购物中心大多以大型百货和大卖场为主，主要是满足大众需求，厦门自身缺乏较为大型的高端奢侈品百货，随着厦深动车开通，对厦门高端消费的分流日益显著。在日常消费品方面，网络购物的兴起对于传统业态零售的冲击愈发明显。在周边消费市场方面，周边地区商业市场不断建立和完善，特别是一些主要商超企业、汽车销售企业在周边地市开设分店，导致厦门消费市场对周边城市的辐射力和影响力逐步削弱。

3. 居民消费意愿较低

一、二、三季度和全年城镇居民人均消费支出累计增幅分别为 2.2%、4.5%、5.5% 和 7.8%，均低于城镇居民人均可支配收入增幅。全市住宿餐饮业营业额全年累计增幅均维持在 5% 以下低速增长，限额以上住宿餐饮业除 2 月累计增幅增长 1% 之外，其余月度累计增幅均为负增长。

4. 投资低速增长

2013 年以来，全市固定资产投资总体形势较为低迷，从总量看，居全省第 5 位，与福州、泉州、漳州差距不断拉大，这 3 个城市投资总量分别为厦门的 2.9、1.9 和 1.3 倍，比上年的 2.5、1.5 和 1.1 倍有所扩大；与全省其他地市的差距也在不断缩小，与龙岩的差距由上年的 332.19 亿缩小至 48.66 亿元，全年低于三明 13.47 亿元。从增幅看，是 2010 年以来首次个位数增长，增幅在 15 个副省级城市及全省 9 地市均居末位，比全省平均水平低 21.1 个百分点，比倒数第 2 位的漳州低 17.4 个百分点。

5. 投资结构有待进一步优化

工业投资总量和增幅均居全省末位，占全社会固定资产投资的比重为全省最低，全年完成工业投资 271.82 亿元，增幅从 1 月的增长 43% 大幅回落至全年的增长 2.3%，占全社会固定资产投资的比重仅有 20.2%，比全省平均水平低 16.2 个百分点。工业投资的低迷导致全市第二产业投资比重长期处于较低的水平，不但抑制了工业规模的扩张潜力，而且严重影响全市经济发展后劲。第三产业投资过度依赖房地产和交通、市政等基础设施投资拉动，而用于发展旅游、金融及科教文卫等方面的投资比重依然较低。全市房地产投资、交通、市政投资占第三产业投资的比重达 82.5%，但其增长乏力，增幅分别从 1 月的增长 44.4%、1.3 倍和 1 倍，大幅回落至全年的增长 2.5%、15.5% 和下降 12.5%；而旅游餐饮、金融、租赁商务服务业及信息软件业投资占第三产业的 6.4%；科、教、文、卫等社会事业投资仅占第三产业的 6.2%。

二、2014 年内需拉动面临的环境

1. 扩大内需将成为我国稳增长的立足点和战略重点

当前的经济形势表明，我国的经济增长正处在由高速向中低速转换的历史拐点，7%～8% 的中速增长趋势已经形成，保持 10 年的中速增长成为实现可持续增长的首要目标，加上欧美市场萎缩是一个短期的趋势。在这些特定背景下，出口主导型的经济增长模式已难以为继，扩大内需成为稳增长的立足点和战略重点，以扩大内需拉动经济增长 7%～8%，既是世界经济再平衡对中国的需求，更是中国对世界经济再平衡的贡献。

2. 城镇化战略将成为扩大内需的重要平台支撑

2013 年 12 月 12 日至 13 日，中央城镇化工作会议在北京举行，会议指出，推进城镇化是扩大内

需的重要抓手。可见，2014 年甚至未来 10 年，我国城镇化将处在快速发展阶段，而城镇化一是可以拉动投资需求，据有关专家分析估计：每增加一个市民，需新增综合投资至少 100 万元；城镇化率每提高 1～1.5 个百分点，需新增 1 500 万～2 000 万人，年综合投资大概在 1.5 万亿～2 万亿元左右。二是可以拉动消费需求，我国城镇居民与农村居民人均消费比约为 3.3∶1，农村劳动力和人口合理转入城镇就业和生活，其收入与消费必然会明显增加。

3.我国潜在的消费规模巨大

2013 年，我国人均 GDP 已达到 6 750.10 美元，国际经验表明，消费对 GDP 拉动的主导地位往往在人均国民收入达到 3 000～5 000 美元之间得到确立并逐步加强。2012 年我国消费率为 49.5%，与同等发展水平国家相比（金砖国家），消费率相差 15～20 个百分点左右。与发达国家相比，我国消费率相差得更大一些，有近 30 个百分点。可见，未来 5～10 年我国消费率有巨大的提升空间。商务部预测，国内消费市场的规模将在 2015 年达到 32 万亿元左右，比 2010 年的 16 万亿元提高 1 倍；中金公司估计（2012 年），2020 年我国居民总消费将达到 7.0 万亿美元（约合人民币 44.14 万亿元）；麦肯锡预计（2012 年），到 2020 年，中国内需市场规模将成为世界第一大市场，占全球消费总额的 25%；中国（海南）改革发展研究院预计，2020 年潜在居民消费需求有可能达到 40 万亿～50 万亿元左右。上述数据分析表明，未来我国有望从投资生产大国转型为消费大国。

4.信息消费正日益成为我国新时期扩大内需的支柱力量

随着新一代信息通信技术产业的迅猛发展，计算机、网络、通信产品不断推陈出新，以移动智能终端、智能电视、数字家庭、北斗导航等为代表的信息通信产品迎合了消费者对高技术、高附加值信息产品消费的心理需求；网上办公、网购、移动支付等业务的迅速增长，改变着人们的消费习惯，成为内需拉动的一大亮点。我国市场规模庞大，正处于居民消费升级和信息化、工业化、城镇化、农业现代化加快融合发展的阶段，信息消费具有良好发展基础和巨大发展潜力。与此同时，我国信息消费面临基础设施支撑能力有待提升、产品和服务创新能力弱、市场准入门槛高、配套政策不健全、行业壁垒严重、体制机制不适应等问题，亟须采取措施予以解决。2013 年，国务院相继出台"宽带中国"战略和《关于促进信息消费扩大内需的若干意见》，提出促进信息消费的目标、任务和具体措施。此外，工业和信息化部相继发布了鼓励和引导民间资本向电信业和物联网产业进军的有关政策，信息消费将成为下一轮资本市场投资运作的焦点及未来扩大内需的支柱力量，而 2014 年将是我国信息消费规模快速增长的一年。

三、2014 年我市内需拉动展望

（一）内需总量将明显增加

根据全市经济工作会议关于我市 2014 年主要预期目标，外贸进出口总额增长 11%，全社会固定资产投资增长 15%，社会消费品零售总额增长 14%。投资和消费的增速明显高于外贸进出口，可以预见，

2014 年我市的内需总量将明显增加,对经济增长的拉动作用将进一步增强。

(二)消费结构将持续升级

近年来,厦门居民消费总额与政府消费总额之比基本上在 3～3.5 之间(见表 8.3),与美国、加拿大、日本、俄罗斯等国家差不多。2014 年,随着中央八项规定的深入实施,政府消费将会受到一定程度的抑制,居民消费比重将进一步提升。随着新型消费模式不断出现,体验式消费、自助性(DIY)消费、个性化消费等创新型消费模式将成为人们的追捧对象。与此同时,2014 年我市加快推进"国家信息消费示范城市"、"国家数字家庭应用示范产业基地"和"智慧名城"建设,将极大地激发居民信息消费需求,2014 年信息消费将增长 30% 以上,其中电子商务交易额将增长 40% 以上,网络零售将增长 70% 以上,消费结构将趋于信息化、现代化、高端化。

表 8.3　居民消费与政府消费总额及比例

单位:亿元

年份	最终消费支出	居民消费	政府消费	居民消费 / 政府消费
2001	183	121	62	3.0
2002	202	123	79	1.6
2003	217	130	87	1.5
2004	325	230	95	2.4
2005	376	269	108	2.5
2006	454	325	129	2.6
2007	523	395	128	3.1
2008	575	429	147	2.9
2009	616	451	165	2.7
2010	732	554	177	3.1
2011	956	743	213	3.5
2012	1 081	836	245	3.4

资料来源:厦门经济特区年鉴

(三)投资结构将趋于优化

2014 年,我市全社会固定资产投资目标是增长 15%,确定安排重点在建项目 238 个,项目总投资 6 048 亿元,年度计划投资约 798 亿元。2014 年的市重点项目安排注重突出主题主线,以服务"美丽厦门"战略规划相关重大项目顺利实施为主题,突出构建"5 + 3"现代产业支撑体系和提升城市承载力、宜居度安排项目。同时,2014 年我市重点项目安排结构体现"四个加大":一是继续加大岛外项目投资比重,岛外项目 160 个,占项目总数 67%;年度投资计划 588 亿元,占全市重点项目投资比重 74%。二是加大产业类项目投资比重。重点产业性项目 145 个,占项目总数 61%,年度计划投资 304

亿元，占全市重点项目投资的比重为 38%。三是加大城市建设及交通环保项目投资力度。重点建设项目建议名单中安排城市建设和交通环保项目 53 个，年度计划投资 459 亿元，同比增加 6 亿元。四是加大社会事业项目投资力度。重点社会事业项目 32 个，占比 13%，年度计划投资 29 亿元，同比增加 4 亿元。由上述投资方向可以看出，2014 年我市的投资结构将趋于优化。

四、2014 年对策建议

（一）发挥投资对内需的拉动作用

投资是内需增长的引擎，扩大投资对拉动经济增长有积极意义，但过度投资会带来经济运行不稳，因此，2014 年在发挥投资对内需拉动作用的同时，要继续优化投资结构，进一步提高重点项目、转型升级项目在投资中的比重，促进投资稳定增长和结构优化。

1. 扩大有效投资需求

大力推进本岛总部集聚区和岛外商务营运中心建设，按照国际一流标准推进两岸金融中心核心启动区建设，加快文灶—莲坂等特色商圈建设，推动自行车厂地块综合体、SM 三期等项目开工。推动远海码头自动化、前场铁路大型货场作业区一期、闽南古镇二期等项目建成投用，促进海西国际商贸会展中心、邮轮母港综合体、五缘湾游艇帆船港等项目动工。确保完成 2014 年全市 238 个重点项目实现 798 亿元投资目标；确保各区县、园区重大项目完成年度投资目标，带动全市完成全社会固定资产投资增长 15% 的目标。

2. 加快城市承载力和宜居度的投入

提升本岛市级中心，新建东部市级中心，完善海沧、集美、同安、翔安四个区级中心，构建环湾城市带，加速形成"一岛一带多中心"空间结构。完善城市交通体系，加快推进联系岛外各区的滨海旅游、生活客运、产业货运三大主通道建设；推进高崎机场 4 号航站楼投入使用，推进翔安新机场报批和填海造地工程；推动嵩屿港区二期、海沧港区 21#、22# 泊位等项目进度，启动海沧港南作业区、翔安港南作业区等新港区前期工作，完善港口集疏运体系；加快地铁 1 号线建设进度，争取开工建设 2 号线，推进 3 号线和环湾线等前期工作。

3. 加大民生和资源环境投入

推动市儿童医院、同民医院提升改造竣工投入使用，启动第一医院内科综合楼暨院区综合改造、五缘综合医院、集美新城医院等项目建设。推进社区卫生服务中心提升改造，新增一批社区卫生服务站，实施村卫生所标准化和信息化建设。实施 53 个中小学和 20 所公办幼儿园建设项目。开展 286 所农村义务教育学校标准化"回头看"工程。完成保障性安居工程年度建设任务。提升公共文化服务水平，推进厦门大剧院建设。实施城乡文化互动互补工程，推进运动训练中心建成投入使用。

加强资源环境保护，推进生态功能区建设，加快建设山海生态廊道，打造绿色生态屏障和沿海海洋生态屏障，加快岛外重点片区污水管网和城镇污水处理厂建设。持续优化城市人居环境，加快天竺山、湖边水库、五缘湾等绿道系统建设，推进海沧大屏山公园、环杏林湾绿带、下潭尾湿地公园等岛外各区市级综合公园建设；实施翔安大道等道路沿线绿化景观提升工程。加快打造"公交＋慢行"主导的绿色交通体系，改造、建设、提升一批城区自行车专用道和步游道；增建一批公交车场，缓解停车难问题。

（二）提振消费扩大内需

要把握推进新型城镇化和厦深动车开通形成"东南沿海 3 小时经济圈"的机遇，加快培育特色，营造消费环境，激活消费增长动力，引导消费预期，建设区域性商贸中心城市。

1. 打造有利于提振消费的设施环境

（1）完善提升特色商圈。尽快建成文灶—莲坂综合性体验式商圈、会展高端名品商圈、中山路传统文化旅游商圈、邮轮母港现代特色旅游商圈、SM 现代都市商圈、大嶝小镇台湾免税商品商圈等吸引不同层次人群的特色商圈，加快推进 SM 三期工程、现代"大卖场"和辐射海西地区的大型区域性商贸物流中心等高端商贸项目，形成新的消费热点。

（2）完善旅游会展设施。加快推进鼓浪屿提升工程、旅游集散中心体系建设，加快建设邮轮母港综合体、海西商贸物流中心的会展设施、五通旅游集散中心博览项目、华强文化科技基地二期、灵玲国际大马戏城、环东海域酒店群等项目，做大做强旅游会展产业，集聚人气带动消费。

（3）建设高端医疗园区。加快建设五缘医院、台湾龙邦国际妇产医院，推进海沧高端医疗园建设，促进高端医疗、康体养生等健康消费。

（4）打造信息消费平台。加快新华频媒等数字内容服务、北斗导航服务、云计算服务、电子商务服务等平台建设，促进信息消费的对外拓展，提升为海西乃至全国的服务能力。

2. 努力营造更广阔的消费空间

（1）促进电子商务消费。落实《厦门市电子商务扶持资金管理暂行办法》中对网络零售企业的存量、增量及电子商务综合服务企业的奖励。实施电子商务"三进"工程，支持电子商务进传统商贸企业、进生产企业、进社区。逐步完善电子商务物流配送，为网上交易提供快速高效的物流支撑。

（2）提升旅游对消费的拉动力。推动旅游业成为重要支柱产业，做足"吃住行游购娱"六要素文章，打造"大旅游"产业链。做好海峡旅游，提升游客在厦门异地办证到金、马、澎和台湾旅游的时效性和便利性；抓紧落实扶持邮轮发展的政策，对母港邮轮和访问港邮轮分别实施航次补贴。抓紧出台和落实旅游产业财政扶持政策，对旅行社拓展业务、旅游单位新获得认定或评级、两岸旅游合作等环节给予奖励扶持。深度开发滨海旅游、乡村旅游产品，延长游客在厦旅游消费时间。完善提升闽南旅游卡功能，将闽南旅游卡的使用范围从现有的 19 个景点扩大至全市 A 级及其他景区、旅游饭店、购物、餐饮、娱乐商户、公共交通等。依托动车加大对旅游市场的拓展，以厦深动车开通为契机，加快推进厦深沿线互游。

（3）促进文化消费加快提升。扩大文化展销活动，利用文博会、图交会等文化产品展销活动，搭

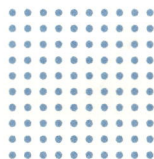

建文化产品交易平台，扩大文化交易规模，吸引文化企业、市民参与文化展销等消费活动。促进影视娱乐消费，利用闽南大戏院、中影、万达、金逸院线等文化消费窗口，鼓励举办以市场为主体的音乐节、艺术节、演唱会等商业性演出活动。组织艺术院团节假日期间到商业集中区进行演出。鼓励艺术组织、人员开办艺术机构，加大艺术培训力度。拓展网上平台，以建设国家数字出版基地为契机，大力推进外图集团、新华书店等积极发展网上书店，建立适应两岸图书贸易发展需要的新电子商务平台。以读客网等网络出版为代表，大力发展数字网上阅读。增加产品供给，加大网络产品的生产，打造中移动手机动漫、4399、趣游集团、翔通动漫等一批原创优质的特色品牌，满足市场需求。

（4）促进民生消费加快释放。鼓励商家延长夜间营业时间，积极繁荣夜间文化活动，积极开展夜市活动。在不影响交通安全和道路通行的前提下，对商业特色街区、重点商业地段临时封闭相关道路，方便周边商家有序发展夜市。鼓励大众消费，引导大型餐饮企业转换经营思路，调整消费结构和产品结构，发展"大众晚餐"，建设服务大众的餐饮餐厅；组织茶楼、咖啡、酒吧、夜排档等休闲美食企业开展大众消费有奖促销。

（5）努力扩大区域外来厦消费。加大对区域外来厦消费的引导力度。结合我市各类宣传或对外合作活动，并充分运用互联网平台，鼓励各类企业向厦门以外区域发送购物、旅游、餐饮、住宿等优惠券，积极吸引外地客人来厦消费。鼓励以我市为目的地的自驾游，通过智慧旅游信息平台，加大对我市各类自驾游目的地、线路的宣传推介，并逐步完善信息平台功能，提供对自驾游旅游者的实时指引和帮扶。进一步发挥会展对消费的拉动作用，推进会展功能国际化建设，开展多形式多层次对外会展经济交流合作，持续引进品牌展会落户厦门。提高会展专项资金使用指向性，加大我市会展资源对区域外的营销和推广力度，以及对专业品牌展会扶持力度。积极促进来厦教育消费，努力扩大我市各类办学机构及社会培训机构的区域影响力，积极吸引周边区域各类群体到我市学习或提升技能。积极促进来厦医疗消费，充分利用我市医疗卫生优质资源，对优势专业、优势技术、优势设备和著名专家加强宣传和推广，并努力为跨区域就医提供便利条件和优质服务，积极吸引区域外患者来厦就医、保健、养生。

（三）推动信息消费快速健康增长

准确把握国家促进信息消费扩大内需的战略要求，结合建设"美丽厦门"战略规划，以入选全国首批信息消费试点城市为契机，加快推进厦门市率先创建国家信息消费示范城市。

1. 完善信息基础设施

（1）加快推进三网融合。全面推进国家三网融合试点城市工作，推进光纤入户，推广使用支持电信、广电等多业务接入的新型智能终端，运用市场手段，探索建立合作共赢的利益分配机制。促进电信网和广播电视网基础设施共建共享。

（2）建设无线城市。加快移动互联网建设，提升 WIFI+3G/4G 无线宽带网络的覆盖和承载能力。出台相关补贴和奖励政策，开放重点公共场所 WIFI 热点接入。在无线城市平台上开发更多面向市民和企业服务的信息化应用，提升"无线政府"政务服务功能。

（3）建设全覆盖、性价优、联合运营的宽带城市。出台我市光纤入户补贴和奖励政策。加快光纤入户改造进度，实现城区 100M、农村 20M 的家庭宽带接入能力。发布描绘城市宽带网络发展状况的"宽带地图"，以服务智慧城市建设，提升便民惠民水平。拓展各运营商之间的业务合作，鼓励资源共享和联合运营，做好互利共赢的网间结算和提供性优价廉的接入服务。

（4）探索基于小区三级网络平台的联合运营模式。建设小区网络、家庭网络和家居物联网，集合各项示范应用。配套家庭终端信息产品，以互动电视机、网络电视机、计算机、固定电话机、手机、视频终端等为载体，推广应用多种信息服务。将家居生活有关的设备集成，实现家庭安防智能化控制、自动控制和远程遥控。探索由网络运营商、国有企业或民营企业等组成的运营主体，承担小区网络及小区综合服务平台的建设和运营。

（5）探索城市通信管道的统一建设运营。参照市政基础设施建设运营模式，探索组建通信管道建设运营支撑机构，推动城市信息基础设施统一规划、统一建设、统一运营，为电信运营商、广电运营商和相关用户提供市场化、专业化、规范化的服务。

2.培育信息消费需求

（1）推动数字文化内容的开发与服务。制定数字文化内容相关产业发展的扶持政策。推动数字出版、互动新媒体、移动多媒体等新兴文化产业的发展，支持我市动漫、游戏、影音、娱乐等相关内容创作企业拓展业务、创新服务模式，促进数字文化内容、数字创意设计等信息内容的消费。发挥广电、电信等传播机构资源和渠道优势，建立创新型的数字文化内容传播体系，增大信息消费的覆盖面。

（2）推进电子商务平台建设。建设并完善我市电子商务生态体系。引导供应商、零售商、物流企业、金融机构和平台运营企业加强合作，开展 B2B、B2C、C2C、O2O 等各类电子商务服务。支持属地企业发展互联网、数字电视等多种形式的 O2O 电子商务平台，发挥"即买即送、保鲜优质、价格优惠"等优势，为居家百姓提供生鲜产品和生活消费品的线上销售、线下配送服务。

（3）建设"一卡多用、多卡合一"的民生卡服务环境。推动社保卡、e 通卡、金融 IC 卡的"一卡多用、多卡合一"，进一步整合公共事业、图书馆、挂号、旅游、公交、出租、轮渡、停车等公共服务领域的有关卡证，打造厦门市民生服务卡，提升城市管理服务的信息化和市民生活的便利化水平。

（4）建设基于"四个民生"面向家庭的社区网格管理服务平台。规划建设"民生档案、民生卡、民生积分、民生服务"的"四个民生"工程，融合各级政府的民生服务内容，建立民生服务档案，推行民生服务卡，形成民生积分体制，制定积分兑换民生服务的优惠政策，实现民生服务的便利化和均等化。按照统一规划、统一标准、统一建设、统一运营的机制，建设包含社区办公、社区管理、社区服务和电子商务于一体的社区网格管理服务平台，实现市级、区级、街道、社区的网络互通、信息共享、数据同步和业务协同，以提升社区管理服务效率、减轻社区基层的工作压力。

（5）探索建设国家级移动消费服务平台。依托中国移动手机动漫基地、中国电信动漫运营中心、4399 网游、吉比特网游等动漫游戏内容创作和平台运营企业，引进 CNTV、华数、文广、天华、中国移动阅读基地等全国知名内容及应用集成商，增加视频、音乐、阅读等内容，整合本地电子商务、医疗及教育信息，实现海量资源及内容的多屏互动与多屏融合，推动国家级移动消费服务平台建设，面向全国市场提供服务。

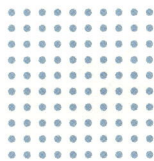

3. 创新信息消费模式

（1）开展数字家庭应用试点建设。搭建家庭多媒体信息网络和家居控制网络于一体的家庭信息化平台，在家庭范围内实现娱乐、安防、节能、环境控制等电子设备的互连和管理。推进远程医疗、远程教育、电子政务、电子商务向居民家庭延伸，形成家庭信息服务新业态。培育扶持本地数字家庭整体解决方案提供商，开展应用示范的推广工作。

（2）开展智慧社区应用试点建设。在新建小区和有一定基础条件的小区（或社区）开展智慧社区应用试点建设，构筑社区管理、社区服务及互动交流为一体的应用平台，全面共享和利用社区信息源，实现社区政务管理、便民信息服务、事务办理、物业管理和家庭智慧生活等"一站式服务"。培育扶持本地智慧社区整体解决方案提供商，开展应用示范的推广工作。

（3）开展智慧园区应用示范建设。在全市选择1~2个产业园建设智慧园区应用示范工程，实现光纤、WiFi、4G等有线、无线宽带网络、通信网络在园区内的立体化全覆盖。提升政府服务平台、园区管理平台、创新研发平台、商务发布平台等对企业的支撑作用，使园区内企业享有国内乃至国际先进水平的科研环境和高新技术应用服务环境。培育扶持本地智慧园区整体解决方案提供商，开展应用示范的推广工作。

（4）开展智慧校园应用示范建设。在全市中学、小学各选择1~2所学校，建设智慧校园示范学校。建设"三通两平台"，提升教育信息化基础设施建设水平，优化教育信息化科学发展机制，推动优质数字教育资源共享，促进信息技术与教育教学深度融合，实现全市基础教育的均衡发展。培育扶持本地智慧校园整体解决方案提供商，开展应用示范的推广工作。

（5）开展农村信息应用示范建设。依托现有广播电视传输网络、宽带互联网络、移动通信网络等基础设施及相关单位的资源优势，重点选择岛外有条件的农村社区，建设农村远程教育培训、医疗服务、农业信息发布、农民信箱等系统平台，通过农村信息化工程助力新农村建设。

（四）建立扩大内需的长效机制

建立扩大内需的长效机制，就是要做到使消费者有钱可消费、有钱敢消费、有钱方便消费。

1. 建立居民收入增长的有效机制

建立扩大内需长效机制的关键，是通过提高收入增强广大居民的消费能力。首先，政府应该带头做出积极的调整，从政府税收方面做出让步，给劳动收入的增加让出空间。其次，有效提高居民收入在国民收入分配中的比重。特区建设以来我市财政总收入年均增速在20%以上，远远高于居民收入的增长速度，这就不能不产生与民争利之嫌。因此，有必要调整政府的行政理念，应该让利于民，要把政府财政收入的增长控制在一个正常的合理的范围内，绝不是财政收入增长幅度越高越好。同时，还要把有限的财政收入使用好，有利于公共服务和最大限度地改善民生，提高财政资金的使用效率。最后，建立居民收入增长的长效机制，形成居民收入与经济增长的联动效应，要把居民收入增长与国民经济总量增长以及与企业劳动生产率增长相挂钩，实现相互联动，并形成一种相对稳定的制度安排，各方利益主体都依据这一制度进行规范的分配，各得其所，从而避免不必要的矛盾和纠纷，有利于社会的和谐稳定。同时，还要积极地创造条件，鼓励广大的百姓通过多种渠道取得合法的收入，从收入的长效机制上为扩大内需创造条件。

2. 建立完善的社会保障机制

通过社会保障制度的完善，使消费者解除后顾之忧，让广大人民有钱敢消费。一是要扩大社会保障的覆盖范围，实现社会保障的全覆盖。二是进一步提高社会保障的标准。三是加快解决关系民生的一些重点问题。目前关系民生的重点问题突出表现在就业、教育、医疗和住房等方面，市、区各级政府部门应该下大气力重点解决好相关的问题。要积极地创造条件，有效解决城乡居民就业、享受平等的教育、减轻医疗负担、提供保障性住房等方面的需要，最大限度地缓解居民的后顾之忧，使广大社会成员能够从容消费。

3. 规范市场运行机制

建立扩大内需的长效机制必须有规范的市场运行相配合。一是要规范市场主体运行机制。企业是市场主体的重要组成部分，是现实的商品生产者和经营者，企业主体的行为是否合理，直接关系到市场运行的健康状况。要建立起一系列规范的市场准入和退出制度，保护正常的企业行为，而对破坏市场行为的企业主体，要坚决地从市场中清除。二是要维护正常的市场竞争机制。在统一的市场规则前提下，鼓励市场主体公平竞争，并使消费者享受市场竞争带来的利益，同时要打击和制裁破坏市场秩序的不合理的竞争行为，从制度上保障消费者的合法权益。三是加快改革市场流通体制，大力发展现代服务业，放宽市场准入，鼓励多种所有制形式公平竞争，加快完善与消费有关的政策法律体系，协调好生产与消费联接的中间环节，保持市场价格的基本稳定，通过电子商务、网络销售、物流配送等现代商业形式为扩大消费提供更好的服务。

4. 健全消费环境保证机制

一是积极完善消费环境和消费条件。积极发展公共服务的基础性设施，搞好道路交通、供水供电、环境保护、生态治理等相关工作，使广大民众能够舒心消费。二是健全相关的法律法规，从制度上维护消费者权益。坚决打击损害消费者利益的行为，建立覆盖全市的个人信用管理体系，保护消费者正当合法的消费权益。三是树立和培养科学的消费理念。要注意用先进的文化教育，引导消费者树立正确的消费观。培育绿色消费和可持续消费的理念，提倡积极健康的消费方式，并不断地促进资源节约、环境友好和社会和谐。

（五）在稳定出口前提下进行转型

我市经济由外需拉动型向内需拉动型转变，并非要依靠缩小出口的绝对规模来实现，外向型经济对推动我市经济发展的作用依然重要，如带动我市生产性需求，带动最终消费，优化产业结构，拉动投资需求，等等。特别是在吸纳大量劳动力就业，引进技术、管理等方面，仍需要发挥重要作用。同时，虽然欧美等重要出口市场形势变化很大，但一些新兴市场如俄罗斯、南亚、南美、非洲等都有较大市场潜力。而我市的资源禀赋、产业基础和劳动力等方面的比较优势，以及国际经济分工的格局，

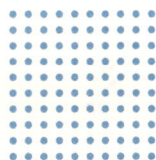

均支持我市继续保持相当的出口规模。因此，我市出口保持较大规模仍具有可能性，稳定出口仍是我市当前保增长和保就业的重要措施。2014年我市要巩固出口原有优势，培育外贸竞争新优势，支持跨境电子商务等新型贸易方式和外贸综合服务企业发展，增强中小民营企业拓展国际市场的能力，推动国际商务平台和国际营销网络建设，做大做强优势产品出口基地，支持优势产业和高新技术产品出口，推动外贸平稳增长，加快外贸转型升级步伐，建设东南沿海对外贸易中心城市。

我市经济由外需拉动型向内需拉动型转变，必须依靠扩大内需的相对规模来实现。应通过扩大投资和消费，提高内需对GDP增长的贡献，从而降低我市经济对出口的依赖程度，并推动我市经济继续持续快速增长。我市具备进一步扩大内需的可能条件。一是消费市场潜力大，《美丽厦门战略规划》提出要把厦门建设成为闽南地区消费服务中心，厦深铁路通车，为厦门带来更广阔的消费市场。二是我市处在后工业化、城市化高速发展阶段，尤其是跨岛发展战略的深入实施和厦漳泉同城化战略的推进，投资需求十分旺盛，投资仍可保持较高增长。总之，我市具有实现转型的能力，只要措施得当就能够实现转型。

参考文献：

［1］迟福林.推进消费主导经济转型的大趋势［R］.中国（海南）改革发展研究院.

［2］习永作.建立扩大内需长效机制的思考［J］，长白学刊，2012年第4期.

［3］厦门市创建国家信息消费示范城市总体工作方案.厦门市创建国家信息消费示范城市领导小组办公室.

［4］刘可清，2014年政府工作报告.厦门市人民政府网站，2014年2月1日.

［5］厦门市统计局.2013年厦门经济特区年鉴.

［6］厦门市统计局.稳增长 调结构 厦门经济持续稳定增长.

［7］胡婷婷.2013年厦门市消费品市场逆势增长.厦门市统计局网站，2014年1月21日.

［8］俞建国.关于外需与扩大内需的关系［J］.中国经贸导刊，2012年2月上.

［9］王新前.中国经济由外需拉动向内需拉动转型的思考［J］.郑州航空工业管理学院学报，第28卷第1期，2010年2月.

［10］周敏倩.我国外需与内需对经济拉动的失衡手探析［J］.现代经济探讨，2009年第4期.

课题 组长：彭梅芳
课题组成员：欧阳元生 许 林 陈菲妮 刘飞龙
课题 执笔：彭梅芳

第三节 创新驱动

一、2013 年厦门创新驱动发展情况

（一）基本情况

2013 年厦门市创新工作围绕转方式、调结构主线，突出创新成果产业化转化关键环节，大力实施"双百三十"科技工程、"5·1"创新工程，主动融入《美丽厦门战略规划》，全面推进国家创新型城市建设，先后荣获"国家知识产权示范城市"、"中国十大智慧城市"、"国家公共文化服务体系示范区"、"国家下一代互联网示范城市"等称号。

1. 高新技术企业带动作用明显

2013 年新认定高新技术企业 104 家，全市资格有效的高新技术企业达到 820 家；新增火炬计划重点高新技术企业 10 家，火炬计划重点高新技术企业达到 28 家。全年实现高新技术企业产值 2 164 亿元，规模以上高新技术企业产值占全市规模以上工业总产值的 44.9%。其中，重点科技企业拉动增长明显，联想移动、达运精密和冠捷科技等 5 家企业净增产值 10 亿元以上，合计净增 138 亿元，占全市工业净增产值约三分之一。

高新技术企业认定及税收优惠政策的实施，极大地促进了企业增加研发投入、获取核心自主知识产权、提升自主创新能力的积极性和动力。据国家知识产权局发布统计数据，厦门市每万人口有效发明专利拥有量达到 7.16 件，是同期全国数据的 2.22 倍、福建省数据的 3.35 倍。经过专家评审和部门联审，15 家创新型试点企业晋升为 2013 年厦门市创新型企业，20 家企业通过 2013 年厦门市创新型试点企业认定。3 家企业被列入第四批省级创新型企业。目前全市共有国家级创新型企业 7 家、试点企业 7 家，省级创新型企业 22 家、试点企业 34 家，市级创新型企业 59 家、试点企业 125 家。

2. 多举措推进科技与金融结合

市科技计划项目的主要资助方式由无偿资助调整为贷款贴息，以财政科技资金为杠杆，撬动银行资本，放大科技投入的效益，科技与金融结合工作取得突破。市科技局与市财政局、中国人民银行厦门中心支行、厦门银监局、厦门证监局、厦门保监局共同签订《厦门市科技与金融结合战略合作协议》，与建设银行厦门分行等六家银行签订合作协议，成立我市首家科技支行和科技金融业务部等专门机构，为科技型中小企业提供总额 60 亿元的信贷专项授信额度，15 家企业获 1 500 万元专项贷款支持。稳步推进科技担保贷款工作，市科技担保分公司审批通过科技担保贷款 2.66 亿元，涉及 46 家科技型中小企业，其中已发放 1.39 亿元科技担保贷款，支持 18 家科技型中小企业开展科技成果转化与产业化。

一是政策措施创新，营造科技金融良好环境。市科技局和财政局先后出台了《厦门市科技型中小企业备案登记管理办法（试行）》、《厦门市科技型中小企业信贷风险补偿专项资金管理办法（试行）》等一系列扶持科技金融发展的专项政策文件，初步形成了促进科技和金融结合的政策体系。

二是财政投入创新，放大财政科技资金效益。为加快推进科技计划和科技经费管理制度改革，引导和带动社会资本参与科技创新，市科技局和市财政局创新财政科技投入方式，从 2013 年开始，将厦门市科技计划项目的主要资助方式由无偿资助调整为贷款贴息，以财政科技资金为杠杆，撬动银行资本，放大财政科技投入的效益。

三是体制机制创新，打造科技型中小企业专业融资平台。针对科技型中小企业融资专业性强、抵押物少、风险高的特点，市科技局和财政局首期注资市担保有限公司 5 000 万元，成立专营科技型中小企业担保业务的科技担保分公司，并将逐步增加注册资本金至 2 亿元；同时安排专项资金对科技担保进行补贴，进一步降低科技型中小企业融资成本。对科技担保分公司不作盈利性目标考核，并在业务开创初期适度提高风险容忍度，降低门槛，扩大科技担保业务的服务范围。

四是引导模式创新，鼓励金融机构加大对科技型中小企业的信贷支持。遵循"政府推荐、自主评审、市场运作、风险共担"的原则，市科技局和市财政局安排"科技型中小企业信贷风险补偿专项资金"，首期 1 000 万元，专项用于科技担保分公司、合作银行为科技型中小企业提供担保融资服务的风险补偿。风险补偿政策由政府为企业资信"背书"、为银行风险"托底"，有力地促进了银行加大对科技型中小企业的信贷支持力度。

五是金融产品创新，促进科技型中小企业融资发展。市科技局通过设立专项科技计划项目，鼓励合作银行为科技型初创企业提供 50 万元免担保免抵押的信用贷款，帮助科技型初创企业解决规模小，固定资产少，在银行没有信用记录，贷款难，尤其首贷更难的问题；鼓励科技担保分公司和合作银行根据国家产业政策和信贷政策，开发出知识产权质押担保贷款、股权质押贷款、投联贷、订单融资、债权融资、科技型中小企业集合票据等科技金融创新产品，初步形成了"政府扶持 + 知识产权质押 + 风险投资 + 债权融资 + 股权融资 + 改制上市"的"梯形科技金融服务体系"，满足了科技型中小企业从初创期到成熟期的系统融资需求。

3. 战略性新兴产业有明显起色

加强规划引导，通过编写产业发展规划、科技计划资金倾斜、开展有针对性的招商、推动产学研合作、扶持建设研发平台、鼓励组建产业技术创新战略联盟等手段，培育壮大了光电、生物与新医药、新材料等战略性新兴产业。

（1）生物与新医药产业方面，制定了《厦门市推进生物与新医药产业发展工作方案》，成立"厦门市生物与新医药产业技术创新战略联盟"，实施"倍增计划"，2013 年产值超过 200 亿元，涌现出"重组戊型肝炎疫苗"国家一类新药等原始性创新成果，拥有基因重组药物、神经生长因子等一批具有较强市场竞争力的优势产品，以及大博颖精、北大之路、特宝生物、艾德生物等一批发展势头强劲、自主创新能力强的重点企业，厦门逐步成为海峡西岸经济区生物医药产业创新基地。深化"市区共建"机制，重点支持"厦门生物医药港"建设，积极推进"一十百千工程"（即 1 万平方米的生物医药孵化器，10 万平方米的中试产业化基地，100 万平方米的生物医药园区，1 000 万平方米的生物医药港），构筑起"孵化器—中试基地—产业园区"的梯次产业化发展体系。

（2）光电产业方面，2013 年实现产值 1 400 亿元，厦门成为中德半导体照明示范工程评估点，是国内光电显示产业发展最为迅速的地区之一。举办两岸照明采购对接与信息发布会、两岸 LED 照明产业论坛、中国（厦门）节能照明展览会等台交会光电系列活动，意向采购订单约 6 000 万美元。光电产业成为厦门新的支柱产业。

（3）新材料产业方面，着力打造新材料千亿产业链，推进平膜材料研发与应用一体化示范推广公共服务平台建设；引入赛特（厦门）薄膜技术研究院；推动中国机械科学研究总院先进制造技术研究中心在厦门建设"厦门先进复合材料产业技术研究院"；组织"大型海洋工程结构物防护关键技术攻关和中试基地"产学研用联合攻关项目，推动防护新材料产业发展，并策划两岸腐蚀界共建"两岸防护新材料联合实验室"。与中国船舶重工 725 所共建厦门材料研究院产业园区、科研区，按照国际一流、国内领先的标准打造创新设计平台和测试设计平台，构筑新材料基础研究集群、应用创新集和产业化集群战略布局，为厦门和海西区发展信息、生物医药、新材料等战略性新兴产业提供技术保障和服务。

4. 科技创新体系建设再上新台阶

（1）推动科技创新平台建设。2013 年在生物医药领域，围绕疫苗、海洋药源、现代中药种植、诊断产品等重点领域，组织、策划 10 项重大科技创新平台、产业基地和重大技术攻关项目。推动中科院海西研究院稀土材料研究所和能源新材料工程技术研究中心建立新型稀土发光材料和器件研发平台，开展稀土长余辉材料、稀土配合物电致发光材料、稀土纳米生物荧光标记材料等具有重要应用前景的稀土光功能材料和器件的研发。全力推进厦漳泉科技基础资源服务平台建设。完成厦门电梯物联网综合管理公共服务平台、海西纺织供应链云系统平台等重大平台项目的专家咨询会；基于北斗技术应用的工程机械数字化、北美高端市场暖通空调接触器关键技术攻关及产业化、大型复合材料构件多功能龙门加工中心、轿车子午胎关键技术攻关及产业化、智能高压开关设备关键技术研究及产业化等重大项目的调研和专家论证工作。启动北斗卫星综合移动终端应用开发平台的后评价工作。

（2）加快引进和支持研发机构建设。支持高等院校、企业在厦设立研究机构或技术转移机构。2013 年厦门首个科技研究开发机构——三维丝袋滤技术研究院通过确认。"福建省慢性肝病肝癌重点实验室"等 9 个福建省重点实验室获批建设。同时，新建市级重点实验室 4 家。截至目前，厦门共有国家重点实验室 3 家，企业国家重点实验室 1 家，省部共建实验室 1 家，省级重点实验室 9 家，市级重点实验室 36 家；国家级工程中心 2 家，省级 20 家，市级 61 家。创新大厦新引进厦门西电技术转移中心、农产品绿色防控生物技术研发中心、高效环保新能源研发中心等研发机构，目前共有 35 家研发机构入驻创新大厦。

（3）进一步提升科技创新服务水平。全国第一个探索并构建与先进电子商务紧密结合的网上知识产权交易平台在厦门开通。加大科技成果转化力度，2013 年共登记科技成果 207 项，认定厦门市重点科技成果转化项目 23 项；新增技术贸易机构 44 家，技术贸易机构总数达 617 家，认定登记技术合同 1 697 项，技术合同成交额达到 19.82 亿元。

（4）推进产业技术创新战略联盟发展。在"厦门电力电气产业技术创新战略联盟"的基础上，组

建成立"智能输配电设备产业技术创新战略联盟",该联盟是厦门首个以本地龙头、骨干企业为主体成立的全国性产业技术创新战略联盟。截至目前,厦门已成立了光电、两岸三地RFID、电力电气、电子元器件、船舶、水暖卫生洁具及橱柜、运动器材、绿色食品、车辆、工程机械、卫星导航、智能输配电设备等12个产业创新联盟。

5. 进一步完善创新政策环境

修订了《厦门市工程技术研究中心管理办法》、《厦门市重点实验室管理办法》、《厦门市优秀新产品奖评审奖励办法》等一批支持自主创新的规范性文件;出台了《厦门市科技企业孵化器认定和管理办法》、《厦门市产业技术创新战略联盟认定和管理办法》,重点支持关键共性技术联合攻关,提升产业创新能力;出台了《厦门市认定建筑业企业技术中心评价指标体系(试行)》,这是厦门首次在工业以外行业开展企业技术中心认定工作。加快市级科技项目论证和立项。推动科技计划申报和项目管理改革,简化项目申报程序,完善重大项目旁听制、项目公示制,强化项目监理,推进项目后评估制度。

加大科技创新投入力度。以财政科技资金为杠杆,撬动银行资本,放大科技投入的效益,通过项目贷款贴息,投入政府科技资金2.04亿元,带动企业投入39.74亿元。积极争取国家科技计划项目,共有89个项目获得2013年国家创新基金立项,资助金额5 667万元,比2012年增加2 975万元,创历史新高,立项资助金额增长量和增长率均居全国前列。

6. 人才创新政策力度空前

2013年厦门实施出台"海纳百川"人才政策体系。"海纳百川"人才政策体系包括1个总纲,12个人才计划,7大支撑政策体系,共20个政策文件,该计划以产业为主导,以高端为引领,围绕厦门市重点支持发展的支柱产业、战略性新兴产业、现代服务业和重点建设项目需求制定人才政策,引进和培养重点产业、金融、航运、海洋、软件与信息服务、服务外包、文化、卫生、旅游等12类行业领军人才和产业紧缺人才。重点引进能突破关键技术、发展高新产业、带动新兴学科的海外高层次人才和领军型创业人才;财政投入力度空前。根据初步统计,各类人才子计划和相关配套政策实施后,全市用于人才工作的资金投入总额一年将接近15亿元,每年财政保障资金投入是上一轮人才政策的10倍;政策体系覆盖领域广,配套全面。出台了资金保障、优惠待遇、科技投融资、科技创新平台建设、引才工作网络建设、区域性人才市场建设等7类服务保障政策,为人才落地生根打下了坚实的政策基础。从人才层级看,不仅大力引进领军型、骨干型高层次人才,同时也注重集聚培养高技能、服务外包、信息软件业等实用型人才。从人才行业看,不仅专门针对金融、海洋经济、旅游、软件信息等重点行业制订专项引进培养计划,同时也注重针对文化名家、服务外包人才、医疗卫生人才等重点项目引进急需紧缺型人才。从人才梯次看,不仅鼓励各类高层次人才创新创业,同时也注重引进培育青年人才。从人才来源看,不仅制订了各类海外引才计划,同时注重对本土人才进行特殊扶持;对台特色明显,台湾专家最高可获400万元支持,厦门将在未来七八年内构建对台优势明显、辐射海西经济区的"人才特区"。2013年新增国家"千人计划"专家6人,4人入选科技部首批"创新人才推进计划",7人入选"福建省第三届杰出科技人才"。目前,厦门有两院院士11人,双聘院士13人,"千人计划"专家38人,国家"973"、国家重大研究计划项目首席科学家8人。

7．推进科技惠民示范工程建设

设立市级科技惠民计划推广成果库和市级科技惠民项目库，开展人口与健康、资源与环境、食品安全等领域科技惠民先进科技成果、备选项目征集，推进厦门科技惠民示范工程建设。共实施市级科技惠民项目 61 项，资助金额 388 万元；国家级科技惠民项目 1 项，资助金额 1 290 万元。推进政务、医疗、交通、教育等云计算试点应用，打造"智慧社区"、"智慧交通"、"智慧教育"等平台。"厦门胸痛急救服务体系科技惠民示范工程"针对胸痛急救体系在流程改进、学科合作、人员培训、健康宣教等方面进行了科技创新，形成独特的科技惠民"厦门模式"，代表了我国医卫服务体系的一种发展趋势。

（二）存在的问题

1．高新企业市场有效需求不足

受欧美经济复苏疲软、新兴市场动荡、贸易保护主义抬头等因素影响，外需回暖动力依旧不足。部分电子类高新企业出现较大规模减产。全市减产量最多的 5 家企业均为电子类企业，共减产 70.5 亿元。新增重大科技企业和重大科技项目少，主要是靠存量企业拉动增长。产能过剩、市场需求疲软局面没有根本改变。

2．创新扶持政策仍显不足

与上海、北京、天津、江苏等地相比，在产业优惠政策方面仍有相当差距，现有税收优惠、财政扶持、市场准入等方面政策不够具体，扶持力度不大、兑现不及时，多以支持大中型企业为主，对初创型、孵化型企业支持力度偏小，企业发展受到一定制约。对研发投入大、生长周期长、市场变化大、产品附加值高、增值税负重的和战略性新兴产业，如生物与新医药产业，政府鼓励资本进入的相应激励政策缺失。

3．"政产学研用"协同创新薄弱

厦门创新资源配置还较为分散，政府部门之间、产业链环节企业之间、相关领域的高校和研究院所之间尚未建立起紧密的协同创新关系，"政产学研用"各方没有形成合力，科技成果难以向市场应用转化。全社会研发投入强度较低，开展产业核心关键技术的联合攻关力度不足，电子、机械行业的关键零部件自主研发能力不强，核心部件主要依赖对外采购。厦门研发投入强度为 2.5%，深圳高达 3.8%，制造业每万名从业人员研发人员数深圳是厦门的 1.34 倍（见图 8.2）。

与深圳、宁波、青岛相比，厦门市科技创新能力处于最低水平。就专利授权量来看，相当于深圳的 15.4%，宁波的 12.6%，青岛的 58.9%（见图 8.3）。

此外，厦门人才、资本等创新要素支撑不足。与宁波、杭州、青岛、深圳等同类型城市相比，厦门无论在人才总量还是人才密度上都是位列最末，深圳的人才总量和密度分别是厦门的 16 倍和 2.2 倍（见图 8.4）。厦门风险投资不活跃，创投机构较少，资金规模总量较小，市创投基金直接管理的资金规模仅为 14.2 亿元。市政府尚未明确设置战略性新兴产业发展专项资金，仅是统筹各部门原有的行业

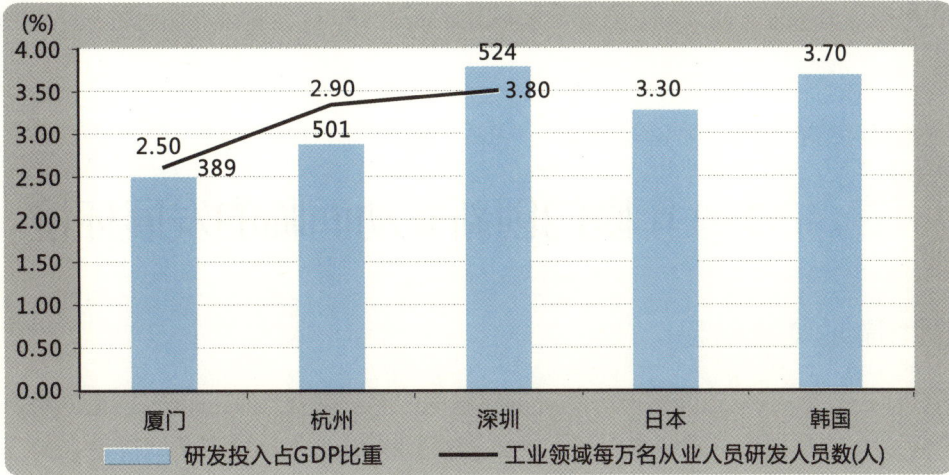

图 8.2　厦门与部分城市、国家研发投入情况比较

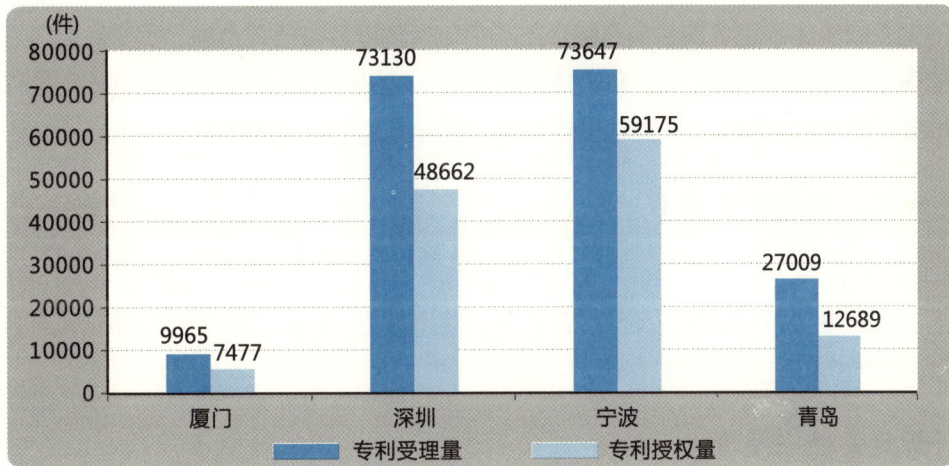

图 8.3　厦门与部分城市科技创新能力比较

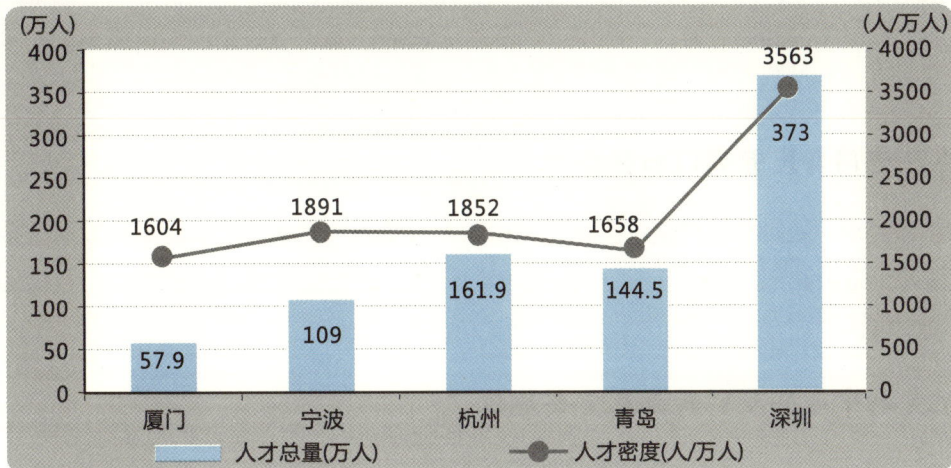

图 8.4　厦门与部分城市人才资源比较

发展资金和科技发展资金。而深圳、青岛分别设立了高达 180 亿元和 100 亿元的战略性新兴产业发展专项资金。

二、2014 年厦门创新驱动面临的发展环境

（一）国际创新驱动新动态

金融危机以来，一些发达国家纷纷制定创新发展战略。如美国制定国家创新战略，韩国公布了《2020 年产业技术创新战略》，欧盟提出了《2020 创新战略》，日本制定了《创新 25 战略》等。发达国家创新政策呈现以下特点：

1. 创新政策更趋综合性

各国的创新政策体系是各项政策的综合。其中包括教育、科技、金融、贸易、财政、产业组织政策等，并加强了政策协调机制。如，瑞典成立创新署，协调创新政策和政府的创新项目；美国也加强了科技委员会和总统科技顾问委员会对政府之间、政府与民间的沟通协调。

2. 更加关注创新的全过程

一些国家建立研究开发与示范推广一体化的创新资助计划，加强对产业化示范项目和技术推广的支持与投入。政府重点加强对节能环保绿色技术、健康卫生、信息基础设施等具有社会效益的新兴技术示范项目和技术推广的支持。

3. 创新政策进一步开放

经济全球化推动了全球创新网络的形成，特别是随着技术进步加快，技术复杂度增加，跨学科、跨领域的技术创新增多。如，人类共同面临的一些环境、健康、能源和粮食等问题很难靠单个企业和地区来完成，需要各国共同应对。一个国家的创新体系能否融入全球知识网络成为创新发展的重要因素。

4. 公共部门与民营部门加强合作

改善创新环境，鼓励和保护企业创新活动；加大对基础性和共性技术研究开发的直接支出；通过制定相应法律促进公共部门的研究资源向民营部门开放，鼓励公共部门的技术向企业转移；政府支持与市场机制相结合。

5. 把支持中小企业创新放在重要地位

发达国家出台大量支持小企业创新创业的政策，加大对创业者和小企业的税收减免、融资支持和增加对小企业的政府采购，帮助小企业扩大出口；鼓励政府科研机构和大学向中小企业开放科技资

源、转移技术；发展风险投资和完善资本市场，为新技术产业化和创新创业企业成长营造投融资环境等。

6.知识产权和技术性壁垒形成新的贸易保护

一些发达国家利用国际规则，保护本国企业在全球的创新和知识产权，一些国家还通过双边或多边协议加强知识产权审查、授权和执法方面的合作。

（二）国内创新驱动新动态

根据欧洲工商管理学院和世界知识产权组织（WIPO）联合发布的2012年全球创新指数，在141个国家中，中国创新指数位居第34位，创新环境评价位居第55位。国家创新竞争力逐步增强，创新要素逐步向企业集聚，一些行业排头兵企业的技术装备基本可以达到世界水平，具有创新能力，掌握部分核心技术，并在部分领域与跨国公司同台竞争。如，华为、中兴、联想等一批在国际市场上有一定影响力的创新型企业正在形成。但大部分企业仍处技术跟踪和模仿制造，以及低端加工制造和低价竞争阶段，难以较快积累足够资金和技术能力。

从我国创新发展历程来看，影响我国创新动力和能力的主要因素是体制、机制问题。主要表现在：市场机制不完善，自上而下的政府主导型创新模式不适应面向市场的创新；知识产权保护力度不足，对鼓励企业创新具有重要作用的普遍性政策落实不到位；各类创新主体定位模糊，基础研究不足，共性技术缺失等。

党的十八届三中全会提出，要建立健全鼓励原始创新、集成创新、引进消化吸收再创新的体制机制，健全技术创新市场导向机制，发挥市场对技术研发方向、路线选择、要素价格、各类创新要素配置的导向作用。建立产学研协同创新机制，强化企业在技术创新中的主体地位，发挥大型企业创新骨干作用，激发中小企业创新活力，推进应用型技术研发机构市场化、企业化改革，建设国家创新体系。深化科技体制改革、完善知识产权体系、实施国家科技重大专项等要求，以及强化需求导向，推动战略性新兴产业健康发展等，都将有力促进我国创新型企业的快速发展。

专栏：国内创新驱动发展的成功案例

（一）区域创新案例——广东省创新驱动战略的成功经验

近年来，广东省把自主创新作为转变经济发展方式的核心推动力，按照"大科技、大开放、大合作"的发展思路，不断优化制度、政策、市场环境，主动融入国家和全球创新体系，启动实施引进创新科研团队专项计划，集聚国内外创新资源，发展新型科研机构，着力构建以企业为主体、以市场为导向、产学研相结合的区域创新体系，取得了良好成效。

1.启动实施引进创新科研团队专项计划

2009年广东省向社会发布了《引进创新科研团队领军人才申报工作公告》，以政府名义、以团队形式规模化引进高层次人才。

创新科研团队的申报条件和资助标准。广东省重点引进电子信息、半导体照明（LED）、新能源汽车、生物、高端装备制造、节能环保、新能源、新材料等战略性新兴产业取得突出创新成果、拥有自主知识产权、产业化前景广阔的创新科研团队。团队一般不超过 5 人，由带头人和若干名核心成员组成，在国内外科研机构或重大项目稳定合作 3 年以上；年龄一般不超过 60 岁；团队成员具有博士学位或正高级专业技术职务的人数占 50% 以上；平均年龄一般不超过 50 岁。

创新科研团队资助标准。引进具有世界一流水平、对广东省产业发展有重大影响、能带来重大经济效益和社会效益的创新和科研团队，给予 0.8 亿~1 亿元专项工作经费支持；引进国内顶尖水平、国际先进水平的创新和科研团队，给予 0.3 亿~0.5 亿元专项工作经费支持；引进国内先进水平的创新和科研团队，给予 0.1 亿~0.2 亿元专项工作经费支持。

广东省在科研管理体制上还作出了突破性规定，其中包括：科研经费一次性拨付，支持创新团队迅速高效地启动实验室建设；人力资源成本费支出比例最高可占总资金的 30%；总资金的 2% 由团队带头人支配。

注重考察引进项目的产业化及其与广东产业发展的契合度。在团队申报中更加突出产业化目标；在评审指标体系中更加突出产业化权重；在邀请评审专家时更加突出产业化经验；在现场评审中更加突出考察产业化情况；对引进单位更加突出考察产业化支撑。

2. 推动、支持公共创新平台和新型科研机构建设

为加快引进国内外优质科技创新资源，深化产学研合作，广东省积极开展体制和政策创新，将政府引导、企业化运作和市场驱动有机结合起来，大力推动、支持国家重点建设高校、国家级科研院所、海内外创新科研团队在广东建设公共创新平台和新型科研机构。近年来，中科院深圳先进技术研究院、深圳清华大学研究院、深圳光启高等理工研究院、华大基因研究院、东莞华中科技大学制造工程研究院、广州中国科学院工业技术研究院、中科院广州生物医药研究院、中科院南海生物医药科技产业中心、广东华南新药创制中心、北京大学深圳创新药物研究中心、东莞电子科技大学信息工程研究院、广东华南工业设计院、北京理工大学中山研究院等一大批高水平公共创新平台和新型科研机构落户广东。

3. 建立企业科技特派员工作站

广东省 2010 年启动了企业科技特派员工作站建设试点。2011 年来自国内外高校、科研院所的 1200 多名科技人才作为新增企业科技特派员入驻广东企业。广东省选择有一定基础的大中型企业、高新区、专业镇、产业转移园区等，建立了 34 个"企业科技特派员工作站"，化短期派驻为常设性创新平台，源源不断地组织企业科技特派员入站开展技术创新工作，壮大了科技服务人才队伍。

（二）企业创新案例——深圳华为、中兴创新发展成功经验

中兴和华为被称为中国通信设备制造业的"双雄"，是中国企业在改革开放过程中创新发展的成功案例。中兴和华为的成长之路代表着中国通信设备制造业，乃至中国电子信息产业实现技术和产业升级的成果。

1. 企业内部的制度和机制对企业创新动力至关重要

中兴是一家国有相对控股企业，华为则是一家 100% 由员工持有的民营企业，尽管两家企

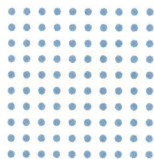

业的企业性质、股权结构和创新战略各有不同，但都具备了创新的共同特性。

（1）持续高额的研发投入。华为、中兴每年都拿出超过销售额 10% 的资金用于专门的产品研发。另一方面，华为大量吸纳国内外的研发人才，经常成建制（一次性招聘一个班级）到国内高校招聘人才，保证了华为公司的研发人才基础。华为员工超过 40% 的人属于研发部门。

（2）市场营销理念强。两家企业都注重市场的开拓和客户需求，时刻为客户着想。华为对营销的重视程度不亚于研发，营销人员的待遇非常高，人员总量也与研发人员相当。中兴开发小灵通产品，看重的是广阔的农村市场，专门针对农村市场进行产品的设计和研发，取得丰厚利润。

（3）国际化公司治理结构。引入西方管理理念和机制，华为从研发、供应链等后端业务流程入手，逐渐加入人力资源管理等辅助单元，把公司的组织结构从以往按照部门设立的直线职能型组织，转变成流程型组织，在组织结构和涉及市场营销前端业务的流程上进行国际接轨。

（4）低价竞争策略。企业成本控制能力强，为了抢占市场份额，往往会采取低价竞争战略进入一个新的市场领域。价格竞争确实是两家企业创新历程的一大利器。当然价格竞争战略有利也有弊，尤其在发达国家可能会被认为是不正当竞争。

2. 相对较好的市场环境对企业创新起了决定性作用

（1）率先改革开放使深圳成为民营企业的乐土。经过多年的积累，深圳民营企业已经成为创新的主体。深圳 90% 以上的研发人员集中在企业、90% 以上研发机构设立在企业、90% 以上的职务发明专利生产于企业。深圳国家级高新区民营企业工业总产值占高新区工业总产值的比重达到 70% 以上。

（2）深圳积聚了大量创新资源。深圳市作为最早的经济特区之一，逐步汇聚了大批创新型研发人才和企业家，为企业的创新活动提供了良好的外部支撑。

（3）深圳已具备了特色鲜明的创新文化氛围。深圳是全国最大的移民城市，市民平均年龄不到 30 岁，人员来自全国各地，在这里形成一个有利于创新的氛围。

（4）发达的金融市场缓解了企业融资难题。深交所已构筑起层次丰富、功能完善的资本市场体系，为深圳金融环境的改善和创新型城市地位的提升，发挥了不可替代的重要作用，作为中国第一个风险投资试点城市，深圳较早出台了一系列扶持风险投资发展的政策措施，成为全国风险投资发展最活跃的地区之一。

3. 政府的适当扶持对企业创新具有一定的促进作用

（1）税收优惠政策为企业带来了一些实惠。华为和中兴都享受了一些由各级政府提供的普惠性税收优惠政策，其中出口退税和所得税优惠最为实惠。

（2）承担国家科技项目对企业研发有所裨益。多年来两家企业都牵头承担了一些国家科技项目，得到了中央和地方政府的一些研发资助，部分成果还获得了国家科技进步奖项。

此外，金融扶持政策也曾在一定程度上缓解了华为和中兴两家企业的资金压力。

三、2014 年厦门创新驱动展望

2014 年我国创新发展仍面临许多不确定性因素，国际形势将更为复杂，需要密切跟踪并采取相应措施；国内形势较为利好，党的十八届三中全会召开，系统性改革全面推进，有助于推动厦门创新发展迈上新的层次。

1. 创新发展的国际形势仍然复杂多变

从国际形势看，一是全球保护主义势头正在上升，排斥外国企业的案例不断增多。当前世界经济低速增长态势还没有根本改变，特别是近期新兴经济体金融市场动荡加剧，中国高新技术产品进出口面临的困难和压力仍然不小。2013 年以来，二十国集团（G20）成员国累计实施了 100 多项贸易限制措施。此外，部分发达国家还通过知识产权打压、强化产业链掌控，甚至以国家安全为由等方式遏制我国高技术产业的发展，这将对我国创新型企业的快速、可持续发展带来更大挑战。二是高技术产能的全球重新布局使得竞争将更加激烈。为促进经济增长、拉动就业和提高竞争力，英国、美国、日本、法国等发达国家以及印度、巴西等发展中国家都不约而同地将高技术制造业作为本国的发展重点。"双向吸引"使得部分高技术企业不断加大对外的产能转移，导致产业投资的回流和转移，有可能会危及以代工企业、外商投资为主的我国高技术产业规模的持续扩张。如，受各国促进高技术制造业发展相关政策吸引，以及各国保护主义冲击的影响，富士康、苹果、英利、中电光伏等高技术企业，为保证供应链的稳定和高效，正在或即将启动的产能移转计划，这都预示着缺乏核心竞争力的我国高技术制造业面临着不小的发展压力。

2. 国内创新形势和支持力度进一步利好

从国内形势看，深入贯彻落实十八大提出的坚持走中国特色自主创新道路、深化科技体制改革、完善知识产权体系、实施国家科技重大专项等要求，以及强化需求导向，推动战略性新兴产业健康发展，都将有力促进我国创新型企业的快速发展。

同时，中国（上海）自由贸易试验区的设立和建设，通过机制和体制的全面创新和升级，探索建立并创造出一个与国际接轨、自由开放、鼓励创新的市场经济环境，也将给我国创新驱动发展带来更加深远的影响。

此外，党的十八届三中全会召开，改革的力度前所未有，产业发展有望加速实现"从低成本优势向创新优势、从政府主导向市场主导、从规模扩张向质量增长"的转变，医药、新能源、新材料、高端装备制造等高技术产业领域以及国有企业的体制机制创新也有望受益于改革的深化。

国家 21 个部委正在酝酿创新驱动发展的有关政策，这些政策包括落实企业主体地位、科技金融、人才评价、科研投入、经费管理、资源配置等，2014 年我国实施创新驱动发展战略的一个重要方面是深化科技改革，充分调动市场的作用，落实企业的主体地位。进一步健全科技基础制度，突破企业技术创新主体关键问题，完善创新政策环境，全社会自主创新的激励机制将进一步完善。

3. 战略性新兴产业培育进一步加快

从厦门发展看，当前正在大力推进"美丽厦门"发展战略规划，其中重要内容之一就是建设"创新驱动型城市——以美好环境吸引和聚集人才，实施创新驱动发展战略，推进经济结构战略性调整，大力发展现代服务业和战略性新兴产业"。2014 年厦门将深入贯彻落实"美丽厦门"十大行动计划，以建设国家创新型城市为引领，坚持项目集结园区、产业集群发展、资源集约利用，努力打造平板显示、新材料、旅游会展、海洋产业、航运物流、软件信息服务与文化创意等千亿产值（营收）的产业集群。积极扶持成长型中小微企业和科技初创企业，构建以企业为主体、市场为导向、产学研结合的区域创新体系，以关键核心技术的突破，推动新一代信息技术、新材料、生物与新医药等战略性新兴产业的快速发展。

2014 年厦门将新认定 100 家高新技术企业，全市高新技术企业将达到 850 家，实现工业总产值 2 500 亿元，规模以上高新技术企业产值占全市规模以上工业总产值的 44%。争取 2014 年新增技术贸易机构 100 家，到 2014 年年底认定技术合同总金额达到 60 亿元；每万人口有效发明专利拥有量 10 件，全市国内专利申请量 11 400 件，国内专利申请授权量 9 000 件，PCT 国际专利申请 190 件。重大科技创新平台建设取得重大突破。

4. 创新体系建设进一步完善

2014 年厦门将坚持项目带动，促进产业转型升级，结合实施千亿产业链（群）培育工程，以火炬高新区为载体，研究制订不同产业的招商计划，重点引进研发能力强、企业发展实力强的大型企业特别是世界 500 强和央企，增强产业的创新能力。继续加大体制机制创新力度，鼓励以企业为主体的原始创新、集成创新和引进消化吸收再创新，进一步完善支持科技创新的财税、金融等政策；产业园区和公共研发、成果转化平台建设将得到充实和完善，通过在技术创新资金的管理使用、技术改造和技术革新实施、鼓励设立研发机构、支持企业专利申请、申报高新技术企业等方面出台政策，使"产学研用"更加紧密结合；各类新型创业项目培育加快，大幅提升企业孵化及加速成长能力，高新区还将建设大学科技园，构筑一个集科技成果应用转移或转化、高新产业技术创新、战略新兴产业培育、高尖人才培育培训于一体的国内一流科技服务体系；海西股权投资中心的建设速度加快，将吸引一大批境内外创投机构、基金公司落户厦门，推动厦门搭建起涵盖主板、创业板、新三板多层次资本市场的资本平台，促进科技与金融相结合的示范区建设；"海纳百川"人才计划将加快落实到位，各类创新创业人才不断汇聚厦门，为创新驱动发展战略提供强大智力支撑。

四、2014 年对策建议

（一）完善"政产学研用"合作的形式与载体

"政产学研用"是一种创新合作系统工程，是生产、学习、科学研究、实践运用的系统合作，是技术创新上、中、下游及创新环境与最终用户的对接与耦合，是对产学研结合在认识上、实践上的又一次深化。随着信息技术的发展和创新形态的演变，政府在开放创新平台搭建和政策引导中的作用以及企业在创新进程中的主体地位进一步凸显。从"产学研"到"政产学研"再到"政产学研用"，进一步强调了政府推动的开放创新平台搭建以及市场创新，强调了面向应用的价值实现，突出了知识社会环境下以企业创新、开放创新、协同创新为特点的创新新趋势。

要充分发挥政府的引导作用，促进科技资源集中集聚集约配置，与厦门经济社会发展需求对接。实行"产业研究院＋产业中试示范基地＋产业化基地"的运作模式，建设一批差异化科技产业化园区。实行市区联动、部门联动，加快建设科技创新园、海西（海沧）生物医药港、海西微电子产业园、台湾科技产业园、两岸大学科技园、同安国家农业科技园等一批科技成果产业化高地，解决相关行业的共性关键技术难题，支撑传统产业的转型升级，促进战略性新兴产业发展。

依托厦门"海纳百川"人才政策和引进的创新科研团队，组建应用研发团队，在政策、资金、用地用房等方面提供支持，推动科技成果产业化，孵化高新技术企业。

发展新型科研机构，开拓产业与产业结合的新途径。借鉴广东省做法，发展非营利研究开发型事业单位或"科技类民办非企业单位"，按照企业化管理方式运作，自收自支，自负盈亏，研究、开发、产业化同步推进。

加强产业联盟创建，开展协同创新。现有技术研究院要通过整合科研、产业、资本等要素，打造多个百亿级乃至上千亿级的产业联盟，围绕产业链上下游的需求，组织开展产业联盟核心技术联合攻关，实现政产学研用的密切合作。开展政产学研用联盟社团登记试点工作，为新一代信息技术、生物与新医药、新材料领域科技研发成果向现实生产力转化创建重要平台。

（二）推动"文化＋科技＋金融"产业模式

文化和科技融合是"美丽厦门"建设的战略需求，是优化厦门产业结构的内在需求，是文化产业发展的必由之路，是密切两岸合作交流的重要手段，要利用厦门文化产业发展的基础和良好的科技创新环境，发挥厦门对台区位、文化纽带、科技合作的优势，以厦门火炬高新区为依托，实施"一基地多园区"发展战略，以数位内容、创意设计产业为重点，提升传统文化产业的科技内涵，深化厦台文化科技交流和产业合作，逐步形成两岸文化共同市场，促进厦门、台湾乃至两岸的文化和科技融合发展。

要充分抓住厦门获批第二批国家级文化和科技融合示范基地的契机，在国家批准的两岸新兴产业和现代服务业合作示范区内，划定 3 平方公里建设文化和科技融合产业园，引进一批如台湾拓墣产业研究所、台湾工艺研究发展中心、科技产业联盟、台湾交通大学、台湾艺术大学等机构以及台湾义大集团、太极影音等大中型文化企业落户。

加大运用"文化＋科技＋金融"的产业发展模式，加强文化科技融合类文化企业的引进培育，加大重点文化科技融合项目的财政、金融扶持力度，打造全国一流的文化科技融合示范基地。围绕文化产业重点方向的内容需求，依托水晶石、4399、吉比特等一批重点企业，加快集聚内容设计企业。抓住传统出版企业向数字出版转型的机遇，发展数字报刊、数字音乐、电子图书、手机出版等业务，促进数字出版企业做大做强。依托中娱文化、金英马、翔通动漫、青鸟动画等一大批企业，打造国家影视动漫产业基地，推动建设国家数字出版基地、海峡两岸新闻出版交流与合作基地，使科技与文化、

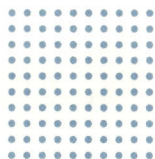

金融的融合更加紧密。

（三）大力推动信息消费

信息消费是一种直接或间接以信息产品和信息服务为消费对象的消费活动。从全球信息产业发展来看，信息消费涵盖生产消费、生活消费、管理消费等领域，覆盖信息服务，如语音通信、互联网数据及接入服务、信息内容和应用服务、软件等多种服务形态；覆盖手机、平板电脑、智能电视等多种信息产品；还包括基于信息平台的电子商务、云服务等间接拉动消费的新型信息服务模式。

2013 年 8 月国务院发布《关于促进信息消费扩大内需的若干意见》，提出要发展移动互联网产业，推进网络信息技术与服务模式融合创新。面对信息消费时代的来临，厦门市要把握住机遇，依托计算机及通信设备这一支柱产业，充分挖掘信息消费这一重大市场需求，以数字家庭及其应用示范产业为切入领域，垂直整合厦门在信息消费终端、智能后台网控、信息内容等方面的优势，建成全国数字家庭产业的示范基地。充分发挥火炬高新区的优势，以景智科技、冠捷、安台等龙头企业为依托，优先发展智能电视，集中发展信息消费"墙壁终端"；依托比特尔科技、新华频媒等企业利用好网络传输的优势，集中开发类似智能机顶盒产品；以联想、夏新、4399 等龙头企业为依托集中发展移动智能终端（手机、平板电脑）；依托戴尔集中发展桌面智能终端产品（桌面电脑和笔记本）；依托松下电子、建松电器、瑞声达等企业，集中发展数码影音和汽车电子环节；依托美亚柏科建设厦门超算中心，建设"智慧"厦门总后台。

（四）深入开展对台科技合作与交流

做实国家对台科技合作与交流基地，打造两岸科技创新合作的战略性枢纽，特别要利用高新区对台科技交流与合作的先行先试，加强对接台湾拥有领先技术、在全球产业发展具有重要影响力的企业来厦设立营运中心。深度对接台湾新一代信息技术、文化创意、海洋高新、生物与新医药等产业的转移。依托台湾学者创业园、台湾科技企业育成中心、台湾光电子孵化器，大力吸引台湾高层次人才创业就业，实施两岸名校大学产学研合作，努力转化其科技成果，力争吸引各类台湾科技中介服务机构（风险投资、专业咨询机构、培训机构及科研促进机构等），设立两岸合作研发机构，联合建设重点实验室、产业研究院、技术成果鉴定和信息发布中心，大力吸引台湾高层次人才创业就业。

（五）继续深化科技体制机制改革

继续深化改革，加强政策创新。借国家深入推进科技计划管理改革之机，在科技项目需求征集、项目评审、组织实施计划项目中逐步吸纳新型科研机构参与，降低申请承担科技计划项目在职称、年龄、机构性质上的门槛，使新型科研机构可以公平参与申请和承担国家科技计划项目。

为科技成果转化创造更加宽松的政策环境。改革相关体制机制，引导大学、科研院所、新型科研机构、企业通过股权奖励、收入分成等方式促进职务创新成果的转移转化，调动科技人员创新创业的积极性。借鉴广东做法，高等学校、科学技术研究开发机构将其职务创新成果转让给他人的，应当从技术转让所得的净收入中提取不低于 30% 的比例，奖励为完成该项创新成果及其转化作出重要贡献的人员。

参考文献：

［1］厦门市发展研究中心课题组.厦门市战略性新兴产业培育思路研究［R］.2013 年.

［2］林红.厦门市科技发展情况分析与预测［R］.2013 年.

［3］张彬，方家喜等.21 部委合推创新驱动发展战略，支持政策将陆续出台［N］.经济参考报，2013 年 10 月 09 日.

［4］战略性新兴产业催生深圳"创新型经济体"［N］.深圳特区报，2013 年 9 月 25 日.

［5］江苏省人民政府.创新型省份建设推进计划（2013—2015 年)［R］，2013 年 8 月.

［6］厦门市科技局.2013 年科技工作总结及 2014 年科技工作思路［R］，2013 年.

［7］厦门火炬高新区.2013 年主要工作情况及 2014 年主要工作［R］，2013 年.

［8］厦门网.建设国家创新型城市科技研发结出硕果［EB］，2013 年 3 月 20 日.

［9］国务院发展研究中心.中兴、华为的创新能力、特点与企业制度比较［R］，2013 年.

［10］国务院发展研究中心.营造环境，转变方式，推进创新驱动战略实施［R］，2013 年.

［11］无锡市政府.关于实施创新驱动发展战略，提升企业创新能力的意见［R］，2013 年 6 月 3 日.

课 题 组 长：林　红

课题组成员：谢　强　涂聪智　李　婷　梁子升　王　迪

课 题 执 笔：林　红

第四节　社会转型

一、2013 年发展情况

社会转型通常包括广义社会转型和狭义社会转型。广义社会转型是指社会形态从一种类型向另一种类型的转变，完成这一转型是一个长期过程。狭义社会转型是指社会利益、社会管理、社会生活等方面的短期量的变化，核心是突出人的全面发展、保障公民权益、维护社会正义、促进社会和谐。本节研究的社会转型是指狭义社会转型。目前，厦门社会转型主要表现在：社会经济发展从单纯注重经济增长向同时关注社会发展、民生改善和品质提升转型；加快教育、医疗卫生、社会保障等基本公共服务均等化；促进收入分配公平，减少收入差距；提升政府管理水平，完善社会管理体制、社会组织和社会利益关系协调机制建设。

（一）发展情况

1. 社会发展方式进一步转变

（1）统筹推进城乡社会发展建设

市委、市政府出台了《厦门市加强和创新社会管理规划纲要》（2013—2015年），从更高的站位对社会建设工作进行科学谋划和整体设计，明确了"六大目标"、"八大体系"和47项指标，作为我市加强社会建设的指导性文件。在全省率先建立由市分管领导挂帅的10个专项工作组，着力推动民生保障、实有人口服务管理、社会治安综合治理、特殊人群服务管理、多元调解、"两新组织"管理、预防青少年违法犯罪、校园及周边治安整治和信息网络管理等社会建设重点工作。确定思明区、海沧区为社会管理创新综合试点区（思明区同时为省综合试点区），形成点面结合、纵横一体、市区联动的整体推进态势。实施新村建设、老区山区村改造项目32个，建成村道48公里、配套路灯2 000多盏、篮球场32个、户外健身设施61套。行政村通自来水率和农家书屋设置率均为100%，有线电视入户率99.6%。

（2）把保障和改善民生作为社会发展的重中之重

近年来每年将全市三分之二以上的财政支出用于民生和社会事业，重点抓好就业、就学和"医、食、住、行"等与群众切身利益息息相关的民生大事，从源头上筑牢社会发展的民意基础。在全省率先建立重大事项社会稳定风险评估机制，对城市轨道交通、鼓浪屿"票改"等多个项目开展稳定风险评估，有效从源头上预防和减少了不稳定因素。深入开展领导干部大接访、大走访活动，严格落实每周一市、区、镇（街）及部门领导和每月15日市、区、镇（街）党政主要领导接访制度，从源头上解决了群众的一大批合理诉求。

（3）积极探索创新基层社会发展新模式

牢固树立固本强基的思想，积极探索创新基层社会发展建设新模式，全面推广"责任网格化、平台信息化、管理精细化、服务人性化"的社区网格化服务管理模式，并正在积极向"村改居"社区、农村社区推进；目前建成网格化信息平台223个，城市社区实现全覆盖，成为全国社区治理和服务创新实验区，海沧区基本建成区、街、社区三级网格化服务管理信息指挥平台，4个省级小城镇综合改革试点镇村也全面启动了网格化建设。全面提升全市镇（街）一级综治信访维稳中心（站）规范化建设，目前已有75%以上的"中心"达到了市里提出的规范化建设标准。同时，注重提升基层干部社会管理能力和水平，定期组织全市基层综治干部集中培训。

2. 公共服务均等化水平加快提升

（1）教育公平、均衡发展成效明显

一是义务教育均衡发展进一步加快。推进优质校和农村校、薄弱校的结对帮扶，积极实施小城镇教育综合改革试点，以教育信息化建设促进教育教学资源共创共享，实施岛外义务教育学校标准化建设"回头看"，进一步均衡配置设施、图书、校舍等资源，改善岛外义务教育学校办学条件，加大教育经费补助力度，安排专项用于扶持农村中心校以下完小和教学点改善办学条件，加大义务教育阶段

教师校际交流力度，提高农村学校中级、高级教师岗位的结构比例和农村教师在各级各类评先表彰中的比例，加大农村学校教师培训力度，组建"厦门市名师讲学团"定期到农村学校巡回讲学。新建中小学项目 34 个，增加学位 11 000 个，进城务工人员随迁子女接受公办义务教育比例提高至 82.5%。

二是学前教育三年行动计划扎实开展。健全教育部门主管，相关部门分工负责的工作机制，有效形成推动学前教育发展的合力；通过扩建、新建、资源重组等形式改善办学条件，多渠道扩大公办学前教育资源，争取实现学前机构布局全覆盖；鼓励和支持行政事业单位、镇（街）村（居）集体利用国有、集体和其他富余公共资源举办公办性质幼儿园，将公办幼儿园建设列入市重点建设项目、为民办实事项目，把幼儿园纳入新区建设、旧城改造及城镇和新农村建设规划，引导和扶持社会力量举办公益性和普惠性幼儿园；建立民办园分级收费管理和分级补助制度；统一全市公办幼儿园预算内生均公用经费定额标准，设立公办园建设补助经费，建立学前教育资助制度，执行集体办园和民办园分级收费管理和分级补助政策；设立学前教育培训专项经费，建立市、区、园三级培训机制。新建公办幼儿园 18 所，增加学位 5 490 个。

三是教育信息化建设加快推进。出台《厦门教育信息化 2013—2015 年发展规划》，申请并获准开展全国教育信息化区域试点城市工作，全方位推进全市教育信息化工作；提高数据中心设备性能，改版教育门户网站，新建办公自动化系统，完善教育信息化平台；积极推动交互电子白板在课堂教学上的应用，开展市教育信息化试点校工作，推进"优质资源班班通"、"网络学习空间人人通"，组织首届"微课堂"评选、"三优联评"、多媒体大奖赛等活动，促进信息技术与教学深度融合；组织教育系统网络管理人员技能和新门户网站应用培训，提高教师信息技术应用能力。

（2）社会保障体系进一步完善

一是基本建立城乡一体化社会保险体系。养老保险方面，已形成由企业职工养老保险（含个人身份缴费）、事业单位养老保险、外来员工养老保险、被征地人员养老保险、城乡居民养老保险等组成的全民养老保险体系。医疗保险方面，已形成包括本市职工、外来员工和城乡居民的"以基本医疗保险为主体，大病保险为补充，自付医疗费困难补助为托底"的全民医疗保险体系。工伤、失业、生育保险方面，均已形成覆盖城镇各类用人单位职工的工伤、失业、生育保险体系。2013 年 9 月末，基本养老、基本医疗、工伤、失业和生育保险参保人数分别达到 216.48 万人、290.42 万人、164.18 万人、164.18 万人和 153.95 万人，分别比 2012 年年末增长 2.86%、4.61%、2.75%、2.33% 和 2.83%。

二是社会保障水平不断提升。根据经济发展水平，持续增加社保投入，逐步实现城乡社保均等化。

养老保险方面，2013 年我市企业退休人员基本养老金调整标准，每人每月增发 310 元，增加 13.67%，高于省里平均调整标准，退职人员养老金调整标准按退休人员的 70% 计算，每人每月增发 220 元，被征地人员继续大幅提高调整标准，达到 220 元。

医疗保险方面，2013 年城乡居民医保每人每年筹资标准由原来的 460 元提高到 500 元，其中财政补助标准从原来的 360 元提高到 390 元，提前三年超过国家下达的任务，基本医疗保险最高支付限额从 7 万元提高到 10 万元，职工补充医疗保险、城乡居民补充医疗保险的最高支付限额分别从 26 万元、21 万元提高到 40 万元、35 万元，超过全市职工上年度平均工资、城镇居民上年度可支配收入的 8 倍，提前完成福建省"十二五"公共服务体系发展目标。

失业保险方面，目前月失业保险金最高标准为 1 254 元，居全国前列，全省第一。工伤保险方面，

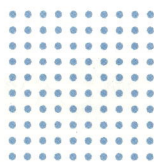

被鉴定为一至四级伤残职工每人每月增发伤残津贴 482 元、455 元、428 元、401 元，调增后一至四级伤残津贴不得低于 2 364 元、2 232 元、2 101 元、1 970 元，享受供养亲属抚恤金的，配偶每月增发 214 元，其他亲属每月增发 161 元，属孤寡老人或孤儿的，增加额在上述增幅标准基础上再增加 10% 计发。

（3）就业服务进一步加强

一是强化与中西部劳务输出大省的劳务交流合作，和云南、四川、江西等地人社部门联系协商，积极组织企业赴外地开展现场招聘。通过统筹资源、调配摊位，深度挖掘本地人力资源市场潜能，努力保障部分缺工较多的企业在本地市场招聘需求。提高职业培训质量，开展全国百家城市技能振兴专项活动，加强职业培训促进就业工作。

二是适应企业转产升级的要求，积极推进"百家校企对接深度合作职业院校"工程，通过院校信息共享、政府牵线搭桥、企业自发对接等方式实现企业与相关院校之间的深层次合作，帮助企业缓解"技工荒"问题。为企业招聘应届毕业生提供社保补贴，强化政策落实，通过落实各项补贴补差和劳务协作奖励政策，为企业用工降压减负。

（4）城乡医疗卫生服务体系初步建立

一是构建较为完善的基层卫生服务网络。健全区、镇、村三级农村医疗卫生服务体系，实施镇村基层卫生服务一体化管理，提升镇（村）卫生院（所）的服务水平；构建完善社区卫生服务网络，实现社区卫生服务中心在街道的全覆盖。

二是公立医疗机构改革取得成效。基层公立医疗机构全部实施国家基本药物制度，实行零差率销售；在全市公立医院推行"先诊疗、后结算"模式、择日住院手术、"人休机不休"、降低平均住院天数、优质服务等惠民便民政策。

三是多元化办医走在全国前列。目前全市共有民营医院 23 家，社会办医疗机构开放床位占全市总量的 18%，诊疗服务人次占全市总量的 16.53%，出院人次占全市总量的 20.72%。

（5）全覆盖、多层次的保障房政策体系进一步完善

在全国率先建立由保障性租赁房、经济适用房和限价商品住房组成的保障性住房政策体系，较好满足城乡居民和城镇稳定就业的外来务工人员的住房需求，基本实现住有所居。2013 年，省政府下达我市的保障性安居工程建设任务为 10 991 套，基本建成 10 000 套。截至 12 月底，全市保障性安居工程已开工 11 033 套，占年度建设任务的 100.38%；基本建成 12 286 套，占年度基本建成任务的 122.83%，1—12 月份累计完成投资 33.76 亿元，占年度计划投资（24.79 亿元）的 136.15%。完成首批特困家庭危房改造。

3. 收入分配公平性不断提高

（1）城乡居民收入稳步增加

全市城镇居民人均可支配收入 41 360 元，比上年增长 10.1%。工资性收入 30 713 元，仍是收入主体，占家庭总收入的 66.7%。财产性收入飞速增长 34.2%，达 2 258 元，占家庭总收入的 4.9%，经营净收入和转移性收入分别为 3 557 和 9 505 元，合计占家庭总收入的 28.4%。收入的稳增也使消费需求"水涨船高"，人均生活消费支出也增长 7.8%，达 26 864 元。农民人均纯收入 15 008 元，稳居全省首位，增长 11.5%，城乡居民收入之比由上年的 2.79：1 缩小到今年的 2.76：1。农民人均生活消费支出 11 228 元，增长 10.6%。岛外居民收入水平有较大提升，海沧区、集美区和翔安区城镇居民人均可支配收入分别为 37 930、37 608 和 31 244 元，增长 11.7%、11.4% 和 10.5%，增幅分别比全市平均水平高 1.6、1.3 和 0.4 个百分点。同安区实现城镇居民人均可支配收入 36 344 元，增长 7.1%。

（2）新型社会救助体系加快构筑

一是福利救助水平进一步提升。2013 年在我市救助站滞留安置的受助人员、福利机构集中供养的三无人员（无生活来源、无劳动能力、无法定抚养义务人的公民）及孤儿的生活保障水平都将大幅提高，这些群体的托养费、养育费将提高到每人每月 900 元至 1 200 元，救助站滞留安置的具有自理能力受助人员托养费由每人每月 800 元上调至每人每月 1 000 元，半护理和全护理人员托养费由每人每月 1 000 元上调至每人每月 1 200 元，福利机构集中供养三无人员生活费由每人每月 850 元上调至每人每月 1 000 元，"散居孤儿与福利机构供养孤儿"的养育费标准也将有所提高，散居孤儿养育标准从每人每月 600 元提高到 900 元，市福利中心儿童福利机构供养孤儿养育标准从每人每月 1 000 元提高到 1 200 元。

二是落实低保标准自然增长机制，实行分类施保，强化动态管理和规范管理，做到应保尽保。完善自然灾害救助应急预案，健全灾害信息员网络，深入开展综合减灾示范社区创建活动。完善医疗救助机制，实行医疗救助费用"一站式"即时结算服务。完善临时救助机制，扩大临时救助范围，提高救助标准。建立困难群众物价上涨动态补贴机制，适时启动物价补贴，缓解价格上涨对困难群众基本生活的影响。动员社会各界参与慈善事业，深入开展助学、助医、助困等慈善救助。

三是全面推进社会救助信息化建设。在全省率先完成全市城乡低保对象的信息采集和录入工作，加速实现"社会救助办理审批网络化、救助程序规范化、基本信息存储数据化"，依托市跨部门信息共享和业务协同的支撑平台，筹建申请救助居民家庭经济状况核对信息平台，及时准确核对申请救助家庭的可支配收入和家庭财产状况，确保申请对象家庭经济状况的认定准确，接入全国救助管理信息网，及时录入和对比受助人员信息，便于查询受助人员身份和识别少数恶意"跑站骗助"对象。

四是强化救助管理。建立市救助管理工作联席会议制度，构建以政府主导、民政主管、部门协作、社会参与的社会救助管理工作网络，投入近 3 000 万元，改扩建救助管理站管理服务区，完善救助管理站点功能区域划分和硬件设施添置。

（3）着力解决城乡居民就业需求

为就业困难人员开发公益性岗位，完善促进本市居民就业和企业用工服务工作政策，出台促进创业带动就业工作意见。2013 年全年新增就业 18 万人。转移农村富余劳动力近 2 万人。

（4）推进企业工资集体协商制度建设

开展工资集体协商"要约行动"，提高工资集体协商建制率。加强对企业工资集体协商的分类指导，开展区域性、行业性工资集体协商，督促工资集体合同全面履行，加强工资集体协商指导员队伍建设。发布我市企业工资增长指导线，用人单位和劳动者可依据工资指导价位，综合考虑生产经营状况、劳动力市场供求情况以及劳动者的技能素质、劳动贡献等因素，合理协商确定工资标准和工资水平。通过推行企业工资集体协商办法，建立和完善合理有序的工资决定办法和职工工资正常增长机制。

4. 社会治理能力持续增强

（1）平安建设成效显著

连续 3 届获评全国社会治安综合治理优秀城市，捧得"长安杯"。健全治安防控体系，刑事案件下降 16%。开展安全生产大检查和重点整治百日行动，总体状况持续好转。严把食品安全关，从生产、流通、消费环节，建立和完善农副产品质量安全监管机制，落实产地准出、市场准入机制，完善流通环节开展集中抽检机制、肉品质量安全信息可追溯机制、流通环节网络监管机制，水果和畜产品经农业部例行监测，合格率名列全国前茅。

（2）社会利益调节机制加快构建

一是推进"三大调解"衔接机制建设。坚持以人民调解为基础和依托，发挥人民调解纽带作用，实行人民调解与司法调解、行政调解多形式、多途径的衔接互动，探索建立"诉调对接"、"警民联调"和"检调对接"等衔接机制。

二是进一步完善调解组织网络。完善区人民调解中心建设，健全镇（街）、村（居）、企事业和行业性、专业性调委会建设。发挥人民调解组织纠纷预防、排查和法制宣传三大功能，全力预防化解社会矛盾纠纷，筑牢维护社会稳定的"第一道防线"。

三是进一步推进行业性、专业性调解组织建设。主动适应新时期化解矛盾纠纷的需要，按照"哪里有纠纷哪里就有调解组织，哪里有矛盾哪里就有调解工作的要求，继续将人民调解机制引入特定行业、特定专业和特定区域矛盾纠纷化解，强力推进行业性、专业性调解组织建设，建成行业性、专业性调委会 282 个。

四是改进行政复议受理审理方式。进一步畅通行政复议渠道，在窗口受理复议申请的基础上，提供来电咨询、邮寄申请、网上申请等途径方便群众申请行政复议；加大纠错力度，在复议案件审理过程中发现行政机关具体行政行为违法、不当的，及时予以纠正，并通过发出行政复议意见书、建议书等方式，对执法中存在的普遍性问题督促整改，从源头上预防和减少行政纠纷的发生；进一步规范行政复议法律文书的制作，完善行政复议决定理由的阐述、论证，认真把好事实关、法律关、裁决关，体现案件审理的公正性、说理性。

（3）各类社会组织健康发展

一是备案管理台湾经贸社团在厦代表机构。全年，经民政部授权，厦门成为全国首个开展台湾非政府组织代表机构备案管理的城市，目前，已有 10 个代表机构在厦挂牌设立。2013 年，经民政部同意，在我市备案的台湾社团代表机构范围从经贸类扩大到经济、教育、科技、文化、卫生、环保、体育、慈善等领域。

二是推进社会组织直接登记。为促进我市社会组织健康发展，充分发挥社会组织在公共服务和社会管理中的积极作用，根据中央、省的文件精神，2013 年我市出台《关于加快推进社会组织登记管理体制改革的实施意见》，除依据法律法规需前置行政审批及政治法律类、宗教类、社科类的社会组织外，其他社会组织的申请人均可直接向登记管理机关（即民政部门）申请登记，直接登记的社会组织按照申请、审查、审批、登记程序向登记管理机关申请登记。目前，直接在民政部门登记的社会组织达 30 多个。

三是完善综合监管工作体制。登记管理机关负责直接登记的社会组织的成立、变更、注销登记等工作，原承担归口管理职能的业务主管单位改为业务指导单位。

四是加强社会组织机构建设。经济促进社会组织加快发展，引导社会组织建立现代法人治理机制、建立行业自律机制和建立社会组织信息公开制度。目前，我市登记和备案的各类社会组织已达2 500 多家，近年年均增长速度达 9%。

（4）立法工作取得较大进展

立法工作主动适应全面深化改革、综合配套改革的需要，制定法规做到进度与质量相统一，力求务实管用，制度设计具有前瞻性，充分发挥特区立法的先行先试作用。全年就重大事项共作出决定或决议 4 项，审议通过法规 5 部、正在审议法规 2 部，其中，《厦门经济特区商事登记条例》立法之举领先全省，是我市充分利用特区立法权、深化行政审批制度改革、创新社会监管方式、推动政府职能转变的重要举措；《厦门经济特区气象灾害防御条例》是我省首部气象灾害防御法规；《厦门经济特区生态文明建设条例（草案）》，通过立法做好生态文明建设的顶层制度设计，对保护我市生态环境、促进全社会生态文明理念的培养、改善市民福祉、建设美丽厦门意义重大；《厦门经济特区大型活动安全管理条例》是我市顺应形势发展，发挥特区立法权优势，创新社会治理的又一次立法实践；《厦门经济特区机动车停车场管理条例》总结了我市多年来在停车场管理工作上的成功做法，对停车场规划、建设与使用作出进一步立法规范，对有效缓解"停车难"具有重要意义；《厦门经济特区促进两岸区域性金融服务中心建设条例》对我市按照国务院要求，先行试验一些金融领域重大改革措施，将提供强有力的立法保障。

（二）存在的问题

1. 社会公共服务与民生改善相对滞后于经济社会的快速发展

一是社会建设投入不足，存在较大问题。主要体现在基础设施、教育、卫生、住房保障等公共服务供给的财政投入增幅落后于经济总量的增长，不能满足城市人口迅猛增长的需要。

二是公共服务供给区域分配不均衡，厦门优质的教育、医疗等公共服务资源高度集中在岛内某个区域，岛外特别是农村地区的公共服务供给总量明显不足，岛外农村环保设施、管网建设、道路等基础设施落后，岛外农村人居环境有待进一步改善。

三是公共安全以及社会治安形势依然严峻，较严重的治安事件时有出现，一定程度影响了市民的安全感以及美丽厦门的城市形象。

2. 基层社会服务管理水平有待进一步提升

一是城乡社区自我服务、自我管理功能有待增强，市、区、镇（街）、社区四级联网的网格化平台尚未全面建成。

二是社会组织年检率、等级评估率还不高，政府向社会组织购买服务的机制还不健全，社会组织孵化培育工程才刚启动，社会组织在参与社会管理、提供公共服务方面的作用尚未完全发挥。

三是群众参与社会管理的积极性、主动性还不够强，载体形式不够丰富，还需要进一步深入调动。

3. 社会管理体制机制需要加快完善

一是人民调解组织在行业性、专业性领域还有空当和盲区，医疗、交通等一些重点行业的调委会各区推进进度参差不齐，行政调解工作相对薄弱，大调解工作机制还不健全。

二是社会管理方面的立法还不完善，流动人口服务管理、特殊人群服务管理、互联网络管理等新兴领域的管理法规仍然缺位，党委领导、政府负责、社会协同、公众参与、法治保障的社会管理体制尚未完全形成。

三是社会稳定风险评估制度实施过程中，还存在征求民意不充分、评估程序不规范、评估结果运用不到位等问题，应急处突、利益协调等机制不够完善，还需下大力健全源头治理、动态管理、应急处置相结合的社会管理机制。

二、2014年面临的发展环境

（一）国内环境

党的十八大明确提出，加强社会建设，是社会和谐稳定的重要保证，必须从维护最广大人民根本利益的高度，加快健全基本公共服务体系，加强和创新社会管理，推动社会主义和谐社会建设。党的十八届三中全会进一步提出推进国家治理体系和治理能力现代化的改革总目标，并明确创新社会治理，必须着眼于维护最广大人民根本利益，最大限度增加和谐因素，增强社会发展活力，提高社会治理水平，确保人民安居乐业、社会安定有序，改进社会治理方式，激发社会组织活力，创新有效预防和化解社会矛盾体制，健全公共安全体系。这必然要求我市在新的形势下必须加快社会建设，推进社会转型，创新社会治理，着力提升治理体系和治理能力现代化水平。

（二）本市环境

一是目前我市发展已进入了后工业化时期，原有的发展模式和建立在该模式基础上的体制机制都已不相适应，必须加快发展模式的转变和体制机制的创新。转变和创新的关键，就是要贯彻落实科学发展观，根据新阶段的发展要求和新的竞争格局，统筹资源，营造优势，创新开拓，把发展从单纯注重经济增长转到全面统筹协调发展上来。

二是2014年是我市全面深化改革、推进"美丽厦门"建设的开局年，厦门将以此为新的契机和强大动力，深入贯彻十八大和十八届三中全会精神，按照省委对厦门在推进治理体系和治理能力现代化等"三化"上先行先试的要求，全面开展"美丽厦门"共同缔造，进一步深化对社会治理等重大理论和实践问题的探索。市委书记王蒙徽说，经济发展必须以社会建设为支撑，要把经济发展嵌入社会建设之中，把创新社会治理体制摆在突出位置，在推进社会治理体系和治理能力现代化过程中，坚持以人为本实现好人民群众的利益，坚持按照老百姓意愿、从老百姓身边的实事小事做起，让群众真正满意。他指出，厦门将按照中央和省委的要求，立足解决厦门的实际问题和特区先行先试的使命，开展"美丽厦门"共同缔造、先行探索创新社会治理体制。

三、2014 年发展展望

深入贯彻落实党的十八大、十八届三中全会精神,以全面深化改革和加快"美丽厦门"建设为契机,进一步推进社会转型,着力完善我市社会治理体系和提升治理能力现代化水平。

(1)基本公共服务保障更加有力。城乡基本公共服务均等化程度不断提高,在学有所教、病有所医、老有所养、住有所居等方面持续取得新进展,群众生活品质明显提升。

(2)群众权益维护机制更加健全。矛盾纠纷调处机制更加完备,群众参与社会管理的渠道和途径更加畅通,用走群众路线的方式、民主的方式解决社会问题更加普遍。

(3)公共安全环境更加优化。公共安全和应急处置能力显著提高,立体化社会治安防控体系进一步完善,群众幸福感、安全感不断增强。

(4)基层社会管理服务体系更加科学。城乡基层党政组织、群众自治组织不断健全,功能充分发挥,规范化、网格化、高效能的基层社会管理服务体系基本形成。

(5)社会管理体制更加完善。党对社会建设工作的领导全面加强,法治政府和服务型政府建设加快推进,社会组织进一步健康有序发展,非公有制经济组织社会责任更加明确,促进社会的自我服务、自我发展的制度体系不断健全,社会管理的法治保障更加有力、合力明显增强。

四、2014 年对策建议

(一)进一步提升基本公共服务均等化水平

1. 着力优化公共资源布局,促进公共服务岛内外一体化、城乡均等化

一是加强统筹规划。根据人口增长趋势、分布特点,适度超前,制定教育、医疗、养老、交通等基础设施专项规划。着眼于岛外人口增长的需求,充分预留社会事业项目用地,调整优化新城区规划布局,在新城建设中同步规划建设教育、卫生、交通等基础设施。

二是优化资源布局。优化公共资源布局,推进基本公共服务供给重点向岛外、农村和困难群体倾斜,力争每个区都有优质学校、三级综合性公立医院、养老院和综合性文体设施,促进岛内外一体化发展。坚持公平优先,保障每一位公民平等享有基本公共服务,实现"底线公平",在覆盖全市居民的基础上逐步提高供给水平。

三是促进均衡发展。控制全市人口规模过快扩张趋势,适当调整有关落户政策,引导人口向岛外分流。制定优惠政策,鼓励岛内优秀教师和医生等人才资源往岛外、基层发展,引导岛内部分教育、医疗的优质资源搬迁至岛外。健全公共服务网络,加大外各类社会事业项目的投资,填平补齐岛外社会公共事业供给水平,推进岛内外城乡均等化发展。

2. 着力提高综合保障能力,确保公共资源满足岛内外、城乡不同人群的需求

一是加大投资力度。加大财政投入力度尤其是向岛外倾斜力度,扩大基本公共服务供给,确保公

共资源满足岛内外、城乡间不同人群的需求。公共财政支出的七成以上应用于民生保障和公共服务，财政基本公共服务支出增幅应明显高于财政支出增幅，岛外民生投入增幅应明显高于岛内。

二是扩大数量供给。加快建设一批公办中小学、幼儿园，扩大公办园（校）的覆盖面，新改扩建一批医院，加快社会福利中心、福利院和社区居家养老服务中心（站）建设，力争全市每个区建成1所社会福利中心，每个城市社区建立1个居家养老服务中心（站），加快保障性住房建设，加快综合公共交通客运网络建设，发展城市轨道交通，完善BRT与普通公交接驳，合理调整公交线路，重点加强岛外新城线路建设，加大公交车辆更新和安全防护投入。

三是重点关注困难群体。突出加大对贫困家庭、被征地农民和上岸渔民、残疾人等困难群体的保障倾斜，建立扶贫解困的长效机制。全面落实被征地农民人均15平方米发展用地政策，加强规划指导和项目监管，促进形成长久收益，并确保定期分配落实到村民个人。有针对性地加强农村富余劳动力、新增劳动力的就业辅导培训，搭建与企业用工需求的对接平台，促进农村劳动力向二、三产业转移。新招环卫、绿化、出租车驾驶等市政公益性岗位就业重点向本市就业困难家庭倾斜，巩固动态消除"零就业"家庭成果。随财力增长逐步提高最低生活保障线标准。进一步弘扬和打造"爱心系列"品牌，广泛发动社会力量参与扶贫济困活动。

四是创新基本公共服务供给模式。在强化政府基本公共服务供给主导作用的前提下，放宽准入限制，采用政府购买、管理合同外包、特许经营、优惠政策等方式，鼓励、支持和引导社会力量参与基本公共服务供给。按照政事分开、管办分离原则，推进事业单位管理体制和运行机制改革，探索事业单位所有权与管理权分离的有效形式，使事业单位成为公共服务供给的主体。加强社会团体、行业组织、社会中介组织、志愿团体等各类社会组织在基本公共服务需求表达、服务供给与监督评价等方面的作用。

3. 推进民生和社会领域改革创新，着力破除制约均衡一体发展的体制机制障碍

一是推进教育体制改革。在人才培养体制改革上取得新突破，着力推进教育教学内容和方法、课程教材、考试招生和评价制度改革，探索减轻中小学生课业负担、推进素质教育的有效途径和方法；在办学体制改革上取得新突破，着力推进落实高等学校办学自主权，改革职业教育办学模式，改善民办教育发展环境，提高中外合作办学水平；在管理体制改革上取得新突破，着力建立健全加快学前教育发展的体制机制，全面推进义务教育均衡发展，多种途径解决择校问题；在保障机制改革上取得新突破，着力健全教师管理制度、加强教师队伍建设，完善教育投入机制、提高教育保障水平，推进教育信息化进程、提高教育现代化水平。

二是健全社会保险制度。探索建立基本养老金正常调整机制，稳步推进企业年金发展，形成基本养老保险、企业年金有机结合的多层次养老保险体系。完善全民医保体系，巩固扩大城乡居民基本医疗保险覆盖面，逐步提高人均筹资标准和财政补助水平，深化医保支付制度，全面推行医保付费方式改革，探索建立重特大疾病保障机制。加强扩面征缴，扩大社会保险覆盖面，健全参保缴费的激励机制。完善失业、工伤和生育保险制度，保障失业人员基本生活，定期提高工伤职工的待遇水平。

三是健全基本住房保障制度。调整和完善保障性住房政策，做好廉租住房与公共租赁住房的政策衔接。健全廉租住房保障方式，实行实物配租和租赁补贴相结合。完善租赁补贴制度，通过发放租

赁补贴增强低收入家庭在市场上承租住房的能力。完善分配和管理制度，强化保障性住房申请审核的协查工作机制，建立健全多部门联动的收入（财产）和住房情况动态监管机制，制定公平合理、公开透明的保障性住房配租政策和监管程序，确保分配的公平公开公正。加强保障性住房分配后的动态管理，建立随收入变动的保障房退出机制。综合采取差异化的租金、售价和配套服务等措施，鼓励岛内申请户选择岛外保障性住房。

四是深化医疗卫生体制改革。加快推进公立医院改革，完善医院管理体制、法人治理机制、补偿机制、基本医疗保障付费方式等改革。加快基层卫生医疗机构综合改革，健全多渠道补偿机制，落实一般诊疗费及医保支付政策，加快推进人事制度和分配制度改革，实施绩效考核制度。调扩基层医疗机构基本药物用药目录，方便患者在基层医疗机构就诊。扩大由社会统筹基金报销 500 元的政策适用范围，引导参保人员到基层医疗机构就诊。加强医疗费用监管控制，减轻群众就医负担。

五是稳定食品生产供应保障困难群体。研究推行"农副产品平价流动商店"模式，适时启动平价农副产品政府差价补贴销售方案，积极引导市场价格正常运行。完善物价上涨与困难群众生活补贴动态挂钩的联动机制。研究出台《厦门市临时救助实施办法》，进一步完善临时救助政策措施，扩大救助范围、提高救助标准，保障城乡居民特别是低收入困难群体的生活水平。

（二）不断推进社区管理服务创新

1．健全完善社区组织体系

加强以党组织为核心的社区"三位一体"（社区党组织、居委会、工作站）建设，着力增强社区党组织的凝聚力、执行力、战斗力，巩固基层政权基础。建立健全基层社区管理体系，完善全市街（镇）建立社会事务中心功能，涵盖所有政府管理和民生保障职能。

2．推动社区治理机制改革

围绕社区居民参与诉求和愿望表达，建立社区民主选举、民主决策、民主管理、民主监督体系。推动社区减负，全面落实事务准入制度，实现社区工作者的招聘、员额、身份、待遇、管理、使用等"六个统一"，完成全市村、社区组织办公场所清理规范挂牌工作和考评达标工作，优化城乡基层组织运行环境。理清基层人民政府与社区居委会职责，建立"政社互动"机制和双向考评机制，推动社会治理简政放权，实现基层政府管理职能与社区自治功能有机衔接。借助社区网格化机制，实现社区各类组织有效融合与互动，建立社区居委会、业主委员会、物业公司组织体系，实现城市社区全覆盖，完善三方良性互动关系，形成社区建设合力，建立新型社区组织体系关系。总结思明区前埔北社区试点经验，推动全市社区治理机制改革。

3．提升社区居民自治水平

开展全市新一届村居组织换届选举前期调研。完善社区居民会议、议事协商、民主听证、民主评议等民主制度，普遍建立公共决策听证制度。落实村（居）务公开制度，建立健全居民、村民监督机制，促进基层组织在城乡社区治理、基层公共事务和公益事业中依法有序实行自我管理、自我服务、

自我教育、自我监督。在做好社区院落自治、业主自治基础上，完善民情、听证、评议等协商对话机制，推动新成立社区自治建设，推广海沧区兴旺社区建立保障社区自治长效机制的"四民家园"经验，建立民声倾听室、民情调查队、民智议事厅、民心服务站；提升老城区群众自治水平，推广思明区筼筜街道"指尖上的民生"、"居民民主议事厅"、"社区监督在线团"等群众自治平台建设经验，解决基层矛盾突出、群众意见集中的问题，推广振兴社区"LED民意墙"、莲岳社区"民生麦克风"做法。争取全市每个区至少培育2~3个社区群众自治示范社区，保障社区群众当家作主权利，激发群众自治体制活力。

4．畅通社区民主参与渠道

发动群众参与民主自治，通过建立"政社互动"日制度、聘请"政社互动"联络员、举办"政社互动"活动等形式，扩大民主自治参与面。落实社区事务听证、议事等制度，制定和完善《社区自治章程》、《社区居民自治公约》，保障人民群众对公共事务的知情、表达和参与权利。

5．构建社区多元主体服务格局

协调驻区企事业单位、各类群团组织、社会组织、物业管理企业、业主委员会等开展"同驻共建"活动，建立联席会议制度，物业和业主委员会签约率达70%以上。加快社区社会组织建设步伐，争取达到每个社区至少培育扶持发展建立3个以上社区社会组织。推进政府购买社区服务，各区确定1~2个政府购买社区服务试点社区，增强社区自治能力。

6．完善社区监督协调机制

通过村居务公开、村委会民主评议等形式，加强对财务公开、征地拆迁补偿金安排、集体资产改制、兴办社区公益事业等重大事项的民主监督，推进"村改居"社区治理机制改革。重大事件矛盾化解率达到百分之百，一般事件化解办结率达到90%以上，社区范围内化解办结率达到95%以上。

（三）努力激发社会组织活力

1．深化社会组织直接登记体制改革

认真落实《中共厦门市委办公厅、厦门市人民政府办公厅关于加快推进社会组织登记管理体制改革的实施意见》，进一步做好社会组织直接登记改革，完善直接登记的程序和方式，协调有关部门依法把好登记注册关。进一步降低社会组织准入门槛，简化登记程序，为社会组织成立创造更为宽松的环境。在行业协会商会、公益慈善类及社区服务类社会组织推行去垄断化改革，为社会组织的发展壮大排除体制性障碍。

2．完善社会组织民主治理机制

进一步明确社会组织独立法人地位和依法独立承担法律责任，按照法人地位明确、治理结构完善、管理运行规范的要求，通过年检、评估、承接政府购买服务的资质认定、考核评价等综合体系，

制定完善社会组织内部治理的政策文件，引导社会组织建立健全以章程为核心的法人治理机制，实行民主选举、民主决策、民主监督、民主管理，提升自律性、公信力和服务能力，逐步实现依法治会、民主办会、活动兴会、管理强会的现代社会组织治理机制和责任目标。

3．建立新型社会组织综合监管体制

适应社会组织直接登记改革，进一步明晰有关部门依法管理社会组织的职责。民政部门履行社会组织登记管理职责，相关部门在法律法规赋予的职能范围内，对社会组织的业务活动进行指导、规范和监管，切实转变思维方式，建构依规问责、依法监管的体制机制，完善社会组织失信惩罚和社会组织退出机制。建立登记管理机关与公安、工商、质检、银行、税务等相关部门信息共享，市、区两级社会组织信息对接的社会组织信息管理平台。

4．建立社会组织培育发展孵化机制

按照"政府支持、民间运转、专业团队管理、政府和公众监督、社会组织受益"的孵化模式，建设国家级两岸社会组织孵化园区。规划建设 3 000～5 000 平方米（可经改造现有闲置的工业厂房）、可容纳 20 个左右的社会组织同时入驻的孵化园区，重点孵化工商经济、社会福利、公益慈善类及涉台社会组织，为处于初创期能力较弱、规模较小、缺乏资源的两岸社会组织提供场地、办公设备、小额补贴、能力建设、人才培训、资源平台、公共空间等方面的支持和服务。

（四）创新有效预防化解社会矛盾机制

1．加强社会稳定风险评估机制建设

进一步细化完善相关工作机制，重点要进一步明确评估范围、优化评估程序、严格评估责任、落实评估保障，真正将直接关系群众切身利益且容易引发不稳定因素的重大决策、重大项目、重大事项的社会稳定风险评估作为"前置程序"、"刚性门槛"，确保应评尽评。要探索建立公示、听证、对话、协商等稳评工作制度机制，使评估过程成为群众参与、群众理解、群众支持的过程。探索建立"第三方"评估制度，对可能引发的各种风险进行科学预测，提高评估的科学性和公信力。

2．健全矛盾纠纷化解机制

全力推动完善在法律框架下人民调解、行政调解、司法调解有效衔接的矛盾纠纷多元调解机制，抓紧多元化纠纷解决机制实施条例的人大立法工作。开发"全市行业性专业性调委会信息管理系统"，扩大行业性专业性人民调解组织覆盖面；在全市 37 个镇（街）全面建立警民联调室，并向旅游景区、工业园区、经济开发区等矛盾纠纷多发高发领域延伸；在市、区两级法院建立诉调对接中心，创新诉讼与非诉讼相衔接的矛盾纠纷解决机制。加快将涉法涉诉信访纳入司法轨道处理，实现依法受理、依法纠错、依法赔偿、依法救助、依法终结。

3．创新畅通民意的体制机制

建立干部挂钩社区制度，每个社区都建立一个社区群众工作室，由一名市直或区街干部长期包干，规定每周都要深入社区深入民众，了解和向相关部门直接反映社区群众意见，帮助化解矛盾、解决群众遇到的困难和问题。完善民主听证、协商制度，凡在社区实施重大项目或涉及居民群众切身利益的重大事项，在作出决策前，必须召开民主听证会，广泛听取社区居民的意见和建议。涉及社区成员间的公益性、社会性事务以及一般矛盾、利益冲突时，及时召开民主协商会，进行协商解决。健全完善纠纷调解机制，推动形成"邻里调解、社区调解、司法调解"三级调解，并通过楼道党小组、居民议事厅、法律驿站等，多层次、多渠道促进纠纷调解。

（五）着力健全社会公共安全体系

1．加快推进基层公共安全监管平台建设

围绕群众普遍关心的食品安全监管问题，进一步完善流通环节食品安全监管系统和食品移动监管平台功能，加大触摸屏查询机投放量，推广手机终端和电视遥控器查询软件，构建覆盖食品生命周期全过程的信息化动态监管平台。同时，针对道路交通安全、消防安全、电梯运行安全、危险品生产及流通等重点环节存在的安全隐患，充分利用物联网、云计算、移动互联等信息化手段，建设全程、全方位监控指挥平台，不断提升基层公共安全监管工作智能化水平。

2．健全应急处突工作机制

建立健全各类应急突发事件处置机制，完善横向联动、纵向整合应急统一指挥协调联动机制和高效有序的现场处置机制，健全完善突发事件信息发布公开机制，确保及时有效处置突发事件。修订完善总体应急预案、专项预案和部门预案等各类预案，加强应急管理信息化建设，强化应急演练和能力培训，提高应急突发事件处置能力。要加快重大活动安保工作、公共交通安全等方面的地方立法进程，防止发生涉众公共安全事件。

3．完善社会治安综合防控体系

一是深化公安综合警务改革。要以完善派出所能动型警务为着力点，推动警力下沉、警务前移，进一步优化规范"派出所统筹布警、警务队自主用警、社区警自觉处警"的基层警务运作机制。大力加强公安三级情报指挥体系建设，积极推进其他警种专业化建设，进一步提高打击犯罪的整体效率。科学设置考核指标，把治安刑事警情、交通火灾事故下降和群众满意率上升作为主要标尺，进一步规范综合警务改革和派出所业务考核工作。

二是强化社会治安重点整治。扎实开展新一轮"城中村"整治，大力推广城中村实施"五四三"工程建设经验，确保年底20个市级重点整治"城中村"全部达到"五四三"建设标准。持续推动12个省、市重点整治点整治，确保年终省综治检查前，各重点整治点治安面貌整体改观。加强对学校、幼儿园等重点场所、部位的安全防范，加强对人民群众密切关注的道路交通、消防安全等重点问题的

专项治理，建立健全长效机制，最大限度地消除安全隐患和安全盲点。

三是优化治安监控系统建设。加大岛内薄弱区域和岛外治安防控体系建设，在市区主干道新建、改建 100 个视频监控点，加大轨道交通 1 号线、进出岛快速通道等重大工程的视频监控点建设力度，大力推进重点要害单位内部治安防控网建设，积极构建与跨岛发展战略相适应的治安防控体系。全面推进视频监控标准化建设和规范化管理，实现"市公安局—区公安分局—派出所—社区"四级联网、公安与社会互联互通。分级组建视频巡查队伍，健全"电子巡逻"、"视频巡查"和"监巡对接"等制度，不断提升指挥调度、打击防范和快速处置水平。

（六）加快创新法治城市建设

1. 完善与特区发展相适应的法规体系

依法治理的前提是科学完备的法规体系。因此，当前立法重点是进一步用足用好厦门特区地方立法权，紧紧围绕"美丽厦门"战略规划，突出加快经济转型升级、实施综合配套改革、保障改善民生、创新社会治理方式以及涉台涉外开放等方面的立法工作。同时，坚持科学民主立法，健全实施以人大为主导、专家与群众相结合、全社会积极参与的地方立法机制，认真做好地方性法规、规章和规范性文件的评估、清理工作，不断健全完善与国家法律相配套、与特区经济社会发展相适应的法规体系。

2. 深化行政执法体制改革

深化行政管理体制改革，按照"政企分开、政事分开、政社分开"的要求，切实把政府职能转到经济调节、市场监管、社会管理和公共服务上来。深化行政审批制度改革，继续清理、取消和下放一批审批事项，进一步推行行政许可统一、联合、集中办理，降低行政成本，提高行政效率。深化行政执法体制改革，健全完善行政执法程序制度，完善行政执法公示制、行政执法评议制和执法过错追究制，推进执法流程网上管理，不断规范行政执法行为。

3. 推进基层民主法治机制建设

重点是推进完善民主选举、民主决策、民主管理、民主监督为主要内容的基层民主自治制度和配套措施，积极引导和扩大群众参与基层社会管理，力争全市 80% 以上的社区（村居）进入"民主法治村（居）"行列。优化基层法律服务，推进基层法律服务阵地建设，发挥律师志愿服务团、法律援助站的作用，不断创新法律援助便民措施。

4. 健全依法科学民主决策机制

进一步完善依法决策程序，严格执行重大决策公众参与、专家论证、风险评估、合法性审查、集体讨论决定的程序规定，推行和完善重大问题和任用重要干部票决制。建立决策跟踪评价和责任追究制度，凡超越权限、违反程序的决策行为及决策失误造成严重后果的，依法严肃追责。

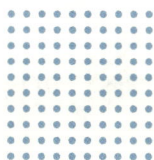

5．健全公正高效权威的司法权力运行机制

进一步深化司法体制改革，优化司法职权配置，在权力集中的领域、岗位合理配置权力，全面落实法官、检察官、警察办案责任制。加大推行执法标准化管理和量刑规范化建设，探索建立司法案例指导制度，完善法律统一适用机制，规范执法自由裁量权。全面推进警务、审务、检务公开，推行网上办案和裁判文书网上公开，除法律规定保密的情况外，要把司法依据、程序、流程、结果及时公之于众，确保司法权在阳光下运行。探索建立轻微刑事案件、刑事自诉案件、刑事附带民事诉讼案件的和解解决机制，认真开展轻微刑事案件快速办理机制暨发挥拘役刑教育矫治作用改革试点工作。完善涉台民商事、行政、刑事审判集中管辖机制，探索与台湾地区法院建立司法送达、证人出庭视讯互认等机制，适时推动设立"厦门市台商投资区人民法院"。以法院"点对点"网络执行查控平台为基础，加快司法诚信和社会诚信建设，提高执行效率，维护司法权威。与此同时，还要探索建立对违反法定程序干预司法依法独立公正办案的登记备案报告和通报制度，确保司法权行使不受行政机关、社会团体和个人干涉。

6．推进法制宣传教育活动

一是进一步健全完善领导干部法律知识学习培训、党委（党组）中心组集体学法、领导干部任前法律知识考试等制度，着力提高领导干部运用法治思维和法治方式深化改革、推动发展、化解矛盾、维护稳定能力。加强对领导干部学法用法执法守法情况的监督考核，把法治意识和法律素养作为领导干部日常管理的重要内容，将法治思维和法治方式能力列入对干部选拔任用的重要指标。

二是严格落实"谁执法谁普法"责任制，进一步扩大到"谁执法谁普法、谁主管谁负责"，将主管部门对服务管理对象开展学法用法的督促管理纳入责任制范围。推动各普法工作主体持续深化"法律六进"活动，不断增强法制宣传教育的针对性、实效性。积极引导国家机关等各类组织创新宣传载体和宣传方式，进一步扩大法制宣传教育影响力和渗透力。

三是加快法制宣传教育工作，按照"党委领导、人大监督、政府实施、全社会参与"的要求，广泛动员全社会各方面的力量参与，形成强大合力，充实各级普法工作力量，加强普法联络员、讲师团等队伍建设，成立各类法制宣传志愿者组织，加大普法经费保障力度，为法制宣传教育工作提供坚实的人力、物力、财力保障。

参考文献：

［1］周鸿飞．关于浙江社会转型的若干分析［J］.浙江省发展和改革研究所，2010.

［2］李培林．转型背景下的社会体制变革［J］.求是，2013（15）.

［3］厦门市人民政府工作报告［N］.厦门日报，2014，1，22.

［4］厦门市委综治办．厦门市社会管理创新调研材料［Z］，2013.

［5］厦门市民政局．厦门市基层社会管理创新调研材料［Z］，2013.

［6］厦门市发改委．关于提升民生保障和公共服务水平的调研报告［Z］，2013.

［7］厦门市人民政府网．构建立体化治安防控体系［Z］,2014，1，11.

［8］厦门市人民政府网．务实创新惠民生 汇聚法治正能量［Z］,2014，1，17.

［9］我市居民"钱袋子"更鼓了［N］．厦门日报，2014，2，2.

［10］中国服务型政府排名 厦门居第三［N］．厦门日报，2013，11，20.

［11］厦门网．加快建设美丽厦门 中共厦门市委全面深化改革的决定［Z］,2013，12，19.

课题 组长：姚厚忠
课题组成员：龚小玮　陈燕霞　曾光辉　饶伟杉
课题 执笔：姚厚忠　龚小玮　陈燕霞　曾光辉　饶伟杉

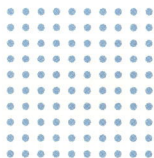

第九章　产业升级

第一节　平板显示产业

一、2013年厦门市平板显示产业发展情况

（一）发展情况

厦门是中国六大平板显示生产基地之一，平板显示是厦门市规模最大的产业集群。2013年，受液晶面板行业周期波动影响，宸鸿科技、友达光电等龙头企业减产幅度较大，厦门平板显示产业增势趋缓。

1. 发展势头明显趋缓

2013年，厦门平板显示产业链实现规模以上工业产值988亿元，同比增长0.6%，增速较2012年下降12.3个百分点，与电子行业产值增速相比，低了3.7个百分点。这与近年平板显示产业发展的整体态势形成鲜明对比，2009年至2013年，厦门平板显示产业链产值从317亿元迅速增长到988亿元，年均增速高达33%（见图9.1）。2013年厦门平板显示龙头企业减产较大的主要原因是电子产品更新换代速度快，市场对触控技术的要求日益提高，触控产品技术的生命周期缩短，加上产品同质化严重，竞争加剧，宸鸿科技等企业的市场份额缩小。

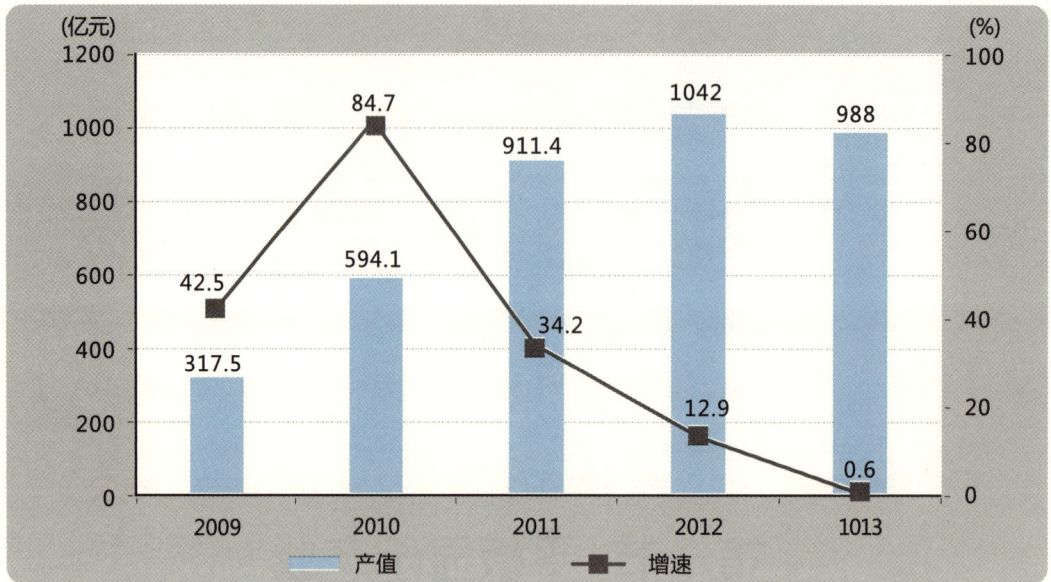

数据来源：厦门市统计局

图 9.1　2009—2013 年厦门平板显示产业链增长情况

2. 处于产业链中下游环节

总体看，厦门平板显示产业的主要产品种类较为丰富，在产业链的各个环节均有涉及。在上游产业链环节，聚集有天马 TFT 面板、日本电气硝子液晶基板玻璃等项目。在中游产业链环节，主要有背光模组、触摸屏、聚光片、扩散片、光学薄膜、ITO 玻璃、精密模具等产品。在下游产业链环节，主要有平板电视、液晶显示器、触控显示器等产品（见图 9.2）。整体而言，产业优势集中于产业链中下游环节。

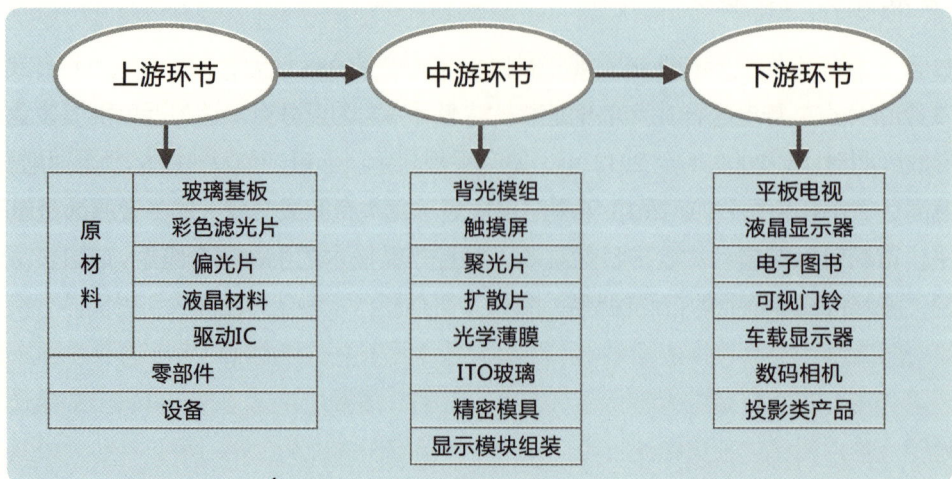

资料来源：厦门市发展研究中心整理

图 9.2　厦门平板显示产业链情况

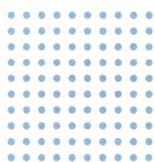

具体来看，厦门平板显示产业链主要分为面板—模组—整机。面板环节以宸鸿科技、天马（厦门）为龙头，宸鸿科技是触控板生产厂商的代表企业，主要生产面板和模组。模组环节以友达光电为龙头，主要生产 TFT 模组。背光模组厂商以达运、辅讯为代表，在背光模组和 TFT 组件封装方面拥有独特关键技术。配套件厂商（结构件、SMT 贴片、FPC 等）以州巧、峻崚、均豪、旗胜等为代表。整机厂商以冠捷、景智、东元为代表。此外，还有以戴尔、万利达、联想、松下为代表的中小尺寸显示器后端应用厂商。

3. 重点企业支撑作用较强

天马微电子、宸鸿科技、友达光电、冠捷科技等知名企业是厦门平板显示的龙头企业，其中，友达、宸鸿两家企业产值已经超过百亿。

厦门天马微电子有限公司是重要的面板生产企业之一，由中国航空技术深圳有限公司、中国航空技术厦门有限公司、厦门市金财投资有限公司和中国航空技术国际控股有限公司共同出资投建，于 2011 年 3 月在翔安区注册成立，注册资本 28 亿元人民币，总投资 70 亿元人民币，总占地面积约 60 万平方米。天马微电子拥有中国第一条、全球最高代数、具有自主知识产权的薄膜晶体管液晶显示器件（LTPS-LCD 液晶显示器）生产线，以及彩色滤光膜（CF）生产线，包括阵列、彩膜、成盒和模组四部分生产工序。产品主要应用在移动终端、车载显示、娱乐显示、工业仪表、办公显示等领域。2013 年 6 月，厦门天马微电子有限公司所属的第 5.5 代低温多晶硅（LTPS）生产线项目进入小批量试产阶段，设计产能为每年 1 亿片，主要定位于 10.4 英寸以下中小尺寸市场，能较大程度提高厦门平板显示面板的生产水平和能力。产品投产后，可广泛应用于移动终端、车载显示、工控医疗、娱乐显示等中小尺寸显示领域。

宸鸿科技集团是厦门市平板显示产业当之无愧的龙头企业，主要从事触控显示器、触控系统、触控模组、触控屏幕、触控相关周边设备的生产及销售。享有领先全球的"多点触控显示技术"（触控屏技术），产量和市场占有率均第一。目前，宸鸿科技的研发、销售在境外，加工组装则主要布局在厦门。宸鸿科技集团在厦门投资了祥达光学、瑞士达科技等多家配套企业。产品正向单片式、大屏幕方向发展，已开始生产 22 寸至 32 寸的触控屏，总部拥有下一代产品的技术储备。

友达光电主要生产制造液晶显示屏、液晶显示器、彩电等产品，拥有大量该 TFT 模组的关键技术，并且在光显示最新技术 OLED 显示领域有突破性研究。目前，友达光电在厦门投资的大尺寸 TFT-LCD 面板生产线集中于劳动密集型的液晶模块，而技术密集型的数组段和液晶段仍分布在境外。友达光电布局厦门后，带动了达运精密、辅讯光电、景智电子、州巧科技等一批产业链企业配套落户，主要生产应用于电视、电脑等液晶屏幕的背光源模组。

冠捷显示科技（厦门）有限公司是冠捷科技集团的子公司之一。冠捷科技集团是驰誉全球的大型高科技跨国企业，液晶显示器全球市场占有率位居前三。主要业务包括液晶显示器、液晶电视、AIO 一体机的研发、制造和销售，于 1999 年 10 月在香港和新加坡同时上市。与长城、华映光电、PHILIPS、奇美、LG 等著名公司开展供应链策略合作，在台湾、香港、大陆两岸三地享有技术、信息、资本、人力等资源整合优势。冠捷（厦门）公司于 2009 年 8 月投产，位于厦门翔安火炬高新区。主要从事液晶电视（LCD TV）的研发、制造、销售、售后服务等。现有员工约 3 000 余人。主营业务包括液晶显示器、液晶电视、AIO 电脑一体机的研发、制造、销售、售后服务等。2009 年，冠捷集团及奇美电子达成策略协议，由奇美电入股冠捷（厦门），持有股份过半，冠捷（厦门）正式成为奇美家族一员。

4．产业集聚初步成形

火炬高新区是厦门平板显示的主要生产基地，全市绝大部分的平板显示产业产值由此产生，已形成年产近 1 000 万台 LCD 液晶电视机的生产能力。在液晶显示模组、整机和产业配套方面均具备了一定的生产规模，初步形成了平板显示产业集聚态势。

火炬高新区包括湖里产业区、翔安产业区等园区。湖里产业区的信息光电园是厦门平板显示产业的主要基地之一，翔安产业区拥有世界第二的薄膜电晶体液晶显示器制造商——友达光电在大陆建立的第二个制造基地，引进了全球最大的显示器制造商——冠捷科技并成功投产，此外还包括东元电子、天马微电子等龙头企业在内的 490 多家企业。火炬翔安产业区形成的光电显示产业集群，成为国家 50 个产业集群试点之一，不仅是福建省唯一的产业集群试点，还是全国唯一的光电显示产业集群试点。

（二）存在的问题

1．产业链关键性龙头项目缺失

厦门平板显示产业链优势集中于中下游，包括中游的宸鸿触控和友达光电面板模组，下游的冠捷、联想手机等终端制造企业，属于上游的仅有天马 TFT-LCD 项目。此外，与上游配套的材料行业几乎空白。从价值链分布看，处于中游组装环节的利润空间小（见图 9.3）、产业附加值低，处于下游环节的终端制造销售技术含量不高，处于上游的玻璃基板项目、背板技术、封装技术仍相对缺乏。

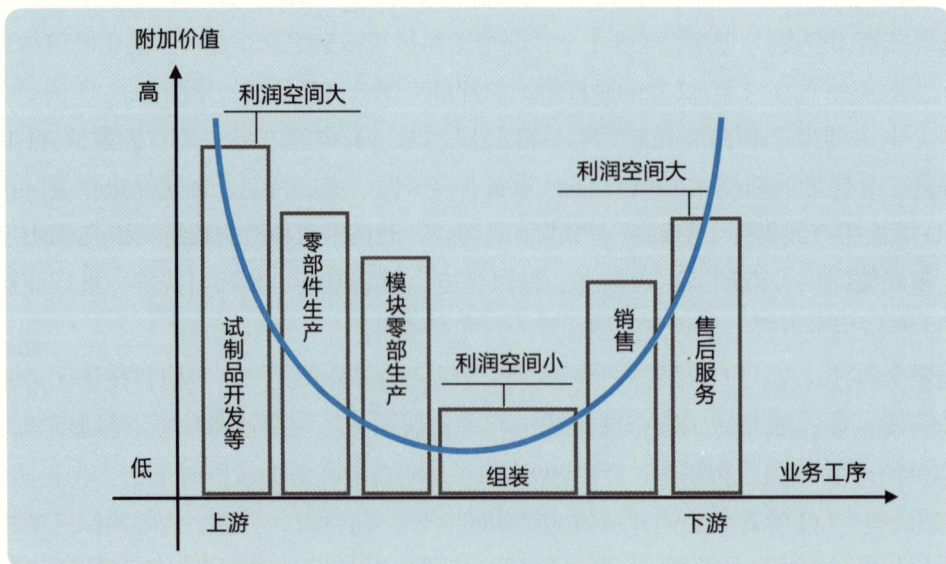

图 9.3　微笑曲线

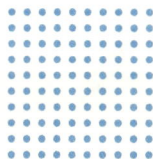

2. 核心技术缺失

关键核心技术缺失是整个中国平板显示产业的共性问题。我国平板显示产业所需的关键上游原材料和设备大多掌握在日、韩、美、欧企业手中，国内企业不掌握核心技术和定价权，大多是进行加工生产，只能赚取少许加工费。比如，TFT-LCD 所需的液晶、玻璃基板、彩色滤光片、偏光片大多掌握在日本、韩国、美国和我国台湾地区企业手中，刻蚀机、曝光机等关键设备掌握在日本、荷兰和美国企业手中；PDP 所需的荧光粉、滤光片、玻璃基板掌握在日本、韩国和美国企业手中；OLED 所需的发光材料、玻璃基板、蒸镀和旋涂设备掌握在欧洲、美国、日本、韩国企业手中。在专利方面，我国企业和研究机构的专利数只占全球平板显示专利的 2% 左右。不掌握定价权，就只能被动接受国外企业的报价，大大压缩国内企业的赢利空间，还受到国外企业的专利费和价格战的双重打压，出现国内面板企业亏损，国外上游材料和设备厂商盈利的情况。

目前，以平板显示产业为主体的厦门计算机、通信和其他电子设备制造业增加值率仅为 21.1%，低于全市平均水平 3.3 个百分点；2013 年，宸鸿科技用工总数超过 5 万人，缺工数超过 2 000 人。这些均反映出厦门平板显示产业以劳动力密集的加工组装为主，技术创新等软要素对企业新增价值的贡献率较低，高新技术企业"虚高度化"的特征较为明显。

3. 项目储备不足

大项目是产业发展的主要抓手，目前厦门平板显示产业发展存在项目储备不足、缺少在建或实质性龙头大项目等问题，与国内其他五大平板显示产业基地的差距逐渐拉大。

近年来，合肥市在促进平板显示产业快速发展方面具有较强的代表性。合肥市在国家《2010—2012 年平板显示产业发展规划》中，与长三角、珠三角、北京、成都共同列为平板显示产业集聚区。近年来，合肥市聚集了京东方、彩虹（合肥）高世代玻璃基板等面板生产企业，具备背光源、导光板、工业纯水、表面贴装等配套和材料、元器件、设备和模组研发能力，拥有用于薄膜晶体管液晶显示器背光源的扩散膜生产线等自主品牌，吸引了海尔、美的、三洋、格力、长虹、荣事达等国内外家电知名企业入驻，平板显示产业竞争力逐渐增强。

与合肥市比较，厦门市平板显示产业竞争力存在下降的隐忧。在产业链关键项目上，上游项目仅包含天马 TFT，发展后劲不足，技术研发竞争力不强。在产品开发上，缺乏 OLED 高世代线布局。在招商引资上，厦门劳动力成本日益上升，且产业转型升级还处于初始阶段，限制了本地企业投资扩大再生产，导致以加工组装为主的中下游企业，向外寻求发展空间。而成渝等西部城市享有国家西部大开发的政策支持，当地政府也推出不少颇具吸引力的招商优惠政策，对厦门平板显示产业的招商引资形成较大的竞争压力。

4. 人才保障功能不强

产业链各个环节对人才的有效吸纳、培养，是推动高技术产业持续强劲发展的原动力，对于资金和技术双密集型的平板显示产业来说，尤为如此。平板显示是一种高度综合的多学科交叉技术，发展平板显示产业需要工业设计、微电子、光电子、光学、热学、材料、半导体等多个领域的专业优秀人才。

从产业发展所需人才类型看，厦门平板显示从行业领军人才、高级创新人才到高技能人才甚至普通技工均存在短缺问题。一方面，高级经营管理人才、行业领军人才、创新创业人才及高技能人才严重匮乏；另一方面，普工技工和有行业背景的销售人才紧缺。人才资源不足，严重制约了厦门市平板显示产业的升级与发展，不利于企业发展壮大。

二、2014 年厦门平板显示产业发展环境分析

（一）国际发展环境

一个地区的产业发展往往是全球产业链中紧密联系的一环。因此，国际平板显示产业发展趋势对本地平板显示产业发展具有重要影响，对于外贸依存度高的厦门尤为如此。

目前，全球平板显示技术的总体发展趋势是显示产品性能不断提升，朝图像更逼真、机身更轻薄、能源更节省、使用更便利、设计更人性化的方向持续创新与发展。

主流技术 TFT-LCD 趋向改进完善。TFT-LCD 技术是较为成熟和完善的主流平板显示技术，也是截至目前可以跨越所有尺寸的显示技术。2009—2012 年，全球大尺寸（9 英寸以上）LCD 面板产能的年均复合增长率高达 31.9%[1]。目前 LCD 面板领域正经历从大规模产能扩张向研究新技术和提高产品性能转变。改进的新技术包括：超高清分辨率 4K×2K，高透光的半成品面板（opencell），硬板技术（IPS/FFS），超薄、超轻以及高色彩饱和度；此外还包括一些综合性技术，如电路升级、触控式屏幕整合和机械部件改造等。

新兴技术 OLED 大有可为。OLED 由于具有亮度高、色域宽、功耗小、可制作轻薄和柔性显示器等优点，而且绿色低碳不含铅、汞、镉等有害物质，被视为替代 TFT-LCD 的下一代新兴显示技术。自从 1987 年世界上第一个高效率 OLED 在美国成功问世以后，OLED 技术在日本、英国、德国、美国和荷兰等国家发展迅速，不少 OLED 显示产品被成功研制。近几年，韩国、日本、台湾等地的主要面板生产企业纷纷将技术和产业布局转向 OLED 领域，以抢占下一代显示产业发展的先机。目前，OLED 主要在中小尺寸上具有竞争优势，最主要的应用领域在智能手机和平板电脑等；在大尺寸产品上，由于存在技术、工艺等技术瓶颈，还未能实现量产。未来随着新型显示技术取得新突破，OLED 将面临更广阔的商业化应用前景，如可穿戴设备、创意行业的异形显示、基于军用复杂环境的平板显示等。

（二）国内发展环境

中国面板的全球市场占有率大幅提高。在平板显示日益成为移动互联应用关键设备的背景下，近年来中国大陆平板产业高速发展。2003—2012 年，中国大陆平板显示产能从 8.22 万平方米增加到 2000 多万平方米。平板显示生产线在全球的产量占比从 2005 年的不到 1%，到 2011 年达 6%，再到

1　数据来源：根据《2009—2013 年全球 7 代厂以上大尺寸 LCD 产能分析》相关数据计算而得。

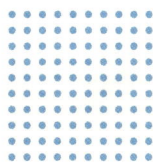

2012 年达 13%[1]，成为仅次于韩国和台湾的世界第三大平板显示生产地。中国大陆产能增加导致世界平板显示产业格局发生了重大变化，从原来的韩、日、台"三足鼎立"格局，转变成目前的韩国、日本、中国台湾和中国大陆地区"三国四地"格局。而中国大陆的平板显示生产线中，已建成投产、正在建设和拟建设的共计 24 条。预计所有生产线建成后，中国大陆平板显示产量占世界总产量的比重将突破 20%，成为世界唯一保持不断增长的区域。

政府对于产业发展的重视程度日益提高。平板显示作为新一代信息技术产业发展的核心和关键产业，随着信息消费战略的实施，基础性和重要性愈加凸显，政府近年来对产业发展的重视度也愈加提升。

2013 年 8 月，国务院颁布《关于促进信息消费扩大内需的若干意见》（以下简称《意见》），明确提出要"实施平板显示工程，推动平板显示产业做大做强，加快推进新一代显示技术突破，完善产业配套能力"。《意见》明确地表达了国家对于发展平板显示产业的重视。近年来，国家连续出台了平板显示产业的相关规划和意见，为产业发展创造了良好的政策氛围和宏观环境。2006 年 2 月，国务院发布《国家中长期科学和技术发展规划纲要（2006—2020 年）》，其中提出将高清晰度大屏幕平板显示器作为信息产业重点发展内容。2009 年 4 月，国家发改委和工信部联合编制的《电子信息产业调整和振兴规划》中，将新型显示和彩电工业转型列为重点工程之一。2010 年国务院出台《关于加快培育和发展战略性新兴产业的决定》，其中明确提出将着力发展新型显示等核心基础产业，依托优势企业，组织实施若干重大产业创新发展工程，努力实现重大突破。同年，国家发改委和工信部联合发布《2010—2012 年平板显示产业发展规划》，又提出要集中力量实施彩电工业转型升级，强调坚持自主创新，以突破新型显示产业发展瓶颈为目标，合理布局。

信息消费需求为产业发展提供重要支撑。我国是智能信息终端的制造大国和消费大国。据工业和信息化部数据显示，2013 年上半年我国智能信息终端快速增长，笔记本电脑、彩电和移动通信手机的内销量分别同比增长 9.1%、35.6% 和 31.1%。智能移动终端产品保有量已经接近全世界的 1/4。另一方面，在我国的大宗进口商品中，平板显示占第四位，虽然近年来生产能力迅速提高，较大程度上改善了我国液晶面板依赖进口的被动局面，但需求缺口依然存在。目前国产液晶电视用 TFT-LCD 面板自给率仅为 26%，未来国内面板自给率提升空间仍然很大，特别是随着国家信息消费战略进一步实施，巨大的智能终端消费需求，成为支撑我国平板显示产业发展的重要驱动力之一。

（三）厦门发展环境

2013 年 8 月 2 日，国家发改委、工信部、科技部和国家新闻出版广电总局联合发文，启动下一代互联网示范城市试点工作，厦门成为我国下一代互联网首批示范城市（群）之一，且是海西经济区唯一的首批示范城市。

8 月 8 日，国务院发布《关于促进信息消费扩大内需的若干意见》。厦门市积极落实政策，提出要"以信息化引领产业结构调整和发展方式转变；以建设国家信息消费示范城市为抓手，创新信息消费模式，推进商业模式和业务模式创新，培育发展新型业态，打造立足厦门辐射周边新模式，建立信息

1　数据来源：中国·北京 2013 国际平板显示产业高峰论坛。

消费引领统筹产业融合发展机制。"

平板显示产业是厦门市"十二五"时期重点发展的百亿产业链，同时也是电子信息领域的基础产业。发展平板显示产业是厦门建设下一代互联网示范城市，以及创建信息消费示范城市的重要抓手，可以大幅提高厦门市信息产品的供给能力；而推进厦门市下一代互联网应用和促进信息消费，也为平板显示产业高速发展提供了广阔的市场前景。因此，厦门的平板显示产业若能进一步发挥比较优势，加强技术创新能力和市场开拓能力，将迎来难得的历史性发展机遇。

三、2014 年厦门平板显示产业发展展望

（一）国内发展展望：继续保持较快增长态势

1. 国际竞争力和面板自给率进一步提升

（1）国内企业加快高世代线布局。2014 年，全球显示产业将继续呈现平稳发展态势，预计将保持 6% 左右的增长。随着国家信息消费发展战略逐步实施、国产面板产能扩大，以及下游智能终端快速发展，2014—2020 年将是我国平板显示产业快速发展的重要历史机遇期。2013 年，我国在 TFT-LCD 方面，已建成高世代 TFT-LCD（第 6 代及以上）5 条，在建高世代线 7 条，先后有京东方、华星光电 8.5 代线顺利投产，良品率达到世界一流水平。预计 2014 年，我国将有两条新的 8.5 代 TFT-LCD 线投入量产，这使得我国面板在未来两年全球市场占有率有望实现成倍增长（见表 9.1）。

表 9.1　我国高世代 TFT-LCD 生产线

公司	地点	世代	采用技术	产能（K 片／月）	产线建设情况
京东方	合肥	6	a-Si	100	量产
	北京	8.5	a-Si	120	量产
	合肥	8.5	IGZO	90	2014 年初量产
	重庆	8.5	IGZO	50	2015 年量产
中电熊猫	南京	6	a-Si	90	量产
	南京	8.5	IGZO	60	2015 年量产
华星光电	深圳	8.5	a-Si	130	量产
	深圳	8.5	a-Si	100	2015 年量产
三星	苏州	8.5	a-Si	110	投产，产能爬升
LGD	广州	8.5	a-Si	120	2014 年量产
AUO	昆山	8.5	a-Si	50	2016 年量产

资料来源：赛迪智库．2014 年中国平板显示产业发展形势展望

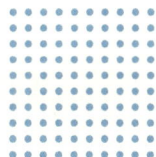

（2）面板自给率显著提高。受 2012 年关税调整影响，贸易逆差大幅降低之后出现攀升，2013 年前三季度贸易逆差为 103.8 亿美元，同比增长 11%，出口显示面板产业结构进一步优化，大尺寸面板出口比例有所增加。2014 年政策调整效应将逐渐平稳，贸易逆差有望进一步缩减。同时，随着新建成高世代线的量产，国内面板供给能力将再次出现大幅增长，面板自给率有望明显提高。

2. 产业集中度进一步提高

2014 年，京津唐、长三角、珠三角以及成渝鄂等四大产业聚集区都将拥有高世代线，我国平板显示产业集中度将进一步提高。为配合地区终端需求，各产业基地在面板生产线和产业链上下游布局方面均有所取舍，发展各具特色。京东方鄂尔多斯 5.5 代 AMOLED 面板生产线和采用金属氧化物背板技术的合肥 8.5 代面板生产线将在 2014 年进入量产阶段，届时环渤海地区和长三角地区将在新一代显示技术的储备和量产化进程方面取得较大突破。珠三角地区未来两年将有 2 条 8.5 代高世代线建成投产，进一步满足广东、福建等电视生产基地的面板需求，稳定供给。以重庆、成都、武汉为代表的川渝鄂地区着重在中小尺寸面板和触摸屏方面展开布局，将进一步完善该区域移动智能终端产品产业链建设（见表 9.2）。

3. 新技术布局进程加快

据 Display search 数据显示，LTPS TFT-LCD 年复合成长率为 19%，呈快速增长趋势。在全球平板显示产业整体增长趋缓的形势下，新技术产业化以及新产品量产化成为产业发展的重要驱动力。TFT-LCD 技术方面，自主建设的高世代液晶面板生产率先取得突破，骨干企业已将重心转向低温多晶硅（LTPS）和氧化物（Oxide）等背板演进技术的研发，在高分辨率、宽视角、低功耗和窄边框等新技术上加大投入，开发出一批具有自主知识产权的新产品，AMOLED 技术也取得一定进展。多种具有鲜明特色的 LCD 和 AMOLED 样品相继问世，110 英寸 4K×2K、98 英寸 8K×4K、65 英寸氧化物背板大尺寸液晶电视面板、30 英寸以上 AMOLED 显示屏，以及 6 英寸高 PPI-LTPS-TFT 手机用显示屏等产品处于国际先进行列。

预计 2014 年，我国平板显示新技术量产进程将明显加快，将分别各有 1 条低温多晶硅和氧化物 TFT-LCD 生产线投入量产，多条 AMOLED 生产线建成投产，触控显示一体化相关产业布局进展顺利，我国的高端面板生产能力将明显提高。

表 9.2　我国 AMOLED 生产线建设情况

公司	地点	世代	玻璃基板尺寸	量产期
天马	上海	5.5	1300×1500	Q4'15
京东方	鄂尔多斯	5.5	1300×1500	Q1'15
维信诺	昆山	5.5	1300×1500	Q4'15
何辉光电	上海	4.5	730×920	Q4'14

资料来源：赛迪智库. 2014 年中国平板显示产业发展形势展望

（二）厦门发展展望：机遇与挑战并存

机遇方面，从发展前景看，厦门平板显示产业增长潜力较大。一方面，如能借助对台合作优势，加快引进上游若干个龙头大项目，带动一批配套项目落户，产业规模将快速扩张到 3 000 亿元。另一方面，国家正在加紧规划产业政策，推进平板显示产业上游装备、材料和零配件产业链发展；厦门市2013 年又获批下一代互联网示范城市试点，正积极创建国家信息消费示范城市，未来借助信息消费的热点及政策优势，厦门平板显示产业将迎来持续高速增长的市场契机。

挑战方面，从厦门本地现有企业发展看，生产经营压力较大。2013 年，宸鸿科技等龙头企业已经告别了从 2009 年到 2012 年的高速成长期，产值开始下滑，预计 2014 年减产的可能性较高。主要有三个因素：一是新开产能带来面板供给量增加导致价格回落。市场供给量变化带动终端厂商调整库存，面板价格随之变化，同时先进企业为保持市场份额要么主动降价，要么主动减产。二是终端市场需求下降对面板价格产生压力。考虑全球经济复苏进程缓慢，预计未来几年液晶电视市场成长仍难有起色。三是新技术升级影响面板价格和产能。面板企业通过推出新尺寸和积极引入新技术提高产品附加值保证获利空间，新制程对产能影响较大。而随着全球液晶面板市场逐渐成熟，面板价格长期下跌趋势基本确定。因此，2014 年面板需求将会呈现供大于求的局面，面板价格将会进一步下降，给企业带来较大的生产经营压力。

四、加快厦门平板显示产业发展的对策建议

（一）策划生成一批重点项目

建立以产业重点项目延伸拓展产业链的体制机制，营造促进产业创新发展的良好环境，提高信息消费的产品供给能力。依托火炬翔安产业区、同安基地及拓展区的龙头企业，着力引进一批关键项目。重点要延伸拓展产业链，促进产业向高附加值的上下游产业链发展，既要发展上游 OLED 面板、高世代面板、玻璃基板及配套项目，也要注重发展下游平板电脑、智能手机、智能电视等显示终端项目、终端产品研发企业；进一步完善厦门平板显示产业链，契合信息消费需求，增强本地企业对信息产品的供给能力。

一是上游龙头项目。针对台湾明达、冠捷和大陆东旭、彩虹等企业开展招商，发展玻璃基板项目；针对台湾友达和大陆京东方、华星等企业开展招商，发展高世代面板项目；针对大陆天马、台湾友达开展招商，发展 OLED 面板项目。

二是上游龙头项目带动的材料配套项目。加快中船重工 725 所新材料研究院及产业化基地建设，发展 ITO 靶材项目；针对三利浦等企业开展招商，发展偏光片项目；针对台湾联咏等企业开展招商，发展驱动 IC 项目。

三是中游面板模组项目。针对台湾冠捷，大陆瑞丰光电、海信电器等企业开展招商，发展面板模组项目；针对台湾宸鸿开展招商，扩大触控面板模组规模；针对深圳蓝田伟光等国内大功率 LED 封装企业开展招商，发展背光源项目。

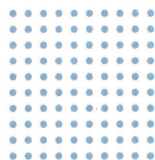

四是下游显示终端制造项目。支持本地友达系列终端企业、冠捷、联想移动扩大产能，鼓励宸鸿、三五互联、4399 等企业拓展手机和平板电脑制造项目。

（二）扶持龙头企业持续发展

一是出台鼓励产业发展的相关政策，包括投资融资、财政税收、专项资金、人才引进等特殊配套政策，加强各区之间的产业规划和协调发展，统筹考虑，避免盲目投资。二是加大对龙头企业的扶持力度，支持拥有自主知识产权和产业基础的优势企业，做大企业规模，增加生产线数量和完善产业链。三是引导和鼓励企业间的合作，加强投融资环境建设，依托国家重点工程，通过中央资金扶持和地方跟进投资的引导示范，加大对重点企业的支持。四是支持龙头企业积极应对国际平板显示产业转移，发挥我国企业的价格优势，在与日韩企业的竞争中提高竞争力。五是鼓励大企业开展产业链的垂直整合。三星、夏普等国际大型面板企业不但在产业链上游掌握材料、设备等专有技术，在下游也拥有自主品牌。可以借鉴韩国、日本的发展经验，鼓励龙头优势企业通过资本运作，在产业链上下游进行跨企业的垂直整合。采用兼并、重组、强强联合、债券融资或股权融资等多种方式，鼓励关联企业和上下游企业形成战略联盟。鼓励面板厂商在技术交流、材料认证等方面，加强与国内上下游企业合作，促进资源向优势企业集中。

（三）构建研发平台加强技术创新

一是引导成立平板显示产业技术联盟和产业技术研究院，提升技术创新速度。吸收冠捷、友达等行业优势企业和厦门大学、集美大学等科研院所成为技术联盟会员，重点开展玻璃基板、有机成膜、封装等关键技术研发，提高产业技术创新的速度。以政府支持为主，企业支持为辅的方式，由产业技术研究院开展平板显示技术基础学科相关研究，重点开展共性基础技术和前瞻性技术攻关研究。

二是加大对平板显示技术研发资金支持力度，建设共性技术研发创新平台。加大对产业上游核心材料和生产设备的扶持力度，政府设置专项经费，引导企业共同出资，建设工程技术中心、工程实验室等面向全行业开放的共性技术研发创新平台。政府投入资金设置平板显示产业母基金，引导企业和风险投资基金加大对关键材料和核心生产设备的研发投入，确立企业技术创新的主体地位。完善财政资金支持技术改造的体制机制，安排技改专项资金，直接补助显示及关键配套材料企业创新研发。

三是搭建产学研融合服务平台，促进应用与技术深度结合。进一步发挥科研院所在基础原始创新、高新技术与应用技术研发、科技人才培养方面的重要作用，以产业实际应用需求为导向，正确处理基础研究和应用推广的关系，建设学校、产业技术科研机构、企业与产业园区相互间合作的平台和桥梁，促进产业、技术、人才在厦门集聚。

四是加快技术成果产业化进程。鼓励企业通过国际合作、并购、参股国外先进企业等方式，掌握关键技术并直接应用于生产。通过引进、消化、吸收，提高对关键技术的掌握能力，实现关键材料和生产设备的本土化。完善项目生成、评审、筛选机制，建立科技成果竞价机制。改进科学技术奖励制度，探索建立厦门网上平板技术交易平台。引导建立良好的创新成果转化机制。以技术转移和孵化为主要途径，加速科技成果产业化进程。

（四）加强厦台平板显示产业合作

厦门是国家六大平板显示产业基地之一。台湾在平板显示生产方面享有技术优势，拥有数量众多且处于世界领先地位的生产企业，不仅包括友达、奇美等液晶显示器生产企业，还包括晶圆、亿光等LED外延、芯片企业。在平板显示领域加强厦台合作，首先，两地地缘相连；其次，厦门还具备承接台湾平板制造转移的产业基础，厦门平板显示产业主要依靠引进台湾友达及组团企业而发展壮大，目前已建成火炬（翔安）产业基地，平板显示产业集聚效应初步形成；再次，当前恰逢台当局考虑将高世代面板向祖国大陆开放的良好时机，两地平板显示产业合作有望不断加深。

一是加强贸易合作和产业链合作，拓展两地平板显示产业合作形式。鼓励厦门本地平板企业与台湾平板显示产业链上游企业采取联姻的形式，拓展合作深度，优势互补。二是鼓励厦台平板企业开展技术交流，推动产业合作向纵深发展。三是积极探索多元化资本合作模式，通过资本合作，建立完善从面板研发到整机销售的完整产业链。

（五）加大平板显示专业人才引进和培养力度

（1）加快引育产业关键技术创新人才。引进对平板显示技术发展具有关键作用的科技领军人才和创新团队，建立创新人才一站式服务体系，为创新人才开展技术研发提供良好的发展空间。全面实施引进高层次人才的"海纳百川"计划，将平板显示领域人才列入《重点产业紧缺人才计划暂行办法》给予相应奖励。以招商引资为载体带动引进产业技术创新人才，支持有平板显示技术研发基础的研究院、大学与科研机构、央企、跨国公司在厦设立分支机构，扩大招才引智力度。努力培育本地技术创新人才，在本地龙头企业选拔培养一批能够引领科技创新和管理创新、促进科技成果转化的领军人才，打破企业界限组建科技创新团队，开展关键技术联合攻关，造就一批科技创新带头人。

（2）加快引育高级经营管理人才。建设企业经营管理领军人才优质培训平台，以资本市场与投融资战略、领袖能力培养、企业竞争力提升等为主要内容，选送一批行业内龙头企业、创新型高成长企业的优秀企业家及经营管理团队核心人才，开展高端培训。有计划地选派一批优秀人才到境外合资合作企业工作锻炼，提高跨文化沟通能力、多元化团队领导能力和跨国经营管理能力。积极推动企业经营管理人才职业化发展，完善各种所有制企业法人治理结构。探索建立职业董事、职业经理人等高端人才市场，积极发展专业性、行业性人才市场。健全企业经营管理人才职业能力开发体系，积极开展职业生涯规划，推动经营管理人才职业化发展。

（3）建立多元化多层次的人才激励机制。一是坚持物质激励与精神激励并重。物质奖励方面，科学设计薪酬激励体系，通过协商方式确定其工资收入水平和发放方式。探索完善协议工资制、项目工资制，实现人才收入分配形式的多样化。同时鼓励要素参与分配，探索和鼓励科技成果等要素参与收益分配。精神激励方面，积极探索建立多元化的精神激励内容。二是增强事业激励，为人才提供事业发展空间。拓展人才创新创业成长空间，为人才创新创业提供更广阔的平台、职业空间和更好的工作条件，增强"事业留人"对人才的吸引力。完善人才培养政策，给予人才公平合理的职位升迁等创造新事业的机会。三是促进柔性激励。企业是用人主体，应该充分发挥企业在吸引人才、留住人才、培育人才中的主体作用。引导企业建立以人为本、重视和珍惜人才的组织文化，给予人才更多人文关

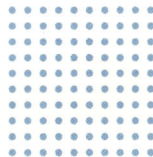

怀、增强人才的归属感。

参考文献：

[1] 余江，缪双妍 . 从"大平板显示"角度制定平板显示产业战略规划 [N] . 中国电子报 .2019-09-13（003）.

[2] 张伟 . 改写格局中国平板显示产业再求变 [N] . 中国高新技术产业导报 .2013-01-04（A04）.

[3] 任奕奕 . 机遇期来临中国需大力发展新型平板显示技术 [N] . 中国工业报 .2013-04-18（A02）.

[4] 工业和信息化部赛迪智库新型平板显示产业分析课题组 . 平板显示产业：扶持大企业 整合产业链 [N] . 中国电子报 .2012-01-10（003）.

[5] 厦门市政府 . 平板显示百亿产值产业链 [R] .2010.

[6] 张芳 . 新型平板显示技术和产业发展战略 [M] . 科学出版社 .2011.

[7] 王淑珍 . 台湾迈向液晶王国之秘 [R] . 中国生产力中心 .2003.

[8] 合肥市政府 . 合肥市新型平板显示产业"十二五"发展规划要点 [R] .2012.

[9] 赛迪智库 .2014 年中国电子信息制造业发展形势展望 [EB/OL]，http://news.uident.com

[10] 赛迪智库 .2013—2014 年中国平板显示产业发展形势展望 [EB/OL]，http://news.uident.com

课题组长：李　婷
课题组成员：林　红　谢　强　涂聪智　王　迪
课题执笔：李　婷

第二节　汽车工业

一、2013 年厦门汽车工业发展情况

总体看，目前厦门已形成以金龙汽车集团为龙头，集客车整车制造、汽车车身、电器、冲压零件等环节，具备大型、中型和轻型客车全系列车型生产能力的汽车生产体系。厦门是我国最大的客车生产和零部件出口基地之一，大中型客车产销规模居国内领先水平，金龙汽车集团旗下的金龙联合、厦门金旅、苏州金龙与郑州宇通已形成双寡头竞争格局（见图 9.4 和图 9.5）。2013 年，厦门汽车工业呈现平缓发展的态势，实现规模以上工业产值 353.5 亿元，增长 4.5%，增幅与 2012 年基本持平。

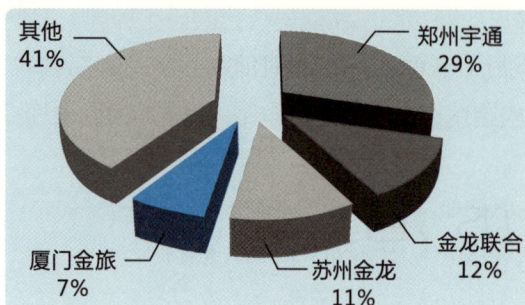

资料来源：中国汽车工业信息网

图 9.4　2013 年全国大型客车企业销量占比

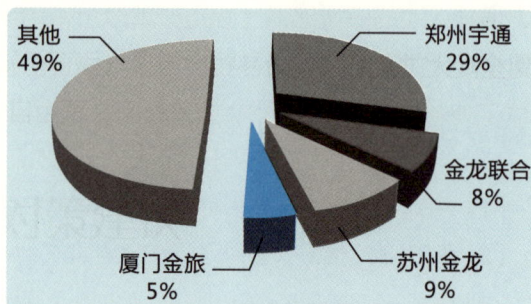

资料来源：中国汽车工业信息网

图 9.5　2013 年全国中型客车企业销量占比

（一）发展情况

1. 汽车工业增长势头趋缓但仍具竞争优势

2013 年厦门汽车产业链产值增长 4.5%，基本延续了上年小幅增长的态势（见图 9.6），主要是近两年来全国客车行业发展面临的宏观形势逐步发生变化，中国经济增长结构性减速，客车保有量迅速提高，以及高铁建设突飞猛进与私家车的普及，中国客车行业告别了从 2000 年到 2011 年高速增长的 12 年，进入增速趋缓的调整期。同时，随着产业政策重点从强调增长转向重视节能环保与安全性，各类技术标准提升进一步加剧了企业竞争。

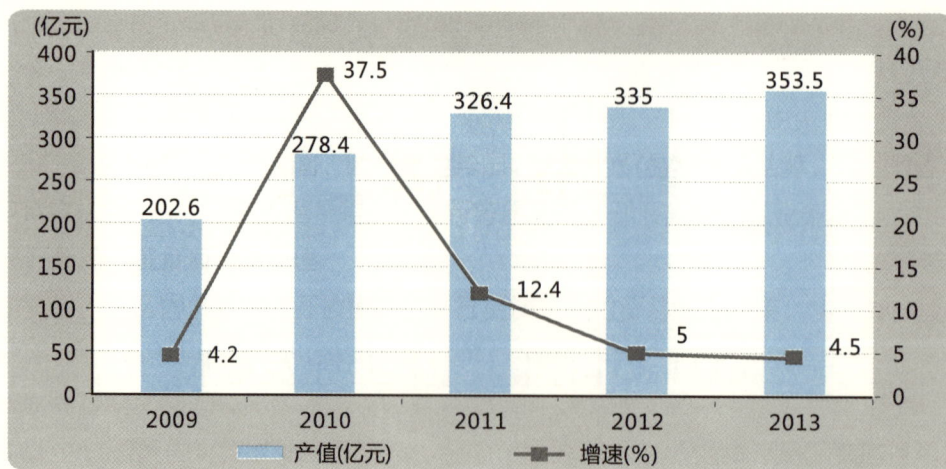

资料来源：厦门市统计局

图 9.6　近 5 年厦门汽车产业链增长情况

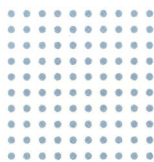

整体来看，金龙汽车在中国客车市场的竞争优势仍较明显。尽管中国客车行业在整个汽车产业占据的份额较小，占商用车市场的份额也仅为10%，但由于进入门槛较低，市场充分竞争，中国客车行业现有200多家制造商。但从近10年的发展格局看，市场集中度明显提高，金龙汽车、郑州宇通、安凯、中通、亚星等客车上市公司在中国客车市场所占份额由55%提高到62%，其中"一通三龙"的竞争优势比较突出。2013年，在大型客车领域，郑州宇通和"三龙"的市场份额均为30%左右；在中型客车领域，宇通的市场份额为29%，高出"三龙"7.6个百分点。比较"一通三龙"的销售量（见表9.3），我们发现近6年"三龙"销售量年均增长12.7%，比郑州宇通低了2.6个百分点；"三龙"合计销售收入年均增长15.1%，明显低于郑州宇通24.1%的增幅，主要是宇通的产品结构以大中型客车为主，2013年比重高达90%，与"三龙"的53%形成鲜明对比。

表9.3　近6年"一通三龙"客车销售增长情况

单位：辆

年份	金龙联合	厦门金旅	苏州金龙	郑州宇通
2008	13 146	16 218	16 391	27 556
2009	15 344	15 557	15 123	28 186
2010	23 503	21 227	21 283	41 169
2011	25 427	23 115	22 705	46 688
2012	28 742	23 791	21 065	51 688
2013	32 800	24 600	25 800	56 068

资料来源：中国汽车工业信息网，相关企业年报

2. 处于产业链整车制造和零部件生产环节

汽车产业链包括产品研发、整车制造、零部件生产、销售和服务相互联系的四个环节，具体有汽车整车制造、车身及挂车制造、零部件及配件制造、车辆轮胎制造、专用照明及电气信号设备制造等类别。

从我市汽车产业链的发展情况看（见图9.7和表9.4），主要包括整车制造、零部件及配件制造、汽车电子、轮胎制造等领域。产业链以金龙联合、厦门金旅两家大型客车整车制造企业为核心，向上延伸至原材料、机械设备、零部件、生产服务和基础设施供应商，向下延伸至销售渠道和客户，并侧面扩展到辅助性产品制造商和技术开发商，主要企业有正新轮胎、玉柴发动机、东风德纳车桥、捷太格特、宏发电声等。产业链从上游到下游已形成近70家相关企业的集聚发展。

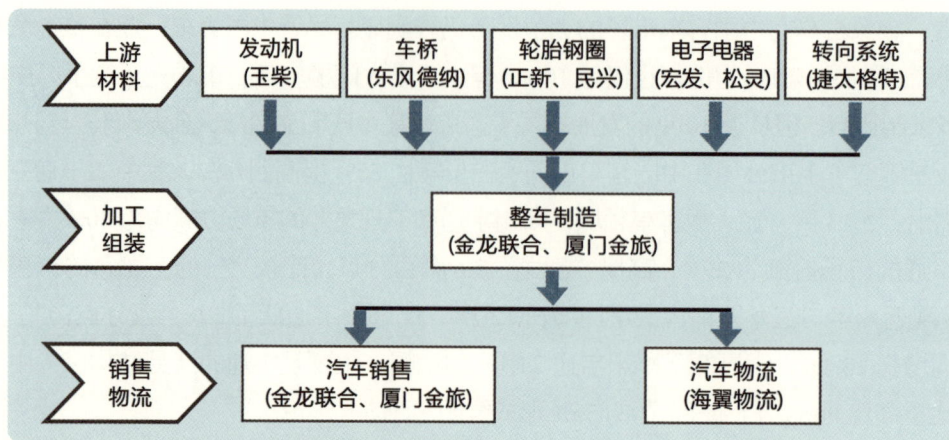

```
┌──────────┐   ┌────────┐ ┌────────┐ ┌─────────┐ ┌─────────┐ ┌─────────┐
│ 上游     │   │ 发动机 │ │ 车桥   │ │ 轮胎钢圈│ │ 电子电器│ │ 转向系统│
│ 材料     │   │ (玉柴) │ │(东风德纳)│ │(正新、民兴)│ │(宏发、松灵)│ │(捷太格特)│
└──────────┘   └────────┘ └────────┘ └─────────┘ └─────────┘ └─────────┘

┌──────────┐         ┌────────────────────┐
│ 加工     │         │ 整车制造           │
│ 组装     │         │ (金龙联合、厦门金旅)│
└──────────┘         └────────────────────┘

┌──────────┐   ┌────────────────┐      ┌────────────────┐
│ 销售     │   │ 汽车销售       │      │ 汽车物流       │
│ 物流     │   │ (金龙联合、厦门金旅)│  │ (海翼物流)     │
└──────────┘   └────────────────┘      └────────────────┘
```

资料来源：根据相关资料整理而得

图 9.7　厦门汽车产业链示意

表 9.4　厦门汽车产业链主要企业生产与关联情况

企业	主要产品	主要客户	产业链环节	所处园区
金龙联合	大中型与轻型客车、专用车、纯电动和混合动力客车	国内市场占 75%，海外市场占 25%	整车制造	集美机械工业集中区
厦门金旅	大中型与轻型客车，校车、摆渡车等专用车，混合动力客车	国内市场占 85%，海外市场占 15%	整车制造	海沧新阳工业区
正新	高品质子午线轿车胎，自行车、摩托车轮胎等	江门大长江、重庆宗申等	轮胎制造	集美机械工业集中区深青组团，海沧新阳工业区
玉柴发动机	75～350kw 柴油发动机	金龙联合、厦门金旅等	零部件制造	集美机械工业集中区
东风德纳车轿	商用车桥	金龙联合等	零部件制造	集美机械工业集中区
理研工业	活塞环、汽缸套等汽车摩托车发动机用零部件	长安铃木、新大洲本田等汽车和摩托车制造商	零部件制造	集美机械工业集中区
捷太格特	车辆用电动助力转向系统	天津一汽丰田、广州丰田、郑州日产等	零部件制造	海沧新阳工业区
民兴工业	铝合金轮圈	厦门金旅及欧美日等国外厂商	零部件制造	集美机械工业集中区
日上钢圈	载重钢轮与钢结构产品	国内外卡车和客车企业	零部件制造	集美杏北工业区
宏发电声	汽车继电器等	上汽、通用等	汽车电子	集美北部工业区
松芝空调	车辆空调器	金龙联合、厦门金旅等	汽车电器	集美机械工业集中区

资料来源：相关资料整理而得

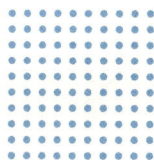

3. 集美成为厦门汽车工业集聚区

从空间集聚看，我市汽车工业企业主要集中在集美、海沧两区，未来随着各区产业功能定位的逐步调整，集美作为全市机械制造业中心的地位将进一步提升，集聚汽车工业企业的效应趋于增强。

目前，我市汽车产业已形成一定程度的区域分工。一是位于集美机械工业集中区的企业，以整车制造和生产汽车车身、汽车空调、车桥、发动机、冲压件等零部件以及汽车轮胎为主，包括金龙联合、金龙车身、正新集美新厂、玉柴发动机、东风德纳车轿、理研工业、民兴工业、松芝空调等。二是位于海沧新阳工业区的企业，以整车制造和生产汽车转向系统、全钢半钢子午胎等为主，包括厦门金旅、捷太格特、正新海燕等。三是位于集美北部工业区的企业，以生产汽车继电器、组合仪表、汽配模具、传感器等零部件为主，包括宏发电声等。四是位于杏林老工业区的企业，以生产载重钢轮、汽车内饰件和内外胎制品等为主，包括正新橡胶、日上钢圈等。

4. 金龙联合等龙头企业稳中向好

2013 年金龙联合销售各类客车 3.28 万辆，增长 10.6%。从生产布局看，公司下辖厦门大中型、厦门轻型、绍兴公交 / 前置客车三个生产基地，具备年产大中型客车 2 万辆、轻型客车 3 万辆的能力。从产品结构看，旗下产品涵盖从 4.8 米到 18 米各型客车，广泛应用于客运、旅游、团体、公交和专用车等领域。从出口规模看，2013 年在人民币升值、海外市场需求疲软的环境下，金龙联合逆市而上，海外营销业绩超过 3.2 亿美元，创历史新高。早在 2000 年，金龙联合就已开始实施国际化营销战略，历经 10 余年的开拓，金龙客车市场已覆盖 80 多个国家和地区，其中包括德国、英国、意大利等 12 个欧盟国家，金龙客车在意大利旅游市场的新车份额中排名第二。

2013 年厦门金旅销售各类客车 2.46 万辆，增长 3.2%。从生产布局看，厦门金旅在海沧、湖里拥有两大生产基地，分别生产大中型、轻型客车，具有年生产大中型客车 2 万辆和轻型客车 2 万辆的能力。从产品结构看，厦门金旅客车产品系列齐全，产品线涵盖车长 4.8 米～18 米，座位数 5 座～86 座的各类型客车。从出口规模看，2013 年厦门金旅客车出口额突破 1 亿美元，居国内同行前列。厦门金旅在海外近 30 个国家和地区设有销售点。

5. 新能源客车生产研发跃上新台阶

金龙联合是我国节能与新能源客车研发的先行者。2013 年，"客车车身骨架安全性改进与轻量化设计"、"纯电动轻型客车整车控制器"、"插电式混合动力客车整车控制器"、"新能源客车示范运营采集及监控系统"等一系列新能源客车科研项目先后完成，初步奠定了金龙联合在新能源客车发展新时期的领先地位。一是在硬件投入方面，近三年金龙联合累计投入 1.5 亿元建设国内首个客车安全与节能试验中心，建成国内首个新能源动力链实验室、最大重型转鼓试验室和动力电池实验室。二是在技术路径方面，金龙联合率先提出新能源汽车研发"三位一体"的概念，自主开发关键核心技术，强化整车企业在新能源技术研发方面的主导地位；建立智能化的车队管理系统，对新能源车辆运行的数据进行监控、采集和分析，以改进新能源车辆运行状况，为客户提供系统的运营解决方案；推进骨架结构优化和实现轻量化，在降低整车重量的同时提高车辆的安全性、稳定性和节能效率。通过推进这三方面的技术进步，促进新能源客车的市场化和产业化发展。

厦门金旅是国内新能源客车领域最具竞争力的企业之一。截至 2013 年，累计销售混合动力客车约 2 500 部，销量排名全国第一。厦门金旅是国内第一家实现混合动力大批量销售及市场化运营的客车企业，早在 2002 年就开始研发新能源客车，并于 2006 年率先在国内将混合动力城市公交推向市场。目前已开发出涵盖 7～12 米的混合动力、插电式、纯电动、天然气等类型的节能与新能源客车 40 余款，具备年产混合动力客车 5 000 辆的能力。在新能源客车核心技术研发方面，厦门金旅坚持走自主研发为主、引进先进技术为辅的路线，针对公交市场，已开发出 10～12 米全系列插电式城市客车，可匹配燃油型、燃气型发动机，搭载了自主知识产权的深度混联式混合动力系统总成，均已纳入《国家节能与新能源汽车示范推广应用工程推荐车型目录》。

6. 客车信息化优势进一步扩大

2013 年 5 月，金龙联合在北京正式发布自主研发的、目前国内商用车领域最领先的车联网平台——"龙翼"车联网科技平台，这是金龙联合近年来致力打造"科技金龙"最集中的成果体现，也是作为金龙联合从传统制造企业向提供全面解决方案的服务型制造企业转型的重要一步。走在国内客车行业技术前沿的金龙联合，早在 2008 年就基于长期对车联网应用技术发展的高度关注，开始了自主研发智能化车载信息服务系统。历经多年攻关，金龙联合打造出"龙翼"平台，它集车辆的高效节能、智慧安全和智能管理于一体，为用户提供更有针对性的整体解决方案。龙翼车联网科技平台是创新科技同客车技术融合的结晶，系统基于车联网、云计算、汽车电子技术、智能感知、语音识别、自动控制、客车运营专家知识系统等先进技术开发而成，赋予客车能感知、会思考和实施自动控制的能力。龙翼由车载电脑和智慧运营管理系统组成，车载电脑可以搜集车内各种传感设备获取的信息，利用无线通讯实时传给后台，同时也可将后台的信息指令体现在中央控制屏幕中，使行驶车辆始终处于龙翼的监控之下；智慧运营管理系统是龙翼的信息后台，它将车载电脑搜集传出的庞大数据，经过汇总、分析、计算和转化，形成各种控制命令和可供查询和打印的数据表单，运营商通过互联网进入该系统，实现对车辆的远程监控，完成车辆的实时调度管理。

2013 年 12 月，金龙联合又正式发布"金龙客车·龙翼"微信服务平台，基于车联网科技平台向用户提供更加便捷、高效的车辆运营管理服务。在 4G 时代来袭的今天，龙翼微信服务平台为金龙联合的发展提供有力的数据支持，并将加速金龙联合向客运系统解决方案提供商转型。龙翼微信服务平台的发布，进一步丰富了用户使用龙翼车联网系统的访问通道，从基于 B/S 架构的 Web 访问，到手机应用的掌上龙翼访问，再到微信平台访问。龙翼系统的微信服务平台兼容各种手机操作系统，优化了手机用户访问龙翼系统的可操作性和便利性，用户可以随时随地使用龙翼系统，实时掌控车辆运营情况。目前，该服务平台已成功推出网上车场、故障码查询、服务站查询等车辆监控和售后服务功能。龙翼微信平台是车联网与移动网络的有机结合，是实现龙翼系统从提升客车技术和产品价值，延伸到构筑拥有大用户数据车联网平台的一次自主创新。

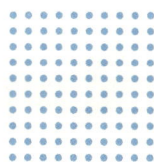

（二）存在的问题

1. 产品类别相对单一

厦门汽车工业以客车为主，缺乏轿车产品。由于市场充分竞争，国内客车行业不存在垄断利润，平均利润率明显低于卡车行业和进入门槛最高的轿车行业。

2. 核心企业拥有的关键技术仍较缺乏

金龙汽车的发展水平与世界先进水平还有较大差距。近年来，通过引进先进产品和技术发展了自主品牌金龙、金旅、海格整车，快速满足了国内市场需求，但高技术含量、高附加值的关键零部件基本被跨国巨头掌控，企业产品主要集中在附加值不高的中低档客车领域。同时，企业缺乏高素质专业技术人才，特别是能将电子技术、信息化技术应用于传统机械结构产品的人才，影响整车产品向电子化、智慧化、节能环保方向发展。

3. 基础加工能力和零部件产业薄弱

我市客车零部件、整车企业存在基础加工能力较弱、工艺技术水平不高的问题，其中机加工、模具、铸造是制约企业生产发展的主要生产工艺。

厦门客车工业以整车厂为龙头的产业链基本形成，但产业链不完整，配套零部件企业分散。零部件产业配套与整车生产能力高度相关，本地化配套能力直接决定整车的生产成本和技术水平，进而影响其市场竞争力。以金龙联合为例，其所需零部件市内采购仅占20%，50%来自国内采购，还有30%来自进口。本地零部件企业普遍规模较小、产品技术含量较低，生产空气悬架、独立悬架、前后桥、AMT变速箱、电池系统、电机系统以及控制系统等关键零部件企业匮乏；零部件企业专业化生产水平较低，自主开发和系统集成能力薄弱，跟不上整车开发的步伐；标准化、系列化、通用化程度不高，还难以适应国际采购系统化、模块化供应的要求。

4. 厦门客车行业难以形成合力与宇通展开竞争

厦门金龙汽车集团旗下有厦门金龙汽车联合有限公司、苏州金龙汽车有限公司和厦门金龙旅行车有限公司三家整车企业。三家企业间产品重叠；销售渠道各自为政，互相竞争；研发能力也尚未得到整合，不能形成合力；配套件也没有协同采购，营业成本较高。三家企业销售规模与主要竞争对手宇通相当，但在利润率等方面略逊一筹，如不加紧整合有可能被各个击破。

5. 机械工业集中区用地不足

经过10多年的开发建设，客车制造相关企业集聚的集美机械工业集中区已排满项目并基本建成，金龙联合等企业增资扩产面临用地不足的突出问题。

二、2014 年厦门汽车工业发展环境分析

（一）国际汽车工业发展趋势

1. 新能源汽车研发成为竞争焦点

从全球范围看，新一轮汽车工业技术革命正在兴起，传统能源动力系统持续优化，新能源汽车领域技术革新日新月异，对金龙汽车等中国客车行业的领军企业加快技术创新提出新挑战。

新能源汽车是汽车产业的发展方向，尤其在后金融危机时代，发展新能源汽车已成为全球汽车工业应对能源和环境问题的共同选择，美、英、日、德等发达国家纷纷运用财政资金直接资助新能源汽车技术研发，并采取税收减免、购车补贴、直接采购和发展特定用途市场等措施鼓励应用电动汽车。近年来电动汽车的电机、电池、电控等三大技术进步迅速，推动电动汽车从实验室产品向商业化发展，尤其是锂离子电池技术进步与成本下降，使部分电动汽车产品得以满足城市普通家庭的应用要求，并在获得购车补助的条件下初步具备了市场竞争力。随着规模扩大与经验积累，电动汽车动力电池成本有望进一步下降，将推动电动汽车进入大规模产业化。

国际著名商业信息提供商汤森路透的数据库显示，近 10 年全球汽车可替代能源已公开专利申请和授权专利项数从 6 847 件增长到 22 255 件，增长 2.3 倍；与之形成鲜明对比，汽车发动机设计领域的专利数量仅增长 11%。新能源汽车研发进展飞速，主要集中在日本（55%）、韩国（25%）、美国和德国（各 10%）。专利数量排在前五名的公司分别是丰田（1 901 项）、本田（587 项）、日本电装（413 项）、通用汽车（349 项）和松下电池制造（345 项）。其中丰田汽车研发技术和推广理念超前，最为贴近市场。丰田汽车研发做了多手准备，一方面迎合消费者需求，致力于燃油车的新技术开发，提高燃油效率，降低能耗；另一方面进行多种可替代新能源汽车研发，最新的研发方向是从水里提取氢，开发氢燃料电池车。这种水素汽车将在 2015 年上市，续航里程达 830 公里，一旦占领市场，全球汽车产业将会面临一场大洗牌。过去 16 年，丰田投入了 100 多亿美元研发混合动力汽车。尽管丰田几乎不从事电动车的相关产业化，但混合动力车很容易就能向可替代能源扩展，去掉油箱和发动机就能变成纯电动汽车，再加上外插式充电设备就变成了插电式混合动力车。

2. 发达国家在高端客车领域的优势突出

从世界客车产业版图看，中国客车行业的总产量虽已超过世界总产量的三分之一，但发达国家特别是欧洲代表着全球客车产业的最高水平，奔驰、斯堪尼亚、沃尔沃、曼等高端客车制造商的产品设计和制造水平优势突出，金龙汽车等中国客车企业要在欧美高端市场站稳脚跟并逐渐扩大市场份额任重道远。

欧洲是世界客车工业发展的风向标，也是中国客车产业近 20 年来的主要技术来源地。欧洲客车业一直引领着国际客车设计和制造技术以及技术标准，表现为：一是欧洲品牌客车整车制造质量、整车安全配置较高，如依据欧洲通用法规 661/2009 规定，2013 年 11 月起必须安装 AEBS 紧急制动系统和 LDWS 航道偏离报警系统，这些系统配置领先国际水平。二是结合欧洲高端零部件资源、大量高配

置应用，欧洲品牌客车整车驾乘舒适性高，制造细节、材料选用考究。三是产品使用周期长，欧洲品牌客车使用超过 15 年仍具有较高的可靠性，可继续销售到发展中国家使用。四是技术标准较高，欧盟标准主要包括零部件及整车性能方面，如电喇叭、后视镜、轮胎、座椅、安全带、玻璃零部件需要有 E-MARK 认证；在排放、车外噪音、油箱、制动系统、EMC 电磁兼容等方面也有较高要求。

（二）国内汽车工业发展趋势

1. 金龙汽车累积的竞争优势可能进一步增强

从 2000 年到 2011 年，中国客车行业经历了高速成长的 12 年，特别是 2005—2011 年大中型客车、轻客复合增长率分别为 22% 和 12%。2012 年，受宏观经济景气影响，大中客、轻客销售分别为 14.5 万辆和 28 万辆，同比增长 7.1% 和 4.8%，增速明显下降。2013 年，全国客车销售 52.4 万辆，同比增长 9.3%，其中大型、中型客车销量分别下降 1.1% 和 1.5%。

从发展趋势看，综合各方面因素，国内客车销量增势平稳，既存在公路类、公交类大中客增长放缓等不利因素，也存在校车增长空间大、新兴经济体出口市场走旺等有利条件。目前全国大中型客车制造商超过 60 家，但是年产销量超过 2 000 辆的仅 10 余家，厂商众多，规模小，产能远大于需求，"一通三龙"的客车品质和价格均占优势，近年来市场份额进一步向"一通三龙"集中。

展望 2014 年以及未来若干年，中国客车制造企业竞争将呈现两极分化的态势，宇通、金龙汽车强者愈强，主要是在难以差异化竞争的大中客行业，金龙汽车与宇通已建立起相当高的规模壁垒，它们的生产成本大大低于其他厂商，每年大规模的销量又足够支撑部分零部件自制，进一步降低成本。具体分析如下：

一是公路类大中客受私家车普及和铁路影响公路客运增速放缓。目前，公路类大中客销量占国内大中客销量的 50%，其景气度与公路客运周转量密切相关。未来随着中国经济增长的结构性减速，全国客运周转量增幅将有所下降，而私家车普及率上升、高铁建设加速又加剧了降速风险。公路客运与民航、铁路客运的市场分工趋于明确，旅客主要以 100~200 公里以下的客流为主，运距 200 公里以上的公路客运受高铁影响较大，400 公里以上长途客运将明显减少。

二是公交类大中客增长放缓。目前，公交类大中客销量占国内大中客销售量的 36%，其主要用于城市交通，保有量提升动力主要是城市人口增长带来的公共出行需求的增长。从保有量来分析，中国公交车的万人保有量已经与德国、英国、法国等发达国家相当。未来新增公交车需求主要来自城市化水平的提升带来的人口流动，但考虑到中国大中型城市早已存在大量流动人口，这一因素带来的提升空间不大。同时，一大批城市轨道交通工程建成投入运营，对公交车的替代作用很明显。此外，受 2013 年年初公布的《关于城市优先发展公共交通指导意见》免征购置税影响，2013 年全国公交类大中客销量增长 20%，已提前释放了大量的采购需求。

三是轻客面临微客与 MPV 的挤压。轻客主要用于城乡客货运输，其短期需求受宏观经济景气影响比较明显，长期需求受城市化水平影响较大。由于大力推进城镇化已成为新一届中央政府扩大内需的主引擎，建制镇和小城市落户限制全面放开，人口与产业集聚水平将大幅提高，城乡客货运输需求加快增长有利于轻客销量增长。但由于轻客定位较为模糊，应用范围广，也面临着低端 MPV 与大型微客的双重挤压。

四是校车增长空间较大。中国在校初中及以下学生 1.8 亿人，按 10% 坐校车、每辆车 45 个座位估算，国内校车保有量约为 40 万辆，以 2012 年 2.7 万辆为基数，在 2017 年完成普及，每年复合增长率约为 33%。购买校车的资金主要来自地方财政，在 2013 年地方财政增长压力较大、中央加大对地方政府债务清理力度的形势下，预计 2014 年增长约 20%。

五是新兴市场出口趋旺。客车行业具备劳动密集型和资本密集型的双重属性，中国客车行业具有比较完善的配套体系、较低的人工成本与较大的规模优势，虽然工艺水平逊于发达国家，但客车性价比相比欧美、日本等其他出口国具有明显优势。而且主要出口市场中东、拉美、东欧经济已持续回升，对客车需求将继续增长，有利于客车出口增速保持在较高的水平。

2. 产业政策助推金龙汽车加快发展新能源客车

从产业政策看，节能环保、新能源与安全将成为政策导向。2013 年 9 月发布的《关于继续开展新能源汽车推广应用工作的通知》显示，中国节能补贴今后的重点是纯电动、插电式混合动力客车。这有利于金龙汽车依靠技术研发和市场推广的领先优势，进一步加快纯电动和混合动力客车的研发制造。

（三）厦台汽车工业合作前景看好

台湾汽车电子等零部件工业比较发达，厦台两地汽车工业合作空间较大。台湾汽车产业采取竞争与扶持并举的产业政策，上游零部件制造在整车生产的带动下，已形成专业化精细化的分工模式，零部件研发制造具有较强国际竞争力。特别是台湾汽车电子产业，在 GPS 导航系统、自动变速控制系统、防盗系统、倒车雷达系统、检测总线等方面，可以与国际汽车零部件指标性企业相媲美。比较有名的企业有同致电子、车王电子、怡利电子等。

同致电子成立于 1979 年，最开始进入汽车电子产业市场的切入点是开发汽车雨刷，现在拥有 70 多项专利，同时通过了福特 Q1、欧洲 CE 等多项认证。主要汽车电子产品有倒车雷达辅助系统（RPA）、自动泊车系统（APA）、盲区检测系统（BSD）、侧翼保护系统（SDG）、后视系统（RVC）、环视影像系统（AVM）、车道偏离报警系统（LDWS）等。2010 和 2011 年连续获得 FORD 全球优秀供货商奖，目前为世界第三大倒车雷达供应商。

车王电子成立于 1982 年，主要产品有"汽机车用电子控制装置"与"电动工具"等产品为主，获得 ISO/QS 的国际质量认证、质量优良案例奖等。

（四）全省汽车工业发展差异化为厦门客车行业创造了宽松环境

福建省已经初步建立起汽车工业体系，基本形成了闽中、闽南、闽西北三大汽车产业群。产业群差异化发展格局趋渐明显，有利于厦门客车工业在省内赢得比较宽松的发展环境。

闽中汽车产业群以东南汽车为龙头，100 多家关联企业相配套，产品以轿车和轻型客车为主。东南汽车是目前海峡两岸最大的汽车合资项目，它的主机、零部件生产，以及市场销售、物流体系都基本完备，产业集群初步形成。闽南汽车产业群集中在厦门和泉州，以大中型客车和特种车为主的产业

集群已形成。集美机械工业集中区以金龙联合为核心，是我国最大的客车生产基地之一。泉州特种汽车基地主要生产特种车、专用车、中巴和载重货车，目前已有一汽、北方奔驰、重庆力帆等合作项目进驻。闽西北汽车产业群以生产载货车为主，以新龙马为龙头，在龙岩、永安建有两个生产基地。

三、2014 年厦门汽车工业发展展望

展望 2014 年，厦门汽车工业仍将呈现近两年小幅平缓增长的发展态势。在技术方面，金龙联合、厦门金旅等核心企业将围绕提高客车智能化、信息化、舒适性、安全性和发展新能源客车，加快技术创新步伐，不断提高客车产品的技术含量和附加值，带动企业核心竞争力的提升。在市场方面，厦门客车出口将快速增长，中东、南美、东欧等新兴市场国家经济整体走暖，有利于其增加对性价比较高的中国客车产品的进口需求。

（一）客车产品高端化、智能化、安全性进一步提高

一是金龙联合开发的"龙翼"车联网科技平台应用将进一步推广，"龙翼微信平台"的服务对象不断增加，使客车智能管理与移动网络实现有机结合，不仅提升了客车技术和产品价值，而且助推金龙联合从传统制造企业向提供全面解决方案的服务型制造企业转型。

二是金龙联合的"客车车身骨架安全性改进与轻量化设计"成果应用加快实施，将在降低客车整车重量的同时提高车辆的安全性、可靠性和节能效率，增强客车产品合格水平随着时间推移的保持能力，缩短我国客车在"首次故障里程"等核心可靠性指标方面与国际先进水平的差距。

（二）新能源客车研发制造规模进一步扩大

一是金龙联合"纯电动轻型客车整车控制器"、"插电式混合动力客车整车控制器"、"新能源客车示范运营采集及监控系统"等一系列新能源客车科研成果产业化进程将稳步推进，进一步保障了金龙联合在新能源客车发展新时期的领跑地位。

二是厦门金旅将依托其在大型插电式城市客车领域深度混联式混合动力系统总成的技术优势，扩大其在公交类大客细分市场的份额。

（三）出口市场进一步拓展

一是金龙联合将加大推行全球化海外市场营销战略的力度，吸引优秀经销商加入，不断拓展全球营销服务网络；进一步完善售后服务，树立海外市场优质服务品牌，从融资等多方面满足终端客户的需求；针对不同国家、区域进行针对性技术升级，以科技元素提升客车品质。

二是厦门金旅将巩固中东、俄罗斯等市场，积极拓展北非、中南美洲等市场；以出口大型客车为主，增加为区域市场定制开发的大型和中型客车出口；推广在俄罗斯设立海外子公司的营销模式，通过总经销形式有效规避进口国的非关税贸易壁垒。

四、2014 年对策建议

（一）优化汽车工业空间布局

针对我市工业发展空间不足的问题，利用好厦漳泉大都市区同城化的合作平台，选择与厦门邻近的龙海、长泰、安溪等县市合作发展飞地工业园，引导金龙联合实施"搬迁提升"工程，将目前中低端客车生产搬迁至周边县市，厦门工厂改造提升专门生产高端客车。

学习借鉴江苏、广东等飞地工业发展比较成熟的先进地区的经验（见表 9.5），在开发建设模式上，采取净地托管模式，明晰双方政府的责权利关系，飞入地政府主要负责园区征地拆迁和安置工作，飞出地政府全面主导园区开发建设和管理，同时建立联席会议制度，保障双方政府在园区重大问题和事项上及时协调沟通；在收益分配机制上，体现利益均沾原则，建议在合作期内园区 GDP、工业产值、税收地方留成按 5∶5 的比例分成，最低也不能低于 3.5（厦门）∶6.5（周边县市）的比例。

表 9.5　苏粤等省飞地工业的开发建设模式和收益分配机制

开发模式	净地托管模式	合作共建模式		
		飞入地主导	飞出地主导	股份合作
开发主体	飞出地政府全资成立的投资公司。	双方政府合资成立开发建设公司。	省、两地政府共同出资成立开发公司。	两地按 6∶4 比例以现金、土地入股。
管理体制	飞出地政府主导，建立联席会议制度。	飞入地政府主导，成立园区管委会。	飞出地主导，利用其先进的管理经验。	飞出地主导，飞出地管理人员常驻飞入地。
收益分配	GDP、工业产值、税收均 5∶5 分成。	GDP、税收分配向飞入地倾斜，按照 3.5∶6.5 分成。	园区收益不分成，用于滚动开发。	税收收益按 6∶4 分成。
典型案例	广东英德经济区	广东佛山云浮产业转移园	江苏苏州宿迁工业园区	上海外高桥启东产业园

资料来源：相关政策文件整理而得

（二）加强客车技术研发和工艺提升

加快技术研究机构建设。整合金龙联合、厦门金旅的研发机构，将分散的研究资源聚合成一个有机整体，开展共性关键技术研究，以实现核心技术创新突破。鼓励中国汽车技术中心、机械工业第九设计研究院等国家汽车行业重点科研院所在我市设立分支机构；支持企业在发达国家设立研发机构，进行技术信息收集和研究，跟踪国外汽车产业的技术发展动向。建立共享数据库、公共实验室或公共测试研究平台等，做到信息共享、人员共享、研究平台共享，以支持新产品开发，节约开发成本，提高创新效益。

促进客车关键技术研发。从加强试验能力建设、整车配套企业工艺技术改造入手，开展质量攻关，加大在可靠性、舒适性等领域的研发投入，加强汽车电子技术、信息技术应用，推广"龙翼"智

慧客车，提高客车产业的国际化竞争能力。重点推进金龙汽车工程研究院项目，开展客车整车性能研究试验、新能源客车研发等基础共性技术研发；推进金龙联合高端大中型客车专用生产线项目，加大全承载车身及客车轻量化研发投入；推进山东重工潍柴集团重组丰泰汽车高端客车出口基地项目。

促进工艺技术改造。开展产业链上企业铸造、锻造、热处理、表面处理、机加工等机械基础加工工艺的技术改造，采用高精度的制造工艺装备，加强过程控制能力和工艺保障能力，保证产品的一致性和稳定性，满足主机配套需求。

加强人才保障。扶持企业引进戴姆勒、斯堪尼亚等国际著名客车行业管理技术、高级经营管理人才，加快客车高端化实施进程，统筹安排一定建设用地用于企业建设高级人才住房。依托金龙联合博士后工作站，着力引进厦门汽车产业发展亟须的学科带头人、高级专门人才；同时引导我市的高校和职业教育机构，按照汽车产业发展导向，设置工业设计、机械设计制造及其自动化、热能与动力工程、工业工程、车辆工程等专业，或与同济大学、吉林大学、长安大学等联合办学定向培养人才。积极与同济大学等国内汽车工业技术研发水平一流的高校和科研机构建立战略合作关系，特别是在新能源、新材料、新工艺、微电子、通信传感、机械模具等领域。

（三）加快发展关键零部件完善客车产业链

加强与国内外知名企业对接合作，尽快引进落实一批有较高技术含量、能够形成独特性、对整车竞争力有协同作用的关键零部件项目，加快推进客车智慧化进程，扩大本地化配套能力，提升产业集群持续竞争力。重点推进空气悬架和独立悬架、前后桥、减振器、车载多媒体类汽车电子、AMT 变速箱等项目。通过发展厦台产业合作，引入产业链缺少的汽车电子企业。把现有的零部件企业整合成零部件集团公司，并逐步从不具有比较优势、附加值较低的生产环节中退出，形成能为不同车型进行系统总成的一级零部件集成供应商。发展与国外先进液压件生产企业的合作，如引入德国的汽车液压件生产企业。

政府在坚持公平合理的原则下，每年根据一定的标准、比重对不同类型零部件企业提供政策支持。针对民营零部件企业，可适当减免税，大力发展适合中小企业特点的小额贷款公司等，增加中小企业贷款；健全中小企业信用担保体系，拓宽融资渠道。对符合产业发展导向、技术含量高、产业带动性强的外资零部件项目，在用地指标上比照省重点项目给予倾斜，增强国外投资者对厦门汽车产业的投资信心。

（四）重点扶持节能与新能源客车发展

着力突破一批关键技术。从技术难度相对较小的混合动力技术入手，逐步向纯电动汽车发展，并带动驱动电机及其控制器、车用动力电池等关键件的发展。重点发展插电式混合动力客车产品，以及增程式纯电动公交客车、快速换式纯电动公交客车、快充式纯电动公交客车等。优化新能源客车整车开发流程，突破整车设计、动力总成、整车匹配等关键共性技术，推进新一代轻型纯电动客车的研发及产业化。重点推进动力电池关键技术研发，突破安全性、一致性、能量密度、循环寿命、成本、关键材料及系统集成等技术瓶颈。支持铅酸动力电池技术研发，力争在材料、结构及工艺上取得突破性进展。根据燃料电池技术进展，适时适度开展制氢、储氢、加氢技术与装备的研发。

积极推广应用新能源客车。加大政策支持力度，将新能源汽车列入政府优先采购产品目录，逐年扩大采购规模。全部或部分使用财政性资金的国家机关、企事业单位和团体组织新购客车，应优先采购节能和新能源客车，鼓励公交等提供公共服务的企业，利用国家节能与新能源汽车示范推广财政补贴资金资助，采购新能源汽车。探索新能源客车补贴新机制，建议生产者补贴和消费者补贴齐头并进，促进市场加快形成。

进一步加强基础设施建设。将电动汽车充电设施作为智能电网的分布式能源试点工程进行建设，先行先试，积累宝贵经验。在主要商业区、住宅区和政府部门停车场配套电动汽车专用停车位和慢速充电桩，在城市主要干道和火车站、机场等场所建设公共快速充电场站，依托公交场站建立公交车专用的充换电系统。增设新的充放电站、充电桩，提供电池租赁、电池更换及检测维护等配套服务，实现所有行政区的全覆盖。

（五）延伸汽车工业产品链

密切与中航工业、兵装集团等央企的合作，发展轿车项目。中航工业与兵装集团 2009 年对旗下汽车产业进行战略重组，共同成立了中国长安汽车集团，该集团是中国四大汽车集团之一，拥有长安汽车、江铃汽车、东安动力、济南轻骑 4 家上市公司。中国长安旗下拥有整车、动力总成、零部件等主业板块，位列全球汽车企业第 14 位，连续多年蝉联中国汽车第一自主品牌。中国长安在全国拥有重庆、江苏、浙江、广东、北京等九大整车生产基地，31 个整车工厂和 18 家直属企业，整车及发动机年产能力 278 万辆（台）。中国长安已形成覆盖轿车、客车、重卡、专用车等多品种的产品谱系，拥有排量从 0.8L 到 2.5L 的发动机平台；在新能源汽车的研发、产业化、示范运行方面，走在全国前列。

与新龙马合作，发展微客、微卡项目。新龙马是福建省汽车工业集团的直属控股企业，作为国家汽车整车制造企业已被列入福建省三大汽车产业基地之一，力图打造福建省及华东地区最大的小型车生产基地。新龙马在龙岩已建设年产 30 万辆汽车扩建项目，以微车产品为切入点，逐步拓展微卡、MPV、SUV、轿车、新能源汽车等系列商用车、乘用车产品。同时，引进国内外先进发动机工厂的技术经验，建设年产 30 万台发动机项目，其中 1.0L 涡轮增压机型将成为目前国内唯一的小排量微车用涡轮增压发动机。

与永安重汽合作，发展中型与重型卡车项目。永安重汽前身为永安汽车厂，是我省第一家汽车生产企业，2010 年重组为中国重汽集团福建海西汽车项目。该项目一期投资 10 亿元，形成年产中重型商用车 10 万辆的生产能力；二期将扩大生产轻型车、中型和重型卡车，至 2015 年，实现年产 20 万辆整车、产值 300 亿元的目标。

促进产品多元化。推进金龙 MPV（多用途汽车）项目，在现有基础上增加新海狮、MPV，满足城市、农村两个不同市场的需求。

（六）发展汽车服务业

目前，全球汽车制造业正从以生产为中心向以服务为主转变，汽车制造服务化在产业转型升级中具有重要作用。在一个成熟的汽车市场中，汽车销售利润占 20%，零部件供应利润占 20%，而 50%～60% 的利润是在服务领域中产生的。厦门还远未达到这一水平，汽车服务业发展空间较大。

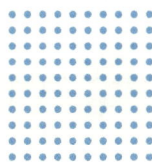

发展汽车物流。加快建立公共物流信息平台，促进客车物流信息资源共享和物流网络互联。完善鼓励制造业剥离发展服务业的政策，促进海翼物流等从为集团内部企业提供物流服务的企业向提供社会化物流服务的第三方物流企业转型。为整车企业提供面向生产线的准时制配送，为零部件生产提供一体化的物流服务，提高在计划制订、库存监控、物料供应、产品交付等方面的专业化服务水平。逐步建立智能调度系统，应用线路自动化提升智能管理技术，推动物联网建设，使物流信息系统实现对物流过程智能控制与管理，实现"智慧物流"。

培育汽车销售服务业。明确汽车服务市场在整个汽车产业链中的重要地位，形成有竞争力的汽车后市场综合服务体系，拉动厦门汽车产业整个链条的升级和发展。加快构建厂商主导的、以品牌专卖为特征的，汽车销售、零配件供应、维修服务、客户与市场信息管理功能一体化的四位一体模式。发展电子商务，通过网络平台，实施以客户为中心的客户关系管理、网上营销、统一物流配送和支付结算。

不断完善社会化服务体系。通过行业协会协调厦门客车行业内企业的关系，及时收集和沟通行业发展最新动态。建立公共培训机构，组织联合技术攻关，创建区域品牌，共同制定厦门客车制造产业集群的战略规划。针对厦门新能源客车产业链的技术发展现状和趋势，加快形成新能源客车标准体系，在现有新能源客车国家、行业标准的基础上，进一步研究制定充电、电池组、可快换式电池包、能量消耗、污染物排放等地方标准。加强新能源客车知识产权工作的统筹规划和系统设计，构建覆盖全产业链的专利体系，推进企业实施专利和品牌战略，提升市场竞争力。

参考文献：

[1] 姚蔚. 中国客车产业发展报告（2013年）[M]. 社会科学文献出版社，2013年12月.

[2] 于春印、王守奎. 中国客车企业开发欧洲高端客车市场的建议 [J]. 人民公交，2013年4月.

[3] 张雪. 推动客车技术进步的3条途径 [J]. 商用汽车，2013年12月.

[4] 高雪莲. 新能源汽车产业全球进展与趋势分析 [J]. 青岛科技大学学报（社会科学版），2013年9月.

[5] 赵桂娟. 以创新推进福建汽车产业集群化发展 [N]. 福建日报，2013年2月5日第13版.

[6] 丁青. 厦门市汽车工业产业链的发展策略研究 [N]. 特区经济，2013年10月.

[7] 彭建平. 台湾汽车电子切入全球产业链策略对福建汽车产业发展的启示 [J]. 机电技术，2013年2月.

[8] 孔月红. 我国汽车物流业问题与对策分析 [J]. 物流工程与管理，2013年第9期.

[9] 张静、魏国辰. 供应链环境下汽车物流精益化管理研究 [J]. 物流技术，2013年第32卷第3期.

[10] 厦门金龙汽车集团股份有限公司. 金龙汽车年报2008—2012年.

[11] 郑州宇通客车股份有限公司. 宇通客车年报2008—2012年.

课 题 组 长：谢　强
课题组成员：陈菲妮　李　婷　涂聪智
课 题 执 笔：谢　强

第三节 新材料

新材料产业是当前世界各国的重点发展领域。在国外，"新材料"被称为"先进材料"；在国内，新材料也不是新的事物，厦门市委市政府早在上世纪90年代就重视新材料技术对工业创新升级的推动作用。国内新材料产业在"十一五"时期发展迅速，在2010年被列为国家级战略性新兴产业和国民经济先导产业，迎来了历史性的发展机遇。

新材料所涉领域广，一般指新出现的具有优异性能和特殊功能的材料，或是传统材料改进后性能明显提高和产生新功能的材料。国家《新材料产业"十二五"重点产品目录》将现阶段新材料重点划分为六大类，25个主要小类，对应46个细分领域。

一、2013年厦门新材料产业发展情况

（一）发展情况

1. 产业规模较快增长

近几年，伴随着国内外太阳能光伏、新能源汽车与节能环保等产业的兴起，厦门的汽车、工程机械、输配电控制设备、船舶等装备制造业加快转型升级，LED半导体照明、节能建筑、生物医药、水资源处理等新兴产业快速发展，带动了半导体材料、新能源电池材料、特种玻璃、膜材料等一大批新材料企业的崛起，推动了厦门新材料产业快速发展。

受经济增长放缓影响，2012年厦门新材料领域内经认定的高新技术产品实现产值441.2亿元，比2011年小幅下降，但仍较2005年增长4.4倍，年均增长23.4%（见图9.8）。2013年厦

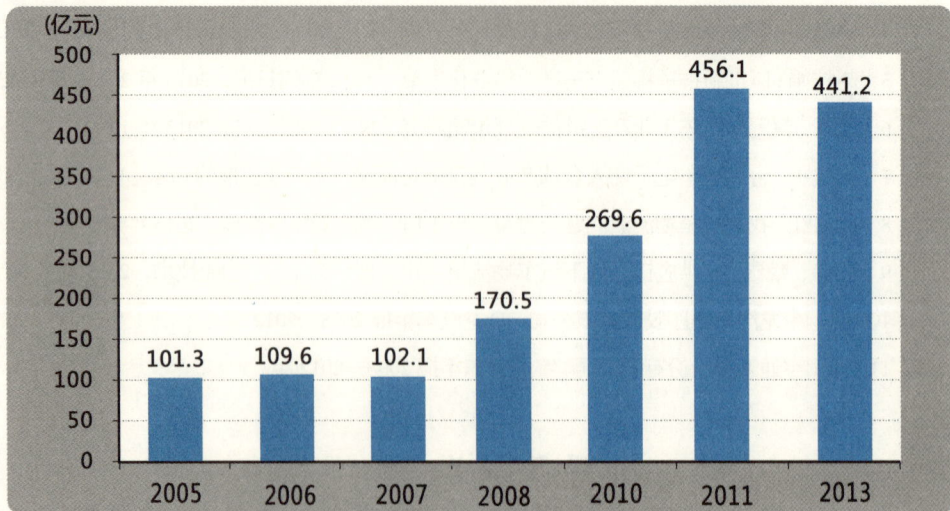

数据来源：历年厦门经济特区年鉴，2009年度的数据欠缺

图9.8 厦门市新材料领域内高新技术产品产值

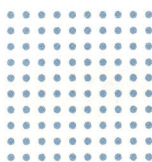

门新材料产业发展呈现出新的特点。

2. 产业体系逐步明晰

2013 年，厦门市新材料产业持续发展，创新能力有了显著提高，产业链条逐步清晰，涌现出一批具备竞争优势的企业和产品，初步形成了钨及铝箔材料、新能源材料、稀土材料、半导体材料、特种玻璃材料、高性能纤维材料、膜材料、生物医药原料和精细化学品材料等 9 个行业群落。

表 9.6　厦门市新材料主要行业领域、产品和企业

序号	行业领域	主要产品	主要企业
1	钨及铝箔材料	钨粉、钨钼丝材及硬质合金、铝箔	厦门钨业及其子公司金鹭特种合金、虹鹭钨钼、厦顺铝箔
2	稀土材料	永磁、储氢及发光材料	厦门钨业、通士达
3	半导体材料	LED 外延片、芯片	三安光电、乾照光电、晶宇光电
4	新能源材料	贮氢合金粉、锂离子正极材料及聚合物锂离子电池	厦门钨业、宝龙工业、华锂能源等
5	特种玻璃材料	浮法、钢化和 Low-E 玻璃	明达玻璃、瑞世达、宸阳光电、威鸿光学
6	高性能纤维材料	高性能纤维	翔鹭化纤、新凯复材
7	膜材料	有机膜、陶瓷膜	三达膜、威士邦膜科技等
8	生物医药原料	生物医药原料、中间体	中坤化学、金达威
9	精细化学品材料	混凝土外加剂、防腐材料	科之杰、双瑞涂料

资料来源：厦门市发展研究中心整理

3. 产业集聚有所增强

全市新材料区域布局逐步聚集化。伴随"岛内退二优三、岛外强二进三"产业布局方针的贯彻，厦门新材料产业逐渐集中在岛外四个区，分布于海沧区的新阳及东孚工业区、投资开发区、进出口加工区，翔安区的火炬（翔安）产业区，同安区的火炬高新区同集园，集美区的北部工业园和杏林中亚城。从材料分类看，翔安以半导体材料、膜材料为主；同安以稀土功能、金属材料为主；海沧以金属材料、特种玻璃材料和生物医药原料为主；集美区以新能源材料为主。

4. 新兴领域异军突起

受益于市场回暖，2013 年本市 LED 芯片和外延片、混凝土外加剂材料等多个新材料领域表现不俗，企业产品结构优化，竞争力持续提升。

全市半导体材料代表性企业三安光电的主营产品 LED 芯片需求旺盛，公司不仅积极开满设备，改善产品结构，还通过增发募资扩大产能，并借助跨国并购进一步提升公司 LED 外延和芯片的核心技术

和渠道。2013 年上半年，三安光电主营收入增长 20% 以上。主营外加剂新材料的科之杰集团是国内领先的混凝土添加剂生产与应用技术集成方案提供商，2013 年跨区域发展成果明显，贵州、河南和浙江等子公司业务增长较快。

相比而言，受国际大宗商品低迷和经济增长放缓影响，2013 年厦门新材料领域的龙头企业厦门钨业及金鹭特种合金、虹鹭钨钼等子公司业务表现低迷。一是需求增长乏力，钨精矿及粉末产品价格在二季度上涨后回落，稀土行业量价齐跌；二是下游的合金产品竞争激烈。

5. 创新实力加快提升

目前厦门新材料企业创新实力进一步增强，产学研合作上了一个新的台阶，已经拥有一批较高水平的技术研发平台，已建设的工程技术研究中心、重点实验室、企业技术中心及博士后工作站达 40 多个，包括厦门钨业、三安光电、通士达、翔鹭化纤等一批企业的国家级企业技术中心和国家级博士后科研工作站，以及厦门大学、华侨大学和厦门理工学院等一批工科实力强的院所。此外，本地院所加强与异地机构的创新合作，并呈现出积极的成果，例如厦门理工学院与加拿大里贾纳大共同筹建了厦门市膜技术研发与应用重点实验室；海峡两岸防护新材料联合研究院和厦门两岸腐蚀防护技术转移中心于 2013 年 3 月入驻创新大厦。全市还拥有一个国家级工程技术研究中心——"国家钨材料工程技术研究中心"，两个省级重点实验室——厦大材料学院的"福建省特种先进材料重点实验室"和"福建省半导体材料及应用重点实验室"，以及若干个在建的重量级研究院所——中国科学院海西研究院稀土材料研究所和厦门市能源新材料工程技术研究中心、中船重工 725 所厦门材料研究院等。

6. 厦台合作积极推进

厦台新材料领域合作的步伐不断加快。继 2007 年厦门成功举办了"中国新材料发展趋势研讨会暨首届海峡两岸新材料发展论坛"后，"腐蚀与防护技术论坛"于 2012 年在厦门顺利召开，台湾防蚀协会等机构积极参加。在市科技局的推动下，2013 年 3 月底，厦台两地进一步签订了"动力电池先进材料研究中心"和"厦门两岸腐蚀防护技术转移中心"等 4 个两岸新材料产业合作项目。

专栏：厦门市新材料主要行业领域、产品和企业

1. 钨及铝箔材料

钨及铝箔材料是厦门新材料发展最具代表性和最完善的产业群，拥有厦门钨业和厦顺铝箔两个标杆企业。

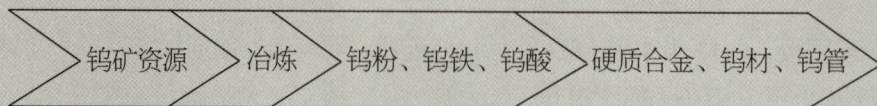

钨矿资源 → 冶炼 → 钨粉、钨铁、钨酸 → 硬质合金、钨材、钨管

资料来源：厦门市发展研究中心整理

图 9.9 钨材料产业链

2. 稀土材料

稀土材料领域以厦门钨业和通士达两家国家级高新技术企业为龙头。

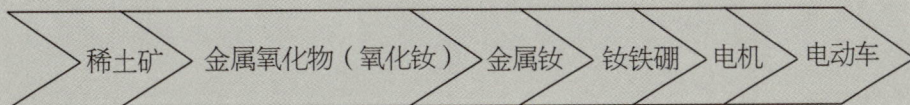

资料来源：厦门市发展研究中心整理

图 9.10　稀土永磁材料产业链

3. 半导体材料

厦门已经成为国内 LED 外延片和芯片主要生产基地之一。半导体材料领域拥有三安光电、乾照光电、晶宇光电等公司，产品覆盖 LED 外延片、芯片、化合物半导体光伏电池等。

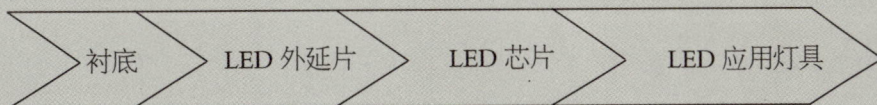

资料来源：厦门市发展研究中心整理

图 9.11　LED 半导体材料产业链

4. 新能源材料

新能源材料领域拥有厦门钨业、宝龙工业、华锂能源等高新技术企业，产品涉及贮氢合金粉、锂离子正极材料、各种系列的聚合物锂离子电池及磷酸铁锂电池。

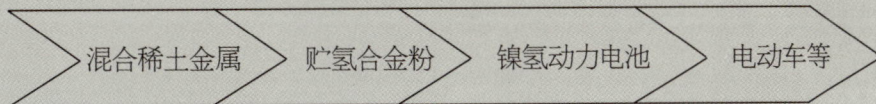

资料来源：厦门市发展研究中心整理

图 9.12　新能源材料产业链（稀土储氢材料产业链）

5. 特种玻璃材料

特种玻璃材料领域拥有明达玻璃、瑞世达科技、宸阳光电和威鸿光学、爱特鸥光电、万德宏光电、祥盛特种玻璃等一批企业，生产浮法、钢化和 Low-E 等玻璃。

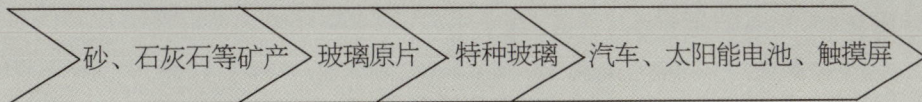

资料来源：厦门市发展研究中心整理

图 9.13　特种玻璃材料产业链

6. 高性能纤维材料

高性能纤维材料领域拥有翔鹭化纤和新凯复材两家知名企业。

原油 ⟩ 纺丝 ⟩ 聚丙烯腈（PAN）⟩ 碳纤维 ⟩ 球拍、车架、医疗器材等

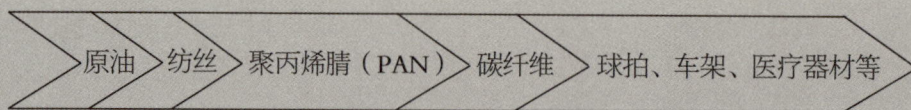

资料来源：厦门市发展研究中心整理

图 9.14　碳纤维复合材料产业链

7. 膜材料

膜材料领域拥有三达膜、绿邦膜技术、厦门威士邦膜科技、世达膜、天泉鑫膜科技、迈纳德膜技术（厦门）、天地源（厦门）膜科技、威纳通膜科技等一大批企业。厦门是中国重要的膜产业基地之一，产品包括各种膜、膜组件设备及膜工程。

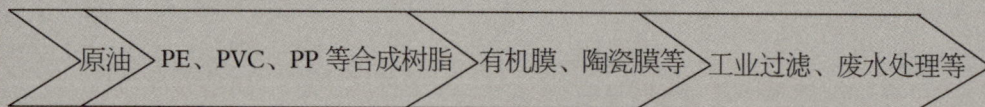

原油 ⟩ PE、PVC、PP 等合成树脂 ⟩ 有机膜、陶瓷膜等 ⟩ 工业过滤、废水处理等

资料来源：厦门市发展研究中心整理

图 9.15　工业膜应用产业链

8. 生物医药原料

生物医药原料领域以中坤化学、金达威等企业为龙头，生产芳香化学品、单离香料、天然精油、功能化学品、医药中间体、营养强化剂等产品。

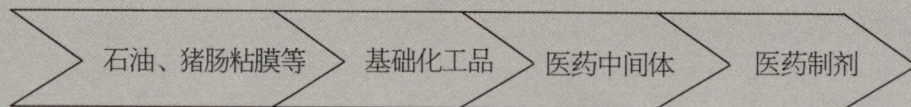

石油、猪肠粘膜等 ⟩ 基础化工品 ⟩ 医药中间体 ⟩ 医药制剂

资料来源：厦门市发展研究中心整理

图 9.16　医药中间体产业链

9. 精细化学品材料

精细化学品材料领域以科之杰、双瑞涂料等企业为龙头，主要从事混凝土外加剂、海洋防腐材料开发及产业化、海洋防腐工程技术应用。

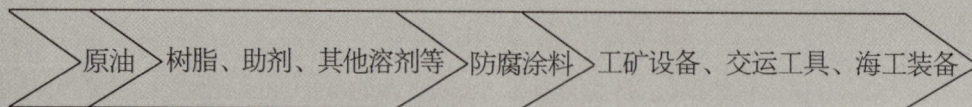

原油 ⟩ 树脂、助剂、其他溶剂等 ⟩ 防腐涂料 ⟩ 工矿设备、交运工具、海工装备

资料来源：厦门市发展研究中心整理

图 9.17　防腐涂料产业链

（二）存在的问题

1. 带动作用较强的新材料龙头少

对全市新材料产业起较强带动作用的龙头较少，尚未形成规模和集群效应。以 2012 年为例，当

年全市新材料产业约有规模以上企业 9 家，实现产值约 87.1 亿元 [1]，约占同期全市经认定的高新技术企业产值的 19.5%。目前，全市还没有主营收入达百亿级的新材料企业。收入居前的企业所从事的细分领域分散，且主要为相关产业集团的配套企业。而且伴随着少数集团企业产能向中西部转移，配套企业的发展将受一定程度的影响。

2. 部分企业产能外移压力增大

由于本市土地资源日趋紧张，人力成本逐步增加，招商政策优势相对减弱，以及中西部地区生产要素配套的完善，加上企业自身战略布局的需要，近几年部分工业企业产能向外部扩张。

新材料企业面临着比一般工业企业更大的外移压力。新材料产业的发展对自然资源有着更严格的要求，诸如钨材料、稀土、特种玻璃、化纤等企业对矿产资源和化工原料等需求较大，新项目外移的压力更明显。

3. 新材料创新能力有待进一步提高

产业层次集中于中低端水平。大部分新材料企业还处于产业链和价值链中低端，劳动密集、原材料消耗大的加工型产品居多，技术含量高的高端型产品占比偏低，行业产品附加值较低。

半导体材料等厦门较具规模的新材料行业领域，核心设备和部件仍然依赖于进口。全市具有强有力竞争优势的新材料技术创新成果不多，前沿新材料发展较慢，在国内领先和填补空白的新产品也较少，同质化的现象较为明显。产学研一体化有待完善，高校研究资源还未充分调动起来。

4. 多领域的新材料创新人才缺乏

目前厦门新材料产业规模较小，对行业人才尤其是优秀创新人才的吸引力较弱。2013 年 7 月，市发改委、经发局、科技局、火炬高新区、象屿保税区制定了《厦门市重点产业紧缺人才引进指导目录》，稀土、信息功能、稀有金属、膜材料等 13 个新材料产业细分领域出现在目录中。

5. 缺乏针对性较强的专项产业规划

虽然厦门市政府早在上世纪 90 年代就重视新材料技术的发展，在《厦门市高新技术产业"十一五"发展规划》、《厦门市工业转型升级 2013 年专项行动计划》、《关于促进若干重点新兴产业发展的指导意见》等一系列重要规划都有对新材料的部署，但仍然缺乏新材料专项产业政策的研究。经发局在 2011 年 11 月出台了《厦门市原材料工业"十二五"发展规划》，但仍不完善。深圳、上海、北京、杭州、广东省等一系列省市都出台了促进新材料产业发展的专项政策文件。

1　数据来源于工业和信息化部原材料工业司《中国新材料产业年度发展报告（2013）》。

二、2014 年厦门新材料产业发展环境分析

（一）国际环境

1. 全球市场蓬勃发展

新材料产业面广，市场规模庞大。全世界新材料的品种每年以 5% 的速度增长，相当于每年有 1.25 万种新材料推出[1]。2012 年全球各种新材料市场规模预计超过 4 000 亿美元，数据来自于中国工信部原材料工业司发布的《中国新材料产业年度发展报告（2013）》。

2. 总体呈现四大特征

当前，全球新材料产业发展呈现出"交叉联合化、技术垄断化、区域集中化、绿色低碳化"四大特征。

一是上下游进一步融合、多学科交叉和多部门联合进一步加强，产业重合和融合继续推进。新材料技术与纳米技术、生物技术、信息技术相互融合，结构功能一体化、功能材料智能化趋势明显。

二是主要生产技术被杜邦、巴斯夫、拜耳、GE 塑料、Ticona、陶氏化学、日本帝人、韩国 LG 化学等美欧日韩的大型跨国公司垄断。2012 年这些主要大型新材料生产企业占据了全球新材料 90% 的市场份额。

三是亚太地区成为新的投资热点。随着国际新材料巨头在全球范围内产能的扩张，新材料产业链的中低端逐渐向亚太地区转移，亚太地区成为国际巨头的投资热门地区。

四是新材料的低碳、绿色、可再生循环等环境友好特性倍受关注，材料的高性能、低成本趋势明显，新材料在制造业和民用市场等领域的普及应用对材料的性能和成本提出了更高的要求。

3. 技术创新层出不穷

近年，世界各国在新材料领域取得了一系列科技成果，见表 9.7。

表 9.7　近年来国外主要国家新材料科技动态

国别	科技动态
美国	（1）用非晶体来制造"超材料"并实现负折射，有望创造全新的产品甚至对制造业产生影响；（2）开发出无缺陷半导体纳米晶体薄膜，制造出迄今透明度最高的氧化铟锡导电薄膜，可弯曲的基底使其在制造柔性显示屏方面也有应用前景；（3）能够像橡皮筋一样延展拉伸的电子材料，能广泛用于医疗器械和消费电子设备等；（4）以碳纳米管为基础的全晶片数字电路；（5）自动收缩舒张的 BZ 凝胶，很像人类皮肤。

1　数据来源于 2009 年《株洲国家新材料高技术产业基地发展规划》。

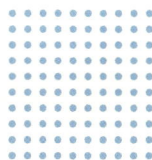

续表

国别	科技动态
俄罗斯	（1）开发出可降解聚乙烯包装材料的工艺；（2）研制出新型骨粘固剂，可修复受伤骨组织并溶解到人体组织内。
英国	（1）利用氧化石墨烯制作出新型隔气透水材料；（2）制得石墨烯晶体管，可有效减少电子泄露；（3）研制出纳米级变压器；（4）研制出迄今为止全球最轻的材料"飞行石墨"，密度仅0.2mg/cm^2。
德国	（1）开发稀土材料循环利用关键技术；（2）研制出"纳米耳"，比人耳灵敏度高几百万倍；（3）发明可回收利用的新型防辐射屏蔽材料。
日本	（1）开发出220～300℃就可以熔解的低熔点玻璃，可用于金属与电子部件的焊接；（2）光机能材料，在受光照时可在固化和液化之间反复转换。

资料来源：厦门市发展研究中心整理

4. 发达国家高度重视

技术创新的持续突破，一方面推进了传统工业的变革和格局演变，另一方面也开拓了新的市场空间，使得新材料备受世界各国高度重视。金融危机后，美国、德国、英国等发达工业国推动"制造业回流"，新材料的战略地位进一步提高。2013年2月下旬，美国咨询机构兰德公司发布了题为《关键材料对美国制造业的威胁》(Critical Materials Present Danger to U.S. Manufacturing) 的报告，强调加强对关键材料的控制力。在这种背景下，各国对新材料的扶持力度在不断加大，主要国家先后出台了一系列产业重大政策，见表9.8。

表9.8 近年来国外主要国家新材料产业的重大政策举措

国别	政策举措
美国	白宫发布了《先进制造业国家战略计划》，创建包括先进材料在内的4个领域的联邦政府投资组合，促进先进材料发展。此外发布了"国家纳米计划"，规划确定了纳米材料、纳米制造等八大主要支持领域。
欧盟	欧盟出台第7框架计划（FP7），其中的"纳米科学、纳米技术、材料与新产品技术"主题计划部署12项优先项目。欧盟科研与创新理事会出台欧盟飞机制造业《2050战略研究创新议程》，旨在集成纳米新材料、光电子等技术推进绿色航空航天技术研究。
德国	德国联邦环境部、联邦职业与健康安全研究所和巴斯夫研究所联合启动实施了《纳米材料安全性》长期研究项目，研究纳米材料对周边环境的影响。德国联邦教研部宣布启动"原材料经济战略"科研项目，研究高效利用并回收材料的特殊工艺。
韩国	韩国知识经济部和教育科学技术部表示，韩国到2020年将投入5 130亿韩元（约合人民币28.2亿元）推动"纳米融合2020项目"。

资料来源：《中国新材料产业年度发展报告（2013）》。

（二）国内环境

1. 产业规模高速增长

国内新材料产业市场规模增长迅速。2010 年中国新材料市场规模已经超过 6 500 亿元，"十一五"时期年均增速约 20%；到 2011 年，规模进一步突破了 8 000 亿元，2012 年进一步增长 25% 以上，全行业产值已经超过万亿规模。赛迪智库报告预测，随着制造业转型升级和其他新兴产业发展步伐加快，巨大的市场需求将带动新材料产业实现快速发展，2013 年国内新材料产业规模增速仍将在 20% 以上。

2. 空间布局集群化

我国新材料产业初步呈现集群分布的发展态势，基于地区产业基础和地域资源整合，目前形成了"东部沿海集聚，中西部特色发展"的空间布局，在 20 多个城市形成了不同程度的新材料产业集聚。

从区域看，环渤海、长三角和珠三角地区承担着新材料的研发、高端制造等功能，新材料种类多，成为全国三大综合性新材料产业聚集区；中部地区依托雄厚的原材料工业基础，新材料产业快速发展；西部地区依托丰富的资源基础，新材料产业呈特色化发展，形成多个特色新材料产业基地；东北地区作为老工业基地，具有较强的工业优势，新材料产业发展潜力日益凸显（见图 9.18）。

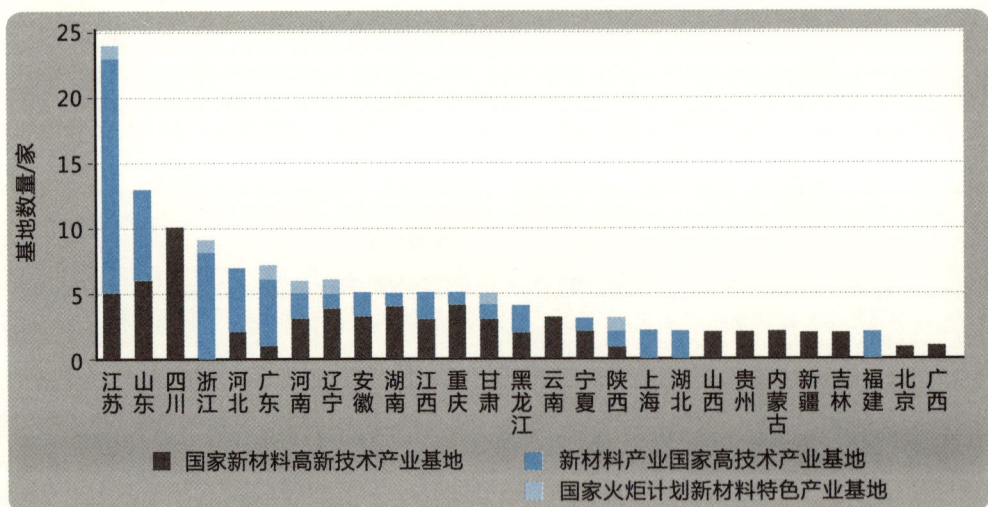

资料来源：《赛迪顾问：中国新材料产业地图白皮书（2012 年）》

图 9.18　国内新材料产业基地分布图

从省市看，广州、天津、青岛等地已逐渐发展成为化工新材料产业基地；甘肃金昌、湖南长株潭、陕西宝鸡、重庆及山西太原等内陆地区依托资源优势成为航空航天材料、能源材料及重大装备材料的主要基地；大连、福州、厦门等在光电新材料以及电子信息材料领域具有较强优势；江苏徐州、河南洛阳、江苏连云港、四川乐山等地则在硅材料产业方面表现较好。

我们按照所能找到的资料，以 2012 年产业规模相关指标从大到小的顺序，对国内 31 个省市新材料发展情况作了梳理，形成表 9.9。由于数据指标和统计口径未统一，下表只是作为了解全国布局的参照。

表 9.9　国内 31 个省市新材料发展概况

序号	省市	重点领域
1	江苏	各领域全面发展，均处于国内领先
2	海南	功能性膜、先进储能材料、新型建筑材料
3	山东	特种金属、高性能氟和有机硅及工程塑料以及 MDI 等先进高分子、特种玻璃、高性能纤维及复合、前沿等
4	湖南	先进储能和硬质合金等特种金属功能、高端金属结构、先进高分子、高性能纤维及复合材料
5	浙江	稀土功能、高品质特殊钢、高性能纤维、高性能氟材料、有机硅材料
6	上海	先进高分子、高端金属结构材料合计 90%，其他材料均有
7	河南	品类齐全，尤其人造金刚石等超硬材料国内第一
8	辽宁	稀土功能、高端金属结构、先进高分子、新型无机非金属、高性能纤维反复合材料
9	广东	电子信息和稀土及稀有金属和海绵锆等特种金属功能、新能源和生物复合等高性能复合、热缩等高端金属结构、热塑性复合等先进高分子材料、纳米及超材料
10	江西	稀土功能、钨材料、高端金属结构、有机硅等先进高分子
11	湖北	电子信息等其他特种金属功能、高端金属结构、先进高分子、新型无机非金属、其他合金、高性能纤维及复合
12	安徽	特种金属功能、高端金属结构、特种玻璃、纳米材料
13	福建	稀土功能、钨钼等稀有金属、先进高分子、高性能氟和特种玻璃等新型无机非金属
14	山西	高品质特钢、新型轻合金之镁铝合金、纳米材料
15	陕西	特种金属功能、高端金属结构、高性能纤维及复合、新型无机非金属、先进高分子材料
16	四川	稀有金属、稀土和半导体等特种金属功能、钨钼和硬质合金等其他功能合金、先进高分子、生物材料
17	黑龙江	半导体、高端金属结构、工程塑料、新型无机非金属的先进陶瓷和特种玻璃，高性能纤维、树脂基复合材料、碳／碳材料
18	河北	特种金属功能、高端金属结构材料
19	吉林	高端金属结构之铝合金、新型无机非金属、高性能纤维、碳纤维
20	天津	半导体、稀土功能、高品质特钢、功能性膜材料
21	甘肃	特种金属功能、先进高分子合计占 83%，高端金属结构、高性能纤维及复合、新型无机非金属等材料
22	北京	稀土稀有金属、特种橡胶、特种玻璃、复合材料
23	重庆	金属功能、新型轻合金、玻璃纤维、先进高分子材料
24	广西	稀土等特种金属功能、高端金属结构、电池及新型墙体等新型无机非金属、纳米材料
25	青海	新型轻合金、特种金属功能、新型无机非金属、先进高分子材料
26	贵州	特种金属功能、高端金属结构、高性能纤维及复合、纳米及高分子聚合物等前沿材料

续表

序号	省市	重点领域
27	内蒙	稀土功能、半导体、先进高分子、新型无机非金属
28	云南	金属新材料、光电子新材料、化工新材料
29	宁夏	钽铌稀有金属、其他功能合金、轻型轻合金、半导体材料
30	新疆	半导体、纤维制品、碳材料
31	西藏	特种金属功能、新型无机非金属材料

资料来源：厦门市发展研究中心整理

从产值规模看，全国新材料产业主要集中在东南沿海、中部和东北等省市。这些地区工业发展水平较高，多数矿产资源也较为丰富，拥有先进的技术工艺、管理理念和创新人才资源，电子信息设备、工程机械、汽车、建筑、其他高端装备制造等新材料下游的主要行业都较为发达。在要素和市场兼备的有利条件下，新材料产业在这些地区容易形成牢固的产业链和集群，技术和新产品开发得到有力推进和迅速推广，推动本地区工业转型升级，形成良性循环。

3. 各地扶持政策频出

国内较早就关注新材料的发展。"十一五"之前，新材料主要被视为推动工业升级的一种高新技术。国家"十一五"规划将新材料作为一种产业，与电子信息、生物、航天航空等三大高技术产业并列。国家在"十二五"规划中进一步将新材料作为七大战略性新兴产业之一，将其定义为有全局影响且有先导作用的重点产业，并陆续出台了《国家中长期新材料人才发展规划（2010—2020 年）》、《新材料产业"十二五"发展规划》和《新材料产业"十二五"重点产品目录》等专项文件。

在国家规划的引领下，各地区对新材料的关注逐日升温。在 30 个省市区的战略性新兴产业发展规划中有 15 个地区将新材料作为前三位要重点发展的产业。江苏、浙江、上海、辽宁、黑龙江、广东、福建、湖南、山东、青海等多个省市还出台了新材料产业发展专项规划，见表 9.10。

表 9.10　各地战略性新兴产业发展规划汇总（不含西藏）

战略性新兴产业	选择该产业的省市区数量（被列入前三位的省市区数量）
节能环保产业	28（8）
新一代信息技术	26（16）
生物	30（14）
高端装备制造	25（13）
新能源	30（16）
新材料	30（15）
新能源汽车	18（4）

资料来源：厦门市发展研究中心整理

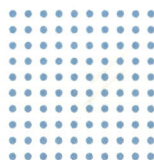

（三）新材料重点行业发展环境

国内外新材料种类繁多，各领域发展呈现差异化。厦门新材料主要行业的发展形势也各不相同。

1．钨及铝箔材料

世界主要钨消费地区为美国、欧洲、日本和中国。钨主要用于生产硬质合金、钨特钢和钨材。国外生产硬质合金产品主要企业有瑞典山特维克、美国肯纳和以色列伊斯卡等。全球主要铝加工企业集中在欧洲、北美和亚洲，主要是美、中（含台湾）、德、日、英、法、意、西、俄、韩。据测算，2012年国外铝材产量2 232万吨。

国内硬质合金品种基本齐全，规格型号超4万个，深加工产品占1/3，产业总体处于产业链低端，产量占世界40%以上，收入不足全球20%，集中度不高。发展趋势呈现精深加工、工具配套、节能环保和精密小型化。行业重点企业主要是湖南株洲硬质合金、厦门钨业和江西章源钨业。

国内铝箔材料增长稳定，高铁、城轨、汽车、食品包装、太阳能发电是重要应用领域。铝合金领域中，民营占90%以上，铝挤压、电线电缆和铝板带的厂商居多，产品方面，铝挤压、铝板带和铝箔产量各占50%、30%和10%，出口面临贸易壁垒。重点的铝合金企业有中国铝业、山东南山、辽宁忠旺、山东丛林和江苏鼎胜。

2．稀土材料

近年稀土产品价格大幅下跌，出口难度加大，铁氧体等替代品增加；具体产品如钕铁硼稀土永磁、稀土储氢、荧光、催化和抛光等材料市场需求疲软。2012年全国169家规模以上稀土冶炼企业实现收入615亿元，利润95.1亿元；210家规模以上稀土金属加工企业收入463.6亿元，利润29.2亿元。盈利水平均大幅下降。重点企业有北京中科、内蒙古包钢、广东科恒、北京有研、包头天骄、甘肃稀土。

全球稀土主要呈现"功能材料发展与减量使用技术及替代产品研发并行"、"国外稀土上下游企业一体化运作趋势明显"两个特点。

3．半导体材料

全球半导体多晶硅生产集中在中国中能、德国瓦克、韩国OCI、美国HEMOLOCK四家企业。中国新增产能占世界半数以上，2012年达68%。

国内多晶硅产业面临困境，开工率仅33%，产业集中度不断提升。产品价格下跌，出口低迷。品种上，半导体用多晶硅产量增幅仅9%，技术与国际差距大；电子级处于初级阶段。单晶硅的产业结构调整提速，8英寸硅片等产品进行技术改造和扩产。

4．特种玻璃材料

受益于全球节能减排和太阳能利用趋势，及现代工业技术的发展，太阳能玻璃、电子玻璃和航空玻璃等高端特种玻璃具备广阔的发展前景。全球太阳能产业增速达30%～40%，2012年以来光伏市场低迷。全球光伏玻璃主要厂商是圣戈班、旭硝子、PPG等公司。

玻璃新材料制造技术国内基本具备，但分散在各家企业，产业规模有待做大。分类看，低辐射镀膜玻璃、超白玻璃、超薄玻璃、光伏光热玻璃等具备条件但仍与国际有差距；防火基板玻璃、防辐射玻璃、导电玻璃、飞机与高速列车挡风玻璃、纳米及微晶基板玻璃等高性能新型玻璃仍需进口；节能中空、真空、自洁净等玻璃技术成熟，增长较快。

5. 高性能纤维材料

主要约 30 种，碳纤维、芳纶和超高分子量聚乙烯纤维应用最广泛。几大品种全部产业化，但较合成纤维，规模小，竞争力弱，大部分实际开工率低。碳纤维有近 20 家厂家，技术与国外差距大，开工率 10%，文体休闲贡献需求的 80%，前景好。芳纶长期依赖进口，其中间位芳纶已有产业基础，对位芳纶和共聚芳纶正在产业化。超高分子量聚乙烯纤维是唯一有竞争力的品种，约 20 家厂家，技术与国际仍有差距，空间大。

6. 膜材料

全球市场快速发展，高性能膜材料产业向高性能、低成本、绿色化方向发展，多个国家将膜技术作为 21 世纪高新技术研究重点。2012 年我国膜材料市场规模已达 250 亿元，自给率首次突破 50%；膜产业（含膜工程）总产值为 492 亿元。

7. 生物医药原料

生物材料产业快速增长，国内主要集中在环渤海、长三角和珠三角地区，产业集中度不高，技术与国际差距较大，高端仍被外资主导。

8. 前沿新材料

各国对石墨烯研究力度不断加大，石墨烯应用领域逐渐扩大。全球首条石墨烯生产线建于宁波。我国石墨烯专利数量仅次于美国，正处于产业化探索阶段，规模化生产和市场化仍需时间。重点企业有天津普兰、宁波墨西、常州二维、中科炭和厦门凯纳。

超导材料应用广泛，产业化进程加快，有机构预测超导市场规模可达千亿级，超导材料占 30%～40%。国内超导材料技术处于国际领先，但产业化应用仍有差距，超导潜在市场 2 000 亿元，超导材料占 30%～40%，毛利率约 50%。重点企业有西部超导、北京英纳。

目前全球主要碳纤维品种是 PAN 基碳纤维和沥青基碳纤维，前者占 90% 以上。这两个领域的主要厂商均来自日本和美国。2012 年全球碳纤维需求量 4.2 万吨，设计产能 9.87 万吨，总产量 7.42 万吨。

（四）国内外环境对厦门新材料发展的影响

新材料对产业升级有推动和先导作用，其重要性在当前劳动力、环境和资源成本及竞争压力大幅增长的背景下备受瞩目，国内外都在积极推进新材料产业的发展，多个地区还出台了专项产业政策。新材料的发展水平在某种程度决定了一个地区未来工业发展的竞争力和市场前景。厦门当前正处于产

业升级的重要阶段，大力推进新材料产业又好又快发展是十分必要的，也是非常紧迫的。

三、2014年厦门新材料产业发展展望

2014年，在全球经济复苏缓慢的背景下，伴随着国内城镇化的持续推进和全面改革的逐步深化，国内经济将保持中高速增长，新材料市场需求也将进一步扩大，厦门新材料产业发展形势总体良好，局部分化。

（一）产业规模保持增长

2014年厦门新材料产业仍将保持一定的增幅。一是新材料发展的国内外环境良好。国际货币基金组织IMF和经合组织OECD均预测2014年全球经济增速在3.6%，此外，国内城镇化持续创造需求，改革进一步释放了活力，传统产业的升级和战略新兴产业的发展，都将推动新材料产业的增长。二是厦门新材料的领域结构有助于产业增长。钨及铝箔、稀土功能材料等主要领域将受益于全球环境复苏，新能源电池材料、膜材料、生物医药原料等品类产业规模基数较小，成长空间大。

（二）不同领域差异化发展

预计钨及铝箔、稀土等材料将伴随全球经济缓慢复苏而增长；新能源材料、半导体材料和膜材料随着下游产品的推广，市场将保持较快增长；特种玻璃和高性能纤维等材料需求持续增长；生物医药原料和精细化学品材料行业规模基数较小，预计将获得较快的成长。

（三）区域布局进一步合理

厦门的新材料产业逐步集中于岛外四个区，与岛内外主体功能区调整的方向一致。尤其大部分新上马的新材料项目集中于火炬（翔安）产业区和火炬高新区同集园等火炬高新园区，实现散落企业向产业园区集中，新兴产业向翔安、同安等区聚集，与《美丽厦门战略规划》对各区产业定位相一致。

（四）创新能力进一步提高

2014年厦门新材料产业的创新能力再上一个台阶。首先是商事制度等一系列体制机制改革措施开始实施，中小企业创新扶持政策在深化落实，地区经济活力有望进一步提升；其次，伴随着"双百人才"等在全球招商引智计划的逐步落实，厦门汇集产业优秀人才的辐射能力在不断增强；再次是725所材料研究院、中科院海西稀土研究所等一系列研究平台项目在加快推进，创新载体和机制的发展完善，将推动一批前沿材料技术和新产品实现突破。

四、2014 年对策建议

（一）进一步优化新材料产业布局

包括优化区域布局和新材料领域布局两个内容。结合《美丽厦门战略规划》对厦门各区产业发展的定位，岛内新材料主要发展研发创新服务平台，逐步转移制造环节至岛外，岛外四个区根据自身产业特色发展相应的新材料领域方向。目前初步形成的"翔安以半导体材料、膜材料为主；同安以稀土功能、金属材料为主；海沧以金属材料、特种玻璃材料和生物医药原料为主；集美区以新能源材料为主"的产业格局已经逐渐成形，以此为主线，再做进一步优化。

（二）扶持重点优势企业做大做强

所在材料领域景气好、有技术基础和产业规模、资源依赖可控、环境成本可承受、具备一定竞争优势的新材料企业，我们认为是具有优势的重点企业，可以作为产业龙头的重点扶持对象，同时扶持有条件的企业上市，提升企业和地区知名度。

分领域看，厦门在钨、铝、稀土和半导体材料等领域有一定优势，市场仍有成长空间，要努力提升附加值率和市场份额，升级做强；膜材料属于环保产业，且有国家专项政策支持，全球市场增长迅速，且对资源依赖较低，同时厦门三达膜公司在业界技术领先，适合作为后备重点扶持；生物材料、精细化学材料、高性能纤维、玻璃钢/复合材料及石墨烯等行业前景较好，厦门有基础也有差距，可以作为鼓励突破发展的领域（见表 9.11）。

表 9.11　新材料细分领域特征分类

序号	行业领域	市场前景和竞争格局	资源依赖性	厦门基础	适合厦门的机会
1	钨及铝箔材料	受经济景气影响大。硬质合金竞争激烈，国内低端为主，附加值有提升空间	大	厦钨、厦铝	升级做强
2	新能源材料	市场逐步推广，成长期	一般	厦钨、宝龙、华锂	做大做强
3	稀土材料	竞争程度高，受减量技术和替代品研发的威胁	大	厦钨、稀土研究所	做大做强
4	半导体材料	竞争加剧，需求在增长	小	三安光电等	升级做强
5	特种玻璃材料	技术与国际差距大，巨头主导，需求在增长	大	明达玻璃等	升级做强
6	高性能纤维材料	技术与国外差距大，开工率低，前景好	一般	翔鹭化纤等	升级做强
7	膜材料	分散竞争，国家专项政策支持，全球市场快速增长	小	三达膜等	做大做强
8	生物医药原料	前景趋好	小	生物医药港	鼓励发展
9	精细化学品材料	前景趋好	小	化工	鼓励发展

资料来源：厦门市发展研究中心整理

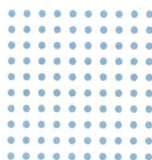

（三）加快推进重点项目落地建设

加快推进中科院海西院稀土材料研究所、厦门市能源新材料工程技术研究中心、中船重工 725 所厦门材料研究院及其双瑞新材料产业园等重点研发和产业平台项目的建设。这四个主要项目计划完成建设时间均在 2015 年，2014 年是项目能否按时完成的关键时期，项目主管和负责部门要加强过程监管和把控。

（四）更好发挥政府和协会的作用

新材料领域广泛复杂，需要更好地发挥政府规划引导和协会规范协调的作用。

政府方面，建议对细分材料领域在市场前景、竞争力、区域规划、资源依赖和环境影响等方面做出评价，通过重点项目招商等方式发挥政府的引导作用。厦门市目前尚未出台新材料产业专项发展规划，主要在《厦门市战略性新兴产业发展"十二五"规划》、《厦门市"十二五"先进制造业发展专项规划》、《厦门市工业转型升级 2013 年专项行动计划》、《厦门科技局关于促进若干重点新兴产业发展的指导意见》和《厦门市原材料工业"十二五"发展规划》中有提及。原材料工业规划主要定位在原材料工业的转型升级，缺乏对新材料产业发展的总体规划。

此外，厦门还没有新材料行业协会。行业协会作为非行政机构，在代表行业争取权利和协调纠纷，提供市场信息和法律咨询等相关服务，增强企业抵御风险能力，减少单个企业运作成本等方面，均有不小的贡献，建议成立相应的协会组织。

（五）提升创新能力和加大人才引进

一是建立新材料技术创新的公共服务平台，加强协同创新和产学研一体化，同时挖掘更多符合条件的新材料项目列入重大科技专项支持，推动新材料创新突破。此外，积极协助企业充分利用国家和福建省在新材料领域的扶持政策，鼓励企业技术创新。二是充分发挥厦门市已经出台的"海纳百川"、"双百计划"等引才引智政策优势，大力引进在适合厦门重点培育和发展的新材料领域中作出突出贡献的创新人才和产业化领导型人才。

（六）挖掘厦台新材料发展合作空间

发挥厦门与台湾的五缘优势，挖掘两地新材料技术创新和产业发展的合作空间。台湾在光集成电路、环保、复合材料等一些新材料领域发展有特色，厦门可通过组建行业协会，与台湾复合材料工业同业公会等协会展开交流合作，借助展会、产业讨论会等平台，谋求两地新材料共同发展新路径。2013 年 5 月，江苏镇江已经工业和信息化部、国务院台湾事务办公室同意，设立海峡两岸（镇江）新材料产业合作示范区。厦门也应抓紧研究设立厦台两地新材料产业合作示范园区。

参考文献：

［1］工业和信息化部.新材料产业"十二五"发展规划［R］.2012 年.

［2］工业和信息化部原材料工业司.中国新材料产业年度发展报告（2013）［M］.2013 年.

［3］工业和信息化部.新材料产业"十二五"重点产品目录［R］.2012 年.

［4］科技部等.国家中长期新材料人才发展规划（2010—2020 年）［R］.2011 年.

［5］巫菁.十大产业集群发力 助推新材料产业进入千亿产业群［N］.厦门日报，2013-9-23，（15）.

［6］于洁.新材料产业发展战略高级培训班归国总结［C］.中国电子材料行业协会 2013 年五届五次理事扩大会暨行业情况交流会会议文集，2013 年.

［7］厦门市政府.厦门市高新技术产业"十一五"发展规划［R］.2008 年.

［8］厦门市经济发展局.厦门市工业转型升级 2013 年专项行动计划［R］.2013 年.

［9］厦门市科学技术局.关于促进若干重点新兴产业发展的指导意见［R］.2010 年.

［10］厦门市经济发展局.厦门市原材料工业"十二五"发展规划［R］.2011 年.

［11］马琳.我国新材料产业集群发展现状及特点研究［J］.新材料产业，2013，（6）.

［12］段浩，袁洋.中国新材料产业基地布局导向与发展模式［J］.新材料产业，2012，（12）.

课 题 组 长：涂聪智
课题组成员：谢　强　林　红　李　婷　梁子升　王　迪
课 题 执 笔：涂聪智　谢　强

第四节　生物医药产业发展

一、2013 年厦门市生物医药产业发展情况

（一）发展情况

1. 产业规模增长快速

2013 年，在市委市政府的高度重视下，在市直各有关部门的支持引导下，我市生物与新医药产业发展迅速，产业规模进一步扩大，累计实现工业总产值超过 200 亿元，比增超过 30%，增速比全市工业增长平均水平高出 10 多个百分点；产业影响力进一步增强，占全市规模以上工业总产值比例不断提高；产品实现产销两旺，生物医药产业发展进入良性快速增长轨道。产业主要数据见表 9.12：

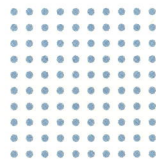

表 9.12　近年来我市生物医药产业主要数据

年份	工业总产值（亿元）	销售收入（亿元）	出口额（亿美元）
2010	105.97	102.55	5.87
2011	123.12	120.58	6.78
2012	162.5	161.67	7.63
2013	>200	>200	>8

资料来源：根据市科技局提供数据整理（2013 年数据为预测数）

2．产业结构优化提升

生物医药产业初步形成了以医疗仪器技术、设备和现代农业（生物）技术为主导，医药生物技术、轻工和化工技术等领域为主要支撑的产业体系，产业结构更加优化，行业集聚特征进一步显现，各专业领域实力不断增强，形成了一批有影响力的企业，如特宝公司目前已研制成功 13 个新药品种，其中 5 个是国家一类新药，已获得 3 个新药证书。艾德生物已申请国内外发明专利 20 项，获得授权发明专利 5 项，研发成功的 20 余种肿瘤个体化诊疗产品已远销 20 个国家和地区。生物医药各专业领域主要代表企业见表 9.13：

表 9.13　我市生物医药各专业领域主要代表企业

专业领域	主要代表企业
医疗仪器技术、设备	大博颖精、锐珂、百美特
现代农业（生物）技术	百利种苗、银翔、惠尔康、银鹭
疫苗、诊断试剂	艾德生物、万泰沧海
医药生物技术	特宝、北大之路
海洋生物	蓝湾科技、朝阳生物
中药、天然药物	中药厂

资料来源：根据市科技局提供材料整理

3．多种所有制共同发展

经过近几年的不断发展，我市生物医药企业逐渐形成以外资企业为龙头，民营资本积极介入，多种所有制共同发展的良好局面。内资企业占全行业企业数超过 60%，为行业企业的大多数，但三资企业以较少的企业数量完成了全市生物与新医药产业超过 60% 的产值额（见图 9.19）。

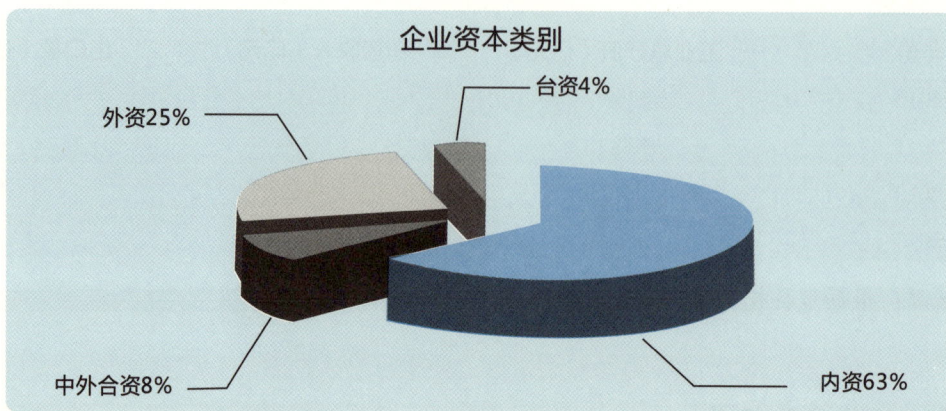

资料来源：根据市科技局提供的 2012 年数据整理

图 9.19　我市生物医药企业资本类别

4. 产品竞争力不断增强

主要产品包括基因工程药物及疫苗、诊断试剂一体化及医疗器械、保健品和海洋药物、中药、医药中间体、化学药等。我市生物医药企业创新能力强，产品技术含量高。"十二五"以来，全市 12 个一类新药申报或进入临床，2013 年又有 Y 型 PEG 化重组人促红素注射液和重组戊肝疫苗 IV 期临床试验等获得国家重大新药创制科技重大专项立项支持。厦门大学与厦门万泰沧海合作开发的国家一类新药"重组戊型肝炎疫苗"是全球第一支戊肝疫苗，宫颈癌疫苗和尖锐湿疣疫苗是国内第一支，万泰沧海的基因疫苗、特宝生物的基因重组药物、英科新创的诊断试剂、北大之路的神经生长因子、迈克制药的抗艾滋病毒药物、瑞声达的助听器、中药厂的八宝丹和新痛片、金达威公司的化学合成维生素、蓝湾科技的高纯硫酸铁葡萄糖均在市场上具有显著的技术优势。

5. 基地功能效应凸显

依托国家科技部批准设立"闽台（厦门）生物医药合作交流基地"和"国家火炬计划厦门海沧区生物与新医药特色产业基地"，海沧生物医药产业基地加快建设，先后启动了"一十百千万"基地建设，构筑起"孵化器—中试基地—产业园区"的梯次发展格局，各种功能配套更加完善。海沧生物医药企业数、产值均占全市的一半以上，且呈不断上升趋势。2013 年，国内首个丙型肝炎病毒（HCV）分型治疗研究在海沧开展，台湾知名上市公司基亚生物科技投资的德必碁生物科技（厦门）有限公司，成为首家落户厦门生物医药港的台湾生物医药上市企业。2013 年，海沧共有生物医药企业 147 家，比增 58%；累计完成工业总产值 103 亿元，比增 25%，其中，规模以上企业数由上年同期的 23 家增至 33 家，实现产值 98.75 亿元，增长 5.3%。

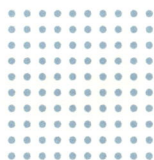

6．创新体系不断完善

生物医药企业创新能力不断提升，技术实力进一步增强。全市生物技术领域累计申请国内专利超过 680 件，其中发明专利超过 600 件。生物技术创新服务体系进一步完善，厦门生物医药孵化器、海峡（厦门）中医药科技平台、海洋生物技术产业化中试研发基地等我市已建、在建的生物医药产业技术服务平台已达 18 个，辖区内集聚了厦门大学、国家海洋局第三海洋研究所、集美大学、华侨大学、中国科学院城市环境研究所等科研院所，拥有与生物医药领域有关的国家级研究机构 2 家、省级工程技术中心或企业技术中心 13 家、市级研发中心 30 家，以及一大批专家、专业人才，为生物医药产业发展提供了有力的技术支撑。

（二）存在的问题

1．产业规模不大

近年来，我市生物医药产业从无到有，并进入了快速增长阶段，产业规模逐渐做大，2013 年全行业产业突破 200 亿元，但是生物医药工业总产值占全市规模以上工业总产值比重仅为 4%，与光电、电子等全市支柱产业相比，对全市工业影响还不够大。同时，与国内主要生物医药城市相比，差距也很明显，在全国所占比重也较轻。比如，主要生物医药产业城市生物医药产值江苏、山东超过 2 000 亿元，上海、北京、深圳超过 700 亿元，武汉、成都等也超过 500 亿元，与这些城市相比，厦门生物医药产业规模明显较小。

2．企业实力不强

我市生物医药产业虽然初步形成了企业群，但规模效应还不够明显，现有药企规模普遍偏小。医药企业小、散、乱的问题仍未根本解决，生产的多是技术要求相对较低的仿制药品，专业化程度低，对研发工作重视不够，大部分企业的研发投入比重处于较低水平，对于投资新药研发心有余力不足，甚至是有心无力，创新能力不强。具有国际竞争能力的龙头企业尚未形成，无法发挥榜样示范效应带动产业整体发展。

3．产品市场占有率不高

我市生物医药企业单一产品市场销售额超亿元企业数量明显偏少，在全国同类产品中影响力不足。主要原因有两方面。一是我市生物医药企业对外品牌建设、营销渠道、产品市场推广等工作还相对不足，导致一批本有市场竞争力的产品销售情况也不是十分理想，如名列 2012 年全国十大科技成果之一的戊肝疫苗 2012 年市场销售额仅有 2 000 多万元。二是福建省、厦门市尚未建立支持、保护本地产生物医药产品的采购制度，省内药企产品在省内采购比例仅为 3.7%，与北京市明确提出"提高本地药品生产企业在全市药品集中采购中所占份额，由原先的 5% 提高到 10%"，浙江、四川、江苏建立"医疗机构使用本地制造药品的考核评价机制"相比，扶持力度明显不足，一定程度上也影响了产品的市场占有率。

4．融资渠道不畅

生物医药行业具有产品研发长周期、大投入、高风险、高收益等行业特征，需要强大的资金支持，这也决定了生物医药企业的融资难问题。我市生物医药企业大部分为中小企业，对资金的需求更加强烈。但传统的政府资金陷入"僧多粥少"的境地，在生物医药行业，资金主要流向基础研究和重点项目建设，对于绝大多数生物医药企业而言只能"望梅而不止渴"，很多项目缺少资金迟迟上不去，难以支撑长久发展。银行十分注意资金的安全性，针对生物医药产业的高风险性，放款意愿不强，企业贷款难度日益加大。适合生物医药产业发展的风险投资基金在我市还不够发达，科技中介机构不够多等等因素决定了行业融资渠道还不够顺畅。

5．招商机制创新不够

目前，厦门生物医药产业招商基本上停留于以会面商、以情养商的基本格局上。市招商部门对生物医药产业招商的重视程度不如光电、机械等；而区级的招商机构，对需具备较高知识素养的生物医药产业的招商工作，在招商策划、工作布局、外语能力以及个性化的招商服务等方面尚显能力不足，引进国际巨头的能力有待提升。

6．对台优势未发挥

台湾生物医药产业相比大陆来说，在技术水平、产业人才、产品国际化等方面都具有优势，但台湾药企、器械厂商至今仍徘徊于大陆市场之外，除李时珍集团等部分中药企业外，极少在大陆直接开办企业。厦门是对台交流合作的前沿和窗口，与台湾有"五缘优势"，国家批准的综合配套改革赋予我市对台先行先试的权利，更是加大了这种优势。近年来，厦门与台湾在经贸合作、文化交流、人员往来等方面都取得了突出的成效，已经具备与台湾生物医药产业加强交流、分工合作的良好基础，但对台生物医药产业交流合作的常态化机制尚未建立，难以吸引台湾药企进入厦门，对台优势在生物医药产业的合作上未能充分发挥。

二、2014 年厦门生物医药产业发展环境分析

（一）国际生物医药产业发展形势

当前生命科学和生物技术的发展日新月异，取得的重要进展和重大突破正推动生物医药研究和产业进入革命性变化的新时代，包括生物技术药物、化学药和中药在内的生物医药产业已经成为当今世界最活跃的战略性新兴产业之一，生物医药产业也被誉为 21 世纪的朝阳产业。各国纷纷把发展生物医药产业作为经济发展的重点，以生物医药为代表的新医药产业正在成为推动经济发展的重要产业。

1．产业市场销售额

2004 年以来全球医药市场销售进入一个稳定增长阶段，平均增长速度在 7% 左右，同时有关机构

预测，2009—2014年，全球医药市场年复合增长率将为6.20%，具体增长情况见图9.20。

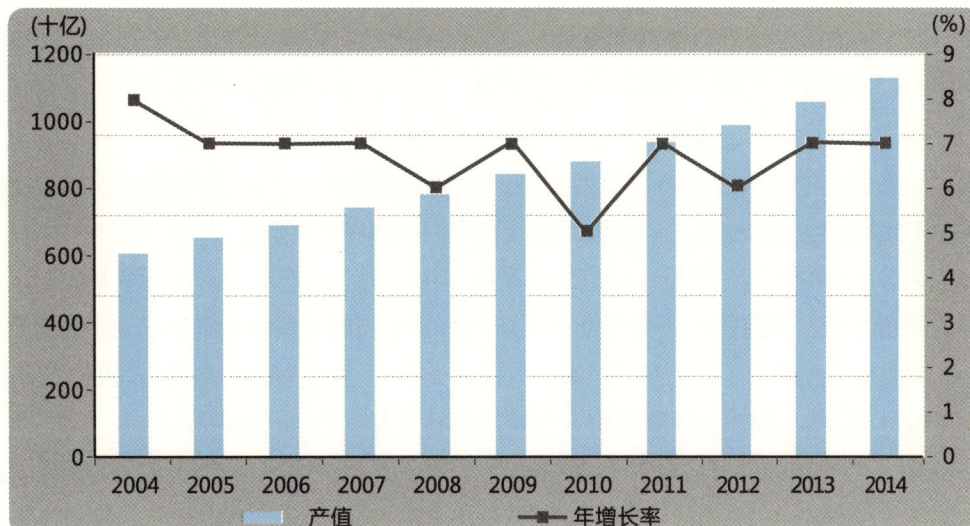

资料来源：IMS医药行业发展报告

图9.20　全球医药市场销售额（2004—2014）

2. 产业市场销售份额

2009年，全球医药市场份额最大的是北美洲，占比达到38%，其次是欧洲、日本等地区，同时有关机构预测了各地区2009—2014年医药销售增长情况，最快的地区是东南亚和南亚，将达17.7%，到2014年，医药市场占比份额将有所变化，具体情况见图9.21。

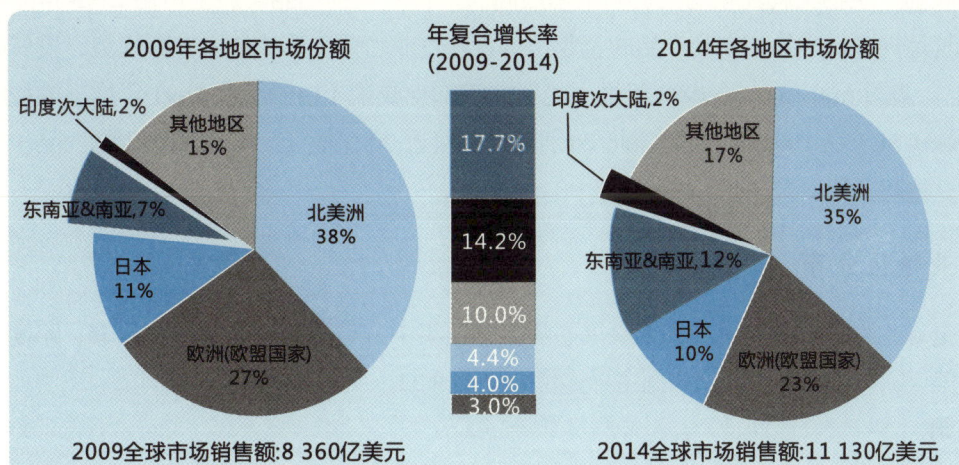

资料来源：IMS医药行业发展报告

图9.21　全球医药市场销售份额

3. 产业特征

一是高技术。这主要表现在其高知识层次的人才和高新的技术手段。生物制药是一种知识密集、技术含量高、多学科高度综合互相渗透的新兴产业。以基因工程药物为例，上游技术（即工程菌的构建）涉及目的基因的合成、纯化、测序；基因的克隆、导入；工程菌的培养及筛选；下游技术涉及目标蛋白的纯化及工艺放大，产品质量的检测及保证。生物医药的应用扩大了疑难病症的研究领域，使原先威胁人类生命健康的重大疾病得以有效控制。21 世纪生物药物的研制将进入成熟的使能技术阶段，使医药学实践产生巨大的变革，从而极大地改善人们的健康水平。

二是高投入。生物制药是一个投入相当大的产业，主要用于新产品的研究开发及医药厂房的建造和设备仪器的配置方面。目前国外研究开发一个新的生物医药的平均费用在 1 亿～3 亿美元左右，并随新药开发难度的增加而增加（目前有的还高达 6 亿美元）。一些大型生物制药公司的研究开发费用占销售额的比率超过了 40%。显然，雄厚的资金是生物药品开发成功的必要保障。

三是长周期。生物药品从开始研制到最终转化为产品要经过很多环节：试验室研究阶段、中试生产阶段、临床试验阶段（Ⅰ、Ⅱ、Ⅲ期）、规模化生产阶段、市场商品化阶段以及监督每个环节的严格复杂的药政审批程序，而且产品培养和市场开发较难；所以开发一种新药周期较长，一般需要 8～10 年、甚至 10 年以上的时间。

四是高风险。生物医药产品的开发孕育着较大的不确定风险。新药的投资从生物筛选、药理、毒理等临床前实验、制剂处方及稳定性实验、生物利用度测试直到用于人体的临床实验以及注册上市和售后监督一系列步骤，可谓是耗资巨大的系统工程。任何一个环节失败都将导致前功尽弃，并且某些药物具有"两重性"，可能会在使用过程中出现不良反应而需要重新评价。一般来讲，一个生物工程药品的成功率仅有 5%～10%。时间却需要 8～10 年，投资 1 亿～3 亿美元。另外，市场竞争的风险也日益加剧，"抢注新药证书、抢占市场占有率"是开发技术转化为产品时的关键，也是不同开发商激烈竞争的目标，若被别人优先拿到药证或抢占市场，也会前功尽弃。

五是高收益。生物工程药物的投资回报率很高。一种新生物药品一般上市后 2～3 年即可收回所有投资，尤其是拥有新产品、专利产品的企业，一旦开发成功便会形成技术垄断优势，投资回报能高达 10 倍以上。美国 Amgen 公司 1989 年推出的促红细胞生成素（EPO）和 1991 年推出的粒细胞集落刺激因子（G-CSF）在 1997 年的销售额已分别超过和接近 20 亿美元。可以说，生物药品一旦开发成功投放市场，将获暴利。

4. 产业地区分布

目前，全球生物医药产业呈现集聚发展态势，主要集中分布在美国、欧洲、日本、印度、中国等地区。其中美、欧、日等发达国家占据主导地位，见图 9.22。

（1）美国

美国生物医药产业已在世界上确立了代际优势。即比最接近的竞争对手如英国、德国等生物医药强国，在技术和产业发展上，要至少先进两代以上。

目前，美国已形成了旧金山、波士顿、华盛顿、北卡、圣迭戈五大生物技术产业区。其中，波士

资料来源：赛迪顾问

图 9.22　生物医药产业地区分布

顿、华盛顿和北卡罗来纳研究三角园分布在东海岸，旧金山和圣迭戈分布在西海岸。

（2）英国

英国是仅次于美国的生物医药研发强国，产业的科学基础是其他欧洲国家无法比拟的，在这一领域，英国已经获得了 20 多个诺贝尔奖。在园区发展方面，英国剑桥生物技术园区现已成长为世界最大且从事最尖端科研的生物技术园区之一。目前，英国生物医药产业主要分布于伦敦、牛津、剑桥、爱丁堡等高等院校及科研机构密集的地区。

（3）日本

日本生物医药领域的发展起步晚于欧美国家，但发展非常迅猛。日本在 2002 年 12 月提出生物技术产业立国的口号，经济产业省出台了产业园区计划，积极推进产业园区的形成。形成了包含各种高科技的主题园区 18 个，而其中的 11 个都是以生物技术或生命科学为重点的产业园区，如大阪生物技术产业园区、神户地区产业园区和北海道生物技术产业园区等。

目前，日本的生物医药产业主要分布于东京、北海道、关西等地区。

（4）印度

印度目前生物医药产业发展十分迅速，将生物医药与信息学不断融合，是印度生物医药产业发展的一大特色，已成为亚太地区五个新兴的生物科技领先国家和地区之一。

印度自 20 世纪 80 年代开始重视生物技术的研发，出台了各种优惠政策以吸引国内外的投资。至今印度全国已经建立了 6 家生物技术产业园，拥有生物技术公司 180 多家，并预计在未来的 2～3 年内再建成 20 多家生物技术产业园。

目前，印度生物医药产业主要分布于班加罗尔、浦那、海德拉巴、新德里、勒克瑙等地区。

5．主要代表企业

2013 年 7 月 8 日《财富》推出 2013 年世界 500 强排行榜，壳牌石油蝉联榜首。榜单统计，13 家生物医药企业入围世界 500 强，强生凭借 672 亿美元的营业收入继续领跑生物医药企业排行榜，而辉瑞和诺华以 612 亿和 575 亿美元分别列为第 2 位和第 3 位。具有突破性意义的是，中国医药集团凭借 262 亿美元的营业收入首次进入榜单，排于第 446 位，见表 9.14。

表 9.14　2013 年世界 500 强中生物医药企业排行情况表

单位：百万美元

排名	上年排名	公司名称	营业收入	利润	国家
132	138	强生（JOHNSON & JOHNSON ）	67 224	10 853	美国
148	126	辉瑞制药有限公司（PFIZER ）	61 244	14 570	美国
162	157	诺华公司（NOVARTIS ）	57 561	9 505	瑞士
194	187	拜耳集团（BAYER ）	51 096.7	3 143.4	德国
197	192	瑞士罗氏公司（ROCHEGROUP ）	50 609.4	10 175.4	瑞士
214	207	默沙东（MERCK ）	47 267	6 168	美国
219	201	赛诺菲（SANOFI ）	46 209.3	6 383.2	法国
253	231	英国葛兰素史克公司（GLAXOSMITHKLINE ）	41 885.5	7 234.2	英国
261	268	雅培公司（ABBOTT LABORATORIES ）	39 873.9	5 962.9	美国
267	270	杜邦公司（DUPONT ）	39 528	2 788	美国
382	368	3M 公司（3M）	29 904	4 444	美国
413	331	阿斯利康（ASTRAZENECA ）	27 973	6 297	英国
446	——	中国医药集团（Sinopharm ）	26 189.5	343.3	中国

资料来源：《财富》2013 年世界 500 强排行榜

（二）国内生物医药产业发展状况

1989 年深圳科兴生物工程公司成立，标志着中国生物医药产业的开始。其后，全国各地积极发展生物医药产业，开始出现了专业集群和园区，并迅速成长为国民经济的一项重要组成部分。随着我国医疗改革的持续推进，以及生物医药被纳入国家战略性新兴产业体系，生物医药产业迎来了加速发展和布局调整的重要机遇。自 2003 年以来，全球生物医药市场增速在 10% 以上，而我国的年均增长率更是达到 25% 以上，处于大规模产业化的开始阶段，生物医药产业产值规模已超过 12 000 亿元，同比增长 15% 以上，远高于其他制造业。我国生物医药产业实力明显增强，结构优化升级，效益逐步提升，自主创新步伐加快，国际化程度不断提高，生物医药市场总额已位列全球第二，成为国际公认的制药大国。

1. 产业发展的机遇和挑战

（1）机遇方面

一是我国生物医药产业具有较好的发展基础。我国生命科学和生物技术总体上在发展中国家居领先地位，许多生物新产品、新行业快速发展，同时我国也是世界上生物资源最丰富的国家之一，从事生物技术研究的人才具有广泛的国内外基础。

二是我国生物医药产业的市场前景极其广阔。国民经济较快增长、庞大人口基数及老龄化趋势、人民生活水平的提高、健康意识的增强等需求合力，拉动中国生物医药产业的快速发展。保守估计，到 2020 年我国广义生物医药市场规模将达到 4 万亿元。

三是我国生物医药产业发展处在重要的战略机遇期。世界生物医药产业尚未形成由少数跨国公司控制的垄断格局，我国生物医药产业的技术、人才和科研基础在高技术领域中差距最小。

四是我国政府非常重视生物技术及产业的发展。从 1986 年开始连续多个五年计划中都将其列为重点发展方向，制定了生物医药产业发展的具体规划，以及促进产业发展的相关措施。国务院于 2012年 7 月正式印发《"十二五"国家战略性新兴产业发展规划》，首次对包括生物医药产业的七大战略性新兴产业的发展路径、发展方向、发展策略和支持政策作了明确。2013 年 1 月 6 日，国务院发布《生物产业发展规划》，明确提出我国生物医药产业的发展目标，2020 年生物产业要发展成国民经济的支柱产业。同时，国家发改委、科技部、商务部等国家部委也相继出台了一系列政策对生物医药产业的发展提供支持。

（2）挑战方面

一是自主创新能力弱。2012 年，医药企业研发投入占总收入比不到 3%，重点药企研发投入占总收入比约为 5%。而跨国大型药企，如辉瑞、诺华、诺和诺德、礼来等研发投入比重均在 15%～20%。全球生物技术专利中，美国、欧洲和日本占到了 59%、19%、17%，而包括中国在内的发展中国家仅占5%。我国已批准上市的 13 类 25 种 182 个不同规格的基因工程药物和基因工程疫苗产品中，只有 6 类9 种 21 个不同规格的产品属于原创，其余都是仿制。目前中国生产的药物有 97% 是仿制药，附加值低。全球通用的 2 000 多个大的处方药，没有一个是中国原创的。

二是生物医药科研成果的转化率偏低。全国生物科技成果转化率普遍不到 15%，西部地区甚至不到 5%。一是生物医药产业化人才匮乏，药学信息、生物工程等专业化人才很少；二是生物医药科研未能广泛合作，在发达国家，生物医药科研是企业、研究院、高校等组成的一个高效率团体，而我国生物医药的研发主要靠企业自身，未能实现资源共享和集约化规模，极易导致低水平重复研究和重复投资；三是生物医药产业"小、散、乱"现象严重，企业对生物医药的研发受限于资金和人才，即使有了创新也不能够尽快完成转化。

三是适合产业发展的体制机制还不完善。科研创新、医药卫生、投融资、药品评价、药品定价、转基因市场准入和政府采购等方面的机制改革比较滞后，难以适应大规模产业化的需要。

2. 产业发展基本情况

（1）产业的基本情况及热点领域

217

近 10 年来，我国生物医药产业快速增长，产业进入快速发展阶段。具体增长情况见图 9.23。

从销售角度看，与全球其他主要生物医药生产国相比，2004—2010 年，我国生物医药销售收入复合增长率达到 16.4%，为全球第一，具体情况见图 9.24。

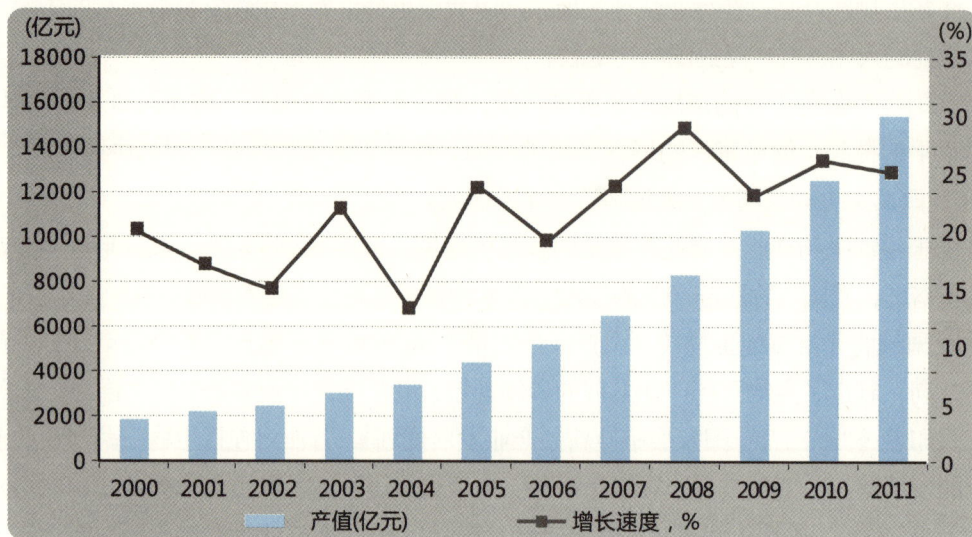

资料来源：IMS 医药研究报告

图 9.23　我国 2000—2011 年医药产业增长情况

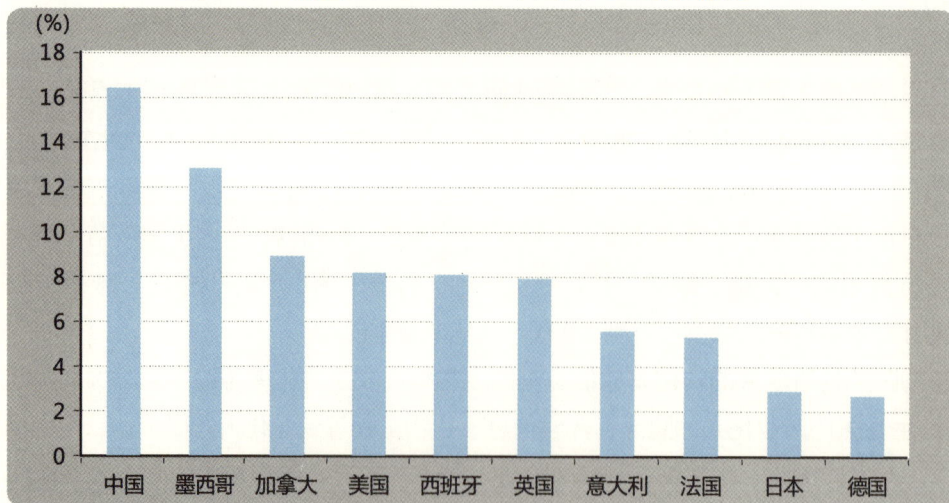

资料来源：IMS 医药研究报告

图 9.24　各国 2004—2010 年医药销售收入增长率

在我国生物医药产业的各子行业中，其中以下几大热点尤为引人注目，将成为风险投资未来重点追逐领域：

①生物制药领域。随着化学制药研发遇到瓶颈和生物科技的迅猛发展，生物制药已成为医药产业中发展最快、活力最强和技术含量最高的领域，全球生物制药年复合增速高达 21.6%，约为世界经济平均增速的近 10 倍。我国生物制药与国外差距不大，目前发展迅速，工业产值每四年翻一番，销售

利润率高于医药产业其他子行业。随着"十二五"生物产业规划的启动，生物研发加速和医药内需扩大，我国生物制药产业将保持快速的发展和良好的盈利能力。在生物制药领域，疫苗、抗体以及基因工程药物，将成为未来几年风险投资关注的三大热点。针对传染病带来的安全问题，疫苗是国家支持的重点品种，新型疫苗和治疗性疫苗是未来发展方向；单克隆抗体是具有高度靶向性的"生物导弹"，在肿瘤等多种疾病治疗中具有突出优势，具有最高的成长性、市场潜力；以 EPO、重组胰岛素、重组干扰素、重组生长激素和凝血因子等品种为主的基因工程药物具有其他药物无法取代的疗效，并且加速向长效蛋白进发，市场空间巨大。

②医疗器械领域。由于医疗器械领域相对于制药领域的运作周期较短、资金需求量较少、市场利润较高，更符合风险投资运作特点，因而得到风险投资的更多关注。近年来，我国医疗器械产业发展迅速，并逐步向高端化、信息化、多功能化等方面转化，家用医疗产品、基层社区医疗产品和进口医疗器械替代产品有很大的潜力，成为资本介入医疗器械领域的理想切入点，尤其是与 IT 行业关系密切的医疗设备、医院信息化技术以及保健器械、微创医械、器官移植和辅助医械等行业。

③医药服务外包领域。中国是新兴医药市场中外包服务增长最快的国家之一，中国在某些领域雄厚的科技基础、日趋提高的技术能力、日益成熟的产业链以及丰富的临床试验资源成为医药服务外包有力的保障，目前在全国形成了以药明康德、睿智化学、康龙化成、金斯瑞等企业为代表的近千家生物医药外包服务企业，很多企业都得到了国际同行的认可。国内医药服务外包业务规模已超过 60 亿元，并以平均每年 25% 的速度增长，预计到 2015 年，中国医药服务外包业务有望较目前水平翻一番，相关业务规模总量预计将达 110 亿元，将成为风险投资的重要领域之一。

（2）产业分布

中国各地区开始发展生物医药产业的基础和时间不同，因而产业分布具有鲜明的特征，当前已经初步形成以长三角、环渤海为核心，珠三角、东北等中东部地区快速发展的产业空间格局。此外，中部地区的河南、湖南、湖北，西部地区的四川、重庆也已经具备较好的产业基础。

（3）产业基地介绍

为加快培育和发展生物产业，国家发改委自 2005 年以来，先后批准了四批共计 22 个国家生物产业基地。第一批（2005 年 6 月）：石家庄、长春、深圳，第二批（2006 年 10 月）：长沙、广州、上海、北京，第三批（2007 年 6 月）：青岛、武汉、成都、昆明、重庆，第四批（2008 年 2 月）：哈尔滨、德州、泰州、郑州、通化、南宁、西安、天津、南昌、杭州。

此外，科技部自 1997 年起至今也确立了 16 个火炬计划特色生物产业基地。剔除重复及非生物医药基地，两部委确定的生物医药产业基地共计 33 个。

在全国 34 个省级行政单位中，已有 21 个建有国家级生物产业基地。其中，东部沿海地区 17 家，占基地总数的 48.57%；东北地区 3 家，中部地区 9 家，西部地区 6 家，比重分别为 8.57%，25.71%，17.14%。

3．各地扶持生物医药产业新举措

（1）广东扶持海洋生物医药产业

2013 年 5 月，广东省印发《海洋经济创新发展区域示范专项项目管理办法》，将设立专项资金集中扶持海洋生物等战略性新兴产业，优先支持海洋生物医药与制品、海洋生物高效健康养殖等产业发展。该管理办法设置成果转化、产业化和产业公共服务平台三种类别，按照一般项目、重点项目和重大项目三个层次，给予专项支持经费 300 万元至 3 000 万元不等。

①三大扶持领域

成果转化类：指海洋生物技术领域已完成应用技术研究，通过科技成果鉴定或取得相关技术发明专利，具有较高技术水平和发展潜力，具备中试及产品化条件，通过项目实施可形成新产品、新材料、新工艺，取得相应产品生产许可或批准文号，并能实现批量生产及销售的项目。

产业化类：指海洋生物技术领域技术水平先进成熟，市场前景广阔，对传统产业升级转型及新兴产业发展具有明显带动和集聚作用，具备良好的产业化基础，并已基本落实项目建设条件，通过项目实施可形成大规模生产能力，创造明显经济效益的项目。

产业公共服务平台类：指支撑和满足海洋生物等战略性新兴产业发展的基础和应用技术研发、成果转化、试验示范和推广应用等需求的产业公共服务平台建设项目。

②三类扶持项目

一般项目：项目总投资不低于 1 000 万元，企业自主投资不低于项目新增投资的 50%。专项经费支持金额 300 万元以上，1 000 万元以下。

重点项目：项目总投资不低于 3 500 万元，企业自主投资不低于项目新增投资的 60%。专项经费支持金额 1 000 万元（含）以上，2 000 万元以下。

重大项目：项目总投资不低于 7 000 万元，企业自主投资不低于项目新增投资的 60%。专项经费支持金额 2 000 万元（含）以上，3 000 万元以下。

（2）上海启动第二轮生物医药产业发展行动计划

上海市第二轮生物医药产业发展行动计划将聚焦三大方面：第一，重点发展制剂、医疗器械、抗体药、研发服务外包等，着力提升生物医药产业的发展质量；第二，改造大企业大产品，争取在未来4 年中，打造千亿级大企业，出现销售过百亿的大产品；第三，利用上海人才和市场优势，提升自主创新能力，争取出现 4 至 5 个一类新药。

第二轮生物医药产业发展行动计划，将继续执行《关于促进上海生物医药产业发展的若干政策规定》，从财政支持、税收优惠、金融服务、公共采购等方面给予支持。

财政支持政策：安排专项资金支持上海市生物医药自主创新重大项目。对重大技术装备研制项目、重要共性关键技术研发项目和公共服务平台项目，专项资金的支持比例一般不超过项目新增总投资的 30%；具体通过资本金、贷款贴息、投资补助等方式给予支持。

税收优惠政策：对生物医药企业从事技术转让、技术开发业务和与之相关的技术咨询、技术服务业务所取得的收入，免征营业税。符合条件的生物医药产品的技术转让，在一个纳税年度内，对技术转让所得不超过 500 万元的部分，免征企业所得税；对超过 500 万元的部分，减半征收企业所得税。

金融服务政策：积极支持符合条件的中小生物医药企业在中小企业板和创业板上市，鼓励符合条件的生物医药企业在境内外上市融资。支持符合条件的生物医药企业发行企业债券、公司债券、短期融资券和中期票据等，开展生物医药产业基地内企业联合发行企业债券试点。

公共采购政策：对生物医药企业生产的拥有专利技术的生物医药产品或经国家和上海市认定的生

物医药新产品，优先列入《上海市自主创新产品目录》（以下简称《目录》）。优先采购列入《目录》的生物医药产品，凡纳入《上海市政府采购自主创新产品目录》的生物医药产品，在参加上海市政府采购活动时可享受优惠政策。

另外，上海张江高新区欲试水生物医药CMO（合同制造外包）代工。2013年6月，德国制药巨头勃林格殷格翰与上海张江生物医药基地开发有限公司签订战略合作协议，双方将合作建立一个符合国际药品生产质量管理规范的生物制药基地，为国内和跨国医药客户提供从研发到临床试验的全方位服务。该基地启用后，张江生物医药基地的中小创新企业可以委托勃林格殷格翰进行新药生产，从而解决园区企业从承接医药研发、中试到产业化的需求，提高新药产业化比例。

（3）杭州启动重点产业创新发展生物医药三年行动计划

2013年2月，杭州出台13个重点产业创新发展三年行动计划，其中《杭州市生物医药产业创新发展三年行动计划》（2013—2015）提出主要目标：到2015年，建立起特色鲜明、技术先进、产业链完整的现代生物医药产业体系，打造国内生物医药的创新产品制造中心、商业中心、研发中心，使杭州生物医药产业实现"3115"发展目标（即3个中心，销售规模超1 000亿元，10家企业产值超50亿元，50个产品超亿元）。

主要扶持措施有：

一是着力抓好原始创新和集成创新。在基因工程菌种构建和选育改良、生物标志物与功能分子筛选、生物活性物质分离提取等方面开展技术攻关。建议对企业在技术等方面获得国家相关资质认证、重大产品生产许可的，特别是自主知识产权国家一类新药给予一次性奖励。

二是支持企业集聚创新资源。支持有条件的企业通过国际合作、收购兼并等多种方式，在海外设立研发机构、生产基地，建立国际营销渠道。鼓励国际著名跨国公司、央企、行业龙头企业在杭州设立研发机构，积极引进生物医药领域一流的公共创新服务平台、国内外高层次人才、创新团队以及国际组织。

三是鼓励企业申请认证。支持企业申请FDA（美国食品和药品管理局）、CE（欧洲统一）、WHO（世界卫生组织）认证及其他国际市场准入认证，开展药品的国际注册和境外营销；支持生物医药服务企业申请国际GLP（药物非临床研究质量管理规范）认证。建议对企业在技术等方面获得国际认证（注册），经批准后给予一次性奖励。

三、2014年厦门生物医药产业发展展望

2014年是贯彻落实党的十八届三中全会精神的初始之年，也是我市全面推进美丽厦门共同缔造行动之年。从宏观层面看，国家在2012年出台了《"十二五"国家战略性新兴产业发展规划》，在2013年出台了《生物产业发展规划》，福建省在2013年11月也出台了《促进生物医药产业发展的八条措施》，这些规划政策对生物医药产业发展的促进作用将在2014年得到进一步的显现。从厦门本地看，市委市政府十分重视产业的转型升级发展，提出了"5+3"现代产业支撑体系（即构建以加快发展先进制造业、大力发展现代服务业、优化提升传统产业、着力培养战略性新兴产业、做精做优现代都市农业为战略重点，以龙头项目、园区载体、创新环境为主要抓手的现代产业支撑体系），正积极争取

获批自由贸易试验区，大力推进海关特殊监管区的整合，商事登记制度改革正式启动实施，海沧区作为我市生物医药产业发展的重心，生物医药港等园区载体建设进一步完善，招商引资成效明显，发展要素不断积聚，将为我市生物医药产业发展营造良好环境和注入新的动力。

2014 年，我市生物医药产业有望继续保持高速发展态势，医疗仪器技术、设备，医药生物技术，疫苗、诊断试剂等专业领域发展潜力将进一步释放，大博颖精、锐珂、特宝、北大之路、百利种苗、艾德生物、蓝湾科技等一批重点企业将为生物医药产业发展提供有力支撑，产业规模将进一步扩大。海沧生物医药港加快建设，产业集群效应和对全市医药产业发展的领航作用将得到进一步体现。招商引资工作扎实推进，推动生物医药产业形成较为完整的产业链。科研实力不断增强，厦门生物医药孵化器等生物医药产业技术服务平台，厦门大学等研究机构，千人计划专家夏宁邵、郑立谋等领军人才将为生物医药产业发展提供技术支持。

四、加快厦门生物医药产业发展的对策建议

（一）加强对生物医药产业发展的引导

美国、日本、英国等生物医药产业发展较好国家的成功经验表明，在生物医药产业发展过程中，政府必须积极引导推动，合理规划，营造一个促进生物产业快速发展的机制和政策环境。建议：

（1）成立培育发展生物医药产业工作领导小组。由市长或分管副市长任领导小组组长，由市政府办公厅、发改、经贸、财政、科技、卫生、药监、地税等部门相关负责人作为小组成员。领导小组定期召开生物医药产业发展联席办公会议，在规划建设、招商引资、政策制定、协调决策等方面起主导作用，商议出台一系列有利于生物医药产业发展的相关政策，集中解决生物医药产业发展过程中的重大问题，具体部署，落实到位。

（2）成立生物医药产业专家咨询委员会。建立生物医药专家咨询制度，聘请厦门以及外地，包括国外的高等院校、科研机构、生产企业中的知名生物医药技术专家担任生物医药产业发展决策咨询顾问，为厦门市的生物医药发展计划、项目论证提供决策咨询，提高科学决策水平。

（3）组建厦门生物医药行业协会。开展市场调查、信息交流、标准制定、行业自律、政策咨询等方面的工作，对全局性工作进行组织协调，促进厦门市生物医药产业的协调发展。

（二）做大生物医药产业规模

（1）加大项目招商力度。利用赴港澳经贸活动、珠三角民企产业对接活动、"9·8"投洽会等平台，加大推介力度，开拓生物医药产业客商资源。针对产业链招商和园区招商，着力引进大型、龙头生物医药企业、研发机构、产业链缺失环节落户。实施"领头羊"战略，全力以赴引进世界级知名药企，以做大总量、扩大影响，形成示范带动效应。

（2）推动项目落地投产达效。针对已签约项目，特别是大企业、大项目，要密切跟踪，主动服务、靠前服务、贴心服务，切实协调解决项目在落地、建设、开工等过程中的困难问题，确保项目早落地、早投产、早见效。

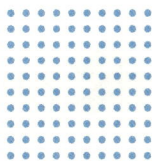

（3）形成项目滚动推进机制。组建专业化的生物医药产业招商团队并加强业务培训，发挥市投促局在招商策划、专业素养、外语能力等方面的优势和区投促局熟悉产业定位、规划导向、配套服务的长处，形成市、区招商部门既积极联动、又相对分工的工作机制。主动出击，通过向上海、北京派驻专业招商团队等方式，积极引进张江药谷、泰州医药城等先进地区研发两至三年的孵化后产业化项目，实现形成一批、推动一批、储备一批的项目滚动推进的机制。

（4）推进已有企业的提级扩能。全面梳理摸排我市已有生物医药企业，选择一批产品技术含量高、市场需求大、企业成长性好的生物医药企业，充分挖掘企业内部增长潜力，对企业更新仪器、增加设备、提高产能等行为给予一定补贴或奖励，提高已有企业提级扩能的积极性。

（5）打造产业集聚平台。以海沧为生物医药产业发展集中区，同时探讨"一区多园"模式，提早在同安、翔安规划建设拓展园区以承接市内生物医药孵化项目的产业化，大力推进厦门生物医药港建设，完善园区功能和服务配套，积极争取上升为国家级生物医药产业园区和台湾医药企业到大陆投资优先园区，进一步发挥产业园区在推动生物医药产业集聚发展中的巨大作用。

（三）构建生物医药产业创新体系

（1）完善公共服务平台。以我市优势项目为核心，高起点、高投入、高效率构建与国际标准接轨的生物制药研发技术平台。完善和发挥海沧生物医药孵化器等已有产业技术公共服务平台作用，加快建设体外诊断仪器、海洋生物产业化中试技术、武汉理工大学厦门科研成果转化、小分子创新药等4个新平台，推动形成宽领域、广覆盖的产业公共服务平台体系。

（2）开展产学研合作。以企业为主体，以市场为导向，推动医药企业与厦门大学等国内外有实力的高等院校、科研单位长期合作，建立政、产、学、研合作机制，加快生物医药科技成果的转化。积极开展企业技术中心、工程技术中心、重点实验室的认定评价工作，鼓励医药企业研制开发具有自主知识产权和国际竞争能力的产品，逐步建立起以企业为主体的新药自主研究开发体系。

（3）加大人才引进与培养。生物医药企业要想拥有核心竞争力，人才是关键。一是要充分利用"双百计划"和"千人计划"，制定对生物医药产业人才更具针对性、更详细的扶持办法，积极引进国内外生物医药技术发展急需的领军人才、骨干人才，通过吸引一批人才来孵化一批项目，从而带动一个产业。二是要强化我市高等院校生物医药相关学科建设，构建具有特色的人才培养模式，扩大产业人才培养数量。三是要将有潜力、人品好的产业中青年骨干送到国内外一流的实验室去学习，并加强科研和工程技术素质教育，为医药生物技术领域输送更多的专业人才。四是要创造稳住人才、吸引人才的环境，用好人才、留住人才。

（四）支持生物医药企业拓展市场

（1）打造生物医药企业品牌。把品牌建设作为提升企业综合实力、赢得长期竞争优势的重要任务，综合运用政策、资金、宣传等手段，打造一批具有厦门特色的生物医药自主品牌群，抢占市场价值链高端。促进企业由生产制造向营销服务延伸，从产品经营向品牌经营扩大，鼓励企业运用电子商务等新型商业模式。支持有条件的企业收购、兼并、参股国际品牌和营销网络，组织生物医药龙头骨干企业、知名品牌产品参加国际国内大型展览展销会，提高产品在国内外市场的知名度。

（2）扩大生物医药产品市场。进一步引导企业优化产品结构，鼓励企业加大技术创新力度，重点培育一批厦门制造新品、名品，扩大国内外市场。利用拥有厦门特区立法权的优势，争取生物医药产品的市级定价权，推动创新程度较高、没有同类产品参照的生物医药产品快速获得物价部门审批、快速进入市场，以更好地抢占市场，并在合理期限内保持较高的利润。

（3）提高政府购买水平。强化本地产生物医药产品优先采购制度，明确厦门地产生物医药产品采购应达到一定比重（8% 或 10% 以上），特别要优先采购具有自主知识产权和独占性的优质企业产品，加快推进产业化进程。

（五）完善生物医药投融资体系

（1）加大政府政策资金的引导。一是全面梳理现有零散的生物医药产业扶持政策，形成完善、统一的市级扶持体系。加大对生物医药企业的土地、税收等方面的政策优惠力度，切实降低企业税负、涵养税源、储备发展后劲。二是设立我市生物医药产业专项发展资金，用于支持在研发活动、基础性建设（重点实验室建设、科研中心建设、基地建设等）和成果转化活动起始阶段的资金需求。

（2）构建多层次直接融资体系。一是充分发挥金融体系信贷投入主渠道作用，积极引导、推动金融机构加大投入力度，加强金融中介服务机构建设，搭建基金、资金和企业之间的桥梁，满足生物医药企业资金需求。二是推动有条件的生物医药企业发行短期融资券，鼓励中小企业集合发债试点和企业改制上市，充分利用资本市场的筹资功能，为生物医药企业发展提供资金支持。

（3）加快风险投资体系建设。鼓励由证券公司、信托投资公司、保险机构发起设立产业投资基金、创业投资基金和证券投资基金。完善风险投资相关政策法规，利用闽南地区民间资本发达的优势，吸引更多的社会资本投向风险投资行业。为风险投资营造良好的投资环境，推动风险投资公司加大对生物医药企业的投资力度。

（六）加强生物医药产业对台交流合作

（1）加强对台产业交流合作。发挥厦门对台的地理、政策等优势，通过鼓励台湾生物技术与医药工业发展推动小组在我市成立常设机构、举办闽台生物医药高峰论坛、与台湾制药工业同业公会签订战略合作协议等措施，加强生物医药产业对台交流合作。

（2）建设对台生物医药产业合作基地。加强与台湾生命健康行业同业公会的合作，建设输台药材质量检测认证中心、输台药材集散中心。争取国家药监总局在厦门设立台湾医药品注册服务机构。

（3）主动对接台湾生物医药产业转移。充分利用我市深化两岸交流合作综合配套改革平台，争取国家相关部门对我市引进台湾生物医药企业的支持；大力推动省食药局在省管权限内率先出台对台先行先试的政策，以快速推进台湾三类以下的医疗器械企业、保健品企业在厦门设立公司。

参考文献：

［1］陆怡，江洪波．全球生物医药产业现状与发展趋势［J］．科学，2012 年 9 月 64 卷 5 期．

［2］厦门市科技局．厦门市生物与新医药产业经济运行报告（2012 年度）［R］，2013 年 6 月．

[3] 赛迪顾问股份有限公司深圳分公司.战略性新兴产业系列研究之六——中国生物医药产业地图白皮书 [R], 2011 年 4 月.

[4] 严浩瑄.医药市场概述 [R].2010 年 10 月.

[5] 郑云峰, 高玉顺.加快推进厦门生物医药产业发展的调研报告 [R], 2013 年.

[6] 江彩霞.广州生物医药产业培育与发展研究 [J].特区经济, 2013 年 3 月.

[7] 宋韬, 楚天骄.美国培育战略性新兴产业的制度供给及其启示——以生物医药产业为例 [J], 世界地理研究, 2013 年 3 月第 22 卷第一期.

[8] 桂子凡, 王义强.我国生物医药产业发展的现状、问题及对策研究 [J].特区经济, 2006 年 6 月.

[9] 徐国胜.我国生物医药产业发展现状与策略 [J].实用肝脏病杂志, 2012 年 10 月第 15 卷第 5 期.

[10] 吴晓隽, 高汝熹.欧洲生物医药产业集群的案例研究及启示 [J].软科学, 2008 年 12 月.

[11] 张哲.新加坡发展生物医药产业对浙江的启示 [J].发展规划研究.2013 年 5 月.

[12] 朱艳梅, 席晓宇, 褚淑贞.我国生物医药产业集群的影响因素分析 [J].中国新药杂志, 2013 年第 22 卷第 8 期.

[13] 陈玉文, 孟令全, 黄正正.论我国医药产业集群发展中的政府行为 [J].中国药事, 2011 年 11 月.

[14] 从俊杰, 周婧博, 彭翠莲.天津市海洋生物医药产业发展现状及对策建议 [J].天津经济, 2013 年第 2 期.

课题　组长：董世钦
课题组成员：林汝辉　刘飞龙　黄榆舒　黄光增
课题　执笔：董世钦

第五节　海洋高新产业

一、2013 年厦门海洋高新产业发展情况

（一）发展情况

2013 年厦门市推进海洋经济强市战略，切实抓好项目带动，积极培育一批海洋科技成长型企业，加快海洋高新产业发展，据市统计局初步统计，全年实现海洋经济增加值 360.04 亿元，比上年增长 13.1%，占全市 GDP 的 11.9%。其中海洋高新产业增加值达 52 亿元。

1. 主要海洋高新产业发展迅速

（1）海洋生物与新医药产业

厦门海洋生物医药与生化制品产业、海洋信息服务业等新兴海洋产业处于起步阶段，并呈现广阔的发展前景。通过科技创新和成果转化，产业快速发展，龙头骨干企业快速成长，涌现出厦门蓝湾科技有限公司、金达威生物工程有限公司、厦门汇盛生物有限公司等 20 多家海洋生物医药高新技术企业，已开发出河豚毒素、星鲨鱼油、"蓝湾"硫酸氨葡萄糖、富含 DHA 的微藻油脂等一批具有产业化前景的产品，经济与社会效益巨大。

海洋生物育种与健康养殖业正在积极转型，有针对性地向休闲渔业、现代种苗业、水产品深加工和现代渔业物流等都市型渔业方向发展。全市共有鱼虾蟹贝藻类等各种专业育苗车间 424 座，年生产各类水产苗种 2 000 多亿尾。通过引进、筛选和研发，水晶虾、石斑鱼等优良品种品牌影响力进一步扩大，虾苗育苗技术水平、普及程度国内领先，供应全国对虾苗 50% 以上。

（2）海洋装备制造业

厦门船舶重工股份有限公司（厦船重工）是福建省船舶业的龙头企业，技术力量比较雄厚，主要是生产汽车滚装船、57 000 吨 DWT 散货船和金属结构及构件等，具备海洋工程装备的制造安装能力。另外，厦门市已形成了以厦工股份和林德叉车为龙头的工程机械产业链，整个产业链在全国工程机械领域具有举足轻重的地位，产值已超过 100 亿元，具备向海洋工程装备开拓的能力，特别是厦工在海洋工程机械、极地工程机械等方面开发新的产品。

在海洋装备材料方面，中船重工七二五所利用在海洋装备新材料研发中的优势，开展海洋舰船防腐材料的研制及应用工作，先后开发了低锡、无锡自抛光防污涂料、低表面能防污涂料和导电防污涂料、生物防污涂料几十项海洋船舶长效防锈防污和特种功能材料，并形成了数亿元的产业化规模。

（3）游艇产业

厦门游艇制造业发展较快，是"中国游艇帆船产业发展基地"，产业外向度高，目前全市有飞鹏、唐荣、哈德森、路桥、瀚盛等 11 家游艇制造企业、14 家配套企业和 12 家贸易商，拥有海沧游艇制造基地、翔安游艇产业制造集中区、五缘湾游艇展销中心、香山游艇会所、东坑湾游艇会所等项目，游艇产业链条的产值已达 30 多亿元，厦门游艇产业在国内的地位日益突显。同时，凭借与台湾特殊地理区位优势，逐渐成为承接台湾游艇制造业转移的基地。

（4）海洋高技术服务产业

由集美大学自主研发的"郑和一号船舶引航系统"实现了我国港口船舶全天候引航调度，其船舶精确导航及大型船舶辅助靠离舶功能，打破了欧盟对中国的技术封锁。目前，福建省港口水域的引航系统全部采用该系统，并已推广至青岛港、深圳港等，全国近 50% 引航员装配了该系统。厦门大学建成福建示范区卫星遥感监测系统，这套系统完全基于互联网，利用现有的仪器设备及美国国家宇航局数据中心的数据资源，实现数据共享。

2. 海洋高新项目策划和带动取得成效

积极推进国家海洋经济创新发展区域示范一、二期项目，充分利用海洋经济发展专项资金平台，

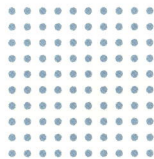

有力地推进了海洋微生物DHA、虾青素、海水淡化及综合利用成套设备、新型游艇、船舶装备等一批产业化项目落地。市级重点工程海洋生物多糖产业化和海洋生物毒素"替曲朵辛"产业化项目基本建成。"海洋大世界"项目已完成概念性规划。

3. 海洋高新产业园区建设迈出步伐

充分利用建设厦门海峡两岸新兴产业和现代服务业合作示范园区有利时机，加快推进海洋产业园区和海洋种业园区的规划工作，完成海沧海洋生物产业科技园的挂牌，促进了海洋高新产业集群集聚发展。

海沧生物医药产业园建设了厦门生物医药孵化器、生物医药中试产业化基地等。厦门生物医药孵化器为厦门市十大科技平台之一，并设立了博士后科研工作站，是厦门市首批"对台科技合作与交流基地"。孵化器已引进厦门博欣生物、艾德生物、葆生生物等38家生物医药企业入驻，研究领域涉及工具酶、心血管系统的基因工程药物研究、多肽及抗体研究、基因重组蛋白质药物开发等。目前，园区集中了大量的创新成长型科技企业，共有企业66家，完成产值38.63亿元。在研的国家一类新药11项，投产的二类新药3项，在生物医药领域年产值、科技创新能力方面，已占了厦门生物医药产业的半壁江山。

翔安海洋高新技术产业园区位于翔安"厦门两岸战略性新兴产业和现代服务业合作示范区"，为海洋科技成果转化、企业成长加速器和海洋产业化的聚集地，将打造成为一个集研发、中试、产业化为一体的海洋高技术和游艇产业园区。园区致力于吸纳国际先进的生产要素，推进厦门湾区域的联动发展，增强海洋产业高端要素集聚和服务功能，培养若干具有国际竞争优势的海洋新兴产业集群，构建具有一定影响力的海洋战略性新兴产业基地。园区主要有海洋生物制药制品片区、海洋生物种业片区、海洋生物材料产业片区、海洋装备产业片区、海洋环保产业片区、海洋产业公共检测平台、海洋产业中试平台、海洋科技协同创新平台等。

4. 海洋高新产业研发平台建设取得重大进展

加快推进厦门南方海洋研究中心建设，完善了总体建设方案和2013—2015建设规划，落实了每年厦门市财政专项投入5 000万元的发展经费，启动了海洋药源生物种质资源库、海洋材料环境试验公共服务平台建设，建立海洋科技专家库，开展了一批公共服务平台、创新科研项目的评审入库工作，努力向海西海洋科技研发核"芯"目标迈进。

5. 进一步完善海洋高新产业政策体系

组织编制《厦门海洋战略性新兴产业发展目录》、《厦门市海洋产业发展及空间布局专项规划》、《海洋文化产业发展规划》，出台《厦门市海洋专项扶持资金管理办法》，充分发挥海洋经济发展领导小组的牵头协调作用，加快政策意见的引导、项目策划和服务推动，做好海洋经济运行监测、评估等工作，进一步推动海洋高新产业发展。

（二）存在的问题

1. 海洋科技优势不突出

海洋科研资源较为分散，难以形成合力。厦门现有国家海洋局第三海洋研究所、厦门大学、集美大学等海洋科研机构，但归属于不同机构与部门，存在条块分割现象，整合度较低，科研力量分散，整体优势发挥不够。

2. 海洋科技投入不足

海洋科技投资渠道单一，资金投入不足，使得海洋基础研究、应用研究以及海洋科技成果转化相对滞后。海洋高新产业研发投入不足，公共服务平台建设、中试工程化技术研发平台建设薄弱，影响了实验室成果转化为产业的进度，科技优势难以转化为产业优势。海洋科技园区建设还较为落后，影响了海洋高新产业的集聚发展。

3. 海洋新兴产业发展缓慢

厦门对海洋空间资源利用的产业，如港口航运、滨海旅游和临海工业发展较快，但对海洋资源深度利用的战略性新兴产业如海洋生物医药、海水利用、海洋能等产业化进程较为缓慢，实现的产值远未达到预期。海洋资源深度开发利用水平较低，外海、深海和海岛等大海洋的战略性开发思路尚缺乏。

海洋生产性服务业发展滞后。海洋经济的快速发展对海洋产业的职业培训、技术服务、信息和中介服务等的需求大幅增加，但是厦门海洋生产性服务业的发展相对比较落后，专业化水平比较低。

海洋新兴产业人才缺乏。海洋高新技术研发和产业化人才、海洋基础学科的领军人才以及海洋环境保障人才等不能满足海洋高新产业快速发展的需求。

4. 产业发展缺乏统筹协调

海洋高新产业发展涉及我市海渔局、发改委、科技局、经发局、信息产业局、交通委等多个政府部门，各部门各自为政，尚缺乏统筹协调，海洋高新产业综合引导、统一管理力度不够。海洋综合统计体系不健全。

5. 产业发展政策体系有待完善

海洋高新技术产业和新兴产业缺乏强有力的优惠政策扶持；海洋高新产业发展的投融资体制改革与创新滞后，尤其是海洋风险投资机制还不健全；信息共享机制尚未建立，产业政策导向不清晰、市场化运作程度低。

6. 海洋生态保护压力较大

海洋环境污染的综合控制任务艰巨。陆源污染物入海，尤其是来自九龙江流域氮、磷污染和海漂

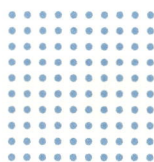

垃圾问题依然突出，严格控制海域污染任务艰巨。

> **专栏：海洋高新技术与海洋高新产业**
>
> 　　海洋高新技术是一个包括众多学科门类的综合技术领域，是高新技术的一个重要组成部分。我们通常把应用于海洋监测、海洋探查、海洋资源开发利用以及海洋环境保护的新技术理解为海洋高新技术，目前我国把海洋高新技术划分为海洋监测和探测技术、海洋生物技术、海洋生态模拟技术、海洋深潜技术、大洋矿产资源开发技术、海水淡化和利用技术、海水化学资源提取技术、海洋能源技术、海洋信息技术、海洋空间利用、海洋工程技术等 11 个方面。当前，世界上在海洋技术开发特别是高新技术应用方面，发展快、效益高，一些发达国家海洋科技进步对海洋经济发展的贡献率已达到 50% 以上。
>
> 　　海洋高新产业是以高新技术为支撑的产业，或者把海洋高新技术用于改造传统产业，并且获得较高收益的生产形式。海洋高新产业包括：（1）海洋生物产业。包括海洋生物医药和新型海洋功能性制品；海产品深加工；海洋生物育种；海洋生物环保业；海洋生物材料。（2）邮轮游艇业。包括：游艇产业，含游艇制造、展销、休闲、文化赛事等产业；国际邮轮母港和邮轮相关产业。（3）海洋工程装备业。包括：船舶制造业；海洋防腐材料；海洋工程机械配套设备产品，主要含海洋观测、探测装备、离岸养殖与灾害防护装备、海洋功能产物规模化制备装备、海底设施及维护等。（4）海水利用业。包括：海水综合利用；海水淡化；海水利用产业整装设备开发。（5）海洋可再生能源业。包括：潮汐能、波浪能、海水冷（热）源开发。
>
> 　　海洋高新产业的特征：
>
> 　　第一，高技术性。与传统产业相比，海洋高新产业对科学技术，特别是高技术具有高度的依赖性。
>
> 　　第二，资源综合利用性。海洋产业是海洋资源开发的产业，海洋资源成为海洋高新产业发展的基本供给因素。
>
> 　　第三，环境友好性。海洋高新产业节约利用资源，综合消耗少，强调环境保护，排放少，是创新驱动型产业和环境友好型产业。
>
> 　　第四，与陆地经济的融合性。陆地产业是海洋高新产业发展的基础，可以为海洋高新产业提供配套设施和经济技术保障。
>
> 　　第五，对国民经济的主导带动性。海洋高新产业是融多行业、多学科为一体的综合性产业，具有很高的劳动生产率和投资回报率，对国民经济的发展具有很强的主导带动性。

二、2014 年厦门海洋高新产业发展环境分析

（一）国际海洋高新产业发展趋势

　　当今世界各国开发利用海洋资源意识日益增强，开发海洋资源的新技术、新设备、新措施层出不

穷，海洋高新技术产业发展势头迅猛，在世界经济中的地位不断提升。1970 年海洋经济在世界经济中的比重为 2%，1990 年为 5%，目前已达到 10% 左右，预计到 2050 年，这一数值将上升到 20%。

1. 海洋高新技术层出不穷

发展海洋高新技术，开发海洋资源，保护海洋环境，推进海洋经济发展已成为世界共识。世界海洋大国纷纷研究制定海洋发展战略与规划，强化组织与协调，强调海洋科技的先导作用，采取有力措施推动海洋经济的发展，在全世界范围内掀起了新一轮的海洋竞争。在此背景下，海洋生物技术、油气及矿产资源勘探开发技术、海水综合利用技术、海洋可再生能源技术、海洋环境监测技术、海洋空间利用技术等高新技术不断涌现，发展日益成熟。

2. 海洋资源开发向纵深拓展

随着世界技术革命的不断深入，开发海洋日趋成为当今世界的新潮流。而随着海洋开发方式由传统的单项开发向现代的综合开发转变，开发的海域从领海、毗连区向专属经济区、公海推进，开发的内容由资源的低层次利用向精深加工领域拓展，主要增长领域在海洋石油和天然气、海洋水产、海底电缆、海洋安全业、海洋生物技术、水下交通工具、海洋信息技术、海洋娱乐休闲业、海洋服务和海洋新能源等。

3. 海洋工业技术与设备不断更新

为了在开发和占有海洋的竞争中取得主动权，一些发达国家不断进行技术创新，投入了大量人力、财力用于海洋工业技术和设备的开发研究，获得了许多技术成就和经济效益。以海洋油气资源为代表的海洋矿产资源是当前世界海洋资源开发的重点和热点，技术相对成熟，装备种类多，数量规模较大，是未来 5~10 年海洋装备产业发展的主要方向。以海上风能、潮汐能为代表的海洋可再生能源开发装备，以及海水淡化和综合利用、海洋观测和监测等方面的技术装备也具有较好的发展前景。同时，随着海洋波浪能、海流能、天然气水合物、海底金属矿产等海洋资源开发技术不断成熟，相关装备的发展也将逐步提上日程，具有巨大潜力。

4. 海洋综合管理与保护力度加大

为避免海洋生态环境的退化，促进海洋资源的永续利用，保持海洋经济的健康发展，发挥出最大的资源潜能，当今世界各国普遍加强海洋的综合管理，纷纷制定了一系列政策法规和举措，在开发利用海洋的同时，把海洋作为生命支持系统加以保护，加大海洋综合管理协调力度。21 世纪海洋管理的范围正由近海扩展到大洋，由一国管理扩展到全球合作；管理内容由各种可发利用活动扩展到自然生态系统保护；管理方式在强调利用法律手段的同时，更多地使用培训和宣传教育手段。

（二）国内海洋高新产业发展态势

进入 21 世纪以来，我国海洋经济得到飞速发展，海洋产业规模不断扩大，产业结构明显改善，社会经济效益明显提高，在国民经济中的地位日益突出。2012 年海洋产业增加值为 20 575 亿元，其中

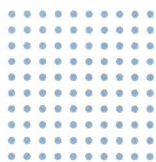

海洋高新技术产业发展迅速，年均增速超过 20%。

"十一五"和"十二五"期间，国家加强了对沿海地区经济发展的分类指导，相继出台了《山东半岛蓝色经济区发展规划》《浙江海洋经济发展示范区规划》《广东海洋经济综合试验区发展规划》《福建海峡蓝色经济试验区发展规划》等一系列沿海发展规划，促进海洋产业转型升级，一批临海高新产业园区快速崛起。如山东省利用所处的环渤海区域产业结构较全的优势，形成了包含船舶制造、海洋工程、海洋油气开采等海洋高新产业集聚区；江苏省以重点开发区、临港产业园和特色产业基地为载体，大力推动石化、冶炼、汽车、造船、风电、海工装备、海洋化工、海洋生物与新医药、新材料、新能源等临港产业和战略性新兴产业向沿海地区布局；浙江省通过发展临港先进制造业、现代海洋服务业、海洋战略性新兴产业，做大做强海洋工程与船舶、海洋旅游、海洋资源综合开发利用、海洋生物医药、现代海洋渔业等支柱产业，不断提升产业集聚效应。

与发达的海洋国家相比，我国海洋经济发展的技术支撑和人才培养仍存在较大差距。主要表现为：涉海企业自主研发能力较弱，产品缺乏核心竞争力，海洋科技创新体系形成缓慢；主要海洋产业多以资源开发型和劳动密集型为主；海洋产业的知名品牌和龙头企业数量有限。整体来看，我国海洋科技领域还处在第二方队，落后发达国家 20～30 年。

（三）全省海洋高新产业发展格局

2012 年 9 月国务院正式批准《福建省海峡蓝色经济试验区发展规划》，这是继山东、浙江、广东之后，国务院批复的第 4 个试点省海洋经济发展规划。随后，国家发展改革委批复《福建海洋经济发展试点工作方案》。2012 年 11 月省政府出台《福建省海洋新兴产业发展规划》和《福建省现代海洋服务业发展规划》，确定将海洋新兴产业、现代海洋服务业两个产业作为今后海洋产业发展重点和突破口。2012 年福建省海洋生产总值达到 5 220 亿元，位居全国第 5 位，海洋生产总值占全省 GDP 比重达到 26.5%。

海洋生物医药、邮轮游艇、海洋工程装备、海洋新能源等新兴产业发展迅速，涌现了一批海洋生物高新技术医药企业和海洋生物产业园为代表的海洋高新产业集中区。以闽江口、湄洲湾和厦门湾等海洋产业集聚区为代表的区域海洋经济发展迅速，由三都澳、闽江口、湄洲湾、泉州湾、厦门湾、东山湾海洋经济集聚区构成的沿海海洋经济区域布局基本形成。

同时也应看到，福建省海洋高新产业层次还较低，海洋新兴产业和现代服务业规模较小；海洋高新技术人才紧缺，科技研发及成果转化能力不足；海洋资源开发利用深度不够，近岸海域生态安全和环境保护压力增大；海洋防灾减灾任务艰巨，陆海统筹发展的体制机制亟待完善。

三、2014 年厦门海洋高新产业发展展望

2014 年厦门将加快一批海洋高新产业在建项目建设，抓好海洋高新技术园区建设，全面推进南方海洋中心建设，全力打造产业链条较为完善、研发实力明显增强、企业竞争力显著提升的海洋高新产业体系。

1. 海洋科技创新体系进一步完善

将加大建设一批公共技术平台和技术中心，扶持一批有较强竞争力的企业。结合漳州、泉州三市的海洋高新产业基础和发展潜力，以延伸产业链和提高产业配套能力为切入点，加强海陆统筹，优化海洋空间开发布局，加大海洋科研投入力度，整合科技创新资源，引导和支持创新要素向企业集聚，初步建立起以企业为主体、市场为导向，产学研相结合的科技创新体系。

2. 产业集群化趋势凸显

推动海洋生物育种与健康养殖、海洋医药和生物制品等海洋高新产业园区化、基地化发展，推动形成以厦门市为产业技术创新核心园区，以漳州、泉州市为产业延伸带的海洋高新产业化生产基地。通过核心园区的技术创新示范带动和产业化园区间的协调发展，形成龙头企业规模化、关联企业专业化、聚集效应明显、综合实力较强的产业集群，努力打造全国海洋高新产业发展先导区、两岸海洋高新产业合作示范区和全国重要的海洋综合管理创新基地，有效推进海洋高新产业基地示范工作。

3. 优势特色产业加快发展

以海洋生物育种与健康养殖、海洋医药与生物制品、海洋高端装备制造、海洋高技术服务为主导的优势特色产业进一步拓展，产业、技术、人才和资本等高端创新要素聚集加快，海洋高技术成果产业化转化成效初显。

（1）海洋医药与生物制品产业。发展以海洋生物为药源的健康产业，实施海洋微藻活性物质、海产品下脚料及废弃物、海洋生物毒素、海洋多糖、脂类、蛋白类保健食品和药品等系列海洋生物药源高值产业化项目，推进厦门海洋生物医药国家级战略性新兴产业基地建设。

（2）海洋生物育种与健康养殖产业。重点挖掘和利用海水养殖新品种资源，建立全国最大的对虾新种质培养和种业基地；研发名贵热带海洋生物繁育及产业化，建成热带和亚热带海洋观赏生物育种和苗种供应基地；重点研制工厂化养殖节能环保新材料与新装备，构建海水养殖的自动化、系列化、标准化生产系统与精准养殖模式。在漳州、泉州产业延伸带建立健康养殖基地。

（3）海洋高端装备制造产业。加快推进低锡或无锡自抛光防污涂料、低毒或无毒表面能防污涂料和导电防污涂料、生物防污涂料、海洋新型浮式防波材料、船舶涂装防护工艺、海洋仿生设备的研发和产业化。游艇、高附加值船舶及相关关键配套设备的设计研发与成果转化。

（4）海洋高技术服务产业。加快推进海洋环境预测报和信息服务、鱼货交易标准化和信息化服务、海域使用论证与海域环境影响评价评估服务、海岸带空间信息应用与服务的成果转化与产业化。

四、2014 年对策建议

（一）高效推进海洋科技成果转化

（1）加大海洋科技资源整合力度。做好顶层设计，创新体制机制，以"资源共享、资源整合"为

宗旨，加强海洋基础科研力量的强强联合，优化科技资源配置，发挥我市海洋科技整体优势，构建科技兴海平台。加强科技成果中试、转化基地建设，以国家海洋局第三海洋研究所、厦门大学、集美大学和龙头企业为依托，建立高水平有特色的省级以上海洋科技研究中心，建立和完善以科研中试和成果转化为主的科研示范基地，形成科学研究院所—技术开发中心—科研示范基地协调发展的海洋科技产业发展体系。搭建海洋科技成果转化、产业化的重要平台和载体，转化实验室成果，建设海洋科技园和临海产业协作区，促进我市海洋高新技术产业化的发展。

（2）加大海水利用技术的产业化应用。厦门海水利用技术已不断成熟，成本不断降低，应加大海水利用技术的推广应用，推进海水化学资源综合利用，重点攻关、强化示范，推动浓海水提钾、提溴、提镁及其深加工等产业化项目，拓宽应用领域，发展产业链。

（二）完善海洋高新产业扶持政策

（1）加大财政资金投入。设立厦门海洋经济发展专项资金，集中用于支持海洋生物育种、海水高效健康养殖、海洋医药与生物制品、海洋高端工程装备发展；设立南方海洋中心专项研发资金，推动南方海洋研究中心加快筹建，重点支持产业公共技术平台、重点关键技术攻关、产业化项目和重点企业的扶持。

（2）引导金融机构加大投入。推动金融机构加大对重点项目和重点企业资金的投放规模，创新产业融资模式。市内各金融机构、信用担保公司要积极为中小生物医药企业提供融资担保服务，支持企业采取股权融资、知识产权质押等形式融资。

（3）引进风险投资。发挥政府引导基金作用，吸引社会资本和国内外创投机构在我市设立创投基金，鼓励社会资金发展天使投资、创业投资，建立以财政资金为引导、社会资金为主导的创业投资体系，引导投向我市海洋高技术企业。

（4）拓宽直接融资渠道。支持符合条件的海洋高技术企业在境内外上市，鼓励企业开展股权融资及发行企业债券、公司债券、短期融资券、中期票据等融资产品。推动符合条件的产业基地和园区通过打捆方式发行中小企业集合债券，支持企业在中小板和创业板上市融资。

（5）落实税收优惠政策。加强高新技术企业在创新主体中的核心地位。充分发挥财政、金融、税收等优惠政策的引导作用，对集群中企业的技术创新全过程给予系统激励和扶持。除国家相关税收优惠政策外，对从事海水高效健康养殖的企业减半征收企业所得税；对年应纳税所得额不高于 6 万元的小型微利海洋高技术企业，其所得减按 50% 计入应纳税所得额，按 20% 的税率缴纳企业所得税；海岛地区从事海水健康养殖的企业，可免征、减征企业所得税；海岛地区新办的海洋高技术企业，按规定纳税确有困难的，经批准可酌情减免房产税、城镇土地使用税。

（三）打造海洋高新产业人才高地

加快海洋科技与管理人才的培养。一是通过海洋重点实验室、重点学科和海洋技术平台的建设，以及重大科技攻关项目的带动，加速引进和培养一批优秀学科带头人和复合型海洋科技人才。二是引导厦门理工学院、厦门海洋职业学院等地方院校设置复合型人才专业，以科研院所、海洋科技园区和示范基地为载体，开展各种形式的技术培训、进修、教育，培养一批高素质的海洋科技人才和技术推广队伍。三是建立和完善人才激励机制。落实厦门"海纳百川"、"双百人才计划"等各类人才政策，大力引进国内外海洋高新产业研发团队、领军型创业人才、领军型创新人才，进一步改革分配制度，鼓励技术、管理等生产要素参与收益分配，创建有利于人才发挥作用的工作条件、生活条件和激励机制，做到人尽其才，才尽其用，为各类人才充分发挥作用营造良好的环境。

（四）完善海洋公共服务体系建设

着力建立海洋技术服务中心和产品检验、检测中心等技术支撑平台，完善物流、会展、信息、担保、咨询、培训等海洋中介服务机构，为海洋高新产业集群持续、健康发展提供有效的服务。

构建生产性服务公共平台，加强海洋预报、防灾减灾、救助打捞、渔业安全通信救助体系和海洋信息服务体系建设，大力推进海洋社会服务体系建设，重点建设以海洋生态与环境信息数据库、海洋资源与经济数据库、海洋管理信息数据库为基础的近海地区"数字海洋"服务体系，强化海洋经济运行监测与评估，建立海洋社会服务基地，为相关企业的发展创造良好的环境。

（五）深化对台海洋开发合作

利用"三通直航"和构建海峡两岸大市场的优势，深化与台湾相关产业的协作，从而实现我市海洋产业的优化与重塑。重点推进与台湾机械、船舶等临海产业对接。引进台湾先进游艇制造技术，建设中高档游艇产业基地。借助台湾先进的机械制造技术，开展海洋工程制造业合作，建设两岸海洋工程装备制造业合作基地。

加强与台湾在海洋生物医药、海水综合利用业、海洋可再生能源开发、海洋信息产业等海洋战略性新兴产业方面的合作，积极引进台湾海洋战略性新兴企业，力争在放宽投资持股比例和准入门槛等方面有所突破。充分发挥国家级对台科技合作与交流基地的作用，加大与台湾在海洋技术的研发与创新方面的交流与合作。

加强两岸高科技渔业合作，引进台湾观赏鱼、水产品深加工、远洋渔业和冷链物流产业，推进深度对接台湾海洋高新产业转移，努力建设两岸海洋和渔业经济与科技创新合作的前沿平台。

（六）强化海洋生态环境保护

（1）加快海域综合整治，加强海洋生态系统管理。强化海洋资源保护力量，加强海域使用审批管理，重点海域以海定陆，实施以海洋环境容量为基础的流域排污总量控制制度，强化海上污染管理与海域倾倒区管理。加强海洋生态监控和生态灾害管理，定期开展海洋环境突发事件隐患排查和风险评估。加强海洋突发事件应急能力建设，有效提升海上溢油、赤潮、绿潮、海洋核辐射等海洋环境突发事件应急处置能力。开展滨海湿地修复项目，加大珍稀野生物种拯救工程，开展沙滩资源调查与修复，确定海洋生态环境承载阈值，制定海洋生态受损评估标准，建立海洋生态补偿制度，确保在海洋资源开发的同时保护海洋生态环境。多渠道加强海洋知识和海洋生态环境保护的宣传，强化海洋性城市和海洋生态保护意识，共同建设一个优美繁荣的海洋生态文明城市。

（2）继续推进海域综合整治。抓好海域的清淤整治工作，推进杏林大桥两侧、同安湾西侧人工沙滩前沿、鳄鱼屿—琼头等重点海域的清淤，完成海沧湾的清淤，推进大、小嶝北侧海域的清淤。继续

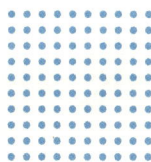

开展海堤开口改造工程，完成高集、马銮海堤开口的主体工程，做好东坑海堤开口的前期工作。推进马銮湾的综合整治，启动马銮湾护岸建设和清淤浚深工程，以尽快形成马銮湾 8 平方公里的海域、20 公里左右的亲水岸线、增加纳潮量 3 400 万立方米，全面改善其环境质量。

（3）加大岸线保护力度。实施《厦门滨海岸线保护规划》，建立科学的滨海岸线保护体系，有力保护厦门岛东部环岛路、鼓浪屿及海沧吴冠等自然岸线，加快建设完善曾厝垵岸段、天泉湾岸段、会展岸段、长尾礁—五通岸段、鼓浪屿港仔后、厦门大桥—集美大桥集美侧岸段、同安湾西岸等沙滩修复工程。完成下潭尾红树林湿地一期工程，推进二期建设。开展滨海沙滩的稳定性和湿地海洋植物种植研究，改善海岸生态景观。

（4）抓好典型生态系统修复。加强白海豚保护区工作，开展白海豚建立人工种群的研究，继续抓好火烧屿救护海豚繁育基地，做好二期工程验收、后续配套项目的完善和基地的管理运行机制；开展鳄鱼屿、土屿等海岛的生态修复及保护，推进增殖放流，丰富海域生物多样性。继续做好厦门国家级海洋公园建设，加快生态修复、海洋文化公园和界标建设。

（七）进一步推进集约节约用海用岛

（1）不断提高用海保障。加快《厦门市海洋功能区划》修编和《厦门滨海旅游度假区专项规划》编制。探索研究差别化海域使用供给政策，强化海域海岸线资源存量管理和精细化配置，重点保障《美丽厦门战略规划》中的战略用海、战略性新兴产业用海和民生用海。加紧大嶝新机场用海前期工作，组织区域用海具体项用海报批，开展海砂资源调查。开展围填海收储研究，全面落实游艇、旅游、经营性围填海等海域使用权招拍挂。创新海域使用权流转管理制度，做好海域使用权抵押、出租、转让等工作。

（2）依法用海依法审批。严格执行海域使用法规定的三项基本制度，严格执行围填海计划，认真执行"五个用海"要求，做好海籍管理，进一步落实海域使用权登记制度。进一步推进海域使用信息化管理，加强全海域动态监视监测。启动《厦门市海洋环境保护若干规定》和《厦门市海域使用管理规定》的修订工作，科学立法；严格规范执法程序，完善执法责任制考核，建立执法评议和责任过错追究制度，继续推进联合执法和海域分片包干执法责任制，打击养殖回潮、非法围填海、非法捕捞、非法倾废及采砂等行为。

（3）加强海岛保护与利用工作。深入贯彻《海岛保护法》、全国海岛保护规划、厦门无居民海岛保护与利用规划，编制重点无居民海岛单岛利用规划，完成无居民海岛摸底调查及已用岛项目的确权登记工作，强化无居民海岛分类管理，实现无居民海岛保护与可持续利用。

参考文献：

[1]福建省发展和改革委员会编.《福建海峡蓝色经济试验区发展规划》辅导读本［M］.福建科学技术出版社，2013年.

[2]高艳波、彭伟编著.我国海洋高新技术和新兴产业发展战略研究［M］，2012年.

[3]厦门市海洋与渔业局.厦门市"十二五"海洋经济发展专项规划［R］，2011年.

[4]东南网.推动海洋产业转型升级，催生厦门蓝色经济变革［EB］，2012年.

［5］厦门市发展研究中心课题组.厦门发展海洋产业思路及对策研究［R］，2013 年.

［6］厦门市海洋与渔业局.2012 年厦门海洋经济运行评估［R］，2013 年.

［7］国家海洋局.海洋高技术产业分类［S］，2010 年.

［8］厦门市海洋与渔业局.2013 年工作总结及 2014 年工作计划的报告［R］.

［9］北京大学宋军继.国内海洋高新技术产业发展模式优化研究.山东社会科学［J］，2013 年第 4 期.

［10］厦门市发改委.厦门国家海洋高技术产业基地实施方案［R］，2013 年.

［11］厦门市海洋与渔业局.厦门市海洋经济发展情况汇报［R］，2014 年.

课题组长：林　红
课题组成员：王　婷　谢　强　李　婷　涂聪智　王　迪
课题执笔：林　红

第六节　航运物流

一、2013 年厦门航运物流发展情况

（一）航运服务

1. 发展情况

2013 年，我市按照建设东南国际航运中心的要求，以企业为主体，加大对港口资源整合力度，航运服务加快发展，努力形成以船舶运输和港口服务等航运主业组成的核心层、船舶代理、货运代理、航运经纪、船舶修理、船舶检验等航运辅助业组成的辅助层、航运金融、航运保险、海事法律、航运教育等航运衍生服务业组成的支持层的港口服务产业集群，港口竞争力进一步提升。

航运服务发展迅速。2013 年，我市航运服务业加快发展，物流企业加快集聚。2013 年厦门全港的港口货物吞吐量 1.91 亿吨，同比增长 11.0%。港口集装箱吞吐量 801 万标箱，比上年增长 11.3%（见表 9.14、图 9.25 和 9.26），位居全国第 8 位，全球第 19 位。厦门港出港货物主要为矿建材料、非金属矿石、木材加工品和服装、鞋帽等轻工业产品，厦门港的进港货物主要为煤炭及其制品、矿建材料、金属矿石等，为周边地区提供了便捷、高效的航运物流服务。

表 9.14　2006—2013 年厦门港货物吞吐量和集装箱吞吐量情况

年份	货物吞吐量		集装箱吞吐量	
	总量（万吨）	增长率（%）	总量（万 TEU）	增长率（%）
2006	7 792	16.3	401	15.7
2007	8 117	12.5	463	15.3
2008	9 702	19.5	504	8.8
2009	11 096	14.4	468	−8
2010	13 930	25.5	582	24.4
2011	15 700	12.7	646	11.2
2012	17 200	10.1	720	11.4
2013	19 100	11.0	801	11.3

资料来源：《厦门经济特区年鉴》

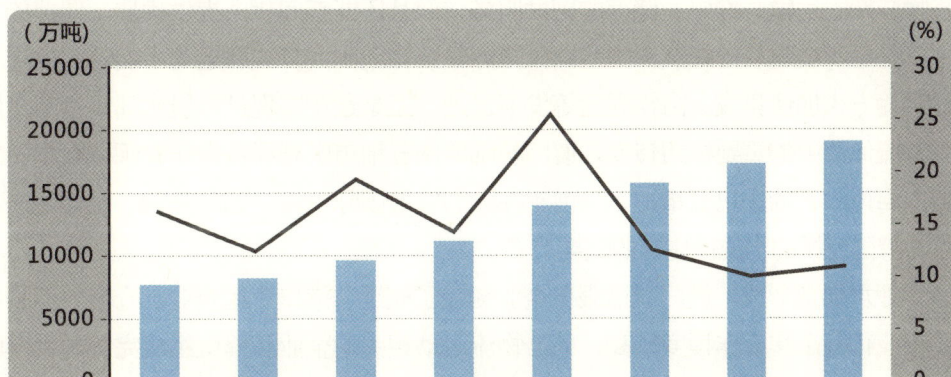

图 9.25　2006 年至 2013 年厦门港货物吞吐量及其增长率

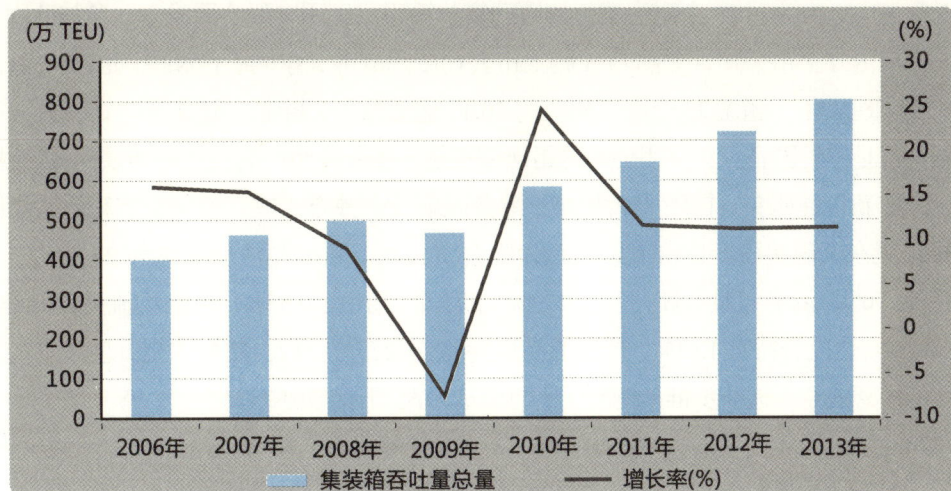

图 9.26　2006—2013 年厦门港集装箱吞吐量及其增长率

航运服务结构趋于优化。从航运服务的行业结构来看，传统的装卸、搬运、仓储、运输、货代、船代等航运服务逐步成熟，专业化水平和分工协作程度逐步提高；现代港口物流发展迅速，港口第三方物流逐步成长，推动港口物流结构进一步优化；厦门航运交易所、东南国际航运仲裁院加快发展，推动航运金融、航运保险、海事法律等航运衍生服务业发展。从物流服务的范围来看，国际物流、对台物流、区域物流发展迅速，物流集散功能逐步增强，使得厦门港口成为国内外市场重要节点之一。从物流的政策性来看，厦门拥有海沧保税港区、保税物流园区、保税区、保税仓库和出口加工区等开放程度高的区域，有力地促进了保税物流的迅速发展。

港口基础设施建设。近年来先后建成投产嵩屿、海沧和招银8个10万吨级深水泊位，目前全港共有生产性泊位134个，其中万吨级以上泊位58个。码头建设进一步提速，2011年新海达、远海等大型码头相继投入运行，新增吞吐能力420万标箱，全港总计吞吐能力达1 380万标箱。东渡港功能加快转移，散杂货码头功能加快向岛外转移，将加快发展邮轮母港。

航运物流服务水平逐步提高。当前厦门港口正在发展成为集配送、运输、存储、包装、装卸、流通加工、分拨、物流信息处理等为一体的综合物流中心。一是逐步实现从单一的货运生产发展到综合物流服务，我市港口不仅提供以货物装卸为主的核心服务和利用不同的装卸机械、运输工具，在特定的货场完成货物装卸、运输、堆码、储存的辅助服务，而且还能够向货主提供优质、便捷的货物交接的延伸服务。二是逐步实现从传统装卸工艺向以国际集装箱门到门多式联运为主要特征的现代运输方式转变，多种运输方式加快集成，海铁联运等发展迅速。三是逐步实现从一般水陆运输节点向国际货物运输和世界物流体系中的重要枢纽转变，厦门是闽西南五地市区域经济合作和闽粤赣十三地市经济协作区的主要出海口和货物进出聚集地，当前正在大力发展国际中转、国际采购、国际配送和转口贸易等，努力成为跨国公司的物流供应链的重要节点。

航运服务企业群加速形成。厦门航运服务企业涵盖了航运、港口营运企业、仓储、运输以及综合服务企业等，专业化分工和合作程度较高，并与物流活动相关的企业和单位组成完善的生产服务系统（见表9.15）。物流战略联盟得到发展，港口与船公司之间、物流企业与生产厂商建立合作联盟，如港口与中远等大型船公司建立了码头建设、航运、物流等领域建立全面的紧密合作关系，共同发展航运服务。涉及5家海内上市公司25个码头泊位的厦门集装箱码头集团有限公司成立，参与此次重组整合的股东涉及5家海内外上市公司，即国内A股上市公司厦门港务、象屿股份和厦门国贸，香港上市公司国际港务和新创建集团，涵盖25个港口码头的70.17亿元资产，除新创建集团外，另外4家上市公司的实际控制人都是厦门国企。新集团公司的组建模式是，接受重组的码头资产所属的4家法人企业，即海天码头、象屿新创建码头、国贸码头和海沧港务以新设合并方式成立厦门集装箱码头集团有限公司，同时，相关股东以码头资产作价或以现金入股合资公司。新公司注册资本为24.37亿元，其中，国际港务持股52.90%，港务控股集团持股14.79%，港务物流持股0.55%，象屿物流持股8.53%，厦门国贸持股7.82%，宝达投资持股1.61%，新世界港口持有剩余部分股权。将极大提升厦门港的整体竞争力和码头企业的经营效益，进一步推动把厦门港打造成东南国际航运中心。

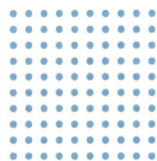

表 9.15 厦门航运服务企业群

类型	业务范围	代表企业
航运企业	集装箱运输和散杂货运输	马士基、中远、中海、中外运、东方海外、地中海、长荣、阳明等
港口营运企业	码头装卸搬运等港口核心业务	厦门集装箱码头集团有限公司、远海码头、招商局（漳州）码头
仓储企业	货物储存	胜狮艺辉货场、外代东亚物流出口保税仓、弘盛堆场、通达堆场等
中介企业	货代、船代等企业	厦门外代国际货运有限公司、厦门中贸国际货运代理有限公司等

资料来源：厦门市发展研究中心整理

港口物流技术不断提高。港口物流技术是港口物流发展的重要技术支撑。一是物流装备技术逐步提高，现代化装卸设备加快应用，大部分物流装备水平相当于上世纪 90 年代国际水平。二是信息技术加快应用，我市积极推广 EDI（电子数据交换系统）、GPS（全球卫星定位系统）、GIS（地理信息系统）、EOS（电子自动订货系统）、ASS（自动分拣系统）、BC（条型码）、RFID（无线射频技术）、ERP（企业资源计划）和 CRM（客户关系管理）等信息技术，为物流管理提供了有力的技术支撑。三是物流管理信息系统等技术加快在港口物流的应用，电子口岸的建设和物流企业信息化的发展，提高了通关和物流业务电子化水平，有力地促进了物流运作效率的提高。福建电子口岸现已开通运行口岸服务系统 41 个，在建 6 个。业务涵盖海运、空运、物流园区、物流作业、信息增值服务等多个领域，兼具申报、监管、查询、物流服务等功能，与厦门、福州两个关检区的海关、检验检疫局、海事局、边检等口岸查验部门实现了网络对接和业务联动，初步形成了企业"一站式"服务基础平台，为口岸查验部门通关流程优化、严密监管、高效运作提供了技术保障，加快了企业大通关速度，节省企业成本，优化口岸通关环境，提升区域经济的综合竞争力。

2. 存在的问题

缺乏天然深水良港，超大型船舶接待能力有限。世界海运船舶有日趋大型化发展趋势，30 万吨级超大型船舶都出现了。目前厦门港最大靠泊能力达到 15 万吨级，据统计，船长 397 米、宽 56 米、总吨 17 万吨的全球最大集装箱船舶"艾玛·马士基"，自 2007 年 4 月 20 日首航厦门港以来，已累计靠泊厦门港嵩屿码头 7 次。厦门港多次顺利接待该世界最大集装箱船，标志着厦门港超大型船舶接待能力已跨入世界强港行列。不过由于厦门缺乏天然深水良港，对于 20 万吨级以上的超大型船舶接待能力将受到限制。这将使厦门港面对拥有天然深水良港的福州港和泉州港处于明显的竞争劣势，进出港船舶日趋大型化、深水化、智能化，将对厦门港今后跨越式发展带来新的考验。

经济腹地有限，未来增长空间受限制。港口腹地是港口货物吞吐和旅客集散所及的地区范围，港口经济腹地包括直接腹地与间接腹地，也有陆向腹地和海向腹地之分。任何一个港口的发展都必须以腹地经济开发的深度或腹地范围的开拓为基础，而且港口与其经济腹地在经济发展过程中存在互相依存、互为条件的关系。厦门港的直接陆向腹地就是厦门市，间接陆向腹地包括福建省周边地区和周边内陆省份，但间接陆向腹地还面临泉州港和福州港的竞争。从经济规模看，厦门市不仅生产总值大大小于泉州市和福州市，而且增长幅度也小于泉州市和福州市。因此，在传统的陆向腹地上，厦门港与泉州港和福州港相比目前处于竞争劣势。若从海向腹地来看，由于厦门是经济特区，开辟的国际航线大大超过泉州港和福州港，暂时拥有竞争优势。但是，厦门港的集装箱吞吐量增长率目前已经开始低于福州港和泉州港，加上厦门缺少天然深水良港，未来大型国际集装箱业务发展将面临福州港和泉州港的更大竞争压力，海向腹地的拓展空间势必受到挤压。

符合现代物流模式的大型港口物流企业偏少，物流服务的层次和水平需进一步提高。2009 年 3 月国家通过的《物流业调整和振兴规划》中，确立了以厦门为中心的东南沿海物流发展区域为国家重点发展的九大物流中心区之一，并确定厦门市为全国性 21 个物流节点城市之一。厦门市政府也深入调研，整合资源，出台政策，积极做大做强港口物流业。从海西角度而言，厦门港口物流业处于领先地位，实力强于福州港和泉州港。但是从全国和国际的角度讲，厦门港离建立起与国际通行规则接轨的多层次、社会化、专业化、规模化和信息化的现代物流服务体系和现代物流枢纽港口的目标还有较大差距。目前，厦门符合现代物流模式的大型港口物流企业偏少，能够提供装卸、运输、仓储、报关、信息服务、库存管理、成本控制等一条龙物流服务专业化、规模化和信息化的大型港口物流企业不多，多数企业普遍规模小，基本为传统的小货代、小仓储、小运输公司，大部分经营业务都只停留在物流链某一环节的服务，只能简单地提供运输和仓储服务，而在流通加工、物流信息服务、库存管理、物流成本控制等物流增值服务等方面尚处于摸索阶段，在服务水平和服务层次上距离真正意义上的物流服务供应商还有相当大的距离，缺乏过硬的核心竞争力。因此最终只能成为国际物流商的下游服务体或是维持经营或是被市场淘汰。规模小和核心竞争力弱，还导致厦门的港口物流企业抗风险能力偏小，今后要做大做强厦门港口物流业，厦门市政府必须尽快出台具体措施对重点港口物流企业给予政策及税收方面的优惠，鼓励、扶持、培育一批重点港口物流企业，从而促进和带动整个行业的良性发展。

港口服务效率不高，核心竞争力不强。随着经济全球化和国际分工专业化的日益深化，国际贸易快速发展，货物（包括原材料、辅料、备品、配件、在制品、半成品制成品、次品等）的流通量越来越大，其中约九成经由海运。各国港口之间的竞争日渐激烈，要求和推动港口物流须有很大的提升。港口的服务效率成为衡量一个港口核心竞争力的关键指标。厦门港虽然在服务效率上暂时领先福州港和泉州港，但是，厦门港与国内一流大港仍存在较大差距，与世界一流大港的差距就更大了。由于厦门港在天然深水良港和经济腹地上与福州港和泉州港存在难以克服的差距，因此，提升港口服务效率就成为未来厦门港确保核心竞争力的重中之重。厦门港只有在收费价格、服务质量、装卸效率、物流效率、安全性等方面保持对福州港和泉州港的一定竞争优势，才可能在未来的竞争中立于不败之地。

高级技术人才比例过低，影响核心竞争力提升。企业人力资源开发与管理是构筑企业核心竞争力的基础，在日益激烈的竞争环境中，企业传统上所具备的任何竞争优势，例如，设施优势、资金优势、规模经济等都只能是一时的、短暂的，企业只有快速构筑自身的人力资源竞争力，进而构筑企业核心能力，才是其维持生存，并促进持续发展的保证。厦门港高级技师过少，工程技术人员比例过低，尤其缺乏顶尖的高级港口人才，这样将制约厦门港实现向技术密集型港口的升级发展。今后如果不能尽快引进高端人才，加速筹建国家级企业技术中心和博士后工作站等技术创新体系，那么缺乏天然深水良港的厦门港将在与迅速逼近的福州港、泉州港竞争中处于劣势。

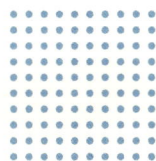

（二）物流业

1. 发展情况

2013 年，我市物流加快发展，市场规模不断扩大，集聚了众多知名物流企业，物流运作效率进一步提高，有力地提升了厦门经济的综合竞争力。

物流市场规模不断扩大。改革开放以来，我市经济发展迅速，产业加快集聚，2013 年区内生产总值达到 3 018.2 亿元，比上年增长 9.4%，经济持续快速发展为现代物流发展带来了持续的动力，使得我市物流需求持续快速扩大，促进了我市物流业的快速发展。随着我市海陆空立体交通体系综合服务功能增强，物流规模进一步扩大。据统计，2013 年厦门市货物运输量 1.58 亿吨，增长 15.1%；货物周转量 1 039.71 亿吨公里，增长 10.4%（见表 9.16 和图 9.27、9.28）。

表 9.16　厦门货运量和货物周转量情况表

年份	货运量		货物周转量	
	总量（万吨）	增长率（%）	总量（万吨公里）	增长率（%）
2008	7 601	49.4	6 003 320	15.4
2009	8 371	10.1	6 636 702	10.6
2010	10 046	20.4	8 190 913	23.5
2011	11 931	18.8	8 456 865	1.5
2012	13 642	14.3	9 417 989	11.4
2013	15 700	15.1	10 397 100	10.4

资料来源：厦门经济特区统计年鉴

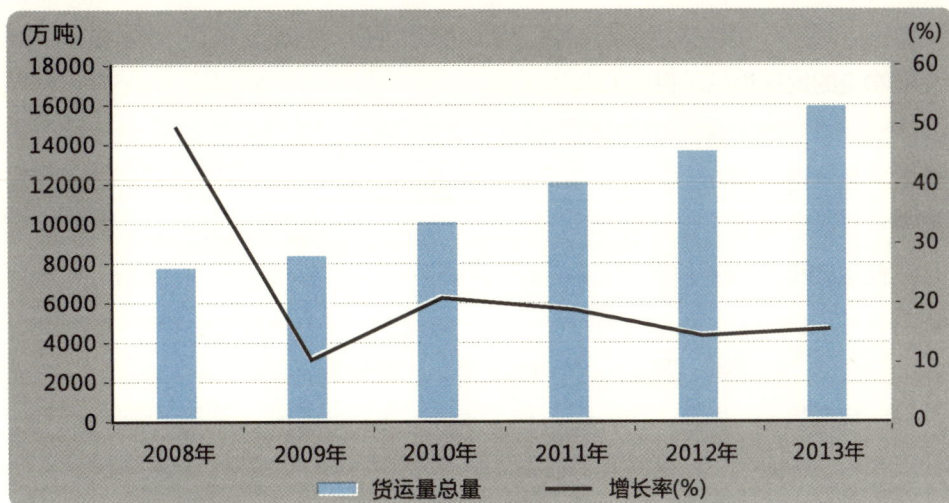

图 9.27　2008—2013 年厦门市货运量总量及其增长率

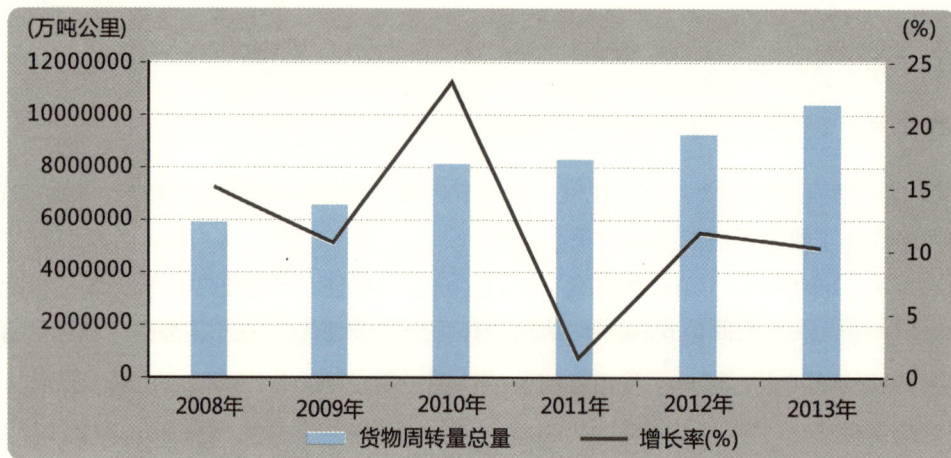

图 9.28　2008—2013 年厦门市货物周转量总量及其增长率

物流结构趋于优化。从物流行业结构来看，传统的物流业，如仓储、运输和配送业较为发达，占有较大的市场规模，企业数量较多；现代的物流业加快发展，提供高水平的物流服务；随着电子商务的快速发展，快递物流发展迅猛。从产业物流来看，厦门电子产品物流和超市物流较为发达。电子信息产业是我市的三大支柱产业之一，发展较为成熟，市场竞争较为激烈，对航运的物流需求较为强烈，这有力地推动了电子产品物流的发展。在沃尔玛、家乐福和好又多等大型连锁超市的带动下，超市物流也发展迅速。在电子商务快速发展的带动下，厦门快递物流加快发展，亚马逊物流中心运作良好，顺丰物流等国内知名物流企业在厦门的业务规模迅速扩大。

物流基础设施逐步完善。目前，我市已形成现代物流园区、海沧物流园区、杏林物流园区和火炬翔安保税物流中心四大物流集聚区。海沧保税港区为海西经济区首个封关运作的保税港区。厦门万翔冷链物流中心建成投入使用，是首个集冷冻、冷藏、恒温、常温为一体的多温层现代化冷链物流中心，为全国首家航空冷链业务中转库，为客户提供集食品、果蔬、药材等冷链物品检验检疫、报关、通关、仓储、分拣、集拼、中转快运、信息化处理、城际运输、城市配送等一体化的专业冷链物流服务，为厦门冷链物流的发展提供了良好的载体支撑。

物流企业扩张逐步加快。厦门作为重要的港口城市，吸引了众多的物流企业，马士基、伯灵顿、大通、菲利普、联邦快递、DHL、TNT、中远、中海等企业投资厦门后均取得了良好的经营业绩，本地物流企业迅速成长，形成了一定的规模和服务能力，并广泛开展国际合作。形成了四类企业竞争的格局：一是传统储运转型的物流企业，如中外运、中邮物流、中铁快运、中远物流、中海物流等，在厦门市场中占据主导地位；二是新兴民营物流企业，如大通、宅急送等，市场份额快速上升；三是外资物流企业，如马士基、伯灵顿、联邦快递、TNT 等，市场份额逐步扩大；四是本土的物流企业也在逐步成长，如厦门港务物流、国贸、中外运裕利、速传、建发、海投、晋联、华商等企业不但成为我市而且成为我省知名的物流企业。厦门物流服务企业多元化参与发展的格局已经形成。

物流服务水平逐步提高。目前，我市传统的提供单一物流服务的企业比例有所下降，而具有提供多环节系统化集成物流服务能力的现代物流企业的比例有所提高。厦门拥有一批高水平的物流企业，

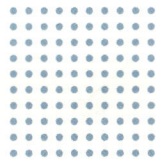

这些企业提供物流服务水平较高，能够以货主为中心，准确地把握工商企业物流需求内容和特点，在运输和仓储的基础上，开展多功能的物流服务活动，把物流服务有机地融入工商企业的物流系统之中，作为工商企业物流系统中的一个部分发挥其功能。

物流人才较为充足。厦门具有较好的物流人才基础，人才需求保障机制逐步形成。除了城市本身具有较好的吸引人才环境外，政府相关职能部门与产、学、研单位密切协作，建立了多层次的物流人才培养教育机制，保障现代物流发展的人力资源需求。目前，物流学历（学位）教育、国家物流资格认证、行业从业资格、国际物流认证等多项教育培训在厦门都已开展，为物流发展提供了较充足的人员和人才保障。

物流辐射功能逐步增强。厦门作为重要的港口城市，是厦漳泉，乃至闽粤赣十三地市的出口货物的重要通道，成为国内外物流企业重要的节点，如中远集团在厦门设立区域总部，负责统一管理和经营该集团在福建地区的物流资源。目前，厦门物流信息平台已经覆盖了厦门、泉州、漳州、龙岩等厦门海关关区主要的口岸物流作业点，运行了 8 个应用系统，为厦门物流对外辐射提供信息技术支撑。

2. 存在的问题

与物流发达国家相比较，我市物流发展还存在着市场规模较小，结构不甚合理，物流服务水平不高，中高级物流人才较为缺乏，辐射功能有待于进一步提高等问题，这些都制约着我市现代物流服务功能的提升，不利于社会物流成本的降低，不利于区域物流中心的形成。

市场规模较小。由于厦门经济规模小，市场腹地有限，加上工商企业物流外包的观念不强，工商企业对物流服务的需求相对较少，因此市场规模较小。从市场需求的结构来看，目前厦门企业对物流服务的需求层次还比较低，主要仍集中在对基本常规项目的需求上。生产企业外包的服务第一是干线运输，第二是市内配送，第三是储存保管。商业企业需求的服务第一是市内配送，第二是储存保管，第三是干线运输。这表明生产企业和商业企业对物流服务内容的侧重点有所不同。企业对增值性高、综合的物流服务如库存管理、物流系统设计、物流总代理等的需求还很少，同时自营物流比例仍然偏高。这必然制约着物流市场规模的扩大。

物流企业发展不平衡。外资物流企业和国家级的物流企业凭借其完善的服务网络、雄厚的资金实力、规模和人才优势等，发展较好，市场占有率较高，在附加价值高的物流服务方面占据优势。厦门本土的物流企业规模较小，运输能力、仓储配送能力、服务范围都有限，造成其服务成本相对较高，规模效益难以实现。

物流总体服务水平不高。厦门物流总体服务水平不高，业态发展不平衡，专业化程度不高。目前，厦门大多数物流企业只能提供单项或分段的物流服务，物流功能主要停留在储存、运输和城市配送上，相关的包装、加工和配货等增值服务不多，不能形成完整的物流供应链。物流系统规划、物流信息系统设计、供应链管理等高层次物流服务的供给能力严重不足。客户对物流企业的物流服务总体上不甚满意。

物流基础设施较为落后。目前，厦门不少物流企业的基础设施简易、落后、机械化程度不高，智能化、自动化仓库比较少，加上物流企业自身信息化建设滞后，造成了仓储运输系统的整合效能比较低。信息技术相对落后，GPS 全球定位系统、电子数据交换、自动化仓储系统（自动化库存定位及货品分拣等）、计算机辅助运输线路设计和车辆配载等现代科技手段没有得到充分的应用。信息技术水平相对落后导致所提供的物流服务在及时性、准确性、可靠性和多样性等方面较难满足客户的需求，使得企业和客户不能充分共享信息资源，严重制约了物流企业的发展。

中高级物流管理人才匮乏。物流是操作性较强的管理活动，同时又需要高新技术支持。它要求从业人员必须是管理类和技术类相结合的复合人才，既要掌握物流优化管理的理论与方法，又要具备计算机、网络及自动化技术等方面的知识。目前厦门物流企业的从业人员仍有相当一部分职业素质低，难以达到现代物流服务所要求的业务标准，特别是具有先进技术、管理理念和丰富经验的中高级专业人才相当匮乏。

辐射功能有待于进一步提高。从总体来说，厦门现代物流辐射功能较弱。区域物流合作处于起步阶段，目前只有一些企业为海峡西岸经济区的工商企业提供零星的物流服务，难以形成规模化和常态化，政府缺乏引导和有效的推进措施，物流企业在区内开展服务难度较大，厦门现代物流功能在推进海峡西岸经济区建设中的作用需要进一步发挥。

二、2014 年厦门航运物流发展环境分析

（一）国际航运服务业发展态势

1. 港口运行

主要港口呈现"弱复苏"态势，维持"弱增长"格局。总体来看，2013 年全球经济止住了衰退的势头出现微弱反弹，各国纷纷通过促进消费、引导投资等方式拉动内需，生产性和消费性的需求有一定程度回升，全球航运市场处于低速增长阶段，但不同经济体增速仍保持较大的差异。欧元区经济增长依然乏善可陈；美国在大力度的财政整顿下经济呈现出强劲的反弹势头；新兴经济体国家受货币宽松政策力度下降以及世界区域经济发展减速影响，中小型港口增长动力略显不足，下行压力逐渐加大；而上海、新加坡、鹿特丹等一线港口由于发展重心转向集装箱业务，仅维持低速增长格局。

总体来看，2013 年全球航运市场运力投入仍高于需求增长，各家船东通过降低航速来降低油耗、增加航线的船舶投放、相对灵活地取消航次等方式进行运力投放管理；同时积极推进运价上升，实际运价回升在第二和第三季度都表现良好，但在第四季度各主要东西航线均出现大幅回调态势；最后，各主要航线不断投入大船，将替换出的船舶投入到南北或者传统的区域航线上，使各条航线都尽量达到可投入船型的最大化。

根据 IMF 2013 年 10 月的预测，2014 年全球 GDP 增长率预计达到 2.9%，其中发达经济体增速为 2%，新兴及发展中经济体增速达 5.1%，新兴经济体的增速高于发达经济体，所以在相关南北航线及区域间航线上，运输需求可能更旺盛。这种市场需求有望引导原先雄心勃勃加入东西航线市场竞争的中小型船公司，再次将注意力回归到相关航线以谋求生存和发展，而与此同时相关航线的竞争也就更为激烈。各家船公司提高各自的管理能力及经营差异性，比如航运经营人跟踪全球移动办公，在安卓、IOS 等相关平台上推出各种应用，与客户互动并体现自身的个性化，利用移动互动技术，实现差

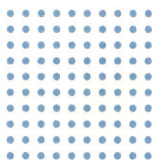

异化经营，增强各自的边际盈利与竞争力。同时在各条相关航线上投入最大的船型，以达到规模经济效应。

2. 发展趋势

航运联盟化和船舶大型化加快。全球前三大班轮公司马士基、地中海航运、达飞轮船于 2013 年 6 月底宣布合计拿出 260 万 TEU 的运力（各自贡献 42%、34% 和 24% 的联盟运力）成立 P3 联盟，以在东西主干航线（亚欧、跨太平洋、跨大西洋）合作运营，计划从 2014 年第二季度开始运营。P3 联盟是多年来航运业中最大的变动，在亚欧航线上的市场份额达到了 45%，远远超过了 30% 的高压线，将构成市场垄断地位，影响市场公平竞争。

港口硬件升级步伐加快。为争取成为国际干线航班的挂靠港与枢纽港，各港口不得不在生产效率和服务质量上下苦工。无论 P3 联盟是否获批，马士基第一条 1.8 万标箱的船确已经投放市场，而今后相继投入市场的大船运力势必将越来越多。对于大港而言，只有成为干线枢纽港方可分享此种运营模式所带来的中转增量，因此设施改善的积极性大为提升；中小港口同样会被动地进行港口设施升级，因为无法提供便捷喂给的港口将会被淡化出市场。除了融入全球化和区域化的发展中，港口还必须充分利用本土优势，构建以当地产业链为核心的港口竞争力。

（二）国际物流发展态势

1. 物流市场发展呈稳步增长态势

上世纪 90 年代，全球国际物流业年均增长 7% 以上，高于同期 GDP 增幅。近几年，国际物流业务量仍保持 4% 以上的增长，现代国际物流业的发展呈稳步增长态势。在发达国家和地区，物流业开展得较早较好，已经形成相对完善的交通运输和信息网络，部分物流服务已由独立经营物流业的第三方物流公司来经营。第三方物流的迅速发展，已成为发达国家经济增长最快的物流业务之一，目前，第三方物流在整个物流市场中的比重，日本已达到 80%，美国为 57%，德国为 23.33%。而在其他国家和地区，目前基本上处于以分段运输为主的物流发展的初级阶段，能够提供物流服务的企业很少。从目前情况来看，今后物流发展的主要方向是物流内涵的拓展、过程的延伸、覆盖面的扩大以及物流管理的日益专业化、标准化与信息化。

随着经济全球化和信息化进程的不断加快，跨国公司所导致的本土化生产、全球采购、消费趋势的加强，使得国际物流产业呈现出新的发展特点：

物流运作全球化。要满足全球化的物流服务，物流企业必须向集约化、协同化方向发展，形成规模效益。积极展开并购，争取更大的市场份额；整合物流能力，创造新的物流价值；建立物流园区，实现企业物流协同化发展。

物流技术电子化。国外物流企业已经形成了以系统技术为核心，以信息技术、运输技术、配送技术、装卸搬运技术、自动化仓储技术、库存控制技术、包装技术等专业技术为支撑的现代化物流装备技术格局。电子物流进一步的发展方向是：信息化、自动化、智能化、集成化。

物流服务社会化。跨国企业越发重视通过外包物流环节，以整合全球物流资源，降低供应链成本，增强核心竞争力。随着供需鸿沟的扩大，第三方物流向第四方物流转变也成为未来的趋势，第四方物流将进一步促进物流服务的外包化。

物流管理现代化。经济全球化浪潮推动跨国公司结构调整和价值链重新排列，对物流管理带来新的需求。从 2003 年开始，物流管理已经开始向高端发展，呈现了供应链整合管理的趋势，主要表现在精细物流、西格玛物流、闭环物流等概念的发展。

物流系统绿色化。物流促进了经济的发展，同时也给城市环境带来不利的影响，为此 21 世纪产生了绿色物流的概念。目前，绿色物流的发展包括两方面：一方面是对物流系统污染进行控制，即在物流系统和物流活动的规划与决策中尽量采用对环境污染小的方案；另一方面是建立工业和生活废料处理的物流系统。发达国家政府纷纷在污染发生源、交通量、交通流等三个方面拟定相关政策，形成倡导绿色物流的对策系统。

物流人员专业化。发达国家已经形成或正在建立较为合理的物流人才教育培训体系，包括建立多层次的物流专业教育、全面开展物流在职教育，建立物流业的职业资格认证制度等，为社会培养物流专业人士和高级物流管理人才。

2. 电子商务快速发展对物流产生重大影响

电子商务对物流组织模式、物流作业、功能环节、运作方式、经营形态管理、资源配置、物流管理水平和物流技术产生了很大的影响。电子商务的发展，缩短了生产厂家和最终用户之间供应链上的距离，降低了流通成本，缩短了流通时间，供应链实现了一体化。供应商可以及时且准确地掌握产品销售信息与顾客信息，存货管理按所获信息组织产品生产和对零售商供货，存货的流动变成"拉动式"，实现销售的"零库存"，使得采购简单化，库存、配送、运输集中化，实现了网络对物流的实时控制。电子商务给物流企业的发展带来了新的空间，也使建设现代化物流系统增添了新的条件和一系列新特点（信息化、网络化、智能化、多功能化、全球化）。

（三）国内航运发展态势

1. 港口运行

2013 年，我国港口集装箱吞吐量稳中趋缓（表 9.17）。全年全国规模以上沿海港口完成集装箱吞吐量 14 675.99 万标箱，同比增长 6.1%。大连港集装箱吞吐量增长最快，厦门港次之，深圳港增长最慢。

2014 年，世界经济将稳步增长，国内经济保持平稳增长，港口业将进入平稳增长的发展阶段；同时，随着港口产能大幅增加，港口特别是相同腹地港口间的竞争将加剧，将主要面临以下问题：一是海运市场需求不足，运力过剩，竞争激烈。国外各大航运公司加入中国的航运市场，造成国内航运的竞争更加激烈。二是技术装备、管理水平和服务质量滞后。我国航运企业所拥有的大多数船舶的船况较差，船型陈旧，自动化程度低，运营成本高。还没有形成融汇陆上运输、代理、仓储和流通领域的贯穿全球的集海陆空运输为一体的货务、售前售后的综合服务体系，增值服务严重滞后，无法与国外知名的航运集团抗衡。三是信息技术缺乏，人才流失。我国一些大的航运企业虽已有了一些初具规模

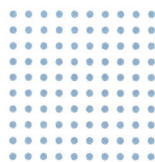

的航运网站，但与国外知名的航运企业相比，还存在着巨大的差距。我国的航运企业观念陈旧，对人力资源的开发和利用不够重视，在培养人才、留住人才、重用人才方面严重欠缺。

表 9.17　2013 年全国规模以上沿海港口集装箱吞吐量统计

名次	港名	集装箱吞吐量（万标箱）	同比增幅（%）
沿海	合计	14 675.99	6.1
1	上海港	3 361.7	3.34
2	深圳港	2 327.8	1.46
3	宁波—舟山港	1 732.68	7.12
4	青岛港	1 552.00	7.00
5	广州港	1 530.92	3.83
6	天津港	1 300.00	5.69
7	大连港	991.2	22.91
8	厦门港	800.79	11.20
9	连云港港	548.80	9.30
10	营口港	530.10	9.30

资料来源：厦门市发展研究中心整理

（四）国内物流业快速发展

1. 发展情况

经过 30 多年发展，物流业已经成为国民经济的支柱产业和重要的现代服务业。20 世纪 90 年代以来，中国对外贸易一直呈现高速增长态势，平均年增长速度达 13.4%，带动了国际物流的快速增长。

据中国物流与采购联合会数据，2013 年前 11 个月全国社会物流总额 182.2 万亿元，同比价格计算增长 9.4%，增速保持回升态势，物流呈现"稳中趋升"的走势。

从物流总额构成看，工业品物流总额 167.3 万亿元，可比增长 9.7%，较上年同期回落 0.3 个百分点。进口货物物流总额 11 万亿元，可比增长 5.9%，较上年同期回落 0.6 个百分点。再生资源物流总额保持快速增长，可比增长 20.6%；农产品物流总额可比增长 3.4%，延续平稳增长态势。

2. 发展趋势

短期内，受欧美经济疲弱的影响，中国与发达国家的贸易增长会有所放缓，与新兴经济体以及发展中国家的贸易增长会成为新的亮点，贸易格局的变化带动国际物流活动此消彼长。中长期看，中国国际贸易仍将有相对较高增长，带动中国国际物流继续高速发展。

电子商务的出现加速了全球经济一体化，使得物流的发展也向着全球化的方向发展。全球化的物流模式即国际物流使物流企业更紧密地联系在一起，形成了社会化大分工，生产商集中精力生产、物流商则从事物流服务。而我国作为一个发展中国家，物流业起步晚、水平低，在引进电子商务时，并不具备能够支持电子商务活动的现代化物流水平，所以在引入时一定要注意配备相应的支持技术——现代化的物流模式；同时，企业的市场竞争表现为企业联盟的竞争，物流企业的竞争优势体现在物流企业的集成能力和整合外部资源来组建虚拟企业上，物流信息已对供应链起着重要的控制和主导作用。

中国未来 20 年将成为世界第一大经济体，由此将成为物流需求增量和物流市场规模最大的国家。工业化的推进、产业结构的逐步升级以及生产方式的变化，大宗能源、原材料和主要商品的大规模运输方式和物流需求仍将旺盛，城市化和区域增长新格局对物流空间分布、效率、获得性等也提出更高要求。同时跨国物流企业将深度渗透中国的传统物流领域，激烈竞争的物流市场推动物流领域的兼并重组，各种形式的联盟不断涌现，市场集中度会进一步提高。只有加强物流业的发展力度，才能实现满足客户的个性化服务需求、不断提高服务水平、促进物流的各个功能环节成本和总成本最低、增加物流企业的市场机会等现代物流追求的多目标。

（五）海西港口发展态势

1. 港口规模

海西港口群地理位置优越，海域辽阔，深水岸线资源丰富，同环渤海湾港口群、长三角港口群、珠三角港口群具有同等重要的战略地位，但是由于海西港口起步晚，港口建设速度还不适应经济发展要求，同时受港口功能单一等因素的限制和影响，海西港口群的发展一直没有一个突破性的进展。厦门港作为海西港口圈的核心，集装箱吞吐量遥遥领先于其他港口，货物吞吐量也高于其他几个港口。

表 9.18 2013 年海西区主要港口集装箱吞吐量情况表

港　　口	集装箱吞吐量（万标箱）	增幅（%）
厦门港	801	11.3
福州港	197.67	8.3
泉州港	170.06	0.2
温州港	57.25	10.53
汕头港	129	3.2

资料来源：厦门市发展研究中心整理

2. 港口竞争

海西港口群不仅面临来自沿海三大港口群的竞争，还面临来自海峡东岸高雄、基隆、台中等发达区域港口的强有力竞争。厦门港辐射区域内经济规模较小，港口业务发展长期受制于货源量。一方面，厦门港一直受到来自长三角、珠三角区域港口群的夹击，腹地范围无法有效向更广阔的西部内陆扩张和延伸，货物来源仅局限于福建省周边的狭长区域，面临被边缘化的窘境。另一方面，厦门港还

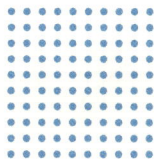

受制于海峡东岸高雄、基隆、台中等发达区域港口的强有力竞争。港口吞吐量的增长与 GDP 的增速高度相关，集装箱吞吐量的增长与进出口总额的增速高度相关。

三、2014 年厦门航运物流发展展望

在航运服务方面，2014 年，将继续发挥港口优势、对台优势和保税优势，加快培育建材、轻工、化工原料及制品以及机电设备等大宗货物的物流供应链，采用现代化的通信技术和自动化运输、仓储技术，加快对港口功能多元化、标准国际化、布局合理化、管理现代化和运行高效化的改造，将各种现代化运输方式汇集到港口，将仓储、包装、配送、加工、信息服务等多种物流功能集成化，推进港口从交通枢纽转变为内涵更广、层次更高的物流网络节点，港口功能对国际集装箱多式联运和国际物流网络节点的要求更加适应，航运服务水平进一步提升，促进厦门东南国际航运中心加快形成。

在物流业方面，2014 年物流基础设施将加快完善，现代物流园区、杏林（前场）物流园区和刘五店物流园区等载体建设进一步推进，物流信息化加快建设；传统物流企业加快改造提升，物流技术水平进一步提高，规模大、实力强、竞争力强、服务水平高、辐射能力强的现代物流企业加快形成；物流产业链进一步延伸，物流产业集群加快形成，物流供应链效率进一步提高，促进海峡西岸经济区重要的物流中心和对台物流重要节点的形成，提升厦门中心城市地位。

四、2014 年对策建议

（一）航运服务

1. 大力发展港口服务产业集群

充分发挥港口优势，加强规划引导，以企业为主体，努力形成以船舶运输和港口服务等航运主业组成的核心层，船舶代理、货运代理、航运经纪、船舶修理、船舶检验等航运辅助业组成的辅助层，航运金融、航运保险、海事法律、航运教育等航运衍生服务业组成的支持层的港口服务产业集群。

以港口为核心，以集装箱运输为重点，大力发展航运、装卸、存储、运输、配送等港口行业，加快东渡港功能转移，推动港口功能合理布局，依托物流园区，大力发展城市配送、第三方物流等，做大港口物流规模。

积极推动港口配套服务行业发展。加快发展船代、货代、信息、咨询等中介服务业，积极发展与国际航运相配套的船舶燃油、淡水、食品、维修、物料等供应服务，加强海事、海商法律服务，配套完善宾馆、市场、餐饮等服务设施，提供完善的相关服务，提高航运服务发展水平。

突出发展航运金融服务。大力发展国际结算、离岸金融、货物保险、期货交易和期权交易等金融服务，拓展船舶融资、邮轮租赁、散货租赁和船舶保险等业务。突出对台特色，争取国家支持率先在保税港区内试行两岸以人民币和新台币计价结算业务，促进银行拓展新台币两岸结算业务和存贷款业务，在此基础上争取在保税港区内开办离岸金融业务。

2．航运服务信息技术

现代化的港口应建立覆盖辐射区内的所有商业流通和仓储运输企业的网络平台，实现各企业、客户和有关管理机构的信息充分互联。

充分发挥福建电子口岸的作用，健全完善集口岸通关执法管理和相关物流服务为一体的大通关统一信息平台。利用 EDI、Internet 等信息技术，将港口与港口、港口与海关、港口与货主、港口与承运商连接起来，形成一个开放的有机整体，提供诸如货主跟踪涉及货物状态、货物交接单证、办理和管理提单、通关、联运、仓储储存情况、船期预告、泊位使用情况、货运市场行情等信息，扩大业务合作，建立国际物流，使港口具备物流信息港的功能，提供高效、周全优质的物流服务。

鼓励港口物流企业建立基于 Internet/Intranet 的物流信息管理系统，实现"客户电子订单一体化运作"的电子商务目标，简化商务流程，提高业务运作效率，使得物流企业与客户间建立数据共享平台。

同时要在港口物流企业中，积极推广 EDI（电子数据交换系统）、GPS（全球卫星定位系统）及 GIS（地理信息系统）、EOS（电子自动订货系统）、ASS（自动分拣系统）、BC（条型码）、RFID（无线射频技术）、ERP（企业资源计划）、CRM（客户关系管理）等信息技术。

3．航运服务人才

加大引进高层次港口物流人才的力度，以重点项目和龙头企业为依托，重点引进专业性的港口物流管理人才和经营人才。采取有效措施，吸引并留住关检、港务、检疫、边检、工商、税务等口岸管理人才，仓储、运输、配送、货代等物流管理人才，航道设计、港口建设、港口引航、航运经营、船舶驾驶等航运人才，金融、保险、海事法律、电子商务等服务业人才和企业经营管理人才等高层次的专业人才。同时，要建立长效培训机制，加强对现有人才的培训和使用，为港口物流的发展提供人才保障。

（二）物流业

1．做大现代物流市场规模

要围绕电子信息、机械支柱产业，光电、生物与新医药等新兴产业和大型商贸企业，如连锁超市、大型外贸企业等的物流需求，以连锁超市、家电、光电、建材、机械等行业等为重点，逐步降低工商企业自营物流规模，拓展现代物流规模。鼓励工商企业物流外包，引导和支持其转变管理观念，按照现代物流理念，采用先进信息技术和物流装备，进行业务流程再造，积极参与社会化、专业化分工，剥离低效的运输仓储功能和业务，外包给现代物流企业，优化供应链管理，建立高效低成本的物流管理模式。

依托外资企业，如可以围绕友达、冠捷等光电企业的物流需求，发展现代物流企业。鼓励大型企业剥离运输仓储功能和业务，外包给第三方物流企业。

第三方物流企业要强化内功，提高自身素质，提升服务水平，主动拓展市场。厦门的物流企业在

推进现代物流服务时，要充分考虑到工商企业的现实需求，从基本的服务功能入手，从简单的服务开始，在不断巩固自身提供常规服务的能力的前提下扩展延伸服务，随后才开始提供高附加值的服务，从而逐步实现物流环节的系统化和标准化，为客户提供全方位的物流服务。

2. 促进物流企业群形成

物流企业作为市场的主体，在物流市场中发挥着非常重要的作用。一是要以社会化、专业化的现代物流为重点，积极培育、引进具有国际竞争力和综合物流能力的物流企业，发挥在厦门的现有国内外知名的物流龙头企业，如马士基、伯灵顿、大通、菲利普、联邦快递、DHL、TNT、中远、中海等的带动作用，充分利用其资金、技术、管理经验、网络体系等，加速与国际物流市场接轨，尽快形成国际竞争力；二是整合现有物流资源，力争尽快形成一批具有较强竞争力的现代物流企业，并尽快实现配送物流信息化、社会化和现代化，以市场为主导，以资本为纽带，通过一体化、重组、并购、联合等形式，集聚区域物流资源，培育跨地区、跨行业、跨所有制和跨国经营的国内现代物流企业；三是引导物流企业与工商企业建立联盟，鼓励、引导物流企业之间重组或建立联盟，扩大经营规模和服务网络，组成现代物流企业。四是促进本土物流企业发展壮大，鼓励本土的物流企业并购和重组，与工商企业建成物流联盟。

3. 提高物流服务水平

规模化、专业化和网络化是现代物流企业的发展方向，发展现代物流的重点是培育专业化、综合化的物流服务，这就要通过厦门物流企业间整合重组，发展核心业务并扩大现有规模，应用现代科技，推动技术创新等方式来实现物流企业服务水平的上升，使物流企业真正为客户提供专业的、综合的、个性化的、高效率的物流服务。

为此一是要推动厦门物流服务专业化发展，主要包括硬件设备专业化、业务流程专业化、管理方式专业化和人员素质专业化等方面；二是引导物流企业努力拓展传统物流功能之外进一步提供的增值服务，包括物流方案策划、物流一体化服务、信息服务、金融服务等；三是提高物流企业的一体化整合服务能力，如将报关、仓储和存货管理以及运输配送业务进行整合，有利于减少物流服务中的差错，提高物流效率。

4. 加大力度引进中高级物流人才

加大引进高层次物流人才的力度，以重点项目和龙头企业为依托，重点引进专业性的物流管理人才和经营人才。一方面要重点引进既掌握物流优化管理的理论与方法，同时又具备计算机、网络及自动化技术等方面的知识的管理类和技术类相结合的复合人才，另一方面也要注意引进物流基础操作人员、物流营销人员、物流项目经理和物流系统设计人员。鼓励现有的物流企业对现有人才的培养力度，加强政府、高校和企业之间的合作，发挥现有物流培训机构的作用，吸收国外先进的物流教育模式，树立现代化的物流教育观念。

5. 提升物流辐射功能

加强区域物流合作，是拓展厦门现代物流市场规模的重要手段。加强同漳州的合作，发挥厦门湾组合港的作用，拓展物流合作领域和深度。将周边地区的物流需求市场吸引过来，特别要将远距离的物流需求市场吸引到厦门，从而迅速扩大我市物流需求市场。

鼓励和引导物流企业为海峡西岸经济区内的工商企业服务。一是鼓励物流企业，特别是国内外著名物流公司以厦门为营运总部，开展区域物流服务；二是加强对周边地区的业务推介，发挥厦门物流协会的作用，加强与内地政府、物流协会和企业的联系，共同出面组织厦门的物流企业和当地工商企业见面会，进行业务推介，并形成定期、常态化的联系机制；三是与内地的物流企业建立战略联盟，共同做大区域物流规模。

参考文献：

［1］厦门市交通委员会.厦门市现代物流业"十二五"发展规划［R］，2010 年.

［2］厦门市统计局.2013 年厦门特区统计年鉴［M］.中国统计出版社，2013.

［3］林汝辉.发展港口物流 提升厦门中心城市服务功能［M］.厦门市发展研究中心，2010.

［4］林汝辉.发展第三方物流 提升厦门现代物流服务功能［R］.厦门市发展研究中心，2007.

［5］魏际刚.中国物流业中长期发展战略思路研究［R］.国研视点 2013 年 4 月 22 日.

［6］1～3 季度中国航运政策分析与预测.中国海事服务网，2013 年 10 月 28 日.

［7］程娟，黄民生.厦门港发展港口物流的初步探讨［J］.科技和产业.2007（06）.

［8］奚韵文.在两岸直航及 ECFA 签署机遇下厦门港与高雄港在港口物流业的合作与竞争［J］.中国港口.2010（08）.

［9］张舰.物流企业顺应趋势求发展［J］.中国物流与采购.2010（03）.

［10］唐冠军.长江航运转型升级述论［J］.武汉交通职业学院学报.2013（03）.

课 题 组 长：林汝辉
课题组成员：刘飞龙　黄榆舒　董世钦　黄光增　郑清霞
课 题 执 笔：林汝辉　郑清霞

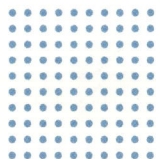

第七节 金融商务

一、2013 年厦门市金融商务业发展情况

（一）金融业

2013 年厦门市金融业实现增加值 254 亿元，增长 12%，高出同期全市地区生产总值（GDP）增幅 2.5 个百分点；金融业增加值占全市地区生产总值的 8.3%，占第三产业增加值的 16%，就其规模而言已成为厦门市的支柱产业之一（见图 9.29）。

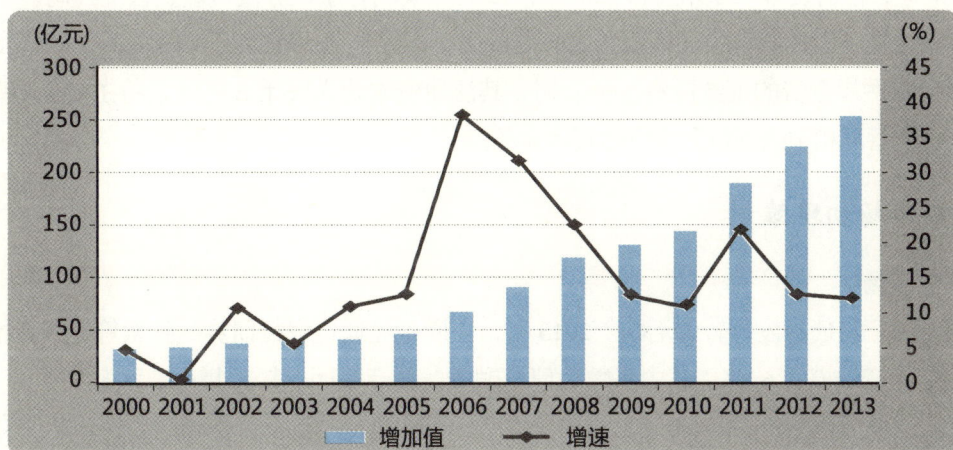

数据来源：《2013 年厦门市经济特区年鉴》

图 9.29　厦门市金融业增加值及增速图

1. 金融机构健康发展

（1）银行业

截至 2013 年年末，厦门市拥有银行业金融机构 40 家，其中，中资法人金融机构 7 家、外商独资银行 1 家、外商独资银行分行 8 家、外国银行分行 3 家、外资银行代表处 3 家。全市银行业金融机构网点数 616 个，从业人员 1.7 万人。银行业金融机构资产总计 9 948.7 亿元，同比增长 17.6%；负债总计 9 607.5 亿元，同比增长 17.9%；本外币各项存款余额 6 380.6 亿元，同比增长 16.6%；本外币各项贷款余额 5 843.5 亿元，同比增长 14.4%。

（2）证券期货业

截至 2013 年年末，厦门市拥有法人证券公司 1 家，证券公司分公司 5 家，证券营业部 56 家；证券机构总资产 65.9 亿元，从业人员 2 121 人；证券投资者开户数 93.6 万户，全年证券交易总额达 1.6 万亿元，增长 39.5%。厦门公司在国内主板上市的有 15 家，总市值 792.8 亿元；在中小板上市的有 8

家，市值 249 亿元；在创业板上市的有 6 家，市值 181.5 亿元。全市共有法人期货公司 2 家，期货营业部 27 家，期货机构总资产 50.4 亿元，从业人员 1 154 人；期货投资者开户数 7.8 万户，全年期货交易额 9.45 万亿元。

（3）保险业

全市共有保险经营主体 38 家，其中财险共 21 家，寿险共 17 家；保险专业中介机构 36 家。保险业务规模继续扩大，全年共实现保费收入 111.8 亿元，增长 20.3%，其中财产险实现保费收入 48.1 亿元，增长 16%；人身险实现保费收入 63.7 亿元，增长 23.8%。赔付支出 36.3 亿元，增长 19.9%。

（4）基金类机构

厦门市的创业投资发展起步于 1998 年，成立了厦门高新技术风险投资有限公司，为福建省首家创业投资机构。2011 年我市出台《关于促进股权投资类企业发展的若干规定》及实施细则，促进创投及股权投资迅速发展。截至 2013 年年底，厦门市共有创业投资企业 84 家，注册资本 55.4 亿元；股权投资企业 146 家，注册资本 136.9 亿元。2013 年 12 月，厦门首家证券投资基金管理公司——圆信永丰基金管理有限公司，正式获得中国证监会的成立批文，不仅是厦门首家证券投资基金管理公司，也是海西地区第一家两岸合资的证券投资基金公司，其注册资本为人民币 2 亿元，将主要从事基金募集、基金销售、资产管理和中国证监会许可的其他业务。

2. 资本市场初现雏形

（1）债券市场

近年来，厦门市债券发行较为活跃。2013 年，在厦企业通过发行债券、股票等方式直接融资 122 亿元，占社会融资规模的 6.8%，其中多数为债券融资。夏商集团、轻工集团、水务集团等 12 家国有及国有控股企业发行短融、中票 94 亿元。建发房产、杏林建发成功发行保障房项目企业债券 10 亿元。火炬集团获批发行企业债 7 亿元支持科技园区建设。圣达威等 2 家企业发行中小企业私募债 1.1 亿元。

（2）股权交易市场

2013 年 10 月，国信证券、中信证券、厦门金圆投资集团、深圳证券信息公司、台湾永丰创业投资股份有限公司等 10 家股东单位，共同签订了《关于共建厦门两岸股权交易中心合作意向书》。2013 年 12 月两岸股权交易中心正式揭牌。目前，厦门两岸股权交易中心采用委托管理的模式，形成国内股权交易中心建设中独特的"厦门模式"，即通过委托前海股权交易中心经营管理，在吸收发展前海股权交易中心各种创新基因的前提下，实现两个中心的"系统对接、制度平移、独立经营"，立足厦门、辐射海西、面向全国。

（3）大宗商品交易市场

2010 年 6 月，海峡西岸首个石化交易平台——厦门石油交易中心成立，并于 2013 年 1 月通过国务院清理整顿部际联席会议的检查验收。目前入驻厦门石油交易中心的企业已近 300 家，已形成自由现货交易、现货挂牌融资交易、现货挂牌议价交易等多种互动发展的交易模式，随着 6 月份电子盘交易开盘，2013 年全年交易金额超过 900 亿元，规模居全国第三位。2013 年 8 月我国首个成品油交易品种 93# 汽油现货挂牌议价交易在厦门石油中心开盘；2013 年 11 月份国际石化商贸大会在厦举行，均表明厦门石油交易中心在全国已具有较大的影响力。

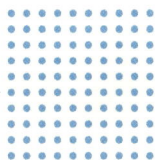

（4）航运交易所

2012 年 7 月 30 日，厦门航运交易所正式获批成立，旨在构建海峡两岸航运市场最具权威的信息发布机构，打造北到温州、南到汕头航运发展要素最为集聚的航运交易机构，以提升东南国际航运中心的"软实力"，增强东南国际航运中心在航运界的"话语权"。厦门航交所集聚了 17 家涵盖港口配套服务、二手船舶交易、航运人才交流、航运金融服务、大宗商品交易、运价指数交易等六大功能的企业在航交所交易大厅设立办事窗口，为航运企业提供"一站式"的港航业务服务。

（5）互联网金融市场

2013 年 12 月 12 日，"金谷网盈"在厦开通，其是大陆首家集"资金托管、借款保险、全程公证"为一体，专门以公职人员为信用借款主体的互联网金融 P2P 平台。台湾富邦财产保险厦门有限公司将为平台上的借贷人建立人身意外险的保险保障，并有意借此平台，在大陆率先推出信用险。

3. 两岸金融中心加快建设

2010 年 6 月国务院批准厦门建立两岸区域性金融服务中心以来，经过 3 年多努力，取得了阶段性初步成效。

（1）先行先试方面

中国保监会将厦门确定为保险改革发展试验区；中国人民银行授权厦门市中心支行负责台湾人民币参加行铺底资金额度管理、台湾人民币市场监测分析，以及台湾人民币清算行联络工作，并支持大陆对台人民币现钞调运业务落地厦门；中国证监会批准厦门设立海西首家两岸合资证券投资基金管理公司，支持厦门筹设大陆首家台资占 51% 的两岸合资全牌照证券公司；国家外汇管理局以个案方式赋予厦门赛富资金从事境内股权投资外汇资本金结汇便利化措施等。

（2）优惠政策方面

先后制定出台了《厦门市人民政府关于鼓励金融业发展的若干意见》及其实施细则、《厦门市人民政府关于促进股权投资类企业发展的若干规定》及其实施细则、《厦门市高层次紧缺型金融人才计划暂行办法》等。并于 2013 年年底出台《厦门经济特区促进两岸区域性金融服务中心建设条例》。

（3）开发建设方面

规划了金融产业集聚区，厦门金融中心大厦、国贸金融中心等 37 幢高楼相继动工、陆续封顶。截至 2013 年 10 月，厦门"两岸金融中心"已办理注册项目 185 个，正在办理和在谈项目 194 个，总投资额预计超过 500 亿元。中国农业银行两岸人民币清算中心、招商银行厦门离岸金融服务中心、浦发银行厦门离岸业务创新中心、民生银行茶业金融中心司等一批金融机构纷纷进驻。

（二）商务业

近年来，厦门市商务服务业迅速发展，已初具规模，正成为全市服务业发展的新的增长点。

1. 总部经济集聚发展

（1）环境优势

厦门以其独特的地理、经济、政策等多方位优势，吸引了许多企业资金的投入，形成了较为鲜明的总部经济特征。厦门在 35 个主要城市中总部发展能力排名第 12 位（居海西第 1 位，福州列第 21 位），8 年间提升了 10 个位次；综合商务环境优越，海峡西岸人流、物流、资金流、信息流汇聚，拥有一批品牌展会，是大型企业集团对外展示、交流合作的重要窗口；教育、医疗、文化等社会事业发展水平较高，是我国最适宜居住的城市之一，能吸引企业总部高端人才来厦从业。

（2）政策支持

厦门市政府大力支持总部经济的发展，于 2012 年年末发布了《厦门市鼓励总部经济发展的若干规定》，为总部企业提供了包括办公用房补助、行政事业性收费优惠、人才激励等一系列优惠政策。思明、湖里、翔安等各区政府及各商务营运中心也陆续出台总部经济扶持政策，如思明区给予观音山营运中心启动区入驻企业纳税奖励返还、租金补贴等。五缘湾指挥部出台了商务营运中心招商引资工作指导意见，明确营运中心租售价格标准。集美区、新站营运中心也出台了税收奖励、租金补贴、购房落户等鼓励措施。各级政府对总部经济的发展均予以全力支持。

（3）空间载体

厦门拥有观音山国际商务营运中心、五缘湾商务营运中心、杏林湾商务营运中心、厦门（新）站营运中心、湖里金山财富广场、鹭江道总部经济带等发展较成熟的空间载体。全市已累计有 30 幢"亿元纳税楼"。

①观音山国际商务营运中心。总占地面积 133 万平方米，规划建筑面积为 351 万平方米，其中写字楼规划建筑面积 154.7 万平方米，是海峡西岸真正意义上的 CBD。营运中心分为四个功能区：商务营运区、配套生活区、山体公园区和海滨旅游休闲区，配套建设公园、商务酒店、高级会所、商业中心、学校等设施。

②五缘湾商务营运中心。总用地面积约 12.8 万平方米，总建筑面积约 44 万平方米，是环境优美、功能完善、设施先进的现代化总部型办公楼群。主要吸引国内外优秀的商贸业、高科技产业、金融业、物流业、中介服务业、制造业等为企业服务的结算中心、销售中心、研发中心入驻。

③杏林湾商务营运中心。总用地面积约 12 万平方米，地上建筑面积约 55 万平方米，包括写字楼约 38 万平方米，商业约 12 万平方米，公寓约 5 万平方米。全方位的营销推广和招商工作已经启动。

④厦门（新）站营运中心。规划总用地面积约为 31.26 万平方米（其中，一期总用地面积约 13.59 万平方米，二期总用地面积约 13.67 万平方米），总建筑面积 50.7 万平方米，主要规划建设办公用房及配套服务设施，将以吸引中小企业总部、嵌入式企业入驻为主，发展小总部经济，形成岛外地区经济发展突破点。

⑤湖里金山财富广场。总占地面积 3.19 万平方米，总建筑面积约 7.5 万平方米。工程于 2008 年 10 月份正式验收并通过备案。

⑥鹭江道总部经济带。以银行中心、建设银行大厦、国际银行大厦为纽带的鹭江道沿线，已发展为较成熟的总部经济带。

此外，会展中心三期、福隆总部大厦、翔安企业总部会馆、世侨中心、建发国际大厦等正在紧锣密鼓的建设中。

（4）企业集聚

DELL、中国中铁、中航技、中交股份、七匹狼、安踏等国内外知名企业集团纷纷在厦门设立区

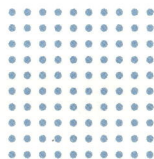

域总部或将总部迁移到厦门。并培育形成一批本地大型总部企业，如建发、国贸、象屿、路桥、夏商等企业集团，在海西乃至全国具有较大影响力，2013年厦门企业进入服务业500强的有18家。

2. 商务服务业迅速发展

（1）发展情况

近年来，厦门市租赁和商务服务业迅速发展，2012年比2000年增长了9.8倍，年均增长21.9%，增速高于GDP的增速，占GDP和第三产业比重分别为2.1%和4.1%（见图9.30）。全市商务服务业涵盖法律服务、会计服务、企业管理服务、广告服务、知识产权服务、职业中介服务、市场管理、会议及展览服务、保安服务、房地产策划代理服务等多个领域。

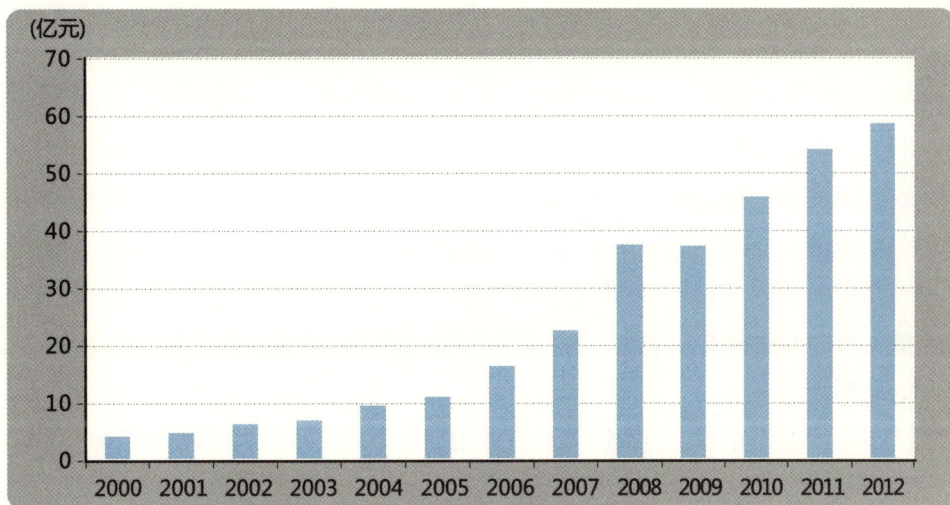

图 9.30　厦门市租赁和商务服务业增加值

①法律服务

2013年，全市律师总人数达到1 766人，同比增长8.7%。其中，专职律师人数为1 532人，增长9.5%。律师事务所总数达到108家，增长16.1%。律师事务所组织形式不断完善，我市律师事务所组织形式以合伙制为主体，合伙律师事务所占76.9%，另有25家个人律师事务所。律师执业类型不断完善，形成了社会执业律师、法律援助律师、公职律师、公司律师等多种形式并存的律师执业类型。律师业务领域不断拓展，逐渐从传统诉讼业务向非诉讼业务转变，特别是在金融、商贸、房地产、知识产权等领域的法律服务领域不断扩大，带动了律师业务量迅速增长，2013年业务总收入达到45 561.8万元。律师监管体系逐步完善，已经建立起行政管理、行业管理、自律管理三位一体的律师监管模式，律师队伍的长效管理机制和诚信建设体系逐步形成。

②会计师服务

自1999年我市对会计师事务所开展脱钩改制，使中介机构脱离原来的行政主管部门、变成由专业执业人员出资的，具有独立核算，自负盈亏，人、财、物独立的中介机构后，我市会计师事务所迅速发展，截至 2013 年年底，厦门市会计师事务所共有 62 家，执业注册会计师 800 余人，非执业注册会计师 500 余人，从业人员近 2 000 人，年度业务收入达到 2.8 亿元。在业务开拓和发展方面，目前我市会计师事务所已形成了一定规模的执业队伍，业务领域和业务范围逐步扩大，有的机构已走出厦门，业务遍及全国。在会计师事务所中，天健正信会计师事务所已成为我国的百强会计中介机构，业务分布也打破原来只限于厦门、福建的格局，不局限于验资、审计业务，目前已逐步拓展咨询业务。

（2）存在的问题

同时，我市金融商务发展存在着以下问题：

①总量偏小，业态尚不完整

在金融业方面，金融总部数量较少，业态较单一，缺少金融租赁公司、汽车金融公司、消费金融公司、基金管理公司、货币经济公司等金融总部机构类型，要素交易市场尚不发达，金融产品层次不高，网上银行、投资理财、保理业务等仍处于初级阶段，外汇期权、外汇结构性存款等新业务开展较少，金融衍生产品开发与运用比较落后。

在商务服务业方面，市场化和产业化程度低。传统行政理念及大包大揽的做法影响商务服务市场化，如有的部门代替企业招商引资，实际上是政府行为替代了商务服务业中的中介服务业、咨询服务业的功能。市场环境不成熟，社会对商务咨询认识不足，不少企业和部门对借助外脑帮助决策的意识和需求较低；缺乏明确的产业政策支持，使得咨询机构开展服务时，不易得到社会和企业的认可；管理不规范，目前商务服务业还没有专门的行业管理办法，行业管理混乱，存在无序竞争。由于市场发育不足，尚未形成完整的产业链条，导致产业化程度偏低，商务服务业企业个体规模偏小。

②水平较低，辐射能力有限

金融辐射能力受制于业态单一、行政区划和监管边界的限制。目前厦门辖内有 200 多家各类金融机构和 300 多家地方准金融机构，金融机构密度远高于全国、全省平均水平。但与此同时，机构之间同质化竞争问题十分突出，金融业态主要以银行及相关业务为主，资本市场、互联网金融等新兴业态尚处于起步阶段。由于受现有行政区划和监管边界的限制，辖内金融机构对周边地区服务和辐射作用的发挥受限，金融市场空间和业务区域延伸受到很大制约。

商务服务业发展水平较低，甚至无法满足本地需求，对周边的辐射力和影响力较小。如厦门广告行业虽然已形成一定的规模，但专业化、集约化、国际化程度不高，鲜有跨国广告公司进入厦门市场，核心竞争力较弱，粗放经营方式普遍存在，缺乏创新能力，不仅不能形成对外辐射，甚至厦门一些有竞争能力的国有产业和品牌都找北京、上海等外地的广告公司代理产品广告。在厦的律师事务所、会计师事务所、中介机构也均存在着类似的问题。

③人才缺乏，创新能力不强

我市现有金融从业人员约 3.8 万人，其中约有 2.5 万人为营销人员和机构网点服务人员，占全市金融从业人员总数的 66%，金融人才队伍素质整体不高，结构性矛盾比较突出，特别是高层次金融人才比较缺乏。部分机构由于招聘不到合适的人才而被迫将研发技术中心落户上海。同时，由于金融总部数量少、规模小，无法为金融人才发展提供足够的平台，每年由厦门大学等培养的优秀金融人才纷纷涌向北京、上海、广州、深圳等地，厦门对优秀金融人才缺乏足够的吸引力。

据第二次全国经济普查资料，从学历上看，厦门商务服务业从业人员中，超过 40% 为高中以下学

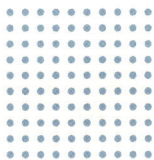

历；从专业技术职称看，初级技术职称人员占全部从业人员的90%。从调查的情况看，了解国际市场、通晓国际运作经验和具备较强沟通能力，具有整合营销、传播、管理才能，并擅长行业技能的复合型商务服务业人才明显不足。高层次人才的缺乏直接影响了我市金融商务创新能力。

二、2014年厦门市金融商务业的发展环境

（一）国际金融商务发展趋势

1. 国际金融业发展趋势

（1）国际金融市场一体化

由于电子计算机技术与卫星通讯的应用，分散在世界各地的金融市场已紧密地联系在一起，全球性资金调拨和资金融通可在分秒之内迅速完成。此外，随着跨国银行的空前发展，国际金融中心已不限于少数发达国家金融市场，而是向世界扩展，各国金融市场和金融机构便形成了一个全时空、全方位的一体化国际金融市场。

（2）全球金融业调整步伐加快

自2007年美国次贷危机爆发，7年来，全球经济和金融运行堪称跌宕起伏。此轮国际金融危机使发达经济体、新兴经济体和发展中国家的经济金融实力呈现此消彼长的趋势，新的全球秩序正在酝酿。传统的经济金融理论框架以及来自这些框架的管理理念受到严重冲击，为了应对危机，各国政府不得不采取多种新型金融救助工具来刺激经济复苏；各国金融机构不得不重新审视，并相应调整原有的战略定位和经营模式，寻求新的可持续发展的竞争策略。于此同时，国际货币基金组织、世界银行和世贸组织等一直听命于发达经济体的国际经济组织，不得不开始新一轮的改革，重视新兴经济体和发展中国家的作用和权利。

（3）国际货币体系改革加速

以美元为主的国际货币体系是造成此次金融危机的主要原因之一，打破美元霸权、改革国际货币体系，是构建国际新秩序的核心。2013年2月，国际货币基金组织（IMF）前主席卡恩曾表示，作为全球货币体系改革的一部分，人民币应在其中扮演更重大角色，将诸如人民币等新兴市场货币加入特别提款权（SDR）一揽子货币中，可提高全球货币体系的稳定性。这个建议得到了G20成员国和非成员国的广泛支持。与此同时，中国政府一直在倡导推进多元化国际货币体系改革设想，即创建一个符合各方利益的稳定的国际货币体系，以利于储备货币发行国的自身调整，实现共赢。

（4）金融监管体系重塑

金融危机促使各国反思金融监管的顺周期性，并开始重视防范系统性风险，加大对金融机构特别是系统重要性金融机构的有效监管。健全宏观审慎监管框架，促使监管由"分割化"走向"系统化"、由单向被动式向互动式和联动式转变。全球金融监管出现新趋势，开始研究跨国综合监管模式。

2. 国际商务业发展趋势

（1）商务服务业与制造业相互融合趋势明显

在经济信息化和全球化不断深入的背景下，随着大规模生产日渐普通，单纯的制造环节已很难产生更多附加值，只有将更多的服务融入生产，才能获得企业竞争上的优势。在这一融合过程中，许多传统的制造业企业开始向商务服务业领域转型，甚至剥离或外包制造活动，将更多精力专注于研究开发、战略管理、市场营销等商务活动。总部经济和商务服务经济日益受到重视。

（2）商务服务企业趋向规模化

为应对日趋激烈的竞争态势，商务服务企业通过并购、重组、联盟等方式来增强实力，表现出规模化经营的趋势。例如，全球四大会计师事务所之一的"普华永道"由英国的普华和永道两家事务所合并组建；WPP集团并购了智威汤逊、奥美、扬雅等著名的广告公司发展成为全球第二大广告公司。

（3）商务服务企业向中心城市集聚

城市的商务服务业发展水平与其经济发达程度具有密切的关系。中心城市作为现代经济活动的控制中心、协调和指挥中心，资本和贸易活动频繁，往往成为总部经济和商务服务经济的集聚中心。如2013年北京集聚了世界500强企业总部48家，东京集聚了世界500强企业总部46家。

（二）国内金融商务发展趋势

1. 国内金融业发展趋势

（1）互联网金融创新发展

2013年成为互联网金融爆发性成长的一年，整个行业呈现出多元化、差异化的发展路径，出现了网络贷款、大数据金融、互联网金融门户、第三方支付、众筹、在线金融信息服务等多种模式。据不完全统计，至2013年年底全国P2P平台规模将达到800至1 000家，而交易金额将超过2012年5倍之多。

第三方支付和电商平台迅速发展。阿里巴巴成立小额贷款公司，并于2013年6月推出余额宝业务，至2013年11月14日，余额宝规模已突破1 000亿元大关，用户数近3 000万，与之合作的天弘增利宝也成为国内基金史上首只规模破千亿元关口的基金。同作为互联网巨头的腾讯和百度也丝毫不甘落后，2013年8月2日，微信推出支付功能，与基金公司合作共推货币基金理财产品，迅速抢占移动客户端市场；百度理财平台在2013年10月份正式上线，目前为止已与华夏基金合作推出"百发"和"百赚"两期较高收益率产品；京东供应链金融、"京保贝"融资业务和苏宁云商积极转型；新浪、网易等一批线上互联网公司也都在进行互联网金融的布局。从目前的发展状况来看，这些企业很有可能凭借自身在用户体验和服务方面的优势打破理财产品的传统运作模式，为金融领域实现差异化服务和创新铺平道路。

除了新兴企业抢滩登陆互联网金融这片沃土之外，面对冲击，银行等传统金融机构也在积极触"网"，加快调整与转型。2013年8月，民生电商成立，主要为高端个人消费者提供金融消费理财服务以及围绕B2B平台的核心企业上下游提供供应链金融服务。民生电商虽与民生银行在法律上独立，但

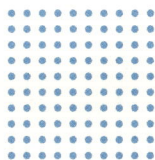

市场普遍将其视为民生银行在互联网金融领域的重大布局；其他一些商业银行也开始建立自己的电商平台，农行成立互联网金融实验室；招商银行开发的"e+稳健融资项目"。平安集团在互联网金融领域成立的公司或平台已超过10个，远远超过其他金融机构，并与南方基金签订协议，将联合推出类似余额宝的"平安盈"理财服务，开辟了商业银行和基金公司深度合作的先河；2013年11月6日，由阿里巴巴、腾讯、平安"三马"共建的众安在线财产保险有限公司正式开业，被看作是"传统"与"新"结合的典型案例。

（2）多层次资本市场积极推进

近年来，国家对于建设多层次资本市场高度重视，在党和中央政策规划中多次指出多层次资本市场体系是我国资本市场发展战略的重要目标，并不断明确多层次资本市场发展方向。2004至2013年，国务院先后发布《关于推进资本市场改革开放和稳定发展的若干意见》、《关于当前金融促进经济发展的若干意见》、《关于印发服务业发展"十二五"规划的通知》、《关于金融支持经济结构调整和转型升级的指导意见》和《关于金融支持小微企业发展的实施意见》等文件，均从不同角度指出要加快发展多层次资本市场，要在创业板、"新三板"、公司债、私募债等市场建立服务小微企业的小额、快速、灵活的融资机制；将区域性股权市场纳入多层次资本市场体系，稳步推进期货市场品种创新。

2013年11月，党的十八届三中全会《关于全面深化改革若干重大问题的决定》，再次提出要"健全多层次资本市场体系"，要多渠道推动股权融资，发展并规范债券市场，提高直接融资比重，鼓励金融创新，丰富金融市场层次和产品。并指出要"落实金融监管改革措施和文件标准，完善监管协调机制，界定中央和地方金融监管职责和风险处置责任"。

（3）金融改革大提速

十八届三中全会审议通过《中共中央关于全面深化改革若干重大问题的决定》（下称《决定》）并于2013年11月15日发布，《决定》清晰而明确地勾画了金融改革路线图。在三中全会后的近一个月以来金融改革措施密集出台，从上海自贸区金融改革政策到同业存单的开闸，央行、银监会等监管机构已经发布六大新政，金融市场改革的方向渐趋明晰。

①消费金融。2013年11月22日，为贯彻落实"扩大消费金融公司试点城市范围"、"尝试由民间资本发起设立自担风险的消费金融公司"的有关要求，银监会修订完善《消费金融公司试点管理办法》（下称《办法》）。银监会新增沈阳、南京等10个城市参与消费金融公司试点。合格的香港和澳门金融机构可在广东（含深圳）试点设立消费金融公司。扩大试点掌握"一地一家"的原则。修订后的《办法》增加了主要出资人类型，鼓励更多具有消费金融优势资源和分销渠道的民间资本进入消费金融领域，包括主营业务为提供适合消费贷款业务产品的境内非金融企业，要求其最近一年营收不低于300亿元人民币。业内人士预计，消费金融公司未来将重点支持10万元左右的个人消费信贷需求。

②体制改革。2013年11月27日，银监会发布了《银行业金融机构董事（理事）和高级管理人员任职资格管理办法》（下称《办法》）。近年来，随着我国金融体制改革的不断深化，经济环境、监管制度和商业银行公司治理、经营模式等机制的深刻变革，部分法规制度已难以满足现今监管工作和银行经营的实际需要。为进一步完善对银行业金融机构董事（理事）和高级管理人员任职资格的管理，促进银行业的合法、稳健运行，银监会出台了《办法》。董事和高级管理人员作为银行业金融机构经营管理的核心，对机构经营和发展发挥着极其重要的作用。《办法》的出台有助于加强商业银行风险

管理、促进商业银行优化公司治理结构，提升银行业整体管理水平，对我国银行业安全稳健运行具有重要意义。

③自贸区金融。2013 年 12 月 2 日，中国人民银行出台《关于金融支持中国（上海）自由贸易试验区建设的意见》促进试验区实体经济发展，加大对跨境投资和贸易的金融支持，深化金融改革。央行表示，根据风险可控、稳步推进原则，将尽快制定相应细则后组织实施。专家认为虽然细则尚未出台，但是大方向已经确定，利率市场化、流动性管理、市场开放和市场化的方向是明确的。上海自贸区的核心内容之一就是金融国际化，目前受制度等条件限制，利率市场化、汇率市场化、人民币跨境结算和跨境投资需要考虑资本外逃和热钱冲击。

④征信业管理。2013 年 12 月 3 日，为贯彻落实党的十八届三中全会关于"建立健全社会征信体系"的要求，配合《征信业管理条例》实施，人民银行颁布实施了《征信机构管理办法》。该办法作为《征信业管理条例》的配套制度，在完善征信业管理制度框架方面具有重要作用，其对征信机构的设立条件、征信机构退出征信市场进行了规范，明确设立征信机构所需具备的条件以及所需提交的材料，细化人民银行的管理要求，便于经营个人征信业务的征信机构设立审批、经营企业征信业务的征信机构备案。

⑤人民币国际化。2013 年 12 月 5 日，绥芬河成为中国首个卢布使用试点市。绥芬河政府网站发布消息称，绥芬河市已经正式被国务院批复为中国首个卢布使用试点市。又称"中国小币种使用特区"，这是新中国成立以来第一次允许异种外币在中国某个特定地域行使与主权货币（人民币）同等功能的货币。业内人士认为，这一新举措有助于产生人民币和卢布之间的汇率形成机制，促成人民币与卢布直接汇率的形成，为对等推进人民币在俄罗斯相关城市流通使用奠定坚实的基础，从而推动人民币国际化。

⑥利率市场化。2013 年 12 月 8 日，中国人民银行制定了《同业存单管理暂行办法》，同业存单正式开闸，铺垫利率市场化。同业存单利率是目前唯一具有存款性质的市场化利率，是存款利率市场化的铺垫。利率提供了贷款定价的参照，未来贷款利率可以在同业存单之上加点形成。同业存单为银行提供了比定期存款更稳定的负债工具，有助于缓解利率市场化带来的负债压力。作为利率市场化举措，大额可转让同业存单有助于促进银行间市场流动性平稳运行。

2．国内商务业发展趋势

（1）国际商务服务业加快转移

继全球制造业国际转移浪潮之后，国际服务业转移成为新一轮全球产业结构调整的重要内容，尤其是知识密集型、服务外包型等高端服务环节的国际转移速度加快。以跨国公司为代表的外资商务服务企业正加快向我国转移。这些商务服务企业在技术、资本、信息、创新等方面具有明显优势，给内资商务服务企业起到了一定的示范效应，有助于提高我国商务服务业的整体技术水平、管理水平和服务质量。

（2）信息化进程不断深入

目前我国已进入工业化中期的后半阶段，处于从低附加值的资源依赖型向高附加值的信息、技术集约型转变的关键时期，在这个过程中蕴含着对商务服务的巨大需求。如企业在产业和产品结构升级

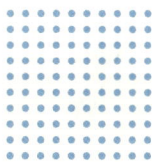

中加强内部资源整合，通过管理创新和业务流程再造，逐步将发展重点集中于技术研发、市场拓展和品牌运作，这些都将为商务服务业创造出较大的市场空间。另外，我国信息化建设速度的加快及其与工业化的不断融合，也为我国商务服务企业提高运行效率、拓展市场空间提供了有力支撑。

（3）商务服务业快速发展

近年来，我国商务服务业一直保持良好的发展势头，不仅产业规模、经济效益均保持了稳定增长，且各项经济指标的复合增长率也呈逐年上升的趋势，相较于第三产业的整体平均水平，都表现出更为显著的上升势头。其中反映主体规模的法人单位数量，自2006年以来均保持在10%以上的增速；全社会对租赁和商务服务业的固定投资额增长率自2006年以来更是保持在30%以上；在营业收入方面，商务服务业也获得了明显的增长，使得其增加值占GDP比重达到1.9%。基于这样的增长速度，以及良好的发展环境，可以预期商务服务业未来在我国将取得更加长足的发展。

三、2014年厦门市金融商务业发展展望

（一）金融商务资源将加快集聚

厦门将争取境内外更多金融机构在厦门设立区域总部，建设两岸人民币清算中心或对台离岸业务中心，做大做强跨海峡人民币代理行清算群规模。大力吸引资产管理公司、金融研发中心、金融数据处理中心、信用卡中心、客户服务中心、金融人才中心、金融中介机构等金融机构入驻厦门；积极吸引境内外机构投资者来厦设立股权和创业投资机构、清算机构、证券机构、各类投资理财机构等各类别金融机构。并将抓紧引进国内外具有丰富从业经验、在行业内有良好声誉和品行的金融专业人才，强化两岸金融人力资源相互流动机制，完善金融人才保障体系。

进一步吸引国内外规模较大、实力较强、知名度高、带动力大的企业设立总部、地区总部或具有总部职能的管理中心、结算中心、物流中心、营销中心、展示中心、采购中心、研发中心、投资中心等营运机构，特别是世界500强、中国500强以及央企、省企设立地区总部或分支机构。在光电、软件、生物新医药等高新产业及高端商贸、旅游、中介服务等现代服务业方面做好对台产业对接，吸引台湾优质企业来此设立总部型企业。鼓励现有总部型企业根留厦门，积极培育本地优质企业，通过推动企业改制上市等手段，促其做大做强，形成新的总部型企业。

厦门还将通过本土培育，外地引进等方式，大力发展企业管理服务、律师及相关的法律服务、公证服务、会计审计及税务服务、市场调查、社会经济咨询和其他专业咨询、广告业、知识产权服务、职业中介服务、市场管理、包装服务、安保服务、办公服务等多种形式的商务服务业，形成一批具有较强实力、影响力的品牌企业，促进商务产业集群发展能级的提升。

（二）资本市场将积极有序推进

（1）厦门市将着力推动股权交易市场发展。建设具有对台特色的股权交易市场，借鉴台湾和各地经验，科学搭建双层市场架构，创新发展模式，完善风险保障机制，鼓励更多优质企业在场外市场挂牌，强化两岸股权交易中心集聚市场资源能力，从而吸引更多天使投资、创业投资、股权投资等风险

投资，培育创业创新体系。

（2）有序推动债券市场发展。创新债券业务类型，发展多样化债券产品，打造私募融资平台，推动资产证券化，争取构建债券交易平台，鼓励企业通过债券市场融资，提高直接融资比重，争取成为全国重要的债券创新试点城市。

（3）积极推动类期货（要素交易）市场发展。大力发展大宗商品交易市场，拓宽交易品种，加快交易市场建设，发展电子交易平台，实现交易平台在线融资；发展航交所业务，推动船舶交易和指数期货，发展航运价格指数和航运金融衍生品，构建航运要素交易市场。

（三）载体规划建设将更为完善

（1）两岸金融中心片区。将抓紧制订发展规划、完善硬件环境、提供制度安排、健全管理体制、出台优惠政策，高起点、高标准建设金融核心区，突出以金融业为主体，聚集商贸、物流、科技、信息等配套服务业，充分体现现代、绿色、人文特色，把两岸金融中心打造成为金融市场功能比较齐全，能够为闽南乃至周边地区提供全方位服务的金融资信平台。

（2）观音山国际商务营运中心区、五缘湾片区。将加快项目建设，完善公共设施，打造配套齐全的现代化高级商务中心区，着力吸纳台商、闽商以及国内外知名企业建设总部大楼或设立营运中心，将该区域打造成为以商务、金融、高新研发、人才高端培训、资本运作为主的特色商务商业区域。

（3）临海鹭江道片区、杏林湾片区、北站商务营运中心。将依托区位优势，统筹开发建设区内商务、商业设施、住宅、公共设施，完善交通功能和生态功能，调整商业业态，建设星级酒店、娱乐场所，集中建设一批高档写字楼，着力吸引闽台企业地区总部以及金融机构、律师、会计师、公证、物流代理等中介机构进驻。

（4）湖里大道片区。对湖里大道两侧的旧厂房进行改造，吸引企业集聚，推动电子商务等产业发展。针对区域内老旧商务楼宇较多的现状，着力于品质提升，改善楼宇硬件条件，加强物业管理服务，打造商务服务业和总部经济的集聚区。

（四）服务辐射能力将持续提升

进一步加强与周边区域的金融商务交流与合作，推动厦漳泉同城化，积极融入海西经济区建设，主动接受珠三角、港澳台等区域金融商务中心的辐射。支持金融改革与发展，把金融改革与自贸区建设结合起来，支持发展资本市场，支持发展航运金融、互联网金融等各类新兴金融业态，促进金融不仅更好地服务本地实体经济发展，也为周边区域的企业提供融资渠道和服务。积极促进商务服务机构在厦集聚，提升业务水平，发挥厦门相对较为丰富的人才、信息、技术等资源优势，为周边区域制造业以及其他产业发展提供各种专业化的商务服务支撑。

四、2014 年对策建议

（一）积极推进金融业创新发展

1. 先行先试，深化厦台金融合作

以两岸人民币代理清算群为平台，拓宽厦台人民币业务合作领域，引导金融机构在厦建立"对台业务中心"，争取率先开展跨境人民币贷款。推动台湾人民币通过厦门回流，力争对台人民币现钞从厦门调运。推动在厦企业赴台发行人民币债券。支持金圆集团参与设立跨境人民币母基金。争取交通银行、平安银行在厦设立离岸业务分中心，争取厦门银行获批开展离岸银行业务。建立两岸中小企业、台资企业融资服务体系，推动设立政策性担保机构、台资中小企业信保基金。推动厦台金融机构双向互设、相互参股，加快推进金圆集团及台湾永丰金证券合资设立全牌照证券公司。

2. 创新业态，做强做大金融机构

积极引进和发展互联网金融、消费金融、融资租赁、小额贷款、村镇银行、集团财务公司、资产管理等新型金融业态。支持弘信创业等企业发展互联网金融、移动支付等创新金融业务。吸引境内外金融机构在厦设立金融后台服务中心，开展金融服务外包和金融创新业务。大力发展各类创业投资、股权投资，推进赛富基金等开展外商投资股权投资企业（QFLP）个案试点，推动设立创业投资引导基金和厦漳泉区域合作产业投资基金。

鼓励厦门银行、厦门国际银行、君龙人寿等积极到其他城市设立服务网点，推动瑞达期货等拓展业务范围，提升金融服务业辐射力、带动力。鼓励厦门银行、厦门国际银行、厦门农商行等法人银行机构，君龙人寿、富邦财险等台资金融机构，积极到其他城市设立分支机构或服务网点，拓展业务范围。

3. 突出特色，推进资本市场建设

（1）建设具有对台特色的股权交易市场。借鉴台湾经验，科学搭建双层市场架构，设立成长板和新兴企业板两个层次的板块市场。新兴企业板市场主要服务于成立不久的新兴或创新类的小微企业，而成长板市场则主要服务于那些已有初步发展或成长的中小型企业，并在上述两个市场中分别设立相应的台资企业板块，为台资企业提供专属的股权交易场所和融资渠道。建立全方位企业孵化机制，设置低准入门槛，建立低廉收费制度和灵活多样的交易机制。鼓励在两岸股权交易中心挂牌交易的企业积极申请加入厦门国家火炬高新区，利用火炬高新区的优惠政策，加快企业的培育和孵化。同时鼓励成长板市场中的符合条件的高新区企业积极申请到新三板上市，从而打造一个从新兴企业板，到成长板，再到新三板这样一个多层次、推动企业从创业到成长的场外交易市场系统。从而使我市的场外交易系统和全国的创业板、中小板、主板系统一起构成一个完整的企业培育、成长、成熟的资本市场系统。

（2）争取成为全国重要的债券创新试点城市。争取国家小微企业扶持债券试点。创新债券业务

类型，如发行中小企业集合票据，打造私募融资平台，推动资产证券化。争取国家政策支持，成为海西地方债券市场的试点城市。结合两岸股权交易中心，构建股权交易中心所属的债券交易平台，建立企业私募债、市政债券、资产证券化债券等的试点交易系统。按照先易后难、循序渐进的原则，建设托管结算系统、清算系统、统一交易平台和信息库等核心市场基础设施。构建多元化的债券投资者结构，设立合格投资者制度，根据投资者的不同市场风险认知水平和风险承受能力，提供差异化的产品和服务，并建立与之相适应的监管制度。同时发挥财政资金的杠杆作用，降低交易成本，提高市场效率。

（3）构建海西最具影响力的类期货（要素交易）市场。充分发挥厦门市港口、产业、市场和对外开放的优势，以物流、信息和金融服务为配套，构建成海西最具规模和影响力的大宗商品集散中心和资源配置中心。加快交易市场建设，在交易品种的选择上，应依托厦门现货市场的发展现状，选择具有厦门特色的交易品种，如石油、石材、钨制品、红酒、茶叶、台湾商品、中药材等。构建功能强大的网上交易系统，实现交易、交收、结算功能以及交易管理、交易监控、财务管理、行情分析、统计查询、系统管理等功能。发展航交所业务，构建航运要素交易市场，推动船舶交易和指数期货，为金融机构、船东、船厂等相关方提供船舶融资对冲工具。发展航运价格指数和航运金融衍生品，研究制定并发布台湾海峡两岸间集装箱班轮运价指数、东南沿海干散货价格指数、出口集装箱运价指数等指数体系，开展运价信息咨询、开户、期货产品管理等运价指数交易服务。陆续推出两岸间集装箱班轮运价指数、东南沿海干散货价格指数等航运运价衍生品交易。

（二）促进商务服务业提升发展

1. 项目带动，强化重点领域招商

根据产业发展的方向重点，有针对性地生成相关项目，如商务楼宇、商务配套项目等，以重点项目的实施促进产业提升优化。加强重点建设项目的跟踪、协调、督查、考评等管理工作，确保重点建设项目顺利实施。适时启动旧城区、旧厂房改造项目，融入商务楼宇建设，为商务产业发展提供新的载体，提升片区经济能量，增强可持续发展动力，充分挖掘利用辖区老旧厂房资源，从中选择条件适合的厂房加以推动，使其改造成为商务楼宇，进一步盘活资源。

整合招商项目，发挥市、区各部门作用，充分利用各地商会、协会等中介招商平台，加强与海内外中介机构联系，做活招商引资。以台湾、福建、赣南、粤东地区大企业或上市企业总部为重点，加强对台在光电、生物新医药、软件等高新产业以及台湾金融、现代物流、商贸、旅游、设计等现代服务业行业的对接；大力吸引周边传统制造业企业来厦门设立总部、地区总部和营运中心。建立企业总部档案，根据区域产业规划和产业需求，列出目标名单，通过各种渠道与企业接洽，重点跟踪。积极联系外地驻厦门办事处或外地企业驻厦机构，通过沟通宣传，促进外地企业总部对厦门发展商务产业集群的了解。加强和国内外知名的商务服务业企业的联系，宣传城市优势，着力引进一批法律、财务、管理、咨询、投资、会展、策划等企业，提升专业服务水平。

2. 提升品质，培育高端服务品牌

在商务服务企业引进上，了解有入驻意向企业的详细情况，重视引进龙头型、领先型企业，借助

这些企业的高知名度，发挥以优引优的集聚效应，吸引更多有实力的优质企业入驻。积极借鉴国外发展经验，建立和完善重点商务服务领域的服务标准体系，对已有的行业服务标准进行及时更新，实现与国际标准接轨。建立商务服务业信息数据库，整合各类信息资源，加强信息资源的开发利用，为商务服务业企业提供所需的数据和信息资源。

通过财政补贴、政府奖励、项目扶持等多种方式，在企业管理机构、咨询、广告、律师服务、会计师服务等行业培育一批本土旗舰品牌商务服务企业，促进其规模化、品牌化经营，形成一批拥有自主知识产权和知名品牌、具有较强竞争力的大型服务企业集团。鼓励有一定竞争优势的本土企业通过兼并、联合、重组、上市等方式进行资本运作，扩大市场规模，实现品牌化经营。鼓励咨询、广告等商务服务业领域的企业不断进行管理创新、服务创新、产品创新，增强企业自主创新能力和专业服务水平。

3. 机制推动，营造良好发展环境

在协调运作机制上，设置专门的政府协调运作机构，如商务产业集群发展服务小组及办公室，负责指导、协调、推动商务产业集群培育打造。在服务机制上，做好相关咨询和政府信息公开，为符合条件的企业开辟"绿色通道"，推动专业化服务。在投融资机制上，建立和完善政府投资决策、监管、项目后评价制度和奖惩等制度体系，发挥资金的最大效益；鼓励引导民间资本投资，依托金融创新解决企业融资难问题。在人才发展的机制上，坚持培养和引进相结合，一方面充分利用辖内各类教育培训资源，并引进知名高校和培训组织建立培训机构，形成多层次、外向型、覆盖广的教育培训网络；另一方面完善人才引进政策，建立人才库，有计划地通过行业聚才、项目开发引才、核心人才带动引才。

提高办事效率，营造高效透明的政务环境；帮助企业协调解决经营过程中出现的问题，营造亲商优质的服务环境；完善交通、购物、餐饮、休闲娱乐等商务发展所需的各种配套设施；强化诚信建设，规范市场秩序，营造公平有序的市场环境；抓好社会治安综合治理，营造安全和谐的社会环境；建设绿化景观、文化设施，营造优美健康的生态环境；加大厦门商务产业集群发展宣传报道，营造积极向上的舆论环境。

4. 带动辐射，积极推动区域合作

着眼于海峡西岸区域经济一体化的大环境，在更大范围、更宽视野、更广领域谋求新的发展空间，增强带动和辐射能力。抓住国家支持海西发展和对台关系回暖的机遇，加强对台合作交流，引进一批台湾总部型企业和商务服务业企业。切实加强与周边地区的沟通与联系，针对各自的优势，明确定位，合理规划，形成"各具特色、错位互补、布局合理、规模协调"的多层次、立体化发展格局，形成互利共赢的局面。鼓励企业在更大的范围内考虑产业布局，引导企业把总部留在厦门，把生产基地设在具有比较优势的周边地区，按照互利互惠的原则，促进各种资源的合理流动和优化配置，引导相关产业向外梯度转移，延伸产业链条，促进区域间产业协作。

参考文献：

[1]胡继云. 当前国际金融发展趋势及中国金融改革方向的研究 [J]. 现代经济信息. 2013 (08).

［2］郎静 . 国际金融的发展趋势和中国金融的改革方向［J］. 中外企业家 . 2013（05）.

［3］逯新红 . 国际金融发展分析与展望［P］. 国际经济分析与展望（2012—2013）.

［4］牛艳华 . 国际商务服务业发展特点及经验启示［J］. 科技情报开发与经济 . 2010（07）.

［5］周红、杨晓蕾、孙露卉 . 商务服务业创新研究综述［J］. 中国商贸 . 2011（08）.

［6］苏夏怡 . 现代商务服务业发展研究［J］. 中国市场 . 2012（10）.

［7］厦门市统计局、国家统计局厦门调查队 . 厦门市国民经济和社会发展统计公报［EB/OL］. http：//www.stats-xm.gov.cn.

［8］厦门市司法局 . 2013 年度厦门市律师行业业务统计分析［EB/OL］. http：//www.xmsf.gov.cn/.

［9］思明区发展和改革局 . 思明区商务产业集群发展规划［EB/OL］. http：//www.siming.gov.cn.

［10］厦门市发展研究中心 . 厦门加快发展资本市场的战略选择和实现路径研究［R］.2013.

课 题 组 长：许　林

课题组成员：彭梅芳　欧阳元生　陈国清　陈菲妮

课 题 执 笔：许　林

第八节　旅游会展

一、2013 年厦门旅游会展业发展情况

（一）发展情况

1. 整体运行处于景气区间

（1）旅游人数增势平稳。全年接待国内外游客 4 664 万人次，同比增长 13.1%。接待国内游客 4 423.1 万人次，增长 13.6%，占游客总数的 94.8%，其中过夜游客 2 048 万人次。接待入境游客 240.7 万人次，增长 4.7%，增幅比全国平均水平高出 7.2 个百分点，入境游客占游客总数的 5.2%，其中过夜游客 166.9 万人次（见图 9.31 和 9.32）。横向比较，5 个滨海旅游特色均较鲜明的计划单列市中，厦门接待游客增幅位列第一，高出青岛等其他 4 个城市 3 个百分点以上（见表 9.17）。

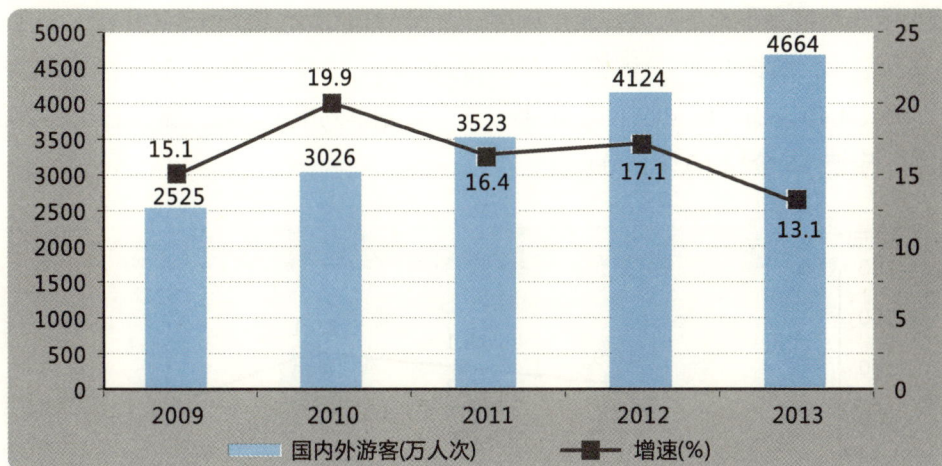

资料来源：厦门市旅游局

图 9.31　2009—2013 年厦门接待国内外游客增长情况

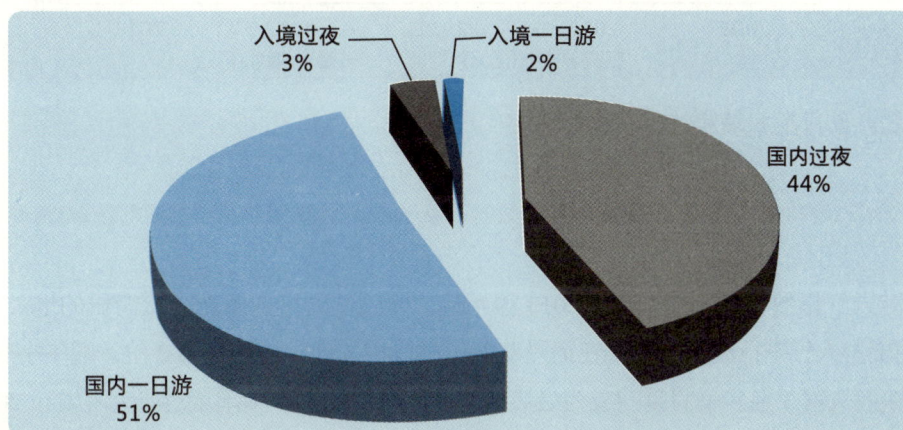

资料来源：厦门市旅游局

图 9.32　2013 年厦门接待游客类别

表 9.17　2013 年 5 个计划单列市旅游业发展情况比较

城市	国内外游客		旅游总收入	
	绝对值（万人次）	增幅（%）	绝对值（亿元）	增幅（%）
深圳	9 873	8.4	961.1	14.5
厦门	4 664	13.1	621	15
宁波	6 353	8.3	953.5	10.5
青岛	6 280	10	936	16
大连	5 350	8.2	900.8	17.4

资料来源：相关城市旅游统计数据整理而得

（2）旅游收入增幅高于旅游人数。全年旅游总收入 621 亿元，增长 15%（见图 9.33）。其中国内旅游收入 518.9 亿元，增长 17.8%，占旅游总收入的 83.6%；入境旅游收入 16.5 亿美元，折合人民币 102.1 亿元，增长 4.4%，占旅游总收入的 16.4%。5 个计划单列市中，厦门旅游总收入增幅排名第 3，分别高出深圳、宁波 0.5 个和 4.5 个百分点。

资料来源：厦门市旅游局

图 9.33　2009—2013 年厦门旅游总收入增长情况

（3）旅游人气指数稳居全国前列。2013 年元旦，厦门位列境内第 2 大旅游目的地。春节黄金周、"五一"假期旅游人气排行榜中，厦门在最受欢迎自由行目的地中均排在第 2 位。端午小长假，厦门位居境内目的地人气第 3 名。暑假厦门成为最热门毕业旅游目的地。中国旅游研究院发布 2013 年全国游客满意度调查报告，厦门游客满意度在全国 60 个重点旅游城市中排名第 7 位，连续 4 年保持在全国前 10 名行列。

（4）会展市场逐季回暖。全年共举办展览 184 场，展览面积 160.3 万平方米，同比增长 16.2%，其中 3 万平方米以上展会 10 场，展览面积 73 万平方米。2013 年 1—11 月共举办会议 1 945 场，外来参会人数 49.5 万人次，增长 8.7%（见图 9.34）。

2. 客源市场辐射力较强

旅游业方面，从国内客源市场看，本省居民占六成，其中福州、泉州、漳州游客居多；省外游客占四成，主要来自我省周边的广东、浙江、上海等地。

在入境游领域，厦门已连续 20 多年进入全国十大入境旅游城市行列。从入境游客来源地来看，厦门旅游业辐射范围主要集中在台港澳、日韩、新加坡、马来西亚等东亚和东南亚地区，2013 年这两个地区占厦门入境过夜游客总量的 78%。海峡旅游特色鲜明，厦门已成为两岸游客双向往来的重要枢纽和集散中心。2013 年厦台双向旅游人次继续增长，接待台湾入境过夜游客 66 万人次，同比增长 3.6%，占入境过夜游客总数的 40%；经厦赴台游客 20 万人次，占大陆居民赴台游总数的 9.2%。

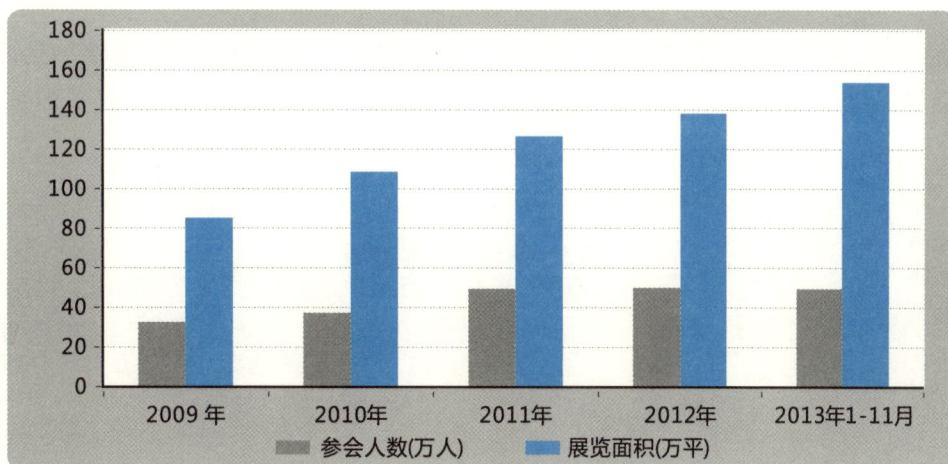

资料来源：厦门市商务局

图 9.34　2009—2013 年厦门会展业增长情况

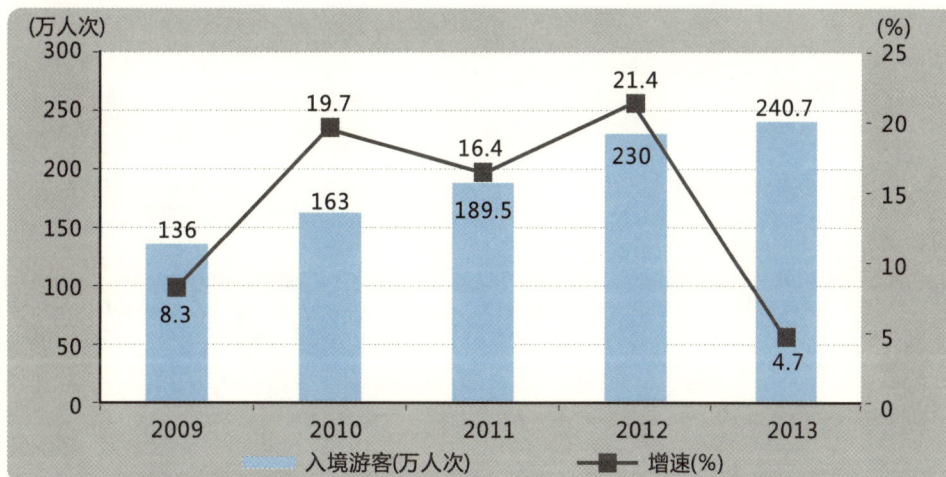

资料来源：厦门市旅游局

图 9.35　2009—2013 年厦门入境游客增长情况

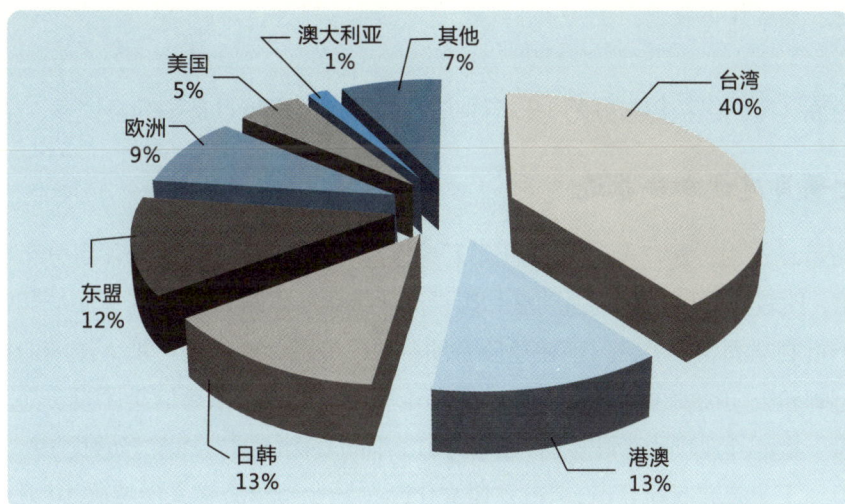

资料来源：厦门市旅游局

图 9.36　2013 年厦门入境过夜游客按地区统计

展览业方面,厦门已培育出投洽会、石材展、佛事展等具有较强辐射力的知名展会,这三大展会已经成为各自领域全球规模第一的展会,这些展会有力提升了厦门的国际知名度(见表 9.18)。

表 9.18　2013 年厦门品牌自办展概况

展会名称	承办机构	展览面积 (万平方米)	参展客商 (万人)	境外客商和组团	备注
第 17 届投洽会	市国际投资促进中心	10	5.5	境外客商 1.5 万人,100 个国家(地区)的 556 个境外机构参展。	签订投资项目 1 386 个,金额 4 206 亿元。国际展览业协会认证的全球规模最大的投资性展览会。
第 17 届台交会	市国际投资促进中心	8	3.7	共吸引境外客商 4 900 人,其中台商 2 300 人。	举办各类论坛、研讨会 17 场,听众超过 5 500 人次。
第 6 届海峡两岸文博会	厦门广电产业发展有限公司	9.5	3	台湾企业和演出团体 973 家。	签约项目 126 个,金额 375 亿元。
第 13 届厦门国际石材展	金泓信展览公司	16	13	境外客商 2.6 万人,54 个国家(地区)2000 家企业参展。	成为全球展览规模最大、参展企业数最多的专业石材展会。
第 8 届厦门佛事用品展	金泓信展览公司	8	18	境外客商万人,来自台湾、香港等 20 个地区。	佛事用品展国际化和品牌效应突显,规模全球第一。
2013 海西汽博会	市汽车流通协会	7.8	——	——	85 个汽车品牌、133 家企业参展,销售车辆金额 12 亿元。
第 6 届厦门国际游艇帆船展	市游艇行业协会等	5(水、陆各 3 万和 2 万平)	——	境外展商近 20 家。	成交船艇 40 艘,成交额 2 亿元。

资料来源:相关媒体报道

会议业方面,厦门以招揽申办为主,自主培育为辅,突出特点是国内会议多、企业会议多。

3. 重大项目建设加快推进

突出项目带动作用,2013 年全市共征集汇总旅游项目 59 个,大部分项目分布在岛外,总投资额达 1 500 亿元,比较大的项目有华强动漫和影视产业基地、东渡邮轮母港、海沧翔鹭旅游文化创意产业基地以及一批高端酒店群等,目前在建旅游项目总投资达 200 亿元。加大旅游业招商引资力度,推动重庆新世纪邮轮公司投资厦门环岛游和近海邮轮项目,推动山东鲁信集团投资海洋旅游项目等。方特梦幻王国等一批新开业项目带旺旅游人气,2013 年同安接待国内外游客增长 19%,增幅高出全市水平 6 个百分点。工业旅游有新亮点,"古龙酱文化园"开业半年游客人次突破 10 万人次。乡村旅游稳步发展,同安区顶上人家被评为福建省四星级乡村旅游经营单位,同安区丽田园农家专业合作社、集

美区仙灵旗休闲农庄、海沧区天竺生态观光园被评为三星级乡村旅游经营单位。提升景区的旅游品质和吸引力，推进鼓浪屿、园博苑、嘉庚纪念地、胡里山炮台等品牌景区产品升级。

4．宣传营销取得积极成效

加强中秋旅游嘉年华宣传营销，邀请五洲十国、两岸媒体记者、旅行商代表等，参加 2013 中国厦门中秋旅游嘉年华活动，央视、新华社、凤凰卫视、新浪网、人民网等近 200 家境内外媒体聚焦活动，大大提升了厦门旅游的影响力。不断扩大厦门旅游的知名度，积极参与国际旅游市场宣传营销，组织旅游企业参加美国迈阿密邮轮展、俄罗斯旅交会、法国米兰国际旅游展等；实施"口碑营销"策略，开展征集全球"十名厦门旅游体验师"、"百名厦门旅游微博达人"活动等；积极拓展网络营销和在线旅游等现代营销手段，扶持厦门欣欣旅游网和悠游厦门手机游戏发展。

5．对台旅游合作进一步深化

2013 年海峡论坛期间，国台办宣布"厦门市省外暂住人员赴金门旅游天数由 1 日延长至 2 日"以及"对原持有但未随身携带大陆证的外省在厦暂住人员赴金门旅游申请，可签发有效期三个月的大陆证和三个月有效的一次前往台湾签注"两大利好政策。不断加强厦台旅游业界交流，5 月组团参加台北观光旅展，7 月组团赴台北、宜兰、台南开展宣传推介活动，10 月推动丽星邮轮公司从厦门邮轮港出发前往台湾澎湖、高雄等地的环海峡旅游。探索建立以厦门为枢纽的海峡两岸旅游合作区，开发两岸旅游精品线路，争取厦台邮轮直航试点政策，简化两岸邮轮旅客的办证签证手续，实现厦台旅游业深度对接。依托厦门大嶝小镇等商贸品牌，加强厦台旅游商品产学研销的合作，培育旅游商品生产集聚区。探索与金门共建"厦金旅游协作特区"，打造对台双向旅游黄金通道，推动厦金夜航常态化。

6．区域合作步伐加快

推进厦漳泉旅游同城化，完成《厦漳泉旅游同城化专项规划》编制，共同推进厦漳泉大都市区旅游形象宣传和旅游产品营销。推进闽西南五市、闽北区域旅游合作，加强与土楼、大武夷的联盟，相互连接旅游精品线路，共同研究拓展旅游客源，以及建立完善区域旅游投诉处理机制等。推进闽粤赣十三市区域旅游合作，构建以厦门为中心的旅游经济圈，逐步实现旅游资源整合、旅游客源互送和旅游市场共享。2013 年 7 月，厦门市和广东省潮州市结为友好城市，厦门市旅游局、潮州市文物旅游局相互推介两地旅游特色。推进与珠三角城市间紧密合作。2013 年 3 月，厦门、深圳、潮州三市旅游业界相聚潮州，共商合作大计，共绘发展蓝图。

（二）存在的问题

1．旅游产品竞争力不强

旅游产品不够丰富。5 个计划单列市中，厦门 5A 级国家级景区仅 1 家，深圳、大连各有 2 家；4A 级景区仅为青岛的一半。

文化旅游精品少。文化是旅游业的灵魂，鼓浪屿、集美学村是厦门文化旅游两大核心品牌，近年来品牌提升成效与游客的期望仍有较大差距。一是鼓浪屿面临诸多挑战，体现为：游客数量剧增，对景区资源环境造成破坏；外来流民入驻，在岛居民素质下降，人文底蕴消退；家庭旅馆准入门槛过低，旅游市场秩序不规范。这些问题不仅损害了鼓浪屿在人们心目中的美好形象，也给申遗工作带来较大压力。从深层次原因来分析，主要是管理体制不顺，协调不力。二是集美学村旅游也存在一些不足，体现为：侨乡特色不够突出，侨乡文化旅游资源挖掘提升的力度不足；挖掘利用华人华侨文化资源不够，缺少反映华人华侨在侨居地生存、奋斗，以及参与家乡建设题材的旅游项目。

体验式旅游产品不足。体验式旅游是与传统旅游不同的新的旅游方式，它带给游客的体验不是粗浅和单一的，而是以追求丰富的旅游体验为目标，它要求旅游者完全融入所塑造的环境和氛围。如大型主题公园就属于一种典型的体验式旅游产品，厦门直到 2011 年 5 月才有了第一家主题公园——"梦幻海岸"，与深圳等同类型城市存在明显差距，深圳目前成功营运的各类主题公园已近 20 家。

2. 旅游公共服务体系与散客游时代的需求不匹配

公共服务设施不完善。自助游增加导致对厦门公共服务设施的需求更加多样。在交通方面，自助旅行者作为散客，以自驾的形式或乘坐客车等交通工具进行游览，这时不仅需要醒目的交通标志及完善的道路和停车场，还需要便捷的公交旅游路线和班次。目前厦门各景区的交通设施建设还是以旅行社组织的跟团旅游为主要服务对象；同时，厦门多数景区没有汽车维修站、汽车旅馆等配套设施，给自助旅行者带来诸多不便；此外，自助旅游者的游览具有较大随意性，景区的游憩区的设计也必须跟进。

服务质量监管有待加强。自助旅行者在食宿上一般选择经济型酒店、家庭旅馆、中小餐馆等，这些旅游企业往往服务质量问题频发，如很多游客在网上预订旅馆，但到达后却被告知没有房间，或者房价提升等，此时游客只能被动接受。厦门各旅游服务点发布的网络信息的真实有效性，也需要行业主管部门及时监管。

服务各环节联系不紧密。一次完整的旅行不仅包括旅游景点、食宿、交通等主要环节，还涉及法律、金融等其他要素，自助旅行者通常希望在出发前能够对各环节进行充分了解，但目前厦门各旅游服务环节自成体系，网络应用多处于初级阶段，注重自身网络服务的提供，忽略与其他服务环节的联系，增加了旅行者获取信息的难度。如一些旅游景点网站大多只注重介绍本景点的信息，较少提供景点周围的食宿信息或者链接。

3. 全市旅游"二元格局"仍然存在

近年来，厦门加快推进"跨岛发展·全城 5A"旅游发展战略，大力推动岛外旅游产品和项目建设，引导旅游要素向岛外流动，但岛内游客密集，岛外游客人气不足的格局尚未从根本上改变。以 2013 年前三季度为例，岛内仅思明区即接待国内外游客 2 808 万人次，占全市的 80%；旅游总收入 320 亿元，占全市的 71%。

4. 会展业发展存在较多制约因素

厦门会展业仍属二线城市中游水平，在中高端人才的引进、大型企业引进等方面处于相对弱势，

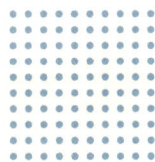

缺乏大型领军企业。会议业方面，受 GSK 事件影响，瑞辉等国际大型药企往年在厦举办的企业年会大幅减少，导致全年参会人数增长未达预期。

展览业方面，支撑经贸类展会的区域特色产业群较少，区域会展设施总体过剩。一方面，经贸类展会是厦门展会的主体，在全国具备领先优势、市场占有率较高的特色产业群是支撑经贸类展会的基础条件，如厦门国际石材展之所以能成为国际顶级石材展，离不开闽南地区发达的石材加工产业群，佛事用品展、游艇展也是如此。纵观厦门乃至厦漳泉制造业的主要行业，能够在全国占据较高市场份额的产业群总体偏少，如近年来平板显示产业虽发展迅速，但与长三角、珠三角等全国主要产业集聚区比较，在产业规模上存在明显差距。另一方面，区域会展设施存在总体过剩的隐忧，可能分流厦门一部分展会市场。"十二五"期间，海西五大中心城市大多都有新建大型会展中心的计划，粗略统计，到 2015 年，室内展馆总面积约 50 万平方米，比 2011 年上海室内展馆面积多出 10 万平方米，而上海同年展览总面积已接近 1 000 万平方米，远非海西五大中心城市可以比拟。

5. 旅游会展对消费的拉动效应有待增强

一日游比重偏高，在国内游客中占 54%，在入境游客中占 31%，导致旅游消费不足，2013 年厦门人均旅游消费支出 1 331 元，明显低于杭州、宁波、青岛等城市（见表 9.19）。

表 9.19　2013 年厦门等城市人均旅游消费支出比较

城市	国内外游客（万人次）	旅游总收入（亿元）	人均旅游消费（元）
厦门	4 664	621	1 331
杭州	9 725	1 602	1 647
青岛	6 280	936	1 490
宁波	6 353	954	1 502

资料来源：相关城市旅游统计整理而得

二、2014 年厦门旅游会展业发展环境分析

（一）《旅游法》实施效应逐步显现

《旅游法》对旅游企业经营和旅游产业及相关行业发展都会带来深刻影响：

1. 旅游产业管理将从部门管理走向综合管理

针对旅游部门协调力度弱、"小马拉大车"的困境，《旅游法》要求"县级以上地方人民政府应当加强对旅游工作的领导，明确相关部门或者机构，对本行政区内的旅游业发展和管理进行统筹协调"，各地将出现与目前海南、北京等地旅游委员会相同的旅游管理机制。同时，《旅游法》明确了旅游主

管部门和工商行政管理、产品质量监督、交通等相关职能部门的责任。可以预见，未来的旅游产业管理架构将从部门管理走向综合管理，从而更好地满足这一综合性产业的发展需要。从厦门的实际情况来看，旅游业多头管理形不成合力的问题比较突出，以鼓浪屿为例，景区管理由鼓浪屿—万石山风景区管委会负责，社区管理以思明区鼓浪屿街道办为主，景区导游行业管理由市旅游局负责。《旅游法》的实施有利于厦门加快成立综合协调和管理职能更强的旅游委，实现对旅游这一综合性产业的综合管理。

2. 景区"门票经济"空间受到限制

针对社会反应较大的景区门票涨价、旅游开发造成资源破坏、旅游旺季人满为患等问题，《旅游法》要求所有景区"在醒目位置公示门票价格、另行收费项目的价格及团体收费价格"，规定"景区提高门票价格应当提前六个月公布"，"将不同景区的门票或者同一景区内不同游览场所的门票合并出售的，合并后的价格不得高于各单项门票的价格之和，且旅游者有权选择购买其中的单项票"等。而对于利用公共资源建设的景区，则"实行政府定价或者政府指导价，严格控制价格上涨"；如拟收费或提高价格，"应当举行听证会，征求旅游者、经营者和有关方面的意见，论证其必要性、可行性"。同时规定，"公益性的城市公园、博物馆、纪念馆等，除重点文物保护单位和珍贵文物收藏单位外，应当逐步免费开放"。由此可见，景区景点仅仅依靠关门收费、提高票价的"门票经济"做法将受到限制。从厦门的实际情况来看，《旅游法》对"门票经济"的限制，有利于厦门从更宽广的视野上来谋划旅游业发展，综合吃、住、行、游、购、娱六大要素的核心竞争力，合理控制游客的门票支出，以多样化旅游餐饮、特色化旅游购物、精细化的旅游娱乐吸引游客增加旅游消费支出，延长逗留时间，促进旅游总收入的持续增长。

3. 旅行社业的洗牌成为必然

有关旅行社及其相关人员和业务的条款，在《旅游法》中内容最多，规定也最细致。总体看，《旅游法》不仅提高了规制旅行社的法律层级，进一步提高了对旅行社的法律要求，而且涉及问题相当全面。从旅行社的设立、旅行社的经营、旅行社的合同履行义务到法律责任承担，从挂靠承包、对旅游者各项权益的尊重到保证金的缴纳与管理、供应商的选择、导游与领队的管理、包价旅游产品合同的约定等，都做出了详细要求，并制定了明确的处罚规定。可以预见，《旅游法》实施后，旅游行业优胜劣汰和市场洗牌将不可避免。依靠"零负团费"低价揽客、用强迫购物进行不正当竞争的旅行社将难以生存，旅行社包价产品的价格将回归到合理区间，从而打破以往价格竞争、恶性循环的怪圈。这些变化在短期内可能对厦门旅行社业总体经营收入造成一定程度的不利影响，但从中长期看，《旅游法》有利于倒逼厦门旅行社业加强产品创新、模式创新、服务提升和品牌建设，从而推动旅行社业朝着更加合理的垂直分工体系方向发展。

（二）厦深铁路开通的影响

总体看，有利于厦门成为珠三角地区重要的旅游休闲目的地，带旺旅游人气；同时，也对厦门挖掘旅游产品深度、延长游客逗留时间、增强旅游综合接待能力提出了挑战。

1. 厦门成为珠三角重要的旅游休闲目的地

厦深铁路开通后，将使厦门成为珠三角重要的旅游休闲目的地和后花园，促进厦门旅游消费。

厦深铁路的开通，大大节省了广州、深圳等珠三角中心城市居民到厦门旅游的时间成本和费用支出。厦深铁路开通前，从广州到厦门，游客可选择乘坐飞机、火车或汽车三种出行方式，其中坐火车耗时最长，需要 15 个小时，坐汽车耗时 9～10 小时。厦深铁路开通后，从广州到厦门旅游，仅需乘坐半个小时的广深高铁再转乘耗时 3 小时 45 分钟的"深圳北—厦门北"动车，全程仅需 4.5 小时，比乘坐汽车、火车节省 50% 以上的时间。乘坐飞机只需 1 个小时，但从广州往返厦门的机票，即便是淡季也需花费 900 元，比动车往返普通座票高出约 500 元。厦深铁路开通后，厦门及闽西南地区所拥有的鼓浪屿、南靖和永定土楼、泰宁大金湖、连城冠豸山等丰富的旅游资源，将使珠三角 7 000 万的庞大人口成为厦门最有力的旅游客源支撑。

同时，动车开通带来高效率和高流动性，使出行用于交通的时间大为减少，游客在城市休闲和景区游览的时间相对增加。抽样调查显示，福厦动车开通后，长三角以南游客在厦门游览时间增长 1.1 天，带动来厦游客游览时间增长 0.8 天。动车游客相对其他传统方式出行的游客，最显著的特征是消费能力较强，抽样调查显示，动车过夜游客人均每日花费比厦门普通过夜游客高出 500 元；动车一日游游客人均每日花费比厦门普通一日游游客高出 485 元。厦深铁路开通后，来自收入水平较高的深圳、广州等地游客将显著增加，这部分客源在餐饮上倾向于选择目的地的特色品牌餐馆，这有利于厦门餐饮业的升级改造。

2. 旅游消费市场竞争加剧

厦深铁路开通给游客带来更多选择，旅游消费市场的竞争将更为激烈。厦门与香港、深圳等一线城市将形成联系更加紧密的 3 小时经济圈，这些一线城市均为竞争力较强的消费购物中心，香港是全球购物天堂，它们对高端消费群体的吸引力将进一步增强。动车开通可能对厦门构建区域性消费中心城市造成不利影响，导致厦门本地及周边漳泉龙等地的高端消费购买力流向香港、深圳等一线城市。

（三）赴台直航航点增加带来的挑战

两岸便捷的直通航点进一步分流了部分经厦金小三通往来两岸旅游人员，自由行政策的进一步推行造成旅游团队数下降。

三、2014 年厦门旅游会展业发展展望

（一）旅游业有望迎来黄金发展期

接待国内外游客 5 400 万人次，增长 15% 左右。主要基于两方面因素：一是厦深铁路开通后，珠三角乃至整个广东地区来厦旅游人次有望快速增长。广东一直以来都是厦门旅游国内市场的主要客源地，据有关部门测算，扣除动车开通对公路旅游客运市场造成的轻度替代效应，保守估计，厦深铁路

开通每年为厦门新增 540 万～750 万游客。二是向莆铁路开通后，华中等全国其他地区来厦旅游人次也将明显增加。

　　旅游总收入 715 亿元，增长 15%。主要基于两方面因素：一是广东特别是珠三角地区游客激增对旅游消费产生较强的带动效应。珠三角地区是我国经济最发达的区域之一，GDP 占全国经济总量的 9%，人均 GDP 约 12 000 美元，服务业占 GDP 的比重约 52%，在发展阶段上后工业化时期的特征越来越显著。与此相适应，珠三角地区中产阶层不断壮大，居民旅游休闲娱乐等享受型消费持续增长，而且消费能力较强。二是香港、广州、深圳等一线城市对厦门高端消费市场的冲击还比较有限。近年来，厦门高端消费市场发展迅速，但整体规模较小，磐基名品中心、中华城等高端消费企业年营业额合计仅 5 亿元左右。

（二）会展业稳中向好

　　外来参会人数、展览面积均增长 10% 左右。主要基于两方面因素：一是 2014 年厦门许多举办规模以上会议的展会公司、酒店加快调整经营策略，将商务公司、民营企业和民间的商协会作为拓展会议市场的重点方向。二是厦门办会办展环境日臻完善，2013 年获得"中国品牌会展城市"、"最受欢迎国际会展旅游目的地"等荣誉，近期朗豪酒店等一批高星级酒店投入运营，承办各类大型会议的设施条件更加完备。三是石材展等品牌展会的展览面积进一步扩大，新举办国际宠物和水族展览会等专业展会。

四、2014 年对策建议

（一）加大对旅游会展业的政策扶持力度

1. 扶持壮大旅游企业

　　一是努力壮大建发国旅、厦门旅游集团等本地龙头企业，支持企业上市，促进企业在产业链延伸、区域扩张、市场拓展等方面率先突破。出台政策奖励旅游企业纳税大户，按企业年纳税额 300 万、500 万、800 万、1 000 万等不同等级给予奖励。按旅行社连续 3 年、5 年、8 年、10 年进入全国百强社分别给予相应奖励。二是鼓励企业开展旅游推介，效仿江浙、广东等发达地区的做法，制定将旅游企业减免或返还税金用于宣传促销的政策，增加企业促销投入，扩大旅游市场份额。

2. 培育壮大会展企业

　　一是重点培育卫厨展、体育用品展、航空维修展等一批品牌自办展，力促国际渔业博览会等新落地展会做大做强，积极引进和争办国内国际知名展会。二是支持企业"走出去"办展，特别是在东南亚等厦门外贸传统市场举办厦门精品展等，帮助外贸企业拓展市场，给予办展和参展企业适当资金补助。三是加大大型巡回展、协会会议的招徕力度，给予展会主办方适当资金补贴。吸引外地展览机构在厦门设立分支机构，策划举办新展。促进办展机构多元化，安排专项资金，积极吸引国际知名的

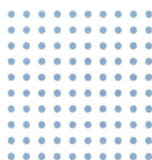

展会策划公司落户厦门。四是鼓励会展企业积极引进高端人才，在全市引进人才政策的基础上制定个性化的政策举措，从北京、上海、广州等一线城市引进一批项目策划、项目管理、工程管理等高端人才。五是试行在大型展会举办期间，市财政给予三星级以上的宾馆酒店专项资金补助，适当控制酒店住宿价格，提高外来客商参展积极性。

3. 积极拓展客源市场

一是积极发展邮轮旅游，对在厦运营邮轮母港的机构，招徕邮轮停靠厦门以及招徕外省游客来厦参与邮轮旅游的机构，按邮轮停靠厦门港的艘次给予奖励。二是给予航空公司、景区适当资金补贴，鼓励航空公司推出来厦的特价线路，景区推出优惠门票价格或给予免票。三是争取开通厦门—北美洲际航线，给予重金奖励，带动入境游，吸引福建及周边地区游客和商务客中转厦门到北美。四是增加旅游信息化建设投入，整合分散的网络营销、网络预订，建设市场面广、信息充分的预订系统；推进智慧旅游城市建设，鼓励旅游企业拓展网络虚拟旅游、云旅游、旅游电子商务等。

（二）增强旅游产品竞争力

1. 加快一批新增长点项目建设

一是力促国际马戏城等新项目如期投入运营，加强配套设施建设，尽早发挥效益。二是继续服务好同安华强方特梦幻王国二期建设，继续推进翔鹭闽南古镇等项目建设。三是发展乡村旅游和工业旅游，重点推出一批乡村旅游项目和工业旅游项目；同时结合小城镇建设，推动海沧东孚镇、同安汀溪镇、翔安新圩镇和大嶝小镇等建设特色旅游小镇，大力推动同安建设美丽乡村等。

2. 提升文化旅游品质

加快推进鼓浪屿管理体制和运营机制改革。一是加快票改步伐，随着居民收入不断增加，对旅游的需求越来越强，福厦、向莆动车开通，交通更加便利，加上上岛门槛低，造成鼓浪屿上游客人满为患，超过了承载能力，产生了诸多社会和资源保护问题，加快票改，提高上岛门槛，控制客流已迫在眉睫。建议合理分流上岛客流，居民和游客实行分道进出鼓浪屿，并对节假日、黄金周上岛游客采取分流措施，旅行社团队统一由第一码头、和平码头出入鼓浪屿。二是保留鼓浪屿—万石山风景区管委会，管委会作为市政府的副厅级派出机构，赋予行使区级人民政府相关行政管理职能，对经营、建设行为行使管理权和行政处罚权。三是撤销鼓浪屿街道办，街道办原有的经济职能和人员收归思明区政府，水、电、路灯、绿化、环保、景观维护、卫生保洁等公共基础设施服务职责和摊点管理、社会治安归管委会负责；教育、民政及其他社会事务管理职能由龙头社区和内厝社区居委会负责。四是合并龙头和内厝社区，归鹭江街道办管辖，并分设龙头和内厝2个办事点，方便居民就近获得政府服务。五是垂直管理部门实行双重管理，鼓浪屿上的派出所、工商所等垂直管理部门，除各自业务归上级主管部门领导外，其行政领导一把手实行双重领导，即由管委会或上级主管部门提名，由管委会和上级主管部门共同考核，并征得管委会同意后，按规定程序任免。

依托陈嘉庚纪念胜地打造侨领出生地等品牌。集美是著名的侨乡之一、爱国侨领陈嘉庚先生出生地，是华侨华人文化旅游资源富集地，可整合闽南侨乡文化资源，打造华侨华人心目中的心灵家园和精神朝圣地，作为一个窗口，向国人展现传承于异域的、别具特色的华侨华人文化。一是以爱国侨领陈嘉庚史迹、遗迹为载体，整合、挖掘、提升集美丰富的陈嘉庚旅游资源，打造陈嘉庚精神精品旅游线。二是挖掘华侨华人情系故土，在不同历史时期资助支持国内革命、反抗日本对华侵略、参与祖国和故乡建设的典型事例及其文化精髓，以及展现在华侨华人关心下侨乡经济社会发展新面貌。三是挖掘华侨华人移民奋斗历史，展现华侨华人在世界各地的杰出成就和生活风貌。

加快发展鹭岛环游、鹭江夜游、五缘月色、筼筜渔火等富有厦门文化特色的旅游项目，发展歌仔戏等文化旅游演艺项目，不断提升厦门文化旅游的品位和档次。

（三）全力把握好厦深铁路开通带来的商机

1. 围绕北站枢纽人流集散需求完善城市交通网络

一是城市交通网络应对接动车线路，做好轨道交通、公路长途客运、公交等交通线路规划和站点设置，使城市交通的站点设置与动车站点充分衔接，实现快速换乘，高效分流动车开通后的密集人流。二是在厦门北站周边扩大出租车和社会车辆停车场建设面积，加快发展租车等服务，方便往来厦门旅客的出行需求。三是加快推进岛内火车站改扩建，结合周边片区改造，研究与成功大道对接的可行方案，完善火车站片区交通网络，岛内火车站已有公交线路、直达专线以及长途客运要增加班次，合理安排旅游巴士和公交服务，形成多种交通方式的综合换乘枢纽。

2. 促进中心城区和岛外景点"串点成线"

把握高铁"快旅慢游"的趋势，不断完善以城市休闲为特色的筼筜雅游、山野名胜游、民俗文化游、古龙酱文化游、方特梦幻王园等系列化主题产品，增强旅游产品的体验性，增加游客的停留时间，提升旅游产品的附加值。

3. 打造特色商圈吸引旅游消费

一是文灶—莲坂综合性商圈应利用便利的交通条件，形成服务外地人群为主的中高端商圈，发展大型百货、名品折扣店、高星级商务酒店、餐饮娱乐等。二是中山路旧城商圈应重点进行改造提升，发展以旅游购物、休闲餐饮为主的闽南特色商圈。三是东部名品商圈应依托会展中心、闽南大剧院、高星级酒店等设施，建成君尚天虹、国贸名品中心等高端商业项目，成为服务高端商务人士的海西顶级商圈。四是 SM 商圈应利用良好的商业氛围和便利的交通，发展综合超市、中高端购物中心、高星级酒店。

4. 提升餐饮娱乐业的档次和水平

一是振兴餐饮"老字号"，挖掘老字号品牌内涵，并不断赋予其新的时代特色，支持好清香、黄则和、吴再添等老字号餐饮企业创新经营管理机制，改善营销方式，再创辉煌。二是加快特色街、小吃街规划建设，搞好配套设施，完善服务功能。三是重点培育时空隧道 Disco、诺亚金樽等一批娱乐

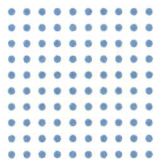

项目，吸引国内外知名休闲娱乐企业投资，推进日月谷温泉度假村、翠丰温泉度假村扩建项目。

（四）巩固对台旅游集散中心的枢纽地位

1.向上争取成为对台旅游综合配套改革试点城市

深化厦台旅游双向交流，向上争取成为对台旅游综合配套改革试点城市。要把"打响海峡旅游品牌，构建环海峡旅游圈"与对台层面的"两岸交流的窗口城市"结合起来，探索建立厦台两岸旅游合作试验区。吸引台湾各县市来厦设立旅游经贸文化办事处，给予适当经费补助。利用厦深铁路开通的契机，推动厦门旅行社与广东地区旅行社建立区域旅游联盟，实现广东游客赴台游的无缝对接，着力把厦门打造成广东地区赴台游的集散中心。

2.加强海峡旅游产品营销

一是整合包装厦台双向旅游区产品线路，积极推介"经厦门赴金澎和台湾本岛旅游"、"赴金门游"、"厦门—福建土楼—武夷山"黄金旅游线路，开发主题旅游、邮轮旅游等产品线路。二是深入挖掘两岸旅游文化内涵，以海峡论坛、郑成功文化节等活动为载体，密切两岸旅游节庆活动合作互动，彰显闽南文化、闽台文化的旅游文化底蕴，借势造市。

3.深化两岸旅游公共服务交流合作

一是发挥厦门对台游综合枢纽的优势，推动建立海峡两岸旅游人才交流厦门培训基地，组织全国赴台游领队在基地进行轮训，增进与台湾旅游同行的交流。二是促进两岸旅游智能化合作，推进国家智慧旅游试点城市建设，借助台湾 IT 产业优势，建立各方共赢的旅游信息服务平台。

（五）加强区域旅游会展资源整合

1.构建区域旅游大品牌

把握厦漳泉同城化深入推进的契机，充分挖掘三地旅游产业链的整体规模和延伸开发效应，有效整合区域旅游资源，增强对境内外游客的吸引力。把厦门邮轮游艇、温泉养生等高端旅游的优势，泉州"海丝文化"和"惠女风情"等品牌，漳州世遗土楼、滨海火山等自然与文化旅游景观的优势有机结合起来，共筑旅游精品，共延旅游线路。

2.通过同城化平台适当控制区域会展设施建设规模

建议将会展设施建设一体化作为专项议题，提交厦漳泉党政联席会议研究，责成由基础设施建设专项工作小组进行充分论证，提出厦漳泉三市未来5到10年会展设施合理的建设规模，并对三市具体的规划建设作出统筹安排，以防止会展设施重复建设，造成利用率低、经济效益差的不利局面。

（六）加大旅游会展整体宣传营销力度

加快设计厦门城市形象标识，邀请国际知名的咨询公司和品牌设计公司对厦门城市的核心要素资源，如对台区位优势、良好的人居环境、中西交融的历史传承、包容平和的城市文化、链接全球的对外开放枢纽、万商云集的国际投资贸易平台、蓬勃发展的服务经济等，进行梳理包装，初步设计出厦门城市品牌定位和纲领、形象标识。同步向全球征集厦门城市品牌定位和纲领、形象标识，组织专家评选，择其优者供品牌设计公司参考，对初步设计稿进行修改完善，形成最终方案。积极推介厦门城市品牌形象。结合举办投洽会等，在 WSJ、BLOOMBERG、YAHOO 等国际媒体上投放厦门城市宣传广告，及时公布厦门城市品牌形象，让更多的欧美商业精英、社会公众了解厦门，提升厦门的国际知名度。安排市领导接受凤凰卫视、新加坡联合早报等大中华区知名媒体的采访，结合介绍厦门实施综合配套改革等相关情况，宣传厦门城市品牌形象。

参考文献：

［1］龚亮等.〈旅游法〉能给我们带来什么［N］? 光明日报，2013 年 10 月 1 日第 2 版.

［2］袁远.新〈旅游法〉正式实施催热自助游市场［N］.中国贸易报，2013 年 10 月 24 日第 5 版.

［3］段辉娜.英国旅游服务对我国自助游服务模式的启示［J］.江苏商论，2012 年第 5 期.

［4］兰海军.浅论厦门旅游业现状及发展战略［J］.改革与开放，2012 年第 1 期.

［5］欧阳元生、彭梅芳、许林等.厦深高铁贯通对厦门经济社会发展影响及对策研究［R］，厦门市发展研究中心 2013 年课题.

［6］谢强等.增强厦门旅游会展业辐射力研究［R］，厦门市发改委 2012 年软课题.

［7］2013 年大陆居民经厦赴台游逾 20 万人次［R］，厦门市旅游局，2014 年 1 月 23 日.

［8］2013 年厦门旅游总收入达 620.95 亿元［R］，厦门市旅游局，2014 年 1 月 21 日.

［9］2013 年我市接待入境过夜游客 166.94 万人次［R］，厦门市旅游局，2014 年 1 月 21 日.

［10］我市游客满意度连续四年跻身全国前十位［R］，厦门市旅游局，2014 年 1 月 14 日.

［11］厦深动车推动厦门旅游再上新台阶［R］，厦门市旅游局，2014 年 1 月 3 日.

课 题 组 长：谢　强
课题组成员：陈菲妮　李　婷　涂聪智
课 题 执 笔：谢　强

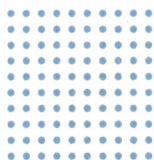

第九节 软件和信息服务

一、2013年厦门软件和信息服务业发展情况

（一）发展情况

1. 产业规模不断扩大

2013年以来厦门市软件和信息服务业继续保持快速增长态势，1—12月，全市软件和信息服务业实现销售收入591.7亿元，同比增长28.3%。其中，动漫游戏、软件产品、系统集成和支持服务、信息技术咨询和管理服务、数据处理和运营服务、嵌入式系统软件、IC设计开发等销售收入实现较大幅度增长。

2. 产业聚集效应更加明显

软件园二期产业的聚集效应逐渐凸显，企业的经营也保持良好的发展势头。2013年1—12月，软件园二期产值突破300亿大关，园区企业实现销售收入318.12亿元，同比增长20.6%，占全市软件和信息服务业比重53.76%，成为我市软件信息产业集聚发展的主力平台、产业转型升级的主力军；同时，园区还实现产值与税收"双丰收"，2013年国地税实现总收入9.7亿元，同比增长16.5%。园区企业用电量8 956.13万度，同比增长13.01%；软件园二期现有入驻企业568家，员工超过5万人，产业聚集效应不断提高，2007年开园至2013年，产值规模增长10倍。

3. 软件园三期建设加快推进

2013年以来，园区建设加快推进，"起步区"6幢研发楼总建筑面积30万平方米率先交付使用，已经吸引了包括中国移动手机动漫基地、中国电信海西通信枢纽中心、中国数码港海西营运中心、雅马哈、福大自动化、吉比特等大批央企、台企、名企、中国软件百强企业入驻。2013年通过入园审核的企业达243家，核准面积约196万平方米，接近软件园二期研发楼面积的2倍，产业集聚效应不断放大，对全市经济增长的贡献率进一步凸显。

4. 动漫游戏新兴产业快速增长

2013年以来，厦门动漫产业发展态势良好，动漫企业不断涌现，逐渐成为软件和信息服务业乃至现代服务业发展中不可或缺的中坚力量。厦门动漫产业的独特优势在逐渐形成，中国移动手机动漫基地、中国电信动漫运营中心、福建联通动漫运营中心等"巨头"相继落户厦门软件园，为厦门动漫游戏业日后的发展提供了更强大的动力。动漫产业已成为厦门软件园的"拳头产业",2013 年,园区的 4399 网络公司和中国移动手机动漫基地 2 家动漫企业销售额突破了 10 亿元;新泰阳、吉比特 2 家动漫企业销售额超过 2 亿元;翔通、光环、中娱文化等 3 家动漫企业销售额超 1 亿元。4399、吉比特、趣游、青鸟动画、风云动画、大拇哥等厦门本土动漫游戏企业作品创作日趋成熟。动画企业新创一批在央视和全国播出的优秀动画片,游戏企业陆续推出了市场经济效益好的网络游戏产品和手机游戏产品。动漫企业制作数量与质量日益提升,游戏企业呈现快速发展的势头。截至 2013 年 12 月 31 日,中国移动手机动漫基地平台共引入 678 家动漫内容合作伙伴,平台作品上线数达到 22 万集,获得互联网授权的动漫形象超过 2 000 个,是国内目前最大的动漫发行平台。同时,中国联通集团授权福建联通在厦门筹办动漫支撑中心。中国动漫集团厦门基地正式开业。国际动画协会厦门分会挂牌成立。新增认定"厦门动漫企业"19 家,厦门联合优创网络科技有限公司、厦门大口袋动漫设计有限公司、厦门蓝火焰影视动漫有限公司 3 家动漫企业入选国家队。全市动漫相关企业总数达 113 家。全年动漫产业销售收入超过 50 亿元。

5. 物联网产业发展态势良好

厦门智慧城市建设为物联网提供了网络和应用平台;信达汇聪已在物联网关键技术—射频识别电子标签(RFID)产品研发、设计、生产和推广方面取得突破;雅迅和信息港公司等在导航和智能交通方面有成功应用;振威和翰华在安防和"智能社区"、"智能家居"方面居行业领先。据统计,2013 年1—12 月,厦门物联网企业完成产值 100.8 亿元,其中,年产值超 2 000 万元的规模以上企业达到 42 家,涌现出信达物联、雅迅网络、亿力吉奥、乃尔电子等业内知名企业。

6. 云计算产业取得新进展

一是云计算应用取得新进展。首先,交通云建设初显成效。建设了手机电子站牌服务系统,通过整合全市 7 500 辆公交、BRT、出租车的 GPS 车辆运行数据,建成"城市公共交通信息平台",率先在国内推出覆盖全市所有公交线路的手机电子站牌服务。其次,建成智能交通管理系统(一期),全市有 74 个路口交通信号灯实现联网联控,较明显改善交通状况。再次,教育云试点工作进展顺利。3 月 19 日,厦门教育云试点工作在同安区阳翟小学启动。通过教育云平台,城区的优秀教师课堂可通过录播系统直达农村等教育相对落后地区,其他学校的老师、学生可以远程参与互动,从而实现优质教育资源的共享,促进全市教育水平均衡发展。二是闽台云计算产业示范区建设加快推进。年初两岸云计算产业示范区揭牌。示范区将作为我市云计算应用服务、云计算数据中心、云终端产品创新发展的聚集区,吸引境内外特别是台湾云计算技术和服务企业入驻,建设成为海峡西岸云计算中心和国家级云计算产业基地;由市信息化局牵头完成了《闽台云计算产业示范区总体规划》起草工作;中国统计信息云平台暨大数据研究服务基地签约落户厦门,将为我市带来巨大的产业发展机遇,奠定我市在国家统计数据存储、处理、挖掘和增值服务等方面的核心地位。

7. 信息基础设施不断完善

随着厦门智慧城市建设的不断推进,我市信息基础设施建设不断完善,网络宽带普及率不断提

升。2013 年以来，厦门充分发挥电信、广电运营企业主力军作用，以加快提升信息基础设施服务水平和普遍服务能力为主线，加大建设投入，目前全市光纤入户数 80 多万户，覆盖率达 80%；TD-LTE 基站建设 200 多个，实现了厦门岛内 90% 以上的网络覆盖。有线广播电视信息网络覆盖全辖区，用户达 73.5 万户，其中数字电视用户 63 万户，网络覆盖率超过 90%。厦门已成为国内首批建成光通信网络、广电网络和 4G 网络大范围覆盖的城市。

8．产业发展体系初步形成

经过不断的发展，目前我市已形成了包括信息传输及内容增值服务、应用软件、基础软件、嵌入式软件、IC 设计、信息安全、软件外包、信息服务以及软件人才培养等在内的较为完善的软件和信息服务业体系。

（二）存在的问题

1．技术创新能力亟须提升

目前我市多数企业总体研发投入水平较低，技术创新与产业化脱节，产业内部结构升级较慢。同时缺少有自主知识产权的核心产品和技术，核心技术薄弱，在自主创新、集成创新上能力不足，特别是在应用创新、模式创新上需要加强，这是制约我市软件企业快速发展的瓶颈问题。

2．产业规模较小、知名品牌少、产业知名度低

我市大企业数量偏少，品牌知名度不高，缺乏骨干企业、龙头产品和领军人物。除了东南融通、三五互联之外，我市缺少在业界的知名品牌。此外，软件企业缺乏原始性创新，市场竞争力较低，行业集中度较弱，缺乏产业化的龙头企业和企业群。核心竞争力不强是我市软件和信息服务产业发展的瓶颈。

3．产业公共服务平台建设滞后

目前缺少为软件和信息服务企业和用户提供信息交流、公告发布、技术培训、市场推广、人才、知识产权保护等方面的综合服务平台，企业没有适当的途径获得最新政策法规、行业资讯，发布产品信息较为困难，缺乏专业技术支持，交易市场过于传统，经营成本过高。另外，产业主管部门缺乏有效的途径和平台，产业运行监管较为困难，同时产业促进和服务体系不完整，力度不够。缺乏资金、税收政策之外的扶持手段。在市场推广、企业家培养、投融资等方面没有好的扶持政策。

4．软件人才供需矛盾较突出

主要表现在人才结构不合理，学校培养的大学生不适应企业实际需要，供需之间仍然存在脱节现象；较突出的是计算机应用专家和系统分析员等高级软件人才短缺，具有初、中级程序开发技能的"软件蓝领"总量不足。订单式教育难以落到实处，产学人才合作缺乏有效的交流平台和办法。人才培养方式需要改革创新，高端人才引进需要进一步加大力度。

5.市区两级信息化发展不平衡

由于我市岛内外经济社会发展的不平衡以及区域信息资源整合和联动发展机制尚不健全，导致了信息服务机构多数处于半封闭的自我生产、自我服务状态，缺乏行业内的社会化分工协作以及良性竞争，整体优势难以发挥。这也导致了市区两级信息资源的重复建设与资源闲置、信息资源的有效供给不足同时存在。目前我市岛内信息化发展速度明显快于岛外，岛外在信息基础设施、信息技术普及、信息消费水平、电子商务、两化融合和农村信息化等方面与岛内还存在较大差距。

二、2014 年厦门软件和信息服务业面临的发展环境

（一）国际发展环境

1.全球软件和信息服务业正处在转型关键时期

在全球范围内信息技术创新不断加快，信息领域新产品、新服务、新业态大量涌现以及全球经济一体化和信息化进程向纵深推进的背景下，软件和信息服务业已成为信息产业中发展速度最快、技术创新最活跃、增值效应最大的组成部分。随着新一代信息技术和通信技术的加快融合，云计算、物联网、移动互联网等的蓬勃发展，信息通信技术的应用渗透到经济和社会生活各个领域，全球信息产业"服务"化趋势愈来愈明显，新的产业增长点和新的消费热点不断出现，软件和信息服务业的发展空间得到极大的拓展，其发展正处于转型调整关键时期。

2.软件和信息服务业呈现持续增长态势

近几年来，不仅美国、欧盟各国、印度、日本等传统软件和信息服务大国加快发展，越来越多的新兴国家也把软件和信息服务业作为重点产业扶持。从图 9.37 可看出，作为软件和信息服务业重要组

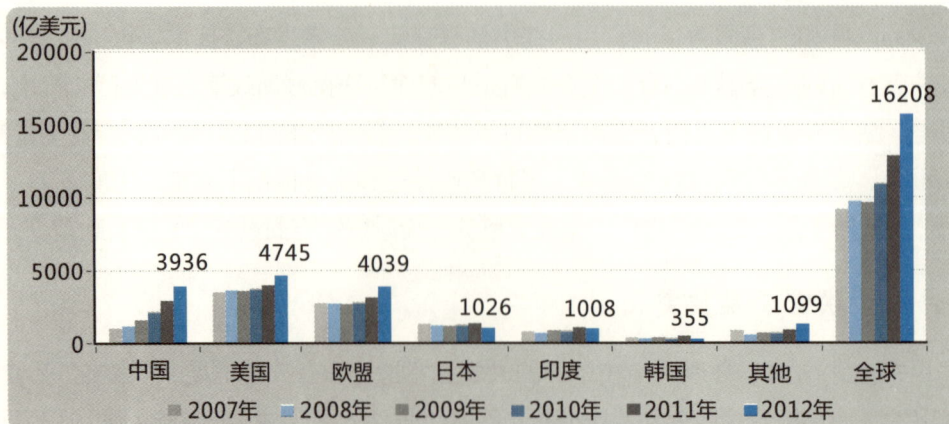

图 9.37　2006—2012 年世界主要国家和地区软件收入情况表

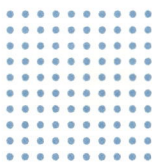

成部分的软件业，近年来一直保持着持续增长态势。2014 年，预计在技术不断创新、产品推陈出新以及网络应用持续增长、需求多样化和资本运作等内外因素的联合推动下，全球软件和信息服务产业规模将保持平稳增长态势。

3. 新兴市场成为产业增长的重要动力

金融危机的影响还未完全消除，欧债危机阴影又笼罩在欧美发达国家头上。欧美等发达国家低迷的经济形势导致其 IT 支出增长缓慢，影响了全球软件产业的发展。不过相对于欧美等发达国家，以金砖四国（中国、俄罗斯、印度、巴西）为代表的新兴市场经济形势较为稳定，随着其信息基础设施的持续完善和信息化需求的持续增长，其 IT 支出增长态势较好，成为全球软件产业增长的重要动力。早在 2010 年，拉美、亚太地区软件产品和 IT 服务支出同比增长就达 12.28% 和 9.5%，远高于美国和欧洲国家的增速。反映在软件产业的增速上，近十年，来中国和印度的软件产业的年均增速都在 20% 以上，是美国、欧盟和日本的几倍。可以预见，在 2014 年新兴市场国家的软件和信息服务业将呈现快速增长态势。

（二）国内发展环境

1. 软件和信息服务业处在加快发展与提升的重要战略机遇期

2014 年是我国贯彻实施党的十八届三中全会关于全面深化改革的推进年，我国将以全面深化改革为抓手，加快转变经济发展方式，推动经济结构战略性调整，促进信息化和工业化深度融合，培育发展战略性新兴产业，加快发展生产性服务业，着力推进社会民生事业发展，软件和信息服务业支撑引领的作用与地位将更加突出。2014 年 2 月 27 日，中央网络安全与信息化领导小组正式成立，由习近平任组长，网络安全和信息化建设上升为国家战略，并将制定全面的信息技术、网络技术研究发展战略，加强核心技术自主创新和基础设施建设，提升信息采集、处理、传播、利用、安全能力，更好惠及民生，预示着我国网络安全与信息化整体将进入一个新的发展阶段，软件和信息技术服务业向经济社会各个领域的融合渗透不断深化，行业应用需求更为强劲，将为产业带来更为广阔的创新发展空间。

2. 软件和信息服务业需求日益旺盛

随着我国经济、社会发展水平的提高，消费结构的升级，社会对各类服务产品的需求将不断增加。同时，随着国家信息消费发展战略的实施，居民消费升级和信息化、工业化、城镇化、农业现代化融合发展将进一步加快。同时，信息服务新模式新业态将不断涌现，信息技术在教育、医疗、社保、交通等领域的融合应用将进一步加强，农业和农村信息化将加速推进，涉农电子产品和信息服务产业将发展壮大。信息消费需求的进一步增多，为软件和信息服务业带来了新的发展机遇，推动软件和信息服务业成为新的增长点。

3. 新技术助推软件和信息服务业加快发展

基于网络技术应用产生的云计算、物联网、移动互联网、下一代互联网等新技术、新模式、新业态，将成为软件和信息服务业加快发展的主要推动力，并将在 2014 年成为我国软件和信息服务业新的增长点和重要引擎。在新的一年，国家将加大对新一代信息技术产业的资金扶持，引导社会各方面力量向软件产业领域持续投入。国家发展和改革委员会、财政部、工业和信息化部将继续启动国家专项资金用于支持云计算工程的试点示范应用。受政策的鼓舞和拉动，软件企业也将积极向云计算服务、物联网、移动互联网等新兴领域投入大量人力和巨额研发资金，形成新兴信息技术产业蓬勃发展的格局。

4. 产业融合趋势进一步增强

信息服务业与传统行业相互渗透，推动了制造业进一步软化，产品和信息服务的界限更加模糊，企业竞争实力不断提升。互联网电视和机顶盒生产企业从产品销售向视频节目内容服务销售转型，截至 2013 年，近 20 家电视机企业与互联网视频网站开展战略合作，企业效益明显提升。硬件企业加快软化步伐，通过不断兼并或重组软件服务企业进一步扩大市场、拓展服务领域、增强企业研发能力和提升产品价值。如一些玩具企业与动漫企业联合重组，加快了企业经营模式的转型，进一步扩大了产品市场份额，改善了企业收入结构，部分企业的服务收入占比超过了 30%。网络融合趋势日益突出，互联网视频节目业务收入快速增长，IPTV 用户数突破 2 000 万。软件与网络信息服务的边界更加模糊，2012 年手机网民下载应用软件超过 300 亿次，实现收入高于 100 亿元，带动了移动数据流量增长 56%。2014 年这一产业融合趋势将更加凸显。

三、2014 年厦门软件和信息服务业发展展望

软件和信息服务业是现代服务业和电子信息产业的重要组成部分，是关系经济社会发展全局的基础性、先导性、战略性产业。展望 2014 年，随着经济全球化进程在信息化时代加快向纵深发展以及国家信息消费发展战略的贯彻实施，软件和信息服务业将成为厦门现代服务业中发展速度最快、技术创新最活跃、增值效益最大的一个产业之一。

1. 产业规模将持续扩大

软件和信息服务业是信息消费的重要组成部分。随着厦门创建"中国软件名城"、"全国信息消费示范城市"的各项政策措施的实施，软件与信息服务业将呈现快速发展态势。同时，2012 年 12 月 28 日软件园三期正式开园，首批 48 家企业拿到钥匙，预计 2014 年将有 50 多家企业入驻，将实现亿元产值的突破。可以预见，一个岛外的软件信息产业集群正在形成。在园区发展的带动下，厦门软件和信息服务产业规模将持续扩大，全市软件信息销售收入预计 2014 年将达 750 亿元，占全省一半以上。

2.产业集聚效应将日益凸显

软件园二、三期作为厦门发展战略新兴产业、建设智慧厦门、引领信息消费的重要园区载体，2014 年，随着厦门推动"中国软件名城"和"国家信息消费示范城市"建设力度的进一步加大，软件、信息、动漫等产业的集聚效应将更加凸显，北斗导航、信息技术服务、电子商务、集成电路设计、嵌入式软件、数字内容、云计算服务等将得到进一步发展，厦门建成"中国软件名城"和"国家信息消费示范城市"的雏形将日渐显现。

3.创新能力将进一步增强

当前，世界信息技术产业正经历重大创新和变革，特别是以云计算和物联网技术为代表的新一代信息技术的研发和应用，标志着信息产业发展孕育着新的变化。2014 年信息技术将继续朝着数字化、网络化、融合化、智能化方向发展，以技术二次开发和深度应用为特征的融合创新是信息技术和产业演进的重大趋势，信息产业发展模式将更加柔性化，软件比例增大，硬件、软件、网络和服务将加速融合，制造向服务转型加快，产业融合将大大增强产业间关联性，行业壁垒将逐渐模糊，价值链将不断拓宽延伸。随着我市打造智慧名城行动的推进，我市软件和信息服务创新能力将进一步增强，商业模式将不断创新，并催生出网络娱乐、数字家庭、数字内容等新的业态。

4.产业带动效应将不断显现

2013 年 12 月 28 日软件园三期正式开园，"起步区"6 幢研发楼总建筑面积 30 万平方米率先交付使用，2014 年随着软件园三期建设的加快推进，大批企业将陆续进驻。园区通过央企、名企、中国软件百强企业的招商落地，吸引龙头企业入驻来延伸拓展产业链上下游发展。目前中国移动手机动漫基地、中国电信海西通信枢纽中心、中国数码港海西营运中心、雅马哈、富春通信、吉比特等龙头企业已签约自建。同时，"国家北斗产业化应用示范基地"也已落户软件园三期。此外，台湾中华软协、青创会均拟在园区设立合作窗口。软件园三期的开园标志着厦门软件和信息服务业在快速发展的道路上又迈出了坚实的、具有里程碑意义的一步，对全市软件和信息服务产业的带动效应将进一步凸显。同时，我市将以"成为国家下一代互联网示范城市"为抓手，组织实施数字家庭、智慧社区、智慧园区、智慧校园、农村信息化应用等示范工程，形成一批具推广价值的标准、规范和可持续发展的商业运营模式，应用水平、示范效应、创新机制等先行先试，打造具有核心竞争力的信息消费产品和服务，完善应用示范的支撑服务体系，为东南地区下一代互联网的全面部署发挥显著的引领示范带动作用，从而带动我市软件和信息服务产业发展。

四、2014 年对策建议

（一）加强统筹协调，建立推进机制和服务体系

建立指导软件和信息服务业发展的统筹协调机制，明确部门分工，加快协调推进。将软件和信息服

务业纳入全市国民经济和社会发展计划、国家创新型城市试点规划，促进其快速发展；加强专业化促进机构和行业协会建设，支持建立数据调查、资质评估、项目监理、质量测试、咨询设计、国际市场服务等方面的中介服务体系；加快软件技术和行业新技术的融合，大力发展工业软件和行业级的方案，增强为两化融合提供服务的能力。同时，进一步促进服务业与现代制造业结合，抓住我市着重培育新一代信息技术、生物与新医药、新材料、节能环保等战略新兴产业的契机，积极促进服务业与制造业之间建立技术联盟，合理有效地制定自身的技术创新战略、研发措施和服务管理，促进我市软件和信息服务业不断做大做强，形成研究、开发、服务与制造业生产协调发展的产业推进机制和服务体系。

（二）突出扶持重点，建设引领产业发展的核心企业群体

实施"打造一批大集团、聚集一批大总部、做强一批高端企业、培育一批高成长企业"的"四个一批"工程。集中资源扶持大企业、新型企业和快速成长的企业，重点支持 10 家左右领军企业和 300 家左右骨干企业；加强银企合作，促进企业兼并重组。加强市、区联动，积极推进有重大发展潜力的项目。鼓励和支持各区引进国内外知名 IT 企业总部落户厦门；重点支持嵌入式软件、软件服务外包、移动电子商务、动漫游戏和行业解决方案等方面的发展。着力建设云计算服务平台。引进国家统计信息云平台，建设中国统计信息云平台暨大数据研究服务基地，培育全国性云计算、大数据服务产业；推进中兴集团海峡两岸健康医疗云工程中心项目；在交通、教育、政务服务等领域策划建设一批云计算服务项目。扶持厦门云计算服务平台向周边拓展，提升区域服务能力。积极扶持数字内容研发。围绕为中移动、中国电信、中国联通等动漫平台和 4399、趣游等龙头企业配套的中小企业需求，建设动漫游戏公共技术服务平台，结合"三旧"改造建设配套的动漫游戏产业基地。鼓励吉比特、趣游、翔通等效益好的企业，并购国内外原创页游、手游公司，巩固和提升厦门数字内容企业的整体优势。大力发展电子商务服务业。结合创建国家电子商务示范城市，依托软件园三期、航空工业物流园区，建设电子商务产业园；积极向商务部争取厦门成为开展对台跨境贸易电子商务试点，争取开展厦台海运快件业务，推动与台湾东森集团、PChome 等全台最大的电子商务企业进行两岸电子商务合作；实施电子商务"三进"工程，支持电子商务进传统商贸企业、进生产企业、进社区，鼓励线上线下结合做大商业零售；完善电子商务信息基础设施、物流、标准体系、支付、信用等支撑体系。

（三）完善产业发展环境，建设"中国软件名城"

一是优化软件产业布局。进一步完善软件园二期的配套建设，发挥"国家动画产业基地"、"国家软件和集成电路设计国际人才培训基地"作用，创建"对台服务外包示范园区"。加快建设软件园三期，拓展软件和信息服务业发展空间。二是加强软件和信息服务业相关制度建设。制定软件和信息服务业个人信息保护管理办法，与台湾、日本等信息服务外包主要发包方所在国家、地区的法规制度相衔接，促进我市信息服务外包业的发展。三是加大知识产权保护力度。支持软件企业申报国内外专利和软件著作权登记，建立知识产权法律援助协调机制；着力培育一批具有自主知识产权、自主品牌的软件和信息服务企业。四是创建"中国软件名城"。培育国际知名品牌，大力实施软件产品品牌战略，引导和鼓励企业整合资源，积极培育一批软件领域国际知名企业和知名品牌。充分利用我市对台区位优势和现有产业基础，积极争取工业和信息化部支持，将我市列为"中国软件名城"创建示范城市。

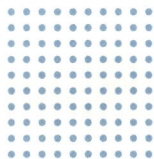

（四）加大政府投入，改善投融资环境

在政府设立的产业引导资金中，保证有一定比例的资金用于软件和信息服务业，为重大研发和产业化项目以及促进企业兼并重组、建立投融资体系、培育新型业态、扩大市场应用、建设公共服务平台等提供资金支持；发挥中小企业投融资平台的作用，建立与担保公司、政策性银行和商业银行的合作渠道，切实解决软件和信息服务业企业融资难问题，为企业兼并重组等项目提供金融支持；支持在厦设立软件和信息服务业投资基金，吸引风险投资和产业投资等各类投资机构在厦集中，使本市成为软件和信息服务业的资本中心。

（五）优化市场环境，完善市场体系

加强软件和信息服务业企业的产权、技术、产品和服务等要素市场体系建设。建立面向国内外的软件和信息服务交易市场，扩大本市作为海峡西岸重要中心城市的影响力；引导信息服务市场的有效扩大。3年内实现市、区两级政府信息化建设投资的100%和运行维护投资的80%外包给软件和信息服务业企业。鼓励在厦中央单位、大型企事业单位将IT相关业务分立成专业化公司或者对外发包；进一步完善市场秩序，健全行业资质等级制度。研究建立云计算、云服务等新型服务业态的市场准入和监管制度；加大软件和信息服务业的知识产权保护力度，严厉打击各种侵权盗版行为，使本市成为全国软件知识产权保护最好的城市。

（六）打造智慧名城，着力培育智慧重点产业

充分发挥厦门作为海西区重要中心城市的优势，以创建国家信息消费示范城市和"中国软件名城"为抓手，结合美丽厦门建设，研究创建智慧城市的建设重点，通过厦门智慧城市建设，培育、提升一批信息服务业，增强辐射海峡西岸的服务能力。同时，加强对台交流合作，突破地域、市场和腹地小的局限，积极推进信息化平台建设，重点培育云计算核心设备及相关软件、物联网智慧应用集成、下一代移动互联网智慧终端、数字内容等战略性智慧产业，不断提高三网融合水平，加快推进智慧厦门建设，打造智慧名城。

一是大力发展云计算产业。支持开放合作，构筑共赢生态链。加强研发虚拟化、分布式存储、海量数据管理等技术，引进国家统计信息云平台，建设中国统计信息云平台暨大数据服务产业；鼓励企业参与构建云计算平台，推进自主化和服务中的应用，推动业务与应用云化，推进中兴集团海峡两岸健康医疗云工程建设，在交通、教育、政务服务等领域策划建设一批云计算服务项目，扶持厦门云计算服务平台向周边拓展，提升区域服务能力；创新服务模式，打造从设备制造、软件开发到运营服务的完整云计算产业链。

二是着力发展物联网产业。保持厦门物联网产业先发优势，在射频识别设备、传感器与传感节点、专用芯片、智能控制系统、定位跟踪等方面，通过智慧应用拉动专用软件、系统集成以及信息服务，拓展物联网的硬件、软件、系统集成及运营服务领域，打造结构更为合理的物联网产业体系。

三是壮大移动互联网产业。依托软件园二期、三期，提升高端智慧产品研制能力，推进智慧技术与各类终端产业融合的产品创新，抓住厦门成为国家下一代互联网示范城市的机遇，加快下一代互联

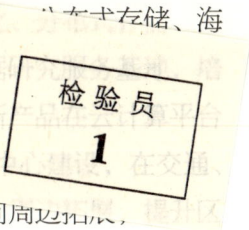

网基础设施建设和升级改造，积极培育下一代互联网骨干企业，鼓励软件及互联网企业在开放的智慧厦门公共服务支撑平台上开发应用软件和提供网络服务，争取将我市打造成下一代互联网产业聚集区域和下一代移动互联网终端的国际制造基地。

四是努力发展数字内容及创意应用产业。围绕为中移动、中国电信、中国联通等动漫平台和4399、趣游等龙头企业配套的中小企业需求，建设动漫游戏公共技术服务平台，结合"三旧"改造建设配套的动漫游戏产业基地。定期发动社会创意搜集，对有优秀创意项目进行孵化支持。鼓励企业基于开放平台向社会提供数字视听、动漫游戏、在线学习及数字媒体等创意服务，将厦门发展成为全国智慧城市创意应用的孵化器，中国智慧生活的实验区。

（七）加强自主创新，突破关键技术

鼓励企业承接和参与国家科技重大专项。对承担国家科技重大专项和本市重大科技项目的本市软件和信息服务业企业，落实地方配套资金；鼓励体制、机制创新，支持开展以企业为主体的自主创新活动，在云计算、物联网、基础软件、移动计算、可信计算等重点和新兴产业领域，加大研发投入力度，实施技术标准战略，支持技术联盟发展。同时，大力发展软件和集成电路设计。引进和孵化电子电力、平板显示、LED 驱动等领域 IC 芯片设计企业和研发机构，争取中国电科 38 所、台积电等合作共建；依托厦门微电子中心，率先在全国建设 MEMS 平台，通过本外地差异化服务模式，引进知名传感器设计企业聚集。搭建嵌入式系统共性技术研发与测试平台、构件资源库、行业应用解决方案资源库等。建设北斗导航技术研究中心、孵化中心、产业化基地、运营服务中心，力促中国电科 30 所、中科贝银项目动建，引进中国兵器、航天科技等央企，设立研发中心、产业化基地。通过公共服务平台等建设，增强自主创新能力，突破关键技术。

（八）发挥区位优势，加强对台产业交流合作

一是积极开展与台产业对接工作。落实软件和信息服务业与台产业对接规划，制定鼓励台资软件和信息服务企业来厦投资优惠政策，积极对接台湾产业"搭桥"项目，吸引台湾通信、IC 设计、数字内容、嵌入式软件等行业企业来厦投资。二是加强对台信息化交流合作。继续办好海峡两岸信息化论坛，开展信息化项目对接工作，引导台湾软件和信息服务企业参与我市信息化项目建设。通过信息化项目的合作，促进厦、台两地产业的合作。三是努力拓宽对台交流合作渠道。密切与台湾中华资讯软体协会、台湾电电公会、台北电脑同业公会等行业组织的沟通与交流，合作举办项目对接会、产业研讨会，争取更多台资软件和信息服务企业来厦投资兴业。

（九）合理规划布局，建立一批新的产业发展基地

继续建好软件园，在软件园三期核心区内，高起点规划建设新的世界级软件园区。按照城市功能定位的要求，优化产业布局，提升软件园二期公共服务功能；加快软件园三期和科技创新园建设，争取行业龙头企业和本地规模企业进驻软件园三期。同时，对云计算产业园、物联网产业园、数字高清产业基地等新的信息服务业基地进行科学、合理的规划布局。借助"三旧"改造楼宇聚集一批中小动漫游戏企业、电子商务企业。充分利用传统工业调整的厂房资源和其他存量房产地产，支持建设公共

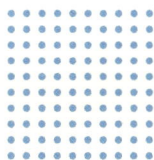

服务平台、小型产业集聚区和专业楼宇，降低创业型小企业的成本。

（十）强化人才优势，建立健全人才引进和培养机制

认真贯彻落实人才强市战略，落实各项人才政策，大胆创新人才成长、引进、使用和激励的政策环境，充分发挥物质和荣誉的双重激励作用，创建培养人才、吸引人才、用好人才、留住人才的良好环境。

一是深化产学研合作，落实"订单式教育"。加快信息服务相关产业的专业人才培训体系建设，加强国家间和高校间合作办学，强化优势资源共享和互补。针对厦门市集成电路设计、动漫游戏研发、创意设计等紧缺急需人才专业领域，开展"订单式"教育模式，建立人才实训基地，培养适用型人才，增加人才供应量。

二是鼓励开展在职教育培训。建立健全人才培训体系和评价体系，完善信息服务业专业技术人员从业资质管理制度，全面推进职业资格证书制度和培训市场化机制。加快建设厦门产学研公共服务平台，加强与台湾资策会及 IBM、思科等国内外知名公司的合作，大力开展集成电路设计、软件开发、动漫设计、IT 资格认证等人才培训。

三是积极开展人才引进工作。创新机制，在全球范围内大力引进和高水平使用复合型高层次信息专业技术人才、高技能人才和网络设施与商业应用经营管理人才，尤其是新兴产业领军人才和世界级技术专家。充分利用好中央"千人计划"和本市"海聚工程"的平台，凝聚大批掌握前沿技术的创新创业人才。完善对高级管理人才和技术人才的引进和奖励政策，加大奖励力度，将重点信息服务业企业纳入人才奖励范围。做好软件和信息服务业引进人才和接收急需专业毕业生的有关工作，保障重点企业的人才需求。鼓励并支持国内外高层次软件研发、经营管理人才来厦门创业和就业；积极组织软件和信息服务企业到全国知名高校开展专场招聘；利用厦门文教区各类优质教育资源吸引国内外知名专家来厦门进行联合科研和项目攻关，促进高端人才的引进。

四是着力培养软件和信息服务业人才。加快高等教育和职业技术教育改革和发展，推动专业和学科调整。依托高校院所、园区、企业和社会办学机构，联合建立各类软件人才教育培训基地，提供教育、培训和执业资格考试等服务。鼓励校企合作、校校合作，支持厦门本地高校与台湾相关机构、台湾高校合作办学，共同培养数字创意、集成电路设计等方面人才；积极引进国内外知名 IT 教育培训机构来厦门开展人才培训，不断增加软件人才供应量。

参考文献：

［1］厦门市信息化局网站．

［2］厦门市统计局网站．

［3］深圳市人民政府关于加快信息化发展的若干意见．

［4］田杰棠．信息技术服务业的国内外发展现状与产业特征．

［5］北京市软件和信息服务业"十二五"发展规划．

［6］北京市促进软件和信息服务业发展的指导意见．京政发［2010］4 号．

［7］陈伟．推动软件和信息技术服务业持续平稳发展［N］．中国电子报，2013 年 4 月 25 日．

［8］李德升.全球软件产业发展特点及趋势分析［J］.产业经济，2012 年第 07 期.

［9］雷国雄.台湾地区电子信息产业升级转型的经验分析［J］.商场现代化，2010 年第 36 期.

［10］杭州市"十二五"信息化发展规划.

［11］江苏省软件和信息服务业"十二五"发展规划.

［12］南京市政府关于进一步促进软件和信息服务业发展的工作意见.宁政发〔2010〕213 号.

课 题 组长：欧阳元生
课题组成员：彭梅芳　许　林　陈国清　陈菲妮
课 题 执 笔：欧阳元生

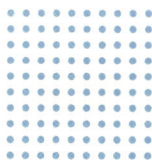

第十章 美好家园

第一节 基本公共服务供给

一、2013年发展情况

（一）发展情况

1. 基本公共教育服务体系进一步完善

（1）规范学前教育机构，提升学前教育质量。一是强化民办幼儿园规范管理。2013年3月，印发《关于加强民办幼儿园定级评估管理的通知》，严格落实民办幼儿园定级评估年检制度，健全民办幼儿园常态化管理机制，增强无证幼儿园清理整顿成效。二是公办幼儿园实行分类管理，充分发挥示范性幼儿园和优质幼儿园的示范引领作用。组织评估并确认思明区思明幼儿园、集美区杏滨中心幼儿园等5所幼儿园为"厦门市示范性幼儿园"。截至2013年6月，全市已有省示范性幼儿园27所，市优质幼儿园29所。2013年开工建设公办幼儿园18所，年度投资1亿元，新增公办幼儿园学位5 490个。

（2）推进义务教育均衡发展，减轻课业负担。一是均衡配置资源，重点推进布局均衡、投入均衡、师资均衡、质量均衡、机会均衡，实施义务教育学校建设标准化。二是减轻义务教育课业负担。2013年1月，印发《关于减轻义务教育阶段学生过重课业负担的若干规定》，通过控制学生在校活动时间、控制学生作业总量、控制考试次数和考试难度，切实落实学生减负。2013年重点实施中小学建设项目34个，年度投资6亿元，新增公办义务教育学位1.1万个以上。

（3）推进普通高中优质多样化有特色发展。通过探索建立区域内高中合作机制、加强特色师资队伍建设、完善普通高中学校发展评价体系等措施，按照"特色项目—学校特色或特色学校—品牌学校"的发展路径，推进普通高中多样化、特色化发展，促进不同潜质学生的发展。

（4）优化中等职业教育体系。探索建立中高等职业教育优质教学资源相互融合、人才培养相互贯通和教学管理制度相互衔接的长效机制。落实中职教育惠民政策，完善中职免费制度，调整中职国家助学金制度。开展轻校化校整合工作，增强学校办学实力。推进厦门工商旅游学校和福建化工学校争创首批国家中职示范学校。

（5）坚持高等教育内涵发展，实现从高等教育普及化阶段向规模化质量化阶段跨越。完善共建与扶持机制，继续与教育部、国务院侨办、福建省政府及其他部委办合作共建在厦的省部属高校，加强省部属高校和市属高校的交流与合作，联合开展高层次人才培养和高水平应用研究。

（6）推进继续教育体系建设。建立不同类型学习成果的互认和衔接，建立"学分银行"和市民终身学习卡制度，促进市民终身学习。建设集学历继续教育、非学历继续教育和公共支持服务为一体的开放大学。

（7）构建完备的特殊教育体系。建立以特殊教育学校为骨干、随班就读和特教班为主体，以送教上门和社区教育为补充的，涵盖学前教育到高等教育的比较完善的特殊教育体系。实现三类残疾儿童、青少年义务教育阶段入学率达 99% 以上的目标。

（8）推进民办教育发展。积极推进民办学校分类管理，进一步完善民办学校法人治理结构，实行民办学校校长核准制度，逐步推进监事制度，成立民办学校监事会。保障民办学校师生权益，与公办学校教师享有同等权利。

2. 公共就业促进工程多措并举

（1）就业培训政策城乡一体化。坚持将城镇新增就业数、城镇登记失业率、失地失海农渔民转移就业数纳入年度国民经济和社会发展规划，实现城乡就业目标任务刚性化。建立城乡统一的就业失业登记管理和就业援助制度体系，率先在全省为招聘应届毕业生的企业提供社保补贴。2013 年，城镇新增就业 19.55 万人，城镇登记失业率保持在 4.2% 以下。

（2）人力资源市场城乡一体化。打破人力资源配置城乡分割，以公共职业介绍机构为主导，以公益、民办职业介绍机构及远程招聘系统为补充，以计算机信息网络为保障，以门户网站、电子触摸屏、手机短信平台、数字电视信息广场、自助求职机等公共信息平台为载体，建立统一开放的人力资源市场体系。就业总量的 80% 以上通过各类人力资源市场实现。

（3）构建和谐劳动关系的长效机制。2013 年进一步做好企业工资宏观调控工作。率先在全省实现全市范围内最低工资标准的统一，率先在全省成立工资集体协商指导团，率先在全省发布制造业、金融业、交通运输和仓储邮政业等三个行业工资指导线。大力推进劳动合同制度建设，全市六个区成为省级劳动合同制度实施示范（达标）区，提前一年完成"劳动合同制度实施三年行动"工作目标。

（4）加强劳动保障监察和争议调解仲裁工作。加大劳动保障监察执法力度，基本搭建起覆盖城乡的劳动保障监察网格化管理网络，生产性企业恶意拖欠工资及建筑领域拖欠工资问题已基本得到遏制。加快推进劳动争议处理实体机构建设，率先在全省实现市区两级劳动争议仲裁院全覆盖。扎实推进依托基层司法调解力量调解劳动争议，初步构建区、镇街、社区、企业"四级"调解网络，案前调解成功率达 50% 以上。

3. 全民社保质量显著提升

（1）率先在全国实现社会保险人群政策全覆盖。在全省率先实现养老保险城乡全覆盖，在全国率先实现人人公平享有医疗保险，"医保厦门范本"全国推广。2013年9月末，基本养老、基本医疗、工伤、失业和生育保险参保人数分别达到216.48万人、290.42万人、164.18万人、164.18万人和153.95万人，分别比2012年年末增长2.86%、4.61%、2.75%、2.33%和2.83%。

（2）在经济社会发展的基础上实现社保待遇持续、有序、合理增长。企业退休人员基本养老金连续七年上调，2013年调增310元，增量全国第一。目前我市企业退休人员基本养老金月人均已达2485元，整体水平居全国前五名。城乡居民医保每人每年财政补助标准提高到390元，提前三年超过国家下达的财政补助每人每年360元的任务。

（3）强化社会保险基金监管。通过行政监管、协议管理、实名申报、网络预警、基金专项审计、部门联动、社会监督等手段，进一步强化对医保定点机构的服务监管。2013年1—9月，各类社会保险基金收入139.90亿元、支出73.28亿元，分别比2012年同期增长26.93%、25.33%。

（4）进一步完善独立于企事业单位之外的覆盖城乡的全市统一的社保经办体系。2013年9月末退休人员移交社会化管理人数达到12.60万名，社会化管理率为99.18%，社区管理率达到100%。目前，全市共有基本医疗保险定点机构178家，定点零售药店553家，较好地满足了参保群众基本的就医购药需求。积极推进厦漳泉基本医疗保险管理服务合作同城化项目，厦漳泉三地的全省联网定点医疗机构就医、购药实现实时刷社保卡结算。

4. 基本社会服务水平不断提高

（1）城乡社会救助体系建设逐步完善。以城乡低保制度为重点，以农村"五保"供养、自然灾害救助、医疗救助和城市生活无着的流浪乞讨人员救助为主要内容，以临时救助制度为补充，与社会慈善事业相衔接的城乡社会救助体系框架基本建立。

（2）社会福利服务体系和民政基础设施建设步伐不断加快。目前，全市拥有各类养老服务机构33个（其中民办养老服务机构29个），床位数达到5 967张，每千名老年人拥有养老床位达到22.9张，初步形成了以家庭为基础、社区为依托、机构为支撑的社会养老服务体系。建立了覆盖全市、各区的慈善工作网络。

（3）拥军优属安置改革日益深化。深入开展创建双拥模范城（区）活动，全市连续8次被评为全国双拥模范城。连续出台拥军优属政策文件，不断巩固提升项目拥军、科技拥军、文化拥军水平，进一步扩大双拥共建成果。

（4）社会管理和服务能力明显提高。加强行政区划和行政区域界线管理，组织开展界线联检工作，完成了市内4条129.58千米、市间7条212.56千米县（区）级行政区域界线第一、二轮联检工作和26条253.54千米的镇级行政区域界线第一轮联检工作；建立界桩管理责任制，维护了边界地区的和谐稳定。

5.基本医疗卫生服务体系建设大力推进

（1）进一步深化医疗体制改革

一是实施医药分开，彻底取消药品加成改革。自 2013 年 3 月 1 日起，全市二级及二级以上公立医院（含各区妇幼保健院）实施医药分开，彻底取消药品加成改革。据初步统计，截至 2013 年 10 月，共有 224.99 万人次的本地医保门诊患者获得约 1 543.05 万元的实惠，占门诊就诊人数的 64.78%。

二是理顺医疗服务价格，完善价格补偿机制。按照结构调整、总量平衡及适当调整体现医务人员技术劳务价值的医疗服务项目价格、降低大型设备检查治疗价格的原则，在已理顺调整 239 项医疗服务价格的基础上，完成了近 800 项医疗服务价格项目的筛选、成本自测、审核、分析比较、价格拟定等调价准备工作。

三是加快推进卫生重点建设项目建设进度。中山医院内科综合楼基本完工，完成岛内社区卫生服务中心提升改造收尾及岛外社区卫生服务中心、卫生院标识统一改造工作。

四是加大基层卫生工作。大力开展基层医疗卫生机构管理年活动，积极创建示范社区卫生服务中心。海沧街道海沧社区、嘉莲街道社区卫生服务中心争创全国示范社区卫生服务中心，新阳街道和杏滨街道社区卫生服务中心争创福建省示范社区卫生服务中心。完成了对岛内社区卫生服务中心独立法人的注册，预发了《医疗机构执业许可证》。

五是深化公立医院改革。大力推动优化就医服务流程，推行全预约诊疗服务和自助服务模式，开设住院服务中心，试行床边结算，大大缩短患者排队等候的时间。在厦门市海沧医院探索以理事会为核心的法人治理结构运行体制试点。

六是推动中医事业健康发展。积极推进中医创先工作，在社区推进中医药服务工作，针对老年人、妇女、儿童及亚健康人群，以及高血压、糖尿病、肿瘤、冠心病、骨关节病等几大慢病病种，制订相关的中医药保健方案。

七是鼓励和引导社会办医取得新进展。制定了《厦门市卫生局关于进一步落实鼓励和引导社会资本办医的若干意见》（厦卫医政〔2013〕65 号），提出了新增医疗资源优先引入社会资本、鼓励公立医院和社会资本开展多样化的合作等"八条措施"。

八是加强卫生信息化建设。启动了厦门市健康云／医疗云项目建设。整合岛内社区卫生服务中心各业务子系统，统一使用厦门市基础医疗卫生机构云平台；实现了 38 家社区服务中心（卫生院）及 109 家卫生所的覆盖。

（2）加强公共卫生管理

一是科学有序做好人感染 H7N9 禽流感防控工作，加强传染病防治工作。制定了《人感染 H7N9 禽流感疫情应急处理预案》和《厦门市流感大流行应急预案》，甲乙类新发传染病发病率与上年同期比较下降 30.09%。

二是完善危重症孕产妇转诊救治网络，理顺机制确保母婴安全。下发了《厦门市危重症孕产妇转诊指南（试行）》。2013 年上半年户籍人口孕产妇死亡率为零。

三是开展全市禁止非医学需要鉴定胎儿性别和选择性别终止妊娠专项治理工作。上半年开展日常监督 348 次出动人数 1 601 人次，日常监督检查机构 797 家，查处无证行医案（含非法使用 B 超鉴定

胎儿性别）8件、1件非法选择性终止妊娠案件。

四是开展"餐桌污染"，建设"食品放心工程"工作，开展洋快餐食品安全监督检查、餐饮服务食品安全风险点专项整治、"地沟油"专项整治、餐饮服务食品安全百千万示范工程建设和"文明餐桌"行动等一系列活动。截至2013年6月，全市共建设餐饮服务食品安全示范街11条，示范店306家。深入推进餐饮单位食品安全量化分级管理工作和餐饮服务食品安全监管信息公示制度。目前全市已评定A级餐饮单位20家，B级餐饮单位1 506家，C级餐饮单位17 541家。

6. 保障性安居工程有效实施

2013年，省政府下达我市的保障性安居工程建设任务数为10 991套，其中：廉租住房200套，公共租赁住房5 340套，经济适用房500套，限价商品房3 292套，城市棚户区改造1 494套，华侨农场职工危房改造165套；年度基本建成任务数为10 000套。至2013年10月底，全市保障性安居工程已开工17个项目11 033套，占年度建设任务的100.38%；基本建成11 785套，占年度基本建成任务的117.85%。提前完成省政府下达我市的年度建设目标任务。

（1）初步建立了以保障性租赁房为核心的"广覆盖、分层次"的住房保障体系。基本满足了住房困难家庭的基本居住需求，城市廉租住房保障对象实现应保尽保，中低收入住房困难家庭得到有效解决，并逐步将外来务工人员纳入住房保障体系。

（2）完善保障性住房分配及管理机制。

一是建立"五审、二监督、二公示、多部门协查"的资格审核公示新机制。

二是在分配环节上，坚持"六公开"，实现了对公平公正公开分配的"零投诉"。对申请家庭资格公开、房源信息公开、选房规则公开、选房顺序公开、选房过程公开、选房结果公开。

三是实行房源统筹管理新机制，有效防止"贫民窟"现象。将非低收入家庭和低收入家庭申请社会保障性住房的房源，在一个保障性住房小区内进行统筹安排。

四是建立多机构紧密联动的监管体系，提升整体监管水平。明确了各级监管行政主管部门的监管职责，立法赋予行政处罚权。

五是采取多种措施加强保障性住房使用管理，有效防止转租转让等利用保障性住房牟利行为。如建立了住户档案；按季度定期对物业服务企业进行考核；定期组织对保障性住房的使用情况展开拉网式检查等。

六是提供多种优质服务，建设和谐小区。保障性住房实行统一规划、统一建设、房源统一安排，不同收入群体居住在同一小区，避免弱势群体集中居住的现象。根据低收入家庭的不同收入水平，实行物业服务费分层补助政策，对低保、低收入家庭分别给予80%、40%的物业管理费补贴。

七是积极探索完善保障性住房退出机制。通过立法明确退出情形，使退出机制的执行有法可依。严格履行监管职责，严格行政执法，采取宣传、上门、约谈、单位协助、发律师函、按市场租金计租、做出行政决定等方式，确保了保障性住房的规范有序退出。

7. 公共文体服务均等化水平提升

（1）实现公共文化服务体系的"更广覆盖"

一是公共文化设施更广覆盖。坚持公共文化设施建设与"跨岛发展"同步规划、同步推进，建立起覆盖市、区、街（镇）和居（村）的四级公共文化设施网络。新建了以闽南大戏院、集美新城文化公建群和同安文体中心为代表的标志性公共文化服务设施。截至 2013 年年底，占总人口 52% 的岛内区，建有 28 家公共文化设施，占 57.1%；占总人口 48% 的岛外区，建有 21 家公共文化设施，占42.9%。街（镇）、居（村）文化站（室）设置率均达 100%，实现文化信息共享工程、公共电子阅览室、"农家书屋"工程、广播电视"户户通"与"村村响"工程 100% 全覆盖。

二是公共文化活动更广覆盖。形成"市级有活动、每区有一节、街镇有品牌、居村有特色"的群众文化活动体系。全市共有基层业余文艺团队 1 225 支，平均每个居（村）2.5 支。

三是文化服务对象更广覆盖。特别关注农民工群体、弱势群体、农村居民、在厦同胞。如市图书馆和少儿图书馆在农民工聚居地开设分馆，市文化馆举办"外来工群星表演工作坊"、"外来工广场排舞"等文化活动点，湖里区组建以进城务工人员为主的青年艺术团。开设面向两岸民众的厦门卫视和闽南之声广播，在厦、台两地轮流举办海峡两岸图书交易会。

（2）进一步落实全民健身计划

一是认真落实《厦门市全民健身实施计划（2011—2015 年）》，修编《厦门市公共体育设施布局规划》，科学合理布局市、区、街（镇）、社区（村）公共体育设施。将公共体育服务设施建设融入小城镇综合改革建设试点和城市新建小区建设之中加以推进。

二是加快体育社团建设。截至 2013 年 10 月，我市共有各类市级体育协会 29 个，体育类民办非企业单位 40 家，会员人数近 20 万，为体育活动服务基层、服务群众构建了平台。

三是着力提升竞技体育实力。继续实行"以省运会为基础、以输送为重点、以奥运金牌为目标"的发展战略，整合资源，优化项目布局，创新管理机制，加大保障力度，提升竞技体育实力。

8．公共交通持续优化

厦门市认真贯彻落实国务院优先发展公共交通战略，截至 2013 年 9 月，全市公交运营企业 3 家，在营公交线路 326 条，公交线路长度 5 545.5 公里；公交车保有量 3 940 台（其中 CNG 清洁能源车辆416 台、油电混动新能源车辆 386 台，占总数的 20.4%），折 4 889.8 标台，万人拥有公交车辆 13.3 标台（按全市常住人口 367 万计算），公交日均客运量约 250.8 万人次。公交出行分担率从"十一五"初的 27.5% 提高到"十一五"期末的 30.87%（不含步行为 47.18%），居于全国前列，公共交通事业呈现健康稳步发展的趋势，基本形成了以快速公交和常规公交干线为骨架，常规公交支线为基础，公交枢纽及换乘站点为依托，快线、干线、支线、专线层次分明、紧密衔接、功能清晰的公交网络体系。

（1）着力建设快速公交系统，提高营运保障能力。截至目前，3 条 BRT 快线及 11 条链接线，现有车辆 270 台，占全市公交车辆的 7%，但日均客运量却高达 33.5 万人次，占到了全市公交客运量的14%。

（2）以人为本以民为先，适时实施公交票改。2013 年 10 月起，开始对本市户籍 65 至 69 周岁年龄段老人，实施免费乘坐本市公共交通车辆优待政策。

（3）统一公交线路编号，持续优化公交线网。截至 2013 年 9 月，我市公交线路数量共 327 条。2013 年 8 月 1 日在岛内东部湖里区开通首条社区巴士公交线路。已实现建制村 100% 开通公交的目标。

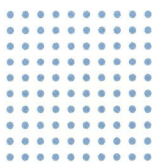

（4）加快公交车辆更新投放，倡导低碳环保生活。一方面加快公交车辆的更新投放并积极淘汰国Ⅱ排放标准公交车辆；另一方面缩短公交车辆更新周期，将公交车辆营运期限由 10 年缩短为 6 年。

（二）存在的问题

1. 人口增长压力下基本公共服务供给能力不足

近年来，厦门市人口总量增长迅速。一方面外来务工人员、农村人口等弱势群体对均等享有基本公共服务的诉求越来越强烈；另一方面随着厦漳泉同城化的发展，漳州泉州的市民纷纷涌入厦门挤占医疗、教育等优质公共资源。这种情况下，厦门市基本公共服务的供给能力明显不足。主要表现在"入园难、入园贵"，"看病难、看病贵"，低收入人群"住房难、买房贵"，公共交通拥堵，公共安全隐患等问题。

2. 城乡、岛内外等不同群体间基本公共服务不均衡

由于历史原因和"岛内情结"，岛内外城区建设长期不均衡导致城乡二元结构特征明显，相应地基本公共服务水平存在较大差距。长期以来，厦门的优质社会资源主要集中在岛内，而岛外特别是岛外农村的设施比较差，厦门大部分优质学校、综合三甲医院、先进医疗设施和优秀医护人员都不在岛外。要实现岛内外一体化，就要着力解决岛内外公共服务不均衡的问题，要加快教育、卫生、文化、体育等优质社会事业资源向岛外延伸聚集，加快推进基本公共服务城乡一体化。

3. 公共服务均等化对财政投入依赖过大

厦门市基本公共服务的供给模式较为单一，主要依赖公共财政和转移支付。一方面在不断提高公共服务支出占财政支出比重的基础上，亟须建立公共服务投入的稳定增长机制，增加基本公共服务财政资源投入总量、优化财政支出结构，实现财政资金进一步向基本公共服务领域倾斜；另一方面亟须创新公共服务供给模式，引导社会力量参与，采取政府购买、合作共建、有偿补贴、公益慈善等方式，提升基本公共服务的供给水平和质量。

二、2014 年发展环境分析

（一）国家频出政策大力支持基本公共服务发展

十八届三中全会报告指出，实现发展成果更多更公平惠及全体人民，必须加快社会事业改革，解决好人民最关心最直接最现实的利益问题，努力为社会提供多样化服务，更好满足人民需求。基本公共服务领域的改革创新，包括深化教育领域综合改革，健全促进就业创业体制机制，建立更加公平可持续的社会保障制度，深化医药卫生体制改革等。

2013 年 9 月，国务院发布《国务院办公厅关于政府向社会力量购买服务的指导意见》（下称《指导意见》），"十二五"时期，政府向社会力量购买服务工作在各地逐步推开。根据《指导意见》，政府

向社会力量购买服务的内容为适合采取市场化方式提供、社会力量能够承担的公共服务，突出公共性和公益性。教育、就业、社保、医疗卫生、住房保障、文化体育及残疾人服务等基本公共服务领域，要逐步加大政府向社会力量购买服务的力度。

《指导意见》要求在非基本公共服务领域更多更好地发挥社会力量的作用，凡适合社会力量承担的，都可以通过委托、承包、采购等方式交给社会力量承担。

（二）福建省委、省政府将基本公共服务建设列入工作重点

2013 年 3 月，福建省发展改革委牵头编制印发了《福建省推进基本公共服务均等化"十二五"规划》（下称《规划》）。到 2015 年，全省基本建立覆盖城乡、功能完善、分布合理、管理有效、水平适度的基本公共服务体系；到 2020 年，城乡区域间基本公共服务差距明显缩小，基本公共服务体系比较健全。

与国家规划相比，福建省的《规划》根据地方特色，增设了进城务工人员随迁子女平等接受义务教育、绝育奖励、居家养老服务补贴和高龄老人津贴、残疾人辅具适配行动、残疾人补助救助计划等5 项服务项目和"进城务工人员子女关爱工程"、"'四馆一站一室'文化设施工程"、"公共阅读服务工程"、"人力资源和社会保障信息化提升工程"、"基本社会服务体系工程"、"福乐家园工程"等 6 项保障性工程，使公共服务更加惠及百姓。

针对城乡、区域基本公共服务发展不平衡和各类群体间享受基本公共服务不均等问题，《规划》提出，加强城乡基本公共服务一体化；财力向欠发达地区、困难地区倾斜；加大对原中央苏区、革命老区公共服务基础设施建设倾斜扶持力度；非户籍常住人口与当地城乡户籍人口享有同等待遇的基本公共服务。同时，将不断优化财政支出结构，确保新增财力向基本公共服务倾斜，拓宽基本公共服务资金来源，确保规划确定的各项目标任务顺利完成。

福建省将《规划》实施情况纳入政府和干部政绩考核中。

（三）我市"美丽厦门"建设助推基本公共服务发展

2013 年，厦门市委市政府制定并颁布"美丽厦门"战略规划。其中战略目标之一是要将厦门建设成闽南地区中心城市，建成闽南地区公共服务中心，即闽南地区的医疗、教育、体育、文化艺术等公共服务中心。加强岛外新城和农村地区的设施配套，促进公共服务均等化，实现基本公共服务一体化。

"美丽厦门"十大行动计划中的收入倍增行动和健康生活行动，为基本公共服务的发展提出了具体要求：

一是就业创业工程。完善就业创业政策和服务保障体系，着力解决好下岗人员、被征地农民、退养上岸渔民、大中专毕业生等就业，鼓励自主创业。

二是社保提升工程。完善多层次的社会保障体系，健全完善城乡居民最低生活保障、医疗保障和养老保障制度。推动社会福利向普惠型发展。

三是城市安全工程。大力加强食品安全体系、城市防灾减灾体系和平安厦门建设，全面提升城市安全感和群众满意度。

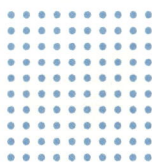

四是教育均衡工程。合理调整基础教育资源布局，促进全市义务教育均衡发展。实施"名师"培养和引进项目，扩大优质教育资源覆盖面，提升整体办学水平和教育质量。

五是医疗康体工程。巩固公立医院改革成果，鼓励形成多元化的办医格局。完善全市基层医疗卫生机构布局，健全农村三级医疗卫生服务网络和城市社区卫生服务体系。依托城市的花园体系，加快城乡文体、休闲、健身设施建设。

六是住房安居工程。落实国家房地产调控政策，促进房地产市场健康发展。加快完善以廉租住房、公共租赁住房等为主体的保障性住房供给体系。加强工程质量监管，完善公平公开公正的分配机制，努力实现住有所居。

七是便捷交通工程。完善区域联系大通道和市域交通网络，加快建设厦漳泉大都市区同城化复合交通网络、集疏运系统和无缝化换乘体系，构建综合交通枢纽，推行"公交＋慢行"出行模式，倡导绿色出行。

（四）社会力量积极参与公共服务事业

2013 年以来，我市积极引导社会力量参与公共服务事业。

2013 年 2 月，厦门市卫生局正式出台《关于进一步落实鼓励和引导社会资本办医的若干意见》，旨在有效增加和补充我市医疗卫生资源，提升医疗服务质量和技术水平，引导社会资本举办医疗机构按照差异化发展路子，与公立医疗机构形成功能互补、良性有序的市场竞争格局。鼓励公立医疗机构与社会资本开展形式多样的合作。2013 年 4 月，厦门市文化广电新闻出版局印发了《厦门市公共文化服务机构运营的公众参与办法》，对社会力量参与公共文化服务机构的运营做出了规定，产生了公共文化服务提供主体和提供方式多元化的社会参与格局。

我市将逐步尝试在公共服务的各个领域引入社会资本，发挥社会力量的积极性和创造性。社会力量参与公共服务事业，有利于提升基本公共服务的整体水平和质量。

（五）新一代信息技术提升基本公共服务承载能力

随着物联网、云计算、大数据等新一代信息技术的迅猛发展，智能养老、智能教育、智能交通、智能医疗等新型公共服务模式已经日趋成熟。新一代信息技术极大地提高了基本公共服务的承载能力，有效整合公共服务数据，大幅降低公共服务成本，提升了公共服务的智能化水平。如 2013 年 9 月率先在全国开通社保微信平台，使市民可以随时随地通过手机关注、查询社保政策以及自己的社保权益记录，订阅社保等相关业务服务，使市民拥有一个专属的、24 小时服务的"随身社保"，一个公开、便捷的社保信息服务平台，享受一对一的"社保专家"服务。

三、2014 年发展展望

2014 年，我市将认真贯彻落实党的十八大和十八届三中全会重要精神和部署，在建设"美丽厦门"中把握机遇，继续推动科学发展、促进社会和谐，继续改善人民生活、增进人民福祉，多谋民生之利，多解民生之忧，解决好人民最关心最直接最现实的利益问题，加快形成政府主导、覆盖城乡、可持续的基本公共服务体系，积极探索破解民生难题的有效路径，着力在学有所教、劳有所得、病有所医、老有所养、住有所居等民生保障方面持续取得新进展，努力让市民过上更好生活。

——学前教育、义务教育、职业教育、继续教育、民办教育、特殊教育等各类层次教育协调性明显增强，入学机会、教育质量均衡性显著提升，全市公共教育高质量均衡发展的局面加快形成，教育信息化水平显著提升。

——就业需求不断扩大，失业率稳中有降，毕业生、失地失渔农民等群体的就业出路愈益拓宽，人才评价体系逐步完善，高技能人才稳步增加，公共就业服务平台发挥重要作用，"充分就业城市"建设取得较大进展。

——总体社会保障水平显著提高，覆盖面不断扩大，城乡、岛内外、本市与外来务工人员等不同群体保障水平差距逐步缩小，和谐企业不断增加，向"全民社保城市"建设目标进一步迈进。

——医疗卫生资源总量进一步扩增，资源布局更为合理，基层医疗卫生机构服务能力进一步提升，公立医院管理服务水平显著提高，引进社会资本办医步伐明显加快，试行医生多点执业，进一步放宽办医门槛，为群众提供安全有效方便价廉的公共卫生和基本医疗服务的能力显著增强。

——基本社会服务体系不断完善，构建多层次养老服务体系，充分利用现有资源，加快专业化的老年养护机构和社区日间照料中心建设，发展社会福利事业，完善社会救助体系，进一步提高公共防灾救灾救助能力，大力推进社会慈善事业发展。

——保障性安居工程建设加快推进，保障性住房供给进一步增加，保障性住房质量明显改善，保障性住房分配、退出等体制机制不断健全，中低收入家庭住有所居加快实现。

——岛内外、城乡文体基础设施一体化程度进一步加深，文体资源的公平性、可及性显著增强，群众性文体活动更加活跃普及，人人享有基本公共文化体育设施和服务得到进一步体现。有效创建国家公共文化示范区，大力发展文化惠民工程。

——公共交通综合治理能力显著提升。进一步发展厦漳泉城际、区际交通枢纽系统，推进港口建设和翔安国际机场建设，大力推进地铁 1 号线轨道交通的开工建设，优先发展公共交通，提高公共交通综合治理能力。

四、2014 年对策建议

（一）建立健全优质的基本公共教育服务体系

1. 推进学前教育和义务教育均衡发展

完善城乡教师合理流动，全市教师统一调配，促进校长和教师在城镇校与农村校、优质校与薄弱校之间合理流动。进一步建立健全市域配置教育资源的机制，在同城同编同薪的基础上，争取编制、人事、财政等部门的支持，突破区域的限制，促进各区区域间的教育合作和学校合作，促进区域间校长、教师的流动，推进义务教育均衡发展。

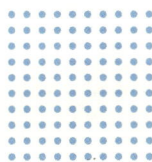

2. 优化中等职业教育体系

积极推动以产教融合、校企合作为特点的现代职业教育发展，夯实专业校企合作服务中心平台建设，深化中高职衔接集团化办学教育联盟内涵。建设4~6所国家级中等职业教育改革发展示范学校，促成华厦职业学院升格为应用型本科院校，建设一个与厦门产业发展紧密相关的共享型实训基地。

3. 提升高等教育发展质量

统筹在厦高等教育资源，发挥思明、集美、翔安三个文教区省部属高校资源优势，优化学科专业布局与结构，加强重点学科和特色专业建设，鼓励新兴学科和交叉学科的发展。完善三大文教区的配套设施建设。增强高校服务能力与科研成果转化。

4. 构建完备的特殊教育和民办教育体系

进一步降低特殊教育的入学门槛，提高特殊教育覆盖率。一是引导鼓励社会力量举办公益性、普惠性民办幼儿园。实施民办幼儿园分级收费管理和财政补助制度。二是因地制宜发展民办初中小学。引导民办中等学校将办学定位与厦门产业发展需求紧密结合，推进适应产业发展需要的人才培养模式。三是统筹推动民办高等教育发展。为各民办高职院校划拨土地建设新校区，改善学校发展环境，使学校占地面积、校舍建筑面积等基本办学条件都能满足全日制高等教育发展的需要。

（二）打造充分就业城市

1. 完善公共就业信息服务平台

一是统筹整合各区、各工业园、各街道等的公共就业服务平台，建立用人单位、岗位需求、人才条件等信息共享对接机制，实现人才在全市范围的自由流动。二是完善就业服务政策，通过社保补贴、培训补助等方式加大对企业引进人才的支持力度，解决人才在厦工作的后顾之忧，切实解决相关人才在入户、子女入学、住房等方面的困难。

2. 拓宽就业渠道

一是坚持更加积极的就业政策。实行更加有利于促进就业的财政政策、税收优惠政策、金融支持政策、就业援助政策。二是多渠道开发就业岗位。既注重发展资本技术和知识密集型产业，又积极支持发展劳动密集型产业，大力发展第三产业，在加快发展方式转变和结构调整中形成新的经济增长点和竞争优势，创造更多就业机会。三是实施创业带动就业。从提高创业意识、增强创业能力、优化创业环境等环节入手，完善政策扶持、创业培训、创业服务"三位一体"工作机制。四是发展家庭服务业促就业。大力推进家庭服务业市场化、产业化、社会化，逐步建立比较健全的惠及城乡居民多种形式的家庭服务体系。五是做好失地农民渔民的就业服务工作。继续改善农民工进城就业环境，提高公共就业服务水平。

3. 建立人才评定标准体系

创新技能人才评价方式，加快技能人才队伍建设。通过社会化职业技能鉴定、企业考核评价、职业院校技能鉴定、突出业绩认定评价、技能竞赛等多种方式，在多元化评价方式的基础上积极探索，完善专项、单项职业能力考核等多元化评价体系。根据产业特点，建立特定产业的人才评定标准，如光电、计算机、机械、金融、旅游等，进行定向引才、定向培才。

4. 加强职业技能培训

一是开展各种形式的职业培训。大力开展就业技能培训、岗位技能提升培训和创业培训。加紧技能型紧缺人才的培养，深化技师院校改革，实施职业教育基础能力建设工程和产业技工培养工程，强化职业培训基础能力建设。二是组织实施素质就业工程。建立健全适应城乡全体劳动者就业需要和职业生涯发展要求的职业培训制度，不断提高失业人员、企业在职职工、农村劳动力、新生劳动力、退役士兵、库区劳动力和特殊就业群体的工作能力、职业转换能力和创业能力。三是构建高技能人才成才通道。以产业发展需求为导向，加强高技能人才队伍建设。实施高技能人才培养工程，着力推进产业技工培养基地、高技能人才培训考核基地和"技能大师工作室"建设。

（三）建设"全民社保"城市

1. 健全社会保障体系

一是探索建立基本养老金正常调整机制，逐步提高企业退休人员养老金水平、被征地人员养老金水平，稳步提高城乡居民基础养老金水平。二是进一步完善全民医保体系。大力推进农民工、个体工商户和灵活就业人员参保。深化医保支付制度改革，全面推行医保付费方式改革，逐步实现跨省异地就医结算，探索建立重特大疾病保障机制。三是完善失业保险制度，保障失业人员基本生活，发挥失业保险基金预防失业、促进就业作用，全面推进工伤预防、救治与补偿、工伤康复"三位一体"现代工伤保险新制度建设。积极探索建立农民意外伤害保障机制和覆盖城乡居民的生育保险机制。

2. 推进"社保一卡通"工程

全面发放社保卡，在社会保障、医疗就诊、金融支付等领域推广应用，实现一卡通用、一卡通行，增强社会保障、医疗卫生等公共服务能力。

3. 提高农村和外来务工人员的社保享有水平

在"全民社保"基础上，提高农村人口、外来务工人员的社保享有水平，提高农村居民养老保险补助金，完善农村和外来务工人员失业保险制度，完善各项报销制度，缩减报销到账时间。

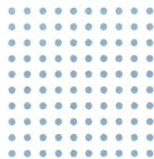

（四）完善基本社会服务体系

1. 构建多层次养老服务体系

充分利用现有资源，加快专业化的老年养护机构和社区日间照料中心建设。加快完成同安、翔安、湖里区社会福利中心、市第三福利院和290个社区居家养老服务中心（站）建设，鼓励和引导社会力量兴办养老机构和民间资本投入养老服务设施建设；鼓励和引导农村社区依托老年公寓、老年活动中心（室）、老年学校、中小学闲置校舍等现有设施开办居家养老服务场所。

2. 发展社会福利事业

完善孤儿基本生活保障制度，落实孤儿生活养育标准，建立自然增长机制。建立五保供养标准与农村居民平均生活水平相适应的自然增长机制，提高供养水平和集中供养率。推动婚姻登记等级评定和信息联网工作。

3. 完善社会救助体系

完善城乡最低生活保障制度，健全城乡低保标准动态调整机制与企业最低工资标准和物价上涨幅度挂钩机制。建立城市低收入家庭认定体系，健全收入核查制度。规范专项救助制度，解决低保边缘家庭医疗、教育、住房等方面困难。加快医疗救助与医疗保险制度衔接，逐步提高政策范围内住院自付医疗费用救助比例。

4. 提升公共防灾救灾救助能力

建立灾情信息联动网络，提升基层综合减灾、应急保障能力。将自然灾害公众责任保险和农村住房统一保险"两险合一"，进入公共资源配置中心，对外公开招标。强化防灾减灾制度规范，建立"四级"自然灾害救助应急预案体系，制定应急保障、物资储备、部门联动、综合协调、灾情信息管理等制度。

5. 推进慈善事业发展

创新慈善组织的运营机制，建立多元化的资金募集方式；实行联合募集的形式，整合慈善资源，降低募集成本，提高募集效率；推行冠名慈善项目或冠名慈善基金，实现企业和社会的双赢。提高厦门慈善组织和慈善捐赠的公信力。

（五）促进基本医疗卫生服务均等化

1. 加强公共卫生体系建设

全面实施国家基本公共卫生服务项目，逐步提高人均基本公共卫生服务经费标准，到2014年不低于50元。一是加强卫生监督和疾病控制机构基础设施和执法能力建设，使其设施和装备达到国家标准。二是加大精神卫生专业机构床位建设项目力度，2014 年实现精神卫生专业机构病床总数达 2.82 张/万人口。全市基本建成以精神卫生专业机构为主体、综合医院为辅助、基层医疗卫生机构和精神疾病康复机构为依托的精神卫生防治服务网络。

2. 优化医疗资源配置

一是加大财政投入，扩增医疗资源，加快我市三级综合医院建设，力争 2014 年每个区均有一所以上三级综合性医院。二是实施基层卫生人才队伍建设工程。实施全科医师培训体系建设和乡村医生培训工程，加强乡村医生培训力度。三是加强卫生信息化建设，建设国家级医疗卫生信息化试点城市。基本建成网络畅通、应用全面、资源共享、标准统一、系统安全可靠的卫生信息化体系，实现卫生政务电子化、医疗服务网络化、公共卫生管理数字化。

3. 提升突发公共卫生事件处理能力

一是完善卫生监督体系，建立安全风险评估、监测预警、应急处置体系，为居民提供一个领先全国水平的"健康云"卫生安全生活环境。二是增加重大公共卫生监督服务专项，逐步将餐饮食品安全、职业卫生、饮用水卫生、公共场所卫生、学校卫生等卫生监督的规范、指导、巡查纳入重大公共卫生服务项目。三是加快推进突发公共事件卫生应急体系建设，提高紧急医学救援能力和突发事件监测预警、应急处理能力。大力发展中医药事业。

4. 鼓励和引导社会办医

积极推动落实五缘医疗园意向项目，做好建发医院及台湾龙邦妇产医院建设规划。加大政策支持力度，出台《厦门市五缘医疗园项目准入、退出及优惠政策管理办法》。制定一系列优惠政策，引导优质医疗资源来厦办医。

5. 构建和谐的医患关系

探索建立医患纠纷人民调解与医疗责任保险衔接的机制。为有效化解医患纠纷，尽最大可能保护患者和医疗机构合法权益，充分发挥保险公司在医患纠纷中的风险分担功能。

（六）健全基本住房保障体系

1. 完善保障性住房政策体系

一是土地政策。依法收回的闲置土地、具备净地出让条件的储备土地和农用地转用计划指标，应优先保证保障性住房用地。二是财税政策。加大财政投入力度，完善财政投入方式。地方政府债券优先用于保障性安居工程建设。逐步扩大住房公积金支持保障房建设试点。对保障性安居工程建设和运营给予税费优惠。三是金融政策。采取投资补助、贴息等方式，吸引社会资金参与保障性住房建设。支持保险资金、信托资金、房地产信托投资基金等投资保障性安居工程建设和运营。四是价格政策。依据经济社会发展水平、保障对象的承受能力以及建设成本等因素，合理制定、调整保障性住房价格

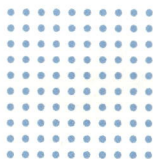

或租金标准。

2. 加大廉租住房建设力度

保障性住房实行分散配建和集中建设相结合。集中建设保障性住房，优先安排在交通便利、基础设施齐全、公共事业完备、就业方便的区域。健全廉租住房保障方式，实行实物配租和租赁补贴相结合。重点发展公共租赁住房，逐步使其成为保障性住房的主体，并逐步实现与廉租住房统筹建设、并轨运行。

3. 优化分配及管理机制

加快基本住房保障立法调整工作，做好廉租住房、公共租赁住房和经济适用住房等各类保障性住房的政策衔接。鼓励成立保障性住房投资运营机构。建立健全多部门联动的收入（财产）和住房情况动态监管机制，制定公平合理、公开透明的保障性住房配租政策和监管程序，严格规范准入、退出管理。

（七）提升公共文体服务质量

1. 加大公共文体基础设施建设

规划建设新的市级体育中心，各区建成区级公共体育健身场地"五个一"工程，即一个青少年校外体育活动中心、一个标准体育场、一个标准游泳馆、一个综合体育馆、一个体育公园。各街道、乡镇要相应建有多功能体育活动广场，各社区要相应建有全民健身活动中心。有条件的公园、绿地、广场建有体育健身设施以及健身步道。

2. 继续推进文化惠民工程

结合"美丽厦门"发展战略的规划和实施，以尊重和满足市民的需求为出发点和落脚点，继续深化创建工作，以公共文化服务能力的持续提升助力厦门的美丽"蝶变"。重点结合创建国家信息消费城市，推动信息技术与公共文化服务的深度融合和创新发展，整合公共文化数字资源，建设完善的公共文化数字传播与服务体系。

3. 推动全民健身活动

进一步开展全民健身节、全民健身周等多项活动，内容涵盖我市各年龄段、各行各业。各区、各街道定期举办运动会，充分展示全民健身发展成果。逐步完善各类体育组织，加快体育社团建设。发挥社会体育指导员的骨干作用，广泛服务于社区、乡村等群众健身点。广泛组织群众性体育活动。

4. 促进公共文体服务均等化发展

在跨岛发展战略过程中，突出公共文化服务的谋篇布局，实现城乡文化一体化和岛内外文化一体化；搭建公共文化服务一体化平台，实行整体规划、分工合作、相互协调和资源共享，促进不同公共文化服务资源的均衡发展，提高整体服务能力。

（八）支持公共交通优先发展

（1）加大公共交通投入力度。2014 年要优先发展公共交通，从票制改革到市民普惠、特殊优惠群体、岛内外一体化、公交企业购车和政策性亏损补贴等投入大量财力给予支持。

（2）完善公共交通服务体系。进一步深化公交票改制度，将城镇低保户和城镇低收入家庭纳入公交优惠乘车群体。推进中巴退市工作，所有退市的线路和车辆随时由公交集团接替，融入城市公交体系，实行统一管理。

（3）推进 1 号地铁建设。全面启动轨道交通建设，为减轻市民换乘出行成本，同时缓和因线路调整给市民出行带来不便的不满情绪，借鉴其他城市的成功做法，研究实施换乘优惠政策。

（4）大力发展智能公交系统，提高信息化管理水平。在厦门市城市交通信息公共平台基础上，完善便民交通信息服务系统。通过网站、手机 WAP 网站、手机客户端、掌上公交、触摸屏等多种途径向公众发布信息，为市民公交出行提供方便的查询服务。通过优化整合资源、升级改造功能模块、推广应用系统等综合措施，应用智能公交系统，提高安全保障。

参考文献：

［1］单辉 . 厦门岛内外一体化的实现途径［J］. 福建党史月刊，2010 年第 12 期 .

［2］我省出台规划推进基本公共服务均等化［EB］. 厦门网，2013-03-25.

［3］侯惠勤等编 . 中国城市基本公共服务力评价（2011-2012），社会科学文献出版社，2012 年 .

［4］厦门市社会科学院 . 厦门市经济社会发展与预测蓝皮书（2012-2013 年），厦门大学出版社，2012 年 .

［5］推进政府向社会力量购买公共服务［N］. 中国新闻报，2013 年 8 月 1 日 .

［6］厦门市深化医药卫生体制改革 2013 年主要工作安排［EB］. 厦门市人民政府网，2013-10-17.

［7］中国共产党十八届三中全会公报［EB］. 新华网，2013-11-14.

［8］国务院办公厅关于政府向社会力量购买服务的指导意见［EB］. 新华网，2013-09-30.

［9］福建省推进基本公共服务均等化"十二五"规划［EB］. 福建省人民政府网，2013-03-04.

［10］李伟 . 我国基本公共服务均等化研究，经济科学出版社，2010 年 .

［11］国务院发展研究中心课题组编 . 民生为本：中国基本公共服务改善路径［M］. 中国发展出版社，2012 年 .

［12］刘德吉 . 基本公共服务均等化：基础、制度安排及政策选择——基于制度经济学视角［M］. 上海交通大学出版社，2013 年 .

课题组长：曾光辉
课题组成员：姚厚忠　龚小玮　饶伟衫　董世钦
课题执笔：曾光辉

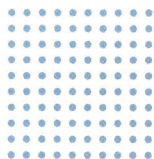

第二节 人口发展

一、特区建设以来厦门市人口发展历程

1. 人口规模快速增长

1980 年厦门设立经济特区，常住人口 93.4 万人，受制于当时的城乡分割制度，厦门人口主要是户籍人口，流动人口和迁移人口极少。特区建设三十年来，大量国内外人才和劳动力来厦创业务工经商，外来人口迅速增长。据《厦门市 2010 年第六次全国人口普查主要数据公报》显示，2010 年厦门市共有常住人口 353.1 万人，为 1980 年的 3.78 倍，见图 10.1。

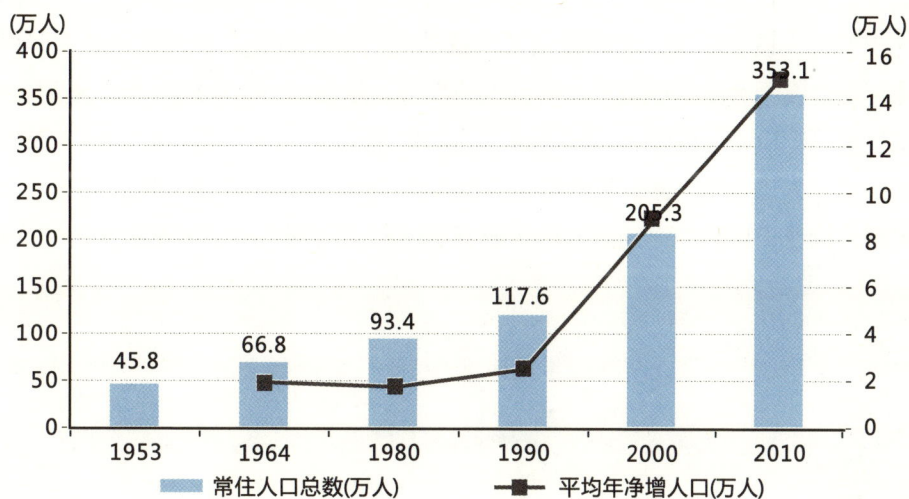

图 10.1　厦门市历次人口普查数据变化表

特区建设以来人口总量快速增长的原因主要有两方面。一是人口自然增长。由于人口再生产的继起性，在 1982 年和 1990 年厦门市分别经历了两次出生高峰，出生率分别达到近 25%，本地人口得到了迅速的增长。尽管如此，自然增长占人口增长的比重每年大约只有十分之一左右。二是外来人口涌入。特区经济快速发展提供了足够的就业岗位，吸引了大量外来人口，1980 年厦门设立经济特区之后，外来人口呈逐年增加的趋势，见图 10.2。

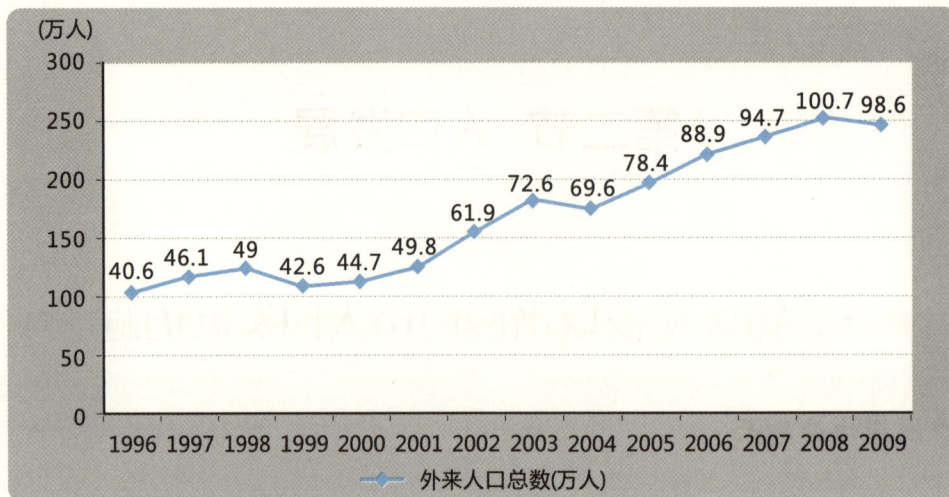

图 10.2 厦门市登记外来人口情况

2. 人口结构不断优化

1990 年以来,厦门的劳动年龄人口所占比例逐渐提高,2010 年厦门人口总抚养比指标比 1990 年降低一半,这表明特区设立以来,厦门吸引了大量外地的年轻劳动力。劳动年龄人口增加带来的丰沛劳动力资源,使得厦门劳动密集型产业得到迅速发展。从 2000 年到 2010 年,厦门市常住人口中,0~14 岁人口比重下降 1.64 个百分点,15~64 岁人口比重上升 2.16 个百分点,65 岁及以上人口比重下降 0.52 个百分点。人口生育率的下降使得少儿抚养比下降,劳动年龄人口比例上升,形成一个劳动力资源相对丰富、抚养负担轻的对经济发展十分有利的黄金时期人口,学家称之为"人口红利",见图 10.3。

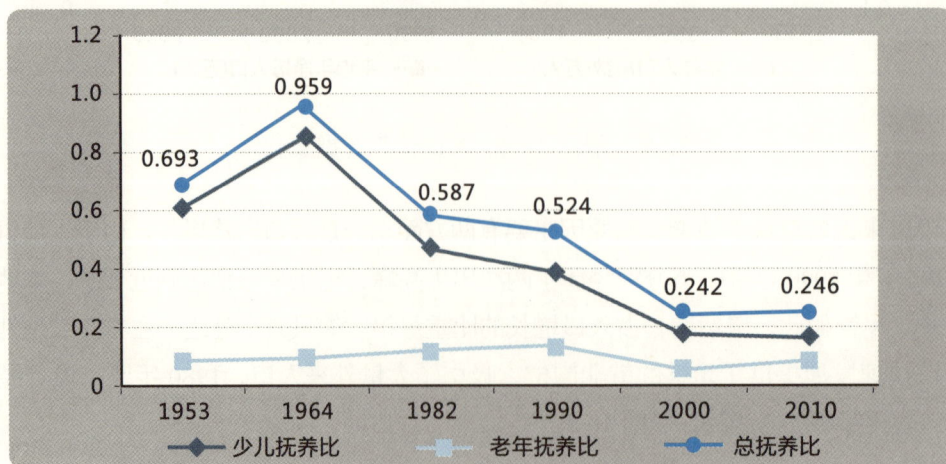

图 10.3 厦门人口抚养比变化

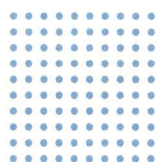

二、2013年厦门市人口发展情况

（一）发展情况

1. 人口规模

2013年，厦门市常住人口继续保持平稳增长。截止到2013统计年度，厦门市常住人口373万人。同2012年相比，增加了7万人，环比增长1.9%。近两年来，厦门人口增速有所放缓，主要是因为我国人口红利逐步消失，劳动力人口减少，内地加快发展，吸纳了不少劳动力在当地就业，这对我市外来人口增长产生了较大的影响，见图10.4。

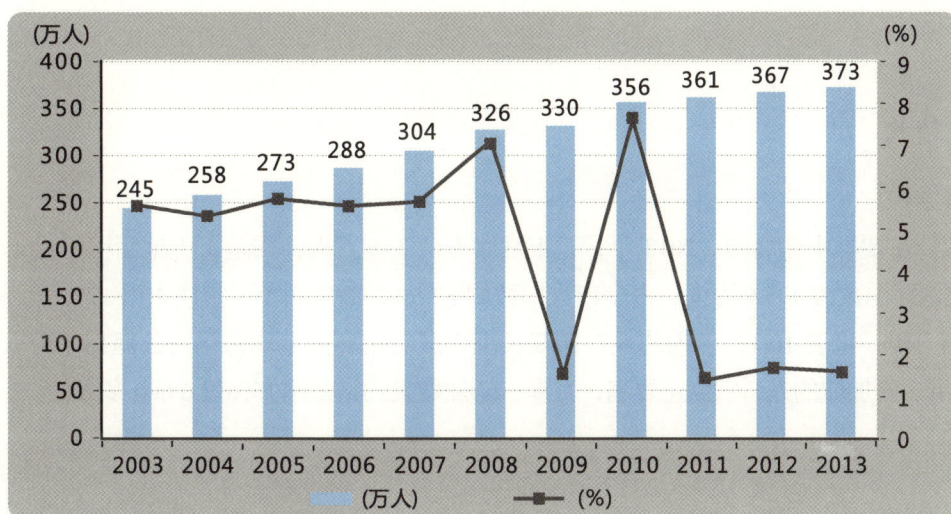

图 10.4　2003—2013 年厦门市常住人口增长情况

户籍人口保持平稳增长。2013年，厦门市户籍人口193.6万人，同2012年相比，仅增加了2.7万人，环比增长1.5%；同第六次全国人口普查数据2010年的180.2万人相比，3年的时间共增加13.6万人，年平均增长率2.5%；同2003年的147.1万人相比，10年的时间共增加46.5万人，年平均增长率为3.3%，见图10.5。由此可见，我市户籍人口增长速度一直较为平稳，户籍人口稳步增长未发生不正常起伏或波动，但近两年来增速有所减缓。

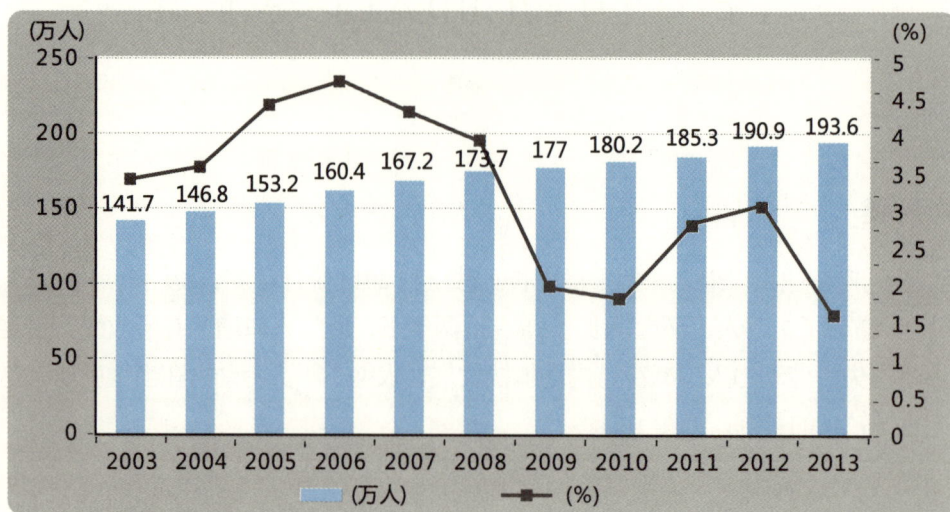

图 10.5　2003—2013 年厦门市户籍人口增长情况

2.人口结构

（1）区域结构

厦门市人口主要集中在岛内。2013 年，我市常住人口 373 万人，占全市土地面积不足 1/10 的岛内思明、湖里两区总数为 195.9 万人，占全市人口数的 52.5%，岛外四个区常住人口 177.1 万人，占全市人口数不到一半，见表 10.1。岛内的人口密度较高，厦门市岛内平均每平方公里超 1 万人，达 13 537 人，比香港、新加坡的人口密度还要高，香港、新加坡大约是每平方公里 6 000 多人。

表 10.1　2013 年厦门市各区常住人口分布表

行政区划	常住人口（万人）	各区常住人口比重
思明区	97.0	26%
湖里区	98.9	26.5%
集美区	61.7	16.5%
海沧区	31.2	8.4%
同安区	52.3	14%
翔安区	31.9	8.6%
全市合计	373	100%

资料来源：厦门市统计年鉴

（2）年龄结构

厦门已进入老龄化社会。2013 年 8 月底，全市户籍 60 岁及以上老年人数达 26.46 万，占全市户籍总人口 194.2 万的 13.63%。其中，80 岁及以上老年人口 4.08 万，占老年人口的 15.43%。90～99 周岁

的老年人共 3 872 人，百岁及以上的老年人共 120 人。按照联合国的传统标准，一个地区 60 岁以上老人达到总人口的 10% 即可视为进入老龄化社会。因此，从户籍人口来看，厦门已经进入老龄化社会。

（3）性别结构

厦门的户籍人口中存在男少女多的现象。截至 2013 年年底，厦门户籍男性人口和女性人口分别为 95.015 万人、97.395 万人，男性人口比女性人口少了 11 900 人，性别比为 98.8（女性为 100）。国际公认性别比 103～107（女性为 100）为正常水平，由于重男轻女的因素，中国人口出生性别比为 119。

（4）城乡结构

《厦门市 2010 年第六次全国人口普查主要数据公报》显示，全市常住人口中，居住在城镇的人口为 3 119 413 人，占 88.33%；居住在乡村的人口为 411 934 人，占 11.67%。同 2000 年第五次全国人口普查相比，城镇人口增加 1 664 963 人，乡村人口减少 186 686 人，城镇人口比重上升 17.49 百分点。其中，思明区、湖里区城镇化率都达 100%。

（二）存在的问题

1. 人口区域分布不均衡

厦门市人口区域分布存在严重不均衡现象，岛内人口高度集聚，已经成为影响和制约城市品质提升的主要瓶颈。岛内 2 区土地面积仅占全市的 9%，人口比重却占一半以上，岛内人口密度为岛外的 11 倍。按照建设部标准，宜居城市人口密度应在 1 万人 / 平方公里以内，但厦门本岛常住人口平均密度超过 1.3 万人 / 平方公里，部分街道的人口更是密集，如鹭江、中华、厦港等街道仅户籍人口密度就超过 2 万人 / 平方公里，是岛外人口密度的 10 倍以上。尽管随着厦门跨岛发展战略的不断推进，"提升岛内、拓展岛外"的城市空间布局加快形成，但是人口空间合理布局进展缓慢，岛内居民对减少城市压力、改善生活品质的愿望强烈。

（2）人口素质仍需提高

2013 年，厦门市加大引进人才力度，先后出台了《厦门市高技能人才集聚暂行办法》、《厦门市建设区域性人才市场暂行办法》、《厦门市软件与信息服务业人才计划暂行办法》等，千方百计吸引紧缺人才。尽管如此，厦门依然存在城市人口素质不高的现状。目前，厦门市具有大学（大专以上）程度的人口占常住人口的比重，仍然落后广州市和杭州市等先进城市。尤其是在厦门实施购房入户期间，购房入户的人口中老人小孩占大部分，通过购房入户引进的人才极少，不利于厦门市的人口素质结构优化。2010 年，厦门市平均受教育年限为 10.03 年，在 15 个副省级城市居第 11 位。因此，提高厦门市人口素质是厦门市人口发展的重要内容，也是厦门市产业结构转型的重要手段。

（3）人口老龄化问题逐步显现

根据国际标准，当一个国家或地区 60 岁及以上人口所占比例达到 7%，就表示进入老龄化社会；达到 14%，就进入了老龄社会；达到 20%，进入了超老龄社会。厦门市常住人口中，60 岁及以上人口所占比例为 6.94%，因此尚未进入老龄化社会，但是如果从户籍人口看，厦门市已经进入老龄化社会。人口老龄化问题不仅是厦门人口发展面临的重要问题，而且是全国性问题。研究表明，2015 年以后我国将进入人口老龄化迅速发展时期。预测显示，2015—2035 年的 20 年时间里，中国老年人口比例将会增加一倍，达到 20%；此后一段时间，老年人口将占中国人口的五分之一到四分之一。因此，如何应对人口老龄化问题是厦门甚至全国各地人口发展的主要问题之一。

（4）人户分离现象比较突出

改革以前，城市内部不存在人户分离现象；改革以后，户口对居民生活的调节作用弱化，对人口迁移的阻碍作用不断降低，而身份证的作用却不断增大，人们凭借身份证就可以解决社会生活中碰到的大部分问题，这就为人户分离创造了条件。与此同时，经济持续快速的发展，城市不断进行改造扩张，商品房市场的发育与壮大，人们对改善居住条件的渴望和实际收入水平的不断提高，使得许多市民开始拥有几套住房，从而有机会离开自己的原居住地。

随着住房市场化进程的不断推进，厦门市户籍人口中人户分离比重也不断增加，2010 年人户分离人口数达到 215.12 万人，占总人口比重从"五普"的 43.52% 提高到"六普"的 60.92%，十年间增加 125.77 万人，增长 140.76%。

"人户分离"给厦门市的社会管理带来了诸多不利的影响。首先是给户口登记和人口统计工作带来了诸多负面影响，加大了工作难度，降低了准确性和人口统计的质量与利用效率，甚至可能会误导政府的决策，影响政府社会政策的制定和社会资源的配置。其次是给政府各职能部门的管理工作带来了诸多不便，在人口普查与人口管理、计划生育和育龄妇女管理、身份证管理、兵役登记和征兵工作、老龄福利、养老保险、社会救助和社区服务等等方面，由于信息不实、人户分离，带来各种工作不便，甚至影响到市民的实际福利水平。第三是给政法机关和公共安全部门进行社会管理带来麻烦，危及社会治安与公共安全。由于人户分离，导致当事人处于户籍地难以管理而居住地又不管的失控状态，特别是对一些违法犯罪高发人群和有严重精神障碍的特殊人群来说，没有有效的监控管理，可能会导致严重的社会后果，在急性传染病流传时期或疫情爆发时期尤其如此。

三、2014 年厦门人口发展环境分析

1. 计划生育政策调整，人口规模平稳增长

根据第六次人口普查数据，全国总人口为 1 370 536 875 人，其中内地人口 1 339 724 852 人，同第五次全国人口普查 2000 年 11 月 1 日零时的 1 265 825 048 人相比，十年共增加 73 899 804 人，增长 5.84%，年平均增长率为 0.57%。对比两次人口普查数据，可以看出当前我国人口增长模式已是三低态势，即低生育率、低死亡率、低增长率态势。

2013 年，十八届三中全会审议通过了《中共中央关于全面深化改革若干重大问题的决定》（下称《决定》，《决定》提出，坚持计划生育的基本国策，启动实施一方是独生子女的夫妇可生育两个孩子的政策，逐步调整完善生育政策，促进人口长期均衡发展。此举标志着中国逐步放开严控生育政策，向"放开二胎"过渡，这是我国进入 21 世纪以来生育政策的重大调整完善，是国家人口发展的重要战略决策。2014 年，地方政府陆续展开"单独两孩"政策的细节规划，各地具体政策有望在 2014 年实施。实行"单独二胎"政策将改变中国持续 20 余年的超低生育率，我国人口将稳步增长，这将使中国人口结构更为健康、完善。

2. 城镇化进程加速，人口结构转型优化

2013 年中国经济增速下滑，但是，这并没有导致对农民工的"挤出效应"。2013 年农村外出务工劳动力同比增长 3% 以上。另外，外出务工劳动力月均收入同比增长 10% 以上。从最近几年的发展趋势看，城镇新增就业岗位有逐渐增加的趋势。2009 年、2010 年、2011 年、2012 年城镇新增就业岗位分别达到了 1 102 万、1 168 万、1 221 万和 1 266 万个。近年来，由于积极推进人口城镇化和产业结构升级，实施城市带动农村、工业反哺农业的发展战略，人口城镇化率以每年超过 1 个百分点的速度增长。2013 年，我国城镇化水平超过 50%，按目前的增长速度，我国的城镇化水平估计到 2018 年将达到 60%。2014 年国家有关部门将继续采取多种措施和合理规划，引导农村富余劳动力向非农产业转移，努力改善农民进城务工环境，促进农村劳动力有序流动。

3. 加快户籍制度改革，人口实现身份转变

改革开放以来，随着我国工业化、城镇化快速推进，人口大量从农村向城市、从欠发达地区向发达地区聚集，人口流动迁移日趋活跃。受以现行户籍制度为基础的二元社会体制的制约，大量人口完成了地域转移而未实现身份转变，形成了规模庞大的流动人口。2011 年全国流动人口达到 2.3 亿人，占全国总人口的 17%。未来相当长一个时期，我国仍处于城镇化快速发展阶段，农村地区、欠发达地区的人口将继续向城市和发达地区转移，流动人口管理和服务将面临更为严峻的挑战。

加快户籍制度改革，是当前推动我国城镇化的关键一环，是促进经济发展方式转变、保持经济持续健康发展的迫切需要。2013 年十八届三中全会《关于全面深化改革若干重大问题的决定》要求创新人口管理，加快户籍制度改革，但目前我国户籍制度改革的整体进度仍然缓慢，难以满足经济社会发展的需求。

4. 老龄化日趋严重，人口红利逐渐消失

中国在过去的二三十年实现了经济飞跃式的增长，其中规模庞大而廉价的劳动力大军是中国经济实现快速增长的一大有利因素。根据第六次人口普查数据，截至 2010 年 11 月 1 日零时，我国 0～14 岁少年儿童人口 2.22 亿，占 16.6%，这个数据在 1987 年的时候是 28.7%，在 1995 年的时候是 26.6%；15～59 岁年龄人口为 9.4 亿，占总人口比重 70.14%，60 岁及以上老年人口总量增至 1.78 亿，人口老龄化水平达到 13.26%。同时，我国 10 年来人口增加了 7 390 万人，增长率为 5.84%，年平均增长 0.57%，比 1990 年到 2000 年的年平均增长率 1.07% 下降 0.5 个百分点。伴随着人口结构变化，坐享人口红利的时代在不久的将来将一去不复返：从 2000 年到 2010 年，我国劳动年龄人口只增加了 1%。越往近看，劳动人口增长速度就会越慢。我国每年春节期间总会有"民工荒"的出现，"民工荒"的背后，隐藏的是我国人口红利逐渐远去的事实。近几年，"用工荒"的范围已经不局限在长三角和珠三角等经济发达地区，开始向内陆蔓延，甚至在中西部的一些输出劳动力大省也出现了用工紧缺的现象。局部性的缺工现象逐渐演变成全局性的用工荒，劳动力充足的年代已经渐行渐远。另一方面，由于劳动人口的紧缺，各地不断上调最低工资标准，企业也不断上调工资福利吸引工人。根据有关估计，到 2030 年，中国超过 60 岁的人口比重将从现在的 8% 增加到 20%，到那时，退休人口数将占就

317

业人口数的 40% 以上，中国青壮年劳动力将在 2015 年达到零增长。因此，从长期看，中国人口中劳动人口比重将减少，"人口红利"的黄金时代正在远去，我国经济增长长期依靠的"持续增长的人口数量"以及"低廉的劳动力"这两大优势将不复存在。

5．增加教育投入，人口素质逐步提高

中国人口科学文化素质的总体水平还不高，主要表现在：一是人口粗文盲率大大高于发达国家 2% 以下的水平；二是大学粗入学率大大低于发达国家；三是平均受教育年限不仅低于发达国家的人均受教育水平，而且低于世界平均水平（11 年）。并且，城乡人口受教育程度存在明显差异。2004 年，城镇人均受教育年限为 9.43 年，乡村为 7 年；城镇文盲率为 4.91%，乡村为 10.71%。2014 年，国家将继续加大对教育，特别是农村教育的投入，注重农民工职业培训，注重实用技术的推广，培养专业技术人才，使我国从人口大国变成人力资源强国。

四、2014 年厦门市人口发展展望

2014 年，厦门将继续深入实施贯彻落实跨岛发展战略，加快实施美丽厦门战略规划，严控岛内人口增长，引导岛内人口向岛外聚集；在厦深铁路开通及厦漳泉同城化的大背景下，人口流动将更加频繁，厦门也将吸引更多周边城市人口来厦旅游、就业、居住。厦门将加大对岛外的投入，完善岛外教育、医疗、交通等基础设施及公共服务，提高岛外人口的吸附能力；此外厦门也将大力开发及宣传岛外旅游资源，分流岛内游客，缓解岛内假日拥堵情况；厦门也将继续完善各种人才激励政策，加强精神文明建设，提高人口素质。

五、2014 年对策建议

（一）加快岛外人口集聚

1．提高岛外人口吸附力

加快推进集美、海沧、同安、翔安四个新城的建设，合理确定各新城发展模式和开发强度，引导各新城之间开展分工与协作，从而统筹区域发展，高效配置资源，聚集新的产业，促进新城发展。通过税收、产业促进等政策为新城建设和产业与人口转移创造便利条件。

通过调整厦门中心城区原来的部分职能，积极引导非核心功能人口向新城转移。搬迁和改造传统工业，合理改造和利用现有设施，积极发展现代服务业及高新技术产业，改善地区整体环境；改善城市中心区的高效政务活动环境，完善文化中心功能，提高现代服务业水平、宜居水平，提升中心城的核心职能和城市综合竞争力，从而达到疏散中心城区人口的目的。

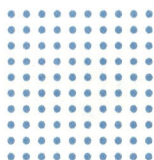

2. 引导城市功能向岛外转移

由于城市功能过多集中在厦门岛，造成了岛内外发展不平衡，前 20 年的绝大多数投资过多集中在厦门岛，岛内城市环境优美，公共设施配套完善，集中大部分优质教育、医疗等公共服务设施，而岛外的建设投资奇缺，城市基础设施薄弱，特别是农村环境较差，公共设施配套不足，优质公共资源紧缺，造成人口往岛内集聚，岛内人口密度高，岛外人口密度过低。

加大岛外基础设施建设投入，发展轨道交通；加大岛外公共服务的供给力度，加大人口公共服务提供力度是政府行政体制改革的趋势，更是提高人口素质、调控人口空间分布的重要手段。提供更加优质和均衡的人口公共服务，积极引导中心城公共服务设施的合理疏散，发挥公共投资导向性作用，促进城市空间结构的调整。大力推动教育、医院、商业、物流和公交场站等城市公共服务资源向岛外转移和延伸，促进城市功能、产业和人口向外疏散，在更大范围引导人口合理分布，缓解中心城区人口压力。进一步加大新城和产业功能区建设投资和政策支持力度，鼓励中心城区优质社会公共服务资源向岛外地区疏散，逐步形成区域副中心区。加强岛外新城的医疗卫生、文化、体育、教育、警务和社区等公益事业服务设施建设。

（二）促进人口素质提高

1. 通过调整产业结构优化人口素质

岛内以发展高端服务业、高新技术产业为主，根据产业发展方向，制定优惠政策，完善商务环境，有计划地通过产业聚才、项目引才、核心人才引才等方式，引进、集聚一批重点行业、重要领域、关键部门发展所需要的高层次人才，不断提高岛内人口的层次。

岛外主要发展先进制造业和战略性新兴产业，主要聚集加工制造业和战略性新兴产业人口。增强吸纳资金、技术、产业转移和人口集聚的能力，通过放宽户籍政策，提高福利待遇，大力吸引高素质人才来优化产业结构，加快工业化和城镇化步伐，使岛外逐步成为我市经济发展和聚集人口的空间载体。

2. 提高常住人口落户门槛

以鼓励产业健康发展和引进产业引导下的人才、提高劳动者素质、倡导公民守法为原则，以税收、居住年限、社会诚信、遵章守法为基本要素，制定常住人口入户积分制。提高投资入户门槛。投资入户门槛过低一方面造成部分低素质人员投资取得厦门常住户口，增加公共服务供给压力，另一方面不利于吸引大项目和高素质的人才，也加剧了岛内人口拥挤状况。因此，提高岛内投资入户门槛，如提高岛内一次性投资金额，有利于我市提高人口素质和优化产业结构。提高投靠入户准入门槛。设定合理的投靠入户门槛，制定量化管理办法，控制投靠入户人员数量。

（三）有序推进农民工市民化

有序推进农民工市民化是厦门市人口发展的重要内容，也是提高城镇化质量的重要举措。农业转移人口市民化要求完善的公共服务保障和合理的户籍制度安排。

1. 公共服务体制改革是农民工市民化的突破口

十八届三中全会指出，稳步推进城镇基本公共服务常住人口全覆盖。建立财政转移支付同农业转移人口市民化挂钩机制。子女教育、居住、医疗、养老保险和精神文化生活等五项公共服务要逐步由户籍人口向常住人口全覆盖。

学有所教，是农民工在城市稳定就业后选择是否落户城镇首先要考虑的因素。当前农民工子女的义务教育阶段政策已有突破并取得成效，但学前教育的供给不足和异地高考的限制，都阻碍了农民工市民化的进程。要逐步实现农民工子女学前教育等同市民待遇，将农民工随迁子女学前教育纳入输入地城镇学前教育发展规划；研究制定农民工子女异地参加中考、高考的办法。

住有所居，是促进农民工市民化的重要保障。农民工在城镇居住条件低劣，住房支付能力弱，严重影响了其生活质量，并成为他们融入城镇的最大障碍之一。将农民工住房问题与城镇居民住房问题一并纳入当地经济社会发展规划和住房建设规划，支持农民工通过租、购、集体宿舍等多种方式解决住房问题；建立和完善保障性住房体系，逐步将符合条件的农民工纳入覆盖范围，完善覆盖农民工的住房公积金制度，鼓励招用农民工数量较多的企业在依法取得的企业用地范围内建设农民工集体宿舍。

病有所医，是农民工是否留在城市考虑的重要因素。当前，农民工医疗卫生服务利用总体不足，医疗卫生资源配置不能适应农民工医疗卫生服务需求。因此，要坚持输入地管理，以农民工需求为导向优化卫生资源配置，方便农民工在城市务工期间就近就医和及时补偿，确保农民工同步地与其他居民享受大体一致的基本医疗卫生服务。

老有所养，是解决农民工留居城市后顾之忧的重要内容。养老保险，关系农民工年老后的基本生活来源，可为其提供稳定可靠的生活来源，但对于低收入的农民工而言，目前的养老保险缴费基数过高，相当于变相提高了费率，掩盖了低收入群体为什么参保率低的真相，阻碍了农民工市民化进程。根据马斯洛需求层次理论，农民工收入较低，首先考虑的是吃饭、子女教育、住房等基本需求，然后才会考虑养老保险等需求。缴费基数过高，是农民工参保意愿不强、参保率低的重要原因之一。要充分考虑农民工的实际情况，适时调整养老保险的缴费基数，首先解决广大农民工"参得起"保险的问题，然后才是提高参保率水平和提高享受待遇标准的问题。

精神文化生活是新生代农民工能否真正融入城市的重要因素。农民工在城市缺乏健康向上的精神文化生活，文化生活单调，形式简单。农民工精神文化工作缺乏总体规划，缺乏统一的政策和制度安排，党团组织建设和管理工作薄弱，广大农民工往往成为城市文化生活的旁观者和边缘人。与城市居民相比，农民工能够支配的闲暇时间很少，娱乐消费的时间就更少，收入水平低，农民工文化消费能力随之减弱。农民工的社交活动方式主要是一种地缘性、亲缘性的关系，业缘性关系较弱，与城市居民的交往更弱，这使农民工难以融入城市居民之中。因此，要丰富农民工精神文化生活，创新和加强农民工基层党团和工会、妇联组织管理，充分发挥社会组织服务农民工的积极作用。

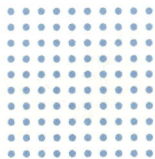

2. 户籍制度改革是使农民工市民化的重要保障

中央城镇化工作会议提出，全面放开建制镇和小城市落户限制，有序开放中等城市落户限制，合理确定大城市落户条件，严格控制特大城市人口规模。一方面，厦门目前已经试点居住证管理制度，建议加快实施统一的居住证制度，实现户籍制度和居住证制度的有效衔接，并努力实现城镇基本公共服务依据居住证向常住人口全覆盖。另一方面，厦门市可以借鉴广州市的农民工积分入户政策。积分入户政策不仅是科学化和规范化管理农民工的重要手段，而且有助于增强农民工的归属感和积极性。

（四）创新人口服务管理模式

1. 科学引导人口迁移流动，完善人口居住管理手段

适应统筹区域和岛内外一体化发展的形势，加快推进多层次流动人口服务管理机制创新，在流动人口相对聚集的街（乡）、社区（村），逐步探索实施流动人口基本公共服务均等化促进工程，实行"市民化服务、常住化管理"，把流动人口对就业服务、技能培训、社会保障和义务教育等方面的需求纳入城市公共服务范围。

加强人口引导的区域合作，在同城化合作中，搭建人口区域流动的监管和引导合作平台，推动人口在厦漳泉区域内合理迁移和流动。

完善人口居住管理模式，创新人口居住管理体制。尽快实施人口居住证制度，对居住证持有者实行统一的"居住地管理"模式，居住证将包含所有对外来人口进行管理的信息，如医疗、社会保障、子女入学、个人培训、信息提供等。同时加强对住房信息的监管，完善流动人员信息及时登记制度。

2. 完善人口综合管理体制，建立人口发展协调机制

人口调控问题牵涉面广，涉及的管理部门和单位多，部门间职能、职责交叉，靠一个部门难以单独完成调控目标。建议在市级层面完善人口综合管理体制，建立人口发展协调机制，由市政府领导牵头，发展改革委、公安局、规划局、人口计生委、建设局、人力资源与社会保障局、经济发展局等市政府相关部门参加，统筹规划实施厦门人口调控工作，做到长期有战略，中期有规划，年度有计划。对流动人口逐年加速增长情况，市政府要高度重视，研究具体应对措施。统筹人口发展战略研究，做到既有权威性，又有全面性，努力实现我市人口和经济、社会、资源、环境协调发展。

3. 构建人口信息共享平台，健全人口动态预警机制

加强全市人口信息化及其共享机制建设，明确各部门和各级政府在人口信息化中的工作责任、工作重点以及工作机制。加强人口信息化的跨部门协作机制，强化公安、流动人口管理、人口计生、人力资源和社会保障、民政和卫生等部门在人口信息化方面的合作。扩大人口信息化建设的主体，进一步丰富人口信息化的内容，提高人口信息化建设在全市信息化建设中的战略地位。整合人口信息资源，建设权威、准确、共享的全员人口信息管理系统，实现政府各部门对人口信息资源的按需共享。

（五）积极应对人口老龄化

1. 加强老人护理体系建设

政府是第一责任主体，政府需要肩负起基础设施建设、服务体系建设、文化伦理建设的三大责任。政府有责任了解老年人和家庭的需求及其变化，进行养老服务体系的建设。在快速的人口转变背景下，全球社会正在从核心家庭的老年照护转向专业机构的老年照护。政府要努力打造有强大公共财政支持、有强大质量监督体系、家庭化、有品质的老年护理体系。机构养老不仅仅是养老地点的选择，更重要的是有养老服务品质的保障。社会化养老供不应求，由此提出了一个加快机构养老服务体系建设的重大任务。

2. 鼓励老人的再社会化

共建、共融、共享是构筑和谐老龄化社会的重要原则。老年人的再就业是他们的基本权利。在市场经济条件下，如果年轻人竞争不过老年人，说明老年人依然有价值可以创造，或者说有些岗位是适合老年人的，老年人就业有拾遗补缺的作用。鼓励老年人的再社会化和社会参与，实现健康老龄化、积极老龄化以及和谐老龄化，就可以收获"人口转型红利"或者说"老年人口红利"。政府要为老年人的社会参与创造良好的政策环境和社会环境。全社会都要树立"积极的老龄观"。在实际生活中，老年人再就业不是多了，而是少了，大批健康老年人处在赋闲状态。老年人再就业有利于社会发展，即使有"与年轻人争饭碗"现象也符合市场法则。

3. 加强社区组织在养老服务中的重要角色

无论是单位、集体还是社区，组织都是老年人另一个"家"。它们直接面对老年人和家庭，是需求与服务的桥梁，其主要职责是帮扶、关怀和服务。厦门市需要培育无数个服务老年人的组织并形成致密的体系。居家养老不能没有社区为老服务。社区组织在居家养老服务方面扮演了重要的角色。

参考文献：

［1］华侨大学城市建设与经济发展研究院. 厦门城市人口规模控制与产业选择［R］, 2013.

［2］曾红颖等. 基本公共服务均等化标准与阶段性目标研究［M］. 中国计划出版社.2013 年.

［3］厦门市民政局. 厦门市基层社会管理创新调研材料.2013.

［4］新中国人口政策回顾与展望［EB］. 中国网.2011 年 5 月 30 日.

［5］中华人民共和国人口与计划生育法［EB］. 中国网.2011 年 5 月 30 日.

［6］美国洛杉矶时报：老龄化威胁着中国财富. 凤凰网.2009 年 7 月 7 日.

［7］加快建设美丽厦门 中共厦门市委全面深化改革的决定［EB］. 厦门网.2013 年 12 月.

［8］易富贤. 人口政策应及时调整［J］. 南方周末期刊.2012 年 10 月.

［9］曾婕. 论中国现行人口政策的调整［J］. 中国商界.2010 年 11 月.

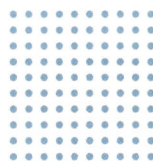

［10］田香兰.日本人口减少及老龄化对综合国力的影响［J］.日本学刊.2011 年第 5 期.

［11］国家人力资源和社会保障部. 2011 年度人力资源和社会保障事业发展统计公报［EB］. 2012.

课 题 组 长：陈燕霞

课题组成员：饶伟杉　姚厚忠　谢　强　龚小玮

课 题 执 笔：陈燕霞　饶伟杉

第三节　生态环境建设

一、2013 年厦门市生态环境建设情况

（一）发展情况

1. 生态功能区建设

（1）生态功能区划编修

根据《厦门生态市建设规划实施纲要（2011—2020 年）》对厦门生态功能区的修正，厦门生态功能分区由原本的生态源保护区、生态旅游与安全保护区、商贸生活和港口生态服务区、生态工业园服务区和生态农渔养殖服务区 5 个一级功能分区改变为 4 个生态功能区。分别为：生态城市建设型生态功能区、城乡协调建设与工业环境生态功能区、低山丘陵水源涵养与生态林保护生态功能区和海洋生态保护与旅游景观生态功能区。

（2）生态文明制度完善

一是厦门扎实推进生态市创建。2013 年 1 月厦门成立生态创建领导小组，并于 4 月 28 日经市人大常委会审议通过由市环保局组织修订的《厦门生态市建设规划实施纲要（2011—2020 年）》。制定下发《厦门国家级生态市创建工作计划任务分解方案》，将生态市建设的创建指标、年度目标、工作任务和重点项目细化分解至各区、各部门。2013 年厦门全市 14 个镇（街）中，已经有翔安区大嶝街道和新圩镇、同安区汀溪镇和莲花镇等 4 个镇（街）通过了国家级生态镇命名；翔安区内厝镇等 10 个镇通过国家级生态镇考核现场验收，全市 80% 的县、区达到国家级生态县（区）考核标准并命名。二是生态文明立法。作为全国首个以行政区域进行生态文明建设立法的城市，厦门坚持环保主导，编制完成《厦门经济特区生态保护条例》(草案)，包含了自然生态系统保护、人工生态系统保护等方面的条

款。三是编制生态文明建设规划。环保局启动《美丽厦门环境总体规划暨生态文明建设示范市规划》编制工作，进一步明确生态文明建设的架构策略、职能责任、任务指标、目标体系、保障制度和奖惩条例等。四是研究制定生态文明建设考核办法。突出建设美丽中国典范城市"资源节约、环境友好、创新驱动、社会和美"，组织研究市直部门、各区党委、政府生态文明建设和环境保护工作考核办法，将生态文明纳入经济社会发展评价体系，为全面实施"美丽厦门共同缔造"发展战略打好基础。

（3）生态红线管控严格

建立生态红线管控制度，《厦门经济特区生态文明建设条例（草案）》（即将通过审议）规定生态红线划定原则，将以下五个区域纳入生态红线：①一级饮用水源保护区、水土流失重点预防区和重点治理区、洪水调蓄区、维护生态系统完整性的生态廊道和绿地等重要生态功能区；②海拔 50 米以上的山地或林地、水陆交界生态脆弱带等生态敏感区或脆弱区；③自然保护区、评估认定需要保护的无居民海岛等生物多样性保护区；④海洋保护区、重要滨海湿地、重要河口、重要砂质岸线等区域；⑤其他具有重要生态保护价值的区域。禁止在生态红线范围内从事与生态保护、改善无关的项目开发活动，以及其他可能破坏生态环境的活动。一旦违反将由城管部门责令停止违法行为，限期整改、恢复原状，并处 10 万元以上 50 万元以下的罚款。

（4）污染防治和生态保护工程实施

一是主要污染物减排取得阶段进展。厦门市认真实施 2013 年度减排计划，制定了区政府及企业减排工作考核和奖励办法，环保局定期召开减排工作调度会，不定期抽查各区减排项目完成情况，采取结构、工程、管理"三大"减排措施，全力推进减排工作。积极研究规模化畜禽养殖污染治理对策，制定完成鼓励黄标车提前淘汰方案。经核查核算，上半年全市 SO_2 和 NO_x 按进度完成减排任务，COD 和 NH^3N 总量超标，预计年底完成二氧化硫削减 6%，氮氧化物削减 0.2%、化学需氧量削减 0.2%，氨氮削减 0.2% 的减排目标。二是严格依法审批建设项目环评。严格执行环保部和省环保厅关于建设项目环保管理的有关规定，依法进行审批工作。2013 年以来，环保局建设项目环境影响评价率 100%。三是集中力量实施清洁空气行动。为贯彻落实国家环境空气质量新标准，保持厦门市空气质量优势，市环保局组织编制和实施《厦门市重点区域大气污染防治"十二五"规划》和《厦门市清洁空气行动计划》，重点整治工业废气、机动车尾气和扬尘等污染。初步制定《厦门市锅炉（工业窑炉）废气污染专项整治方案》，委托中科院研究提出污染整治工作思路，力求减少全市燃煤、重油锅炉废气污染；制定《厦门市高污染车辆（黄标车）淘汰方案》，并积极推动扩大无标、黄标车限行范围，加大高污染车辆淘汰力度；实施加油站、储油库、油罐车油气污染治理工作；开展挥发性有机污染物治理，完成前期初步调研，初步确定我市 2014 年挥发性有机污染物专项整治第一批试点企业名单；开展空气监测点位优化调整工作。

（5）农村环境综合整治推进

落实"以奖促治"、"以奖代补"政策，申报和实施农村环境连片整治项目。积极配合"菜篮子"工程建设工作和厦门市食品安全工作，推进畜禽养殖加工一体化，开展"菜篮子"基地土壤环境监测。

（6）环境监管能力体系建设加强

一是重金属污染防治全面加快。制定并实施了 2013 年度重金属污染综合防治实施方案。实行定期调度制度，组织对全市电镀企业的整治情况进行现场督查和拍摄影像资料，实时掌握每家企业整治

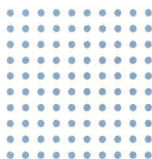

进展。二是环境安全管理工作加强。开展各区环境安全检查活动督查,实地检查 13 家重点环境风险企业的环境安全情况,进一步加强企业环境安全的主体责任意识。制定环境应急工作相关规范,让各项环境应急管理工作有规可依。组织应急管理培训,提高环境应急管理人员业务水平。建立环境应急专家库,为科学处置突发环境事件提供有力的技术支撑。三是积极推进强制性清洁生产审核和验收工作。四是加强固体废物全过程管理。进一步加强危险废物转移审批,严格废物进口初审。对固体(危险)废物重点监控企业单位实行动态管理。加强在电器电子产品生产、无害化处置利用、去向等方面的全过程监控,提高对电子行业的环保管理水平。五是强化辐射安全监管。开展核与辐射日常监督检查,辐射工作单位管理水平得到提高。加强环保系统辐射能力建设,完成电磁辐射监测设备项目经费申报并获批。通过组织辐射监察、监测人员开展检查、组织人员参加培训,提高队伍监督管理工作水平;邀请专家参与辐射监管技术工作,初步建立利用外脑服务管理的新模式;辐射能力建设得到了加强。

2. 生态廊道建设

(1) 改善水域质量

饮用水方面:持续落实与九龙江上游地市联合巡查、联合监测、联合治理的"三联合"制度,协调保障九龙江原水水质;召开三市政府座谈会,研究建立完善九龙江流域水环境综合治理机制,完成九龙江厦、漳考核交界断面划定,促进流域生态补偿机制建立;加强饮用水水源巡查、监测及预警,强化水源安全和应急防范,配合省环保厅对福建省河流型集中式饮用水源地环保专项执法检查工作。

流域整治方面:开展岛外流域水环境综合治理督查、督办工作,大力促进岛外溪流综合治理。开展了以污水管网建设、石材行业污染整治、禁养区畜禽养殖关闭、农村生活污水处理、岛外地区机砖厂整治为范围的重点流域水环境综合整治重点项目专项督查,开展生态省建设项目检查,有力地促进了岛外各区流域水环境综合整治工作。

(2) 形成生态安全格局

自然保护区的管理完善。加强自然保护区现场管理,增加巡查力度,确保鹭鸟正常繁殖。开展鹭鸟的科学研究和生态监测,为保护区的可持续发展和科学决策提供科学依据。在大屿岛滩涂上种植红树林植物,丰富生物多样性。

3. 绿道慢行建设

完成《厦门市绿道与慢行系统总体规划方案》以及《厦门绿道标识标牌系统设计》,并依托现有公园和绿地,有序推进一批绿道和慢行系统建设,进一步提升城市环境。海沧湖、海沧湾绿道、老铁路文化公园、筼筜湖步行系统提升工程、松柏湖步行系统、翔安香山慢行系统等正在推进建设。同时各区积极建设、改造、提升了一批居民小公园小绿地,改善了群众房前屋后的绿化环境。

4. 蓝色海洋建设

(1) 厦门国家级海洋生态文明示范区建设推进

2013 年厦门市被国家海洋局确定为首批国家级海洋生态文明建设示范区,一批海、湾、岸、岛、滩生态修复和保护工程加快推进。积极开展沙滩修复和国家海洋公园建设,环保局组织编制《厦门国家级海洋公园建设总体规划》，建成 6.2 公里的人工沙滩工程；厦门国家级海洋公园能力建设与生态修复项目，已获国家海洋局批准。

（2）海域综合整治工程积极进行

深入开展海域的综合整治。海堤开口加快推进，完成集杏海堤开口 330 米的建设。马銮海堤开口 240 米的破堤建闸主体工程已基本完成。海域清淤整治取得新进展，针对清淤工作的实际问题，优化清淤方案，目前已完成对海沧湾海域、高集、集杏海堤开口东侧、同安湾北侧等海域累计清淤 1.35 亿立方米，扩大了纳潮量，增强了水交换能力。

（3）开展典型生态系统修复

大力开展典型生态的修复。开展红树林生态系统的重建，完成下潭尾湿地公园一期项目建设，总面积 115 公顷，建有红树林人工滩涂岛 5 个，面积 47.4 公顷，滩涂整治面积 15.5 公顷，种植红树林共 42.8 公顷。着力推进白海豚的救助和人工繁育，编制并实施《厦门中华白海豚研究计划》，目前继续抓好该救助繁育基地的完善工程。

（二）存在的问题

1. 生态功能区建设存在的问题

（1）主要污染减排任务艰巨

厦门市"十二五"期间经济总量的增长，仍需依靠工业的大力发展，产业结构升级，以及服务业的发展，到 2015 年年底，生产总值和工业总产值将分别达到 4 200 亿元、7 300 亿元，全市污染物排放量将有较大幅度增长。要改善厦门的环境质量和完成省政府下达的主要污染物减排任务，厦门市不仅要把"十二五"期间产生的污染物增量全部削减，而且要削减历史上产生的污染物存量，而在"十一五"期间厦门市通过工程减排已经建成了主要污染源的减排设施，可以挖潜的空间不大。

（2）环境质量改善压力较大

高楼日益密集导致城市大气污染物扩散能力下降，而工业生产规模翻番、机动车快速增长和城市建设快速推进，带来二氧化硫、氮氧化物、细小颗粒物等污染物大幅增加，大气空气质量改善的难度加大。

（3）环境监管能力建设不足

与新时期厦门环境保护任务、公众环境需求的增长相比，现有的环境综合管理机制、行政执法手段和环境监管能力建设远不能满足环境综合管理、污染源管理、环境监测、环境宣传教育等工作的需要，环境监测、环境监察、环境信息等能力建设未能达到国家环境监管能力标准化建设的要求。排污企业环境行为信息公开和公众参与机制尚未健全，公众参与渠道不畅、能力不强。

2. 生态廊道建设存在的问题

（1）水资源供给面临较大压力

根据厦门市"十二五"经济和人口发展规模，在现有供水水平条件下，到"十二五"末，全市在保证率 75% 枯水年份将缺水 5 498 万 m^3，占相应需水量的 7.3%，保证率 95% 特枯年份将缺水 8 500 万 m^3，

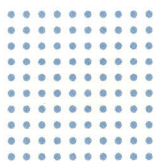

占相应需水量的10.8%，主要缺水区域为同安区和翔安区。

（2）水体质量改善需要较长周期

近年来我市持续加大水环境整治力度，并编制完成十条溪流污染治理和景观规划，陆续实施。但由于历史欠账多，水质改善需要的周期长，城市环境基础设施正在完善，地表水体水质还有较长的改善周期。

3. 绿道慢行建设存在的问题

部分区域征地拆迁滞后，影响绿色慢行步道的建设进度。

4. 蓝色海洋建设存在的问题

海洋生态保护压力依然较大。厦门海域受海湾围填后纳潮量减少的影响，海域淤积较严重，一些岸线、港湾、港汊受到破坏；厦门地处九龙江口，近岸海域内湾众多，在海岸工程的累积影响下，海域水动力进一步减弱，消纳污染的能力下降。"十二五"期间，厦门市水污染物排放增加将使地表水和近岸海域环境问题更加突出，九龙江污染输入也对厦门近岸海域水环境改善带来巨大压力；文昌鱼、白海豚、自然红树林湿地、沙滩等典型生态系统出现退化，有效保护岸线和海域生态环境力度仍需加强。

二、2014年厦门生态环境建设环境分析

（一）国际发展环境

良好的城市生态环境，是社会经济发展与社会文明发达的标志，因此，加强城市生态环境建设，重视城市的可持续发展，已成为当今世界各国当务之急。

1. 全球生态环境不断恶化

世界城市面积只占陆地面积的2%，却居住着地球一半左右的人口，耗用全球生活用水量的65%，工业木材总用量的78%，排放二氧化碳占全球排放总量的81%。目前世界城市人口的2/3以上居住在发展中国家，其中贫困人口约15亿，这其中至少有6亿人无足够住房，11亿人呼吸不到新鲜空气，因饮水不洁每年死亡约1 000万人，生活条件日趋恶化，不安全因素加剧。

2. 全球城市发展面临转型

降低人口增长率、提高生产率、减少环境污染、循环利用资源、建立城市网络等五大任务将成为全球城市的共同责任。当代世界城市发展的主流是，不仅着眼城市的生态环境等外在的视觉形象，更注重城市的绿色文明、绿色经济、绿色生态等丰富内涵，体现人类可持续发展的理念。同时发展城市循环经济是实现可持续发展的另一个重要途径，也是保护环境和削减污染的根本手段。

3.国际兴起低碳发展浪潮

近年来，低碳发展成为国际共识和世界潮流。全球各国都在不断增强对气候变化和环境问题的重视程度。2007 年 3 月，欧盟首脑会议决定，到 2020 年碳排放水平要比 1990 年降低 20%～30%；同年 4 月，联合国安理会把气候变化列为涉及国际安全的辩论议题；中国环境与发展国际合作委员会召开低碳经济和能源与环境政策研讨会；2007 年 9 月，联合国大会以及亚太经合组织（APEC）会议把全球气候变化作为重要议题；2007 年 12 月空前规模的联合国气候大会在印尼巴厘岛召开，旨在为 2012 年以后控制温室气体制定《巴厘路线图》。2008 年 7 月，八国集团领导人在其首脑会议上就长期减排目标达成一致。2008 年 12 月，《气候公约》第 15 次缔约大会在哥本哈根举行；2010 年 11 月，《气候公约》第 16 次缔约方大会在坎昆举行。与此同时，各国政府纷纷制定政策法规，通过完善低碳政策法规体系，运用碳排放交易等市场手段，构建绿色财税体系，提高能效等监管标准，鼓励发展可再生能源，增加低碳技术研发投入，制定法定减排指标等方式应对气候变化，促进低碳发展，加强生态建设。

（二）国内发展环境

随着生态环境建设理念的不断深入，中国已经有越来越多的城市以转变发展方式和调整经济结构为主线，以采用低碳发展模式和建设生态城市为手段，来实现中国经济社会的转型发展和健康发展。

1.国内城市生态环境总体恶化

我国生态环境的基本状况是：总体在恶化，局部在改善，治理能力远远赶不上破坏速度，生态赤字逐渐扩大。一是城市空气质量明显下降。《中国环境状况公报》显示，按环境空气质量新标准评价，空气质量达标城市比例仅为 23.9%，污染状况十分严重。二是城市缺水情况严重，水资源污染问题突出。全国约有 333 个城市存在不同程度的缺水。局部地区地下水水质指数严重超标，大量城市污水未经处理直接排入水域，全国 90% 以上的城市水域受到不同程度的污染，水环境普遍恶化。三是城市垃圾集聚增加，垃圾处理现状不容乐观。

2.国家支持低碳生态城市建设

（1）生态城市方面。2000 年，国务院颁发《全国生态环境保护纲要》，明确提出要大力推进生态省、生态市、生态县和环境优美乡镇的建设。2003 年 5 月，国家环保局发布《生态县、市、省建设指标（试行）》，根据可持续发展三大支柱的内涵，从经济发展、生态环境保护、社会进步三个方面制定了生态省、生态市和生态县建设指标体系，对生态城市建设的评价标准做出了比较明确的规定。2006年，先后制定了《全国生态县、生态市创建工作考核方案（试行）》和《国家生态县、生态市考核验收程序》，对生态城市建设、验收、评价、考核等工作提供了具体的考查标准和有力的政策指导。2011年住建部发布了《住房和城乡建设部低碳生态试点城（镇）申报管理暂行办法》。

（2）低碳城市方面。中国政府决定到 2020 年全国单位国内生产总值二氧化碳排放比 2005 年下降 40%～45%，作为约束性指标纳入"十二五"及其后的国民经济和社会发展中长期规划，并制定相应的国内统计、监测、考核办法加以落实。中国还将通过大力发展可再生能源、积极推进核电建设

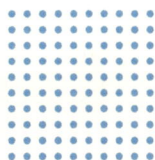

等行动，到 2020 年使非化石能源占一次能源消费的比重达到 15% 左右。国务院明确要求，把应对气候变化纳入"十二五"规划，并提出新的强制性指标。《中国应对气候变化国家方案》于 2007 年颁布，各省区也有相应方案。2010 年 7 月，国家发改委发布了《关于开展低碳省区和低碳城市试点工作的通知》，将五省八市（广东、辽宁、湖北、陕西、云南 5 省和天津、重庆、深圳、厦门、杭州、南昌、贵阳、保定 8 市）列为低碳试点地区，进行低碳经济发展先行先试的工作。2011 年 1 月，国家应对气候变化规划编制启动会议召开，研究部署规划编制有关工作。2011 年，是中国"十二五"规划的开局之年，大力发展低碳经济，培育壮大节能环保、新能源等以低碳为特征的战略性新兴产业成为"十二五"期间的发展重点。2012 年国家明确要求推进国内碳排放交易市场建设，进一步开展碳排放和排污权交易试点，积极引导北京、天津、上海、重庆、广东、湖北和深圳碳排放权交易试点省市稳步推进试点工作，2013 年年底在试点省市启动碳交易市场，力争 2015 年建成全国性市场。

3. 各地开展生态城市建设

保定启动了"中国电谷"建设工程、"太阳能之城"建设工程、城市生态环境建设工程、办公大楼低碳化运行示范工程、低碳化社区示范工程、低碳化城市交通体系整合工程等六项重点工程，打造新型低碳城市。上海努力发展可再生能源，提高传统能源效率，划定了崇明生态岛、临港新城和虹桥商务区三个区域为低碳示范区，推进低碳实践。杭州出台 50 条"低碳新政"，着力推进"六位一体"的低碳城市建设，即培育低碳产业，打造低碳经济；推进建筑节能，打造低碳建筑；倡导绿色出行，打造低碳交通；倡导绿色消费，打造低碳生活；加强生态建设，打造低碳环境；变革城市管理，打造低碳社会。江苏无锡则致力于建立六个低碳体系，即低碳法规体系、低碳产业体系、低碳城市建设体系、低碳交通与物流体系、低碳生活与文化体系、碳汇吸收与利用体系，并重点发展低碳农业、碳汇、低碳产业、低碳交通、低碳建筑、低碳消费等领域。由此可见，"低碳生态"正在成为我国城市发展的新方向，引领着国内城市建设的潮流，低碳城市建设也已成为许多地方政府工作的重中之重。

（三）厦门发展环境

1. 具备较好的生态政策环境

（1）生态城市建设方面。"十一五"时期，厦门市就形成了《厦门生态市建设规划》，编制并批准了《厦门市生态功能区划》，提出了建设生态型城市的目标和任务，合理划分生态功能区，正确引导产业布局，逐步形成了生态城市建设理念，并大力开展生态建设。"十二五"时期，厦门提出"到 2015 年，生态文明建设位居全国前列，环境质量位居全省前列"的目标。并在 2013 年制定了《厦门生态市建设规划实施纲要（2011—2020 年）》。

（2）低碳城市建设方面。2011 年成立厦门市低碳城市试点工作领导小组，由市委于伟国书记担任领导小组组长。在市发改委设立相关专职机构。制定 2011 年低碳城市试点行动计划，由市政府发文分解下达责任部门实施，按季度检查落实，并向市委市政府专报进展情况。成立"厦门市碳和排放权交易中心"，完成厦门市碳交易中心组建任务，推动低碳城市市场机制建设。已制订如下规划：

①总体规划。《厦门市低碳城市建设规划方案》、《厦门市"十二五"低碳经济发展专项规划》、

《厦门市低碳城市试点工作实施方案》。

②专项规划。《"十二五"能源发展规划与节能专项规划》。

③产业园规划。《厦门市科技创新园低碳生态规划研究》、《翔安低碳产业园规划》。

④低碳新城规划。新城公建设施率先采用节能模式，规划建设慢行交通系统，推广使用太阳能、水源热泵等可再生能源。完成集美新城（14 平方公里）低碳生态指标体系与土地控制指引及翔安南部新城起步区。编制完成《厦门市绿色建筑与可再生能源建筑应用"十二五"专项规划》。

⑤低碳交通规划。《厦门市低碳交通试点城市建设规划》。

2. 具备较好的生态基础条件

经济社会发展素质良好。2013 年厦门地区生产总值 2 817.07 亿元，建特区以来年均增长约 18%；人均 GDP 超过 1 万美元，居全国副省级城市前列；三次产业结构为 0.9：48.77：50.33，服务业发展迅速；生态环境较优，荣获国家卫生城市、国家环境保护模范城市、联合国人居奖、全国文明城市、2011 年获评"2011 年度中国十大低碳城市"等荣誉，基本实现经济社会、人口与资源环境全面协调可持续发展。

3. 大力推进《美丽厦门战略规划》

2013 年 8 月，厦门制定《美丽厦门战略规划》，这一战略规划共涵盖"美丽厦门"的过去现在、愿景目标、发展战略、行动规划、共同缔造五个方面。提出建设"国际知名的花园城市"、"美丽中国的典范城市"、"两岸交流的窗口城市"、"闽南地区的中心城市"、"温馨包容的幸福城市"等"五个城市"的发展目标；以及大山海城市战略、大海湾城市战略、大花园城市战略"三大发展战略"；"十大行动计划"、建设美丽厦门要"共同缔造"等。制订"生态优美三年行动计划"，围绕建设国际知名的花园城市目标，着力提升生态环境，把厦门建设成为生态文明高度发展的典范城市。实施生态功能区建设工程、生态廊道建设工程、绿道慢行建设工程、蓝色海洋建设工程。美丽厦门规划的制订为厦门生态环保建设提供了有力指导。

三、2014 年厦门生态环境建设展望

2014 年生态环境建设将成为世界潮流。许多发达国家围绕绿色发展进行科技创新和科技储备，大力发展绿色经济，加快生态环境建设，积极推广应用低碳技术，促进绿色转型，为厦门进一步学习借鉴发达国家先进经验、更高标准推动生态文明建设提供了有利条件。

生态环境成为最基本的民生。建设"天蓝、地绿、水净、景秀"的美丽中国，是"中国梦"的重要篇章，是全社会的共同向往和追求。"美丽中国"的愿景深入人心，人民群众参与生态文明建设的热情不断高涨，并将凝聚成强大力量，为推进生态文明建设奠定强大的社会基础。

2014 年厦门生态环境建设将继续以科学发展观为指导，切实保障生态安全，着力提升环境质量，全面推进资源节约型和环境友好型社会建设，深入创建国家森林城市、国家生态园林城市、国家生态旅游示范市、国家海洋生态文明示范市、国家生态市和国家生态文明建设示范市，努力缔造天蓝地绿

水净的优美宜居人文环境，把厦门建设成为生态文明高度发展的美丽中国典范城市。

2014 年厦门生态环境建设将会朝着生态文明建设位居全国前列，环境质量位居全省前列的目标前进：主要污染物排放得到有效控制，饮用水安全得到有效保障，空气、水、声环境质量达到环境功能区的要求，工业固体废物和生活垃圾得到妥善处置，农村环境保护工作得到加强，环境法规、政策体系进一步完善，环境监督管理能力和环境监管水平进一步提高，环境科技创新能力得到加强，环保能力建设满足国家标准化建设要求，群众反映强烈的突出环境问题得到解决，生态环境更加优良，生活质量不断提高，城市人居环境达到国内一流水平。

四、2014 年对策建议

（一）健全体制机制

1. 加强法规建设

立足厦门实际情况，结合生态环境建设的战略目标，抓紧制定和修订有关污染防治、循环经济、节能、节水、资源综合利用、保护生态红线、生态补偿、绿色消费等地方性法规、规章，研究出台促进生态文明建设的条例。研究建立地方环境标准，实行最严格的环境准入标准，实施最严格的环境保护措施，清理修订与生态文明建设相冲突或不利于生态文明建设的地方性法规、规章和规范性文件。通过健全法律法规体系，促进绿色发展、资源节约和环境保护，将生态文明建设纳入法制化轨道。

2. 严格执法监管

坚持依法行政，加大对环境违法行为的监督和处罚力度。实现生态环境的"刚性制度、铁腕执法"，严厉打击污染环境、浪费资源、破坏生态等违法犯罪行为，做到有法必依、违法必究、执法必严。加强部门协作，建立健全住建、经信、发改、环保、国土、水利、规划和农林等多部门联合执法机制。强化环保与法院、检察院、公安等部门联动配合，建立环境污染违法犯罪情报信息共享平台，推动生态环保案件专业化审理，联手打击各类环境污染违法犯罪行为。完善环境问责制度，对严重破坏生态环境、造成环境事故的责任主体，实行严格问责，直至追究法律责任。完善行政执法监督机制，加强人大法律监督、政协民主监督，充分发挥新闻舆论和社会公众的监督作用。切实解决发生在群众身边的环境问题，坚决维护公众的环境权益。

（二）加大生态保护资金投入

1. 健全多元化投入机制

强化政府投入对生态环境建设的引导作用，市、区政府将生态文明建设列为公共财政支出重点，不断加大投入，确保财政用于生态文明建设支出增长高于经济增长幅度。整合生态文明建设相关专项资金，发挥财政资金使用效率，重点支持产业绿色转型发展、节能减排、污染防治、生态保护和环境基础设施建设等。积极利用市场机制，支持民间资本广泛参与生态文明建设，形成政府引导、市场运作、社会参与的多元化投资机制。

2．推进环境资源税费改革

建立污染物排放许可有偿使用和交易制度，推进排污权有偿使用和交易试点工作。积极争取国家、省对厦门生态环境建设的税收政策支持。建立碳排放权配额管理制度，继续开展碳排放交易试点，建立区域碳排放交易系统，加强碳排放总量控制。实行差别化排污收费政策，适当提高污染物排污收费标准和重污染行业污水处理费征收标准。严格执行城镇污水处理收费政策，尽快开征郊区街镇污水处理费用。完善垃圾处理收费制度，探索政府购买服务的市场化模式，开展垃圾收运和清扫保洁工作。规范污水、垃圾等收集处置费的征收与使用，严格专款专用。扩大环境污染责任保险试点范围，建立健全环境风险防范和污染事故理赔机制。

（三）推进节能减排工作

1．强化重点产业节能

以分布式能源、热电联产、新能源汽车供能（电力、天然气等）设施、智能电网为重点，推动供能方式变革。以电力、化工、钢铁、建材等行业为重点，加快节能新技术、新产品和新装备的应用推广。以工业企业和交通运输企业、宾馆、饭店、商贸企业及高校等用能大户为重点，开展节能活动。以电机、窑炉、锅炉、变压器等用能设备为重点，加快设备淘汰更新。推广应用先进的煤炭清洁高效利用技术和工艺，提高煤炭资源的综合利用水平。大力推行合同能源管理，逐户开展能源审计。

2．发展利用清洁能源

加快天然气基础设施建设，提高电力行业使用天然气等清洁能源的比重。推广太阳能光伏、水源热泵技术以及分布式能源与热电联供的应用。推动太阳能光热利用、光伏发电协同发展和规模化发展，建设一批示范工程。

3．主要污染物减排

强化全市减排工作的指导、协调和调度，完善主要污染物减排激励和约束政策机制。实施"结构、管理、工程"三大减排措施，继续淘汰落后产能和工艺，加大电力、玻璃、造纸、印染和重金属等重点减排项目的实施力度；畜禽养殖业全面实施雨污分流、干清粪、废弃物综合利用、废水综合治理达标（综合利用）的全过程污染综合治理；积极推进老旧机动车淘汰和油品升级；推进岛内外重点片区污水管网和城镇污水处理厂加快建设。完善减排监控体系，对重点污染企业实行全过程自动在线监控和第三方运营；严格污染源在线监测有效性审核。

4．提高社会节能水平

深入推进建筑节能。新建建筑设计、施工全过程执行节能标准，推进建筑能效测评标识工作，逐

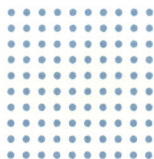

步推行建筑能耗限额管理。大力推广可再生能源在建筑中的应用，合理安排建筑节能改造。老旧小区整治出新，有条件的要同步推进屋顶、门窗等节能改造。加强公共建筑节能管理，建立公共建筑能耗统计、能源审计和能耗公示工作制度。推进机关和社会消费节能，建立机关能源消耗定额考核制度。严格执行公务用车配备标准，鼓励使用低油耗、低排放环保型车辆，政府机关、公共机构等领域车辆采购要向新能源汽车倾斜。推广智能控制、高效空调、高效照明等节电新技术，严格执行公共场所夏季空调温度设置标准。推广使用节能灯泡、节能空调、节能汽车、新能源汽车等。

（四）加强生态科技创新

1. 加快绿色科技研究开发

针对生态环境建设的现实紧迫要求，充分发挥厦门低碳相关科研院所较多、各类人才集聚的优势，积极开展基础研究、关键技术研究和管理类技术研究。重点开展资源环境、新能源、新材料、生态农业等领域的基础性研究，力求在循环经济、节能减排、污染防治等重点领域关键技术上取得突破，加强地方环境标准、污染成因及机理、预警及防控、环境管理政策等研究。

2. 推广应用绿色科技成果

发挥高校、科研机构、企业等多重主体的协同作用，促进产学研用相结合，建立集绿色科技研发、集成应用、成果产业化、产品商品化于一体的绿色科技产业链。推动科技成果转化，加快绿色科技在新兴产业发展、污染治理、低碳循环、环境监测预警等领域的应用推广。

3. 营造绿色科技创新环境

优化人才发展环境，大力培养和引进生态文明建设急需的领军型创业创新人才，以及各类高技能人才和经营管理人才。创建省级环境保护重点实验室，建成土壤污染工程技术中心。建立科技成果的绿色评价体系，促进高成长性绿色科技企业持续涌现。加快发展节能环保产业，加强节能环保产业集聚区规划建设，促进节能环保制造业和服务业互动发展。

4. 扶持环保产业发展

加强政策扶持和市场监管，完善环保产业发展规划，支持环保科技产业园建设。鼓励研究开发具有自主知识产权的环境保护关键技术和工艺设备，加强市场培育，尽快将技术成果转化为产品和服务，促进环保产业健康发展。引进、消化先进适用的环保技术，加快推广经济适用的环保新技术和新产品。推行环境监测社会化，大力发展环保服务业。

（五）加强生态环保宣传推广

1. 健全生态环保宣传教育网络

深入推进生态文明宣传教育进机关、进学校、进企业、进社区、进农村，建立健全生态文明宣传教育网络。把生态文明知识和课程纳入国民教育体系，重点加强青少年生态文明意识教育，将低碳、绿色、环保、生态等理念渗透到学校的日常教学之中。对企业负责人开展生态环境法律和知识培训，切实落实企业环境保护的主体责任，提高企业生态意识、责任意识和自律意识。定期开展面向社会公众的生态文明专题培训班，普及生态文明知识。

2．拓宽生态文明宣传渠道

创新生态文明宣传的形式，扩大生态文明宣传展示基地，实施丰富多彩的环境培训项目，开展群众喜闻乐见的环境宣传活动。在厦门日报、厦门广播电视台、政府门户网站开辟生态文明专栏，及时发布环境质量信息，投放环境公益广告，普及生态文明知识，树立生态文明先进典型，曝光大环境违法和生态破坏事件。利用环保政务微博、社交网络、手机短信平台等新媒体，不断创新生态文明宣传教育形式。采取专题讲座、研讨会、成果展示会等形式，组织生态文明理念宣传活动和科普活动，将生态文明观念融入到每个人的生活中，形成爱护生态环境的良好风气。

3．开展生态环保主题宣传活动

围绕生态文明建设的目标任务，广泛开展宣传教育活动。加强生态环保法制专题宣传教育，不断提升全社会的生态环保法律意识。开展"生态文明使者"、"生态文明社区"、"生态文明学校"等评选活动，激发社会各界的生态文明建设热情，树立生态文明建设模范。

参考文献：

［1］厦门市人民政府．美丽厦门战略规划之生态优美计划方案三年行动计划方案和 2014 年度工作计划，2013 年．

［3］厦门市环境保护局．厦门市环境保护局 2013 工作总结和 2014 年计划，2014 年 1 月．

［3］厦门市海洋与渔业局．厦门市海洋与渔业局 2013 年工作总结及 2014 年工作计划，2014 年 1 月．

［4］厦门市建设与管理局．厦门市建设与管理局 2013 年工作总结及 2014 年工作设想，2014 年 1 月．

［5］厦门市建设与管理局．厦门市市政园林局 2013 年工作总结及 2014 年工作计划，2014 年 1 月．

［6］厦门市发展研究中心．厦门市各地发展改革动态，2013 年第 42 期．

［7］厦门市环境保护局、国家海洋局第三海洋研究所．建设生态城市 构建和谐厦门．作者：黄歆宇、张继伟、薛东辉．

［8］南京市人民政府，《南京市生态文明建设规划》，2013 年．

［9］宁波市人民政府．宁波市生态环境综合整治三年行动计划》，2013 年．

［10］珠海市人民政府．珠海市经济特区生态文明建设促进条例》，2014 年 1 月．

课题组长：王　迪
课题组成员：林　红　谢　强　梁子升　李　婷　涂聪智
课题执笔：王　迪

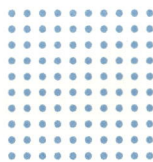

第十一章 两岸融合

第一节 对台产业合作

一、2013 年厦门对台产业合作发展情况

（一）发展情况

1. 台资企业对全市工业增长的贡献率进一步提高

2013 年，台资企业拉动厦门工业经济增长的作用一枝独秀。全市台资企业完成工业产值 1 456.4 亿元，占规模以上工业总产值的 31.1%，比上年同期增长 18.3%，比全市工业平均增幅高出 5.2 个百分点。

2. 厦台航运物流合作持续深化

获批两岸交通物流信息平台建设试点先行先试政策。开通厦门至高雄定期客货滚装航班。大陆首个两岸冷链物流产业深度合作试点项目投入运营。厦门同益码头被列入商务部、海关总署第二批试行更开放管理措施的对台小额贸易口岸名单，自 2013 年 7 月 1 日起执行新的更开放管理措施。工信部批复同意厦门设置海峡两岸通信业务出入口。首次实现厦门与台南民间包机直航。

3. 金融合作载体建设不断加快

一是厦门金圆集团与台湾永丰创投等两岸 10 家金融机构签约共建两岸股权交易中心。中国证监会批准厦门设立海西首家两岸合资证券投资基金管理公司，支持厦门筹设大陆首家台资占 51% 的两岸合资全牌照证券公司。二是人民币合作深入开展。农业银行在厦设立两岸人民币清算中心，厦台人民币清算合作协议签约银行增至 28 对 56 家。中国人民银行批准两岸人民币现钞调运业务落地厦门。三是金融产品更加丰富。厦门港口管理局与上海航运交易所签约，合作编制海峡两岸集装箱运价指数。四是台资企业积极入驻，两岸贸易中心一期揭牌营运，吸引中华电子商务产业协会等 40 多家台湾商协会及企业入驻。

4. 海峡旅游品牌效应逐步增强

一是享有多项便利对台旅游的先行先试政策，省外来厦暂住人员赴金旅游天数由 1 日延长至 2 日。二是启用五通码头新出境通关大厅，出境通关大厅面积增加 2 倍，旅客验证通道由 6 个增加到 12 个，旅客通关效率和"小三通"码头通行能力均有明显提升。三是厦门与台湾"大三通"、"小三通"更为顺畅、优惠，打造了最多元、最便捷的两岸往来渠道。截至 2013 年 9 月，经厦门口岸出入境台胞超过 1 300 万人次；大陆居民经厦门口岸赴台湾旅游累计超过 77 万人次。

5. 软件与信息服务业合作取得新进展

2013 年，闽台云计算产业示范区揭牌，台湾中华资讯软体协会和厦门信息集团签署了《闽台云计算产业示范区合作框架协议》，厦门与台湾软件与信息服务业合作取得突破性进展。

6. 文化产业合作向纵深推进

一是厦门市获批福建省政府授权对台文化交流项目审批权，其中包括邀请台湾文化团体或个人来厦实习、讲学、培训等人员交流活动审批在内的共 2 项 5 类审批权，厦台文化产业合作交流体制机制更加顺畅。二是成功举办第五届海峡论坛，吸引近万名台湾各界人士和基层民众参与，此次论坛共推出 31 项促进两岸交流合作的政策措施，是规模最大、参与人数最多、形式最多样、内容最丰富的两岸民间交流盛会。三是成功举办台交会、文博会、图交会、民间艺术节、青年联欢节、龙舟赛、保生慈济文化节、郑成功文化节等 30 多场重大涉台活动，文化活动的层次、水平不断提高，影响不断扩大，效果显著。四是厦门"乡音之旅"交流团赴台巡演，获台湾民众好评，反响热烈，为厦门文化产业走向台湾开创良好局面。

（二）存在的问题

1. 各地吸引台资政策力度加大带来的竞争压力

近年来，在用工成本上升、土地资源日益紧张的情况下，台商投资正逐渐从大陆东南沿海转向中西部地区。在此趋势下，东部沿海地区纷纷加大政策优惠力度扶持台企发展，增强对台资的吸引力。如山东省出台不少政策支持台资企业发展，其中日照市围绕财税收费、融资担保、土地使用、服务保障等方面，出台一系列优惠政策，财政补贴 5 万～50 万元不等，用于支持台资企业发展；青岛市则在金融支持、所得税和增值税扶持、用工支持等方面，加强对台资企业的服务政策支持力度，吸引战略性新兴产业、生产性服务业等台资项目落户青岛。在福建省内，漳州、泉州、平潭等地也竞相出台政策，加大吸引台资力度。其中漳州市出台一系列优惠政策，鼓励台商在漳州创业和支持台资企业做大做强，其中台资在漳州设立金融机构最高可获奖励 200 万元。

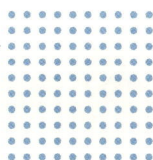

相形之下，厦门新出台扶持台资企业发展的政策较少，且吸引台商投资的重点仍集中在大型优势企业上，针对中小型台资企业的政策支持项目少、力度小。在厦的台资中小企业融资环境不佳，融资难与融资成本高同时存在。政府采购项目也未向台资中小企业开放。

2. 对台产业合作的双向性有待提高

厦台产业合作的模式主要以台湾企业在厦门主动投资为主，厦门企业"走出去"到台湾投资的情况还比较少。目前，厦台两地产业对接的双向性不强，相互投资的均衡性还有待提高。一是赴台投资企业数量少。截至目前，厦门市赴台投资的企业不到10家。二是投资区域拓展速度慢。由于台湾对大陆投资未完全放开，厦门市企业赴台投资区域往往局限于金门地区。直至2012年，投资区域限制才取得了突破性进展而得以拓展到台湾本岛。三是投资领域受限。由于赴台投资近几年才取得重要进展，台湾地区对大陆投资的限制未完全放开，厦门企业赴台投资的行业领域还局限在电子产品、茶叶、服装和酒类等的批发业务，以及酒店业和畜牧业等传统产业，先进制造业、现代服务业领域的深层次产业合作有待拓展。

3. 对台旅游集散中心地位面临挑战

随着两岸"大三通"持续深入开展，台湾与祖国大陆间的旅游交往日益频繁，赴台湾旅游成为近年来持续火爆的旅游方式，越来越多的地区推出赴台游的便捷措施，厦门对台旅游集散中心的地位面临激烈的竞争。2013年，大陆居民赴台旅游总人数突破287.5万人次，同比增长11.15%，创历史新高，而经厦门口岸赴台旅游20.1万人次，占大陆居民赴台旅游总人数的9.2%，比例不高。

二、2014年对台产业合作发展环境分析

（一）《海峡两岸服务贸易协议》的积极效应

2013年6月21日，《海峡两岸服务贸易协议》（以下简称《服务贸易协议》）在上海签署。从"服务贸易承诺表"上看，开放承诺共144条，涉及100多个服务行业，范围涵盖了商业、通讯、建筑、分销、环境、健康和社会服务、旅游、娱乐文化和体育、运输、金融等。其中，大陆方面开放承诺80条（非金融领域开放承诺65条，金融领域15条），是在大陆加入WTO承诺基础上的进一步开放；台湾方面开放承诺64条（非金融领域开放承诺55条，金融领域9条），是在台湾开放陆资入岛基础上的进一步开放。此次《服务贸易协议》的签订，对两岸贸易、投资持续发展、两岸服务业合作进一步深化有着重要意义。

1. 台资将扩大在大陆服务业领域的投资

服务业是台湾经济增长的核心动力，占GDP的比重已超过70%，占就业人口的比重也长期保持在60%左右。2013年，大陆服务业占GDP的比重为46%，是"十二五"期间产业结构优化升级的战略重点，两岸服务业发展空间十分广阔。近年来，台湾经济增速放缓，再加上岛内市场有限，服务业

对经济增长的贡献率逐渐下降，发展遭遇瓶颈。《服务贸易协议》签订后，有利于台湾服务业尤其是金融与物流等领域，扩大在大陆地区的产业投资，寻求新的增长点，以及开辟更有前景的市场。

2. 陆资赴台投资更加便利

《服务贸易协议》里，涉及台湾对大陆的共有 64 项开放承诺，其中有 37 项是新增或扩大开放大陆投资的项目，包括商业、运输、通讯、建筑及相关工程、批发零售、环境、观光及旅游、娱乐文化、健康与社会服务业等 12 项非金融服务业务领域，以及银行、证券、保险、期货等金融服务部门业务领域。总体而言，《服务贸易协议》扩大了大陆资金可进入部门，这些措施将拓宽陆资赴台的投资范围和领域，有助于扩大两岸双向投资。

3. 福建省享有 15 项先行先试特惠政策

凭借对台"五缘优势"，福建省在诸如文化创意、娱乐服务、旅游会展、航港物流、健康服务（医院服务）等服务业领域的闽台合作已具备一定的基础。《服务贸易协议》的签署，将有力促进福建在上述领域深化发展。如在电子商务领域，《服务贸易协议》规定福建可以先行先试态度推动台湾电商进驻，允许台湾电商在福建开展电子商务产业，持股比例最高可达 55%。这些先行先试特惠政策，将有利于促进闽台产业进一步融合发展，深化福建与台湾服务业的合作对接，推动福建有实力的企业用好台湾对大陆的 64 项开放承诺，促进闽台服务业大合作、大发展。

（二）台湾产业发展新趋势

1. 台湾产业发展概况

（1）支柱产业发展情况

①支柱制造业发展情况

从台湾制造业生产变动情况来看，2012 年台湾四大制造业中，资讯电子工业、化学工业分别增长 1.9% 和 0.2%，金属机械工业、民生工业则下降 4.8% 和 1%。

从台湾制造业出口情况来看，2012 年全球消费需求疲软，塑胶及其制品、光学器材、机械钢铁及其制品等台湾传统出口商品均出现下降，而资讯通信产品、电子产品和精密仪器行业则出现增长，成为台湾前三大出口产品。2012 年台湾资讯通信产品全年接单达 1 105.6 亿美元，电子产品全年接单达 1 033.5 亿美元，精密仪器产业全年接单 370.1 亿美元。

从产业竞争力来看，台湾资讯通信产品、电子产品和精密仪器产业具备较强的核心竞争力，具体包括：晶圆[1]代工、IC 封装[2]、印刷电路板、TFT-LED 等行业。

---

1 晶圆是指硅半导体集成电路制作所用的硅晶片，晶圆是生产集成电路所用的载体，一般意义晶圆多指单晶硅圆片。

2 IC 封装是属半导体产业的后段加工制程，主要是将前制程加工完成（即晶圆厂所生产）之晶圆上 IC 予以分割、黏晶、并加外接引脚及包覆。

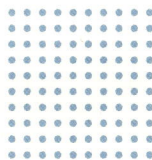

②支柱服务业发展情况

金融业企业资产庞大。台湾金融、证券业发展的一个主要特征是，除了公营与外商金融机构外，民营银行、保险、证券、投资信托等金融业企业均属不同的企业集团或多个集团共同所有，从而形成一个庞大的利益群体与经济力量。前五大金融企业霖园、兆丰金控、富邦、新光、华南金控，资产总额达 6.4 万亿元新台币，相当于台湾 GDP 的一半。

国际物流业竞争力排名全球第 20 位。依据世界银行对于全球主要国家和地区物流竞争力调查，台湾地区物流竞争力总排名为全球第 20 位，在东亚地区落后于新加坡、日本及香港，但仍领先韩国以及大陆。近期，台湾制定物流解决方案，协助 30 家物流服务业者进行海外布局，增加海外据点 100 处，运用电子商务跨境营销华文市场达 2 000 家。

医疗服务业技术已达世界级水准。台湾医疗产业产值庞大，但医疗收费价格极具国际竞争力，医疗服务水平在亚洲也居于领先地位。在瑞士洛桑国际管理学院所做的"世界竞争力评比"中，台湾医疗水平位列第 21 名。台湾医疗五大强项是：颅颜重建手术、活体肝脏移植、人工生殖技术、心血管治疗、关节置换术，多项技术领先全球。

（2）特色产业发展情况

①特色制造业

生物科技产业领先韩国和新加坡。台湾生物科技产业范畴涵盖新兴生物技术、制药及医疗器材三大产业。其中医疗器材产业为台湾生物科技产业最主要领域，约占生物科技产业总营业额的 40%；其次为制药产业，占 32%。未来两三年可望有七八项药证获美国食品暨药物管理局（FDA）核准，还有几十项药品已进入人体一、二期临床试验，领先韩国和新加坡。

绿色能源产业正在进入全球分工布局。2009 年台湾制订《再生能源发展条例》和《绿色能源产业旭升方案》，准备在 2014 年前至少投入 450 亿元新台币，预估 2015 年产值达 11 580 亿元新台币。第一波发展重点"能源光电双雄"是以太阳光电及 LED 照明为主，第二波以发展"能源风火轮"为主，推动包括风力发电、生质燃料、氢能与燃料电池、能源资通讯及电动车辆等多项潜力产业。

电动车辆产业具备快速开发和生产能力。台湾有成功的自行车及机车产业，具备发展轻型电动车辆的优势基础，同时零组件产业体系完善，具备快速开发与生产的能力。电动自行车、电动代步车厂商已具多年发展基础，发展电动机车的关键零件如马达、控制器、电量显示器、电源模组开发等具有国际竞争力。

②特色服务业

会展业具有较强的国际影响力。会议业方面，台湾在国际会议协会（以下简称 ICCA）所公布的统计排名中，2009 年有 91 场会议符合该组织认定的协会型国际会议，全球排名第 32 位。近 10 年来台湾会议主题分类是以医学类会议居多（占 19.8%），其次为科技类国际会议（占 19.2%），再次是科学类国际会议（占 11.8%）。展览业方面，2004 年至 2009 年台湾展览使用面积排名约在亚洲第 6 名至第 8 名之间。

工艺美术业在艺术产业中发展最为成熟。工艺产业是文化创意产业在全球市场中唯一以新兴市场为主的产业。台湾工艺产业近年来与设计、时尚、科技等领域的跨界结合，显现出其发展的多元性；使用原生态材质及具有生态友好性的工艺，更是符合近年来的环保及乐活理念。

2. 台湾产业发展方向

2012 年 9 月，台湾当局出台《产业结构优化行动计划》，显示台湾产业发展方向是制造业服务化与绿色化、服务业科技化与国际化、传统产业特色化、市场大陆化。

（1）制造业服务化与绿色化

服务化是指从以产品为中心转为以服务为中心，制造业者不再只是提供产品，而是提供一系列满足客户需求的服务，通过服务来凸显产品差异化，进而增加与客户间的紧密度，创造更高的附加价值。

绿色化是指因应全球气候变化和日益严重的资源、环境压力，台湾更加重视绿色机械设备、技术和材料的运用，并通过运用研发创新、人才低碳节能意识培养、投资节能技术设备等手段，促使产业结构向低碳、高附加值结构调整，促进绿色能源产业发展。

（2）服务业科技化与国际化

科技化是指将服务业导入 ICT[1] 能量，以降低交易成本，提供更多的服务数量、更好的消费环境与服务品质；对消费者而言，通过 ICT 带来更便利的新消费型态及创造新需求；对企业而言，应用科技能改善经营效率、降低成本、提升服务品质，朝"高值化服务业"方向发展。

服务业国际化是指台湾近年来服务业发展善加运用资源系统化、服务创新化等策略，将服务业朝"可输出式服务业[2]"方向推动，促进服务贸易出口。

（3）传统产业特色化

通过科技、美学创新，来提升传统产业的价值，如 ICT 应用、技术创新、特色产品开发及营运模式改善，并改善生产环境等软实力，协助传统产业在质与量上全面升级。另外，也将鼓励业者提升研发、智慧创新，促进业者与下游进行密切结合，如品牌与渠道的掌握，使台湾产业往微笑曲线两端进行优质化的调整。

（4）市场大陆化

大陆是全球最大的新兴市场，发展大陆市场有助于台湾提高新兴产业开发市场深度和广度，进一步提升品牌价值。台湾新兴产业方案中，绿色能源产业方案、观光旅游产业方案、医疗照护产业方案、精致农业产业方案和文化创意产业方案多次明确提出对大陆市场的借重。

3. 台湾向外寻求投资的产业

为获得更具竞争力的原材料、生产资源，以及更广阔的市场，台湾产业近年来纷纷向外寻求投资，归结来看，主要有以下产业：

（1）半导体产业；（2）LED 产业；（3）信息通信产业；（4）平板显示器产业；（5）宽频网络产业；（6）数字内容产业；（7）生物科技产业；（8）太阳光电产业；（9）纳米科技应用产业；（10）机械产业；（11）汽车零组件及车用电子产业；（12）会展产业；（13）休闲观光产业；（14）流通服务产业；

1　ICT 是信息技术与通信技术相融合而形成的一个新的概念和新的技术领域。

2　依据 WTO 服务贸易总协定对于服务贸易的定义可分为四种模式，即（1）跨境交付，如电子商务、网络银行；（2）境外消费，如旅游观光；（3）商业存在，如到国外设立分店或服务点；（4）自然人流动，即本国人到外国去从事服务。

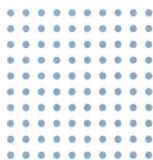

（15）金融服务产业；（16）医疗照护产业；（17）智慧型车辆产业；（18）智慧型机器人产业；（19）RFID 产业；（20）医疗器材产业；（21）生物能产业；（22）纺织产业等 22 个产业。

（三）平潭综合实验区加快发展带来的挑战

1. 硬件软件两手抓，投资环境改善

在硬件环境方面，平潭自 2010 年启动综合实验区建设以来，三年投入 1000 亿元用于基础设施建设。目前海峡大桥复桥、长平高速、福州至平潭上岛铁路动工兴建，"一环两纵两横"城市主干道等基础设施和口岸设施建设加快；澳前客滚码头建成，平潭至台中高速客滚航线顺利开通，平潭至台北海上新航线有望开通；闽江应急调水工程通水，北水南调工程动工；大部制组织架构基本建立，一批重大基础设施项目基本建成，开放开发基础条件初步形成。

在软环境方面，平潭率先在省内实施商事登记制度改革，放宽市场主体准入，改变过去实缴制要求股东在 2 年内出资到位、首次出资额不低于总资本的 20% 的做法，而允许股东或发起人根据公司实际运营情况，自行分批缴纳注册资本。改革给包括台商在内的境外投资者带来四大便利：一是放开登记名称，可更好与台湾本地名称惯例对接；二是鼓励类、允许类的企业实现真正意义上的直接登记，不用提交审批机关的审批文件，就可先行办理营业执照；三是减轻台商的出资压力，台商出资以什么投资方式、多长时间到位，可根据经营需要自行决定；四是经营范围由企业自主选择并可灵活表述，与台湾习惯做法更接近[1]。

2. 向上争取先行先试政策的优势

平潭综合实验区实行的是全岛放开政策。国家目前赋予平潭在通关模式、财税支持、投资准入、金融保险、对台合作、土地配套等七个方面 28 条比经济特区更加特殊、更加优惠的支持政策。分别是：比照珠海横琴，实施特殊的通关制度，即"一线放宽、二线管住、人货分离"分类管理的模式；实施特殊的税收政策，如在制定产业准入和优惠幅度的基础上，对平潭符合条件的企业减按 15% 的税率征收企业所得税；开放措施比照大嶝对台小额商品交易市场，甚至开放度更大；在金融政策上实行"双币制"，允许平潭的银行机构和台湾地区银行之间开通人民币同业往来的账户和新台币同业往来的账户，允许平潭符合条件的银行机构为境内外企业以及个人开人民币的账户和新台币的账户；允许持有台湾地区权威机构颁发证书的台湾服务机构以及执业人员在平潭开展业务；实施最快捷的对台直航；允许台湾机动车上岛行驶等。

此外，国家发改委近期印发《平潭综合实验区产业发展指导目录》（以下简称《目录》），同意平潭综合实验区建立部际联席会议制度，平潭地区的政策优势进一步凸显。在航运上，平潭至台北客滚航线 2013 年 10 月开通；在产业发展上，《目录》鼓励平潭发展高新技术产业、服务业、农业及海洋产业、旅游业等七大类产业，两地共同产业和共同市场建设政策支持力度将进一步加大。

1　国研网地方经济动态之"福建平潭封关进入倒计时"。http://www.drcnet.com.cn

在税收政策支持上，2013 年 9 月，财政部和海关总署等三部门下发了《关于平潭综合实验区有关进口税收政策的通知》，对从境外进入平潭与生产有关的部分货物实行备案管理，给予免税[1]或保税[2]。这将有利于平潭发展保税加工、保税物流、货运代理、转口贸易及港口物流等行业。

3. 给厦门吸引台商投资带来的竞争压力

2013 年，福建省吸引台商实际投资额达 10.73 亿美元（含第三地），比上年增长 38.2%，增幅高出同期全省实际利用外资增幅 32.8 个百分点。而厦门市自 2011 年以来，实际利用台资额呈下降趋势，2013 年实际利用台资为 3.9 亿美元，仅为 2011 年实际利用台资的 90.7%，见图 11.1。

资料来源：厦门市统计局

图 11.1　2010—2013 年厦门实际利用台资情况

三、2014 年对台产业合作发展展望

（一）产业合作层次进一步提升

在厦台产业合作方向上，现代服务业和高端制造业领域的合作将更加频密。台湾享有优势的电子信息、生物科技、绿色能源、商贸金融、航运物流、医疗服务、工艺美术业等，与厦门"十二五"期间将重点发展的新一代信息技术、生物与新医药、新材料、节能环保、海洋高新产业、文化创意等战略性新兴产业具有良好的融合基础。两地产业对接将助推优势互补，加快产业集群发展步伐，进一步提高技术创新以及产业竞争力。

　　1　从境外进入平潭与生产有关的给予免税的货物为：区内生产性的基础设施建设项目所需的机器、设备和建设生产厂房、仓储设施所需的基建物资；区内生产企业运营所需的机器、设备、模具及其维修用零配件；区内从事研发设计、检测维修、物流、服务外包等企业进口所需的机器、设备等货物。

　　2　从境外进入平潭与生产有关的给予保税的货物为：区内企业为加工出口产品所需的原材料、零部件、元器件、包装物料及消耗性材料；区内物流企业进口用于流转的货物。

（二）产业合作载体功能进一步完善

《中共福建省委关于贯彻党的十八届三中全会精神全面深化改革的决定》提出，要积极创造条件推动设立自由贸易园区。厦门与台湾具有良好的产业合作基础，同时还具有人缘、地缘、血缘、法缘、文缘等优势，目前正在按"立足综改、借鉴上海、对接台湾、先行先试"的总体思路推进自贸区建设。

未来厦台自贸区将深入对接合作，厦门可利用两岸金融中心平台，借鉴台湾经验发展金融服务业，推进金融自由化。利用东南国际航运中心和对台贸易中心等重大对台产业合作载体，发展跨境电子商务；在先行先试政策优势下，设立两岸海运快递专区，对台湾商品提供快速通关，小额商品免审免验，建设 MIT（台湾制造）进入大陆地区的绿色快速通道。此外，厦门还将依托两岸云计算合作示范区、新兴产业和现代服务业合作示范区建设，进一步提升招商引资实效，引进一批带动效应强的大项目，拓展厦台产业对接合作的广度和深度。

（三）双向投资进一步发展

近两年，厦门已有不少有实力的企业实施"走出去"策略，主动到台湾开展投资合作。通过选定重点投资领域、明确重点投资方向，选择恰当的投资模式，厦门企业将在台湾继续发挥原有竞争优势，构建两地产业合作密切、深入、可持续发展的模式及机制。

四、2014 年对策建议

（一）明晰引资重点

1. 先进制造业领域

重点在电子、汽车、精密机械、游艇制造等领域深化合作。

①电子。加强在计算机及相关产品、数字视听、移动通信、电子元器件等产业领域的合作，突出发展移动电脑、移动通信以及二者一体化领域。

②汽车。加强在汽车零部件、汽车电子、自动化系统整车等领域的合作，延长汽车零部件加工贸易链，突出新能源汽车产品的研究开发。

③精密机械。加强在数控加工设备、智能型机器人系统、新兴产业自动化设备等领域的合作，突出整机产品研发制造、配套件制造，延伸产业链环节。

④船舶制造。加强在修造船、船舶配套制造、游艇制造、船舶物资流通、船舶技术服务等领域的合作。

2. 新兴产业领域

重点在光显示（LCD）和半导体照明（LED）、生物与新医药等领域深化合作。

①光电产业。加强在光显示和半导体照明领域，主要包括彩色液晶显示器（TFT-LCD）、发光二极管、有机发光显示器、太阳能电池、光电半导体集成电路设计等行业的合作，突出与台湾同行共同开展标准研究制定、工艺技术研发等。

②软件与信息服务产业。加强在 IC 设计与嵌入式软件、数字内容产业、IT 教育等方面的合作，突出"台湾接单、厦门服务"合作模式，构建两岸一体的国际服务外包中心。

③生物与新医药产业。加强在基因工程药物、基因诊断试剂、疫苗研发、海洋活性物质及海洋药物研究、医疗保健、医疗培训、教育及中药材采购等方面的合作，突出海洋生物技术研发和产业公共及关键技术平台建设。

3. 现代服务业领域

重点在金融、航运物流、旅游会展、文化创意、科技研发等领域深化合作。

①金融业。加强在银行、证券期货、保险、股权融资和货币流通领域的合作，推动两岸金融机构互设分支机构，推动对台离岸金融业务和两地银行卡产业合作，探索厦台金融合作新模式。

②航运物流业。加强在海上航运物流，对台航空物流，邮件、包裹、函件业务、电信业务特别是增值业务、网上邮购业务等方面的合作，突出发展保税物流、对台物流、第三方物流、城际配送物流等。依托厦门航运交易所，开展船舶交易、船舶租赁等航运要素交易业务。

③旅游会展产业。加强厦台双向旅游区产品线路开发，推介"经厦门赴金澎和台湾本岛旅游"、"赴金一日游"、"厦门—福建土楼—武夷山"黄金旅游线路；做大做强涉台展会，推动企业赴台举办商品展；以海峡论坛、郑成功文化节等活动为载体，密切两岸旅游节庆活动合作互动。

④文化创意产业。加强在数字内容与新媒体、图书出版、动漫游戏、演艺娱乐、古玩艺术品、商品油画、创意设计、闽南非物质文化遗产等方面的合作，突出闽南文化的共同根基。

⑤科技研发业。吸引台湾高新技术企业、科研机构和科技专才来厦设立咨询、研发、技术转移机构，鼓励台资企业与我市科研机构、高校开展技术创新合作，共同建设研发机构、重点实验室和技术中心等。

（二）加强多方对接

分别在政府部门、行业协会、研究机构、产业园区、企业五层面，加强厦门与台湾产业合作对接。

1. 政府部门对接

建立厦门与台湾地区行政部门之间的常态沟通机制。"台湾经济建设委员会"、"台湾经济部工业局"是台湾制定产业规划、总体布局的重要职能部门，"台湾经济部工业局"同时是制定实施台湾产业优惠政策的具体部门。厦门市发改委、经发局、信息产业局、科技局应加大与台湾上述部门的互访沟通力度，了解台湾产业规划和转移动向，研究比较两岸产业优惠政策，促进更多的台湾产业项目投资厦门。

加强与"台湾产业搭桥办公室"的对接。2008 年 12 月台湾提出"搭桥计划"，意在推进两岸产业合作和共同发展，包括产业共同研发、共同生产、产销合作、共同投资，甚至还包括两岸跨国企业营运管

理、产业集资、金融服务、仓储转运等方面的合作。台湾初步选定 15 项优先交流项目：中草药、太阳光电、车载资通讯、航空、通讯、LED 照明、光储存、资讯服务、风力发电、车辆、设计、流通服务、食品、精密机械等产业，我市外资局、招商中心应主动和台湾地区"产业搭桥办公室"沟通对接。

2. 行业协会对接

台湾行业协会组织机构健全，协调服务能力强，功能强大，会员厂商覆盖面广，应充分发挥民间团体在推动厦台两地产业合作中的力量和作用，加大两地行业协会对接力度，创新厦门与台湾经贸行业的交流合作机制，建立厦台行业对接机构和联谊机制，推动两地行业协会合作的内容由联合办展、商务考察向推动产业对接、技术合作方面拓展。

3. 研究机构对接

（1）两地高校、科研机构共同建立研究基地、实验室；两地科技企业共建研究与开发中心，进行应用研究与试验开发阶段的合作，实现双方技术后备力量的提升。

（2）建立两地科技项目合作机制，鼓励和支持厦台高校、科研院所、企业联合承担重大科技项目、共性技术攻关。

（3）建立两地高校、科研机构和产业界良好的互动关系，进一步推动科研成果转化为生产力，缩小厦门高新技术产业园区与台湾高新技术产业园区之间的差距。

4. 园区对接

台湾工业园区是台湾高技术企业发展的风向标。厦门火炬高新区管委会、软件园管委会应加大与台湾新竹科学工业园区管委会、中部科学工业园区管委会、南部科学工业园区管委会的对接力度，捕捉其高新技术发展动态以及园区企业的发展动态，促进厦门与台湾高新园区的无缝对接。

5. 企业对接

积极鼓励厦门重点企业与台湾重点骨干企业、龙头企业的相互对接，鼓励技术创新、延伸产业链、提高协作配套能力，推进厦门主导产业、传统优势产业、新兴产业、现代服务业等领域与台湾相关产业的对接，努力吸引台湾中小企业来厦投资兴业，与厦门企业建立产业配套合作关系。

（三）加快建设合作载体

（1）搭建公共服务平台。以政府为主体，建设中小企业公共服务平台，提供研发、咨询、检测等服务；依托象屿等国有大型企业构建金融、现代物流、创新研发等公共服务平台。

（2）推动对台科技研发合作。一是推动两地高校、科研机构共同建立研究基地和实验室。二是推动两地企业共建企业技术研发中心，推进科技成果产业化进程。三是吸引台湾工研院等中介服务机构在厦门设立办事处，与厦门产业研究机构开展合作，共同为在厦台资企业发展提供服务。

（3）创建两岸产业合作示范园区。一是创新管理模式。探索建立产业合作共同管理的体制机制，吸引台籍企业家和相关机构参与园区委员会管理。二是市场化运作园区开发。鼓励台湾企业和国际知名企业采用独资、合资、合作等多种形式参与园区开发。创新土地利用方式，综合运用租赁、合作、抵押等多种方式。三是加大力度鼓励企业研发创新。对设立研发中心的园区企业提供资金补助，享受进口设备及采购相关原料等免税优惠。对来厦就业的台湾人员给予住房、医疗、子女就学等方面的政策照顾。四是扩大火炬育成中心规模。要求有条件的行政区建立吸引科技创新型人才的创业育成中心，给予企业创设初期免租金等各项优惠待遇。

（四）扶持台资企业发展

（1）加大对台企的金融服务力度。一是建设区域性股权交易市场。为台企提供新的融资渠道，为未上市股份公司和其他有股权托管转让需要的企业服务。构建风险投资、创业投资和民间资本进入和退出的通道。以更优惠的条件吸引全国性的股权基金公司、创业投资公司、私募股权投资基金公司在厦门设立分支机构。指定政府有关部门定期举办沙龙、论坛等，邀请基金公司和企业参加，加强资金供需双方的交流与对接。二是拓宽台企融资渠道。设立科技创新型中小企业股权投资引导基金，引导社会资本进入战略性新兴产业、先进制造业等领域，为台企融资提供资金支持。三是建立完善台企融资保障体系。设立由政府出资为主、金融机构资助为辅的融资信用保证基金，为具有发展潜力的台企提供专项信用保证，分担金融机构信贷风险。设立台资小额贷款公司和融资性担保公司，允许台资中小企业以台湾的资产进行抵押放款。

（2）加强人才引育保障台企发展。依托两岸新兴产业和现代服务业合作示范区等对台产业合作载体，深化与台湾在新一代信息技术、生物医药、海洋等产业领域的合作，通过项目合作带动产业人才交流，着力引进一批台湾关键技术领军人才和高级经营管理人才。二是鼓励两岸科研机构、高等院校、企业共同联手培养研发团队和技术人才。支持台湾高科技创新人才、台湾学生在厦门就业创业，支持符合资质条件的台资企业申报国家科技计划等国家重大科技专项，为台企培养更多专业技术人才。三是在厦探索建立两岸产业人才实训基地，支持台湾有实力的产业人才实训机构来厦办学，或与厦门高校合作举办半导体制造工艺等专业培训班，鼓励台企选派技术骨干赴台参加实地培训。四是支持厦台行业协会加强在促进人才资格鉴定、促进人才双向流动中的作用，建立两地行业协会常态化的联系机制，共同制定相关行业标准、人才鉴定程序等，努力实现厦台人才资格互认，构建厦台人才正常流动的通畅机制。

（3）加强对台企的用工保障力度。一是建立面向台企的劳动力信息资源库，在台资企业集中的工业园区建立"招工超市"，将台企用工需求和人才应聘信息集中发布，建立双方信息衔接的渠道，帮助企业解决招工难的问题。二是多渠道引进外地劳动力来厦就业，建立完善企业用工保障的长效机制，有效为台企发展提供人力资源供给保障。三是针对春节后用工流动性加大的趋势，引导企业开展"春风暖心"活动，鼓励企业用组织文化吸引人才。引导企业建立以人为本、重视和珍惜人才的组织文化，给予员工更多人文关怀、增强企业员工的归属感和凝聚力，避免人才过度流动。

（五）增强厦台产业合作互动

（1）选定重点投资领域。厦门企业赴台投资，应首先确定重点投资区域进行试点，以成功的案例助推整个投资计划。从台湾全岛看，重点区域适宜选择在台湾北部地区和金门等离岛地区。北部地

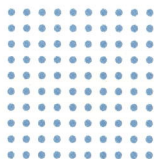

区是台湾的经济中心和企业运营中心，包括台北市、新北市、基隆市、宜兰县、桃园县、新竹县、新竹市等七个县市。台湾北部地区既包括金融、商务等现代服务业高度发达的台北都会区，也包括半导体、光电，以及精密机械产业高度集聚的新竹科学园区，与厦门在现代服务业和新兴产业领域开展对接合作的前景十分广阔。而金门早已布局有厦门华天购物等企业的旅游、农牧业等项目，再加上与厦门隔海相望的优势地理位置，两地进一步拓展产业合作领域、加深产业合作层次的可行性较大。

（2）明确重点投资方向。一是以企业竞争优势为基础，选择厦门本地产业集中度较高、营销状况良好、竞争能力强的企业作为投资主体，鼓励其赴台湾投资，学习台湾优秀的经营管理理念和技术。二是选择台湾鼓励的、岛内市场需求增长潜力较大的投资项目，作为投资的主要对象。2012 年 9 月，台湾当局针对第 4 波陆资来台召开松绑内部检讨会议，面板、LED、太阳光电、半导体等敏感关键技术产业将解除经营权限制，全面松绑。因此，可以以台湾地区对陆资开放的政策规划为主要依据，选择重点投资领域。三是加强厦台两地在高技术产业方面的合作。随着国家转方式、调结构力度加大，工业转型升级政策的实施，厦门将着力发展技术密集型的战略性新兴产业。因此，厦门企业赴台投资，可以借助台湾雄厚的科技研发实力，通过项目合作，提高厦门企业的研发水平，促进产业升级，实现创新发展。

（3）选择恰当投资模式。对台投资企业应根据跨境经营管理经验、资本运作能力等合理选择投资方式，跨境经营管理经验较少的企业，宜选择合资合作方式来适当降低投资初期的风险，减少不确定性；资本运作能力较强的企业，宜选择收购方式，提高项目的收益水平。

参考文献：

［1］厦门市发展研究中心自立课题.厦台产业合作的主要思路和政策建议［R］.2013.

［2］商务部网站《海峡两岸服务贸易协议》政策解读.http：//www.mofcom.gov.cn.

［3］刘雪琴，白光裕.服务贸易协议力助两岸服务业合作［J］.两岸关系.2013，（07）.

［4］王婷，王昕.闽台高新技术产业深度对接模式选择——基于 QSPM 矩阵分析［J］.亚太经济，2013，（01）.

［5］徐秋韵，张向前.海峡两岸经济合作框架协议下闽台第二产业合作战略研究［J］.科技管理研究，2013，（10）.

［6］张冠华.两岸产业合作的回顾与前瞻［J］.北京联合大学学报（人文社会科学版），2013，（02）.

［7］李春浩，张向前.长三角地区经济一体化对闽台合作建设台湾海峡经济区的启示［J］.科技管理研究，2013，（16）.

［8］卢凌霄，耿献辉，陈小磊.苏台两地产业结构变迁与产业合作发展路径［J］.国际商务研究，2013，（04）.

［9］林荧权.基于产业集群视角的闽台高新技术产业合作探析［J］.台湾农业探索，2013，（02）.

［10］张磊.六省区对台合作措施的比较分析［J］.经济与社会发展，2013，（04）.

［11］王建民.两岸经济合作新局之下闽台经济合作面临的挑战与机遇问题探讨［J］.发展研究，2013，（04）.

课题组长：李　婷
课题组成员：林　红　谢　强　涂聪智　王　迪
课题执笔：李　婷

第二节 对台航运合作

一、2013 年厦门对台航运合作发展情况

（一）发展情况

2013 年厦门抓住两岸交流合作进一步深化和综合配套改革的契机，加强与台湾航运企业合作，加大与台湾港口的对接力度，对台航运加快发展，对台航运规模进一步扩大，合作水平进一步提升。

1. 对台航运合作以港口航运为主

在海运方面，自 1997 年 4 月 9 日试点直航以来，到 2013 年年底累计厦台两岸直航集装箱量已超过 175.5 万标箱，2013 年，对台港口航运加快发展，对台货物吞吐量 1 653.3 万吨，同比增长 22.3%，集装箱吞吐量 40.2 万标箱，同比增长 9.2%，见表 11.1。目前航行在厦门—台湾航线的台湾航商有长荣、阳明、万海、立荣、南泰、中航、建恒等。长荣海运在厦门港开辟了厦门到高雄的直航航线、厦门到欧洲地中海的航线、厦门至美国西海岸的直航航线等。

表 11.1　2006—2013 年两岸直航货物和集装箱吞吐量情况表

年份	对台货物吞吐量（万吨）	比增（%）	集装箱吞吐量（万标箱）	比增（%）
2006	452.3	1.0	30.1	−5.5
2007	475.5	5.1	30.4	1.1
2008	807.7	69.9	26.38	−13.6
2009	978.4	21.1	29.7	13.2
2010	1 164.8	19.1	33.7	13.4
2011	1 327.8	14.0	33.5	−0.8
2012	1 351.5	1.8	36.8	10.1
2013	1 653.3	22.3	40.2	9.2

资料来源：厦门市发展研究中心整理

在空运方面，2008 年 12 月 15 日两岸货运直航包机启动，大陆方面首先开放上海（浦东）与广州航点，双方货运直航包机每月安排 60 个往返班次。2010 年厦门被列入两岸货运直航点后，厦门两岸货运直航发展较快，目前有台湾中华航空公司、台湾长荣航空公司、中国货运航空公司等开通的厦门

到台北的两岸定期纯货运航线，2013 年厦门空港对台空中货运直航共运送货物 17 057.4 吨，同比增长 13.9%。

在滚装运输方面，厦门闽台轮渡有限公司客货滚装船"中远之星"轮，经营厦门—台中、厦门—基隆、厦门—高雄、浙江大麦屿—基隆等航线，实现了对台湾北、中、南地区航线全覆盖。厦门对台综合运输枢纽的地位进一步提升，推动了厦门与高雄、台中、基隆等地交通物流方面合作，促进了闽台经贸发展，便利了两岸人员交流往来。"中远之星"轮是目前两岸最大的客货滚装轮，26 847 总吨，可载运旅客 683 人、集装箱 256 标箱和车辆 150 辆，自 2009 年 9 月 6 日首航台湾以来，运送两岸旅客、集装箱货物、工程车等贸易车辆以及冷鲜水产品的规模稳步增长。

2. 对台航运货物逐步增多

目前我市对台航运的主要对台进口货物为液晶显示板、集成电路及微电子组件、初级形状的塑料和对二甲苯等；出口主要货物为石材及其制品、服装及衣着附件、摩托车及自行车的零件、通断及保护电路装置等。主要货主有友达光电、翔鹭石化、巨茂光电、翔鹭化纤、宸鸿科技等企业。

厦门是台湾农产品重要集散地。2006 年 4 月台湾水果销售集散中心在我市正式揭牌，厦门对台水果进口中转取得突破，2013 年全年共进口水果 13 400.6 吨，同比增长 71.8%，货值 1 725.0 万美元，同比增长 105.6%，其中大部分中转到内陆其他城市，厦门已成为台湾水果重要的集散地，见表 11.2。拥有我国目前唯一的台湾农产品集散分拨中心，向全国各地配送台湾水果、蔬菜、水产品及其他农副产品（粮油、干果、调味品、肉制品、腌制品、花卉等），是两岸规模最大、设施先进、辐射力强，集蔬菜、水产品、冰鲜冻品、肉禽蛋、粮油等为一体的大型综合区域性批发市场，较好地满足台湾农产品，尤其是水果的交易、仓储、加工和物流、空运周转等，成为海峡两岸农产品交流、交易最重要的平台与口岸。

表 11.2　厦门对台水果进口情况表

年份	货量（吨）	货值（万美元）
2009	4 254	370
2010	5 936.1	567.5
2011	6 956.2	634.7
2012	7 804.9	839.7
2013	13 400.6	1 725.0

资料来源：厦门市发展研究中心整理

3. 对台客运平稳发展

在厦金航线方面，厦金"小三通"以其航程短、航班多、服务好、中转方便、通关便捷、经济实惠等优势，吸引了越来越多的两岸民众选择经由厦金"小三通"往返两岸。2013 年厦金航班达到 12 678 班次，出入境游客达到 125.6 万人次（见表 11.3），为促进厦金交流和两岸人员往来，推进两岸关系和平发展作出了积极贡献。利用厦金"小三通"往返两岸的台胞，从开始的厦门台商扩大到在闽台商，再到大陆台商及其眷属，直至所有台胞；大陆居民赴台参访、旅游的政策也陆续放宽，大陆各省市赴台交流、旅游都可通过"小三通"往返。

表 11.3　2006—2013 年厦对台旅客吞吐量表

年份	对台旅客吞吐量（万人次）	增长率（％）
2006	60.8	17.2
2007	67.7	11.5
2008	91.0	34.4
2009	120.4	32.3
2010	131.0	8.8
2011	143.2	9.3
2012	140.2	−2.1
2013	125.6	−8.2

资料来源：厦门市发展研究中心整理

在空运方面，两岸直接、双向、全面空中通航于 2008 年 12 月 15 日启动，根据《海峡两岸空运协议》，在已开通的北京、上海（浦东）、广州、厦门、南京 5 个城市两岸包机飞行后，再新开辟台湾至成都、重庆、杭州、大连、桂林、深圳、武汉、福州、青岛、长沙、海口、昆明、西安、沈阳、天津、郑州等 16 个城市作为客运包机航点，两岸每周共飞行客机不超过 108 个往返班次。直达航路的建立为两岸人员往来和货物运输节省了大量时间和成本，空中直航有利于进一步加速两岸生产要素的流动和配置，有利于两岸产业的对接和融合，有利于两岸经济的互补。随着海峡两岸人员经贸往来的日益热络及海西战略的深入实施，厦门空港航时短、成本低的优势进一步凸显，厦门两岸空中直航业务量保持较快增长。目前厦门直航台湾有台北、台中、高雄、花莲、台南等航点。2013 年，厦门两岸直航航班 3 589 航次、旅客 46.3 万人次，分别比上年增长 2.1%、0.9%，呈现平稳增长态势，见表 11.4。

表 11.4　2009—2013 年厦门两岸空中直航旅客人数

年份	旅客吞吐量（万人次）	比增（％）
2009	10.8	——
2010	33	206
2011	43.1	30.6
2012	46.3	7.4
2013	46.3	0.9

资料来源：厦门市发展研究中心整理

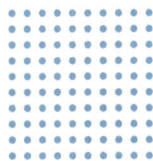

4. 对台航运合作主体日益增加

对台航运合作主体日益增加，海运方面主要有长荣海运、阳明海运、万海海运等台湾大型航运公司。空运方面有大陆主要航空公司以及台湾立荣航空和台湾华信航空等。物流方面主要有港务集团、建发物流、象屿集团等。厦金航线方面主要有金厦海运、金安航运、厦门远洋、厦门轮总等船公司参与运营，有力地推动了对台航运的发展，见表 11.5。

表 11.5　对台航运主要企业

类型	主要企业
海运企业	长荣海运、阳明海运、万海海运、厦门闽台轮渡有限公司等
空运企业	厦门航空、南方航空、山东航空、立荣航空和台湾华信航空等
厦金航线营运企业	金厦海运、金安航运、厦门远洋、厦门轮总等
物流企业	港务集团、建发物流、象屿集团等

资料来源：厦门市发展研究中心整理

5. 对台航运合作设施进一步完善

厦门完善的港口设施，集装箱码头、散杂货码头众多，满足不同层次的船舶停靠，航线发达，国际国内航线较多，航班充足，航道建设加快推进，为对台航运合作创造了良好的外部环境。

拥有东渡和五通厦金客运码头，东渡厦金客运码头位于厦门国际邮轮中心内，拥有宽敞的办证大厅、便捷的联检大厅和贴心的候船大厅。五通码头位于湖里区，到金门水头码头距离 17.79 公里，航行时间仅 25 分钟，为厦金航线提供了有力的保障。

厦门高崎国际机场位于厦门岛的东北端，距厦门市中心 10 公里；地处闽南金三角的中心地带，与台湾隔海相望，三面临海，环境优美，净空条件优越，具有良好的区位优势。厦门高崎国际机场飞行区等级为 4E 级，可起降波音 747-400 等大型飞机，现有 1 条长宽为 3 400 米 × 45 米的跑道、1 条长 3 300 米的平行滑行道及 7 条联络道，停机坪面积 25 万平方米，可同时停靠 40 架大型飞机，完全可以满足两岸空中直航的需要。

厦门国际航空港空运货站占地 4.1 万平方米，设计年货物吞吐能力 15 万吨，实际货物处理量可达 20 万～25 万吨，该项目极大地提升了厦门空港国际物流和中转能力，货站公司现在每周处理全货机约 30 班，有力地保障了对台货物直航。

（二）存在的问题

1. 受两岸政策限制多

两岸关系受政治因素影响较大，服务贸易开放领域受到较多限制，两岸航运开放领域不多，如厦门企业无法到台湾投资港口建设等等。

2. 对台航运规模有待于进一步扩大

上海港依托长三角台商企业的大量聚集，广州、深圳港依托珠三角台商投资密集区，对台货物运输规模日益扩大。与国内大型港口相比，厦台贸易规模较小，可运输的货物较少，同时对台中转业务发展不快，厦门对台货物运输规模较小。

3. 对台航运合作层次有待于进一步提高

目前，厦门对台航运合作主要集中在以船舶运输和港口服务等航运主业组成的核心层，船舶代理、货运代理、航运经纪、船舶修理、船舶检验等航运辅助业组成的辅助层和航运金融、航运保险、海事法律、航运教育等航运衍生服务业组成的支持层合作较少。

4. 对台客运规模不大

受到两岸全面三通的影响，厦门对台客运在全国的地位不高。从厦金航线来看，客运量在两岸人员往来总数中比例较小，2013 年出入境旅客数仅占两岸人员往来总数的 5.7%，近两年来，呈现出负增长的态势。

二、2014 年厦门对台航运合作环境分析

（一）两岸贸易发展态势

2010 年，《海峡两岸经济合作框架协议》（ECFA）签署实施，标志着两岸经济关系进入了合作深化、互利共赢的新阶段。目前，两岸贸易投资稳步发展，产业合作进入机制化、制度化新阶段，金融合作不断取得突破，促进了两岸经济共同发展，增进了两岸同胞共同利益，也为下一步深化对台航运合作打下坚实基础。

在海峡两岸的经济交往中，贸易往来是一种重要的形式，也是最基础的内容。自加入 WTO 以来，在两岸工商界的共同努力下，两岸贸易一直呈现快速发展态势。从 2000 年到 2012 年，两岸的贸易额由 305.33 亿美元上升到 1 689.6 亿美元，增长了 4.53 倍。虽然 2008 年受全球性金融危机等多重因素影响，两岸贸易发展趋缓（2008 年两岸贸易增速为 3.8%，同比下降 11.6 个百分点；2009 年两岸贸易总额为 1 062.28 亿美元，增速 −17.8%，降幅明显），但是，2010 年 ECFA 的签订成为两岸经贸关系新的里程碑，两岸经贸关系逐渐步入正常化、制度化和机制化轨道（见图 11.2）。目前，台湾是大陆第 7 大贸易伙伴，第 9 大出口市场和第 4 大进口来源地；大陆继续成为台湾最大的贸易伙伴、出口市场和贸易顺差来源地。

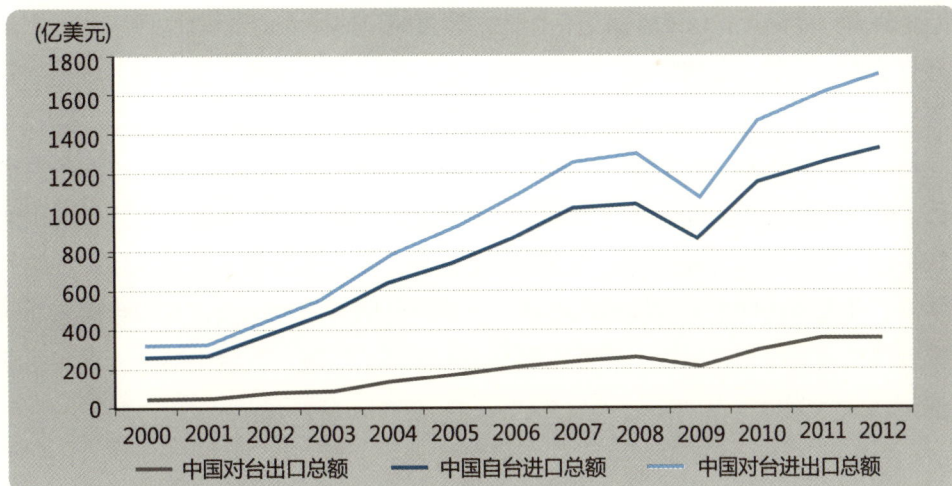

图 11.2 2000—2012 年两岸贸易发展情况图

　　两岸贸易的快速发展，形成较大规模，为两岸航运合作奠定了良好的基础，为厦门对台航运合作创造了良好的外部条件。

（二）台湾主要港口发展情况

　　目前台湾地区国际港口有基隆、台中、高雄、花莲等 4 个港口，分别位于台湾北、中、南地区，作为各区域主要货物的集散地，对促进区域发展具有一定作用。

1. 港口发展条件比较

　　从地理位置来看，高雄、基隆两港各据台湾岛南北要冲，战略地位相当重要。高雄港位于台湾西南海岸，扼台湾海峡与巴士海峡交汇。而基隆港依托台北市，东面与日本及琉球群岛相峙，是东海、台湾海峡、太平洋西部海区航运要道，为中国南北航线和太平洋航线及环太平洋航运的要冲。花莲、台中两港也具有航运地理重要性。花莲港东临太平洋，西倚中央山脉，为台湾东部唯一的国际港口，距世界航运最频繁的航道太平洋主航道仅需二个小

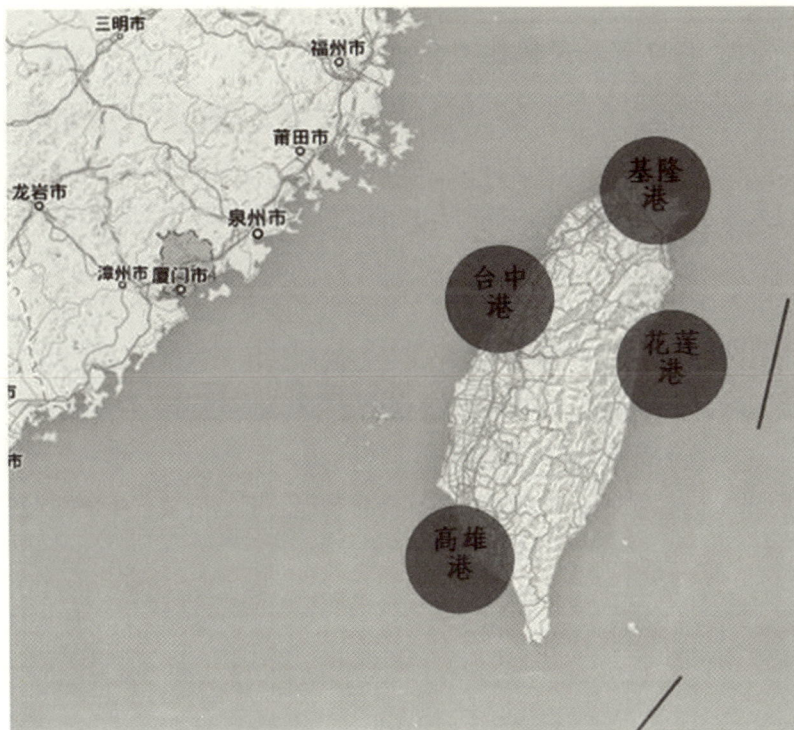

图 11.3 台湾主要港口地理位置

时。而台中港距离厦门港最近，仅 136 海里，作为两岸直航口岸最为适合。

从自然条件来看，高雄、基隆两港为天然良港，比花莲、台中两个人工港更为优越。其中高雄港条件尤胜一筹——高雄港设在台湾海峡南口的高雄湾内。高雄湾是一个狭长的海湾，长 12 公里，宽 1 至 1.5 公里，入口宽仅 100 米，形状酷似一只口袋，湾内港阔水深，风平浪静；水深条件也比其他港口更好，可停泊轮船吨级更大。而其他港口则面临地理上的限制，如：基隆港因为港区用地紧邻市区及山区而无法扩建，港内大部分码头的吃水深度又无法停泊巨型集装箱班轮，导致许多船只被迫弯靠高雄港与台中港；花莲港由两个防波堤围筑而成，没有自然港湾阻挡风浪，又因台湾东部海底地形陡峭，且有夏季台风的波浪作用，所以，花莲港面临港池振荡的问题；而台中港则一直深受潮汐及淤沙的问题所困扰。

表 11.6　台湾主要港口发展条件比较

港口	区　位	航道水深（米）	进出港吨级（万吨）
高雄港	台湾西南隅，西扼台湾海峡	11.3～16.0	15
台中港	台湾岛西侧的中部，距离厦门港最近	16	5
基隆港	台北市东北基隆湾内，隔台湾海峡与福建省相望	16	10
花莲港	台湾东部唯一的国际港口	外港水深：14～16.5 内港水深：6.5～10.5	6

资料来源：厦门市发展研究中心整理

2. 港口货物集散能力分析

与大陆港口相比，台湾地区各大港口的直接腹地局限于台湾本岛，较为狭小。但是凭借其在电子、软件、生物等产业方面突出的制造能力，而且台湾人均可支配收入较高（2012 年台湾人均可支配收入为上海地区数据的 1.47 倍），消费能力较强。从工业来看，台湾腹地大致可分为台北都会区域、新竹桃园、中部区域（台中—中部科学园区、台中彰滨工业区、云林科技园区等）、南部区域（台南—南部科学园区、高雄工业区）和东部区域（利泽工业区等）。其中，台湾地区成立的 8 个主要加工出口区中，有 3 个在中部区域，5 个在南部区域，这两个区域主要集中传统生产加工企业；而台北都会区域、新竹桃园主要集中 IT 类企业，东部地区主要集中太阳能、化工等企业。

基隆港毗邻台北都会区域和东部区域，但是被台北港和苏澳港挤占。台中港独享大片的中部区域，因此发展迅猛。而高雄港目前占有南部区域，可是有被台南安平港挤占之虞。

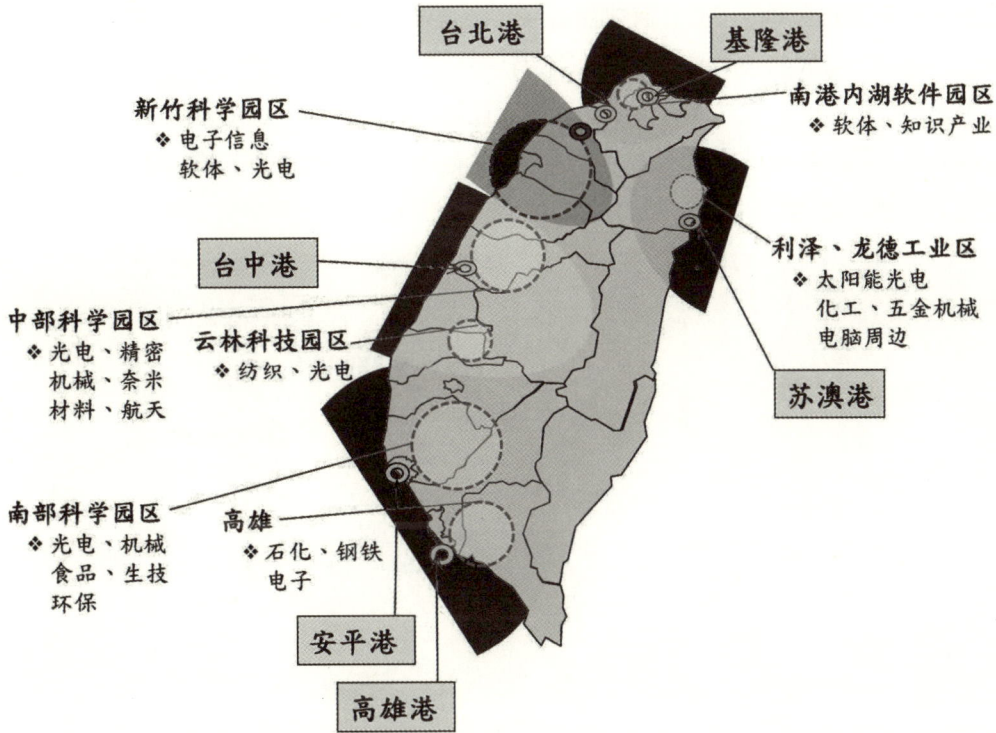

图 11.4 台湾港口及其腹地

　　具体分析，基隆港邻近台湾地区重要政经工商业中心，可经由中山高速公路、北部第二高速路、北基公路及铁路通往大武仑、瑞芳、六堵工业区，汐止、南港、内湖等科学园区以及大台北都会区的消费腹地和国际机场，此外还可以经由滨海公路通往东部兰阳平原到苏澳港。

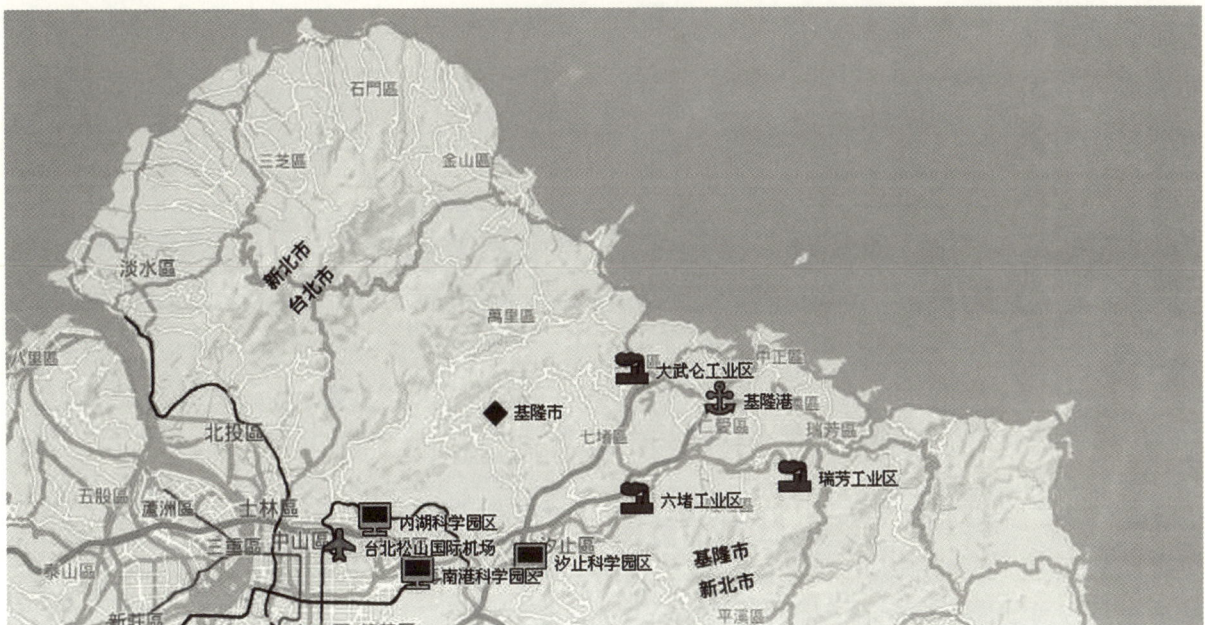

图 11.5 基隆港腹地

台中港地处台湾南北交通的中心，有快速道路连接清泉岗国际机场，有利于海空联运；更位于上海到香港航线的中点，与大陆东南沿海各港呈辐射状等距展开，在两岸直航具有最佳的优势。邻近台中、潭子、中港加工出口区，此外还有台中港关连工业区、彰滨工业区、中科园区、台中工业区、机械科技工业园区等，可产生区域群聚效应，提供货主储存货物、重新组装、简单加工，作为分装配送中心、制造加工再出口及物流中心，以提高货物附加价值。

图 11.6　台中港腹地

高雄港距离小港国际机场仅 3 公里，各集装箱中心联外道路均邻接省道台 17 线、"国道" 10 号、"国道" 3 号等，串成便捷的交通网。高雄港邻近的区域包括大台南、大高雄、屏东县等产业园区。在毗邻高雄市的部分，包括了加工出口区的高雄、楠梓、成功、高雄航空货运、临广、高雄软件科技及屏东等 7 个园区。

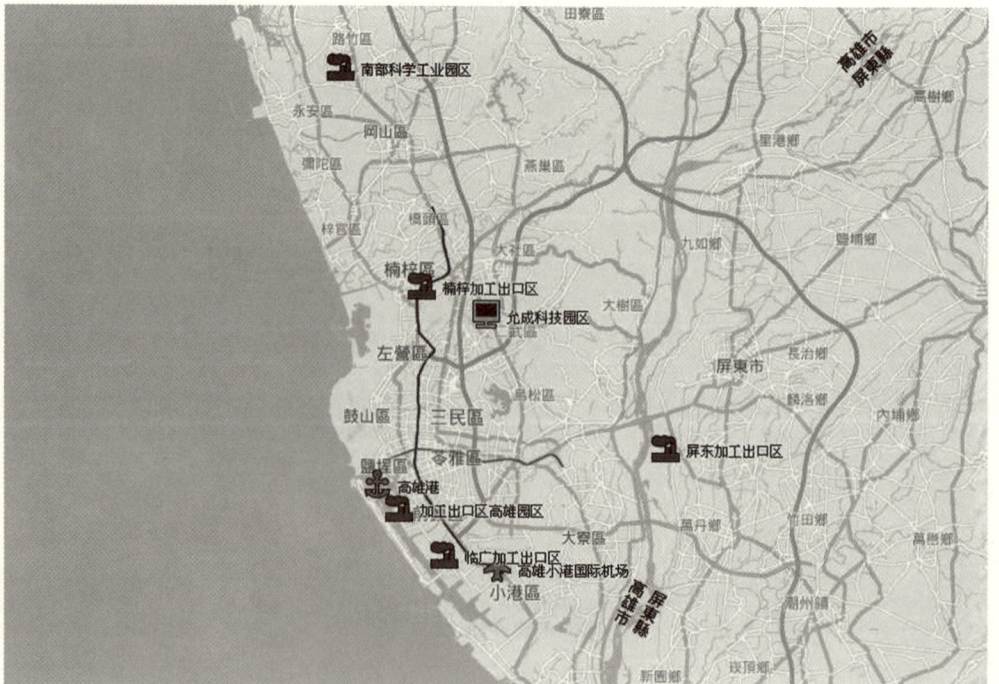

图 11.7　高雄港腹地

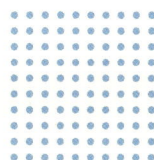

表 11.7　高、中、基三港交通网络比较

交通网络	高雄港	台中港	基隆港
公路	"国道"：1 号、3 号、10 号高速公路； 省道：台 17 线等	省道：台 12 线、台 17 线、台 61 线等	"国道"：1 号、3 号高速公路； 省道：台 2 线、台 5 线等
机场	高雄小港国际机场	台中清泉岗国际机场	台北松山国际机场
台铁	经过	经过	经过

资料来源：厦门市发展研究中心整理

3. 港口发展设施比较

目前，台湾四大港口均由台湾港务公司于当地的分公司管理和运营。高雄港和基隆港建设于 19 世纪，经历过日治时期，因此一直设有军用码头。除用于军用外，这两个港口还是重要的商港和渔港。花莲港于 1939 年启用，建设初期主要是为了扩充东台湾运输设施，因此一直作为商港运营。台中港于 1973 年启用，其建设目的是促进台湾中部开发以及减轻高、基两港运输负荷，因此运营类型为商业港、工业港、渔港。

从港口建设来看，高雄港因其特殊的"峡湾"条件，形如口袋地包住了大片水域，因此可建设的港区面积也就最为辽阔。利用这样的自然优势，高雄港也建有最多的码头，现有营运码头 121 座，其中散杂货码头 62 座、集装箱码头 26 座、其他用途码头 33 座，同时可供 152 艘船靠泊。基隆港有 56 座码头，其中散杂货码头 23 座、集装箱码头 15 座、其他用途码头 18 座。台中港目前有 54 座码头，计划增至 83 座。花莲港码头数量较少，有 25 座。

表 11.8　台湾主要港口港区面积比较

港口	港区总面积（公顷）	陆域		水域		码头数量（座）
		面积（公顷）	占比	面积（公顷）	占比	
高雄港	17 678.00	1 442.00	8%	16 236.00	92%	121
台中港	4 438.00	3 840.00	87%	958	22%	50
基隆港	572.17	370.15	65%	202.02	35%	57
花莲港	171.98					25

资料来源：厦门市发展研究中心整理

在仓储设备方面，高雄港也领先于其他港口，现有仓库 63 座，容量 95.6 万吨。集装箱场 6 处，供集装箱转运，容量 3.4 万吨。港区现有集装箱装卸桥（桥式机）及装卸搬运机械 170 架。基隆拥有货运仓库 39 座，容量 12.8 万吨，货棚 4 座，货物堆场 24 个，容量 39.2 万吨，其中集装箱堆场 2 个并配有集装箱起重机 60 多台，集装箱装卸桥及搬运机械 270 多台。花莲港现有仓库 16 座，台中港不详。

4. 港口自由贸易港区发展分析

台湾地区在 2003 年推出自由贸易港区（下称"自贸港区"）发展计划，迄今已建有高雄港、基隆港、台中港、台北港、苏澳港、桃园空港等自贸港区，2013 年还增设台南安平港自贸港区，形成"六海一空"港区。2013 年台湾正式启动实施自由经济示范区；在示范区实施的第一阶段，将以既有的"六海一空"为核心，结合邻近园区同步推动。这些政策意在连结港口与加工出口区、科学园区等经济特区，扩大加工腹地，整合物流供应链，加速区域发展；同时推动贸易自由化、国际化，使台湾地区以更开放的姿态加入国际产业分工，逐步成为亚太地区经济活动枢纽之一。这些政策也冲击了海峡西岸地区的厦门港等港口，推进台湾港口与厦门港的竞争合作态势。

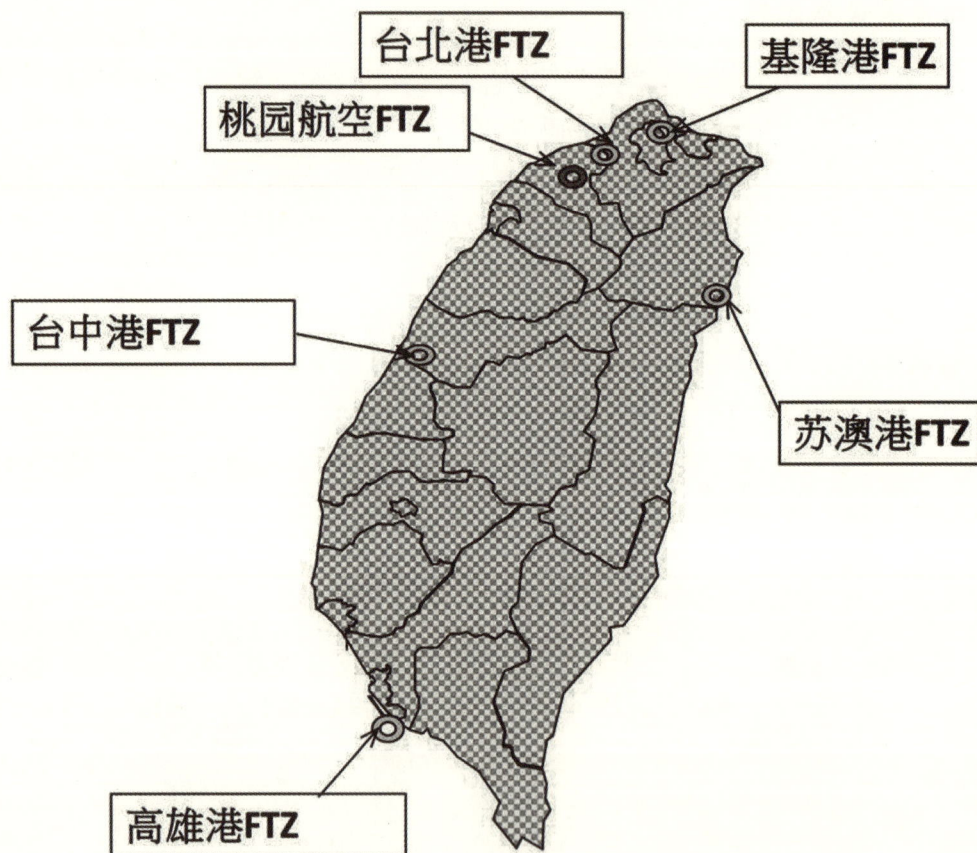

图 11.8　台湾地区自由贸易港区分布

就 2013 年以前成立的"五港"的发展表现而言，台中港自贸港区可谓"突飞猛进"，凭借其广大的港区面积优势，港区货物量近三年平均增长 50.85%，进出口贸易总值年均增长 68.15%。基隆港自贸港区虽然也增长迅猛，但是其总体规模并不大，主要是因为台北港对其的挤占。而高雄港自贸港区发展较为温和，港区货物量和进出口贸易总值年均增长在 15% 左右，但作为台湾地区第一个自贸港区，其发展规模反不如台中港和台北港，据悉主要是单一窗口作业管理没有落实、各类关务措施不够简化、法令规章繁多等原因造成。

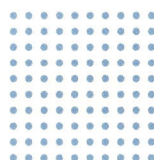

表 11.9　台湾自由贸易港区条件

港口	港口陆域面积（公顷）	港区开发面积（公顷）	进驻厂商（家）
高雄港	1 442	415	28
台中港	3 840	536	31
基隆港	370	71.16	13
台北港	1 038	79	2
苏澳港	86	71.5	1

资料来源：厦门市发展研究中心整理

表 11.10　台湾自由贸易港区发展表现

年度	2010 年		2011 年		2012 年	
港口	货物量（万吨）	进出口贸易值（新台币亿元）	货物量（万吨）	进出口贸易值（新台币亿元）	货物量（万吨）	进出口贸易值（新台币亿元）
高雄港	38.23	204.54	42.48	209.07	58.4	300.15
台中港	266.62	611.14	290.31	909.63	915.14	2 905.4
基隆港	1.01	17.68	2.99	48.25	4.89	128.95
台北港	27.68	338.7	69.66	592.92	37.3	564.99
苏澳港	—	—	0	0.06	0	0.05

资料来源：厦门市发展研究中心整理

5. 港口发展能力比较

分析近几年台湾重要港口的运营情况可知高、基、花三港发展趋缓，台中港稳中有升。首先，就进港船舶而言，高、基、花三港近五年（2008—2012）都呈下降趋势，基隆港五年年均跌速 6.76%，花莲港 17.56%，而台中港除在 2011 年存在异动外均逐步上升，五年年均增速 6.09%。其次，就货物吞吐量和集装箱装卸量而言，高、基两港受 2009 年金融危机带来的航运寒潮影响大幅下跌，高雄港当年下跌 11% 以上，基隆港下跌 22% 以上。在此之后两港发展亦未见起色，近五年高雄港货物吞吐量年均下跌 4.75%，集装箱装卸量年均上升仅 0.27%，基隆港则年均下跌 7.18% 和 5.96%。而台中港年均增速分别达到 5.30% 和 3.01%，表现良好，有逐步吸收高、基两港货源的趋势。

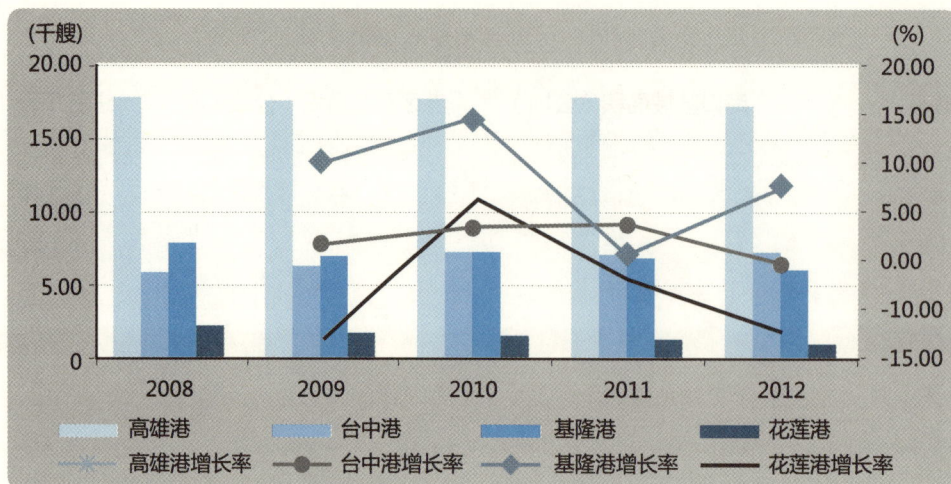

资料来源：厦门市发展研究中心整理

图 11.9　台湾主要港口进港船舶情况

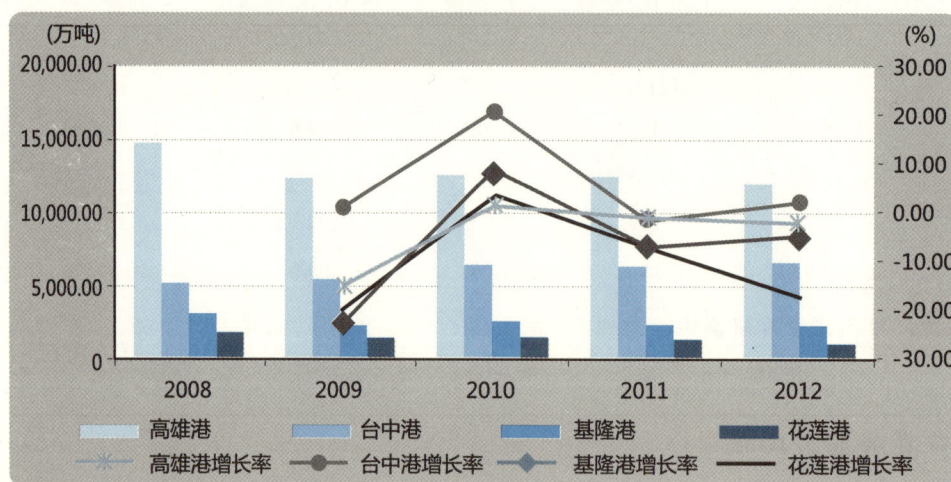

资料来源：厦门市发展研究中心整理

图 11.10　台湾主要港口货物吞吐量情况

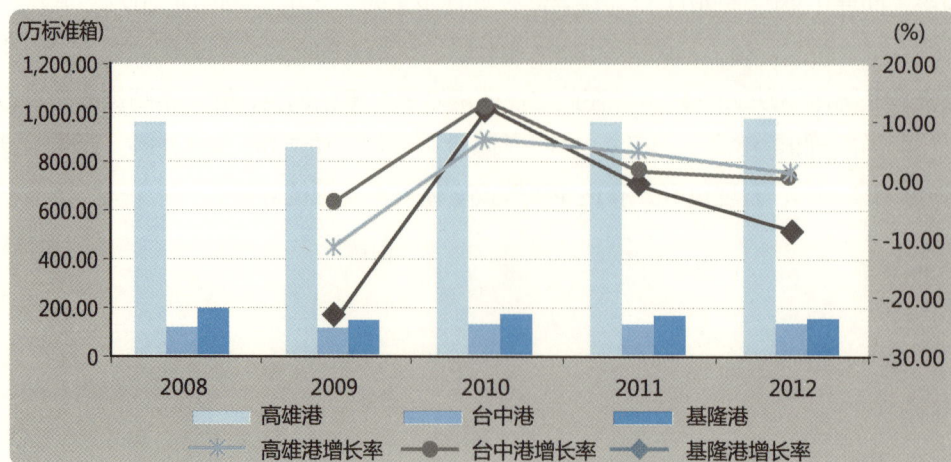

资料来源：厦门市发展研究中心整理

图 11.11　台湾主要港口集装箱装卸量情况

从 2013 年各港口的发展表现来看,高雄港的货物吞吐量比上年更低,集装箱装卸量则比上年略有回升。基隆港发展更加迟缓,货物吞吐量和集装箱装卸量相比上年仍有所减少。台中港则比上年增长约 5%,表现出相当的发展潜力。

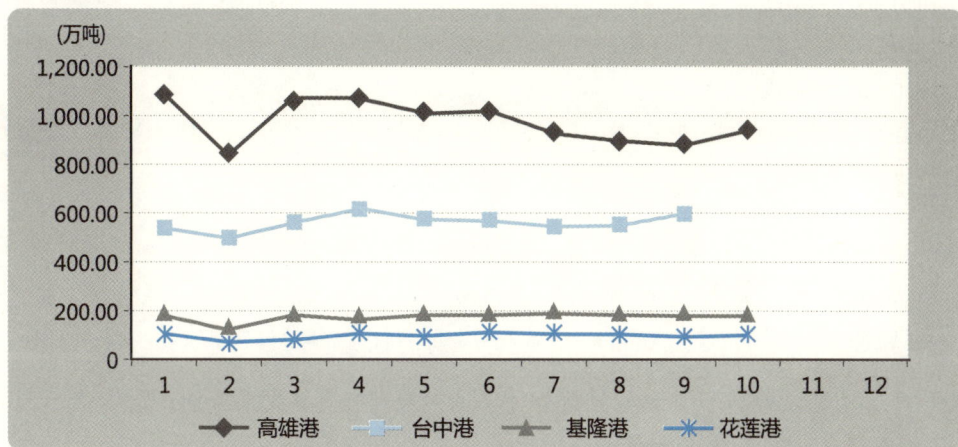

注:台中港货物吞吐量由货物装卸量推算

资料来源:厦门市发展研究中心整理

图 11.12 2013 年台湾主要港口货物吞吐量情况

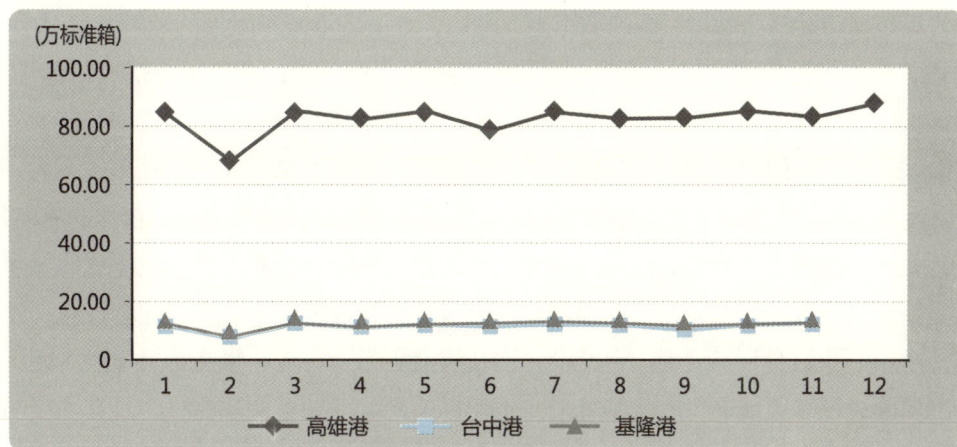

资料来源:厦门市发展研究中心整理

图 11.13 2013 年台湾主要港口集装箱装卸量情况

6.港口发展规划及预测

根据台湾"交通部运输研究所"制订的《资料来源:台湾地区商港整体发展规划(2012—2016年)》,高、中、基、花四大主要港口的港口角色功能如下:

表 11.10　台湾主要港口发展功能

港口角色	高雄港	台中港	基隆港	花莲港	台北港
近洋集装箱航线的作业基地	√	√	√		√
主航线或区域航线的转运枢纽	√				+
大宗散货进口港	√	√	−	√	√
发展自由贸易港区（以物流作业为主）	√	√	√		√
发展自由贸易港区（含物流及再加工出口功能）	√	√			+
客运功能	√	√	√	√	
观光	√	√	√	√	+
临海工业的发展基地	√	√			

注："√"表示有该功能；"+"表示目前条件不足，未来有足够发展空间；"−"表示因环境或产业因素，功能逐渐衰退；"　"表示发展该功能的条件不足。

资料来源：台湾地区商港整体发展规划（2012—2016 年）

　　从表中可见：高雄港目前的区位条件适宜（特别是太平洋主航线的靠泊和航线密集的条件是其他港口所缺乏的），各方面功能发挥良好。前述近几年的发展能力迟缓主要还是因为外部因素造成（航运寒潮和大陆地区深水港的竞争等）。结合其既有优势，高雄港未来在台湾地区的港口中依然担当重要角色，作为集装箱转运枢纽港和主要的加工出口港口，是厦门港未来发展的老牌竞争对手。

　　如前所述，台中港近年来发展迅猛。主要是因为港区面积辽阔，港口历史较短，有开发的潜力；同时独享中部地区的生产加工产业优势。其地理位置也决定了其独特的战略位置——与大陆地区距离最近，两岸航线密集——但也因为位置较偏，缺乏主航线，未来主航线靠泊的几率也不大。随着台湾地区自由经济示范区的深入发展，相信台中港将逐步担当与大陆地区港口互动、合作的重要角色。

　　基隆港近几年的发展大不如前，这是因为港区及附近土地面积受限，没有土地或码头可供临海工业发展，港口附近也没有较为明显的产业集群。未来可能会凭借其完善的客运配套设施，逐步转型为国际邮轮靠泊港口。我们看到临近港口台北港，比基隆港更靠近腹地，集装箱运输潜力巨大，同时港口可扩展能力更强，很有可能逐步取代基隆港——但目前台北港缺乏两岸航线，且其发展与高雄港及大陆地区港口的发展息息相关，到底何去何从需要我们拭目以待，其对厦门港的竞争合作态势需要我们持续关注。

　　而花莲港在未来仍将担当东部水泥、矿（砂）石及石材储运港的角色。

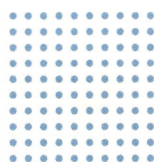

表 11.11　台湾主要港口发展定位

港口	发展定位
高雄港	（1）集装箱转运枢纽港； （2）全方位加值物流港； （3）主要能源、重工、石化原料进出口港及油品储转中心； （4）具国际观光及商旅服务的港口。
台中港	（1）确保台中港为中部地区海运中心的地位； （2）健全营运管理体制，落实港埠业务民营化政策； （3）力保现有集装箱量，并积极争取大宗物资进出口量； （4）善用台中港的广大土地，吸引更多企业到港投资； （5）规划亲水游憩多元化空间，促进港县共荣发展。
基隆港	（1）以近洋航线为主的集装箱港； （2）两岸客货船及国际邮轮靠泊港； （3）亚太地区物流配送销售中心。
花莲港	（1）东部水泥、矿（砂）石及石材储运港； （2）兼具观光旅游功能的港口。
台北港	（1）以远洋航线为主的集装箱港口； （2）发展海空联运； （3）汽车及其他产业的物流港。

资料来源：台湾地区商港整体发展规划（2012—2016 年）

三、2014 年厦门对台航运合作发展展望

2014 年，随着厦门市深化两岸交流合作综合配套改革试验总体方案深入进行，对台航运合作规模将进一步扩大，对台货物吞吐量和集装箱吞吐量有望继续保持增长，空中直航旅客吞吐量保持稳定，厦金航线的优势进一步发挥，在两岸人员往来继续发挥重要作用。对台海运的主导地位继续稳固，空中货运加快发展，两岸货物往来更加便捷，贸易便利化、通关等体制机制创新加快推进，两地港口行政机构、港口企业、航运企业合作进一步深化，港口信息化、自动化水平进一步提升，对台航运合作加快向纵深发展。对台物流合作进一步深化，厦门加快成为两岸物流的一个重要节点，两岸物流产业的合作模式加快发展，台湾物流企业加快进入厦门，厦台物流合作水平进一步提升。

四、2014 年对策建议

（一）加强厦门海关特殊监管区与台湾自由经济示范区对接

台湾当局提出要规划建设"自由经济示范区"，以自由化、国际化与前瞻性为核心理念，大幅松绑对物流、人流、金流、信息流及知识流的各项限制，打造便利的经商环境。并落实市场开放，让台湾加速走向"自由贸易岛"。第一阶段是将台湾已设立的台北港、台中港、基隆港、高雄港、苏澳港及桃园国际航空城（五海一空）等 6 个自由贸易港区直接升级为"自由经济示范区"，发挥其"境内

关外"的核心作用，通过"前店后厂"的模式，结合临近县市的各类产业园区，于北中南地区同步推动，以发挥各地资源及产业特色，提高经济效益。第二阶段则待"自由经济示范区特别法"通过后推动，届时将向岛内各县市开放申请，不排除其他任何地区。厦门拥有海沧保税港、象屿保税区、保税物流园区等海沧特殊监管区，具有高度开放的贸易便利和投资制度，目前我市正积极向上争取在厦门设立自由贸易区。因此要加大力度促进厦门海关特殊监管区和台湾自由经济示范区的对接，建立常态化的对接机制和对接通道，从港区管理对接入手，推进港口产业对接和企业业务对接，使两区从竞争走向合作双赢。

（二）开展海上航运物流合作

积极开展海上航运物流合作，扩大两岸直航货物规模，发挥厦门保税港区、保税区、保税物流园区等海关特殊监管区的政策优势，寻找与台湾自由经济示范区对接途径，积极协调做好台湾自由港区事业、大陆出口企业以及航行于厦高两地间的航运公司三方面的工作，推动两岸直航的快速发展。鼓励长荣、阳明等台湾实力强、规模大、国际航线多的航商在厦门开辟国际航线，共同开拓腹地和开发国际航线，利用这些公司长期以来形成的航运渠道，做大集装箱吞吐量，扩大中转规模，提升厦门枢纽港地位，共同形成电子、纺织服装、石材等特色的物流供应链。鼓励它们在厦门投资经营大型货柜场、货柜运输公司及货柜制造厂。针对台资在厦门及周边地区投资的企业情况，争取台货从金门中转运往福建，以解决台资企业急需的模具、样品、零配件等供应问题，进而通过建立大型仓储和配送中心，使得厦金成为两岸区域物流的重要通道。

（三）加强对台航空物流合作

加强对台航空物流合作，充分利用厦门开放"第五航权"试点的有利条件，鼓励台湾华航、长荣等台湾货运航空公司在厦门开展货运业务，加快货物中转基地发展，以货运站合作为基础，重点发展机电产品供应链，为友达等光电企业服务，促进光电产业集群的形成，形成台湾机电产品通过厦门中转到大陆各地，台资企业的机电产品通过厦门到台湾和国际市场的物流网络，使厦门成为两岸航空物流的重要节点。完善开展直航的基础设施、通关、检验检疫、货站、货物集散等软硬环境，做大厦门两岸货物空运直航货物规模。发展航空快运业务，鼓励厦门的物流企业，如厦门航空公司（或者是厦门机场）与台湾的业者进行战略联盟，面向国际国内市场，共同发展航空物流。

（四）构筑厦门对台转运中心

厦门港要进一步增强对台集装箱航运核心港口的功能，完善辐射海西经济区以及江西等中西部腹地的陆路交通体系，加大覆盖大陆沿海港口内贸集装箱班轮运输网络的广度和密度，吸引海西经济区江西等中西部内陆腹地、大陆沿海港口及其腹地的对台集装箱货物更多地从厦门港转运。要打造对台大宗散货转运通道，由于台湾许多大宗散货需求特别是矿建材料和砂石大量依赖从大陆进口，可见打造便捷和顺畅的通道是成功转运的关键。要推动两岸旅客往来的便利化和快捷化，继续经营厦金客运的黄金通道，大力发展从厦门港出发的环台湾邮轮旅游，推动大陆旅客在厦签证赴台旅游和两岸车辆通过厦台间的客滚船舶跨岸通行。要打造各类专业货种对台集散中心和分拨中心，如台湾水果和

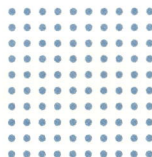

农产品、中药、石材、金门高粱酒、化工原辅料、光电产业原辅料和产成品等专业货种均可结合港口功能、临港工业区、台商产业集中区以及各类物流中心区，合理规划建设成对台的集散中心和分拨中心。

（五）推动两岸客运枢纽建设

在港口客运方面，加大力度完善对台客运基础设施，积极发展厦台海上客运航线，提升厦台海上客运服务能力，不断壮大客运市场。扩大厦金航线功能，培育厦澎航线，吸引更多两岸同胞来厦旅游或经厦往来两岸旅游。大力开展海上邮轮业务，争取开辟以厦门为母港的台湾海峡邮轮航线。

在航空客运方面，推动金门到厦门及至内地，可通过海空联运，实现"一票到底"的全程连续运输。在厦门、台湾两地机场开展"无缝隙通关"，实现两岸往来一路畅通。发挥高崎机场作用，便利台湾旅客进出。加快推进翔安机场建设，充分发挥翔安机场在改善两岸关系中的示范作用，充分利用厦门独特区位优势和国家赋予的"先行先试"政策，本着"共同投资、共同建设、共同经营、共同受益"的原则，扩大闽台民航合作，加强与金门方面的协商合作，引进台资参与机场建设，将翔安国际机场建设成为与金门的共用机场，发挥机场的桥梁、纽带作用，促进祖国的和平统一。同时，大力推进金门到翔安国际机场的便捷通道建设，实现无缝对接，使台湾旅客不需要换乘，直接到达翔安国际机场专用候机大厅，快速、便捷地飞往世界各地，将翔安国际机场的辐射范围扩大到整个台湾地区，使厦门成为两岸直接往来的综合枢纽。

（六）有重点地引进台湾物流企业

台湾在便利店与量贩店的共同配送方面积累了丰富的经验，引进具有强大的集货能力、有庞大国际网络的台商物流企业来厦门以多种方式从事社会共同配送业务，提供第三方物流的服务。重点引进以下几种物流中心：一是由制造商向下整合发展的物流中心。制造商为降低商品流通成本、增加商品的竞争能力，便自行出资设立物流中心，这类由制造商发展的物流中心，包括统一集团的捷盟物流，泰山集团的彬泰物流，味全集团的康国物流、联强物流等。其中捷盟物流仅单纯配送体系内所需物品，其主要客户便是7-Eleven、统一面包的加盟店等。二是由经销商或代理商向上整合所成立的物流中心，如德记洋行、农林集团的侨泰物流等，其供货商品广泛，包括食品、日用品、冷冻等，且供应对象不拘，包括全省便利商店、超级市场、零售商、量贩店等各种零售渠道。三是由零售业者向上整合发展的物流中心，如顶好惠康超市的惠康物流、全台物流等，前者便是负责提供顶好惠康超市的各种食品及日用品。四是由货运业者发展的物流中心，如大荣货运、新竹货运、中连货运等，其主要客户不拘，囊括全省便利商店、超级市场、零售商、量贩店等，提供低温及常温商品。这种由货运业者发展的物流中心，相较于其他物流中心而言，先天就具备有专业、熟练的物流技术、区域性配送能力，以及广布全省的配送网络等优势。通过引进这些物流企业，可完善厦门物流配送体系，提升厦门物流业整体服务水平，做大厦门物流规模。

在运输业方面，重点要在航海运输、航空运输等领域引进台湾实力强的航运企业。重点吸引资本规模在5亿元以上的大型航空、海运或陆运运输者，如大荣货运、新竹货运、东源储运、永通交通等。同时重点引进高科技物流业者，满足高科技业者对运输高标准要求，配合光电产业发展的物流需要。鼓励以两岸合资经营航运公司、码头企业、港口服务企业的形式，加强港口的招商引资工作，设置台商投资装卸作业区、物流园区，提高台资在厦门港口和航运业的参与度。在货物代理服务、金融服务、货物保险、信息服务和航运业派生的各种服务业等领域也可引进相关的台湾物流企业，以提供完整一体化的物流服务，提供物流资讯、库存管理、物流方案设计等增值服务以及完整的物流解决方案等现代物流服务。

（七）建设台湾农产品物流合作平台

充分发挥台湾农产品集散分拨中心的作用。引进台湾农产品物流企业，加强与台南果蔬协会等农业协会合作，由这些协会把台湾一些高优特农产品输送到厦门，经加工后辐射到祖国大陆。鼓励台商在厦门设立农产品物流配送中心，吸引台资农产品物流配送企业来厦门设点，帮助台湾水果经营者开拓国内市场，扩大厦门的辐射力。完善配套的市场、仓储、物流等设施，利用厦金直航的便利条件，简化农产品通关手续，完善中埔农产品批发市场和加快高崎中心渔港建设，建设农产品信息中心、检测检疫中心，为台湾农产品流通提供快捷服务，使厦门成为台湾农产品进入大陆的重要中转地；协调相关部门，创造良好口岸环境，继续推动并完善我市的扶持和鼓励措施。

参考文献：

［1］厦门港口管理局．集美大学航海学院．厦门港对台航运工作的创新与政策研究［R］.2013 年 6 月．

［2］陈鼎瑜．在推动对台航运上争取新作为［J］.中国港口，2010（07）．

［3］李照．厦门港与高雄港竞争与合作策略研究［J］.中国港口．2010（02）．

［4］林汝辉，加强厦台物流合作.促进两岸三通发展［R］.厦门市发展研究中心，2006.

［5］厦门市台办，厦门对台工作简报［R］.2014（04）．

［6］厦门市交通委员会，厦门市现代物流业"十二五"发展规划.2010 年．

［7］厦门市统计局.2013 年厦门特区统计年鉴［M］.中国统计出版社，2014.

［8］蔡良涯．继续推进大港口大联运大物流建设［J］.港口经济.2011（05）．

［9］王勇军．厦门加快构建海西港口物流中心［J］.港口经济.2009（09.

［10］王学来．厦门港全方位打造东南沿海航运中心［J］.港口经济.2007（02）．

［11］孟愈．两岸直航对闽台港航物流的影响及前景［J］.中国港口.2009（05）．

课 题 组 长：林汝辉
课题组成员：刘飞龙　黄榆舒　董世钦　黄光增　郑　东
课 题 执 笔：林汝辉　郑　东

第三节　对台贸易中心

厦门经济特区因台而设，在发展对台经贸方面积累了丰硕的成果，特别是在贸易、金融、航运等领域开展了众多对台先行先试政策。国务院批复《厦门市深化两岸交流合作综合配套改革试验总体方案》提出了建设大陆对台贸易中心，并将其作为贯彻落实综合配套改革的重大平台载体之一，"美丽厦门"发展战略也提出了将厦门建成两岸交流的窗口城市。建设大陆对台贸易中心，旨在进一步发挥厦门对台先行先试优势，在两岸深度融合发展、共同发展方面寻求突破创新，继续当好服务和平统一的排头兵。

一、2013 年对台贸易中心发展情况

2013 年，为贯彻落实好"美丽厦门"发展战略和综合配套改革方案，围绕构建大陆对台贸易中心"三平台、三中心"载体平台，进一步加快完善基础设施建设，积极争取相关配套政策，大陆对台贸易中心稳步发展。

大陆对台贸易中心是厦门市贯彻落实两岸交流合作综合配套改革的重大平台之一，旨在整合两岸资源和服务优势，携手两岸及全球贸易主体，在两岸国际贸易方面开展一系列先行先试的合作。

> **专栏：两岸贸易中心载体基础设施**
>
> 两岸贸易中心是集商品、服务、技术、信息及金融支付于一身，融贸易经济、电子商务、会展经济、综合物流、要素服务为一体的综合性平台，将打造成为贸易体制创新实验区和两岸及国际贸易对接示范基地。
>
> 两岸贸易中心项目分两期完成，总建筑面积约达 30 万平方米，包括已建成的项目一期——两岸商务会馆（位于厦门国际航运中心）和新建项目二期。
>
> 一期作为两岸贸易中心总部初创期的形象载体，将在现有的行政服务平台、物流服务平台和金融服务平台上新增建设商务推广平台，具体规划为企业办公商务中心和提供登记注册、商务接洽、商品展示与发布、虚拟办公等公共性服务功能的商务会馆。招商对象为两岸商业社团及厂商、市场策划推广机构、大型船公司及物流公司，境内外货代、船代企业，内外资银行、保险机构，以及来自两岸及境外金融机构的资金营运中心、分支机构或代表处。
>
> 二期将定位为市场化运作和政府功能配套相结合的综合性商务楼宇，其中政府功能体现为 2.5 万平方米的公共服务平台（主要包含采购与订货大厅、培训中心、会议展览中心及电子门户网站办公区），其余以市场化形式对外招商引资。招商对象为两岸三地的知名贸易型公司、国际性行业商协会、跨国集团地区总部、台湾及境外的商协会、跨国企业区域运营中心、进出口商品展览销售企业、专业性检验检疫机构及实验室、咨询策划机构、会计师事务所等。

（一）发展情况

1. 对台贸易情况

（1）对台贸易稳步增长

2013 年，全市对台贸易进出口额 80.95 亿美元，同比增长 5.9%，其中进口额 66.71 亿美元，同比增长 7.9%，出口额 14.24 亿美元，同比减少 2.9%。主要进口商品为液晶显示板、印刷电路、处理器等，主要出口商品为微型机部件、印刷电路、液晶显示板等。

赴台投资步伐加快，新增赴台投资项目 5 个，投资额增长 8 倍，三安光电并购台湾璨圆光电股份项目再创大陆对台投资最大项目；冷链合作再上台阶，新达成 3 个落地项目，台湾冷链物流技术与服务联盟进驻两岸贸易中心；商贸合作进一步加强，新引进台资商贸企业 54 家。

（2）对台农产品贸易增长显著

2013 年全市进一步完善和落实两岸农产品贸易的奖励政策，在原有对台湾水果、水产品奖励政策基础上，新增台湾大米进口奖励政策。通过实施奖励政策，推动厦门成为两岸农产品贸易的集散地。厦门口岸台湾水果进口量达 13 400 吨，同比增长 72%，继续保持大陆进口台湾水果最大口岸；厦门累计进口台湾水产品 2 388 万美元，达到上年同期的 16 倍，超过过去 5 年厦门进口台湾水产品总和；进口台湾大米 80.92 吨，我市是 2013 年大陆唯一进口台湾大米的口岸。

（3）对台小额贸易增长明显

大嶝市场进口额达 8 037 万美元，同比增长 20.5%，同益码头进口额 3 608 万美元，同比增长 3.2 倍。增长较快主要得益于两个方面：一是同益码头在 7 月被海关总署列为第二批试行更开放管理措施的对台小额贸易口岸；二是 2012 年 11 月国务院批准大嶝对台小额商品交易市场个人免税携带额由 3 000 元提升至 6 000 元。

（4）两岸专业展会取得积极成效

2013 年在厦举办涉台经贸类展览 20 个、会议 100 余场，4 月新增赴台举办厦台礼品暨文具展，设立展位 20 个。两岸建筑建材暨装饰产品展在台湾已成功举办 8 届，厦门在这一展会中发挥了独特的作用，两岸建材展自举办以来已成为两岸业界的一个知名品牌盛会，是两岸建筑建材行业开展经贸往来的重要平台，是大陆在台连续举办时间最长的展会。2006 年至 2013 年，共组织 284 家企业参展，落实展位 602 个，达成 635 项合作项目。厦台佛事用品展已在台连续举办了六届，6 年来共组织了 83 家企业，270 个展位，累计成交额 5 000 多万美元。

（5）载体平台建设进展顺利

两岸贸易中心项目一期设有 2 720 平方米的商务公共服务平台，在 4 月份台交会期间如期揭牌，公共服务平台具备了日常办公、商务洽谈、产品发布和会务等各项功能。同时，配套制定招商扶持政策，对两岸贸易中心公共平台予以资金扶持，已下达扶持资金 452 万元。公共平台吸引了台湾地区众多商会协会入驻，截至 2013 年年底已有 64 家台湾商协会及企业入驻，引进注册资金超 3 亿元，带动了两岸经贸交流与合作。

（6）对台先行先试再获突破

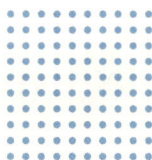

大陆首个水上公共游艇保税仓库正式启用，同益码头试行更开放管理措施对台小额贸易口岸，国家质检总局出台意见支持厦门建设两岸贸易中心、大嶝对台小额商品交易市场等载体建设。

2. "三中心"发展情况

（1）台湾商品大陆营销中心

进一步优化口岸服务、物流配套及争取市场准入方面的先行先试，台湾农产品、食品、医药保健品和化妆品等一批涉台专业市场加快发展；大力推进设立台湾商品共同物流中心，打造台湾商品大陆集散中心；建设台湾商品的网上交易平台和台湾商品的网上商城，利用电子商务拓宽台湾商品的销售渠道。

（2）区域性大宗商品交易中心

以现有的海关特殊监管区为重点发展区域，培育物流产业集群区，着力构建第四方物流平台；以银祥油脂菜籽粕期货交割仓库为基础，大力争取设立相关油脂类期货交割仓库，积极培育和发展大宗商品期货交易市场；充分利用已经形成的专业市场，积极引导重点商品进口与专业市场的对接，加快建立成品油、电煤、石材、化工等大宗商品交易中心，逐步形成区域性资源配置和定价中心，推进区域大宗商品集散地建设。

（3）服务贸易商大陆服务中心

积极争取和用好用足 ECFA 后续服务贸易协议先行先试政策，通过引进和培育一批服务贸易商，如金融保险、软件信息、航运物流、商贸流通、电子商务等，打造两岸服务贸易商大陆服务中心。

3. "三平台"建设情况

（1）企业总部平台

加快两岸贸易中心总部项目规划和政策的制订实施，项目一期选址象屿保税区内的国际航运大厦，已于 2013 年 4 月 12 日正式投入运营，目前入驻两岸贸易中心的台湾地区商会公会 18 家，企业 25 家；项目二期目前已进行概念性设计，规划总建筑面积约 15 万平方米，功能定位为商品展示交易、商贸会议服务和贸易综合服务平台，建成融合口岸服务、商品交易、贸融服务和物流服务为一体的第四方物流平台。

（2）专业市场平台

一是大力推进电子商务项目，积极推进台湾东森集团率先在厦开展电子商务业务；二是继续完善大嶝对台小额商品交易市场、台湾水果销售集散中心、对台图书交流中心、台湾酒业集散中心、台湾大米集散中心、两岸冷链物流产业合作试点等专业市场和平台建设，并加快建设石油、植物油脂、化工原料、肉类、水产品和游艇等大宗商品交易市场，积极争取各类经营资质，建立大宗商品交易促进机制；三是推动台湾海运快递业，争取开放两岸海运快递并落户厦门，吸引两岸优质特色商品经厦门分拨两岸各地。

（3）公共服务平台

一是搭建贸易服务功能区，完善集口岸联检、报关、船舶代理、物流等进出口物流服务功能为一体的物流服务平台，以及集银行、保险、贸易结付和融资担保等贸易配套金融服务十一体的金融服务平台，为入驻企业创造良好的经营环境。二是搭建产品展示平台，充分利用两岸贸易中心一期的行业商协会产品展示区，重点针对台湾商协会，不定期组织相应协会、企业举办不同主题的、小规模、阶段性的行业主题产品展销会及功能展示，做到阶段性主题化。三是构建第四方物流平台，加快二期的规划建设，建设融口岸服务、商品交易、贸融服务和物流服务为一体的第四方物流平台。

（二）存在的问题

1. 贸易环境有待进一步优化

监管能力和方式有待提升，例如海沧保税港区现行的通关模式及监管流程基本按照口岸货物业务设置，不适用加工企业和保税物流业务，通关流程十分繁杂，未能实现保税港区"港区一体"、保税政策优势与港口功能优势相融合的目的；现行的通关模式不便利，进口台湾商品具有品种多、数量少、批次多的特点，而目前大嶝市场通过基本按照一般贸易方式监管，导致申报效率低，企业进口通关不畅。

2. 贸易政策有待进一步松绑

现有贸易政策优势出现弱化，例如保税港区区内企业没有一般纳税人资格，不能开据增值税发票，贸易功能尤其是进口分销权、国内贸易功能受到制约。营业税改增值税后，保税港区内航运企业、保税仓储物流企业因没有一般纳税人资格不能进行增值税抵扣，实际税率增加。保税港区内加工贸易企业入区原材料按料件退税，内销按成品征税，相对于区外加工贸易企业，税收优惠倒挂，从而造成企业税负增加。

3. 贸易范围有待进一步突破

贸易范围拓展和业务发展滞后，业务模式较为单一，实际开展的业务主要集中于加工贸易、保税仓储物流及港口运输装卸，而国际采购、国际分销和配送、国际中转、商品展示、研发、检测、维修、航运金融等业务功能发展较为滞后。

二、2014 年厦门对台贸易中心发展环境分析

（一）国际经贸环境

从国际看，在各国宽松政策的刺激下，世界经济复苏步伐有所加快，发达国家经济有望延续回升向好态势，进而带动全球贸易增长回升。但全球经济仍处于政策刺激下的脆弱复苏阶段，美国即将退出量化宽松货币政策，将对全球经济和金融市场带来重大影响。此外，全球范围内贸易保护主义仍在加剧，也将在一定程度上影响全球贸易复苏，厦门对台贸易将受波及。

一是世界经济复苏力度仍不强劲，全球贸易需求总体偏弱。在技术进步缺乏突破的情况下，发达国家难以形成新的市场热点，居民消费中低速增长，企业投资意愿不强，经济内生增长动力不足。与

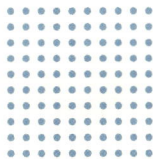

此同时，发达国家财政整固步伐加快，美国财政赤字率继续下降，日本提高消费税率，欧元区重债国继续增税减支，一些新兴大国结构调整滞后，将进一步削弱全球经济增长动力。国际货币基金组织预计，2014年世界经济将增长3.6%，增速比2013年略高。世贸组织预计，2014年全球贸易量增长有望加快，预计增长4.5%，但仍将低于过去20年5.4%的平均增速。外需市场增长疲乏，厦门对台贸易特别是加工转口贸易市场将受影响。

二是量化宽松政策退出影响贸易市场。随着美国经济增速回升、金融市场企稳、失业率下降，市场普遍预期美联储将在2014年年初开启退出量化宽松政策进程，这有利于保持资产价格稳定，防止泡沫积聚。与此同时，量化宽松政策退出可能抬高发达国家金融市场利率，促使国际资本从新兴经济体向发达国家回流，导致新兴经济体股市、汇市大幅波动，而为了阻止资本外流，新兴经济体需要收紧货币和财政政策，这又会使本已低迷的经济增长雪上加霜。一方面，发达国家回流的资本将刺激本国需求的扩大，对做大我市对台贸易规模产生有利的影响。另一方面，新兴经济体经济风险将增大，使得这一高速增长的市场需求可能出现萎缩，进而影响贸易市场。

三是全球范围内贸易保护主义回潮。近年来，主要经济体之间掀起商签自贸协定潮流，推动全球贸易投资自由化深入发展，贸易自由化和便利化措施有所增多。但主要发达国家失业率仍然处于历史较高水平，一些新兴经济体制造业发展陷入困境，各国倾向于通过保护本土企业、促进就业的做法重振经济发展内生动力。据英国智库全球贸易预警近期统计，金融危机5年来，二十国集团成员出台的贸易限制措施中，近90%仍在实施，贸易保护主义形势依然严峻。特别是针对中国产品的贸易摩擦有增无减，2013年前三季度，17个国家（地区）对中国出口产品发起救济调查63起，增长10.5%；美国对中国的电子、通讯、机械等出口产品发起337知识产权调查15起，占其同期立案数量的1/4以上，涉及中国不少战略性新兴产业的大型龙头企业。

（二）两岸经贸环境

近年来，金融危机、欧债危机影响下世界经济形势恶化，大陆市场对于台湾经济的重要性更加凸显，依托大陆市场、深化两岸经贸合作，成为加快台湾经济转型升级、增进台湾民众福祉的必由途径。目前，两岸经贸合作步入"深水区"，2013年签署了《海峡两岸服务贸易协议》，为两岸服务业合作提供更多优惠和便利的市场开放措施，两岸经贸合作迈上了一个新台阶。2014年，国内方面，党的十八大和十八届二中、三中全会所确立的一系列改革创新举措将深入实施，特别是在加快自由贸易区建设上将有更大突破，对外开放合作水平进一步提升，市场活力进一步释放，经济运行将保持总体平稳态势，这些都为两岸经贸继续深化合作创造了良好条件，但同时国内经济运行存在下行压力，国际国内的不确定性因素增多，将对2014年贸易发展带来负面影响。台湾方面，经济形势每况愈下，处于严峻的衰退局面，2013年前三季度经济增长率与其他"三小龙"拉开了差距，民间消费乏力，薪资待遇水平倒退至16年前水平，民间投资近年年均增长率仅为0.6%，政府负债水平高企也无余力做更多投资，而欧美经济复苏缓慢，令外贸发展难以起色；虽然两岸签署了"服务贸易协议"，但鉴于民进党的拖延阻扰，至今尚未真正生效实施，两岸贸易发展还有待进一步突破。总体来看，两岸经贸深化合作亦是顺应市场规律的大趋势，2014年两岸经贸环境有利有弊，总体向好，具体表现在以下方面：

一是两岸贸易合作开启新局面。十八届三中全会提出构建开放型经济新体制，具体包括：放宽投资准入；统一内外资法律法规，保持外资政策稳定、透明、可预期；依托上海自由贸易实验区试点为全面深化改革和扩大开放探索新途径、积累新经验；扩大对香港特别行政区、澳门特别行政区和台湾地区开放合作等。新目标的制定将促进国际国内要素有序自由流动，实现资源高效配置和市场深度融合，打造法制化营商环境，推进经济运行机制与国际化接轨，这将为两岸营商环境的系统对接提供良好契机和途径，从而有效降低两岸经贸合作的交易成本，促进两岸经贸合作更好更快发展。

二是两岸贸易步入转型升级期。国际经济环境很难摆脱金融危机的阴影，总体需求不足、资源要素制约等挑战严峻。同时，美国的"再工业化战略"、欧盟的"2020 战略"、日本"重生战略"等都旨在抢占全球产业制高点。为此，两岸在国际制造业领域的市场份额和发展空间面临着被双重挤压的风险。未来两岸贸易要创造新的优势，关键是适应新环境，进行转型升级，从原先注重贸易规模的扩张转到注重贸易的"含金量"上来，将更加注重产品的环保及高技术含量等方面，从注重制造业贸易转到注重服务业贸易上来，并不断提高贸易便利化水平，加快发展跨境电子商务等新型贸易方式。同时，将加快创新两岸企业合作模式，推进两岸企业结盟，共同研发、共享市场渠道、共创品牌等。

三是两岸服务贸易迎来黄金机遇期。一方面，大陆正处于工业化、城镇化加快推进的重要阶段，随着新型城镇化建设和产业结构优化升级，对拓展及提升两岸服务业合作的需求也更为迫切。台湾成熟的管理经验和先进的经营模式将服务众多的大陆消费者，进而将带动大陆服务业发展。另一方面，台湾经济增长缓慢，受制于岛内市场狭小，占地区生产总值约 7 成的台湾服务业发展也正遭遇瓶颈，传统服务业市场在逐步衰退，新型服务业尤其是金融与物流领域，急需拓展新的发展空间。在这样的背景下，两岸签署的服务贸易协议，让两岸服务业大融合、大发展成为可能。协议明确了两岸服务市场开放清单，在早期收获基础上更大范围地降低市场准入门槛，大陆对台开放共 80 条，台湾对大陆开放共 64 条，双方市场开放涉及商业、通讯、建筑、分销、环境、健康和社会、旅游、娱乐文化和体育、运输、金融等行业。台湾服务业发展起步较早，现代物流、金融服务、商务服务、高端旅游、服务外包、文化创意等现代服务业发展具有优势，服务业体系和机制也较为完善，岛内诸多中小企业已经具备研发创新和开拓海外市场的能力，在生产性服务业和生活性服务业方面，可以为大陆服务业发展提供经验与借鉴，可以预见，2014 年两岸经贸合作的广度和深度都将实现新的突破。

（三）闽台厦台贸易环境

一是两地贸易受环境影响明显。国际方面，贸易摩擦加剧，受此影响，大陆台资企业向欧美市场出口将减少，自台湾地区进口的设备和原材料相应减少，福建作为台商分布较为密集的区域，所受冲击不可避免；国内方面，针对对台经贸合作交流，全国各地将纷纷出台优惠举措，从提供财政补贴到税收减免，从便利的通关环境到全方位的政务服务供给，使得各地对台贸易竞争趋向白热化，江苏、浙江、广东等地抢夺市场份额的能力不断增强，福建及厦门要冲出重围将面临较大阻力。

二是外贸发展空间进一步拓宽。当前台湾正在启动"黄金十年"和"自由经济示范区"规划，而以福建为主体的海峡西岸经济区经过几年建设已经取得重大进展。国务院在批准《海峡西岸经济区发展规划》之后，又相继批复了《平潭综合实验区总体发展规划》和《厦门市深化两岸交流合作综合配套改革试验总体方案》等，福建在两岸关系发展中的战略地位和前沿平台作用进一步凸显，闽台贸易尚有较大拓展空间。厦门在贯彻执行综政政策两年来，围绕对台的基础设施、载体平台建设和两岸经

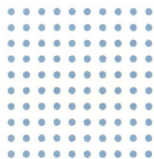

贸均得到较快发展，"厦门自由贸易试验区"建设也将加快推进，2014 年厦台贸易发展将跃上新台阶。

三是两地经贸合作将全方位展开。2014 年，闽台、厦台经贸合作将进一步围绕 ECFA 协议、两岸服务贸易协议等签署内容，继续深化合作，重点吸引台湾电子信息、机械制造、石化、生物医药、农业等优势产业来闽、来厦投资，拓展服务贸易合作的范围，重点加强两地在金融、医疗、文化等领域的合作，两岸也将积极协调口岸、关检部门的对接，进一步简化程序，在出口退税、报关、报检方面提供优质服务，推进闽台、厦台贸易通关便利化。

三、2014 年厦门对台贸易中心发展展望

2014 年，世界经济形势虽有可能好转，但随着全球贸易保护主义盛行，贸易摩擦将愈加频繁，外向型经济明显的厦门对外贸易特别是对台贸易将受冲击，但随着两岸大交流、大合作、大发展的趋势不断强化，2014 年厦台经贸合作将朝纵深方向发展。

一是两岸服务贸易协议生效将带来积极效应。服务贸易协议的签署开启了两岸服务贸易正常化、自由化进程，将促进两岸服务业合作领域的拓展和相互投资的增长，从而改变两岸产业合作长期以来以制造业为主的格局，为两岸经贸注入新内容新动力，双方一次性承诺市场开放项目达到 144 项，释出的市场空间巨大，为台湾服务业者带来商机，特别是惠及台湾中小企业（如电子商务、旅行社、印刷业、游戏、文创类企业等，同时也将惠及相关制造业者，如大陆承诺对台开放电子商务优惠幅度大，将吸引台湾电商业者西进投资设点，而通过电子商务的辐射作用，岛内传统制造业有机会进驻大陆网购（线上）市场，从而带动岛内传统制造产业的发展，增加就业机会；服务业跨境投资实现的服务"本地化"，将为制造业跨境投资运营提供更好的服务，从而有利于促进大陆台商企业转型升级，以及陆资赴台的健康发展。两岸服务贸易市场相互开放的另一个预期是通过消除投资贸易壁垒，实现资源优化整合，推进形成两岸企业竞合发展、互利共赢的良好局面。

二是产业合作水平进一步提升。在新兴产业合作上，厦门将充分利用世界科技进步和台湾高新技术企业向岛外拓展带来的机遇，加强厦台高新技术产业对接，重点推进新能源、新材料、生物技术与新医药、节能环保、海洋经济、服务外包等战略性新兴产业合作。在金融业合作上，依托正在建设的两岸区域性金融服务中心，对台湾金融资本进入实行优惠措施，支持厦台金融机构双向互设、相互参股，鼓励台资来厦设立各类金融机构，在设立合资证券公司、区域性股权交易市场等方面先行，进一步开放金融市场，为厦台实业合作提供更好的金融服务。在物流业合作上，积极推动厦台两岸主要港区对接，支持两岸保税港区、保税物流园区、出口加工区等海关特殊监管区加强沟通联系，共同加快建设两岸物流合作基地和物流配送中心。在服务贸易合作上，将着力推进会计、养老、会展、视听等领域先行对台开放，积极吸引台湾企业服务外包转移，联合承接全球软件开发、数据处理等服务外包。鼓励台胞设立独资医院、个人诊所、休闲养生机构。推进图书出版、创意设计、工艺美术等文化产业合作。

三是两岸自由贸易试验区的推进将大力促进对台贸易增长。《厦门自由贸易园区总体方案》已经由省委、省政府转报国务院，未来厦门或朝着成为一个遵循 WTO 无歧视原则的、境内关外的，集自由投资、自由贸易、自由金融（含离岸金融、两地金融）等功能为一体的综合性自由经济区的方向迈

进，厦门对外贸易的空间将被进一步打开。

四、2014 年对策建议

围绕"扩大对台贸易规模、优化对台贸易结构、改善对台贸易环境"这一目标，进一步加强对台贸易合作力度，推动厦台贸易合作向更广范围、更大规模、更高层次迈进。

（一）争取中央对台贸易政策支持

1. 争取 ECFA 先行先试政策。厦门在下一步落实 ECFA 后续谈判成果中，要争取获得国家有关部门的更多支持，积极推进贸易和投资便利化，扩大对台贸易渠道，推动更多新放开的贸易商品通过厦门口岸进出大陆，争取更多的台资企业来厦投资和更多的在厦企业赴台投资，把厦门构建成为 ECFA 时代两岸贸易投资的重要平台。

2. 争取重点商品经营资质。争取国家有关部委在涉台项目的审批及监管等方面能够优先考虑或授权厦门，重点争取国家发改委、商务部在市场准入资格、大宗商品经营资质与配额指标上的支持，以及国家食药总局在保健品、化妆品等进口资质上的支持。

3. 争取台湾海运快件业务。争取海关总署、交通部和邮政总局支持，开放厦门与台湾的快件海运，建立健全厦台海运快件通关模式，促成厦门作为两岸快件海运集散地形成。

4. 争取信息互认互换试点。争取国家质检总局支持，推动建设 ECFA 证书两岸联网核查系统，推动 ECFA 原产地证书电子信息的实时交换和互认试点工作，实现监管互认、信息互换。

（二）加快贸易创新和产业转型升级

1. 推动外贸转型升级。大力培育外贸竞争新优势，支持跨境电子商务等新型贸易方式和外贸综合服务企业发展，增强中小民营企业拓展国际市场的能力，推动国际商务平台和国际营销网络建设，做大做强优势产品出口基地；鼓励企业扩大大宗原材料和资源性商品进口，加快建立成品油、电煤、石材、化工等大宗商品交易中心。学习上海做法，推动企业在区内区外统筹开展经营活动，促进企业到区外投资拓展业务。将保税区、保税物流园区荒料石材分拨业务向海沧保税港区或岛外新设的特殊区域转移，打造国际石材交易中心。

2. 积极拓展贸易融资功能。允许民间资本发起设立自担风险的民营银行、金融租赁公司和消费金融公司；积极引进厦航、正阳等融资租赁企业落户区内开展融资租赁业务；加快培育跨境电子商务服务功能，试点建立与之相适应的海关监管、检验检疫、退税、跨境支付、物流等支撑系统。

3. 加快发展服务外包业务。加快对外文化贸易基地建设。申报国家对外文化贸易基地，吸引更多文化企业入区开展文化保税业务。拓展以物流、研发、维修、检测等为主要内容的服务外包业务。支持现有检测企业做大业务规模，将检测业务拓展至其他企业产品，开展第三方检测服务；积极引进第三方检测鉴定企业入区运作；引进新科宇航飞机发动机维修等更多高技术、高附加值、无污染产品的维修业务。

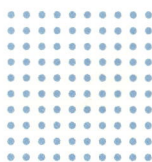

（三）加强对台贸易载体平台建设

一是继续完善已有载体平台建设。大力推进对台小额商品市场二期扩建，进一步完善台湾水果销售集散中心、闽台中心渔港等项目载体功能，加快两岸云计算合作示范区、厦门台湾创新科技产业园、闽台文化产业园的核心园区等其他重大平台的建设、项目招商和落地运营。

二是开辟新型对台特色专业市场。探索在两岸新兴产业和现代服务业合作示范区内，规划建设集台湾商品集中采购、批发零售、展览展示和商务办公于一体的大型台湾商品集散中心。

三是加快物流及其配套基础设施建设。加快刘五店港区、周边路网的建设，建立完善、高效的物流集散系统。

（四）推进服务业扩大开放

1. 推进投资管理体制改革。借鉴国际通行规则，对外商投资试行准入前国民待遇，研究制定外商投资与国民待遇等不符的负面清单，改革外商投资管理模式。对负面清单之外的领域，按照内外资一致的原则，将外商投资项目核准制改为备案制，由厦门市负责办理；将外商投资企业合同章程审批改为由厦门市负责备案管理，备案后按国家有关规定办理工商登记相关手续。改革审批方式，实行"一口受理，并联审批"，"先照后证"，将前置审批变后置审批等改革措施。

2. 促进服务贸易发展。围绕金融服务、航运服务、商贸服务、专业服务、通讯服务、教育服务、旅游服务、文化服务、社会服务等重点领域制定扩大开放措施，暂停或取消投资者资质要求、股比限制、经营范围限制等准入限制措施（银行业机构、信息通讯服务除外），营造有利于各类投资者平等准入的市场环境。

（五）创新"境内关外"监管服务模式

1. 推进实施"一线放开"。建立舱单预申报海关监管模式，允许企业"先入区、再集中申报"，探索简化进出境备案清单，简化国际中转、集拼和分拨等业务进出境手续。实行"进境检疫，适当放宽进出口检验"模式，创新监管技术和方法。

2. 坚决实施"二线管住"。加强电子信息联网，通过进出境清单比对、账册管理、卡口实货核注、风险分析等加强监管，促进二线监管模式和一线监管模式相衔接，推行"方便进出，严密防范质量安全风险"的检验检疫监管模式。

3. 进一步强化监管协作。加强海关、质检、工商、税务、外汇等管理部门的协作。统合及协调各部门之间的职能，加快建立一体化信息平台，完善一体化监管方式，推进组建统一高效的口岸监管机构，探索特殊区域统一电子围网管理，建立风险可控的海关监管机制。

（六）探索与自贸区相配套的税收政策

1. 实施促进投资的税收政策。注册在特殊监管区内的企业或个人股东，因非货币性资产对外投资等资产重组行为而产生的资产评估增值部分，可在不超过 5 年期限内，分期缴纳所得税。对区内企业以股东或出资比例等股权形式给予企业高端人才和紧缺人才的奖励，实行股权激励个人所得税分期缴纳政策。

2.实施促进贸易的税收政策。特殊监管区内企业生产、加工并轨"二线"销往内地的货物按其对应进口料件或按实际报验状态征收关税（即选择性纳税），试行起运港退税政策。开展融资租赁和融资租赁出口退税试点，对区内注册的国内租赁公司或租赁公司设立的项目子公司，经国家有关部门批准从境外购买空载重量在 25 吨以上并租赁给国内航空公司使用的飞机，享受相关进口环节增值税优惠政策。在大嶝岛试行离岛免税政策。

（七）加强贸易管理和服务体制建设

1.加强"大通关"机制建设。加快口岸监管模式创新，规范贸易便利化工作流程，提高通关申报、查验、放行、后续监管等环节的信息化应用水平，营造收费规范、便捷高效、服务一流的口岸环境。加快铁路、公路、空港建设，加强与港口航运对接，提高疏港和货运效率，提升口岸辐射能力。

2.加强定向招商项目支撑机制建设。以大陆对台贸易中心、两岸新兴产业和现代服务业合作示范区为平台，以先进制造业、现代服务业、战略性新兴产业为导向，吸引外资做大做强实体经济，夯实发展贸易的产业基础。推动市政公用、城建规划、交通、民政、文化、教育、卫生等行业扩大开放。大力发展总部经济，引进世界 500 强、民营 500 强、省内 500 强企业的国际贸易总部、跨国结算中心、区域性销售中心等，建设总部型进出口基地。引进培育金融保险、品牌营销、咨询策划、法律会计、会议展览、航运物流等商务型、功能型、综合型中介服务机构，完善城市服务功能。

3.加强财税金融政策扶持机制建设。整合财政金融信贷商务等领域促进开放型经济发展的扶持政策，扩大扶持资金规模，在电子商务、国际货物贸易、国际转口贸易、国际服务贸易、国内外贸易融合发展等方面，支持基地和园区载体建设、公共服务平台建设、企业主体发展、人才引进和培养等。研究制定符合国际惯例的促进贸易及相关产业发展的财税政策。积极争取设立国家财富管理金融综合改革试验区。引进境内外金融机构，完善汽车金融、科技金融、贸易金融、航运金融、消费金融等产业金融服务体系，加快发展中高端金融后援服务和金融创新，为国内外贸易提供各种融资、贴现、结算、担保、保险、风险管理等金融服务支撑，推动建设跨境贸易人民币结算和融资业务中心。

4.加强国际经贸人才支撑机制建设。实施国际经贸人才开发计划，建立和完善以市场为导向、与国际贸易中心建设相适应的经贸人才使用评价机制。加强与对外经贸大学等国内外知名专业院校合作，引导驻厦高校调整专业设置和人才培养方向。职业学校和专业培训机构要建立订单式培训制度，努力解决企业用工短缺问题。对引进的高层次、紧缺贸易人才，在户籍和居住证办理、住房、医疗保障、子女就学、家属就业等方面提供便利。对引进的境外贸易人才，按照国家有关规定简化出入境手续。

5.加强国际贸易秩序法治环境机制建设。依据法律、法规和国际惯例，完善仲裁规则，建立金融、海商海事、知识产权等专门仲裁机制，提高贸易纠纷仲裁专业化水平和国际化程度，打造国际知名仲裁机构；各类商事纠纷专业调解机构依照国际惯例，采取多种形式解决贸易纠纷；各级司法机构要依法完善贸易纠纷审判机制，加大案件执行力度。支持行业协会、商会、企业和专业服务机构开展贸易摩擦协调、产业损害预警等公平贸易工作，积极应对反倾销、反补贴、保障措施等贸易摩擦案件。支持企业开展海外知识产权注册登记，建立企业海外知识产权维权援助工作机制。积极争取在国

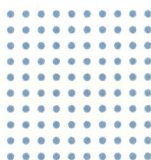

内率先开展商贸流通立法试点。

参考文献：

［1］崔苏卫．ECFA 与苏台经贸合作的效应和路径分析［J］．江苏商论，2010（10）．

［2］黄建忠，袁姗．两岸服务贸易自由化评估及福建对台服务合作——基于两岸加入 WTO 与 ECFA 中服务贸易开放承诺的比较［J］．亚太经济，2011（04）．

［3］吴忠吉．海峡两岸经贸交流的现况与远景［J］．经济学动态，1995（07）．

［4］邓敏，王敏娟．两岸履行与完善 ECFA 的博弈分析［J］．国际经贸探索，2011（05）．

［5］唐宜红，林发勤．服务贸易对中国外贸增长方式转变的作用分析［J］．世界经济研究，2009（03）．

［6］中共厦门市委政策研究室．推进特殊区域贸易创新，建设厦门自由贸易区调研报告．前期专题调研成果汇编．2013．

［7］胡石青．台湾服务贸易领域因应加入 WTO 的措施［J］．海峡科技与产业，2001（02）．

［8］文岚．论越南广西原生态旅游资源信息结构与服务贸易的发展［J］．商场现代化，2008（31）．

［9］戴淑庚，林捷泉．后 ECFA 时期粤台经贸合作可持续发展研究［J］．商业研究，2011（11）．

［10］石细云．ECFA 对苏台经贸合作的影响及对策［J］．群众，2011（05）．

［11］段浩广，侯贺良．黄文荣：鲁台交流值得期待［J］．走向世界，2010（30）．

课题组长：陈国清
课题组成员：彭梅芳　欧阳元生　许　林　陈菲妮
课题执笔：陈国清

第十二章 机制创新

第一节 自由贸易区

一、2013 年厦门海关特殊监管区域发展情况

海关特殊监管区域是我国全方位、多层次对外开放战略实施和适应国际经济格局变化、借鉴国际自由贸易区成功经验发展我国经济的产物。海关特殊监管区域对推动我国外向型经济发展，特别是对加工贸易和现代物业的发展发挥了不可替代的作用，在引用外资、扩大就业、引用两个市场资源、技术转移、推动产业升级、促进沿海和东部地区率先发展等方面作出了重要贡献。

厦门市依托象屿保税区、保税物流园区、翔安 B 型保税物流中心的特色，充分发挥港区一体化和特殊区域的功能优势，吸引美国戴尔、台湾友达光电等龙头企业落户厦门，每年不仅为厦门带来几百亿产值，提供诸多就业岗位，而且带动上下游产业链延伸，促进产业转型升级。象屿保税物流进出口值占厦门市保税物流进出口值的 74%，加上保税物流园区，两区保税物流占厦门市保税物流的 93%。这些海关特殊监管区域的设立，对促进厦门经济建设、海西对外发展、实现国家区域总体发展战略都具有十分重要的作用。

（一）发展情况

1. 海沧保税港区

2008 年 6 月由国务院最新批准设立，是我国开放程度最高的海关特殊监管区域，土地面积规划为 9.45 平方公里，涵盖港区、物流园区、出口加工区等，一期实施范围 4.6 平方公里，2009 年年底建成包括东集中查验区公建配套工程、区内集疏运通道等市政配套工程在内的基础设施。海沧保税港区的建设，对放大海西效应，推进"三通"直航，扩大两岸经贸合作与交流产生直接影响。2013 年 1—

10 月，海沧保税港区货物吞吐量累计 3 053.56 万吨，同比增长 36.68%；集装箱吞吐量累计 309.08 万标箱，同比增长 25.9%，海沧保税港区货物吞吐量占海沧港货物吞吐量的 63%；加工制造企业累计完成工业总产值 43.2 亿元；累计完成进出口额 11.9 亿美元，同比增长 12.36%，税收收入累计 6 656.4 万元，同比增长 19.45%。体现了海沧保税港区的发展优势。

2. 象屿保税区

象屿保税一期 0.64 平方公里，1992 年封关运作，二期 1.55 平方公里，是全国唯一具备海、空、港、铁路优势的保税区，也是我国 13 个保税区中占地面积最小的两个保税区之一，区内产业以现代物流为主，90% 以上企业从事保税仓储、国际贸易和转口贸易，物流企业的进出口总额占全区的 85%，列全国 13 个保税区之首。象屿保税区内企业已经形成成熟的运作体系，管理机构对海关特殊监管区域功能政策、趋势预测已经形成较为成熟、系统的研究体系，拥有一批熟悉海关特殊监管区域功能政策的人才。2013 年厦门象屿保税区完成生产总值 57 亿元，比增 12.8%；进出口总额 57.9 亿美元，比增 15%；物流营运收入 71 亿元，比增 10%；商贸营业收入 430 亿元，比增 13%；工业生产总值 19 亿元，比增 2.4%；财政总收入 7.48 亿元，比增 11%；固定资产投资 30 亿元。

3. 保税物流园区

保税物流园区 0.7 平方公里，首期 0.29 平方公里于 2005 年 12 月封关运作。该区域还具备作为海峡两岸人民币结算试点的条件，作为海关总署"三区整合"的唯一试点单位，未来同东渡港区、保税区一起整合为象屿保税港区。该区域整合后，将与海沧保税港区形成功能完全重叠的两大片区。

4. 翔安保税物流中心（B 型）及大嶝对台贸易市场

2008 年 12 月 26 日，火炬（翔安）保税物流中心正式获得国家批准设立，总规划面积 34.15 万平方米。2009 年 6 月 5 日，（翔安）保税物流中心通过国务院联合验收组验收并正式揭牌，保税物流中心的设立，引导保税物流由简单的仓储、运输向"供应商库存管理"、增值加工、配送等高端方向发展，明显降低企业物流成本。

大嶝对台小额商品交易市场规划面积 0.85 平方公里，主要业务有对台小额贸易、商品展示等，其中首期开发 8.14 公顷，设 504 个店面，设立交易区、仓储区、台湾停泊点和经营服务区，实行全封闭管理。

（二）存在的问题

1. 功能相互叠加

厦门 4 个海关特殊监管区域，虽各自存在着业务功能多元化，但彼此之间仍存在着业务类型同质、功能重复、政策叠加的问题。同时，保税区与保税物流园区的重叠使得货物只是从一个区移到另一个区，还没有获得产量的根本性增加，造成了部分仓储资源的浪费。

2. 管理不到位

中央对海关特殊监管区域调整思路仍在探索中，海关特殊监管区域受国家政策影响，政出多门且多变，法规滞后，海关虽为主管部门，但各配套管理部门之间无统一的机构协调，常常会造成对政策认识和执行不到位。保税港区、保税区虽号称"境内关外"，但由于法律法规限制，实际上只有海关监管部门执行了此政策，其他相关管理部门如国检、税务、金融、财政等配套并没有实现真正意义上的"境内关外"管理。

3. 基础环境和通关服务方面优势有限

一是通关效率在国内保税港区中不具备优势。一方面由于厦门海沧保税港区实际运营时间较短、经验较为缺乏，对现有政策研究、把握仍有欠缺，企业需求还未能转化为监管部门成熟的通关模式，一定程度上影响了通关速度。

另一方面海关在厦门海沧保税港区未设立独立的海关机构，厦门海关驻海沧办事处作为海关的派出机构，不具备行政主体资格，相关业务事项需厦门海关授权或审批，制约了监管业务的工作效率。此外，区域的分散和区域内使用各自海关代码的现状，使得彼此之间不能进行无缝对接，货物不能在各个区域间自由流通，限制了海关特殊监管区域功能政策优势的发挥，因而不能真正成为拉动经济增长的助推器。

4. 存在无序竞争的情况

随着其他物流园区基础设施的完善、招商政策的出台以及岛内产业的外移，加上国务院对于海沧建立保税港区的批复，未来海沧的集装箱吞吐量将有大的突破，但同时也对东渡、象屿码头构成竞争。厦门目前的港口货物吞吐量还未有较大的突破，容易造成各区域吃不饱，企业间为生存压低价格的无序竞争局面。

5. 经济腹地小导致港口资源明显低于吞吐能力

长期以来，经济腹地小是厦门港发展的最大瓶颈。厦门海沧保税港区港口明显处于"吃不饱"的状态，腹地资源不足影响了港口优势的发挥，港口作业率与真正的大港存在明显差距。显然，一个闽南经济带的腹地，不够支撑厦门海沧保税港区的发展需求。

二、2014 年厦门对台自由贸易区发展环境分析

（一）台湾规划建设"自由经济示范区"

为应对亚太区域合作新形势，促进台湾经济转型升级和加入跨太平洋伙伴关系协议（TPP），积累自由化经验，尽快与 TPP 接轨，台湾当局公布《自由经济示范区规划方案》将在高雄等地规划"自由经济示范区"试点，推动台湾成为"亚太自由经贸中心"，并将其纳入马英九寻求连任竞选纲领"黄

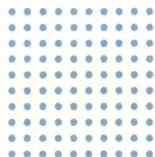

金十年"愿景中，最终实现将台湾建设成"自由贸易岛"的目标。

1. 主要内容

（1）核心理念

以自由化、国际化与前瞻性为核心理念，大幅松绑对物流、人流、金流、信息流及知识流的各项限制，打造便利的经商环境。并落实市场开放，让台湾加速走向"自由贸易岛"。规划"自由经济示范区"是马英九当局"黄金十年"愿景中的重要组成部分，也是马连任后经济施政的重要任务之一。

（2）规划建设"自由经济示范区"分两阶段推动

第一阶段是将台湾已设立的"台北港、台中港、基隆港、高雄港、苏澳港"及"桃园国际航空城"的"五海一空"等6个自由贸易港区直接升级为"自由经济示范区"，发挥其"境内关外"的核心作用，通过"前店后厂"的模式，结合临近县市的各类产业园区，于北中南地区同步推动，以发挥各地资源及产业特色，提高经济效益。第二阶段则待"自由经济示范区特别法"通过后推动，届时将向岛内各县市开放申请，不排除其他任何地区。

（3）"自由经济示范区"重点发展四大高端产业

台湾"经建会"初步规划在示范区重点发展智慧运筹、国际医疗及农业加值等产业，同时推动不限产业的国际产业合作，利用岛外资金及技术，结合台湾产业链优势及商品化的能力，开拓大陆及其他新兴市场。例如，引进资金及原物料，通过技术商品化或加工，打造MIT品牌，营销全球；吸引国际人士（含大陆人士）来台接受重症治疗、健检与医美，连带促进观光、养生、生技医材、保险法务等产业发展。在产业合作方面，可在示范区内引进日本光学技术，并与大陆合资，进行面板生产，以免税方式进入大陆市场；区内工具机厂可结合日本技术，补足产品线，共同开拓新市场。

（4）"自由经济示范区"纳入金融与服务业

自由经济示范区可能打破"实体"园区概念，并考虑纳入金融业与服务业。外籍（含大陆籍）商务人士可以拿"入境卡"进市区观光，离台前先在试验区内的名品街买齐台湾精品，通过物流服务将"战利品"寄送回家。开放更有弹性的人民币金融服务，为台湾地区发展"人民币离岸中心"创造有利条件。从而达到整合世界资源与市场以发展自身的目的，也为将来整个台湾经济体与其他经济体之间进行经贸活动自由化探索经验，奠定基础与动力。

（5）对大陆采取较积极的开放政策

台湾当局希望通过自由经济示范区与大陆特区开展"区对区"的合作，将示范区打造为吸引跨国企业前来投资的区域经济集成平台。表示未来示范区可利用ECFA优势，结合大陆及跨国企业资金合作，与大陆古雷半岛石化业、平潭综合实验区共同开发合作，同时还可在示范区内发展面板业，引进日本技术，利用大陆资金在台生产，以免税方式进入大陆市场，建立"新黄金三角合作模式"。

2. 新的政策和措施

（1）通过法规松绑提升企业生产力，让企业有非常自由的经商环境，为台湾走向区域经济整合做准备。对区内外资由世界贸易组织协定迈向自由贸易协议（FTA）/TPP，给予自由贸易协议（FTA）/TPP待遇。对区内陆资由两岸经济协议（ECFA）迈向WTO，给予WTO待遇。

（2）对外（陆）籍专业人士工作（商务居留）前 3 年薪资所得减半计税，对台商所得汇回示范区进行实质投资实行免税，免申报海外所得。

（3）对于跨国企业在示范区内设立区域营运总部，并新增投资或创造就业达一定标准者，总部设立 3 年内，自国外关系企业取得的管理服务、权利金、投资收益等，汇入台湾实质投资可享营所税 10% 的优惠。示范区内事业投资高度创新研发支出金额 15% 限度内，3 年内抵减各年度应纳营利事业所得税额，但不超过各该年度应纳营利事业所得税额的 30%。

（4）实施"突破法规限制，创新管理机制"新政策。为建设全面自由化、国际化的优良经商环境，台湾当局在推动策略上实行"突破法规框架，创新管理机制"。在租税、人才引进等方面出台优惠政策，包括放宽国外白领专业人士工作限制、农工原料及货品免税自由输出入、开放服务业市场并放宽投资限制、简化土地使用并提供租金优惠，以及建置高效率的单一窗口服务。此外，在符合实质投资的条件下，也允许区内企业在海外所得汇回、取得专利技术、聘雇国外人才、从事研究发展，享有合宜的租税待遇。

（二）中国（上海）自由贸易试验区

2013 年 8 月 22 日中国（上海）自由贸易试验区经国务院正式批准设立，于 9 月 29 日上午 10 时正式挂牌开张。试验区总面积为 28.78 平方公里，范围涵盖上海市外高桥保税区、外高桥保税物流园区、洋山保税港区和上海浦东机场综合保税区等 4 个海关特殊监管区域。《中国（上海）自由贸易试验区总体方案》明确建设上海自贸试验区，要使其成为推进改革和提高开放型经济水平的"试验田"，形成可复制、可推广的经验，发挥示范带动、服务全国的积极作用，促进各地区共同发展。

1．规模

（1）外高桥保税区（10 平方公里）1990 年 9 月正式启动，是全国第一个，也是目前全国 15 个保税区中经济总量最大的保税区。

（2）外高桥保税物流园区（1.03 平方公里）是国务院特批的全国第一家保税物流园区，同时是上海市"十一五"期间重点规划的三大物流基地之一，于 2004 年 4 月 15 日通过海关总署联合验收小组验收。与外高桥港区连成一体，距离外高桥保税区仅有 3 公里。

（3）浦东机场综合保税区（3.59 平方公里）2010 年 9 月 28 日正式运作，位于我国东部沿海经济带与长江流域交汇点，紧邻货邮吞吐量世界第三的浦东国际机场，又处于亚、欧、美三角航线上。

（4）洋山保税港区（14.16 平方公里，其中陆域面积：6.85 平方公里，岛域面积：7.31 平方公里）2005 年 12 月 10 日在洋山深水港开港时正式启用，是上海市和浙江省跨区域合作建设，实行海关封闭监管的特殊功能区域，也是我国第一个保税港区。

2．功能

推进国际贸易结算中心、融资租赁、期货保税交割功能，扩大保税船舶登记试点规模，研究建立具有离岸特点的国际账户等 10 项功能先行先试，即：深化国际贸易结算中心试点运作、融资租赁功能全面发展、以期货保税交割功能促进大宗商品产业集聚、扩大保税船舶登记试点规模、推动机场区港

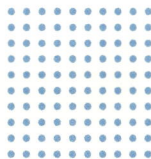

一体化迈出实质性步伐、做大洋山保税港区国际中转集拼业务、全面推进亚太营运商计划、探索"前店后库"联动模式、试点全球维修检测业务、研究建立具有离岸特点的国际账户。

3．政策

（1）开放人民币资本项目

上海自由贸易试验区的试点内容涉及金融方面的包括利率市场化、汇率自由汇兑、金融业的对外开放、产品创新等，也涉及一些离岸业务。申请试点人民币资本项目下开放，并且这一改革方向不会因为短期的流动性变化、热钱流向的变化而变化。

（2）构建离岸金融中心

离岸金融业务是自由贸易区的重要组成部分，也是与人民币资本项目开放一脉相承的。上海自由贸易试验区的离岸金融中心，人民币汇率价格发行机制能使外流资金更好地周转，提高人民币使用的效率。

（3）税收优惠

注册在上海自由贸易试验区内的企业或个人股东，因非货币性资产对外投资等资产重组行为而产生的资产评估增值部分，可在不超过5年期限内，分期缴纳所得税。

个人所得税方面适用中关村等地区试点的股权激励个人所得税分期纳税政策。在符合税制改革方向和国际惯例的前提下，积极研究完善适应境外股权投资和离岸业务发展的税收政策。

（4）贸易领域监管模式创新

上海自由贸易试验区将实施"一线逐步彻底放开、二线安全高效管住、区内货物自由流动"的创新监管服务新模式，这是与上海综合保税区的主要区别。所谓"一线"，是指国境线；"二线"是指国内市场分界线，也就是自由贸易试验区的空间分界线。创新监管模式提出要将一线监管集中在对人的监管，口岸单位只做必要的检验检疫等工作，特别是海关方面将不再采用批次监管的模式，而采用集中、分类、电子化监管模式，达到自由贸易试验区内人与货物的高效快捷流动。

（5）推动外贸物流创新发展

整合了外高桥保税区、外高桥保税物流园区、浦东机场综合保税区、洋山保税港区等四大保税区后的上海自贸区利好外贸物流。长江是全球最大的内河水运通道，被称为黄金水道。上海港90%的集装箱货源来自长江经济带，浦东机场将成为全球最大的货运机场也依赖长江经济带。

4．上海自由贸易试验区的主要任务

一是加快政府职能转变。积极探索建立与国际高标准投资和贸易规则体系相适应的行政管理体系，推进政府管理由注重事先审批转为注重事中、事后监管。提高行政透明度，完善投资者权益有效保障机制，实现各类投资主体的公平竞争。

二是扩大投资领域开放。选择金融、航运、商贸、文化等服务领域扩大开放。探索建立负面清单管理模式，逐步形成与国际接轨的外商投资管理制度。改革境外投资管理方式，支持试验区内各类投资主体开展多种形式的境外投资。

三是推进贸易发展方式转变。积极培育贸易新型业态和功能，推动贸易转型升级。深化国际贸易

结算中心试点，鼓励企业统筹开展国际国内贸易，实现内外贸一体化发展。提升国际航运服务能级。

四是深化金融领域开放创新。加快金融制度创新，建立与自由贸易试验区相适应的外汇管理体制，促进跨境融资便利化。推动金融服务业对符合条件的民营资本和外资金融机构全面开放，鼓励金融市场产品创新。

（三）十八届三中全会《关于全面深化改革若干重大问题的决定》

中国共产党十八届三中全会《关于全面深化改革若干重大问题的决定》明确提出，构建开放型经济新体制。适应经济全球化新形势，必须推动对内对外开放相互促进、引进来和走出去更好结合，促进国际国内要素有序自由流动、资源高效配置、市场深度融合，加快培育参与和引领国际经济合作竞争新优势，以开放促改革。

建立中国上海自由贸易试验区是党中央在新形势下推进改革开放的重大举措，要切实建设好、管理好，为全面深化改革和扩大开放探索新途径、积累新经验。在推进现有试点基础上，选择若干具备条件地方发展自由贸易园（港）区。

加快自由贸易区建设。坚持世界贸易体制规则，坚持双边、多边、区域次区域开放合作，扩大同各国各地区利益汇合点，以周边为基础加快实施自由贸易区战略。改革市场准入、海关监管、检验检疫等管理体制，加快环境保护、投资保护、政府采购、电子商务等新议题谈判，形成面向全球的高标准自由贸易区网络。扩大对香港特别行政区、澳门特别行政区和台湾地区开放合作。

（四）各地纷纷积极推进自贸区建设

上海自贸区获批后，全国各地掀起一股自贸区申报热潮。党的十八届三中全会公报提出的"放宽投资准入，加快自由贸易区建设"，更为各地申报提供了动力，数据显示，截至 2013 年 11 月中旬，各地在国务院备案的自贸区达到 8 个，分别是天津东疆、浙江舟山、福建平潭、山东青岛、河北曹妃甸、重庆两江新区、辽宁大连，以及广东南沙、前海和横琴。

1．广东省拟建立"粤港澳自贸区"

上海获批自贸区后，作为国内改革开放的排头兵的广东亦不甘居后。广东方面提交的方案是，拟定将广州的南沙、深圳的前海、珠海的横琴以及广州白云空港"打包"联建，申请以组团方式建立"粤港澳自贸区"，将侧重于服务贸易和金融开放。

粤港澳自贸区定位于"区域性自由贸易区"，将以服务贸易与金融开放为主。不同于上海的"国际多边性贸易地区"定位，粤港澳自贸区将实现贸易自由化，最终实现投资便利化、商品自由化。其中，南沙的定位为粤港澳全面合作示范区，是今后推动粤港澳服务贸易自由化的综合性平台；横琴新区定位为拥有"比经济特区更加特殊的优惠政策"的粤港澳紧密合作新载体，更多的会在创意产业、高端商务、现代旅游业方面加强和澳门、香港一体化的合作；前海新区会把金融创新摆在更重要的位置。

粤港澳自贸区将充分发挥港澳在国际经济中的突出地位和优势，推动更多高端资源向自贸区集中，使香港高端服务业的发展获得新空间和新平台，从而带动珠三角乃至华南地区经济结构的战略性

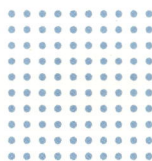

调整和经济质量的战略性提升。一旦粤港澳自贸区获批，将使该自贸区的内地管理体制与香港接轨。

2．天津版自贸区或命名为"综合改革创新区"

2013 年 12 月 27 日，国务院总理李克强在天津滨海新区考察时提出：希望天津作为中国北方最重要的港口城市，在新一轮改革开放中争当领军者、排头兵，积极探索促进投资和服务贸易便利化综合改革试验。

天津自贸区方案主要围绕"推动贸易便利化"、"从国家战略高度出发，结合天津具体情况制定"、"天津自贸区会落在东疆保税港区"等方面制定。滨海新区总面积 2 270 平方公里，规划填海面积共 500 平方公里。不同于上海自贸区落地在外高桥、洋山保税区等 4 个地方，天津自贸区将落在滨海新区东疆保税港区。

天津自由贸易区的主要定位是由天津东疆保税港区向天津自由贸易区进行转型。东疆保税港区将成为全球的飞机租赁中心、航空金融和离岸金融创新基地、国际航运融资中心。未来滨海新区将加快聚集新兴服务业和高端制造业，做大做强金融、航运两大板块。值得注意的是，在国际航运税收试点政策落地以后，天津东疆保税港区在国际航运、物流、仓储等方面的政策环境，已经和国际上的自由贸易港区十分接近。目前，东疆保税港区税收政策已经逐渐与国际接轨。根据相关政策内容，在东疆保税港区注册的航运企业，从事海上国际航运业务取得的收入；在东疆保税港区注册的仓储、物流等服务企业，从事货物运输、仓储、装卸搬运业务取得的收入；注册地在天津的保险（放心保）企业，从事国际航运保险业务取得的收入，均免征营业税。

三、2014 年厦门对台自由贸易区发展展望

为进一步扩大对外开放，需要寻找新的改革政策点、释放改革红利。厦门正在积极大胆探索在现有综合保税区等海关特殊监管区基础上，先行先试，积极主动对接上海自贸区，向中央申请建立厦门对台自由贸易试验区（XMFTZ），积极探索政府经贸和投资管理模式创新，扩大服务业开放，推动建设具有国际水准的投资贸易便利、监管高效便捷、法制环境规范的对台自由贸易试验区，推动完善开放型经济体制机制，打造海西经济"升级版"。建设对台自贸区是又一次更高层级的改革开放，它将远远超越"特区""新区"争取优惠政策的层面，探索要素市场开放、改革和制度创新的红利。自贸区内涵远比保税区、保税港区更丰富，红利不仅仅体现在税收上，更主要的是要素市场管制放开所形成的制度红利，这将把厦门市的经济发展带到创新驱动的发展模式中来。

厦门设立"对台自由贸易试验区"不仅是建设"美丽厦门"的一大重要举措，也是中央、省、市几代领导人的"自由港梦想"；不仅关系到今后厦门经济社会的长远发展，也关系到两岸经济今后能否实现进一步深度融合、共同发展。

第一阶段（起步阶段 2014—2015 年）以深化厦门市两岸交流合作综合配套改革试验为契机，以海沧保税港区为试点向中央申请建设"对台自由贸易试验区"改革试点及优惠政策，并列入我市深化两岸交流合作综合配套改革方案中。

第二阶段（发展阶段 2016—2018 年）展开厦台双边谈判，合作设立"厦金（高雄、台中）自由贸

易区"，同时上报国台办呈交两岸高层商议，并列入每年海峡论坛重要议题。

第三阶段（建成阶段 2018—2020 年）试点成功取得经验后，将自由贸易试验区政策扩大到全厦门岛范围。面向国际，突出对台，在全市范围内全面实行自由贸易区政策。

四、2014 年对策建议

（一）政策需求

（1）建立高效便捷的海关监管体制

一是一线放开，二线管住。简化与贸易有关的程序和障碍，货物在自由贸易试验区与境外之间进出，海关只实行电子报备管理；检验检疫部门对境外进入保税港区的货物只检疫不检验，对进入自由贸易试验区的国际航行船舶，实施电讯检疫或者码头检疫，一般情况下不实施锚地检疫；海事部门优先安排进出保税港区的船舶。

二是提高二线效率。对自由贸易试验区与区外之间进出货物，积极推广集中报关、提前报关、实货验放和属地报关、口岸验放等快捷通关模式，提高通关效率。加强与出口关系密切的国税、外汇、保险等部门协调，提高出口退税、出口结汇的效率。

三是允许自由贸易试验区内货物自由流动。区内企业货物流动和改变状态不需要向海关报送账册和报表，企业与监管部门数据交换和信息共享通过电子信息平台实现。在园区范围内不同地块之间的货物流转通过电子关锁等形式实现。

四是提升口岸服务水平。设立精简的监管协调机构，统一协调与口岸各管理部门相关的工作，建立港口与生产、仓储、港务、金融、保险、海事、代理等领域和管理部门的公共技术平台，大力推进与国际物流接轨的物流标准化和信息化进程，实现顺畅、高效的港口管理和物流运作。允许外国船舶自由进出，外国货物免税进口，取消对进口货物的配额管制。

允许外资金融机构进入对台自贸试验区经营，办理离岸金融业务。特别支持海峡两岸金融合作，率先在"自贸试验区"建立两岸货币清算机制。取消外汇管制，外汇可自由兑换，资金可自由转移。区内企业之间、区内企业与境外之间、区内企业与国内之间的贸易用外汇结算，企业收汇及支付外汇无需办理申请或核销手续，企业经营所得外汇实行意愿结汇。开展离岸金融业务。

（2）实行外商投资负面清单管理

在自由贸易试验区内创新对外开放模式，实行更加开放的贸易投资政策，实行外商投资项目负面清单管理。

（3）加快金融制度创新

在自由贸易试验区内对资本项目可兑换、金融市场的利率市场化和人民币跨境使用方面先行先试。积极争取开展信贷资产证券化常规化运作；推动跨境人民币结算业务发展，扩大人民币在贸易、投资、保险等领域的使用。

推进贸易投资便利化为重点，进一步推动人民币跨境使用，推进外汇管理简政放权，完善货物贸易和服务贸易外汇管理制度。探索设立民间资本发起的自担风险的民营银行和金融租赁公司、消费金

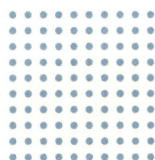

融公司。加速海外并购基金的设立和交易，并且在支付、税收、汇率、并购融资、审批等环节上提供便利。

（4）给予竞争性的税收政策

在自由贸易试验区废除针对外国企业的限制，促进贸易和金融的自由化。在自贸区内尝试人民币在资本账户下自由兑换，并进一步放开人民币汇率波动区间，增强汇率弹性。消除贸易壁垒，区内企业在国际贸易方面将享有更多灵活性和运营自由，还享有15%的优惠企业所得税税率。货物从试验区运往境外免征出口关税，从境外运往试验区免税，对区内企业不征增值税和消费税，货物从国内出口试验区给予出口退税。对园区内的企业所得税在一定期限内给予减免。对区内企业减按15%的税率征收所得税。

（5）建立两岸海关通关互信机制

参照世界主要自由贸易园区过境货物监管模式，由台湾启运经"厦门对台自由贸易试验区"出境的货物，两地海关通过互认单证和海关封志，实施快捷通关。从台湾进入"对台自由贸易试验区"流向国内台资企业的保税货物，经台湾海关查验并施封的部分货物免于查验，海关只核对承运人向海关递交的载货清单和在台湾的申报单复印件，提高验放效率。

（6）实行优惠的物流政策

允许国内、国外班轮公司承运的集装箱在区内可自由拆拼和中转。对境外进入"试验区"的货物，检验检疫部门只检疫不检验。对进入"试验区"的国际航行船舶，实施电讯检疫或者码头检疫，一般情况下不再实施锚地检疫。货物在"试验区"与国内之间进出实施分批出（进）区、集中报关的快速通关模式。

（7）支持承接台湾现代服务业

参照CEPA做法，对台商来厦门对台自由贸易试验区从事投资设计、银行、保险、物流等现代服务业给予放宽股比限制、降低资质和业绩门槛标准的优先待遇，支持厦门积极承接台湾现代服务业的发展。允许外资企业从事游戏游艺设备的生产和销售。

（二）具体措施

（1）整合全市范围内海关特殊监管区

以海沧保税港区为中心，整合与改革包括东渡港区、象屿保税区、象屿保税物流园区、高崎机场航空港、快件监管中心及厦金航线和邮轮码头等。并将翔安保税物流中心（B型）和大嶝对台贸易市场及新机场纳入自由贸易试验区框架内，逐步完成厦门对台自由贸易试验区建设。

（2）整合行政资源，建立高效、精简的统一管理机构

按照中央"运转高效、力求精简"的机构改革原则，减少层级管理，设立厦门对台自由贸易试验区管理委员会。借鉴深圳对三个海关特殊监管区域设立一个大管理局的模式，将厦门的海关特殊监管区域设定为由一个大管委会负责，赋予其相应的事务管理权以及相应的人事权，对外代表市政府主要负责厦门对台自由贸易试验区（含海沧保税港区、象屿保税区、保税物流园区、翔安保税物流中心（B型）和空港）建设和运作过程中对外的联系协调，以及自由贸易试验区内的日常管理事务并协调海关、国检等各相关驻区直属单位的沟通配合。

（3）整合设立厦门对台自由贸易试验区海关

承担厦门自由贸易试验区的整体监管工作，负责管理和协调各办事处的联系配合工作。统一海关代码。整合后的自由贸易试验区海关应积极主动争取海关总署支持，赋予其统一的关区代码，进一步加快货物流转，提高海关执法效能。

（4）构建统一信息平台，形成通关服务 5 个中心

构建统一的信息平台。坚持按照"功能互动、信息共享、监管联网"的思路打造自由贸易试验区统一信息平台，将各个海关监管区域和场所联动整合，实现海关、国检和代理等相关口岸查验、监理部门和企业之间信息的有效传递与共享，最终实现海关、国检等口岸部门把关与服务的有机统一，实现区域经济健康、快速发展的目标。运作模式可以现有的电子口岸信息系统为基础，在统一的信息平台下，由企业通过该平台录入申报数据，平台对企业录入申报的数据进行共享处理，这些数据分别传给海关、国检等监管部门的业务管理系统。海关、国检等监管部门对进出监管区域的货物进行有效监管后，相关的监管可以通过平台反馈给企业。

加快通关服务 5 个中心建设。一是建设审单中心。整合各个点的审单部门，在厦门岛内（国际物流中心）设立集中统一的自由贸易试验区审单作业中心，实现一站式审单作业模式和审单职能的统一规范管理；同时，在海沧、东渡、机场、同安和翔安等地设立审单作业点；形成以自由贸易试验区审单作业中心为中心、以各审单作业点为分支的辐射型审单作业网络。

二是建设风险中心。参照大保税港审单中心建设模式，在厦门岛内（国际物流中心）设立大保税港风险中心，并集中选拔具有较强专业知识的业务骨干，组成区域内的风险管理队伍，通过结合企业资信、进出口记录和货物情况等信息进行风险分析和布控，为现场海关监管和后续管理提供参考。

三是建设物流监控中心。以统一的信息平台和网络技术为基础，在厦门岛内（国际物流中心）建设集中物流监控中心，将各个监管区域的闭路电视监控系统纳入物流监控中心实行集中管理；同时，加大 GPS 途中监控力度和电子关锁应用范围，进一步提高通关效率、降低企业成本，为海关简化监管手续、加快货物自由流转提供技术支持。

四是建设统一的查验中心和转关中心。在东渡、海沧和同安三地各建设一处集中查验和转关中心，分别负责厦门岛内片区、海沧与集美片区、同安与翔安片区货物的查验以及办理转关监管手续。通过上述 5 个中心的建设，一方面实现海关监管的集约化管理模式，减少监管资源的浪费；另一方面也可以实现区域内执法尺度的规范统一，有效防控执法的风险，完善执法监督。此外，整合后的自由贸易试验区内，各个片区（区域）依托统一的信息平台实现相互间货物的自由流转，但在货物进出各区域时仍需要进行相应的备案、核销。需要对各区域的卡口进行电子智能化改造，安装电子车牌自动识别系统，实行卡口系统与信息平台的对接，实现卡口的自动验放，加快物流速度。

（5）发挥对台优势，大力推进厦台物流业合作

厦台物流业合作已有良好的发展基础，下一步应发挥厦门对台直航的基础和优势，充分发挥厦门对台自由贸易试验区政策优势，积极对接台湾高雄自由贸易港区；鼓励台湾海空航运企业、物流企业来厦投资兴业、开展合作，利用其雄厚资金实力、先进的物流应用技术和经营管理经验，推行辐射中西部省份和周边地区的物流通关模式，为两岸经贸往来提供更优质的物流服务，把厦门对台自由贸易试验区打造成大陆对台物流的桥头堡；争取与台中、台南开通滚装船，加快台轮停靠点等设施建设，

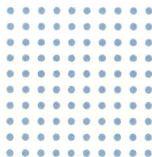

使厦门成为台湾农产品的重要中转口岸，建立台湾农产品在厦销售、集散、中转的便捷通道。

参考文献：

［1］成思危主编.从保税区到自由贸易区：中国保税区的改革与发展［M］.经济科学出版社，2003.

［2］孙玉琴.中国对外贸易体制改革的效应——贸易制度创新与贸易增长、经济增长研究［M］.对外经济贸易大学出版社，2005.

［3］董维忠.区域产业发展与保税区研究［M］.天津人民出版社，2002.

［4］曲建.对我国保税区管理体制模式的探索［J］.特区经济，2000（12）.

［5］李虹.加入WTO后中国保税区的发展思路［J］.经济界，2002（1）.

［6］李力.从保税区到自由贸易区［J］.特区理论与实践.1999（2）.

［7］林世雄 谢嘉晟：厦门畅想"自由港"梦［N］.福建日报，2013年7月23日.

［8］骆余民，易福进."自贸区"可让厦门成购物天堂.海峡导报，2013年7月13日.

［9］林小昭：南沙、厦门等地酝酿自贸区方案 突出区域特色［N］，第一财经日报，2013年7月17日.

［10］魏静.象屿海沧保税区料成厦门自贸区主体［N］.中国证券报，2013年11月29日.

课 题 组 长：龚小玮
课题组成员：姚厚忠　曾光辉　欧阳元生　陈燕霞
课 题 执 笔：龚小玮

第二节　社区管理创新

社区是指聚居在一定地域范围的人所组成的社会生活共同体，它是城市的基本构成单元。在空间上，社区是人们最常活动的范围，是人们进行生产、生活、交往、休息的场所；在文化上，社区中共同生活的人由于某些共同利益，面临共同的问题，会形成一种共同的社区意识，在精神上产生地方认同感，是具有文化维系力的基本单元；在组织上，社区是承载基层活动的载体，是基层共同管理、民主决策的基本单元。社区管理的水平与质量对社区居民的生活、基层社会管理和社会民生事业的发展具有重要影响。社区该如何更有效地承接企业和政府转移的社会管理职能、克服社区管理中的碎片化问题、完善和创新社区管理体制机制，成为中央和地方普遍关心的重要议题。

市十一届六次全会讨论了"美丽厦门战略规划"，除了产业转型，城市转型也是规划中的重要内容。探索建立共谋、共建、共管、共评、共享的社区管理体制机制，让老百姓感受到实实在在的变化，这是城市转型的落脚点和出发点。

一、2013 年厦门市社区管理的发展情况

厦门市辖区面积 1 573 平方公里，2013 年常住人口为 373 万人，下辖 6 个行政区、24 个街道办事处、13 个镇、479 个社区居委会和村民委员会（其中城市社区居委会 172 个、"村改居"社区居委会 154 个、村民委员会 153 个）。

近几年，厦门市社区管理工作在各级政府的支持和努力下，争创首批"全国和谐社区建设示范市"和全省社区建设先进县（市、区）以及示范社区，取得了较好的成绩。2012 年，全市有 8 个社区被民政部评为"全国综合减灾示范社区"，13 个社区获得省级"环境友好型社区"称号，20 个社区被评为"全省信息化建设五星级达标社区"；海沧区成为全国第九个、福建省乃至我国南部沿海地区第一个获得"全国社区管理和服务创新实验区"殊荣的单位。2013 年 7 月，民政部在海沧区召开"全国中期评估工作经验交流会"，海沧区推广了创新社区服务管理经验，顺利通过了中期评估；2013 年，海沧"政务综合体"入围"第七届中国地方政府创新奖"。我市在半年多"美丽厦门共同缔造"行动中，着力理顺政府引导、社会参与、群众自治有机结合的工作机制，推进社区管理机制和群众参与机制改革，逐步形成具有厦门特色的社区管理新格局。

（一）破解"行政化困境"

"行政化困境"是指社会居委会作为居民自治组织，本来应该是居民的"头"，但实际上却需要承担街道下派的大量行政事务，成为街道的"腿"，导致其不堪重负、功能错位。社区居委会属于第三部门，其功能是领导社区居民开展社区自治，而不赋予行政管理的职能。但实际上，随着社会重心的下移，政府各个部门的工作都下沉到社区，由居委会来承载，使得社区居委会实际上成了街道居委会下面的一级政府机构，承担着大量繁重的行政性管理工作。上面千条线、下面一根针，各个部门的条条块块，集中到社区就编织成一张巨大的网，死死困住了社区干部的手脚，使他们无法更多考虑如何为社区居民群众办实事、急事。从三大部门的关系来看，社区行政化问题实际上是三大部门关系严重错位，本应由属于第一部门（政府）所履行的职责被强加到居委会头上，而第二部门（市场）基本缺位，第三部门（社会）组织严重萎缩。结果，居委会不堪重负，不单社区自治很难推行，社区管理和服务的效率也非常低下，严重阻碍了社区的发展。

为破解社区的行政化困境，我市在"美丽厦门共同缔造"行动中开展了多项实践探索。

1. 转变职能，简政放权

为解决管理职责分散、政出多门、沟通不易问题，成立市、区社会工作委员会，整合资源，统一决策；为解决街道职能定位与社会发展形势不相适应问题，以转变社区职能为突破口，推进街道职能转变，弱化经济职能，强化社会职能，各街、镇建立社会事务中心，涵盖所有政府管理和民生保障职能；为解决部门条块分割与社区管理整合不相协调问题，积极推进社区简政放权，以此方便群众。比如思明区成立区社会工作委员会，研究制定了《思明区"美丽厦门共同缔造行动"试点社区工作实施

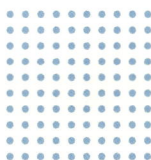

意见》，进一步明晰社区职责、理顺社区关系，推进社区工作"提标、提速、提效"，集中抓好公共服务。

（1）下放职权

一是赋予社区资源调配权。二是赋予经费支配权。三是强化社区人事权。四是赋予监督评议权。

（2）减少事务

思明区依据 2013 年 9 月制定的《思明区推动试点社区减负放权工作意见》，减轻事务负担，简化审批层级，提高服务效率。

（3）规范管理

在全省首个以市委、市府办出台文件并全面开展社区减负和规范挂牌试点工作。主要做法一是严格转入；二是规范台账；三是精简会议；四是统一考核；五是全面清理试点社区挂牌，对外只挂"社区党组织、社区居民委员会、社区工作站"三块牌子。全市社区组织办公场所牌匾清理规范工作在 2011 月底全部完成。

2. 建设队伍，提高素质

我市社区专职工作者、社会工作专业人才和社区专职志愿者三支队伍虽然得到不断充实和加强，但仍然存在一些问题：社区工作队伍管理行政化色彩较浓，素质结构不够合理，缺乏社区社会工作知识和自治能力，知识面也不够宽，岛内外待遇不均等。这些因素的存在，影响着社区工作队伍综合素质和职业声望的提高，影响着目前社区事多人少问题的解决。为解决这些问题，主要做法是逢进必考、加强培训、提高待遇和加强对台交流。

3. 顺畅渠道，完善机制

就像前文所说，条条块块给社区编织了一张巨大的网，死死困住了社区干部的手脚，使他们无法更多考虑如何为社区居民群众办实事、急事，导致居民诉求较强而现实反馈渠道不畅的问题。我市通过干部挂钩社区、完善民主监督和评议制度以及健全纠纷调整机制等加以改进。主要做法是设立社区事务监督委员会、建立民主评议社区工作制度、设立各职能部门的测评机制和建立物业评议制度。

4. 网格管理，信息惠民

解决事多人少的矛盾，解决社区群众管理需求提升与软硬件建设相对滞后的问题，可以通过完善社区网格化管理、实施"三网融合"工程以及实施信息惠民工程，加大系统整合和资源共享力度，提高基层工作效率和服务水平。

（1）社区网格化管理

立足社区人口机构及区域特点，转变传统的管理模式，搭建平台，整合资源，全市各区共划分 1 800 个网格，配备网格员和助理网格员 10 500 名，建成社区信息服务平台 347 个。以社区网格为服务管理的基本单元，建成区、街（镇）、社区三个层面网格化社会管理平台共计 223 个，其中，区级 1 个，街（镇）3 个，城乡各社区共计 219 个，其中城市社区 100%，即将建成或已制订方案计划推进的共计 107 个。社区工作人员通过"以块为主、条块结合"模块，运用信息化手段为网格内的居民提供全方位、全过程、全覆盖的管理服务。2013 年 3 月 18 日，新阳街道建成全省首个镇（街）级网格化指挥管理中心，它的网格管理是我市最佳践行案例，推进"责任网格化、信息规范化、管理精细化、服务人性化""四化建设"。海沧区还创造性地将区级网格化指挥中心与区级政务服务中心联合设置，将"五个中心"纳入其中，实现了从行政事项审批到居民应急求助的全方位服务，全面落实网格服务管理事项，及时响应居民个性化、多样化需求。

（2）社区信息平台

一是信息管理平台。将社区居民信息、志愿者信息、社区活动等各类信息进行系统化管理，实现需求和资源高效对接。二是移动办公平台。社区网格管理员携带智能手机入户察访，可为居民便捷查询有关政策规定及办事流程等；社区主任可通过手机终端及时掌握网格工作人员的工作情况。三是综合服务平台。居民不出社区，即可享受计生、劳动保障、民生救助等民生服务。四是社区安防平台。增设全球眼视频监控，社区服务人员可远程实时查看监控点具体情况。五是信息发布平台。拓展社区门户网站、社区信息查询触摸一体机、短信群发等发布渠道等，实现社区信息发布渠道多元化。

（二）破解"共同体困境"

关于社区的定义大概有 100 多种，但不管它们的侧重点和表述方式有怎样的不同，其核心内涵还是非常清晰的，那就是对"共同体"的追求。可以说，"共同体"是社区的本质。从这种意义上来说，虽然聚居在同一区域，但没有稳定的情感认同和交往合作的人群都不能算作成社区。社区建设的主要目标是：通过创造优美、舒适的生活环境，提升人的生活质量，使社区成为一个"生活共同体"；通过人与人的交往与沟通，形成祥和、团结、合作的社会环境，使社区成为一个"社会共同体"；通过互助共济，构成一种我为人人、人人为我的理想与道德境界，提倡诚信友爱、奉献，使社区成为一个"精神共同体"；通过强化社区团结、法律意识，构建共同的社会价值观和共同的精神追求，推动社区发展和社会协调发展，使社区成为一个"文化共同体"。然而，当前我市社区建设中面临的一个重大难题就是社区认同和社区参与严重不足。社区在相当程度上只是一个地域的概念，社区管理在相当程度上还停留在政府自上而下的运动式推动，社区居民的归属感不强、参与的积极性不高，使得社区建设实际上成了政府的"独角戏"，这就是所谓的"共同体困境"。

"美丽厦门共同缔造"行动的工作主线是转变工作方式，牢牢把握群众参与这一核心，积极推动工作方式从政府单向决策实施转向广泛发动群众共同参与，这与破解社区的共同体困境不谋而合。思明区和海沧区试点群众参与机制改革，初步找到了转变方式的"新路子"，搭建了群众参与的"新桥梁"。

1. 搭建平台，突出协同

针对居民对社区事务及活动参与不足、社区融合有待加强的问题，通过搭建居民参与平台，突出民间力量协同予以改善。海沧区创新培育"四民家园"等一批群众自治平台，规范管理"乡贤理事会"、"家长里短—妇女互助会"等自发形成的邻里组织，引导成立"四民家园"、"同心合意厅"等居民自治组织。思明区推进社区资源共享，鼓励居民自发组建"社区合唱团"、"读报小组"等群众性文化艺术组织，通过社区文化节等活动培育社区精神文化风尚，增强群众对社区的归属感。如在全区范

围建立首批 20 台 24 小时自助图书馆，提升社区文化氛围；开元街道市民学校夜间免费为辖内的英语演讲俱乐部提供教室及音响设备，方便英语爱好者开展活动。

2. 扶持组织，形成合力

为解决社会组织偏少与服务需求庞大相矛盾的问题，通过扶持社会组织发展壮大，提升社区服务的规模和质量。全市备案登记管理的社区社会组织达 390 多个。目前全市已有 11 家民办社会工作服务机构，专职工作人员约 50 人，其中持有社会工作职业水平证书的有 30 多人，其中 8 家民办社工机构入驻湖里区"孵化园"，享受优惠减免政策。全市先后投入 400 多万元购买民办社会工作服务机构的专业社会工作服务，以专职社工带领义工的模式深入社区开展专业服务，服务的对象包括流浪儿童、空巢老人、单亲妈妈、寄养孤儿、智障者等弱势群体。

主要做法包括：一是推进登记管理体制改革。2013 年 8 月，市委市政府出台《关于加快推进社会组织登记管理体制改革的实施意见》（厦委办发〔2013〕5 号）。自 2013 年 7 月 1 日起，除依据法律法规需前置行政审批及政治法律类、宗教类、社科类的社会组织外，其他社会组织的申请人均可直接向民政部门申请登记，取消了业务主管单位前置审查的环节。截至目前，直接在民政部门登记的社会组织已达 30 个。直接登记是大胆改革社会组织管理体制的有益尝试，为社会组织发展"松绑解套"，有效地激发出社会组织参与社会服务和管理的活力。二是改革政务审批服务方式。三是完善综合监督管理机制。四是扩大两岸组织交流合作。备案管理台湾经贸社团。筹备成立"厦门市两岸社会组织交流协会"。

3. 整合资源，同驻共建

全市的社区同驻共建活动进一步展开。迄今为止，共吸收约 100 名外来务工人员、台胞、外籍人士担任社区组织编外成员。2013 年 8 月，全市首个社企同驻共建理事会在海沧新阳街道兴旺社区成立。理事会组织企业共同参与厂区绿化、社会治安、孩子托管、纠纷调处、文体建设和共享等公共事务，建立企业与社区共同发展的良好机制。兴旺社区针对外籍人士、台胞、农民工居住集中、需求多元等特点，在社区"一站式"服务大厅设立咨询服务站，设立双语标识，招募会外语、懂闽南语的志愿者为他们提供个性化服务。吸收外籍人士参与社区服务，开展"心灵港湾"、"双语互动"、"外籍夫人沙龙"等活动，收到良好效果。充分发挥社区同驻共建单位、各类群团组织、社会组织、物业服务企业、业主委员会等各方面的积极作用，建立完善驻区单位联席会议制度，通过协商互动，形成合力。

4. 塑造品牌，多元服务

全市已建立 274 个社区志愿者服务站，组建各类社区志愿者服务队伍 950 支、注册人数达 12 万人。2013 年，我市社区服务品牌创建活动进一步深化。大力培育一批规范持续、成效显著、群众认可的社区服务管理品牌，涌现出一批先进典型。海沧区被确定为"全国社区管理和服务创新实验区"，顺利通过了民政部中期评估。湖里金山社区引进社区服务管理的先进理念，推进社区改革创新。另外，思明官任社区在全省率先开始为外籍人士和台胞提供个性化服务、湖里区兴隆社区吸收台胞参与社区组织开展公益性活动、集美区黄庄社区促进外来农民工融入城市社区。

特别值得一提的是海沧区整合长庚医院"台商太太团"等资源，打造"台胞义工志愿行"志愿服务工作特色品牌。广泛招募台商、台胞、台企员工加入志愿服务队伍，在长庚医院、社区志愿服务工作站、文明示范路设立台胞义工志愿服务点，定期开展医疗互助、洁净家园、亲情陪伴等形式多样的志愿服务活动。同时还有"同胞携手行"等活动，对社区内台胞开展专项对接与服务，走访联系台胞居民，与台湾社区对接学习。

5. 以奖代补，激发活力

思明区出台《思明区"美丽厦门共同缔造"试点行动"以奖代补"专项资金申报办法》，让更多居民和企业单位发挥专长优势融入社区建设，参与社会公共服务及管理，为"美丽厦门共同缔造"行动的延续开展增添后劲。一是扩大补助范围。二是规范资金使用。三是加强监督检查。通过以奖代补的激励机制，调动个人、单位共同参与社区建设的积极性，并逐步实现由参与一个项目向参与多个项目的转变、一次参与向长期参与的转变、一般管理向长期管理的转变。

海沧区出台《海沧区"以奖代补"试点项目操作实施暂行办法》、《海沧区"以奖代补"试点项目资金管理暂行办法》，围绕群众"房前屋后"的小事、实事，目前已启动首批 23 个"以奖代补"项目，计划资金 806.42 万元（其中共建资金 384.92 万元、奖补资金 421.5 万元），项目推进过程中广泛引导群众共同参与。

二、2014 年厦门市社区管理发展环境分析

（一）国内环境

党的十八大报告第一次把社区治理写入党的纲领性文献，明确指出"在城乡社区治理、基层公共事务和公益事业中实行群众自我管理、自我服务、自我教育、自我监督，是人民依法直接行使民主权利的重要方式。"党的十八届三中全会提到要统筹城乡社区建设，推进城乡基本公共服务均等化；激发社会组织活力，限期实现行业协会商会与行政机关真正脱钩，重点培育和优先发展行业协会商会类、科技类、公益慈善类、城乡社区服务类社会组织，成立时直接依法申请登记。自《社区服务体系建设规划（2011—2015 年）》实施以来，全国在构建基本公共服务、便民利民服务、志愿互助服务相衔接的社区服务体系上取得新进展。在现行法规框架下，按照"两个一体化"方式，2012 年民政部启动了全国性社会组织直接登记工作，全国社会组织管理体制改革正有序推进。这些都给社区管理创造了良好的外部发展环境。

（二）本市环境

省的九届十次全会提到要改进社会治理方式，推行城乡社区网格化服务管理模式，统筹网格资源，为居民提供高效便捷服务。随后省下发《关于减轻基层组织负担的十条规定》，减轻基层组织负担，进一步提升基层组织服务能力和服务水平。省委尤权书记近期要求我市努力先行先试，三个"率

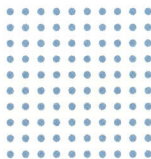

先实现"中提到率先实现社会治理体系和社会治理能力现代化。

从 2002 年我市出台《关于推进城市社区建设的实施意见》算起，我市社区建设和管理已经走过了 11 年的历程。2013 年提出的"美丽厦门"战略规划，我市实践半年多的"美丽厦门共同缔造"行动，核心在"共同"，基础在"社区"，并且创新性地把党的群众路线教育活动与发动群众参与社区管理结合起来，富有成效。2013 年 12 月出台的《改革决定》十大改革事项中，其中就有社会治理改革，我市对社区管理的重视程度可见一斑。这些都给我市社区管理创造了良好的外部发展环境。

三、2014 年厦门市社区管理的发展展望

社区管理体制改革是一项复杂浩大的系统工程，涉及经济社区建设的方方面面，核心问题是重构国家与社会关系。很多体制改革的深层次问题都会在社区管理体制改革中得到集中反映。社区管理体制改革的各种现实问题也只有通过深化体制改革才能从根本上得以解决。

（1）整合社区建设资源。建立市、区社会工作机制，统筹协调全市及各区社会工作。明确政府和社区的权责边界，转变街道职能，强化街道社会管理功能。完善社区网格化管理，优化管理网络，促进社区信息资源共享，推动形成区、街（镇）、居（村）三级联通互动的网格化社会服务治理体系。

（2）创新社区工作方法。完善居民（代表）会议制度，建立健全人民心声反映机制，定期讨论社区重大事务，由群众决定共同缔造项目。设立社区事务监督委员会，检查督促居民（代表）会议落实情况。建立民主评议社区工作制度，对社区干部、社区工作进行测评，把群众评价纳入社区考核体系。设立社区评议各职能部门的测评机制，作为对政府职能部门考核的依据。弱化行政考核，把政府的公共职能转到公共产品的提供和公共服务上来。建立物业与社区的相互评议制度。

（3）创新社区治理体制。理顺社区职能，推动简政放权，减轻社区负担。剥离社区组织行政职能，落实"权随责走、费随事转"。构建街（镇）机构主导、居（村）组织负责、社会组织协同、全体居民参与的基层社会治理体系。加快实施"村改居"社区治理机制改革。建立多元主体参与社区共治体系，引导驻区单位和基层各类群体依法有序参加社区"同驻共建"，实行财力共建、人力共建、项目共建制度。

（4）创新工作激励机制。健全"以奖代补"的激励机制。因地制宜，拓展"以奖代补"的内涵和外延。统筹确定"以奖代补"项目，合理确定奖励标准，制定项目立项和验收标准。实现"以奖代补"项目一般管理向建立长效管理机制转变。

（5）创新社会组织培育机制。继续推进登记管理体制改革，行业协会商会类、科技类、公益慈善类、城乡社区服务类的社会组织实行直接登记制度。推进社会组织去行政化和去垄断化改革，推行"一业多会"。争取出台政府购买社会组织服务管理办法，推动社会组织承接政府转移的职能。建立健全支持和发展志愿者服务组织的机制。建立社会组织孵化培育机制，建设国家级两岸社会组织孵化园区。

四、2014 年对策建议

分析社区管理的"行政化困境"和"共同体困境",结合"美丽厦门共同缔造"行动半年来的实践经验,可以看出我市主要采取一种"问题—需求"取向的路径看待社区管理。人们的注意力较多放在社区存在的各种问题以及其他不利因素之上,而忽视社区原本所存在的资源与优势。当采取"问题—需求"视角看待社区管理时,救济式、开放式等自上而下的帮扶模式成为当前社区管理的首选方案,多从社区需要、社区问题或社区缺失入手,着重找出社区存在的问题和社区居民的需要,进而解决这些社区问题,满足社区居民的需要。与此同时,各级政府官员的动员、指示和规划以及各类专家的主张、建议和对策出现在有关社区管理的各种讨论之中,甚至也成为主流媒体的主要表达方式,而作为社区管理的主体和社区管理的最终受益者居民却在此过程中失语了。社区居民被客体化了,他们的主体性、优势和能力等随之被忽视。一旦政府或外来的配置减少、短缺或取消,将会导致社区管理面临一系列的问题,这也是社区管理长期效果并不理想的重要原因。

所以,当前在社区管理中应由"问题—需求"转为"优势—资产为本",即重视社区的"优势",集中关注、洞察并利用社区内可获得的社区资产或社区优势、社区能力。所有人均是得天独厚、资源丰富及有能力的,就算是那些在社会和经济转变中最被边缘化以及最受损害的社群,也能转换为社区能力。在全市六区即将全面推开"美丽厦门共同缔造"行动的 2014 年,我市具体在以"优势—资产为本"为取向的社区管理对策建议如下:

（一）大力加强社区管理理论研究

这是优势视角的理论支撑。社区管理作为一种社会实践活动,自然需要一定的理论指导,否则就会变成盲目的实践,达不到预期目标。近年来,对我市社区管理实践的理论总结有了一些成果,但总体上看多是国内外社区与社区发展理论的引入,缺乏开创性的成果,社区发展理论研究与理论指导严重滞后。理论的滞后、实践的误区,以及社区发展的深入推进,都强烈呼唤有地方特色的本土性社区发展理论体系的建立,来推动我市社区管理发展的"名副其实"与"形神兼备"。政府、研究机构、高校加强沟通,共同促进我市社区管理理论的大发展。

（二）提高我市社区社会工作专业化水平

这是优势视角的人才支撑。社区社会工作是否能够实现专业化,专业的社区工作者起着至关重要的作用。一是对目前社区内的工作人员,在社区办统一指导下,依靠社会工作教育机构,有计划有步骤地对他们进行系统的在职教育和岗位培训,改变陈旧、僵化的工作理念与工作方法,努力提高他们的专业能力和专业水平。二是对我市高校社会工作专业学生,政府要加大对社区工作专业教育的资源投入,为社会工作专业的学生提供更加专业化与现代化的教学设施、更加自由和丰富的社区实践机会,建立健全包括本科、硕士生、博士在内的多层次的系统化的专业人才培养体系。三是建立社区工作资格认证和职务晋升挂钩制度,设置更多的社区工作岗位,切实提高社区工作者的社会地位和收入水平。

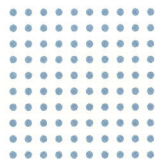

（三）加强社区组织的培育管理

这是优势视角的组织保障。社区组织是服务居民、参与社区管理的重要力量，它是社区工作的重要载体。主要做法包括：一是建立长期孵化培育机制。重点培育公益型、慈善型、环保型三类社会组织。二是改革备案制管理思路。按照"简化程序、宽进严督、重在服务"的原则，在现行社会组织直接登记的基础上，降低准入门槛，实行分类管理，建立监督评估机制，严格执行年度评审，设置社区居民对社会组织的评分环节，做到"进得来、出得去"，优胜劣汰，保证服务质量。三是完善政府购买服务机制。通过政府购买服务方式加强对社区社会组织的支持，积极开发社区购买项目，让社区组织更多地承接政府公共服务和社会管理事项。四是探索建构公务法人制度，定位好社区自治组织与政府和其他类型的决策、参与组织的关系，确认好社区民间组织的法律资格。

（四）厘清业主委员会和物业的关系

这是优势视角的重点实践。业主委员会和物业之间的矛盾由来已久。业主委员会法律地位不明、职责不清、运作不规范等问题，致使物业管理公司在物业管理法律关系中处于强势地位，常常发生损害业主合法利益而追诉无果的情况。为厘清业主委员会和物业的关系，可以采取的措施一是学习北京、温州等地的经验，使得我市业主委员会拥有独立的民事主体资格。二是探索将现行的物业管理费转化为物业税的做法。现阶段，物业管理公司作为企业直接向居民收取物业管理费用。时机成熟时，应转物业税，改由政府（通过物业管理公司）征收。根据业主委员会与物业管理公司订立的合同，由业主委员会授权拨付给物业管理公司。这实际上是一种虚拟征收，物业税专款专用，有利于培养居民的社区意识和公共参与意识。

（五）切实整合社区的各种信息平台

这是优势视角的信息支撑。我市积极推动社区网格化管理，目前最大的问题是各类信息平台太多，数据没有实现共享。我市应该根据社区工作的特点，有效整合多个应用系统，实现平台与劳动、社保、计生和民政等部门的数据共享。数据一次采集，资源多方共享，保证基础数据的一致性和准确性。探索信息资源共享新模式，提升服务水平。将社区管理信息系统、社区服务网站、社区公共服务热线、政务办公系统和网上审批系统进行系统化管理，实现需求和资源高效的无缝衔接。

（六）规范激励我市社区志愿者活动

这是优势视角的活动支撑。有效开展社区志愿者活动对于广泛动员社会资源参与社区建设，改善社区人际关系，净化社区社会风气，提高社区居民素质具有重要意义。目前我市要做的是进一步规范和激励社区志愿者活动。一是出台《志愿者条例》，规定每个月的固定一个休息日为全市社区志愿者统一行动日，从法规上规范志愿者活动。二是采取有效的激励方式，让更多人参与社区志愿者活动。像美国的社区志愿者计划，只要志愿者从事 1 至 2 年的社区活动，就可以抵缴助学贷款；新加坡为了鼓励社区居民参加志愿者活动，采取积分的方式，积分越多，孩子就越有进入优质学校接受教育的可能性，自己购买组屋也能享受更多优惠。我市可以从发达国家中学习到有效的激励手段，更有力推动社区志愿者活动的发展。

（七）积极促进在厦台胞的社区融合

这是优势视角的厦门特色。目前在厦门工作生活的台胞有 15 万人，常住的就近三分之一。针对这一特殊群体，如何做好相应的社区管理工作，增强台胞对我市的认同感和融入感，进而促进两岸的沟通交流与共同发展，是我市社区管理工作中必须面对的课题。一是建立台胞常态信息管理机制。利用网格化信息优势，及时掌握、更新台胞信息，至少在街道一级应准确了解台胞情况，便于工作的开展。二是社区可针对台胞需求提供有效的行政服务。在行政事务上，在台胞人口较为集中的社区，可以设立专门的台胞服务窗口，减少不必要的时间成本消耗。三是促进台胞参与社区管理。认真听取台胞对社区的管理意见和建议，畅通常住台胞居民反映诉求的渠道。正视两岸文化差异，尊重台胞文化和信仰，参与社区活动采取自愿的原则。四是鼓励台胞加入社区志愿者队伍。大力吸引台湾有关专家进入社区工作人才队伍中来，加强合作培训。

（八）逐步缩小岛内外社区管理的差距

这是优势视角的厦门前提。岛内外社区建设与管理的基础不同、需求不同、重心不同、节奏不同。岛内社区重要任务是推进社区民主自治的进程，更有效地发挥社会组织的作用，进一步提升社区管理和服务的水平。而岛外不少社区的管理重点是进一步加快基础设施建设，加强流动人口的管理，合理发挥"村改居"社区原有传统组织的作用。所以为促进"岛内外一体化"建设，我市社区管理应把更多的人力物力财力倾斜到岛外，以期缩小岛内外的社区管理差距。

参考文献：

［1］德鲁克基金会．未来的社区［M］.中国人民大学出版社，2006 年．

［2］特里·N. 克拉克等．社区社会组织发展模式研究［M］.中国社会出版社，2011 年．

［3］于燕燕．中国社区发展报告（2010 版）［M］.社会科学文献出版社，2011 年．

［4］于燕燕．中国社区发展报告（2011 版）［M］.社会科学文献出版社，2011 年．

［5］于燕燕．中国社区发展报告（2012 版）［M］.社会科学文献出版社，2013 年．

［6］张骁儒．深圳社区发展报告（2012~2013）［M］.社会科学文献出版社，2013 年．

［7］黎熙元等．社区的转型与重构——中国城市基层社会的再整合［M］.商务印书馆，2011 年．

［8］云浮实验［M］.王蒙徽等编著．中国建筑工业出版社，2012 年．

［9］郑杭生，黄家亮．论我国社区治理的双重困境与创新之维——基于北京市社区管理体制改革实践的分析［J］.东岳论丛，2012 年第 1 期．

［10］许小玲，马贵侠．城市社区管理体制改革：实践、反思与前瞻［J］.广东社会科学，2013 年第 4 期．

［11］王思斌．体制改革中的城市社区建设的理论分析［J］.北京大学学报（哲学社会科学版）.2000 年第 5 期．

［12］费孝通．对上海社区建设的一点思考——在"组织与体制：上海社区发展理论研讨会"上的讲话［J］.社会学研究.2001 年第 4 期．

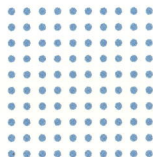

[13] 唐晓阳. 新加坡社区治理的经验借鉴 [J]. 岭南学刊. 2003 年第 1 期.

[14] 黄锐，文军. 走出社区的迷思：当前中国社区建设的两难抉择 [J]. 社会科学. 2013 年第 2 期.

[15] 美丽厦门战略规划.

课 题 组长：兰剑琴

课题组成员：彭朝明　姚厚忠　龚小玮　陈燕霞

课 题 执笔：兰剑琴

后记

2013 年，厦门市发展研究中心在市委、市政府和市发改委的正确领导下，继续坚持研究工作和市委市政府中心工作相结合、和发改委重点工作相结合、和当前重点热点难点相结合的方针，充分发挥发改委研究工作的技术支撑和技术依托作用，努力当好市委市政府、市发改委的决策参谋。本着提升服务和无私奉献的精神，以建设"海西一流智库"为目标，积极主动、凝心聚力、强化时效、全力作为，高质量地完成了全年各项工作任务。本书是对 2013 年厦门市发展研究中心研究成果的一次总结，内容涉及厦门经济社会发展的各个方面，反映了厦门市发展研究中心对 2013 年厦门发展情况的总结和评价，以及对 2014 年厦门发展的展望。

在本报告的调研、编撰过程中，我们得到了厦门市发改委、财政局、综改办、统计局、经发局、规划局、港口管理局、交通运输局、台办、金融办、贸发局、科技局、旅游局、人力资源和社会保障局、农业局、环境保护局、卫生局、教育局、民政局、文化广电新闻出版局以及思明区、湖里区、集美区、海沧区、同安区和翔安区政府等的大力协助，为我们提供了大量翔实的基础材料和数据。我们谨表示衷心的感谢。

需要强调的是，本书涉及大量统计和调查数据，由于数据来源不同，可能与实际有出入，2013 年全年的实际数据仍以厦门市统计局正式公布的数据为准。由于时间和水平有限，本书难免存在疏漏和差错之处，敬请读者指正并见谅。

编　者

2014 年 3 月

图书在版编目（CIP）数据

2013～2014年厦门发展报告/厦门市发展研究中心编著.—厦门：厦门大学出版社，
2014.5
ISBN 978-7-5615-5044-1

Ⅰ.①2…　Ⅱ.①厦…　Ⅲ.①区域经济发展-研究报告-厦门市-2013～2014
Ⅳ.①F127.573

中国版本图书馆 CIP 数据核字（2014）第 079155 号

厦门大学出版社出版发行

（地址：厦门市软件园二期望海路 39 号　邮编：361008）

http://www.xmupress.com

xmup@xmupress.com

厦门集大印刷厂印刷

2014 年 5 月第 1 版　2014 年 5 月第 1 次印刷

开本：889×1194　1/16　印张：26　插页：3

字数：660 千字

定价：95.00 元

本书如有印装质量问题请直接寄承印厂调换

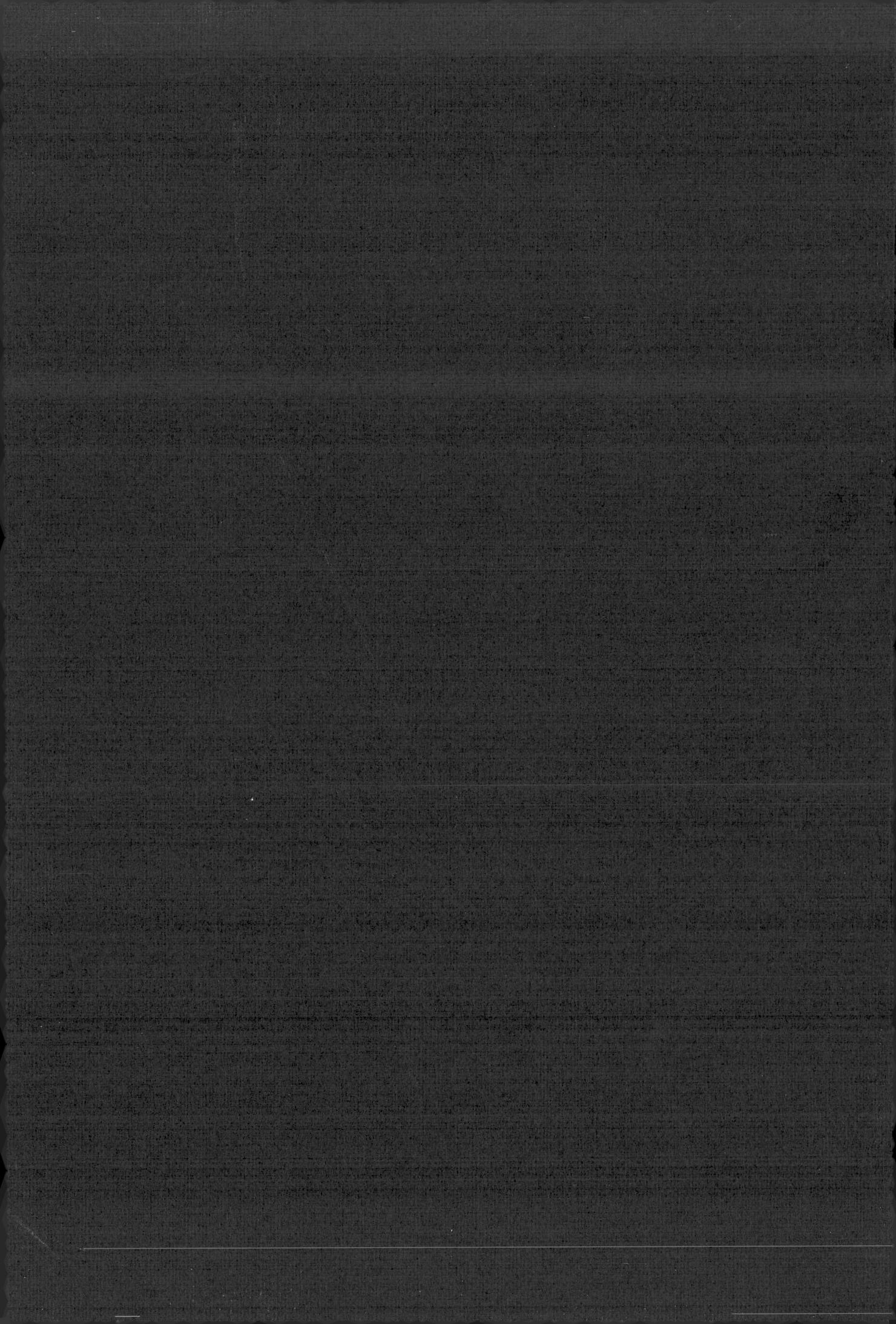